SSC

कर्मचारी चयन आयोग

कांस्टेबल (जी.डी.)

(पुरुष एवं महिला)

भर्ती परीक्षा–2026

15 प्रैक्टिस सेट्स

एवं 9 सॉल्व्ड पेपर्स

राजीव शर्मा

प्रभात
एग्जाम
www.prabhatexam.com

प्रकाशक

प्रभात एग्जाम

प्रभात प्रकाशन प्रा. लि. का उपक्रम

4/19 आसफ अली रोड, नई दिल्ली-110002

फोन: 23289555 • 23289666 • 23289777 • हेल्पलाइन/ 7827007777

ई-मेल : prabhatbooks@gmail.com ❖ वेब ठिकाना : www.prabhatexam.com

मूल्य

दो सौ पच्चीस रुपए

अ.मा.पु.स. 978-93-5488-740-6

मुद्रक

संजय प्रिंटर, साहिबाबाद

———— ★ ————

SSC CONSTABLE (G.D.)
BHARTI PAREEKSHA-2026
15 PRACTICE SETS EVAM 9 SOLVED PAPERS
by Rajiv Sharma

ISBN 978-93-5488-740-6

₹225.00

विषय-सूची

प्रैक्टिस सेट्स

SSC कांस्टेबल (जी.डी.)

भर्ती परीक्षा

सॉल्व्ड पेपर–2025

तारीख: 04/02/2025

समय: 9.00 AM to 10.00 AM

भाग-I: सामान्य बुद्धिमत्ता एवं तर्कशक्ति

1. एक कागज को मोड़ने के क्रम और मोड़े गए कागज को काटने के तरीके को निम्नलिखित आकृतियों में दर्शाया गया है। खोलने पर यह कागज कैसा दिखाई देगा?

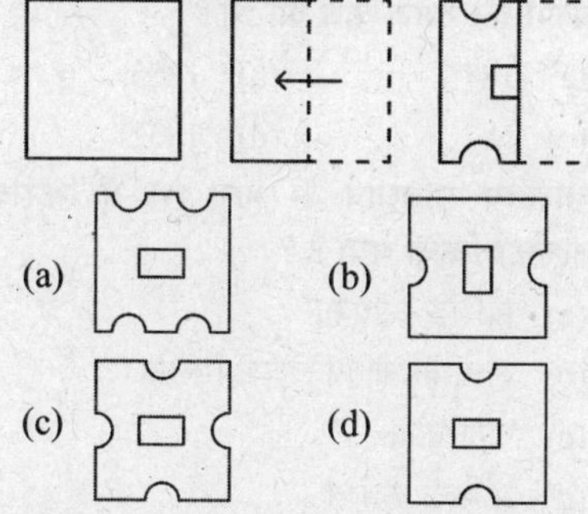

2. SBCF एक निश्चित तरीके से RADG से संबंधित है। NVMO उसी तरीके से MUNP से संबंधित है। उसी तर्क का अनुसरण करते हुए, GUAX निम्नलिखित में से किससे संबंधित है?

(a) FTBY (b) FRCY
(c) FTCY (d) FTBZ

3. आठ व्यक्ति दो समानांतर पंक्तियों में बैठे हैं जिनमें से प्रत्येक पंक्ति में 4 व्यक्ति इस प्रकार बैठे हैं कि आसन्न व्यक्तियों के बीच की दूरी समान है।

पंक्ति 1 में – D, E, O और S बैठे हैं और उन सभी का मुख दक्षिण की ओर है।

पंक्ति 2 में – F, A, R और M बैठे हैं और उन सभी का मुख उत्तर की ओर है।

इस प्रकार, पहली पंक्ति के प्रत्येक व्यक्ति का मुख दूसरी पंक्ति के किसी अन्य व्यक्ति की ओर है।

केवल D, E के बाईं ओर बैठा है। केवल R, A के बाईं ओर बैठा है। A और F के बीच में केवल एक व्यक्ति बैठा है। D और O के बीच में केवल एक व्यक्ति बैठा है।

निम्नलिखित में से कौन-सा विकल्प एक-दूसरे के सम्मुख बैठे दोनों व्यक्तियों को दर्शाता है?

(a) E और R (b) E और A
(c) E और M (d) E और F

4. दी गई श्रृंखला में प्रश्न चिह्न (?) के स्थान पर क्या आना चाहिए?

4 6 10 18 34 ?

(a) 67 (b) 66
(c) 68 (d) 65

5. सात व्यक्ति L, M, N, O, P, Q और R, एक सीधी पंक्ति में उत्तर की ओर मुख करके बैठे हैं (परंतु जरूरी नहीं कि वे इसी क्रम में बैठे हों)। M, P के ठीक बाईं ओर बैठा है। O, Q के ठीक बाईं ओर बैठा है। R, P के ठीक दाईं ओर तथा L के ठीक बाईं ओर बैठा है। N, L के ठीक दाईं ओर तथा O के ठीक बाईं ओर बैठा है। N के बाईं ओर से दूसरे स्थान पर कौन बैठा है?

(a) Q (b) P
(c) M (d) R

6. यदि दर्पण को नीचे दिखाए अनुसार MN पर रखा जाए तो दी गई आकृति के सही दर्पण प्रतिबिंब का चयन करें।

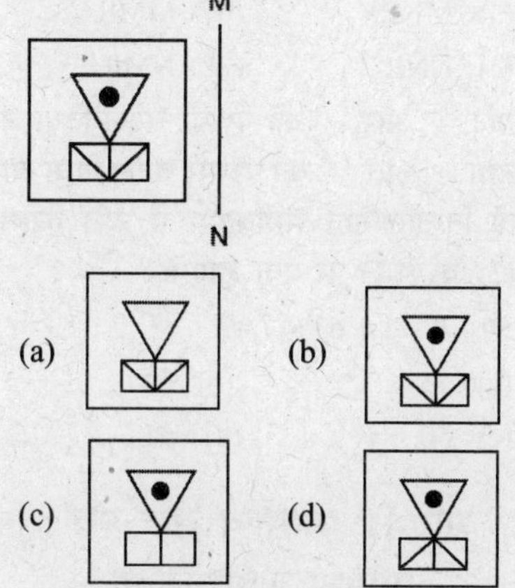

7. एक पासे के फलकों पर अक्षर E, R, A, L, O और T अंकित हैं। दिए गए चित्रों में पासे की दो स्थितियाँ दिखाई गई हैं। E के विपरीत कौन-सा अक्षर है?

(a) L (b) O
(c) R (d) A

8. अक्षरों के उस संयोजन का चयन कीजिए जिसे दी गई श्रृंखला के रिक्त स्थानों में क्रमिक रूप से रखने पर तार्किक रूप से श्रृंखला पूर्ण हो जाएगी।

_HKM O_NPRN_S UQT_XTW_

(a) JMRUX (b) LMQUY
(c) JKRVX (d) LKQVY

9. किसी निश्चित कूट भाषा में, 'BSGN' को '5-22-10-17' के रूप में कूटबद्ध किया जाता है और 'TAUE' को '23-4-24-8' के रूप में कूटबद्ध किया जाता है। दी गई कूट भाषा में 'PJDQ' को किस प्रकार कूटबद्ध किया जाएगा?

(a) 19-13-7-20 (b) 15-11-5-19
(c) 16-12-8-18 (d) 17-13-6-20

10. किसी निश्चित कूट भाषा में, 'JAMB' को '5139' के रूप में कूटबद्ध किया जाता है और 'BALM' को '9521' के रूप में कूटबद्ध किया जाता है। दी गई कूट भाषा में 'L' के लिए कूट क्या होगा?

(a) 1 (b) 9
(c) 2 (d) 5

11. दी गई श्रृंखला में प्रश्न चिह्न (?) के स्थान पर क्या आना चाहिए?

208 190 163 127 82?

(a) 28 (b) 12
(c) 45 (d) 54

12. यदि शब्द GRACEFUL के प्रत्येक अक्षर को अंग्रेजी वर्णमाला क्रम में व्यवस्थित किया जाए, तो कितने अक्षरों का स्थान अपरिवर्तित रहेगा?

(a) एक (b) एक का भी नहीं
(c) दो (d) तीन

13. एक निश्चित कूट भाषा में,
'X @ C' का अर्थ है कि 'X, C की पुत्री है',
'X $ C' का अर्थ है कि X, C का पति है,
'X = C' का अर्थ है कि X, C की माता है' और
'X * C' का अर्थ है कि 'X, C का पिता है'।
यदि 'N @ E $ J@s' है, तो उपरोक्त के आधार पर J का N से क्या संबंध है ?

(a) माता (b) पुत्री का पुत्र
(c) बहन (d) बहन की पुत्री

14. अंग्रेजी वर्णमाला क्रम के आधार पर, निम्नलिखित चार अक्षर-समूहों में से तीन एक निश्चित प्रकार से समान हैं और इस प्रकार एक समूह बनाते हैं। वह कौन-सा अक्षर समूह है जो उस समूह से संबंधित नहीं है ?
(ध्यान दें असंगत अक्षर समूह, उस अक्षर-समूह में व्यंजनों/स्वरों की संख्या या उनके स्थान पर आधारित नहीं है।)

(a) HJL (b) NPR
(c) SUV (d) FHJ

15. निम्नलिखित वर्गों के बीच संबंधों को सबसे उचित ढंग से निरूपित करने वाले वेन आरेख का चयन कीजिए।
महिला, कार्डियोलॉजिस्ट, इंजीनियर

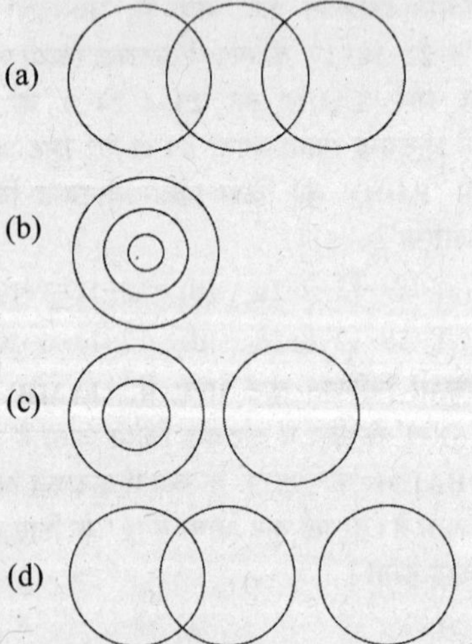

16. किसी तर्क के आधार पर, 'CLONE' को 'BLUKU' लिखा जाता है और 'BOUND' को 'AOAKT' लिखा जाता है। उसी तर्क का अनुसरण करते हुए, 'NICHE' को किस प्रकार लिखा जा सकता है ?

(a) MIIEU (b) NIIEU
(c) MIIET (d) NIIET

17. विकल्पों में दी गई उस आकृति की पहचान कीजिए जिसे प्रश्न चिह्न (?) के स्थान पर रखने पर श्रृंखला तार्किक रूप से पूर्ण हो जाएगी।

(a) (b)
(c) (d)

18. दिए गए कथनों और निष्कर्षों को ध्यानपूर्वक पढ़िए। यह मानते हुए कि कथनों में दी गई जानकारी सत्य है, चाहे वह सामान्यतः ज्ञात तथ्यों से भिन्न प्रतीत होती हो और निर्णय लीजिए कि दिए गए निष्कर्षों में से कौन-सा कौन-से निष्कर्ष कथनों का तार्किक रूप से अनुसरण करता है/करते हैं।
कथनः
सभी गैबियन, दीवार हैं।
सभी कंक्रीट, दीवार हैं।
सभी पुल, दीवार हैं।
निष्कर्षः
(I) कुछ पुल, गैबियन हैं।
(II) कुछ कंक्रीट, पुल हैं।

(a) केवल निष्कर्ष (II) अनुसरण करता है
(b) निष्कर्ष (I) और (II) दोनों अनुसरण करते हैं
(c) न तो निष्कर्ष (I) और न ही (II) अनुसरण करता है
(d) केवल निष्कर्ष (I) अनुसरण करता है

19. अंग्रेजी वर्णमाला क्रम के आधार पर दी गई श्रृंखला में प्रश्न चिह्न (?) के स्थान पर क्या आना चाहिए ?
EHO HJP KLQ? QPS

(a) MNR (b) MMR
(c) NNR (d) NMR

20. यदि '÷' और '×' को परस्पर बदल दिया जाए तथा '+' और '–' को परस्पर बदल दिया जाए, तो निम्नलिखित समीकरण में प्रश्न चिह्न '(?)' के स्थान पर क्या आएगा ?
$50 - 9 \div 1 + 63 \times 7 = ?$

(a) 53 (b) 52
(c) 50 (d) 51

भाग-II: सामान्य ज्ञान एवं सामान्य जागरूकता

21. सार्वजनिक परीक्षा (अनुचित साधनों की रोकथाम) विधेयक, 2024 के अंतर्गत परीक्षा के दौरान अनुचित व्यवहार या अपराध में शामिल व्यक्तियों के लिए निर्दिष्ट जुर्माना राशि कितनी है ?

(a) एक लाख रुपये तक
(b) दस लाख रुपये तक
(c) ग्यारह लाख रुपये तक
(d) बीस लाख रुपये तक

22. वार्षिक मामल्लपुरम नृत्य महोत्सव (Mamallapuram Dance Festival), जिसमें भारतीय शास्त्रीय नृत्य भरतनाट्यम, कुचिपुड़ी, कथक, मोहिनीअट्टम, ओडिसी और कथकली के प्रदर्शन शामिल हैं, ______ आयोजित किया जाता है।

(a) कर्नाटक (b) महाराष्ट्र
(c) आंध्र प्रदेश (d) तमिलनाडु

23. माइकल फैराडे ने विद्युत ट्रांसफार्मर और जनरेटर के पीछे के सिद्धांत, विद्युत चुम्बकीय प्रेरण की खोज कब की थी ?

(a) 1875 (b) 1853
(c) 1820 (d) 1831

24. भारतीय संविधान के भाग III में किसका उल्लेख किया गया है ?

(a) मौलिक अधिकार
(b) राज्य के नीति निर्देशक सिद्धांत
(c) नागरिकता
(d) मौलिक कर्तव्य

25. 2 अक्टूबर, 2022 को गांधी जयंती के रूप में महात्मा गांधी की ______ जयंती मनाई गई।

(a) 153वीं (b) 155वीं
(c) 152वीं (d) 150वीं

26. पृथ्वी पर दो सबसे अधिक वर्षा वाले स्थान कौन-से हैं जहाँ एक वर्ष में 1,080 सेमी. से अधिक वर्षा होती है ?

(a) पासीघाट और अगुम्बे
(b) चेरापूंजी और मासिनराम
(c) गंगटोक और अंबोली
(d) महाबलेश्वर और नेरियामंगलम

27. हरित क्रांति, अर्थव्यवस्था के किस क्षेत्र से संबंधित है ?

(a) कृषि क्षेत्र (b) वित्तीय क्षेत्र
(c) औद्योगिक क्षेत्र (d) सेवा क्षेत्र

28. निम्नलिखित में से कौन-सा/कौन-से वाक्य सत्य है/हैं ?

i. वित्त वर्ष 2022-23 के लिए भारतीय कृषि क्षेत्र की अनुमानित वृद्धि दर (projected growth rate) 5.5% थी।
ii. वित्तीय वर्ष 2021-22 के दौरान, भारत का कृषि निर्यात लगभग 50.2 बिलियन अमेरिकी डॉलर तक पहुंच गया।

iii. खरीफ विपणन सीजन (Kharif Marketing Season) 2021-22 के दौरान, भारत में 581.7 लाख मीट्रिक टन चावल संगृहीत किया (procured) गया।

(a) केवल i (b) केवल ii और iii
(c) केवल ii (d) केवल I और ii

29. भारत में पहले एशियाई खेल कहाँ आयोजित किये गये थे ?

(a) पटियाला (b) चेन्नई
(c) नई दिल्ली (d) ग्वालियर

30. भारत सरकार अधिनियम, 1919 का आधार बनी सिफ़ारिशों के पीछे प्रमुख व्यक्ति कौन-कौन थे ?

(a) लॉर्ड लिनलिथगो और एडविन मोंटेग्यू
(b) लॉर्ड इरविन और एडविन मोंटेग्यू
(c) लॉर्ड चेम्सफोर्ड और एडविन मोंटेग्यू
(d) लॉर्ड कर्जन और एडविन मोंटेग्यू

31. भारतीय संविधान के कौन-से अनुच्छेद संघ लोक सेवा आयोग से संबंधित हैं ?

(a) अनुच्छेद 330 से 338
(b) अनुच्छेद 315 से 323
(c) अनुच्छेद 300 से 320
(d) अनुच्छेद 210 से 219

32. वह एक कर्नाटक प्रसिद्ध गायिका थीं, जिन्होंने यूरोप, उत्तरी अमेरिका और संयुक्त राष्ट्र महासभा में गायन किया। वह कौन थीं ?

(a) मदुरै षण्मुखवादिवु सुब्बुलक्ष्मी
(b) आशा भोसले
(c) बेगम अख्तर
(d) लता मंगेशकर

33. निम्नलिखित में से कौन-सा खेल, 11वें एशियाई खेल बीजिंग 1990 में एक विधा (discipline) के रूप में शामिल किया गया था ?

(a) वॉलीबॉल (b) स्क्वाश
(c) कबड्डी (d) कुश्ती

34. भारत के राष्ट्रीय बहुआयामी गरीबी सूचकांक एक प्रगति समीक्षा 2023 के अनुसार, निम्नलिखित में से किस केंद्र शासित प्रदेश में बहुआयामी गरीबों का प्रतिशत सबसे अधिक है ?

(a) दादरा और नगर हवेली तथा दमन और दीव
(b) दिल्ली
(c) पुदुचेरी
(d) चंडीगढ़

35. अगस्त 2024 में, सर्वोच्च न्यायालय को अलविदा कहने वाली महिला कौन हैं, जो तेलंगाना राज्य के लिए उच्च न्यायालय की प्रथम महिला मुख्य न्यायाधीश बनीं और भारतीय सर्वोच्च न्यायालय में पदोन्नत होने वाली नौवीं महिला थीं ?

(a) हिमा कोहली (b) कुट्टी रामेश्वरम
(c) अदिति कपूर (d) उषा अय्यर

36. प्रधानमंत्री रोजगार प्रोत्साहन योजना ______ से क्रियान्वित की जा रही है।

(a) 2017 (b) 2016
(c) 2015 (d) 2014

37. निम्नलिखित में से किस पौधे को विशेष सहारे का उपयोग करके दीवारों पर चढ़ाया जा सकता है ?

(a) कद्दू के पौधे (b) सूरजमुखी के पौधे
(c) गुलाब के पौधे (d) नींबू के पौधे

38. तीसरी पंचवर्षीय योजना (1961-1966) में उल्लेख की गई प्रमुख आर्थिक चुनौती क्या थी ?

(a) युद्धकालीन व्यय और संसाधन आवंटन
(b) सेवा क्षेत्र का आरंभ करना
(c) डिजिटल प्रौद्योगिकी उन्नति पर ध्यान केन्द्रित करना
(d) अर्थव्यवस्था का उदारीकरण

39. एनबीपीडबल्यू (NBPW), जिसे लौह युग का सबसे व्यापक मृदभांडकर्म (pottery) माना जा सकता है, का पूर्ण रूप क्या है ?

(a) नॉर्दर्न ब्लैक पॉलिशड वेयर (Northern Black Polished Ware)
(b) नॉर्दर्न ब्लू पॉलिशड वेयर (Northern Blue Polished Ware)
(c) नॉर्दर्न ब्रोंज पॉलिशड वेयर (Northern Bronze Polished Ware)
(d) नॉर्दर्न ब्राउन पॉलिशड वेयर (Northern Brown Polished Ware)

40. संगीत अकादमी (Music Academy) से प्रतिष्ठित नाट्य कलानिधि पुरस्कार से सम्मानित लक्ष्मी विश्वनाथन किस नृत्य शैली के लिए प्रसिद्ध थी ?

(a) कथक (b) भरतनाट्यम
(c) ओडिसी (d) कुचिपुड़ी

भाग-III: प्रारंभिक गणित

41. एक व्यक्ति 9 km/hr की चाल से कोलकाता से अहमदाबाद जाता है तथा उसी मार्ग से 18 km/hr की चाल से कोलकाता वापस आता है। पूरी यात्रा के दौरान उसकी औसत चाल (km/hr में) ज्ञात कीजिए।

(a) 8 (b) 12
(c) 15 (d) 17

42. 210m और 140 m लंबाई वाली दो रेलगाड़ियाँ एक ही दिशा में क्रमश: 80 km/h और 150 km/h की चाल से गतिमान हैं। पीछे से आ रही तेज चाल वाली रेलगाड़ी द्वारा दूसरी रेलगाड़ी को पूरी तरह से पार करने में कितना समय (मिनटों में) लगेगा ?

(a) 0.3 (b) 0.5
(c) 2 (d) 1

43. वार्षिक साधारण ब्याज की समान दर पर विपुल ₹5400 की राशि का निवेश करता है और विजय ₹9400 की राशि का निवेश करता है। यदि 5 वर्ष के अंत में, विजय को विपुल से ₹840 अधिक ब्याज प्राप्त होता है, तो वार्षिक ब्याज की दर (प्रतिशत में) ज्ञात कीजिए।

(a) 4.2 (b) 6.2
(c) 3.2 (d) 2.2

44. निम्नलिखित का मान ज्ञात कीजिए।

$$\left[(48\div 8)\times\left\{\frac{49}{9}+\frac{40}{4}\times(7-3)\right\}\right]$$

(a) 282 (b) 284
(c) 273 (d) 286

45. दो संख्याएँ 4 : 9 के अनुपात में हैं। यदि उनका माध्यानुपाती 24 है, तो दोनों संख्याओं के बीच धनात्मक अंतर ज्ञात कीजिए।

(a) 25 (b) 30
(c) 15 (d) 20

46. मंदार के दो पोते केतन और तुषार हैं। 11 वर्षीय केतन को मंदार की संपत्ति से कुछ धनराशि मिलती है। और 12 वर्षीय तुषार को बाकी धनराशि मिलती है, लेकिन केतन और तुषार को धनराशि तभी मिलेगी जब वे 22 वर्ष के हो जाएंगे। तब तक धनराशि बैंक में जमा रहेगी और उस पर वार्षिक रूप से चक्रवृद्धि 8% वार्षिक दर पर ब्याज मिलेगा। जब दोनों 22 वर्ष के हो जाते हैं, तो उन्हें समान धनराशि मिलती है। यदि मंदार के पास कुल धनराशि ₹24700 थी, तो मंदार ने तुषार को शुरुआत में कितनी धनराशि (₹ में) दी थी ?

(a) 13175 (b) 11875
(c) 12825 (d) 11625

47. 28, 60, 120 और 135 का लघुत्तम समापवर्त्य (LCM) ज्ञात कीजिए।

(a) 7560 (b) 7608
(c) 76261 (d) 7569

48. एक परीक्षा में, गणित के तीन पेपर, अंग्रेजी के दो पेपर और विज्ञान का एक पेपर था। सभी

पेपर 100 अंकों के थे। S को गणित में 60%, अंग्रेजी में 70% और विज्ञान में 50% अंक मिले। सभी पेपर में उसके अंकों का प्रतिशत कितना था?

(a) 61.67% (b) 61.33%
(c) 60.67% (d) 60%

49. एक विद्यार्थी को एक पुस्तक की खरीद पर निम्नलिखित चार ऑफर मिल रहे थे:

I. 20% और 20% की दो क्रमिक छूट
II. 25% और 15% की दो क्रमिक छूट
III. 30% और 10% की दो क्रमिक छूट
IV. 5% और 35% की दो क्रमिक छूट

कौन-सा ऑफर विद्यार्थी को सबसे अधिक छूट प्रदान करता है?

(a) IV (b) I
(c) II (d) III

50. दो संख्याओं का HCF, 11 है और उनका योग 132 है। यदि दोनों संख्याएँ 42 से बड़ी हैं, तो दोनों संख्याओं के बीच का अंतर ज्ञात कीजिए।

(a) 11 (b) 18
(c) 26 (d) 22

51. 16 और 48 का तृतीयानुपाती कितना है?

(a) 144 (b) 121
(c) 135 (d) 169

52. उस वस्तु का क्रय मूल्य क्या है जो 8% लाभ के साथ ₹1,566 में बेची जाती है?

(a) ₹1,420 (b) ₹1,400
(c) ₹ 1,450 (d) ₹1,390

53. एक संख्या को पहले 15% घटाया जाता है और फिर 20% बढ़ाया जाता है। इस प्रकार प्राप्त संख्या, मूल संख्या से 78 अधिक है। मूल संख्या ज्ञात कीजिए।

(a) 2600 (b) 5200
(c) 4500 (d) 3900

54. A किसी कार्य को 32 दिनों में और B उसी कार्य को 48 दिनों में पूरा कर सकता है। वे 8 दिनों तक एक-साथ कार्य करते हैं और फिर A कार्य करना छोड़ देता है। शेष कार्य का 60% भाग B कितने समय (दिन में) में पूरा करेगा?

(a) $18\frac{2}{5}$ (b) $17\frac{3}{7}$
(c) $16\frac{4}{5}$ (d) $19\frac{3}{4}$

55. दो शंकुओं की ऊँचाइयों का अनुपात 4 : 3 है तथा उनके आधारों की त्रिज्याओं का अनुपात 1 : 2 है। उनके आयतनों का अनुपात ज्ञात कीजिए।

(a) 1 : 3 (b) 2 : 9
(c) 2 : 5 (d) 4 : 9

56. पेट्रोल के मूल्य में (प्रति लीटर) 85% की वृद्धि होती है। इसकी खपत में कितने प्रतिशत की कमी कर दी जाए कि इस पर होने वाले व्यय में केवल 48% की वृद्धि हो?

(a) 18% (b) 82%
(c) 20% (d) 80%

57. यदि समान ब्याज दर पर, 2 वर्ष में, साधारण ब्याज ₹42 तथा चक्रवृद्धि ब्याज ₹51 है, तो मूलधन (₹ में) ज्ञात कीजिए।

(a) 49 (b) 53
(c) 42 (d) 44

58. एक बेईमान दुकानदार अपने सामान को क्रय मूल्य पर बेचने का दावा करता है। हालाँकि, वह एक ऐसे बाट का उपयोग करता है जिसका वजन वास्तव में उस पर लिखे वजन से 46% कम है। उसका लाभ प्रतिशत ज्ञात कीजिए।

(a) $84\frac{5}{27}\%$ (b) $87\frac{10}{27}\%$
(c) $86\frac{6}{27}\%$ (d) $85\frac{5}{27}\%$

59. गोपाल, अक्षय और अतुल का औसत भार 46 kg है। यदि गोपाल और अक्षय का औसत भार 40 kg है तथा अक्षय और अतुल का औसत भार 45 kg है, तो अक्षय का भार (kg में) ज्ञात कीजिए।

(a) 32 (b) 47
(c) 42 (d) 52

60. चार अंकों की सबसे बड़ी संख्या ज्ञात कीजिए जो 15, 25, 40 और 75 से पूर्णत: विभाज्य हो।

(a) 9975 (b) 9999
(c) 9600 (d) 9960

भाग-IV: हिंदी

61. 'खिन्न' का विलोम शब्द नीचे दिए विकल्पों में से चुनिए-

(a) अप्रसन्न (b) प्रसन्न
(c) मलाल (d) दुखी

62. 'तोता उड़कर पेड़ की _______ ।
निम्नलिखित में से 'देशज' शब्द युक्त विकल्प चुनकर वाक्य पूर्ण करें।

(a) शाखा पर बैठ गया
(b) टहनी पर बैठ गया
(c) फुनगी पर बैठ गया
(d) डाल पर बैठ गया

63. निम्न वाक्य में किस पद पर त्रुटि है? पहचानिए।
मेले में विद्यार्थियों की कई टोलीयाँ थीं।

(a) टोलीयाँ (b) मेले में
(c) कई (d) विद्यार्थियों की

64. निम्नलिखित में से बहुवचन से संबंधित वाक्य है-

(a) प्रेम तुम्हारे मामा हैं।
(b) देवराज अत्यंत वीर है।
(c) वह एक दाता है।
(d) प्रेम और हरि तुम्हारे मामा हैं।

65. रिक्त स्थान की पूर्ति सार्थक निरर्थक शब्द युग्म से करें-
जीवन में हमेशा मनुष्य को... रास्ते से गुजरना पड़ता है।

(a) सुगम (b) ऊपर- नीचे
(c) चलते-फिरते (d) टेढ़े-मेढ़े

66. 'विष्णु' के लिए पर्यायवाची शब्द होगा-

(a) नागेंद्र (b) राकेश
(c) जनार्दन (d) नागेश

67. निम्नलिखित में से विशेषण युक्त पद नहीं है।

(a) ऊँचा मकान (b) मोटा लड़का
(c) लाल कपड़ा (d) उतार-चढ़ाव

68. मेरे परीक्षा में अच्छे अंक आए हैं। वाक्य में प्रयुक्त रेखांकित एकार्थी शब्द के लिए उचित विकल्प है-

(a) नाटक के अंक (b) गिनती के अंक
(c) भाग्य (d) अध्याय

69. 'अनन्या स्नेहा को पत्र लिख रही है।' प्रेरणार्थक क्रिया का प्रयोग कर इस वाक्य को लिखिए -

(a) अनन्या स्नेहा से पत्र लिखवाती है।
(b) अनन्या स्नेहा को पत्र लिखेगी।
(c) अनन्या स्नेहा को पत्र लिख रही थी
(d) अनन्या स्नेहा को पत्र लिख सकती है।

70. निम्नलिखित में से उस विकल्प का चयन करें, जिस में उचित मुहावरे का प्रयोग नहीं किया गया है-

(a) तुमने मेरा इतना पैसा ले रखा है, लेकिन मुझे देखते ही कनी चाटने लगते हो।
(b) मैंने तो काम करने के लिए कमर कस ली है, अब सब कुछ करना है अपने परिवार के लिए।
(c) मैं चाहे कब्र खोदकर इतना पैसा लाऊँ, तुमसे क्या मतलब? तुम तो यह जमीन बेचने के लिए मान जाओ बस।
(d) तुमने मेरा इतना नुकसान किया है, अब मैंने भी तुम्हारे कपड़े न उतरवा लिए तो मेरा नाम नहीं।

71. 'छः महीने का समय'
उपरोक्त वाक्यांश के लिए एक शब्द होगा-
(a) छठी (b) छठवाँ
(c) छमाई (d) छमाही

72. निम्नलिखित वाक्यांश हेतु सार्थक शब्द की पहचान करें।
जिसकी उपमा नहीं दी जा सके
(a) अनादि
(b) अनन्य
(c) उपमा
(d) अनुपम

73. निम्नलिखित में से शुद्ध वाक्य का चयन कीजिए-
(a) मैं प्रात: काल के समय पढ़ता हूँ।
(b) मेरे पास केवल एक घड़ी है।
(c) इसके बाद क्या हुआ ?
(d) यह कैसे संभव हो सकता है।

74. यह वस्तु ग्राह्य है।
उपरोक्त वाक्य में 'ग्राह्य' शब्द का विलोम चयन कीजिए।
(a) भोज्य (b) आर्य
(c) अनाग्रह (d) त्याज्य

75. इनमें से किस वाक्य में त्रुटि नहीं है ?
(a) तुम्हारा गाँव किसका है ?
(b) मोहन का व्यवहार अच्छा नहीं है।
(c) आपकी बातें बहुत मीठा है।
(d) मोहन का व्यवहार अच्छी नहीं है।

निम्नलिखित गद्यांश में से कुछ शब्द हटा दिए गए हैं। दिए गए विकल्पों की सहायता से रिक्त स्थानों की पूर्ति कीजिए। प्रत्येक संख्या के लिए उपयुक्त विकल्प का चयन कीजिए-

एक युवक पत्थर की बेंच पर बैठकर टिफिन खाता हुआ। उससे कुछ दूर एक उम्रदराज मगर तंदुरुस्त आदमी शहनाई जैसा _____(1) - बैगपाइपर (bagpiper) जा रहा था। उसने काला लबादा गाउन पहन रखा _____ (2)। कपड़े-जूते ठीक-ठाक पहन रखे थे। हैट भी लगा रखा था। उसके सामने जमीन पर क्राठ और कपड़ों का बना संदूकनुमा बाक्स था। बाक्स में कुछ सिक्के थे। वह खड़ा होकर वाद्य _____ (3) रहा था। उसके गाल वाद्य बजाने के कारण फूल-फूल जा रहे थे जैसे हमारे यहाँ भी शहनाई बजाते समय या शंख फूँकते समय। लोग उसके सामने से अदब (4) से गुजर रहे थे। एक-दो लोगों ने उसे अभिवादन भी किया। कुछ लोग करीब जाते और झुककर बाक्स में पेंस (सिक्के) डाल देते। दूर से फेंकता कोई नहीं था। वह एक भिखारी था लेकिन यहाँ उसे स्ट्रीट आर्टिस्ट (सड़क कलाकार) कहा जाता है। भिक्षा या दान भी यहाँ कला के माध्यम से लिया जाता है। कोई माँगता या गुहार नहीं लगाता या तो चुप बैठा रहता है या संगीत कला या गायन के माध्यम से वह लोगों का ध्यान आकृष्ट करता है। यह दृश्य मुझे सुखद विस्मय से भर गया। मैं देर तक उसे वाद्य बजाते देखता - सुनता रहा। पास में पेन्स (सिक्के) (5) न होने का अफसोस हुआ। भिक्षा के लिए यहाँ हाथ फैलाने की परंपरा नहीं है।

76. उपरोक्त गद्यांश के आधार पर निम्नलिखित रिक्त स्थान की पूर्ति करें।
उससे कुछ दूर एक उम्रदराज मगर तंदुरुस्त आदमी शहनाई जैसा रहा था।
(a) बाज्य (b) वाद्य
(c) तरह का (d) समान

77. उपरोक्त गद्यांश के आधार पर निम्नलिखित रिक्त स्थान की पूर्ति करें।
उसने काला लबादा गाउन पहन रखा....।
(a) था (b) हैं
(c) थी (d) थीं

78. उपरोक्त गद्यांश के आधार पर निम्नलिखित रिक्त स्थान की पूर्ति करें।
वह खड़ा होकर वाद्य
(a) बजाया (b) चल
(c) रो (c) गा

79. उपरोक्त गद्यांश के आधार पर निम्न चिन्हित शब्द का विपरीत शब्द पहचानें।
लोग उसके सामने से अदब (4) से गुजर रहे थे।
(a) बुरा अदब (b) बैअदब
(c) नज़रअंदाज़ (d) बेअदब

80. उपलब्ध विकल्पों में से कौन-सा विकल्प निम्नलिखित वाक्य के चिन्हित शब्द का पर्यायवाची शब्द नहीं है? पास में पेन्स (सिक्के) (5) न होने का अफसोस हुआ।
(a) रूपक (b) मुद्रा
(c) धाक (d) टंक

उत्तर (हल/संकेत)

1. (a) कागज को खोलने पर जो आकृति दिखाई देगी वह नीचे दिखाई गई है:

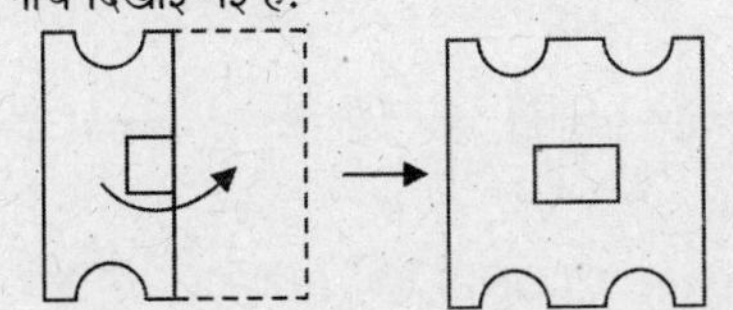

इस प्रकार, कागज को खोलने पर यह विकल्प आकृति (a) के समान दिखाई देगी।

2. (a)

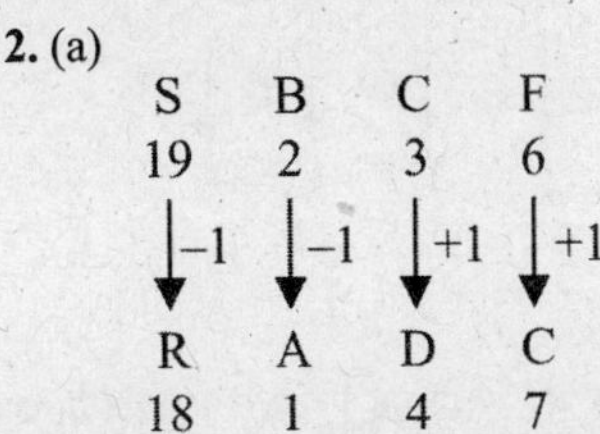

और, NVMO का MNUP से संबंध है।

N V M O
14 22 13 15
↓–1 ↓–1 ↓+1 ↓+1
M U N P
13 21 14 16

इसी प्रकार,

GUAX का संबंध इस प्रकार है।

G U A X
7 21 1 24
↓–1 ↓–1 ↓+1 ↓+1
F T B Y
6 20 2 25

3. (c) उपरोक्त प्रश्न का अंतिम आरेख इस प्रकार बनेगा।

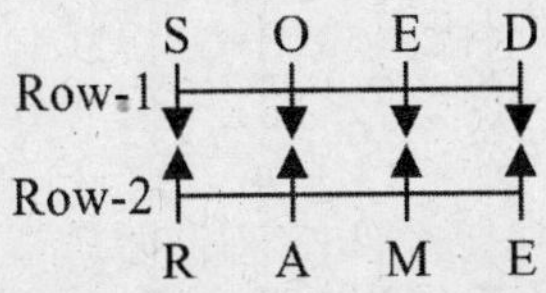

इस प्रकार, अंतिम व्यवस्था के अनुसार E और M एक-दूसरे के सम्मुख हैं।

4. (b)

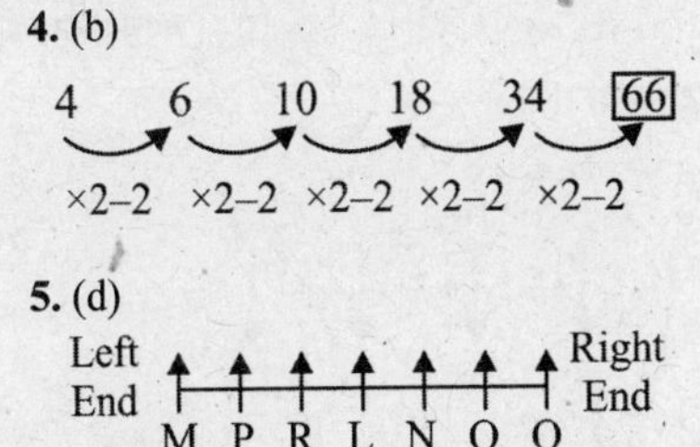

5. (d)

इस प्रकार, अंतिम व्यवस्था के अनुसार R, N के बाईं और दूसरे स्थान पर बैठा है।

6. (b) जब दर्पण MN पर रखा जाता है, तो दी गई आकृति का सही दर्पण प्रतिबिंब नीचे दिखाया गया है।

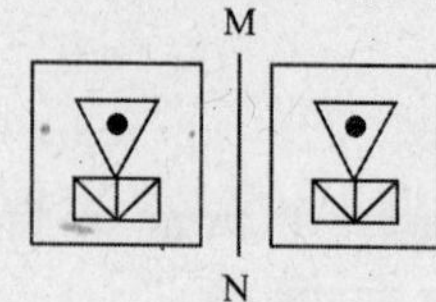

यहा, विकल्प आकृति 1 दी गई आकृति का दर्पण प्रतिबिंब दर्शाता है। इसलिए, सही उत्तर **"विकल्प 1"** है

7. (c) यहाँ अनुसरित तर्क निम्न है:-

दिए गए दो अलग-अलग पासों से आसन्न नीचे दिखाए गए हैं।

चूँकि R दोनों पासों पर उभयनिष्ठ है, यह स्पष्ट है कि L, T, O और A इसके आसन्न है और शेष अर्थात् E इसके विपरीत होगा।

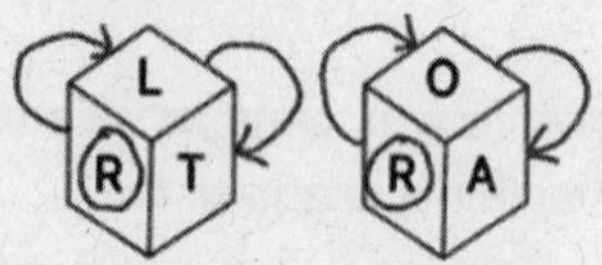

विपरीत जोडे निम्न हैं:

L⟶O

T⟶A

R⟶E

इसलिए, "E" का विपरीत फलक "R" होगा।

8. (d) यहाँ अनुसरित तर्क निम्न है:

L	H	K	M
12	8	11	13
↓+3	↓+3	↓+3	↓+3
O	K	N	P
15	11	14	16
↓+3	↓+3	↓+3	↓+3
R	N	Q	S
18	14	17	19
↓+3	↓+3	↓+3	↓+3
U	Q	T	V
21	17	20	22
↓+3	↓+3	↓+3	↓+3
X	T	W	Y
24	20	23	25

9. (a) 'BSGN' को '5–22–10–17' के रूप में कूटबद्ध किया गया है,

B	S	G	N
2	19	7	14
↓+3	↓+3	↓+3	↓+3
5	22	10	17

और,

'TAUE' को '23–4–24–8' के रूप में कूटबद्ध किया गया है,

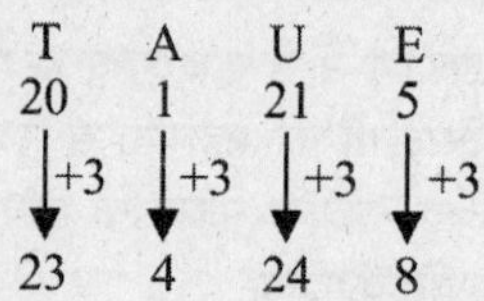

इसी प्रकार,

'PJDQ' को कूटबद्ध किया जाएगा

P	J	D	Q
16	10	4	17
↓+3	↓+3	↓+3	↓+3
19	13	7	20

10. (c)

K A M B ⟶ 5 1 3 9

B A L M ⟶ 9 5 2 1

इस प्रकार, 'L' के लिए कूट '2' है।

11. (a)

208 190 163 127 82 28

–18 –27 –36 –45 –54

–9 –9 –9 –9

12. (b) दिया गया शब्द : GRACEFUL

प्रश्न के अनुसार, अंग्रेजी वर्णमाला क्रम में व्यवस्थित करने पर

दिया गया शब्द	G	R	A	C	E	F	U	L
अंग्रेजी वर्णमाला क्रम में व्यवस्थित	A	C	E	F	G	L	R	U

इस प्रकार, यदि दिए गए शब्द के प्रत्येक अक्षर को अंग्रेजी वर्णमाला क्रम में व्यवस्थित किया जाए, तो कोई भी अक्षर अपरिवर्तित नहीं रहता है।

13. (a)

	X है			
प्रतीक	@	S	=	*
अर्थ	पुत्री	पति	माता	पिता
	C की			

दिया गया है: N @ E S J @ S

N @ E ⟶ N, E की पुत्री है।

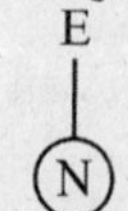

E S J ⟶ E, J का पति है।

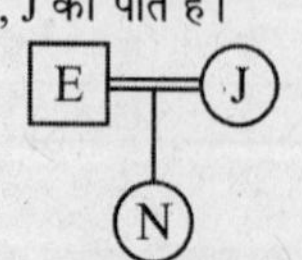

J @ S ⟶ J, S की पुत्री है।

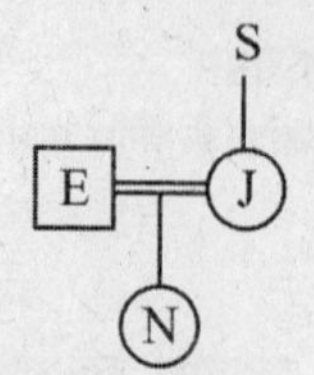

इस प्रकार, J, N की माता है।

14. (c) यहाँ अनुसरित तर्क निम्न है:

विकल्प (d) FHJ

F H J
6 8 10
+2 +2

विकल्प (c) SUV

S U V
19 21 22
+2 +1

विकल्प (a) HJL

H J L
8 10 12
+2 +2

विकल्प (b) NPR

N P R
14 16 18
+2 +2

इस प्रकार, सभी विकल्पों में से, 'SUV' भिन्न है। इसलिए, "विकल्प (c)" सही उत्तर है।

15. (a) दिए गए वर्गों के बीच संबंध को सर्वोत्तम रूप से दर्शानें वाला आरेख नीचे दिखाया गया है:

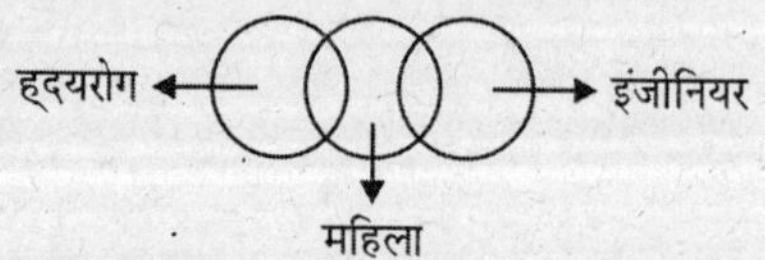

कुछ महिलाएँ, ह्दयरोग विशेषज्ञ और इंजीनियर हो सकती है।

ह्दयरोग विशेषज्ञ और इंजीनियर दो अलग-अलग पेशे हैं।

16. (a) 'CLONE' को 'BLUKU' के रूप में लिखा जाता है,

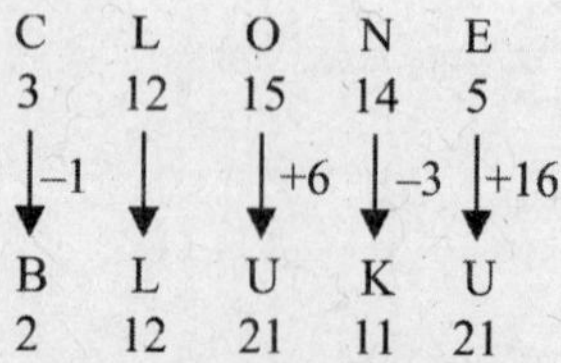

और

'BOUND' को 'AOAKT' के रूप में लिखा जाता है,

B	O	U	N	D
2	15	21	14	4
↓ −1	↓	↓ +6	↓ −3	↓ +16
A	O	A	K	T
1	15	1	11	20

इसी प्रकार,

'NICHE' को लिखा जाएगा

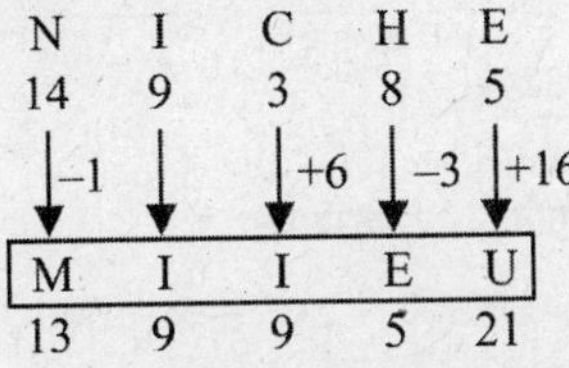

17. (d) इस प्रकार, अंतिम शृंखला निम्न है:

$ $	$ % %	$ % △ △ △	$ % △ △ ○ ○ ○ ○	$ % △ △ ○ ○ ○ U U U U U

18. (c) दिए गए कथनों के लिए न्यूनतम संभव वेन आरेख नीचे दिखाया गया है:

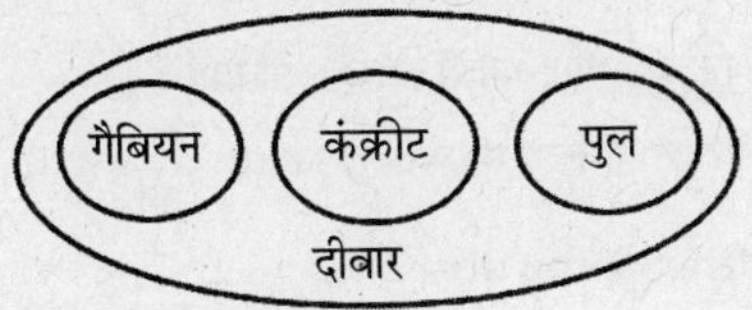

निष्कर्ष:

(I) कुछ पुल, गैबियन हैं → अनुसरण नहीं करता है (चूँकि सभी गैबियन, दीवारें हैं, सभी कंक्रीट, दीवारें हैं और सभी पुल, दीवारें हैं। इसलिए यह संभव है लेकिन निश्चित नहीं है)

(II) कुछ कंक्रीट, पुल हैं → अनुसरण नहीं करता है (चूँकि सभी कंक्रीट, दीवारें हैं और सभी पुल, दीवारें हैं। इसलिए यह संभव है लेकिन निश्चित नहीं है)

∵ यहाँ, न तो निष्कर्ष (I) और न ही (II) अनुसरण करता है।

19. (c) यहाँ अनुसरित तर्क निम्न है:

E	H	O
5	8	15
↓ +3	↓ +2	↓ +1
H	J	P
8	10	16
↓ +3	↓ +2	↓ +1
K	L	Q
11	12	17
↓ +3	↓ +2	↓ +1
N	N	R
14	14	18
↓ +3	↓ +2	↓ +1
Q	P	S
17	16	19

20. (c) प्रश्न के अनुसार, '+' और '–' को आपस में बदलने तथा '×' और '÷' को आपस में बदलने के बाद:

$50 - 9 \div 1 + 63 \times 7 = ? \Rightarrow 50 + 9 \times 1 - 63 \div 7 = ?$

$\Rightarrow 50 + 9 \times 1 - \underline{\mathbf{63 \div 7}} = ?$

$\Rightarrow 50 + \underline{\mathbf{9 \times 1}} = ?$

$\Rightarrow \underline{\mathbf{50 \div 9}} - 9 = ?$

$\Rightarrow \underline{\mathbf{59 - 9}} = ?$

21. (b) सार्वजनिक परीक्षा विधेयक परीक्षाओं के दौरान अनुचित प्रथाओं में शामिल व्यक्तियों के लिए दस लाख रुपये तक की दंड राशि निर्दिष्ट करता है। सार्वजनिक परीक्षाएँ (अनुचित साधनों की रोकथाम) विधेयक, 2024 का उद्देश्य सार्वजनिक परीक्षाओं में अनुचित प्रथाओं पर अंकुश लगाना है। यह उपाय परीक्षा प्रक्रिया की अखंडता और निष्पक्षता बनाए रखने के लिए है। विधेयक में व्यक्तियों को कुप्रथाओं में शामिल होने से रोकने के लिए कठोर दंड शामिल हैं।

22. (d) यह वार्षिक मामल्लपुरम नृत्य महोत्सव का आयोजन भारत के तमिलनाडु राज्य के एक शहर मामल्लपुरम में किया जाता है। नृत्य महोत्सव एक वार्षिक आयोजन है जो भारतीय शास्त्रीय नृत्य शैलियों का जश्न मनाता है। इस महोत्सव में भरतनाट्यम, कुचिपुड़ी, कथक, मोहिनीअट्टम, ओडिसी और कथकली सहित विभिन्न भारतीय शास्त्रीय नृत्य शैलियों का प्रदर्शन किया जाता है। यह आयोजन आमतौर पर दिसंबर और जनवरी के महीनों में होता है, जिसमें बड़ी संख्या में कलाकार और पर्यटक आते हैं। मामल्लपुरम, जिसे महाबलीपुरम के नाम से भी जाना जाता है, एक यूनेस्को विश्व धरोहर स्थल है जो अपने प्राचीन मंदिरों और चट्टानों को काटकर बनाई गई मूर्तियों के लिए जाना जाता है

23. (d) माइकल फैराडे ने वर्ष 1831 में विद्युत चुम्बकीय प्रेरण की खोज की थी। यह खोज महत्वपूर्ण है क्योंकि इसने विद्युत ट्रांसफार्मर और जनरेटर के विकास की नींव रखी। फैराडे के प्रयोग में एक कुंडली के माध्यम से एक चुंबक को घुमाना शामिल था, जिससे कुंडली के अंदर एक विद्युत धारा उत्पन्न हुई, जिससे विद्युत चुम्बकीय प्रेरण का सिद्धांत प्रदर्शित हुआ। विद्युत चुम्बकत्व और विद्युत इंजीनियरिंग के क्षेत्र में उनके विदयुत चुम्बकीय प्रेरण पर काम को सबसे महत्वपूर्ण योगदानों में से एक माना जाता है।

24. (a) भारतीय संविधान का भाग III मौलिक अधिकारों से संबंधित है, जो अनुच्छेद 12 से 35 तक निहित हैं। इन अधिकारों को व्यक्तियों के सर्वांगीण विकास के लिए आवश्यक माना जाता है और ये भारत के सभी नागरिकों पर लागू होते हैं। मौलिक अधिकार न्यायसंगत हैं, अर्थात् वे न्यायालयों द्वारा लागू किए जा सकते हैं और किसी भी उल्लंघन के मामले में व्यक्ति न्यायालयों का रुख कर सकते हैं। इनमें समानता का अधिकार, स्वतंत्रता का अधिकार, शोषण के विरुद्ध अधिकार, धर्म की स्वतंत्रता का अधिकार, सांस्कृतिक और शैक्षिक अधिकार संवैधानिक उपचारों का अधिकार शामिल हैं। ये अधिकार राज्य के किसी भी मनमाने कार्यों के विरुद्ध सुरक्षा के रूप में कार्य करते हैं और व्यक्तिगत स्वतंत्रताओं की रक्षा सुनिश्चित करते हैं।

25. (a) 2 अक्टूबर, 2022 को महात्मा गांधी की 153वीं जयंती मनाई गई। महात्मा गांधी, जिनका जन्म 2 अक्टूबर, 1869 को हुआ था, भारत में व्यापक रूप से "राष्ट्रपिता" के रूप में पहचाने जाते हैं। महात्मा गांधी के जीवन और योगदान का जश्न मनाने के लिए भारत भर में गांधी जयंती मनाई जाती है। यह दिन संयुक्त राष्ट्र द्वारा 2007 में घोषित अंतर्राष्ट्रीय अहिंसा दिवस के रूप में भी विश्व स्तर पर मनाया जाता है। उनकी विरासत का सम्मान करने के लिए प्रार्थना सेवाओं, स्मारक समारोहों और सांस्कृतिक कार्यक्रमों सहित विभिन्न कार्यक्रम आयोजित किए जाते हैं।

26. (b) चेरापूंजी और मासिनीराम पृथ्वी पर दो संबंध् अधिक वर्षा वाले स्थान हैं। चेरापूंजी और मासिनराम भारत के मेघालय राज्य में स्थित हैं। बंगाल की खाड़ी से नम हवा के पर्वतीय उत्थापन के कारण दोनों स्थानों पर भारी वर्षा होती है।

27. (a) हरित क्रांति कृषि क्षेत्र से संबंधित है। हरित क्रांति अनुसंधान, विकास और प्रौद्योगिकी हस्तांतरण पहलों का एक समूह है जो 1940 के दशक और 1960 के दशक के अंत के बीच हुआ, जिससे दुनिया भर में विशेष रूप से विकासशील देशों में कृषि उत्पादन में वृद्धि हुई। इसमें उच्च उपज वाली किस्म (HYV) के बीजों का परिचय शामिल था, खासकर गेहूँ और चावल जैसी फसलों के लिए। हरित क्रांति के कार्यान्वयन में रासायनिक उर्वरकों, कीटनाशकों और बेहतर सिंचाई तकनीकों का उपयोग शामिल था। 'इन प्रगतियों ने खाद्य उत्पादन में उल्लेखनीय वृद्धि की और भारत जैसे देशों को खाद्यान्न में आत्मनिर्भर बनाया। कृषि क्षेत्र को हरित क्रांति से बहुत लाभ हुआ, जिससे फसल की पैदावार और खाद्य सुरक्षा में वृद्धि हुई।

28. (b) कृषि निर्यात: वित्त वर्ष 2021-22 के दौरान, भारत का कृषि निर्यात लगभग USD 50.2 बिलियन तक पहुँच गया, जो इस क्षेत्र में महत्वपूर्ण वृद्धि को दर्शाता है। चावल की खरीद: खरीफ विपणन सीजन 2021-22 के दौरान, भारत ने लगभग 581.7 लाख मीट्रिक टन चावल की खरीद की, जो मजबूत खरीद नीतियों का संकेत देता है। वृद्धि दर : वित्त वर्ष 2022-23 के लिए भारतीय कृषि क्षेत्र की अनुमानित वृद्धि दर 5.5% नहीं थी, इसलिए, कथन I गलत है।

29. (c) पहले एशियाई खेल का आयोजन 4 मार्च से 11 मार्च, 1951 तक में भारत के नई दिल्ली में आयोजित किया गया था। खेलों का आधिकारिक उद्घाटन तत्कालीन भारत के राष्ट्रपति, डॉ. राजेंद्र प्रसाद ने किया था। पहले एशियाई खेलों में कुल 11 देशों ने भाग लिया, जिन्होंने 8 खेलों में 57 स्पर्धाओं में प्रतिस्पर्धा की।

30. (c) लार्ड चेम्सफोर्ड और एडविन मोटेंग्यू भारत सरकार अधिनियम, 1919 का आधार बनी सिफारिशों के पीछे प्रमुख व्यक्ति थे। लॉर्ड चेम्सफोर्ड ने 1916 से 1921 तक भारत के वायसराय के रूप में कार्य किया। एडविन मोटेंग्यू 1917 से 1922 तक भारत के राज्य सचिव थे। सुधारों का उद्देश्य "द्वैध शासन" के रूप में जाना जाने वाला प्रशासन की दोहरी प्रणाली शुरू करके शासन में भारतीय भागीदारी को बढ़ाना था। भारत सरकार अधिनियम, 1919 ने भारत में आगे के संवैधानिक विकास की नींव रखी।

31. (b) भारतीय संविधान के अनुच्छेद 315 से 323 संघ लोक सेवा आयोग (UPSC) से संबंधित हैं। अनुच्छेद 315 UPSC और राज्य लोक सेवा आयोगों की स्थापना का प्रावधान करता है। अनुच्छेद 316 UPSC के सदस्यों की नियुक्ति और कार्यकाल की रुपरेखा तैयार करता है। अनुच्छेद 320 UPSC के कार्यों को निर्दिष्ट करता है, जिसमें संघ की सेवाओं में नियुक्तियों के लिए परीक्षा आयोजित करना शामिल है। अनुच्छेद 323 UPSC की रिपोर्टों और उन पर की गई कार्रवाई से संबंधित है।

32. (a) मदुरै षण्मुखवादिवु सुब्बुलक्ष्मी कर्नाटक की प्रसिद्ध गायिका थीं, जिन्होंने युरोप, उत्तरी अमेरिका और संयुक्त राष्ट्र महासभा में गायन किया। वह 1966 में संयुक्त राष्ट्र महासभा में प्रदर्शन करने वाली पहली भारतीय संगीतकार थीं। सुबुलक्ष्मी ने यूरोप और उत्तरी अमेरिका में विभिन्न प्रतिष्ठित स्थानों पर गायन किया, जिससे दुनियां भर में भारतीय शास्त्रीय संगीत का प्रचार हुआ। उन्हें कई पुरस्कार और सम्मान मिले, जिसमें 1998 में भारत का सर्वोच्च नागरिक पुरस्कार भारत रत्न भी शामिल है।

33. (c) कबड्डी को 1990 में बीजिंग में आयोजित 11वें एशियाई खेलों में एक अनुशासन के रूप में शामिल किया गया था। यह पहली बार था जब कबड्डी को एशियाई खेलों में दिखाया गया था, जिसने अंतर्राष्ट्रीय मंच पर अपनी शुरुआत को चिह्नित किया। भारत ऐतिहासिक रूप से कबड्डी में प्रभावशाली रहा है, एशियाई खेलों के कई संस्करणों में इस खेल में स्वर्ण पदक जीते हैं। एशियाई खेलों में कबड्डी को शामिल करने से खेल को अंतर्राष्ट्रीय स्तर पर बढ़ावा देने और इसकी लोकप्रियता बढ़ाने में मदद मिली। कबड्डी एक पारंपरिक भारतीय खेल है जिसमें दो टीमें शामिल होती हैं, जहाँ खिलाड़ी अंक प्राप्त करने के लिए प्रतिद्वंद्वी के आधे हिस्से में छापा मारने के लिए बारी-बारी से खेलते हैं।

34. (a) भारत की राष्ट्रीय बहुआयामी गरीबी सूचकांक (MPI): 2023 की प्रगति समीक्षा के अनुसार, केंद्र शासित प्रदेशों में द्वादरा और नगर हवेली और दमन और दीव में बहुआयामी रूप से गरीबों का प्रतिशत सबसे अधिक है। MPI स्वास्थ्य, शिक्षा और जीवन स्तर में व्यक्तियों द्वारा झेली जाने वाली विभिन्न वंचनाओं के आधार पर गरीबी को मापता है। रिपोर्ट के अनुसार, दादरा और नगर हवेली और दमन और दीव में बहुआयामी गरीबी में रहने वाली जनसंख्या का प्रतिशत अन्य केंद्र शासित प्रदेशों की तुलना में काफी अधिक है। इस केंद्र शासित प्रदेश में उच्च गरीबी दर इन वंचनाओं को दूर करने के लिए लक्षित नीतिगत हस्तक्षेप की आवश्यकता को उजागर करती है।

35. (a) हिमा कोहली को 31 अगस्त, 2021 को भारत के सर्वोच्च न्यायालय के न्यायाधीश के रूप में नियुक्त किया गया था।'वे 7 जनवरी, 2021 को तेलंगाना उच्च न्यायालय की पहली महिला मुख्य न्यायाधीश बनीं। हिमा कोहली भारत के सर्वोच्च न्यायालय में पदोन्नत होने वाली नौवीं महिला हैं। उन्होंने एक विशिष्ट करियर के बाद अगस्त, 2024 में सर्वोच्च न्यायालय को अलविदा कहा।

36. (b) प्रधानमंत्री रोजगार प्रोत्साहन योजना (PMRPY) 2016 में भारत सरकार द्वारा शुरू की गई थी। इस योजना का प्राथमिक उद्देश्य नए रोजगार सृजन के लिए नियोक्ताओं को प्रोत्साहन प्रदान करके रोजगार सृजन को बढ़ावा देना है। पीएमआरपीवाई के अंतर्गत, सरकार नए कर्मचारियों के लिए उनके रोजगार के प्रथम तीन वर्षों के लिए कर्मचारी पेंशन योजना (EPS) हेतु नियोक्ता के 8.33% अंशदान का भुगतान करती है। इस योजना का उद्देश्य सामाजिक सुरक्षा लाभ प्रदान करना तथा नियोक्ताओं को औपचारिक क्षेत्र में अधिक श्रमिकों को नियुक्त करने के लिए प्रोत्साहित करना है। पीएमआरपीवाई सभी क्षेत्रों पर लागू है, जिसमें विनिर्माण और सेवा क्षेत्रों पर विशेष ध्यान दिया गया है।

37. (a) कद्दू के पौधे को विशेष सहारे का उपयोग करके दीवार पर चढ़ाया जा सकता है। कद्दू का पौधा एक प्रकार की बेल है जिसे सहारे मिलने पर दीवारों और अन्य संरचनाओं पर चढ़ाया जा सकता है। कद्दू के पौधों में तंतु होते हैं जो उन्हें सहारे से चिपकने में मदद करते हैं, जिससे वे लंबवत् चढ़ सकते हैं। कद्दू के पौधों को सहारा देने से बगीचे की जगह का अधिकतम उपयोग होता है और बेहतर वायु संचार को बढ़ावा मिलता है, जिससे फंगल रोगों का खतरा कम होता है। ऊर्ध्वाधर सहारा प्रदान करने से कद्दू जमीन से दूर रहते हैं, जिससे सड़ने और कीटों के नुकसान की संभावना कम हो जाती है।

38. (a) तीसरी पंचवर्षीय योजना (1961-1966) में उल्लेख की गई प्रमुख आर्थिक चुनौती युद्धकालीन व्यय और संसाधन आवटंन थी।

39. (a) नॉर्दर्न ब्लैक पॉलिशड वेयर (NBPW) पूर्ण रूप है।

40. (b) लक्ष्मी विश्वनाथन भरतनाट्यम की एक सम्मानित कलाकार थीं, जो भारत के तमिलनाडु से उत्पन्न एक शास्त्रीय नृत्य शैली है। उन्हें भरतनाट्यम में उनके व्यापक योगदान के लिए संगीत अकादमी से प्रतिष्ठित नट्य कलानिधि पुरस्कार मिला। अपनी असाधारण अभिनय (अभिव्यक्ति) और जटिल पैरों के काम के लिए जानी जाती हैं, उन्होंने पारंपरिक रूप में एक अनूठी शैली लाई। उन्होंने प्रसिद्ध गुरु के.एन. दंडायुदपाणि पिल्लई, एक प्रसिद्ध भरतनाट्यम शिक्षक के अधीन प्रशिक्षण लिया।

41. (b) हम जानते हैं कि औसत चाल = $\frac{2ry}{x+y}$

यहाँ = $x = 9$ kKm/h

$y = 18$ kM/h

औसत गति = $\frac{2\times9\times18}{9+18} = \frac{2\times9\times18}{27}$

$\Rightarrow = \frac{324}{17}$

औसत गति = 12 किमी/घंटा

42. (a) कुल दूरी = 210 मीटर + 140 मीटर = 350 मीटर

= 350/18 मीटर/सेकंड

समय = दूरी/सापेक्ष गति

$\Rightarrow$ समय = 350 मीटर/(350/18) मीटर/सेकंड

$\Rightarrow$ समय = 18 सेकंड = 18/60 मिनट

$\Rightarrow$ समय = 0.3 मिनट

43. (a) माना ब्याज r%दर प्रतिवर्ष है।

विपुल के लिए ब्याज = $5400\times\frac{r}{100}\times5$

विजय के लिए ब्याज = $9400\times\frac{r}{100}\times5$

प्रश्नानुसार ब्याज में अंतर = 9840

$= 9400\times\frac{r}{100}\times5-5400\times\frac{r}{100}\times5=840$

$\Rightarrow 5r\left(\frac{9400}{100}-\frac{5400}{100}\right)=840$

$\Rightarrow 5r(94-54)=840$

$\Rightarrow 5r\times40=840$

$\Rightarrow 200r=840$

$\Rightarrow r=\frac{840}{200}$

$\Rightarrow r=4.2$

इस प्रकार वाषिक 4.2% होगा।

44. (a)

$\left[(48\div8)\times\{(49)/(7)+(40)/(4)\times(7-3)\}\right]$

$\Rightarrow \left[(48\div8)\times\{(49)/(7)+(40)/(4)\times(4)\}\right]$

$\Rightarrow \left[(48\div8)\times\{(49)/(7)+(10)\times(4)\}\right]$

$\Rightarrow (48\div8)\times[7+40]$

$\Rightarrow [6\times47]$

$\Rightarrow 282$

45. (d) माना, दो संख्याएँ 4x और 9x हैं

मध्यानुमाती = $\sqrt{ab}$

यहाँ a = 4x, b = 9x

मध्यानुमाती = $\sqrt{(4x\times9x)}$

$\Rightarrow 24=\sqrt{(36x^2)}$

$\Rightarrow 24 = 6x$

$\Rightarrow x = 4$

पहली संख्या = 4x = 4 × 4 = 16

दूसरी संख्या = 9x = 9 × 4 = 36

दोनों में अंतर = 36 – 16 = 20

46. (c) मान लीजिए केतन का प्रारंभिक हिस्सा K है और तुषार का प्रारंभिक हिस्सा है।

K + T = 24700

केतन का धन प्राप्त करने का समय = 22 – 11 = 11 वर्ष

तुषार का धन प्राप्त करने का समय = 22 – 12 = 10 वर्ष

केतन द्वारा प्राप्त राशि = $K\left(1+\frac{8}{100}\right)^{11}$

तुषार द्वारा प्राप्त राशि = $T \times \left(1+\frac{8}{100}\right)^{10}$

दिया गया है कि उन्हें समान राशि प्राप्त होती है:

$\Rightarrow K \times (1.08)^{11} = T \times (1.08)^{10}$

$\Rightarrow K \times 1.08 = T$

पहले समीकरण में T को प्रतिस्थापित करें:

$\Rightarrow K + 1.08K = 24700$

$\Rightarrow 2.08K = 24700$

$\Rightarrow K = \frac{24700}{2.08}$

$\Rightarrow K = 11875$

अब T ज्ञात करें:

T = 24700 – K

$\Rightarrow T = 24700 - 11875$

$\Rightarrow T = 12825$

∴ मंदार ने तुषार को शुरू में ₹12825 दिए थे।

47. (a) अभाज्य गुणनखंड:

$28 = 2^2 \times 7$

$60 = 2^2 \times 3 \times 5$

$120 = 2^3 \times 3 \times 5$

$135 = 3^3 \times 5$

LCM = सभी अभाज्य संख्याओं की उच्चतम घात

$\Rightarrow LCM = 2^3 \times 3^3 \times 5 \times 7$

$= 8 \times 27 \times 5 \times 7$

$= 7560$

48. (a) गणित में कुल अंक = 3 × 60 = 180

अंग्रेजी में कुल अंक = 2 × 70 = 140

विज्ञान में कुल अंक = 1 × 50 = 50

प्राप्त कुल अंक = 180 + 140 + 50 = 370

कुल अधिकतम अंक = 300 + 200 + 100 = 600

⇒ कुल प्रतिशत = (370/600) × 100

⇒ कुल प्रतिशत = 61.67%

49. (a) I के लिए:

⇒ ED = 20 + 20 – (20 × 20)/100

⇒ ED = 40 – 4 = 36%

II के लिए:

⇒ ED = 25 + 15 – (25 × 15)/100

⇒ ED = 40 – 3.75 = 36.25%

III के लिए:

⇒ ED = 30 + 10 – (30 × 10)/100

⇒ ED = 40 – 3 = 37%

IV के लिए:

⇒ ED = 5 + 35 – (5 × 35)/100

⇒ ED = 40 – 1.75 = 38.25%

इस प्रकार ऑफर IV विद्यार्थी को सबसे अधिक छूट प्रदान करता है।

50. (d) 11x + 11y = 132

⇒ 11(x + y) = 132

⇒ x + y = 132/11 = 12

x + y = 12 होने वाले संभावित सह-अभाज्य युग्म (x, y) हैं: (1, 11) और (5, 7)

स्थिति 1: x = 1, y = 11

संख्याएँ हैं 11 × 1 = 11 और 11 × 11 = 121 है। (11, 42 से बड़ा नहीं है, इसलिए यह स्थिति अस्वीकार कर दी जाती है)

स्थिति 2: x = 5, y = 7

संख्याएँ हैं 11 × 5 = 55 और 11 × 7 = 77 है। (दोनों 42 से बड़े हैं)

अंतर = 15577|

अंतर = |22|

अंतर = 22

51. (a) दिया गया है:

पहली संख्या (a) = 16

दूसरी संख्या (b) = 48

प्रयुक्त सूत्र

तृतीयानुपाती (C) = $\frac{b^2}{a}$

गणनाएँ

$c = \frac{48^2}{16}$

$\Rightarrow \frac{2304}{16} = 144$

52. (c) दिया गया है:

विक्रय मूल्य (SP) = ₹ 1,566

लाभ प्रतिशत = 8%

क्रय मूल्य (CP) = $\frac{\text{विक्रय मूल्य}}{\left(1+\frac{\text{लाभ \%}}{100}\right)}$

$= \frac{1,566}{\left(1+\frac{8}{100}\right)} = \frac{1,566}{1.08}$

= ₹ 1,450

53. (d) मान लीजिए कि मूल संख्या x है।

15% घटाने के बाद, संख्या $x - 0.15x = 0.85x$ हो जाती है

20% बढ़ाने के बाद, संख्या $0.85x + 0.20(0.85x) = 0.85x + 0.17x = 1.02x$ हो जाती है

दी गई शर्त के अनुसार:

$1.02x = x + 78$

$\Rightarrow 0.02x = 78$

$\Rightarrow x = 78 / 0.02$

$\Rightarrow x = 3900$

54. (c) A और B द्वारा एक-साथ 1 दिन में किया गया कार्य = 1/32 + 1/48

⇒ (3+2)/965/96

A और B द्वारा 8 दिनों में एक-साथ किया गया कार्य = 8 x 5/96 = 40/96 = 5/12

शेष कार्य = 1 – 5/12 = 7/12

शेष कार्य का 60% = 60/100 × 7/12 = 7/20

B द्वारा 1 दिन में किया गया कार्य = 1/48

B द्वारा 7/20 कार्य को पूरा करने में लगा समय = (7/20) / (1/48)

⇒ 7/20 × 48 = 16 दिन = $16\frac{4}{5}$

55. (a) शंकु का आयतन = $\frac{1}{3}\pi r^2 h$

जहाँ r शंकु की त्रिज्या तथा h शंकु का ऊँचाई है।

पहले शंकु का आयतन = $\frac{1}{3}\pi r^2 h = \frac{1}{3} \times \pi r^2 \times 4$

$= \frac{4}{3}\pi$

दूसरे शंकु का आयतन $= \frac{1}{3}\pi r^2 h = \frac{1}{3}\pi r^2 \times 3$

$= 4\pi$

दोनों शंकु का आयतन का अनुपात

$= \frac{\frac{4}{3}\pi}{\pi} = \boxed{1:3}$

56. (c) माना कि वास्तविक मूल्य ₹ 1 प्रति लीटर है (सरलता के लिए)।

मूल व्यय = 100 × 91 = 100

नया मूल्य = 1 + 1 का 85% = 1 + 0.85 = 1.85

नया व्यय = 100 + 100 का 48%

= 100 + 48 = 148

नया व्यय = नया मूल्य कम खपत

$= 148 = 1.85 \times x$

$\Rightarrow x = \frac{148}{1.85}$

$\Rightarrow x = 80$

इसलिए, खपत को 100 – 80 = 20% कम किया जाना चाहिए।

57. (a) दिया गया है:

साधारण ब्याज (SI) = ₹42

चक्रवृद्धि ब्याज (CI) = ₹51

समय (T) = 2 वर्ष

प्रयुक्त सूत्र:

SI = (P* R * T)/100

CI = P(1 + R/100) – P

42 = (P × R × 2)/100

⇒ PR = 42 × 50

⇒ PR = 2100 ...(1)

51 = $P(1 + R/100)^2 – P$

⇒ 51 = $P [(1 + R/100)^2 – 1]$

⇒ 51 = $P [1 + 2R/100 + (R/100)^2 – 1]$

⇒ 51 = $P [1 + 2R/100 + (R/100)^2 – 1]$

⇒ 51 = $P [R/50 + R^2/10000]$

⇒ 510000 = $P [200R + R^2]$

⇒ 510000 = $200PR + PR^2$ ... (2)

(1) को (2) में प्रतिस्थापित करने पर

⇒ 510000 = 200 × 2100 + 2100 × R

⇒ 510000 420000 + 2100R

900002100R

→ R = 90000/2100

⇒ R = 300/7

R को (1) में प्रतिस्थापित करने पर

= P × (300/7) = 2100

⇒ P = 2100 × (7/300)

⇒ P = 7 × 7 = 49

58. (d) मान लीजिए कि 1 किलो माल का क्रय मूल्य ₹ 100 है।

वास्तविक दिया गया वजन = 1 किलो 1 किलो का 46%

⇒ वास्तविक दिया गया वजन

= 1 किलो - 0.46 किलो

⇒ वास्तविक दिया गया वजन 0.54 किलो

0.54 किलो माल का विक्रय मूल्य = 100 (चूँकि वह क्रय मूल्य पर बेचने का दावा करता है)

0.54 किलो माल का क्रय मूल्य = 0.54 × 100

= 0.54 किलो माल का क्रय मूल्य = ₹ 54

लाभ = विक्रय मूल्य - क्रय मूल्य

= लाभ = 100 – 54

= लाभ = ₹ 46

लाभ प्रतिशत = (लाभ/क्रय मूल्य) × 100

⇒ लाभ प्रतिशत = (46/54) × 100

⇒ लाभ प्रतिशत = $85\frac{5}{27}\%$

59. (a) गोपाल, अक्षय और अतुल के वजन का योग

= गोपाल + अक्षय + अतुल

= 46 × 3 = 138 किग्रा ...(1)

= गोपाल + अक्षय = 40 × 2 = 80 किग्रा ...(2)

= अक्षय + अतुल = 45 × 2 = 90 किग्रा ...(3)

समीकरण 2 और 3 के योग में से समीकरण 1 घटाएँ

(गोपाल + 2 अक्षय + अतुल) – (गोपाल + अक्षय + अतुल) = 80 + 90 – 138

= अक्षय = 32 किग्रा

∴ अक्षय का वजन 32 किया है।

60. (c) अभाज्य गुणनखंड:

15 = 3 × 5

25 = 5^2

40 = 2^3 × 5

75 = 3 × 5^2

LCM = $2^3 \times 3 \times 5^2$ = 600

सबसे बड़ी चार अंकों की संख्या = 9999

⇒ 9999 ÷ 600 = 16.665

⇒ निकटतम पूर्णांक भागफल = 16

⇒ 600 से विभाज्य सबसे बड़ी चार अंकों की संख्या = 600 × 16 = 9600

61. (b) '**खिन्न**' शब्द का **विलोम** शब्द '**प्रसन्न**' होगा।

'**खिन्न**' का अर्थ - उदासीन, चिंतित, **अप्रसन्न**, नाराज, दुखी।

62. (c) 'तोता उड़कर पेड़ की **फुनगी पर बैठ गया**।' वाक्य में 'देशज' शब्द '**फुनगी**' होगा।

63. (a) गलत शब्द "टोलियाँ" है। सही रूप "तोलियाँ" होगा क्योंकि बहुवचन बनाने में 'याँ' का प्रयोग होता है, न कि 'इयाँ'। वाक्य का शुद्ध रूप होगा: "मेले में छात्रों की कई टोलियाँ थीं।

64. (d) "प्रेम और हरि तुम्हारे मामा हैं।" एक **बहुवचन** से संबंधित वाक्य है क्योंकि इसमें **दो व्यक्तियों** (प्रेम और हरि) का उल्लेख किया गया है और **"हैं"** सहायक क्रिया का प्रयोग हुआ है, जो **बहुवचन** को दर्शाता है।

65. (d) जीवन में हमेशा मनुष्य को टेढ़े-मेढ़े रास्ते से गुजरता पड़ता है।

66. (c) '**विष्णु**' का पर्यायवाची शब्द '**जनार्दन**' है। '**विष्णु**' के अन्य पर्यायवाची शब्द - हरि, नारायण, माधव, केशव, अच्युत, चक्रपाणि, विश्वंभर, मुकुंद, हृषीकेश, दामोदर, गोविंद, लक्ष्मीपति।

67. (d) "ऊँचा मकान", "मोटा लड़का", "लाल कपड़ा" विशेष रूप से सहायक हैं। लेकिन "उतार-चढ़ाव" में कोई विशेषण नहीं है।

68. (b) मेरे परीक्षा में अच्छे अंक आए हैं। वाक्य में प्रयुक्त रेखांकित एकार्थी शब्द के लिए उचित विकल्प है- **गिनती के अंक**

69. (a) अनन्या स्नेहा को पत्र लिख रही है। इस वाक्य को प्रेरणार्थक क्रिया का प्रयोग करके इस प्रकार लिखा जा सकता है। अनन्या स्नेहा से पत्र लिखवाती है।

70. (a) उचित मुहावरे का प्रयोग नहीं किया गया है - **तुमने मेरा इतना पैसा ले रखा है, लेकिन मुझे देखते ही कनी चाटने लगते हो।**

71. (d) "छमाही" का अर्थ छह माह की अवधि से होता है । "छमाई" बोलचाल में गलत होता है, शुद्ध रूप में "छमाही" है।

72. (d) जिसकी उपमा न दी जा सके - अनुपम।

73. (b) शुद्ध वाक्य है- **मेरे पास केवल एक घड़ी है।**

74. (d) '**ग्राहय**' शब्द का **विलोम** शब्द '**त्याज्य**' होगा। '**ग्राहय**' शब्द का अर्थ है - ग्रहण करने योग्य। '**त्याज्य**' शब्द का अर्थ त्यागने योग्य, जो छोड़ देने योग्य हो।

75. (b) (a) "तुम्हारा गाँव कौन सा है ?" अर्थहीन है।

(c) "आपकी बातें बहुत मीठी हैं।" "मीठा" की जगह "मीठा" होना चाहिए ।

"अच्छी" की जगह "अच्छा" होना चाहिए इसलिए केवल (b) शुद्ध (d) "मोहन का व्यवहार अच्छा नहीं है।" "अच्छी" की जगह "अच्छा" होना चाहिए । इसलिए केवल (b) शुद्ध वाक्य है।

76. (b) गद्यांश में स्पष्ट है कि मैन बैग पाइपर बजा रहा था, जो सहनाई जैसा वाद्य है।

77. (a) यहां क्रिया "था" उपयुक्त है क्योंकि गांव खींच रहा है और वाक्य भूतकाल में है।

78. (a) वाद्य यंत्र के साथ "बजाना" क्रिया सुसंगत है ।

79. (d) "अदब" का विपरीत अर्थ "बेअदब" है।

80. (a) वाक्य के चिन्हित शब्द का पर्यायवाची शब्द नहीं है- **रूपक**

❑❑❑

SSC कांस्टेबल (जी.डी.)

भर्ती परीक्षा

सॉल्व्ड पेपर–2025

तारीख: 04/02/2025

समय: 12.00 AM to 1.00 PM

भाग-I: सामान्य बुद्धिमत्ता एवं तर्कशक्ति

1. PSPN अंग्रेजी वर्णमाला क्रम के आधार पर एक निश्चित तरीके से OROM से संबंधित है। उसी तरीके से YBYW, XAXV से संबंधित है। उसी तर्क का अनुसरण करते हुए QTQO दिए गए विकल्पों में से किससे संबंधित है?

(a) PTOQ (b) PRON
(c) PSPN (d) PSON

2. एक निश्चित कूट भाषा में,
'A + B' का अर्थ है कि 'A, B की बहन है',
'A – B' का अर्थ है कि 'A, B का पिता है',
'A × B' का अर्थ है कि 'A, B का भाई है और
'A ÷ B' का अर्थ है कि 'A, B की माता है'।
यदि 'A ÷ B + C × D – E' है, तो A का D से क्या संबंध है?

(a) बहन की पुत्री (b) पुत्री की बहन
(c) पिता की माता (d) माता

3. अंग्रेजी वर्णमाला क्रम के आधार पर REMY एक निश्चित प्रकार से VHOZ से संबंधित है। ZFHU ठीक उसी प्रकार DIJV से संबंधित है। उसी तर्क का अनुसरण करते हुए LBSO दिए गए विकल्पों में से किससे संबंधित है?

(a) QDWR (b) PEUP
(c) OFVQ (d) RDWP

4. आठ व्यक्ति दो समानांतर पंक्तियों में बैठे हैं जिनमें से प्रत्येक पंक्ति में 4 व्यक्ति इस प्रकार बैठे हैं कि आसन्न व्यक्तियों के बीच की दूरी समान है।
पंक्ति 1 में - I, N, K और S बैठे हैं और उन सभी का मुख दक्षिण की ओर है।
पंक्ति 2 में - P, A, R और T बैठे हैं और उन सभी का मुख उत्तर की ओर है।
इस प्रकार, पहली पंक्ति के प्रत्येक व्यक्ति का मुख दूसरी पंक्ति के किसी अन्य व्यक्ति की ओर है।
R, A के ठीक दाईं ओर बैठा है। K और S के बीच में केवल दो व्यक्ति बैठे हैं। A, K के सम्मुख है। जो व्यक्ति N के सम्मुख है, वह P के ठीक बाईं ओर बैठा है। T किसी भी छोर पर नहीं बैठा है।
निम्नलिखित में से कौन-सा विकल्प, एक-दूसरे के सम्मुख बैठे दोनों व्यक्तियों को निरूपित करता है?

(a) N और P (b) S और R
(c) I और R (d) K और T

5. यदि शब्द JOSTLED के प्रत्येक अक्षर को अंग्रेजी वर्णमाला क्रम में व्यवस्थित किया जाए, तो कितने अक्षरों का स्थान अपरिवर्तित रहेगा?

(a) 1 (b) 2
(c) 3 (d) 0

6. ____________ को 9-18-12-6 के रूप में और 'TBRX' को '5-23-7-1' के रूप में ____________ भाषा में 'KAVO' के लिए कूट क्या है?

(a) 14-24-3-10 (b) 13-25-6-12
(c) 11-21-2-9 (d) 15-26-4-11

7. एक पासे के फलकों पर D, X, A, N, R और E अक्षर अंकित हैं। नीचे एक ही पासे की दो स्थितियाँ दी गई हैं। फलक A के विपरीत कौन-सा फलक है?

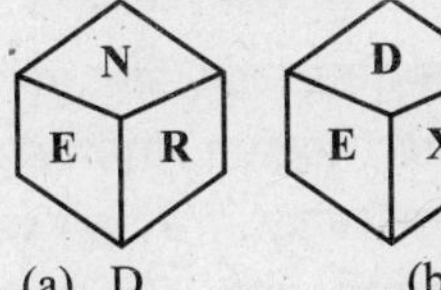

(a) D (b) R
(c) E (d) N

8. जब दर्पण को नीचे दर्शाए गए अनुसार MN पर रखा जाता है, तो दी गई आकृति के सही दर्पण प्रतिबिंब का चयन कीजिए।

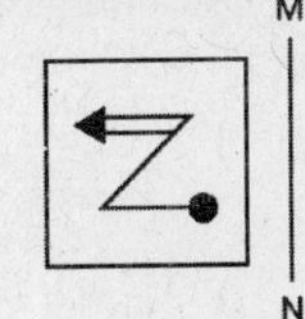

(a) 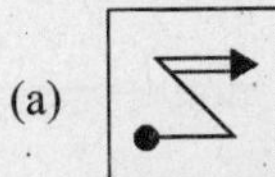 (b) 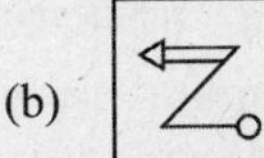

(c) 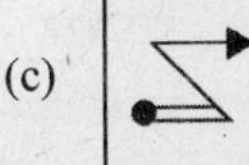 (d) 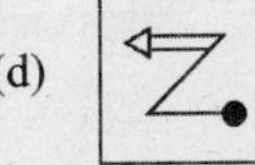

9. एक पासे के फलकों पर I, L, O, V, A और F अक्षर अंकित हैं। नीचे एक ही पासे की दो स्थितियाँ दी गई हैं। फलक 0 के विपरीत कौन-सा फलक है?

(a) F (b) L
(c) V (d) A

10. दी गई शृंखला में प्रश्न चिह्न (?) के स्थान पर क्या आना चाहिए?
79 72 58 37 9 ?

(a) –27 (b) –25
(c) –26 (d) –24

11. अंग्रेजी वर्णमाला क्रम के आधार पर दी गई शृंखला में प्रश्न-चिह्न (?) के स्थान पर क्या आना चाहिए?
WUY KIM YWA MKO?

(a) AYC (b) BYC
(c) ZYC (d) CYC

12. निम्नलिखित चार अक्षर-समूहों में से तीन एक निश्चित प्रकार से समान हैं और इस प्रकार एक समूह बनाते हैं। वह कौन-सा अक्षर-समूह है जो उस समूह से संबंधित नहीं है?
(ध्यान दें: असंगत अक्षर समूह, उस अक्षर-समूह में व्यंजनों/स्वरों की संख्या या उनके स्थान पर आधारित नहीं है।)

(a) EIK (b) CGI
(c) PTV (d) GLM

13. निम्नलिखित वर्गों के बीच संबंधों को सटीक रूप से निरूपित करने वाले वेन आरेख का चयन कीजिए।
परिवहन, बस, हवाई जहाज

(a) 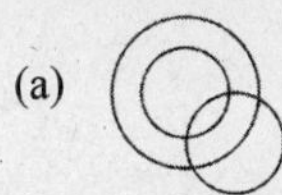 (b) 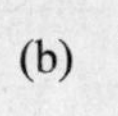 

(c)  (d) 

14. दी गई श्रृंखला में प्रश्न चिह्न (?) के स्थान पर क्या आना चाहिए ?
14 23 42 71 110?

(a) 180 (b) 164
(c) 159 (d) 172

15. विकल्पों में दी गई उस आकृति की पहचान कीजिए जिसे प्रश्न चिह्न (?) के स्थान पर रखने पर श्रृंखला तार्किक रूप से पूर्ण हो जाएगी।

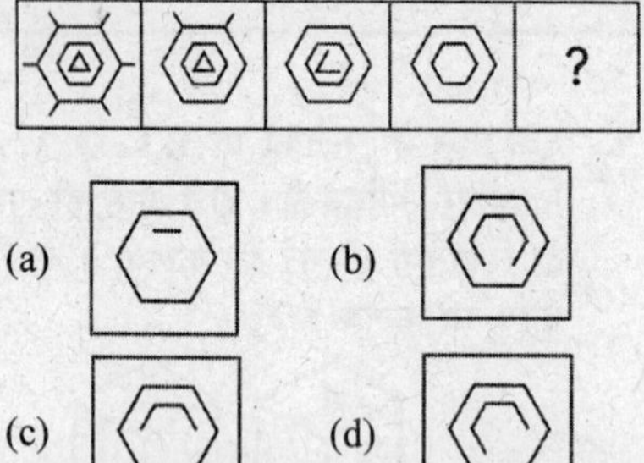

16. सात व्यक्ति P, Q R S T U और Y एक सीधी पंक्ति में उत्तर की ओर अभिमुख होकर बैठे हैं (परंतु जरूरी नहीं कि वे इसी क्रम में बैठे हों। V Q के ठीक दाईं ओर तथा R के ठीक बाईं ओर बैठा है। P, R के ठीक दाईं ओर तथा S के ठीक बाईं ओर बैठा है। U, S के दाईं ओर दूसरे स्थान पर बैठा है। U पंक्ति के किसी एक छोर पर बैठा है। S और U के बीच कौन बैठा है ?

(a) V (b) T
(c) P (d) R

17. यदि '+' और '–' को परस्पर बदल दिया जाए तथा '×' और '÷' को परस्पर बदल दिया जाए, तो निम्नलिखित समीकरण में प्रश्न चिह्न (?) के स्थान पर क्या आएगा ?

$18 \div 5 + 26 - 45 \times 5 = ?$

(a) 68 (b) 73
(c) 75 (d) 80

18. दिए गए कथनों और निष्कर्षों को ध्यानपूर्वक पढ़िए। यह मानते हुए कि कथनों में दी गई जानकारी सत्य है, चाहे वह सामान्यतः ज्ञात तथ्यों से भिन्न प्रतीत होती हो और निर्णय लीजिए कि दिए गए निष्कर्षों में से कौन- सा/कौन-से निष्कर्ष कथनों का तार्किक रूप से अनुसरण करता है/करते हैं।

कथन:

सभी तार, केबल हैं।

सभी तार, रस्सियाँ हैं।

कुछ रस्सियाँ, स्टील हैं।

निष्कर्ष:

(I) कुछ स्टील, तार हैं।

(II) कुछ रस्सियाँ, केबल हैं।

(a) केवल निष्कर्ष (II) अनुसरण करता है
(b) न तो निष्कर्ष (I) और न ही (II) अनुसरण करता है
(c) केवल निष्कर्ष (1) अनुसरण करता है
(d) निष्कर्ष (I) और (II) दोनों अनुसरण करते हैं

19. किसी निश्चित कूट भाषा में, 'TEDI' को '11' के रूप में कूटबद्ध किया जाता है और 'SUCBVO' को '13' के रूप में कूटबद्ध किया जाता है। दी गई कूट भाषा में 'YXJIAZL' को किस प्रकार कूटबद्ध किया जाएगा ?

(a) 14 (b) 9
(c) 10 (d) 12

20. उस विकल्प का चयन कीजिए, जो अक्षरों के उस क्रम को दर्शाता है, जिसे नीचे दिए गए रिक्त स्थानों में क्रमिक रूप से बाएँ से दाएँ रखे जाने पर दी गई अक्षर श्रृंखला पूरी हो जाएगी।
_K_UTO_L_TO__UTOKL__

(a) LOKUKTUL (b) OKLUKULT
(c) OLKUKLUT (d) OLKUKUTL

भाग-II: सामान्य ज्ञान एवं सामान्य जागरूकता

21. किसी राज्य की विधान सभा को भंग करने की शक्ति किसके पास निहित है ?

(a) राज्य के मुख्यमंत्री
(b) राज्य के राज्यपाल
(c) राज्य के मुख्य सचिव
(d) उच्च न्यायालय के मुख्य न्यायाधीश

22. संविधान (अनुसूचित जाति और अनुसूचित जनजाति) आदेश (संशोधन) विधेयक, 2024 का उद्देश्य निम्नलिखित में से किस भारतीय राज्य में अनुसूचित जाति और अनुसूचित जनजाति की सूची को संशोधित करना है ?

(a) उत्तर प्रदेश (b) राजस्थान
(c) महाराष्ट्र (D) ओडिशा

23. जून 2024 में, किसने अपनी वायनाड लोकसभा सीट से त्यागपत्र दे दिया ?

(a) मल्लिकार्जुन खड़गे
(b) प्रियंका गांधी वाड्रा
(c) राहुल गांधी
(d) सोनिया गांधी

24. भारतीय पैरा-एथलीट पारुल परमार किस खेल से संबंध रखती हैं ?

(a) निशानेबाजी (b) बैडमिंटन
(c) तैराकी (d) एथलेटिक्स

25. कपड़ा उद्योग में कपड़ों के श्वेतन (या रंग हटाने) के लिए किस रसायन का उपयोग किया जाता है ?

(a) कैल्शियम ऑक्सीक्लोराइड
(b) कैल्शियम क्लोराइड
(c) सोडियम कार्बोनेट
(d) सोडियम हाइड्रोजनकार्बोनेट

26. राष्ट्रीय बहुआयामी गरीबी सूचकांक 2023 के अनुसार, निम्नलिखित में से किस राज्य में सबसे तेजी से गरीबी में कमी आई है ?

(a) हरियाणा (b) मणिपुर
(c) कर्नाटक (d) उत्तर प्रदेश

27. निम्नलिखित में से कौन-सा वेद मुख्य रूप से बुरी आत्माओं और बीमारियों को दूर करने के लिए जादुई मंत्रों और आकर्षण का संग्रह है ?

(a) ऋग्वेद (b) सामवेद
(c) अथर्ववेद (d) यजुर्वेद

28. बांग्लादेश के संविधान के अनुसार, निम्नलिखित में से कौन-सा बांग्लादेश का राज्य धर्म है ?

(a) इस्लाम (b) ईसाई धर्म
(c) हिन्दू धर्म (d) बौद्ध धर्म

29. निम्नलिखित में से किस अधिकार को जीवन का अधिकार और व्यक्तिगत स्वतंत्रता के अधिकार का एक घटक माना जाता है ?

(a) अभिव्यक्ति की स्वतंत्रता का अधिकार
(b) समानता का अधिकार
(c) निजता का अधिकार
(d) संपत्ति का अधिकार

30. रानी मचैया _______ की एक उम्माथत (Ummathat) लोक नर्तकी हैं, जिन्हें कला (लोक नृत्य के क्षेत्र में पद्म श्री 2023 प्राप्त हुआ।

(a) केरल (b) तेलंगाना
(c) कर्नाटक (d) गोवा

31. लॉरेंशियम, एक रासायनिक तत्व जिसे एक्टिनाइड्स के अंतिम सदस्य के रूप में वर्गीकृत किया गया है, का परमाणु क्रमांक कितना है ?

(a) 108 (b) 103
(c) 101 (d) 99

32. 'कलिंग महोत्सव' किस राज्य में मनाया जाता है ?

(a) कर्नाटक (b) महाराष्ट्र
(c) ओडिशा (d) असम

33. 1947 में जब भारत को स्वतंत्रता प्राप्त हुई, तब ब्रिटिश प्रधानमंत्री कौन थे ?

(a) एंथनी ईडन (Anthony Eden)
(b) विंस्टन चर्चिल (Winston Churchill)
(c) क्लेमेंट एटली (Clement Attlee)
(d) रैमसे मैकडोनाल्ड (Ramsay MacDonald)

34. प्रथम पंचवर्षीय योजना (1951-1956) का मुख्य लक्ष्य क्या था ?
(a) तीव्र औद्योगीकरण
(b) कृषि विकास
(c) भारी उद्योगों का विकास
(d) उद्योगों का निजीकरण

35. पंचवर्षीय योजना का निम्नलिखित में से कौन-सा लक्ष्य सीधे जनता से संबंधित है ?
(a) समता (b) आत्मनिर्भरता
(c) विकास (d) आधुनिकीकरण

36. नीलगिरि सबसे पुरानी पर्वत श्रृंखलाओं में से एक है, यह किन तीन राज्यों के त्रि-सीमा पर स्थित है ?
(a) गुजरात, राजस्थान, हरियाणा
(b) तमिलनाडु, केरल, कर्नाटक
(c) उत्तरी यूपी, उत्तराखंड, हिमाचल प्रदेश
(d) असम, नागालैंड, त्रिपुरा

37. निम्नलिखित में से कौन रॉक 'एन' रोल (Rock 'n' Roll) को हिंदी धुनों में लाने वाले पहले संगीत निर्देशक थे ?
(a) राहुल देव बर्मन (b) हरिप्रसाद चौरसिया
(c) रवि शंकर (d) जाकिर हुसैन

38. दिए गए रंगों में से कौन-सा जूडो ग्रेड (judo grades) से संबंधित नहीं है ?
(a) लाल (b) सफ़ेद
(c) गुलाबी (d) नीला

39. ऐसी पहली पंचवर्षीय योजना कौन-सी थी जिसे पूरी होने से पहले ही समाप्त कर दिया गया और क्यों ?
(a) द्वितीय योजना, आर्थिक अस्थिरता के कारण
(b) तृतीय योजना, प्राकृतिक आपदाओं के कारण
(c) सातवीं योजना, राजनीतिक संघर्षों के कारण
(d) पाँचवीं योजना, सरकार में परिवर्तन के कारण

40. पद्म श्री पुरस्कार से सम्मानित शोभना नारायण किस भारतीय शास्त्रीय नृत्य शैली से संबंधित हैं ?
(a) मणिपुरी (b) कथक
(c) भरतनाट्यम (d) ओडिसी

भाग-III: प्रारंभिक गणित

41. सारंग ने HDFC में 4% वार्षिक ब्याज दर पर कुछ धनराशि का निवेश किया। यदि 2 वर्षों के बाद, सारंग को वार्षिक रूप से चक्रवृद्धि होने वाले चक्रवृद्धि ब्याज के रूप में ₹153 प्राप्त होता है, तो संगत साधारण ब्याज (₹ में) कितना होगा ?
(a) 165 (b) 150
(c) 145 (d) 160

42. एक ग्राहक किसी विशेष वस्तु को खरीदने के लिए 40% की छूट या 25% और 15% की दो क्रमिक बीच निर्णय नहीं ले पा रहा है। दोनों छूटों के बीच कितना अंतर है ?
(a) 3.75% (b) 2.75%
(c) 3.25% (d) 2.25%

43. एक दुकानदार के पास 7 cm त्रिज्या वाला एक गोलाकार लड्डू है। उसी सामग्री से 3.5 cm त्रिज्या वाले कितने लड्डू बनाए जा सकते हैं ?
(a) 4 (b) 6
(c) 12 (d) 8

44. 672 और 7056 का LCM ज्ञात कीजिए।
(a) 28224 (b) 42336
(c) 7056 (d) 14112

45. रचिन एक दूरी 2 घंटे तक 60 km/hr की चाल से और 80 km की दूरी 40 km/hr की चाल से तय करता है। रचिन की औसत चाल (km/hr में) ज्ञात कीजिए।
(a) 50 (b) 59
(c) 55 (d) 47

46. दो रेलगाड़ियों, जिनमें से प्रत्येक 180 m लंबी है, समानांतर पटरियों पर 50 km/hr और 70 km/hr की चाल से एक-दूसरे की ओर बढ़ रही हैं। कितने सेकंड में वे एक-दूसरे को पूरी तरह से पार कर जाएँगी ?
(a) 10.4 (b) 10.6
(c) 10.8 (d) 10.2

47. मूल्यांकन कीजिए: $(-9)-(-60)\ (-12)\div(-3)\times 9$
(a) −41 (b) −44
(c) −40 (d) −43

48. पेट्रोल के मूल्य में (प्रति लीटर) 60% की वृद्धि होती है। इसकी खपत में कितने प्रतिशत की कमी कर दी जाए कि इस पर होने वाले व्यय में केवल 12% की वृद्धि हो ?
(a) 36% (b) 30%
(c) 66% (d) 70%

49. राजेश्वर एक कार्य को 12 दिनों में विक्रम 6 दिनों में और टाइगर 15 दिनों में पूरा कर सकता है। वे सभी एक-साथ कार्य करना शुरू करते हैं, लेकिन राजेश्वर 2 दिन बाद कार्य करना छोड़ देता है और विक्रम कार्य पूरा होने से 3 दिन पहले कार्य करना छोड़ देता है। कार्य कितने दिनों में पूरा होगा ?
(a) $5\frac{4}{7}$ (b) $5\frac{5}{7}$
(c) $5\frac{6}{7}$ (d) $5\frac{3}{7}$

50. मूल्यांकन कीजिए- $16 + 10 \div 5 - 2 \times 3$
(a) 12 (b) 15
(c) 14 (d) 11

51. एक बेईमान दुकानदार अपने सामान को क्रय मूल्य पर बेचने का दावा करता है। हालाँकि, वह एक ऐसे बाट का उपयोग करता है जिसका वजन वास्तव में उस पर लिखे वजन से 26% कम है। उसका लाभ प्रतिशत ज्ञात कीजिए।
(a) $36\frac{6}{37}\%$ (b) $37\frac{10}{37}\%$
(c) $34\frac{5}{37}\%$ (d) $35\frac{5}{37}\%$

52. निम्नलिखित का मान ज्ञात कीजिए।
$$\left[(84\div 6)\times\left\{\frac{91}{6}+\frac{16}{2}\times(8-6)\right\}\right]$$
(a) 400 (b) 426
(c) 409 (d) 406

53. दो ट्रेनें 60 km/h और 110km/h की चाल से विपरीत दिशाओं में गति कर रही हैं। एक ट्रेन की लंबाई 360 m है। उन्हें एक-दूसरे को पार करने में 21 सेकंड का समय लगता है। दूसरी ट्रेन की लंबाई (m में) दशमलव के 2 स्थानों तक ज्ञात कीजिए।
(a) 630.92 (b) 632.93
(c) 630.08 (d) 631.66

54. एक उम्मीदवार को 25% अंक प्राप्त होते हैं और वह 68 अंकों से अनुत्तीर्ण हो जाता है, जबकि एक-दूसरे उम्मीदवार, जिसे 50% अंक प्राप्त होते हैं, को परीक्षा उत्तीर्ण करने के लिए आवश्यक न्यूनतम अंकों से 42 अंक अधिक प्राप्त होते हैं। परीक्षा के लिए पूर्णांक (maximum marks) ज्ञात कीजिए।
(a) 440 (b) 400
(c) 430 (d) 410

55. वार्षिक साधारण ब्याज की समान दर पर अमित ₹5400 की राशि का निवेश करता है और गोपाल ₹9400 की राशि का निवेश करता है। यदि 4 वर्ष के अंत में, गोपाल को अमित से ₹480 अधिक ब्याज प्राप्त होता है, तो वार्षिक ब्याज की दर (प्रतिशत में) ज्ञात कीजिए।
(a) 5 (b) 3
(c) 2 (d) 4

56. एक दुकानदार ने ₹520 में एक वस्तु खरीदी। 10% लाभ प्राप्त करने के लिए उसे वस्तु को किस मूल्य (₹ में) पर बेचना चाहिए?

(a) 584 (b) 468
(c) 560 (d) 572

57. एक कक्षा के 48 विद्यार्थियों की औसत आयु 22 वर्ष है। यदि शिक्षक की आयु भी सम्मिलित कर ली जाए, तो संपूर्ण समूह की औसत आयु 23 वर्ष हो जाती है। शिक्षक की आयु (वर्ष में) ज्ञात कीजिए।

(a) 68 (b) 70
(c) 71 (d) 60

58. एक किले में 150 पुरुषों के लिए 85 दिनों के भोजन का प्रबंध था। 15 दिनों के बाद, 25 पुरुष किले से चले गए। बचा हुआ भोजन कितने दिनों तक चलेगा?

(a) 84 (b) 82
(c) 80 (d) 88

59. यदि 7A = 6B = 12C है, तो A : B : C ज्ञात कीजिए।

(a) 14 : 12 : 7 (b) 7 : 12 : 14
(c) 12 : 7 : 14 (d) 12 : 14 : 7

60. नितिन के पास ₹1617 हैं। उसने इसे अपने पुत्रों प्रवीण और ऋषि के बीच बांट दिया तथा उन्हें इसे वार्षिक रूप से चक्रवृद्धि होने वाले 10% ब्याज दर पर निवेश करने को कहा। यह देखा गया कि प्रवीण और ऋषि को क्रमश: 17 और 18 वर्ष बाद समान धनराशि प्राप्त हुई। नितिन ने प्रवीण को कितनी धनराशि (₹ में) दी थी?

(a) 770 (b) 847
(c) 870 (d) 697

भाग-IV: हिंदी

61. 'रसोइये ने आज ______।'
उपयुक्त विदेशज शब्द से वाक्य पूर्ण करें-

(a) रसोई नहीं बनायी (b) सूप नहीं बनाया
(c) आटा नहीं गूँधा (d) रोटी नहीं बनायी

62. 'पड़ोसी देश में भूकंप और सूनामी से भारी क्षति हुई।'
उपरोक्त अशुद्ध वाक्य के शुद्ध रूप का चयन करें-

(a) पड़ोसी देश में भूकंप और सुनामी से भारी क्षति हुई।
(b) पड़ोसी देश में भूकंप और सूनामी से भारी क्षती हुई।
(c) पड़ोसी देश से भूकंप और सूनामी से भारी क्षति हुई।
(d) पड़ोसी देश में भूकंप और सुनामी से भारी क्षती हुई।

63. 'उल्लू सीधा करना' मुहावरे का उपयुक्त अर्थ क्या है?

(a) उल्लू पालना
(b) भयभीत करना
(c) खुशामद करना
(d) अपना काम निकालना

64. निम्नलिखित वाक्य में रेखांकित पद के बदले कौन-सा विकल्प उपयुक्त होगा? बूढ़ी काकी जूठी पत्तलों को <u>खाने</u> लगी।

(a) देखने (b) निगलने
(c) चाटने (d) चबाने

65. निम्नलिखित वाक्यांश के लिए सार्थक शब्द चुनिए-
जिसका कोई अंग भंग हो

(a) अपाहिज (b) भुजाहीन
(c) षडंग (d) चौपाया

66. निम्नलिखित वाक्यांश के लिए सार्थक शब्द चुनिए
बढ़ा-चढ़ाकर कही गयी बात

(a) अन्योक्ति (b) अनाशयोक्ति
(c) उपयुक्ति (d) अतिशयोक्ति

67. 'बिना सोचे समझे किसी भी बात पर विश्वास करना' के लिए निम्नलिखित में से उपयुक्त मुहावरा है-

(a) अत्यधिक विश्वास पात्र न होना
(b) कान का कच्चा होना
(c) अपना राग अलापना
(d) अत्यधिक गुणी होना

68. दिए गए शब्द का उचित विलोम शब्द चुनिए-
उन्नत

(a) उन्नति (b) अवनत
(c) पतन (d) सवनत

69. 'सत्कार' का विलोम शब्द है-

(a) तिरस्कार (b) आतिथ्य
(c) पुरस्कार (d) परमार्थ

70. निम्नलिखित में से 'दुराग्रह' के लिए विलोम शब्द है-

(a) आरंभ (b) आग्रह
(c) अवस्था (d) अवसान

71. रेखांकित शब्द के विलोम से दिया गया वाक्य पूर्ण करें-
सृष्टि का आरंभ ईश्वर से है तो ______ भी उसी की इच्छा से होगी।

(a) ध्वंस (b) विनाश
(c) निर्माण (d) प्रलय

72. कौन-सा तत्सम शब्द निम्न वाक्य के लिए उपयुक्त होगा? चयन करके वाक्य पूर्ण कीजिए। आप पहले ______ का मेल करें; फिर आगे बढ़िए।

(a) मंडली (b) निवृत्ति
(c) कौमुदी (d) कुंडली

73. निम्नलिखित में से कौन-सा वाक्य सकर्मक क्रिया की दृष्टि से अशुद्ध है?

(a) राम बहुत रोता है
(b) मोहन रोटी खाता है
(c) शीला पत्र लिखती है
(d) उपासना दूध पीती है

74. निम्नलिखित वाक्य में वर्तनी संबंधी त्रुटि की पहचान करें। ज्योति लंबी समय पश्चात अपने गाँव वापस लौटी थी।

(a) पश्चात (b) गाँव
(c) ज्योति (d) लंबी

75. 'कहाँ राजा भोज, नहीं गंगू तेली।' वाक्य शुद्धि हेतु रेखांकित स्थान पर उचित क्रिया विशेषण होगा-

(a) इसलिए (b) कहीं
(c) कहाँ (d) तो

प्रश्न संख्या 76 से 80 तक के उत्तर दिए गए गद्यांश के आधार पर दीजिए।

राष्ट्रीय एवं अंतर्राष्ट्रीय स्तर पर _____ (76) महिलाओं के समक्ष भारत में बल्कि यह कहे कि सम्पूर्ण विश्व में एक समस्या सर्वाधिक _____ (77) है और वह यह कि इन महिलाओं को यौन उत्पीड़न का भी शिकार होना पड़ता है। पूर्व में केवल फिल्म जगत से जुड़े महिला कलाकारों के सम्बंध में ऐसी बातें उठती थीं, जबकि वर्तमान में _____ (78) के हर क्षेत्र में यह समस्या उत्पन्न होने लगी है _____ (79) लोगों द्वारा तो उन्हें सताया जाता ही था, अब तथाकथित शिक्षितों द्वारा भी उन्हें सताया जा रहा है। पंजाब के पूर्व पुलिस महानिदेशक और भारतीय हॉकी संघ के अध्यक्ष कँवरपाल सिंह गिल और भारतीय प्रशासनिक सेवा की _____ (80) श्रीमती बजाज के बीच विवाद को लेकर न्यायालय में जो मामला उठाया गया था वह यौन उत्पीड़न का ही मामला था।

76. गद्यांश के रिक्त स्थान की पूर्ति दिए गए विकल्पों में से उचित विकल्प से कीजिए-

(a) कामकाजी (b) घरेलू
(c) वृद्ध (d) अकेली

77. गद्यांश के रिक्त स्थान की पूर्ति दिए गए विकल्पों में से उचित विकल्प से कीजिए -

(a) सहज (b) सामान्य
(c) विशेष (d) जटिल

78. गद्यांश के रिक्त स्थान की पूर्ति दिए गए विकल्पों में से उचित विकल्प से कीजिए-

(a) विश्व (b) शहर
(c) समाज (d) संस्कृति

79. गद्यांश के रिक्त स्थान की पूर्ति दिए गए विकल्पों में से उचित विकल्प से कीजिए -

(a) बली (b) अशिक्षित
(c) गरीब (d) गँवार

80. गद्यांश के रिक्त स्थान की पूर्ति दिए गए विकल्पों में से उचित विकल्प से कीजिए-

(a) सहयोगी (b) नौकर
(c) पदाधिकारी (d) कर्मचारी

उत्तर (हल/संकेत)

1. (c) यहाँ अनुसरित तर्क निम्न है-

क्योंकि, PSPN का संबंध OROM से है-

16 19 16 14
P S P N
↓−1 ↓−1 ↓−1 ↓−1
O R O M
15 18 15 13

और YBYW का संबंध XAXV से है,

25 2 25 23
Y B Y W
↓−1 ↓−1 ↓−1 ↓−1
X A X V
24 1 24 22

इसी प्रकार, QTQO का संबंध PSPN से है-

17 20 17 15
Q T Q O
↓−1 ↓−1 ↓−1 ↓−1
P S P N
16 19 16 14

2. (d) 'A ÷ B + C × DE' व्यंजक को समझते हैं।

इन संबंधों को संयोजित करने पर

- A, B की माता है।
- B, C की बहन है, जिसका अर्थ है कि A, C की भी माता है।
- C, D का भाई है, जिसका अर्थ है कि A, D की भी माता है।
- D, E का पिता है।

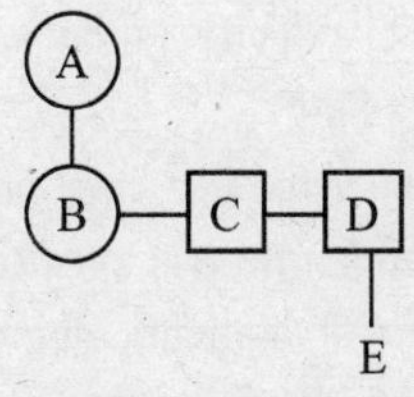

इसलिए, A, D की 'माता' है।

3. (b) REMY का संबंध VHOZ से है,

18	5	13	25
R	E	M	Y
↓+4	↓+3	↓+2	↓+1
V	H	O	Z
22	8	15	26

और ZFHU का संबंध DIJV से है,

26	6	8	21
Z	F	H	U
↓+4	↓+3	↓+2	↓+1
D	I	J	V
4	9	10	12

इसी प्रकार, LBSO का संबंध PEUP से है

12	2	19	0
L	B	S	O
↓+4	↓+3	↓+2	↓+1
P	E	U	P
16	5	21	16

इसी प्रकार, सही उत्तर PEUP है।

4. (c) प्रश्नानुसार अंतिम आरेख इस प्रकार है-

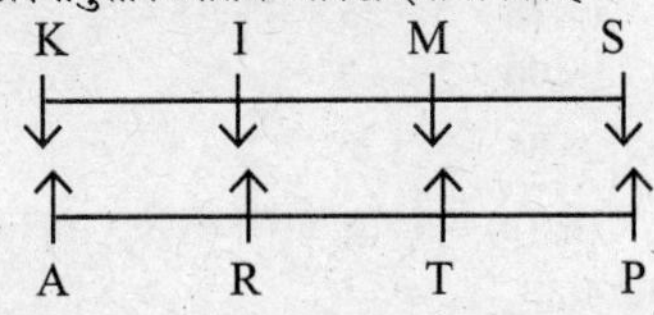

आरेख से, I और R एक-दूसरे के सम्मुख हैं।

5. (d) दिया गया शब्द: 'JOSTLED'

वर्णमाला क्रम में व्यवस्थित करने के बाद

मूल स्थिति	1	2	3	4	5	6	7
मूल अक्षर	J	O	S	T	L	E	D
वर्णमाला क्रम	D	E	J	L	O	S	T

मूल स्थिति और वर्णमाला क्रम की तुलना करने पर, हम पाते हैं कि कोई भी अक्षर नहीं है जिसकी स्थिति अपरिवर्तित रहे।

6. (a) यहाँ अनुसरित तर्क निम्न है-

'PGMS' को '9-18-12-8' के रूप में कूटबद्ध किया गया है।

	P	G	M	S
	16	7	13	19
Place Value of Opposite	↕	↕	↕	↕
	11	20	14	8
	↓−2	↓−2	↓−2	↓−2
	9	18	12	6

और 'TBRX' को '5-23-7-1' के रूप में कूटबद्ध किया गया है।

	T	Q	R	Y
	20	2	18	24
Place Value of Opposite	↕	↕	↕	↕
	7	25	9	3
	↓−2	↓−2	↓−2	↓−2
	5	23	7	1

इसी प्रकार, "KAVO" को '14-24-3-10' के रूप में कूटबद्ध किया गया है-

	K	A	V	O
	11	1	22	16
Place Value of Opposite	↕	↕	↕	↕
	16	26	5	12
	↓−2	↓−2	↓−2	↓−2
	14	24	3	10

7. (b) यहाँ अनुसरित तर्क निम्न है-

दिए गए दो अलग-अलग पासों से आसन्न फलक नीचे दिखाए गए हैं-

चूँकि E दोनों पासों पर उभयनिष्ठ है, यह स्पष्ट है कि N, R, X और D इसके आसन्न हैं और शेष संख्या अर्थात् A इसके विपरीत होगी।

विपरीत जोड़े निम्न हैं-

R → X
N → D
E → A

इसलिए, "A" का विपरीत फलक "E" होगा।

8. (a) सही दर्पण प्रतिबिंब निम्न है,

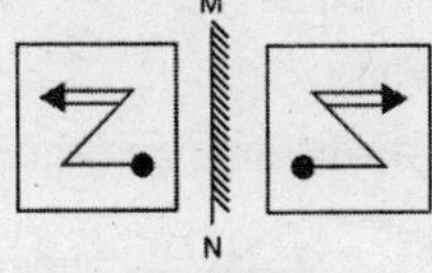

9. (a) चूँकि F दोनों पासों पर उभयनिष्ठ है, यह स्पष्ट है कि A, I, L और V इसके आसन्न हैं और शेष संख्या अर्थात् O इसके विपरीत होगी।

विपरीत जोड़े निम्न हैं-

I → V

A → L

F → O

इसलिए, "O" का विपरीत फलक "F" होगा।

इसलिए सही उत्तर "F" है।

10. (c) यहाँ अनुसरित तर्क निम्न है-

तर्क अगली संख्या में 7 के गुणा की कमी की जाती है।

79 72 58 37 9 −26

7 −14 −21 −28 −35

11. (a)

23	21	25
W	V	Y
↓+14	↓+14	↓+14
11	9	13
K	I	M
↓+14	↓+14	↓+14
25	23	1
Y	W	A
↓+14	↓+14	↓+14
13	11	15
M	K	O
↓+14	↓+14	↓+14
1	25	3
A	Y	C

इस प्रकार शृंखला के अगले क्रम में AYC होगा।

12. (d) यहाँ अनुसरित तर्क निम्न है-

विकल्प (a) CGI

C →(+4) G →(+2) I

3 7 9

विकल्प (b) GLM

G →(+4) L →(+1) M

7 12 13

विकल्प (c) PTV

P →(+4) T →(+3) V

16 20 22

विकल्प (d) EIK

E →(+4) I →(+2) K

5 9 11

सही उत्तर GLM होगा।

13. (d) प्रश्नानुसार न्यूनतम आरेख इस प्रकार है-

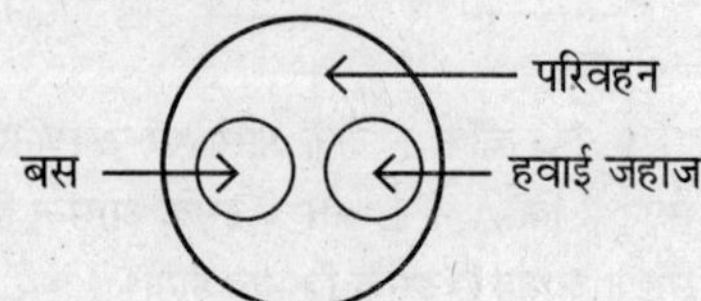

14. (c) यहाँ अनुसरित तर्क निम्न है-

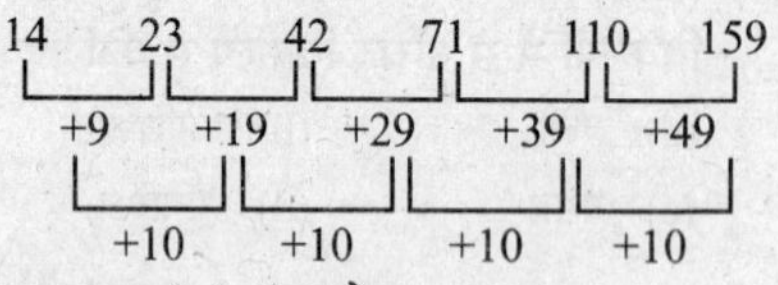

इस प्रकार (a) 159 होगा।

15. (c) यहाँ अनुसरित तर्क निम्न है-

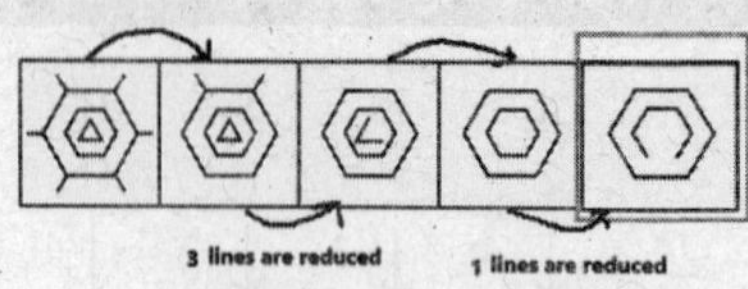

16. (b) प्रश्नानुसार अंतिम आरेख इस प्रकार हैं-

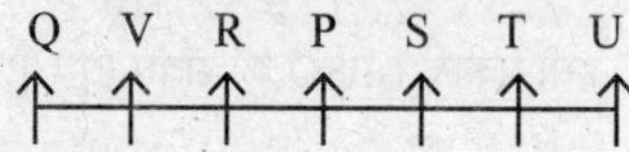

S और U के बीच में T बैठा है।

17. (b) दिया गया समीकरण 18 ÷ 5 + 26 − 45 × 5 = ?

अब, यदि '+' और '−' तथा '×' और '÷' को आपस में बदल दिया जाए, तो:

⇒ 18 × 5 − 26 + 45 + 5 = ?

⇒ 18 × 5 − 26 + 45 ÷ 5 = ?

⇒ 90 − 26 + 9 = ?

⇒ 64 + 9 = 73

18. (b) दिए गए कथनों के लिए न्यूनतम संभव वेन आरेख है-

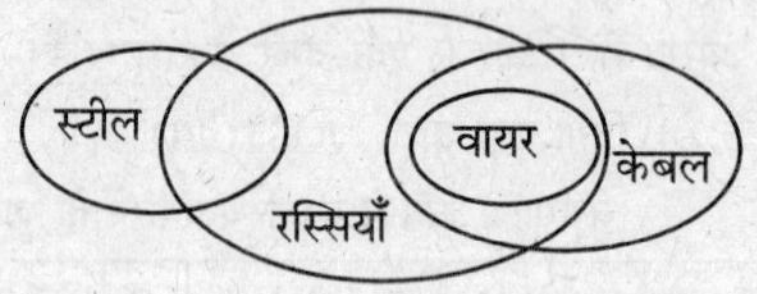

निष्कर्ष:

I. कुछ स्टील, तार हैं असत्य (वेन आरेख में, स्टील और तार को दर्शाने वाले वृत्तों के बीच कोई सीधा प्रतिच्छेदन नहीं है। यह दिए गए कथनों और न्यूनतम संभव अतिव्यापन के आधार पर एक निश्चित निष्कर्ष नहीं है।)

II. कुछ रस्सियों, केबल हैं सही (चूँकि सभी तार, केबल हैं और सभी तार, रस्सियाँ हैं, इसलिए तार का समुच्चय केबल और रस्सियाँ दोनों का उपसमुच्चय है। इसलिए, रस्सियों और केबल के बीच कुछ अतिव्यापन होना चाहिए। वास्तव में, सभी तार दोनों में समान है, जिसका अर्थ है कि कुछ रस्सियाँ, केवल हैं निश्चित रूप से सत्य है।)

19. (a) यहाँ अनुसरित तर्क निम्न है-

तर्क: कूट = अक्षरों की कुल संख्या +7

'TEDI' को '11' के रूप में कूटबद्ध किया जाता है,

TEDI में अक्षरों की संख्या = 4

कूट = 4 + 7 = 11

इसी प्रकार 'SUCBVO' को '13' के रूप में कूटबद्ध किया जाता है,

SUCBVO में अक्षरों की संख्या = 6

कूट = 6 + 7 = 13

इसी प्रकार, 'YXJIAZL' को कूटबद्ध किया जाता है,

YXJIAZL में अक्षरों की संख्या 7

कूट = 7 + 7 = 14

20. (c) विकल्प (c)

OLKUKLUT → OKLUTOKLUTO KLUTOKLU KLUT) → (यह कोई स्पष्ट दोहराव वाला पैटर्न दर्शाता है) → OKLUTOKLUTOKLUTOKLUT OKLUT

21. (b) भारत में किसी राज्य के राज्यपाल के पास राज्य की विधान सभा को भंग करने की संवैधानिक शक्ति है। यह कार्यवाही मुख्यमंत्री और मंत्रिपरिषद् की सलाह पर की जा सकती है।

राज्यपाल भारतीय संविधान के अनुच्छेद 174 (2) (बी) के तहत यह शक्ति प्रयोग करता है।

22. (d) संविधान (अनुसूचित जाति और अनुसूचित जनजाति) आदेश (संशोधन) विधेयक, 2024 का उद्देश्य विशेष रूप से ओडिशा राज्य के लिए अनुसूचित जातियाँ और अनुसूचित जनजातियों की सूची को अद्यतन करना है। यह विधेयक नए समुदायों को शामिल करने और सटीक प्रतिनिधित्व सुनिश्चित करने के लिए मौजूदा सूचियों में समायोजन करने का प्रयास करता है। नए शामिल समुदायों को आरक्षण, शिक्षा और रोजगार के अवसरों का लाभ प्रदान करने के लिए संशोधन महत्वपूर्ण है। अनुसूचित जातियाँ और अनुसूचित जनजातियों की सूचियों में संशोधन करने की प्रक्रिया भारतीय संविधान के अनुच्छेद 341 और 342 द्वारा शासित है।

23. (c) जून 2024 में राहुल गांधी ने अपनी वायनाड लोकसभा सीट से इस्तीफा दे दिया। राहुल गांधी एक प्रमुख भारतीय राजनेता और भारतीय राष्ट्रीय कांग्रेस (INC) के सदस्य हैं। उन्होंने केरल में वायनाड लोकसभा क्षेत्र का प्रतिनिधित्व किया।

24. (b) पारुल परमार एक प्रमुख भारतीय पैरा-एथलीट हैं, जो बैडमिंटन में अपनी उपलब्धियों के लिए जानी जाती हैं। उन्होंने अंतर्राष्ट्रीय आयोजनों में कई पदक जीते हैं, जिनमें एशियाई पैरा-खेल और विश्व पैरा बैडमिंटन चैंपियनशिप शामिल हैं। उन्हें बैडमिंटन खेल में उनके योगदान के लिए अर्जुन पुरस्कार से सम्मानित किया गया है।

25. (a) कैल्शियम ऑक्सीक्लोराइड, जिसे आमतौर पर ब्लीचिंग पाउडर के रूप में जाना जाता है, का उपयोग कपड़ा उद्योग में कपड़े को ब्लीच करने के लिए व्यापक रूप से किया जाता है। इसके मजबूत ऑक्सीकरण गुण

कपड़ों से रंगों और दागों को प्रभावी ढंग से हटाने में मदद करते हैं। बड़े पैमाने पर अनुप्रयोगों में इसकी लागत प्रभावशीलता और दक्षता के कारण ब्लीचिंग पाउडर को प्राथमिकता दी जाती है। यह ब्लीचिंग प्रक्रिया के दौरान कपड़े को कीटाणुरहित करके दोहरा उद्देश्य भी पूरा करता है। कैल्शियम ऑक्सीक्लोराइड एक स्थिर यौगिक है जो धीरे-धीरे क्लोरीन छोड़ता है, जिससे लगातार ब्लीचिंग क्रिया सुनिश्चित होती है।

26. (d) राष्ट्रीय बहुआयामी गरीबी सूचकांक 2023 के अनुसार, उत्तर प्रदेश में गरीबी में सबसे तेजी से कमी दर्ज की गई है। वर्ष 2015-16 में राज्य की गरीबी दर 37.79% थी, जो 2019-21 में घटकर 22.93% रह गई। यह उल्लेखनीय गिरावट दर्शाती है कि शिक्षा, स्वास्थ्य और जीवन स्तर के क्षेत्रों में सुधार के कारण बहुआयामी गरीबी में उल्लेखनीय कमी आई है।

27. (c) यह मुख्य रूप से बुरी आत्माओं और बीमारियों से बचाव के लिए जादू के मंत्रों और आकर्षण का संग्रह है। अथर्ववेद प्राचीन भारतीय शास्त्रों के चार वेदों में से एक है। अथर्ववेद में विभिन्न उद्देश्यों के लिए भजन, मंत्र और मंत्र हैं, जिनमें उपचार और सुरक्षा भी शामिल है। यह अपने दैनिक जीवन और अनुष्ठानों के व्यावहारिक पहलुओं पर ध्यान केंद्रित करने के कारण अन्य तीन वेद (ऋग्वेद, यजुर्वेद और सामवेद) से अलग है।

28. (a) बांग्लादेश के संविधान के अनुसार, इस्लाम राज्य धर्म है। संविधान के अनुच्छेद 24 में इस्लाम को स्पष्ट रूप से राज्य धर्म के रूप में उल्लेख किया गया है। हालांकि इस्लाम राज्य धर्म है, संविधान अन्य धर्मों के अभ्यास में समान स्थिति और समान अधिकार सुनिश्चित करता है। बांग्लादेश व्यवहार में एक धर्मनिरपेक्ष राज्य है, जो विभिन्न धार्मिक समुदायों के बीच धार्मिक सद्भाव और सहअस्तित्व को बढ़ावा देता है।

29. (c) निजता का अधिकार को जीवन का अधिकार और व्यक्तिगत स्वतंत्रता के अधिकार का एक घटक माना जाता है।

30. (c) रानी मचैया कर्नाटक की एक उम्मावत लोक नर्तकी हैं, जिन्हें कला के क्षेत्र में पद्म श्री 2023 में प्राप्त हुआ। उम्मतथात कोडवा समुदाय का एक महत्वपूर्ण सांस्कृतिक नृत्य है, जो महिलाओं द्वारा पारंपरिक ढोल और झांझ की ताल पर किया जाता है।

31. (b) लॉरेंसियम एक रासायनिक तत्व है जिसका प्रतीक Lr और परमाणु क्रमांक 103 है। इसे एक्टिनाइड श्रेणी का अंतिम सदस्य माना जाता है। लॉरेंसियम को 1961 में पहली बार लॉरेंस बर्कले राष्ट्रीय प्रयोगशाला द्वारा संश्लेषित किया गया था।

32. (c) कालिंग महोत्सव ओडिशा में, विशेष रूप से भुवनेश्वर के पास धौली पहाड़ियों पर मनाया जाता है। यह त्योहार सम्राट अशोक द्वारा तीसरी शताब्दी ईसा पूर्व में लड़े गए कलिंग युद्ध की स्मृति में मनाया जाता है। यह एक प्रमुख त्योहार है जो ओडिशा की समृद्ध सांस्कृतिक विरासत और मार्शल आर्ट परंपराओं को प्रदर्शित करता है। इस आयोजन में विभिन्न प्रकार के प्रदर्शन शामिल हैं, जिसमें ओडिसी जैसे पारंपरिक नृत्य रूप और अन्य शास्त्रीय भारतीय नृत्य शामिल हैं। इस त्योहार का उद्देश्य शांति और अहिंसा को बढ़ावा देना है, जो कलिंग युद्ध के बाद सम्राट अशोक के परिवर्तन को दर्शाता है।

33. (c) क्लेमेंट एटली 1945 से 1951 तक ब्रिटिश प्रधानमंत्री थे। उन्होंने 1945 के आम चुनाव में लेबर पार्टी को जीत दिलाई और विंस्टन चर्चिल की जगह ली। एटली के नेतृत्व में, ब्रिटिश सरकार ने भारत को स्वतंत्रता देने का फैसला किया। भारतीय स्वतंत्रता अधिनियम 18 जुलाई, 1947 को पारित किया गया था और भारत को 15 अगस्त, 1947 को स्वतंत्रता मिली। एटली की सरकार ने भारत के विभाजन की भी देखरेख की, जिससे पाकिस्तान का निर्माण हुआ।

34. (b) भारत की प्रथम पंचवर्षीय योजना (1951-1956) मुख्य रूप से कृषि क्षेत्र के विकास पर केंद्रित थी। इस योजना का उद्देश्य खाद्य घाटे को दूर करना और बढ़ती जनसंख्या के लिए खाद्य सुरक्षा सुनिश्चित करने के लिए कृषि उत्पादकता में सुधार करना था। सिंचाई परियोजनाओं, भूमि सुधार और सामुदायिक विकास कार्यक्रमों में पर्याप्त निवेश किया गया था। कृषि अवसंरचना के विस्तार और फसल उत्पादन बढ़ाने के लिए आधुनिक खेती तकनीकों के उपयोग पर जोर दिया गया था।

35. (a) पंचवर्षीय योजनाओं के संदर्भ में समानता का अर्थ है आय और धन के वितरण में असमानता को कम करना। इसमें सभी नागरिकों को अपने जीवन स्तर में सुधार के लिए समान अवसर प्रदान करना शामिल है। समानता का उद्देश्य समाज के गरीब और हाशिए के वर्गों के कल्याण पर ध्यान केंद्रित करके सामाजिक न्याय स्थापित करना है। इसके प्रमुख उपायों में भूमि सुधार, प्रगतिशील कराधान और कमजोर वर्गों के समर्थन के लिए सामाजिक कल्याण कार्यक्रम शामिल हैं।

36. (b) नीलगिरी पर्वत श्रृंखला दक्षिणी भारत में तमिलनाडु, केरल और कर्नाटक राज्यों में स्थित है। यह पश्चिमी घाट का हिस्सा है, जो भारतीय प्रायद्वीप के पश्चिमी तट के समानांतर चलने वाली पर्वत श्रृंखला है। नीलगिरी पहाड़ियाँ अपनी समृद्ध जैव विविधता के लिए जानी जाती हैं और कई संरक्षित क्षेत्रों और वन्यजीव अभयारण्यों का घर हैं। नीलगिरी श्रेणी में सबसे ऊँची चोटी डोइडाबेट्टा है, जो 2,637 मीटर (8,652 फीट) की ऊंचाई पर स्थित है। नीलगिरी अपनी चाय की बागानों के लिए प्रसिद्ध हैं, जो भारत में कुछ बेहतरीन चाय का उत्पादन करती हैं।

37. (a) राहुल देव बर्मन, जिन्हें आर. डी. बर्मन के नाम से भी जाना जाता है, हिंदी फिल्म उद्योग में एक अग्रणी संगीत निर्देशक थे। उन्हें 1960 और 1970 के दशक के दौरान हिंदी फिल्म संगीत में रॉक 'एन' रोल लाने का श्रेय दिया जाता है। उनकी नवीन रचनाओं में पश्चिमी संगीत शैलियों, जिसमें रॉक, जैज़ और डिस्को शामिल हैं, को भारतीय सिनेमा में शामिल किया गया था। "तीसरी मंज़िल " (1966) जैसी फिल्मों पर आर. डी. बर्मन का काम विशेष रूप से इसके रॉक एन रोल प्रभाव के लिए जाना जाता है। उन्होंने किशोर कुमार और आशा भोसले जैसे प्रमुख गायकों के साथ बड़े पैमाने पर सहयोग किया, जिससे पश्चिमी और भारतीय संगीत शैलियों के संलयन को और लोकप्रियता मिली।

38. (c) गुलाबी रंग पारंपरिक रूप से जूडो ग्रेड से संबंधित नहीं है। जूडो बेल्ट के रंग में आम तौर पर सफ़ेद, पीला, नारंगी, हरा, नीला, भूरा और काला शामिल होता है। जूडो बेल्ट अभ्यासी के रैंक और विशेषज्ञता के स्तर को दर्शाते हैं, जिसमें सफ़ेद शुरुआती स्तर और काला उन्नत प्रवीणता का प्रतिनिधित्व करता है। विभिन्न जूडो संगठनों के बीच बेल्ट के रंगों में कुछ बदलाव हो सकते हैं, लेकिन गुलाबी एक मानक रंग नहीं है।

39. (d) पाँचवीं पंचवर्षीय योजना (1974-79) को गरीबी उन्मूलन और आत्मनिर्भरता पर केंद्रित किया गया था। लेकिन 1977 में सत्ता परिवर्तन के बाद नई सरकार ने इस योजना को बीच में ही समाप्त कर दिया और इसके स्थान पर वार्षिक योजनाएँ लागू कीं। इस प्रकार यह पहली पंचवर्षीय योजना बनी जिसे अपने निर्धारित समय से पहले ही रोक दिया गया।

40. (b) शोभना नारायण एक प्रसिद्ध भारतीय शास्त्रीय नर्तकी हैं, जो कथक में अपनी विशेषज्ञता के लिए जानी जाती हैं। उन्हें नृत्य के क्षेत्र में उनके योगदान के लिए प्रतिष्ठित पद्म श्री पुरस्कार से सम्मानित किया गया है। शोभना नारायण ने भारत और अंतर्राष्ट्रीय स्तर पर व्यापक रूप से प्रदर्शन किया है, वैश्विक मंचों पर कथक को बढ़ावा दिया है। उनकी शैली अपने जटिल पैरों के काम, सुंदर आंदोलनों और अभिव्यंजक कहानी कहने की विशेषता है। उन्होंने कई छात्रों को भी प्रशिक्षित किया है, कथक के संरक्षण और प्रचार में योगदान दिया है।

41. (b) मान मूलधन P है।

$$CI = P\left(1 + \frac{4}{100}\right)^2 - P$$

$$153 = P(1.04)^2 - P$$

$$153 = P(1.0816) - P$$

$$153 = P(1.0816 - 1)$$

$$153 = P(0.0818)$$

$$P = \frac{153}{0.0816}$$

$$P = 1875$$

अब, हमें समान मूलधन, दर और समय के लिए साधारण ब्याज (SI) की गणना करने की आवश्यकता है।

$$SI = \frac{(P \times r \times t)}{100,}$$

$$SI = \frac{(1875 \times 4 \times 2)}{100}$$

$$SI = \frac{15000}{100}$$

SI = 150

इसलिए साधारण ब्याज 150 है।

42. (a) क्रमिक छूटों के लिए प्रभावी छूट:

Deff = 25% + 15% – (25% × 15%)

⇒ Deff = 0.25 + 0.15 (0.25 × 0.15)

⇒ Deff = 0.25 + 0.15 – 0.0375

⇒ Deff = 0.3625 या 36.25%

एकल छूट और प्रभावी क्रमिक छूट के बीच अंतर:

अंतर = 40% – 36.25%

अंतर = 40% – 36.25%

⇒ अंतर = 3.75%

43. (d) एक बड़े लड्डू का आयतन $= \left(\frac{4}{3}\right)\pi(7)^3$

एक छोटे लड्डू का आयतन $= \left(\frac{4}{3}\right)\pi(3.5)^3$

कुल छोटे लड्डू = $\frac{\text{एक बड़े लड्डू का आयतन}}{\text{एक छोटे लड्डू का आयतन}}$

⇒ कुल छोटे लड्डू = $\frac{\left[\left(\frac{4}{3}\right)\pi(7)^3\right]}{\left[\left(\frac{4}{3}\right)\pi(3.5)^3\right]}$

⇒ कुल छोटे लड्डू = $\left(\frac{7}{36}\right)^3$

⇒ कुल छोटे लड्डू = $(2)^3$

⇒ कुल छोटे लड्डू = 8

44. (d) सबसे पहले, 672 और 7056 का GCD ज्ञात कीजिए:

672 का अभाज्य गुणनखंडन: 25 × 3 × 7

7056 का अभाज्य गुणनखंडन: 24 × 32 × 72

GCD = 24 × 3 × 7 = 16 × 3 × 7 = 336

अब LCM की गणना कीजिए:

⇒ LCM (672, 7056) = (672 × 7056) / 336

⇒ LCM (672, 7056) = 14112

45. (a) पहले भाग की दूरी = 60 × 2 = 120 किमी

दूसरे भाग का समय 80 ÷ 40 = 2 घंटे

कुल दूरी = 120 + 80 = 200 किमी

कुल समय 2 + 2 = 4 घंटे

⇒ औसत गति = 200 ÷ 4 = 50 किमी/घंटा

∴ सही उत्तर 50 किमी/घंटा है।

46. (c) सापेक्ष गति = 50 किमी/घंटा + 70 किमी/घंटा

⇒ सापेक्ष गति = 120 किमी/घंटा

⇒ 120 किमी/घंटा = 120 × $\frac{(1000)}{3600}$ मीटर/सेकंड

⇒ 120 किमी/घंटा = 33.33 मीटर/सेकंड

कुल दूरी पहली ट्रेन की लंबाईं + दूसरी ट्रेन की लंबाईं

⇒ कुल दूरी = 180 मीटर + 180 मीटर

⇒ कुल दूरी = 360 मीटर

एक-दूसरे को पार करने में लगा समय कुल दूरी/सापेक्ष गति

⇒ लगा समय = 360 मीटर/33.33 मीटर/सेकंड

⇒ लगा समय = 10.8 सेकंड

47. (a) (–9) ÷ (–60) (–12) + (–3) × 9

⇒ (–9) – [(–60) ÷ (–12)] + (–3) × 9

⇒ (–9) –5 + (–27)

⇒ 9–5–27

48. (b) मूल्य में वृद्धि = 60%

व्यय में वृद्धि = 12%

यदि मूल्य x% बढ़ता है और व्यय y% बढ़ता है, तो खपत में आवश्यक कमी = $\frac{x-y}{100+x} \times 100\%$

$\frac{60-12}{100+60} \times 100$

⇒ $\frac{48}{160} \times 100$

⇒ 30%

∴ खपत को 30% कम किया जाना चाहिए।

49. (b) 12, 6 और 15 का LCM = 60

राजेश्वर की दक्षता = $\frac{60}{12} = 5$

विक्रम की दक्षता = $\frac{60}{6} = 10$

टाइगर की दक्षता = $\frac{60}{15} = 4$

राजेश्वर ने 2 दिन कार्य किया, इसलिए उसके द्वारा किया गया कार्य 5 × 2 = 10 इकाई

मान लीजिए कि कार्य पूरा होने में कुल 'x' दिन लगे।

विक्रम ने $(x – 3)$ दिन कार्य किया है।

टाइगर ने x दिन कार्य किया है।

कुल किया गया कार्य = राजेश्वर का कार्य विक्रम का कार्य + टाइगर का कार्य

$60 = 10 + 10(x – 3) + 4x$

$\Rightarrow 60 = 10 \div 10x – 30 + 4x$

$\Rightarrow 60 = 14x – 20$

$= 80 = 14x$

$\Rightarrow x = \frac{80}{14} = \frac{40}{7} = 5 – 5$ दिन।

इसलिए, कार्य $\frac{40}{7}$ दिनों में या $5\frac{5}{7}$ दिनों में पूरा होता है।

50. (a) 16 + 10 ÷ 5 – 2 × 3

⇒ 16 + 2 – 6

⇒ 18 – 6

⇒ 12

51. (d) मान लीजिए कि 1 किलो का क्रय मूल्य (CP) 100 है।

चूँकि दुकानदार 26% कम वजन का उपयोग करता है, इसलिए उपयोग किया गया वजन 1 किलो का 74% है।

⇒ वास्तविक उपयोग किया गया वजन = 0.74 किलो

0.74 किलो का विक्रय मूल्य (SP) = 100 (क्योंकि वह 1 किलो के लिए क्रय मूल्य पर बेचने का दावा करता है)

लाभ = 0.74 किलो के लिए SP – CP

0.74 किलो के लिए CP = 0.74 × 100 = 974

लाभ = 100 – 74 = 926

लाभ प्रतिशत = $\frac{\text{लाभ}}{CP} \times 100$

⇒ लाभ प्रतिशत = $\frac{26}{74} \times 100$

⇒ $\frac{2600}{74} = 35\frac{5}{37}\%$

52. (d) $\left[(84-6)\times\left\{\frac{91}{7}+\frac{16}{2}\times 18-6\right\}\right]$

⇒ [(84 ÷ 6) × {(91 ÷ 7) + (16 ÷ 2) × (8 - 6)}]

⇒ [(84 ÷ 6) × { 13 ÷ 8 × 2 }]

⇒ [14 × {13+ 16}]

⇒ [14 × 29]

⇒ 406

53. (d) सापेक्ष गति = 60 किमी/घंटा + 110 किमी/घंटा = 170 किमी/घंटा

⇒ $170 \times \left(\frac{1000}{3600}\right) = 170 \times \left(\frac{5}{8}\right)$ मीटर/सेकंड

⇒ तय की गई कुल दूरी = सापेक्ष गति × समय

⇒ $170 \times \left(\frac{5}{8}\right)$ मीटर/सेकंड × 21 ≈ 991.66 मीटर

⇒ रेलगाड़ी 2 की लंबाई = तय की गई कुल दूरी रेलगाड़ी 1 की लंबाई

⇒ रेलगाड़ी 2 की लंबाई = 991.66 – 360
= 631.66 मीटर

54. (a) माना अधिकतम अंक = x

A द्वारा प्राप्त अंक = x का 25% = $0.25x$

B द्वारा प्राप्त अंक = x का 50% = $0.50x$

उत्तीर्णांक = A द्वारा प्राप्त अंक + 68 = $0.25x + 68$

उत्तीर्णांक = B द्वारा प्राप्त अंक – 42 = $0.50x - 42$

$\Rightarrow 0.25x + 68 = 0.50x - 42$

$\Rightarrow 68 + 42 = 0.50x - 0.25x$

$\Rightarrow 110 = 0.25x$

$\Rightarrow x = 110 \div 0.25$

$\Rightarrow x = 440$

∴ सही उत्तर 440 अंक है।

56. (b) अमित के लिए ब्याज $I_A = ₹5400 \times \frac{r \times 4}{100}$

गोपाल के लिए ब्याज = $I_G = ₹9400 \times \frac{r \times 4}{100}$

दिया गया है, $I_G - I_A = 480$

$\Rightarrow \quad ₹9400 \times \frac{r \times 4}{100} - ₹5400 \times \frac{r \times 4}{100} = 480$

$\Rightarrow \quad ₹(9400 - 5400) \times \frac{r \times 4}{100} = 480$

$\Rightarrow \quad ₹4000 \times \frac{r \times 4}{100} = 480$

$\Rightarrow \quad \frac{16000r}{100} = 480$

$\Rightarrow \quad 160 = 480$

$\Rightarrow \quad r = \frac{480}{160}$

$\Rightarrow \quad r = 3\%$

56. (d) प्रश्नानुसार

क्रय मूल्य (CP) = 520

लाभ प्रतिशत = 10%

हम जानते हैं विक्रय मूल्य (SP) = CP × (1 + लाभ प्रतिशत/100)

SP = 520 × (1 + 10/100)

⇒ SP = 520 (1 ÷ 0.1)

⇒ SP = 520 × 1.1

⇒ SP = 572

इस प्रकार वस्तु का विक्रय मूल्य = 572 रुपए

57. (c) 48 विद्यार्थियों की कुल आयु = 22 × 48

⇒ 48 विद्यार्थियों की कुल आयु = 1056

49 लोगों (विद्यार्थी + शिक्षक) की कुल आयु = 23 × 49

⇒ 49 लोगों की कुल आयु = 1127

शिक्षक की आयु = 49 लोगों की कुल आयु 48 विद्यार्थियों की कुल आयु

⇒ शिक्षक की आयु 1127 – 1056

⇒ शिक्षक की आयु = 71

58. (a) प्रारंभिक भोजन प्रावधान = 150 आदमी × 85 दिन = 12750

15 दिनों के बाद 25 आदमी चले जाते हैं

15 दिनों में खाया गया भोजन = 150 आदमी × 15 दिन 2250 आदमी दिन

शेष आदमी = 150 – 25 = 125

शेष भोजन = 12750 - 2250 = 10500

भोजन के शेष दिन = 10500/125

= भोजन के शेष दिन = 84 दिन

59. (d) माना, 7A = 6B = 12C = k

तब,

$A = \frac{k}{7} \quad B = \frac{k}{6} \quad C = \frac{k}{12}$

$A : B : C = \frac{k}{7} : \frac{k}{6} : \frac{k}{12}$

भिन्नों को हटाने के लिए, प्रत्येक पद को हर (7, 6, 12) के LCM से गुणा करें, जो 84 है।

$A:B:C = \left(\frac{k}{7}\right) \times 84 : \left(\frac{k}{6}\right) \times 84 : \left(\frac{k}{12}\right) \times 84$

A : B : C $12k : 14k : 7k$

A B C = 12 : 14 : 7

इसलिए A B C = 12 : 14 : 7

60. (b) चूँकि दोनों को अपनी-अपनी अवधि के बाद समान राशि मिलती है, हम उनकी राशियों की तुलना कर सकते हैं:

$P_1 (1 + 10/100)^{17} = P_2 (1 + 10/100)^{18}$

$\Rightarrow \quad P_1(1.1)_{17} = P_2(1.1)^{18}$

$\Rightarrow \quad P_1 = P_2(1.1)$

मान लीजिए $P_2 = x$

$P_1 = 1.1x$

कुल मिश्रधन = $P_1 + P_2$

$1617 = 1.1x + x$

$1617 = 2.1x$

$\Rightarrow \quad x = 1617/21$

$\Rightarrow \quad x = 770$

इसलिए, $P_2 = ₹770$

$P_1 = 1.1 \times 770 = ₹847$

61. (b) हिंदी में कई शब्द अंग्रेज़ी या अन्य भाषाओं से आए हैं जिन्हें विदेशज शब्द कहा जाता है। "सूप" अंग्रेज़ी का शब्द है जो हिंदी में प्रचलित है।

62. (a) शुद्ध वाक्य में सही वर्तनी और व्याकरण का प्रयोग होना चाहिए। "सुनामी" और "क्षति" ही शुद्ध रूप हैं।

63. (d) 'उल्लू सीधा करना' का अर्थ अपना काम निकालना।

वाक्य प्रयोग - आजकल व्यक्ति बहुत चालक होता जा रहा है, हर जगह अपना "उल्लू सीधा करने" की ही फिराक में रहता है।

64. (c) प्रेमचंद की कहानी बूढ़ी काकी में काकी भूख से विवश होकर जूठी पत्तलों को चाटने लगती हैं। यहाँ "चाटने" ही सबसे उपयुक्त शब्द है।

65. (a) हिंदी में "अपाहिज" शब्द का प्रयोग उस व्यक्ति के लिए होता है जिसका कोई अंग भंग हो या जो शारीरिक रूप से अक्षम हो।

66. (d) जब किसी बात को वास्तविकता से अधिक बढ़ाकर प्रस्तुत किया जाता है, उसे "अतिशयोक्ति" कहते हैं। यह अलंकार भी है और सामान्य बोलचाल में भी प्रयुक्त होता है।

67. (b) यह मुहावरा उस व्यक्ति के लिए प्रयोग होता है जो दूसरों की बातों पर तुरंत विश्वास कर लेता है और स्वयं विचार नहीं करता।

68. (b) "उन्नत" का अर्थ है ऊँचा, प्रगति की ओर बढ़ा हुआ। इसका विपरीत "अवनत" है, जिसका अर्थ है नीचे गिरा हुआ या पतन की ओर।

69. (a) "सत्कार" का अर्थ है सम्मानपूर्वक स्वागत करना। इसका विपरीत "तिरस्कार" है, जिसका अर्थ है अपमान करना या अनादर करना।

70. (b) "दुराग्रह" का अर्थ है हठपूर्वक गलत बात पर अड़े रहना। इसका विलोम "आग्रह" है, जिसका अर्थ है उचित बात पर विनम्रता से आग्रह करना।

71. (d) "आरंभ" का विलोम "अंत" होता है। यहाँ दिए गए विकल्पों में "प्रलय" सबसे उपयुक्त है क्योंकि सृष्टि का आरंभ ईश्वर से है तो उसका अंत भी उसी की इच्छा से होगा।

72. (d) विवाह या अन्य शुभ कार्यों में "कुंडली का मेल" किया जाता है। अतः यहाँ तत्सम शब्द "कुंडली" उपयुक्त है।

73. (a) "रोना" अकर्मक क्रिया है क्योंकि इसमें कोई कर्म नहीं है। बाकी वाक्यों में "रोटी खाना", "पत्र लिखना", "दूध पीना" सभी सकर्मक क्रियाएँ हैं।

74. (d) यहाँ "लंबी" का प्रयोग गलत है। सही शब्द "लंबे" होना चाहिए। वाक्य होगा: "ज्योति लंबे समय पश्चात अपने गाँव वापस लौटी थी।"

75. (c) 'कहाँ राजा भोज, नहीं गंगू तेली।' वाक्य शुद्धि हेतु रेखांकित स्थान पर उचित क्रिया विशेषण होगा- कहाँ

76. (a) यहाँ संदर्भ उन महिलाओं का है जो कार्यक्षेत्र में सक्रिय हैं। इसलिए "कामकाजी महिलाएँ" उपयुक्त है।

77. (d) यौन उत्पीड़न की समस्या भारत में ही नहीं, बल्कि विश्व स्तर पर एक जटिल समस्या है जो महिलाओं के लिए एक गंभीर चुनौती पेश करती है। यह समस्या सिर्फ अशिक्षितों तक सीमित नहीं है, बल्कि अब शिक्षितों में भी फैल गई है और इस समस्या का सामना करने के लिए विशेष प्रयासों की आवश्यकता है।

78. (c) यहाँ "समाज के हर क्षेत्र" का प्रयोग सबसे उपयुक्त है क्योंकि समस्या केवल किसी विशेष क्षेत्र तक सीमित नहीं है।

79. (b) पहले अशिक्षित लोगों द्वारा महिलाओं को सताया जाता था, अब तथाकथित शिक्षित लोग भी ऐसा करने लगे हैं।

80. (c) भारतीय प्रशासनिक सेवा की "पदाधिकारी" श्रीमती बजाज का उल्लेख यहाँ उचित है।

❑❑❑

SSC कांस्टेबल (जी.डी.)
भर्ती परीक्षा
सॉल्व्ड पेपर–2025

तारीख: 04/02/2025

समय: 3.00 PM to 4.00 PM

भाग-I: सामान्य बुद्धिमत्ता एवं तर्कशक्ति

1. निम्नलिखित समीकरण में यदि (–) और (÷) को आपस में बदल दिया जाए और (×) और (+) को आपस में बदल दिया जाए तो प्रश्न चिह्न के स्थान पर क्या आएगा ?

$8 + 63 - 7 \times 7 \div 9 = ?$

(a) 69 (b) 68
(c) 71 (d) 70

2. अंग्रेजी वर्णमाला क्रम के आधार पर की गई श्रृंखला में ? के स्थान पर कया आना चाहिए

TKF, UJG, VIH, WHI,?

(a) XLJ (b) ZJM
(c) JGX (d) XGJ

3. उस विकल्प का चयन कीजिए जिसमें दी गई आकृति निहित है (घूर्णन की अनुमति नहीं है)।

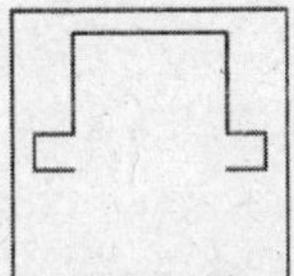

(a) 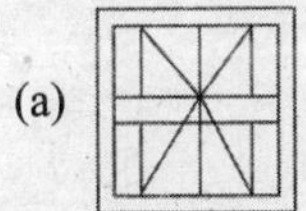 (b) 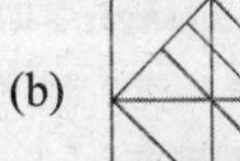

(c) 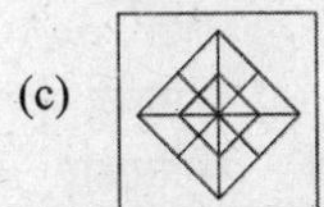 (d) 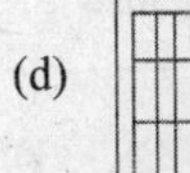

4. सात व्यक्ति, G, H, I, J, K, L और M, एक पंक्ति में उत्तर की ओर मुख करके बैठे हैं। (परंतु जरूरी नहीं कि वे इसी क्रम में बैठे हों)। M के दाईं ओर कोई भी नहीं बैठा है। M और K के बीच में केवल तीन व्यक्ति बैठे हैं। K और H के बीच में केवल दो व्यक्ति बैठे हैं। G, L के बाईं ओर तीसरे स्थान पर बैठा है। J, L के ठीक दाईं ओर बैठा है।

I और H के बीच में कितने व्यक्ति बैठे हैं ?

(a) एक (b) दो
(c) तीन (d) चार

5. अंग्रेजी वर्णमाला क्रम के आधार पर, MLTA एक निश्चित तरीके से QHXW से संबंधित है। उसी तरीके से, LNVB, PJZX से संबंधित है। समान तर्क का अनुसरण करते हुए, CWON, दिए गए विकल्पों में से किससे संबंधित है ?

(a) GSSJ (b) GSAR
(c) GSJS (d) GASR

6. किसी निश्चित कूट भाषा में, 'TDZM' को '8-24-2-15' के रूप में कूटबद्ध किया जाता है और 'KRIY' को '17-10-19-3' के रूप में कूटबद्ध किया जाता है। दी गई कूट भाषा में 'HAWP' के लिए कूट क्या होगा ?

(a) 20-27-5-12 (b) 19-8-5-14
(c) 23-25-6-11 (d) 22-9-7-13

7. एक निश्चित कूट भाषा में,

'A + B' का अर्थ है कि 'A, B की माता है,

'A – B' का अर्थ है कि 'A, B की पुत्री है',

'A × B' का अर्थ है कि 'A, B का पुत्र है और

'A ÷ B' का अर्थ है कि 'A, B का भाई है'।

यदि C – D ÷ E × F + G' है, तो F का C से क्या संबंध है ?

(a) पिता की माता (b) पिता का भाई
(c) पुत्री का पुत्र (d) माता का पिता

8. उस विकल्प का चयन करें, जो अक्षरों के उस क्रम का प्रतिनिधित्व करता है, जिसे नीचे दिए गए रिक्त स्थानों में क्रमिक रूप से बाएँ से दाएँ रखे जाने पर दी गई अक्षर श्रृंखलापूरी हो जाएगी।

p_ _ uopqt_ _ _ q_uopq_u_

(a) qtouptto (b) tquoptto
(c) qtuoptto (d) tqouptot

9. अंग्रेजी वर्णमाला क्रम के आधार पर NRDF एक निश्चित प्रकार से PMFA से संबंधित है। SFJW ठीक उसी प्रकार UALR से संबंधित है। उसी तर्क का अनुसरण करते हुए GVKQ दिए गए विकल्पों में से किससे संबंधित है ?

(a) IQML (b) PGKY
(c) RGLB (d) KRCX

10. दी गई श्रृंखलामें प्रश्न चिह्न (?) के स्थान पर क्या आना चाहिए ?

10 11 13 17 25?

(a) 41 (b) 42
(c) 43 (d) 40

11. दिए गए कथनों और निष्कर्षो को ध्यानपूर्वक पढ़िए। यह मानते हुए कि कथनों में दी गई जानकारी सत्य है, चाहे वह सामान्यतः ज्ञात तथ्यों से भिन्न प्रतीत होती हो और निर्णय लीजिए कि दिए गए निष्कर्षों में से कौन-सा कौन-से निष्कर्ष कथनों का तार्किक रूप से अनुसरण करता है/करते हैं।

कथन:

सभी पायल, मोजे हैं।

सभी मोजे, फ्लैट हैं।

कुछ फ्लैट, ट्राउजर हैं।

निष्कर्ष:

(I) सभी पायल, फ्लैट हैं।

(II) कुछ ट्राउजर, पायल हैं।

(a) दोनों निष्कर्ष (I) और (II) अनुसरण करते हैं।
(b) न तो निष्कर्ष (I) और न ही (II) अनुसरण करता है।
(c) केवल निष्कर्ष (II) अनुसरण करता है।
(d) केवल निष्कर्ष (I) अनुसरण करता है।

12. उस वेन आरेख का चयन कीजिए, जो निम्नलिखित वर्गों के बीच के संबंध को सर्वोत्तम रूप से दर्शाता है।

शर्ट, कॉटन, डेनिम

(a)

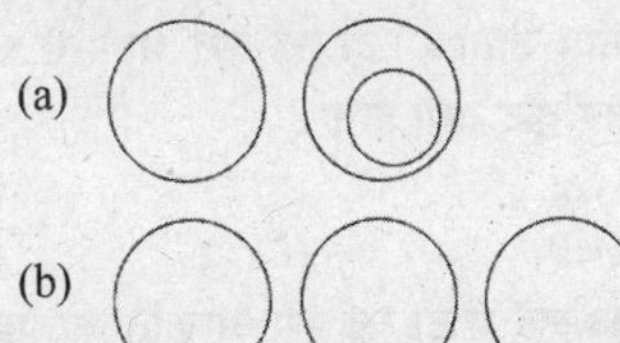

(b)

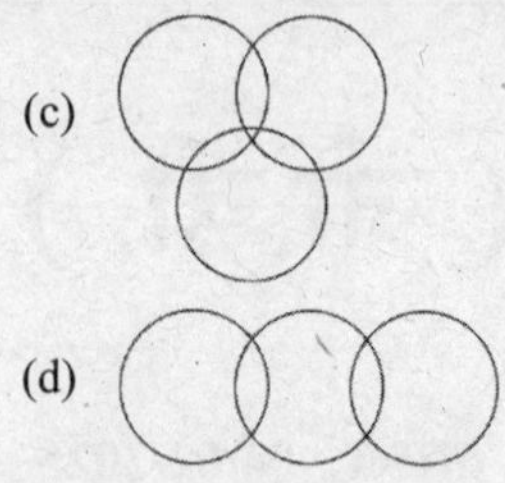

13. एक कागज को नीचे दर्शाए गए अनुसार मोड़कर पंच किया (punched) जाता है। खोले जाने पर यह कैसा दिखाई देगा ?

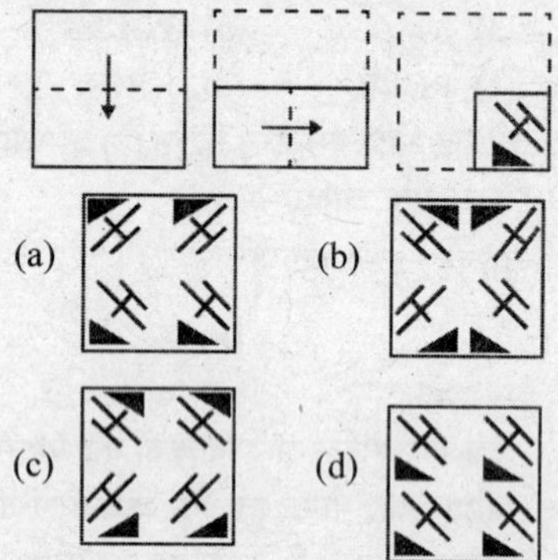

14. अंग्रेजी वर्णमाला क्रम के आधार पर, निम्नलिखित चार अक्षर-समूहों में से तीन एक निश्चित प्रकार से समान हैं और इस प्रकार एक समूह बनाते हैं। वह कौन-सा अक्षर-समूह है जो उस समूह से संबंधित नहीं है ?

(ध्यान दें असंगत अक्षर समूह, उस अक्षर समूह में व्यंजनों/स्वरों की संख्या या उनके स्थान पर आधारित नहीं है।)

(a) NYJ (b) TEP
(c) CNY (d) QZK

15. एक पासे के फलकों पर K, A, S, N, T और I अक्षर अंकित हैं। दी गई आकृतियों में एक ही पासे की दो स्थितियाँ दर्शाई गई हैं। फलक K के विपरीत कौन-सा फलक है ?

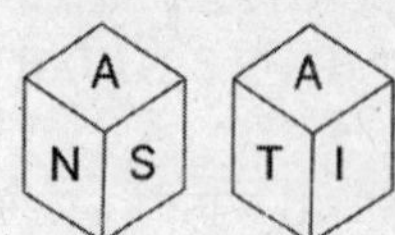

(a) T (b) A
(c) N (d) S

16. किसी निश्चित कूट भाषा में, 'BIGS' को '4593' के रूप में कूटबद्ध किया जाता है और 'SING' को '9432' के रूप में कूटबद्ध किया जाता है। दी गई कूट भाषा में 'N' के लिए कूट क्या होगा ?

(a) 4 (b) 3
(c) 9 (d) 2

17. विकल्पों में दी गई उस आकृति की पहचान कीजिए जिसे प्रश्न चिह्न (?) के स्थान पर रखने पर श्रृंखलातार्किक रूप से पूर्ण हो जाएगी।

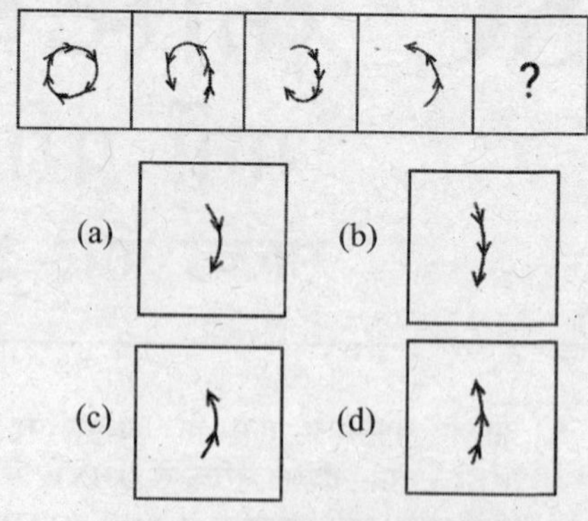

18. छह मित्र E, F, G, R, S और T एक वृत्ताकार मेज के चारों ओर मेज के केंद्र की ओर मुख करके बैठे हैं (परंतु जरूरी नहीं कि वे इसी क्रम में बैठे हों)। S, F के दाईं ओर दूसरे स्थान पर बैठा है। F, G के दाईं ओर दूसरे स्थान पर बैठा है। R और E के बीच केवल F बैठा है। E, S का निकटतम पड़ोसी है। R के दाईं ओर से गिनती करने पर T और R के बीच कितने व्यक्ति बैठे हैं ?

(a) दो (b) एक
(c) चार (d) तीन

19. यदि शब्द VARIABLE के प्रत्येक अक्षर को उल्टे अंग्रेजी वर्णमाला क्रम में व्यवस्थित किया जाए, तो कितने अक्षरों का स्थान अपरिवर्तित रहेगा ?

(a) तीन (b) एक
(c) चार (d) दो

20. दी गई श्रृंखला में प्रश्न चिह्न (?) के स्थान पर क्या आना चाहिए ?

65 86 114 149 191?

(a) 216 (b) 226
(c) 232 (d) 240

भाग-II: सामान्य ज्ञान एवं सामान्य जागरूकता

21. अभिनय कला (नृत्य और संगीत) से संबंधित प्रारंभिक ग्रंथ 'नाट्यशास्त्र' को किस ऋषि द्वारा संकलित किया गया था ?

(a) भरत (b) वाल्मिकी
(c) साक्य (d) अगस्त्य

22. वर्ष 1968 में मैक्सिकन सरकार द्वारा किसे उनकी कोरियोग्राफी के लिए स्वर्ण पदक से सम्मानित किया गया था ?

(a) मृणालिनी साराभाई
(b) शोवना नारायण
(c) रुक्मिणी अरुंडेल
(d) रेखा

23. 1906 में स्थापित अखिल भारतीय मुस्लिम लीग के प्रथम अध्यक्ष कौन थे ?

(a) नवाब सलीमुल्लाह खान
(b) मुहम्मद अली जिन्ना
(c) सर सुल्तान मुहम्मद शाह
(d) आगा खान तृतीय

24. बास्केटबॉल के खेल में, प्रत्येक बास्केट में 18" लंबाईं के सफेद कॉर्ड नेट (white cord net) के साथ ______ आंतरिक व्यास वाली एक दाब-मोचन NBA-अनुमोदित (pressure-release NBA-approved) धातु सुरक्षा रिंग होगी।

(a) 20" (b) 19"
(c) 18" (d) 17"

25. एक चिकनी क्षैतिज मेज पर d दूरी तय करने वाली m द्रव्यमान की एक पुस्तक के लिए, गुरुत्वाकर्षण बल के द्वारा किया गया कार्य ज्ञात कीजिए-

(a) $m\,d\cos\theta$ (b) 0
(c) 3.0 (d) mgd

26. निम्नलिखित में से किसे जून 2024 में जनजातीय कार्य मंत्री के रूप में नियुक्त किया गया ?

(a) भूपेन्द्र यादव
(b) जुएल ओराम
(c) प्रह्लाद जोशी
(d) अश्विनी वैष्णव

27. वसंत त्योहार, अली-ऐ- लिगांग (Ali-Aye-Ligang), भारतीय राज्य ________ में फागुन महीने के पहले बुधवार को मनाया जाता है।

(a) असम (b) गोवा
(c) केरल (d) हिमाचल प्रदेश

28. भारतीय शास्त्रीय संगीतकार और तालवादक येल्ला वेंकटेश्वर राव (Yella Venkateswara Rao) द्वारा कौन-सा संगीत वाद्ययंत्र बजाया जाता है ?

(a) नादस्वरन (b) मृदंगम
(c) घटम (d) पखावज

29. वह सबसे प्रसिद्ध शक शासक कौन था जो गिरनार में अपने शिलालेख के लिए जाना जाता है ?

(a) मिनांडर (b) डेमेट्रियस
(c) रूद्रदमन प्रथम (d) रुद्रभूति

30. निम्नलिखित में से कौन-सा वह प्रमुख कारक है जिसने वैश्वीकरण को सुगम बनाया है ?

(a) बढ़े हुए टैरिफ और व्यापार अवरोध
(b) प्रौद्योगिकी में तीव्र सुधार
(c) बहुराष्ट्रीय निगमों में गिरावट
(d) अलगाववादी नीतियां

31. निम्नलिखित में से किस पंचवर्षीय योजना का उद्देश्य आत्मनिर्भरता प्राप्त करना तथा 'स्थिरता के साथ वृद्धि' करना था?

(a) चतुर्थ योजना
(b) सातवीं योजना
(c) छठी योजना
(d) द्वितीय योजना

32. सितंबर 2024 तक की स्थिति के अनुसार, तमिलनाडु के मुख्यमंत्री कौन हैं?

(a) नायब सिंह सैनी
(b) भूपेन्द्र पटेल
(c) एम. के. स्टालिन
(d) हेमन्त सोरेन

33. निम्नलिखित में से किसने फिट इंडिया फ्रीडम रन (Fit India Freedom Run) 2.0 का राष्ट्रव्यापी कार्यक्रम लॉन्च किया?

(a) नरेंद्र मोदी (b) अनुराग ठाकुर
(c) अमित शाह (d) द्रौपदी मुर्मू

34. मच्छरों द्वारा फैलने वाले उस वायरस का नाम बताइए जो मस्तिष्क में शोथ (inflammation) उत्पन्न करता है?

(a) लिम्फैटिक फाइलेरियासिस (Lymphatic filariasis)
(b) पीत ज्वर वायरस (Yellow fever virus)
(c) फ्रांसिसेला दुलारेंसिस (Francisella tularensis)
(d) जापानी इंसेफेलाइटिस (Japanese encephalitis)

35. निम्नलिखित में से कौन-सा भारतीय अर्थव्यवस्था के तृतीयक क्षेत्रक (tertiary sector) से संबंधित है?

(a) विनिर्माण
(b) सार्वजनिक प्रशासन
(c) विद्युत आपूर्ति सेवाएँ
(d) वानिकी

36. 2011 की जनगणना के अनुसार, निम्नलिखित में से किस प्रवासन धारा (stream of migration) का प्रतिशत सबसे अधिक है?

(a) शहरी से ग्रामीण (b) शहरी से शहरी
(c) ग्रामीण से शहरी (d) ग्रामीण से ग्रामीण

37. भारतीय संविधान के किस संशोधन के अंतर्गत संपत्ति के अधिकार को मौलिक अधिकारों की सूची से हटा दिया गया?

(a) 52वें संशोधन
(b) 42वें संशोधन
(c) 44वें संशोधन
(d) 61वें संशोधन

38. धिवेही भारत के किस पड़ोसी देश की राजभाषा (official language) है?

(a) मालदीव (b) श्रीलंका
(c) म्यांमार (d) भूटान

39. निम्नलिखित में से क्या, भारत में किसी राज्य के राज्यपाल की शक्ति के अंतर्गत नहीं आता है?

(a) विधायी शक्ति
(b) कार्यपालक शक्ति
(c) अनिवार्य शक्ति
(d) विवेकाधिकार

40. निम्नलिखित में से कौन-सा सबसे खारा जल निकाय है जो पूर्व में जॉर्डन और पश्चिम में इज़राइल की सीमा से लगा हुआ है?

(a) डोन जुआन पॉण्ड (Don Juan Pond)
(b) ग्रेट साल्ट लेक (Great Salt Lake)
(c) मृत सागर (Dead Sea)
(d) विश्व महासागर (World Ocean)

भाग-III: प्रारंभिक गणित

41. ईंधन की कीमत क्रमागत तीन महीनों में 40%, 10% और 50% कम की गई है, लेकिन चौथे महीने में 50% वृद्धि की गई है। चौथे महीने में ईंधन की कीमत में उसकी मूल कीमत की तुलना में कितने प्रतिशत की वृद्धि कमी हुई है?

(a) 56.29% की वृद्धि
(b) 61.17% की कमी
(c) 57.3% की वृद्धि
(d) 59.5% की कमी

42. एक धारा की चाल 9 km/h है। एक नाव धारा के अनुकूल 56 km और धारा के प्रतिकूल 28 km की दूरी 7 घंटे में तय कर सकती है। स्थिर जल में नाव की चाल (km/h में) ज्ञात कीजिए-

(a) 20 (b) 16
(c) 9 (d) 15

43. यदि एक कैमरे का क्रय मूल्य उसके विक्रय मूल्य का 75% है, तो लाभ प्रतिशत कितना है?

(a) $16\frac{2}{3}\%$ (b) $33\frac{1}{3}\%$
(c) 24% (d) 25%

44. किसी मूलधन पर 6% की वार्षिक दर से 2 वर्ष की अवधि के लिए साधारण ब्याज ₹ 318 है। मूलधन (₹ में) ज्ञात कीजिए-

(a) 2656 (b) 2655
(c) 2651 (d) 2650

45. किसी जॉब से अर्जित धनराशि, किए गए कार्य के घंटों की संख्या के अनुक्रमानुपाती है। यदि 6 घंटे में ₹ 324 अर्जित होते हैं, तो 29 घंटे कार्य करने पर कितनी धनराशि (₹ में) अर्जित होगी?

(a) ₹ 1,655 (b) ₹ 1,676
(c) ₹ 1,585 (d) ₹ 1,566

46. 1200 प्रति सैकड़ा की दर से 400 सेब खरीदे गए और ₹ 800 के लाभ पर बेचे गए। प्रति दर्जन सेबों का विक्रय मूल्य (₹ में) ज्ञात कीजिए-

(a) 168 (b) 183
(c) 158 (d) 178

47. निम्नलिखित का मान ज्ञात कीजिए।

$$\left[(23\times 5)\times\left\{6\div 6\times\frac{(18-14)}{}\right\}\right]$$

(a) 106 (b) 115
(c) 104 (d) 96

48. 56, 30, 108 और 120 का लघुत्तम समापवर्त्य (LCM) ज्ञात कीजिए-

(a) 7549 (b) 7660
(c) 7471 (d) 7560

49. विजय के पास ₹1224 हैं। उन्होंने इसे अपने पुत्रों अजय और प्रकाश के बीच बांट दिया और उन्हें इसे वार्षिक रूप से चक्रवृद्धित 4% वार्षिक ब्याज दर पर निवेश करने को कहा। यह देखा गया कि अजय और प्रकाश को क्रमशः 18 और 19 वर्ष बाद समान धनराशि प्राप्त हुई। विजय ने प्रकाश को कितनी धनराशि (₹ में) दी थी?

(a) 624 (b) 450
(c) 600 (d) 724

50. दो संख्याओं का LCM और HCF क्रमशः 66 और 11 है। यदि उनमें से एक संख्या 33 है, तो दूसरी संख्या ज्ञात कीजिए।

(a) 20 (b) 25
(c) 19 (d) 22

51. यदि किसी गोले की त्रिज्या तीन गुनी कर दी जाए, तो मूल गोले के आयतन और नए गोले के आयतन का अनुपात कितना होगा?

(a) 27:1 (b) 9:1
(c) 1:9 (d) 1: 27

52. मुकुल से 1.35 km की दूरी पर एक बंदूक चलाई जाती है। वह तीन सेकंड के बाद इसकी ध्वनि सुनती है। ध्वनि किस चाल (m/s में) से यात्रा करती है?

(a) 525 (b) 675
(c) 500 (d) 450

53. रितु और मोना मिलकर एक घर की पेंटिंग 18 दिनों में कर सकती हैं। रितु को अकेले पेंटिंग पूरी करने में 27 दिन लगेंगे। मोना को अकेले पेंटिंग पूरी करने में कितना समय लगेगा ?

(a) 65 दिन (b) 60 दिन
(c) 44 दिन (d) 54 दिन

54. 153, 117 और 405 का HCF ज्ञात कीजिए।

(a) 9 (b) 6
(c) 12 (d) 2

55. यदि x का 4% = 72 है, तो x_____ के बराबर है।

(a) 1800 (b) 3600
(c) 1900 (d) 3700

56. दो संख्याओं के बीच का अनुपात 19: 24 है। यदि प्रत्येक संख्या में से 36 घटा दिया जाए, तो अनुपात 3 : 4 हो जाता है। संख्याओं का योग ज्ञात कीजिए।

(a) 305 (b) 295
(c) 238 (d) 387

57. यदि किसी वस्तु का अंकित मूल्य ₹ 7,895 है और दी जाने वाली छूट 4.2% है, तो विक्रय मूल्य (₹ में) ज्ञात कीजिए।

(a) 7,456.31 (b) 7,635.41
(c) 7,364.51 (d) 7,563.41

58. महेश के पास ₹ 1617 हैं। उसने इसे अपने पुत्रों विजय और अजय के बीच बांट दिया तथा उन्हें इसे वार्षिक रूप से चक्रवृद्धि होने वाली 10% ब्याज दर पर निवेश करने को कहा। यह देखा गया कि विजय और अजय को क्रमशः 13 और 14 वर्ष बाद समान धनराशि प्राप्त हुई। महेश ने विजय को कितनी धनराशि (₹ में) दी थी ?

(a) 697 (b) 770
(c) 870 (d) 847

59. एक कक्षा के 54 विद्यार्थियों की औसत आयु 37 वर्ष है। यदि शिक्षक की आयु भी सम्मिलित कर ली जाए, तो संपूर्ण समूह की औसत आयु 38 वर्ष हो जाती है। शिक्षक की आयु (वर्ष में) ज्ञात कीजिए ।

(a) 97 (b) 95
(c) 90 (d) 92

60. 7 खिलाड़ियों का औसत स्कोर शुरूआत में 55 दर्ज किया गया था। हालांकि, बाद में पता चला कि 35 का स्कोर गलती से 53 पढ़ लिया गया था। सही औसत स्कोर ज्ञात कीजिए। (दो दशमलव स्थानों तक पूर्णांकित)

(a) 42.08 (b) 52.43
(c) 54.31 (d) 32.43

भाग-IV: हिंदी

61. निम्न में से किस वाक्य में सम्बन्धवाचक सर्वनाम नहीं है ?

(a) जो सोएगा सो खोएगा।
(b) जिसकी लाठी उसकी भैंस।
(c) उसने कुछ नहीं खाया।
(d) वह कौन है जो जा रहा है।

62. 'सारे कलाकार ऊपर हैं।' उपर्युक्त वाक्य का सम्बन्ध किस क्रिया-विशेषण से है ?

(a) परिमाणवाचक क्रिया-विशेषण
(b) स्थानवाचक क्रिया-विशेषण
(c) कालवाचक क्रिया-विशेषण
(d) रीतिवाचक क्रिया-विशेषण

63. 'यहाँ किसी को भी इस कार्यालय का पता मालुम नहीं है'।
उपरोक्त वाक्य में वर्तनी सम्बन्धी अशुद्धि है। इसके शुद्ध रूप का चयन करें-

(a) यहाँ किसी को भी इस कर्यालय का पता मालूम नहीं है।
(b) यहाँ किसी को भी इस कार्यालय का पता मालूम नहीं है।
(c) यहाँ किसी को भी इस कार्यालये का पता मालूम नहीं है।
(d) यहाँ किसी को भी इस कार्यालय का पता मलूम नहीं है।

64. 'जलजीवन' पर्याय है-

(a) पानी का (b) समुद्र का
(c) मछली का (d) नदी का

65. निम्नलिखित विकल्पों में से कौन-सा एक विलोम युग्म सही नहीं है ?

(a) गमन- लाघव (b) गमन - आगमन
(c) गुप्त - प्रकट (d) खग-मृग

66. दिए गए वाक्य में शब्द या वाक्य खण्ड को बदलिए।
मेरे <u>पीछे आप</u> आये।

(a) मेरे पीछे ही आप आये।
(b) मेरे आने के पीछे आप आये।
(c) आप आये मेरे पीछे।
(d) मेरे बाद आप आये।

67. भारत गुटों से अलग रहने वाले देशों में शामिल है। गुटों से अलग रहने वाले' वाक्यांश के स्थान पर उचित शब्द होगा-

(a) स्वतंत्र (b) तटस्थ
(c) विकासशील (d) सापेक्ष

68. सरल वाक्य - 'दुर्भाग्य से वह परीक्षा में बैठ न सका।' निम्नलिखित विकल्पों में से इस वाक्य के लिए कौन-सा एक उचितसंयुक्त वाक्य होगा ?

(a) उसका दुर्भाग्य था और परीक्षा में पास न हुआ।
(b) उसका दुर्भाग्य कि परीक्षा में बैठ न सका।
(c) उसका दुर्भाग्य था और इसलिए वह परीक्षा में बैठ न सका।
(d) इसलिए वह परीक्षा में उसका दुर्भाग्य था और बैठ न सका।

69. निम्नलिखित वाक्य को ध्यानपूर्वक पढ़ें और बताएं कि चिन्हित वाक्यांश में किस प्रकार की त्रुटि है ?
वह बहुत ज्ञानी व्यक्ति है। <u>उसने अनेकों ग्रन्थों की रचना की है</u>।

(a) वचन (b) विशेषण
(c) अव्यय (d) लिंग

70. 'रिधिमा आज अपने घर-वर गयी होगी।' वाक्य में प्रयुक्त घर-वर किस प्रकार के शब्द युग्म के अंतर्गत आएँगे ?

(a) सार्थक निरर्थक (b) शब्द विलोम
(c) सार्थक सार्थक (d) निरर्थक निरर्थक

71. 'आसक्ति' का उपयुक्त एकार्थक शब्द है-

(a) घृणा (b) निपुण
(c) गहरी चाह (d) कुशल

72. 'हाथ का मैल होना मुहावरे का सही अर्थ इनमें से क्या होगा ?

(a) अत्यंत खट्टा होना
(b) अत्यंत तुच्छ होना
(c) अत्यंत मीठा होना
(d) अत्यंत बड़ा होना

73. दिए गए शब्द का सही पर्यायवाची शब्द पहचानिए-
ब्रह्मा

(a) पशुपति (b) महेश्वर
(c) नीलकंठ (d) लोकेश

74. दिए गए वाक्यांश के लिए एक शब्द होगा
किसी शुभ कार्य को विधि विधान और श्रद्धापूर्वक करना

(a) श्राद्ध (b) यज्ञ
(c) अनुष्ठान (d) अर्चना

75. 'आपने चाय-वाय पी ली होगी।' वाक्य में प्रयुक्त चाय-वाय किस प्रकार का शब्द युग्म है ?

(a) पर्यायवाची
(b) एकार्थी अनेकार्थी
(c) विलोम शब्द
(d) सार्थक निरर्थक

76. गद्यांश के आधार पर प्रश्न का उत्तर दें।
महात्मा ज्योतिबा फुले के मौलिक विचार गुलामगिरी शेखकरयांचा आसूड '[किसानों का प्रतिरोध]' सार्वजनिक सत्य धर्म आदि पुस्तकों में संगृहित है। उनके विचार अपने

समय से बहुत आगे थे। आदर्श परिवार के बारे में उनकी अवधारणा है जिस परिवार में पिता बौद्ध, माता ईसाई, बेटी मुसलमान और बेटा सत्यधर्मी हो, वह परिवार एक आदर्श परिवार है। 1888 में जब ज्योतिबा फुले को 'महात्मा' की उपाधि से सम्मानित किया गया तो उन्होंने कहा - "मुझे महात्मा कहकर मेरे संघर्ष को पूर्णविराम मत दीजिए। जब व्यक्ति मठाधीश बन जाता है तब वह संघर्ष नहीं कर सकता। इसलिए आप सब साधारण जन ही रहने दें, मुझे अपने बीच से अलग न करें।" महात्मा ज्योतिबा फुले की सबसे बड़ी विशेषता यह थी कि वे कहते थे, उसे अपने आचरण और व्यवहार में उतारते थे।

76. महात्मा फुले के अनुसार-जिस परिवार में पिता बौद्ध, माता ईसाई, बेटी मुसलमान और बेटा सत्यधर्मी हो, उस परिवार को किस प्रकार के परिवार की संज्ञा दी है ?

(a) स्वतंत्र परिवार (b) शिक्षित परिवार
(c) परिपूर्ण परिवार (d) आदर्श परिवार

77. 'महात्मा' शब्द में किस संधि का प्रयोग हुआ है ?

(a) महात्म+ आ (b) महा + अत्मा
(c) मह+ आत्मा (d) महा + आत्मा

78. महात्मा फुले को 'महात्मा' की उपाधि से कब सम्मानित किया गया ?

(a) 1887 (b) 1889
(c) 1886 (d) 1888

79. ज्योतिबा फुले की सबसे बड़ी क्या विशेषता थी ?

(a) जो सुनते थे वही अपने आचरण एवं व्यवहार में उतारते थे।
(b) जो कहते थे वह अपने आचरण एवं व्यवहार में कभी नहीं उतारते थे।
(c) जो कहते थे वही अपने आचरण एवं व्यवहार में उतारते थे।
(d) जो देखते थे वही अपने आचरण एवं व्यवहार में उतारते थे।

80. उपर्युक्त गद्यांश का उचित शीर्षक होगा ?

(a) ज्योतिबा फुले के जाति सम्बन्धी विचार
(b) ज्योतिबा फुले के राजनीतिक विचार
(c) ज्योतिबा फुले के आदर्श विचार
(d) ज्योतिबा फुले के नारी सम्बन्धी विचार

उत्तर (हल/संकेत)

1. (d) प्रश्नानुसार, चिन्ह बदलने पर

$8 \times 63 \div 7 + 7 - 9$
$= 8 \times 9 + 7 - 9$
$= 72 + 7 - 9$
$= 79 - 9 = 70$

2. (d) यहाँ अनुसरित तर्क निम्न है-

अत: सही उत्तर "XGJ" है।

3. (a) दी गई आकृति में सन्निहित छवि नीचे दर्शाई गई है-

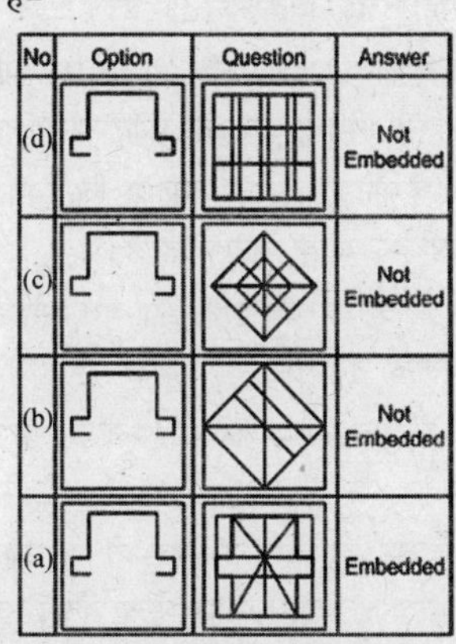

No.	Option	Question	Answer
(d)			Not Embedded
(c)			Not Embedded
(b)			Not Embedded
(a)			Embedded

अत:, सही उत्तर "विकल्प (a)" है।

4. (c) दिया गया है-

सात व्यक्ति, G, H, I, J K L और M, एक पंक्ति में उत्तर के सम्मुख बैठे हैं।

(1) M के दायें कोई नहीं बैठा है।
(2) M और K के बीच केवल तीन व्यक्ति बैठे हैं।
(3) K और H के बीच केवल दो व्यक्ति बैठे हैं।

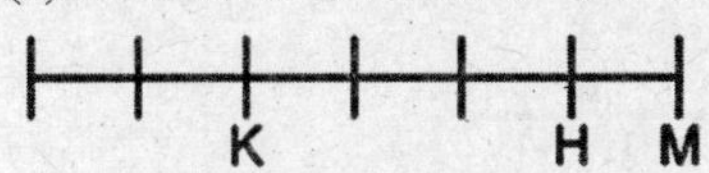

(4) G, L के बायें तीसरे स्थान पर बैठा है।
(5) J, L के ठीक दायें बैठा है।

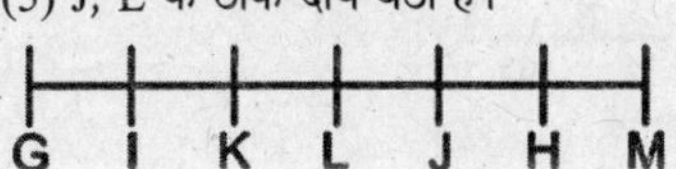

इसलिए, I और H के बीच 'तीन' व्यक्ति बैठे हैं।

इसलिए, सही उत्तर "विकल्प (c)" है।

5. (a) यहाँ अनुसरित तर्क निम्न है-

MLTA का संबंध QHXW से है

13 12 20 1
M L T A
+4 −4 +4 −4
Q H X W
17 8 24 23

LNVB का संबंध PJZX से है

12 14 22 2
L N V B
+4 −4 +4 −4
P J Z X
16 10 26 24

इसी प्रकार, 'CWON' को कूटबद्ध किया जाएगा:

3 23 15 14
C W O N
+4 −4 +4 −4
G S S J
7 19 19 10

इसलिए, सही उत्तर "GSSJ" है।

6. (a) 'TDZM' को '8-24-2-15' के रूप में कूटबद्ध किया गया है

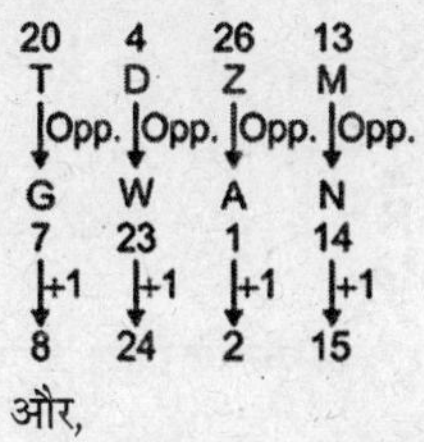

और,

'KRIY' को '17-10-19-3' के रूप में कूटबद्ध किया गया है

11 18 9 25
K R I Y
Opp. Opp. Opp. Opp.
P I R B
16 9 18 2
+1 +1 +1 +1
17 10 19 3

इसी प्रकार,

'HAWP' को कूटबद्ध किया जाएगा:

8 1 23 16
H A W P
Opp. Opp. Opp. Opp.
S Z D K
19 26 4 11
+1 +1 +1 +1
20 27 5 12

इसलिए, सही उत्तर "विकल्प (a)" है।

7. (a)

A है				
प्रतीक	+	−	×	÷
अर्थ	माता	पुत्री	पुत्र	भाई
B का				

दिया गया व्यंजक : 'C − D ÷ E × F + G'

C, D की पुत्री है, D, E का भाई है, E, F का पुत्र है, F, G की माता है।

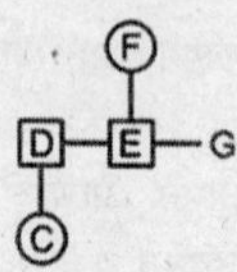

इसलिए, F, C के पिता की माता है।

इसलिए सही उत्तर 'विकल्प (a)' है।

8. (c) दिया गया अनुक्रम: p_uopat _ _ _ q _ _ _ u o p q _ u_

दिए गए रिक्त स्थानों में एक-एक करके अक्षर रखते हैं: (c) qtuoptto → p q t u o/p q t u o/p q t u o/p q t u o

यहाँ, 'विकल्प (c)' एक पैटर्न का अनुसरण करता है।

9. (a) NRDF का संबंध PMFA से है

14 18 4 6
N R D F
+2 –5 +2 –5
P M F A
16 13 6 1

SFJW का संबंध UALR से है

19 6 10 23
S F J W
+2 –5 +2 –5
U A L R
21 1 12 18

इसी प्रकार, 'GVKQ' को कूटबद्ध किया जाएगा:

7 22 11 17
G V K Q
+2 –5 +2 –5
I Q M L
9 17 13 12

इसलिए सही उत्तर "IQML" है।

10. (a) यहाँ अनुसरित तर्क निम्न है-

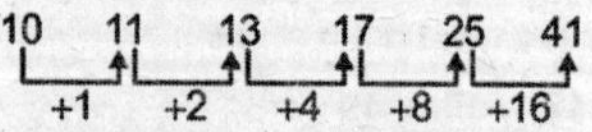

इसलिए, सही उत्तर "विकल्प (a) " है।

11. (d) दिए गए कथन के लिए न्यूनतम संभव वेन आरेख है-

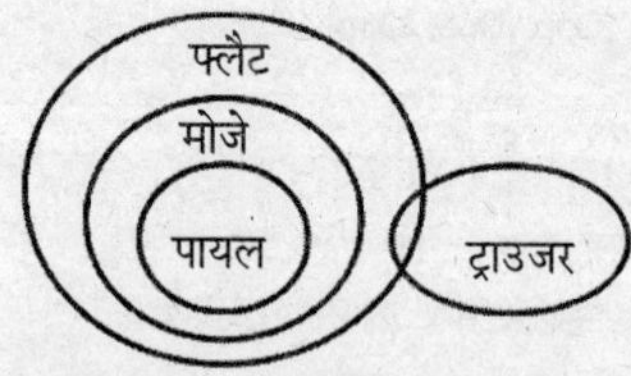

निष्कर्ष:

(I) सभी पायल, फ्लैट हैं

(II) कुछ ट्राउजर, पायल हैं

सत्य (क्योंकि सभी पायल, मोजे हैं और सभी मोजे, फ्लैट हैं, इसलिए सभी पायल भी फ्लैट हैं)

असत्य (क्योंकि ट्राउजर और पायल के बीच कोई प्रत्यक्ष संबंध नहीं दिया गया है, इसलिए यह संभव हो सकता है लेकिन परिभाषित नहीं है) इसलिए, केवल निष्कर्ष (I) अनुसरण करता है।

इसलिए, सही उत्तर "विकल्प (d)" है।

12. (d) दिए गए संबंध के लिए न्यूनतम संभव वेन आरेख नीचे दिखाया गया है-

- कुछ शर्ट, कपास से बनी होती हैं
- कुछ शर्ट, डेनिम से बनी होती हैं

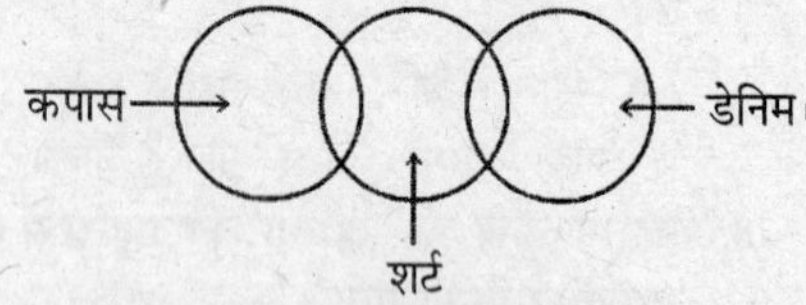

इसलिए, सही उत्तर "विकल्प (d)" है।

13. (b) कागज को खोलने पर प्राप्त आकृति नीचे दिखाई गई है-

अत:, 'विकल्प (b)' सही उत्तर है।

14. (d) यहाँ अनुसरित तर्क निम्न है-

विकल्प (d): QZK

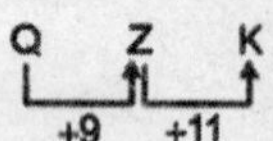

विकल्प (a): NYJ

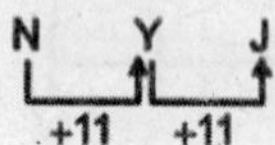

विकल्प (c): CNY

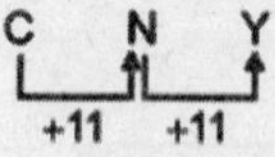

विकल्प (b): TEP

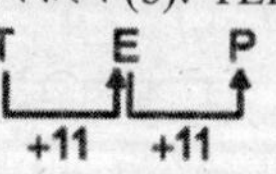

'QZK' को छोड़कर सभी समान पैटर्न का अनुसरण करते हैं।

अत:, "विकल्प (d)" भिन्न है।

15. (b) पासे की दी गई स्थितियाँ हैं:

पासे 1 और 2 की स्थितियों पर विचार करें। फलक 'A' दोनों स्थितियों के लिए उभयनिष्ठ है, उस फलक को स्थिर रखें और दक्षिणावर्त दिशा में घुमाएँ, हमें एक दूसरे के विपरीत फलक मिलेंगे।

पासे 1	A	I	T
पासे 2	A	S	N

इसलिए, K के विपरीत फलक A है।

इसलिए, सही उत्तर "विकल्प (b)" है।

16. (d) दिए गए कूट के अनुसार:

B [I G] [S] [4] 5 [9 3]

[S I] N [G] [9 4 3] 2

इसलिए, 'N' को '2' के रूप में कूटबद्ध किया गया है।

अत:, सही उत्तर "विकल्प (d) " है।

17. (b) तर्क इस प्रकार है-

- हर कदम पर एक-एक तीर घटता जाता है।
- तीर हर कदम पर अपनी दिशा बदलते हैं।

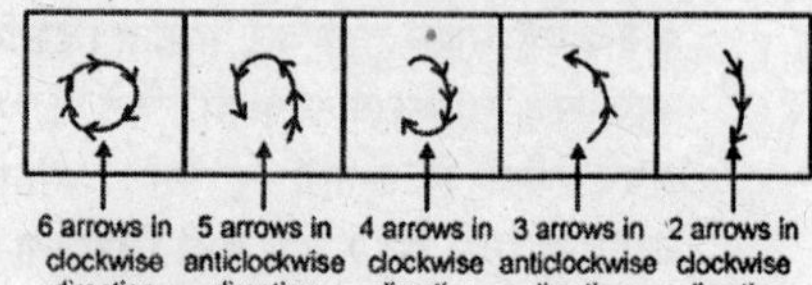

अत:, सही उत्तर "विकल्प (b)" है।

18. (d) प्रश्नानुसार अंतिम प्रारूप इस प्रकार है-

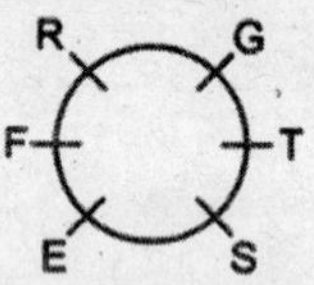

इसलिए, R के दायें से गिनने पर T और R के बीच 'तीन' लोग बैठे हैं।

इसलिए, सही उत्तर "विकल्प (d)" है।

19. (a) यहाँ अनुसरित तर्क निम्न है-

⇒ VARIABLE को उल्टे अंग्रेजी वर्णमाला क्रम में व्यवस्थित किया गया है

दी गई शृंखला	V	A	R	I	A	B	L	E
उल्टा क्रम	V	R	L	I	E	B	A	A

इस प्रकार, 'तीन' अक्षर अपरिवर्तित रहेंगे।

इसलिए, सही उत्तर "विकल्प (a)" है।

20. (d) यहाँ तर्क इस प्रकार है-

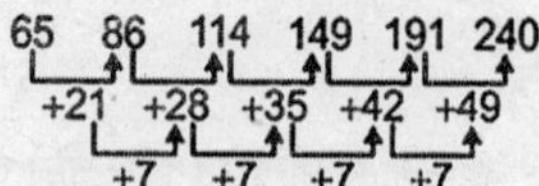

इसलिए, सही उत्तर "विकल्प (d)" है।

21. (a) नाट्यशास्त्र प्रदर्शन कलाओं पर एक प्राचीन भारतीय ग्रंथ है। इसमें रंगमंच, नृत्य और संगीत सम्मिलित हैं।

यह ऋषि भरत मुनि द्वारा लिखा गया था, जिन्हें भारतीय नाट्य कला रूपों का जनक माना जाता है।

माना जाता है कि यह ग्रंथ 200 ईसा पूर्व और 200 ईस्वी के बीच लिखा गया था।

नाट्यशास्त्र में कुल 6000 श्लोकों (श्लोक) के साथ 36 अध्याय हैं।

यह मंच प्रदर्शन के विभिन्न पहलुओं का विस्तृत विवरण प्रदान करता है, जिसमें संगीत, नृत्य, मंच डिजाइन और अभिनय की कला सम्मिलित है।

22. (a) मृणालिनी साराभाई एक प्रसिद्ध भारतीय शास्त्रीय नर्तकी और नृत्य रचना-कॅार थीं।

उन्हें उनकी नृत्य रचना में असाधारण योगदान के लिए 1968 में मेक्सिकन सरकार द्वारा स्वर्ण पदक से सम्मानित किया गया था।

मृणालिनी साराभाई अहमदाबाद, भारत में दर्पण अकादमी ऑफ परफॉर्मिंग आर्ट्स की संस्थापक थीं।

उन्होंने भरतनाट्यम, कथकली और मोहिनीअट्टम में प्रशिक्षण प्राप्त किया था, जिसे उन्होंने अक्सर अपने कोरियोग्राफिक कार्यों में सम्मिलित किया।

23. (d) आगा खान तृतीय 1906 में स्थापित ऑल इंडिया मुस्लिम लीग के पहले अध्यक्ष थे।

ऑल इंडिया मुस्लिम लीग की स्थापना ब्रिटिश भारत में मुसलमानों के अधिकारों की वकालत करने के लिए की गई थी।

आगा खान तृतीय ने लीग के गठन और नेतृत्व में महत्वपूर्ण भूमिका निभाई, इसके शुरुआती कदमों और उद्देश्यों का मार्गदर्शन किया।

उनका नेतृत्व 20वीं सदी के आरम्भ में भारत में मुसलमानों के लिए राजनीतिक परिदृश्य को आकार देने में महत्वपूर्ण था।

लीग बाद में 1947 में पाकिस्तान के निर्माण के पीछे एक प्रेरक शक्ति बन गई।

24. (c) बास्केटबॉल में, बास्केटबॉल के छल्ले का मानक व्यास 18 इंच होता है।

हूप का व्यास रिम के अंदरूनी किनारे से विपरीत अंदरूनी किनारे तक मापा जाता है।

यह मानक आकार सभी NBA स्वीकृत खेलों में एकरूपता और खेल में निष्पक्षता सुनिश्चित करने के लिए बनाए रखा जाता है।

हूप एक दबाव-मुक्ति धातु सुरक्षा रिंग से बना होता है जो गेमप्ले के दौरान स्थायित्व और सुरक्षा को बढ़ाता है।

हूप से जुड़ा नेट 18 इंच लंबा है, जो स्थिरता के लिए हूप के व्यास के साथ संरेखित होता है।

25. (b) किसी बल द्वारा किया गया कार्य बल और बल की दिशा में विस्थापन के डॉट उत्पाद के रूप में परिभाषित किया गया है।

एक चिकनी क्षैतिज मेज पर, गुरुत्वाकर्षण बल लंबवत नीचे की ओर कार्य करता है, जबकि विस्थापन क्षैतिज है। गुरुत्वाकर्षण बल और क्षैतिज विस्थापन के बीच का कोण 90 डिग्री है।

90 डिग्री का कोसाइन 0 है, इसलिए क्षैतिज विस्थापन पर गुरुत्वाकर्षण बल द्वारा किया गया कार्य शून्य है।

26. (b) जून 2024 में जुएल ओराम को जनजातीय मामलों का मंत्री नियुक्त किया गया था।

वह पहले भी यह पदभार संभाल चुके हैं, प्रधानमंत्री नरेंद्र मोदी के मंत्रिमंडल में जनजातीय मामलों के मंत्री के रूप में सेवाएं दे चुके हैं।

वे भारत में जनजातीय समुदायों के कल्याण और विकास को बढ़ावा देने के अपने काम के लिए जाने जाते हैं।

जुएल ओराम भारतीय जनता पार्टी (भाजपा) के सदस्य हैं और कई बार ओडिशा के सुंदरगढ़ निर्वाचन क्षेत्र से सांसद के रूप में चुने गए हैं।

27. (a) अली-आये-लिगंग असम में मिसिंग समुदाय द्वारा मनाया जाने वाला एक महत्वपूर्ण वसंत उत्सव है।

यह उत्सव बुवाई के मौसम के आरम्भ का प्रतीक है और फागुन महीने (फरवरी-मार्च) के पहले बुधवार को मनाया जाता है। "अली-आये-लिगंग" नाम का अर्थ मिसिंग भाषा में "बीज बोना" है।

इस उत्सव के दौरान कृषि चक्र का जश्न मनाने के लिए पारंपरिक नृत्य, संगीत और भोज आयोजित किए जाते हैं।

यह एक महत्वपूर्ण सांस्कृतिक आयोजन है जो मिसिंग जनजाति की कृषि जीवन शैली और परंपराओं पर जोर देता है।

28. (b) येल्ला वेंकटेश्वर राव एक प्रसिद्ध भारतीय शास्त्रीय संगीतज्ञ और तालवादक हैं जो मृदंगम में विशेषज्ञता रखते हैं।

वे अपने असाधारण कौशल और मृदंगम वादन की कला में योगदान के लिए जाने जाते हैं।

येल्ला वेंकटेश्वर राव ने भारत और विदेश दोनों में कई प्रतिष्ठित संगीत समारोहों और उत्सवों में प्रदर्शन किया है।

उन्हें उनके कौशल और भारतीय शास्त्रीय संगीत के प्रति समर्पण को पहचानते हुए कई पुरस्कारों और उपाधियों से सम्मानित किया गया है।

29. (c) रुद्रदामन प्रथम एक प्रमुख शक शासक थे जिन्होंने पश्चिमी क्षत्रपों पर शासन किया था।

उनका शासनकाल गिरनार में प्रसिद्ध जूनागढ़ शिलालेख के लिए जाना जाता है, जो एक महत्वपूर्ण ऐतिहासिक स्रोत है।

संस्कृत में लिखा गया यह शिलालेख, उनकी उपलब्धियों और सुदर्शन झील की मरम्मत के बारे में विवरण देता है। रुद्रदामन के शासनकाल ने भारतीय उपमहाद्वीप में पश्चिमी क्षत्रपों की शक्ति और प्रभाव के चरम को चिह्नित किया।

संस्कृति और कला के प्रति उनके संरक्षण के कारण उन्हें पश्चिमी क्षत्रपों के सबसे महान शासकों में से एक माना जाता है।

30. (b) प्रौद्योगिकीय प्रगति ने परिवहन और संचार लागतों को काफी कम कर दिया है, जिससे वैश्विक व्यापार अधिक कुशल और सुलभ हो गया है।

इंटरनेट और डिजिटल तकनीकों ने दुनिया भर में त्वरित संचार और डेटा आदान-प्रदान की सुविधा प्रदान की है, जिससे अंतर्राष्ट्रीय व्यावसायिक संचालन में वृद्धि हुई है।

शिपिंग और रसद प्रौद्योगिकी में सुधार ने सीमाओं के पार माल ले जाने के समय और लागत को कम कर दिया है, जिससे अंतर्राष्ट्रीय व्यापार को बढ़ावा मिला है।

सूचना प्रौद्योगिकी में प्रगति ने कंपनियों को वैश्विक आपूर्ति शृंखलाओं का अधिक प्रभावी ढंग से प्रबंधन करने में सक्षम बनाया है, जिससे दुनिया भर में उत्पादन और वितरण का समन्वय किया जा सकता है। प्रौद्योगिकीय नवाचार ने नए उत्पादों और सेवाओं के विकास का भी नेतृत्व किया है, जिससे नए बाजार खुले हैं और आर्थिक वैश्वीकरण को गति मिली है।

31. (a) चौथी पंचवर्षीय योजना (1969-1974) का उद्देश्य आत्मनिर्भरता प्राप्त करना और भारत की अर्थव्यवस्था में स्थिरता के साथ विकास पर बल देना था।

इस योजना ने घरेलू उत्पादन को प्रोत्साहित करके औद्योगिक उत्पादन में वृद्धि और विदेशी आयात पर निर्भरता को कम करने पर ध्यान केंद्रित किया।

इसका उद्देश्य कृषि क्षेत्र को मजबूत करना था, साथ ही तकनीकी प्रगति को बढ़ावा देना था, खासकर भारी उद्योगों और बुनियादी ढांचे में।

लक्ष्य समग्र आर्थिक संरचना को मजबूत करना, गरीबी को कम करना और सामाजिक और औद्योगिक विकास में सुधार करना था।

32. (c) प्रश्नानुसार एमके स्टालिन तमिलनाडु के वर्तमान मुख्यमंत्री थे।

उन्होंने 7 मई, 2021 को पदभार ग्रहण किया।

वे द्रविड़ मुनेत्र कड़गम (DMK) पार्टी के नेता हैं।

एमके स्टालिन तमिलनाडु के पूर्व मुख्यमंत्री, एम. करुणानिधि के पुत्र हैं।

उनके नेतृत्व में, DMK ने 2021 के तमिलनाडु विधानसभा चुनावों में एक निर्णायक जीत प्राप्त की है।

33. (b) केंद्रीय मंत्री अनुराग ठाकुर ने 13 अगस्त, 2021 को फिट इंडिया फ्रीडम रन 2.0 आरम्भ किया।

यह आयोजन भारत के 75वें स्वतंत्रता दिवस के उपलक्ष्य में आरम्भ किया गया था।

फिट इंडिया फ्रीडम रन 2.0, फिट इंडिया मूवमेंट का भाग है। इसका उद्देश्य भारतीयों में फिटनेस और स्वास्थ्य को बढ़ावा देना है।

यह दौड़ 7.5 किमी की दूरी तय करती है, जो भारत की 75 वर्षों की स्वतंत्रता का प्रतीक है।

यह नागरिकों को शारीरिक गतिविधियों में भाग लेने और COVID-19 महामारी के बीच स्वस्थ रहने के लिए प्रोत्साहित करता है।

34. (d) जापानी इंसेफेलाटिस (JE) एक वायरल संक्रमण है जो मस्तिष्क की सूजन का कारण बनता है।

यह वायरस संक्रमित मच्छरों, मुख्य रूप से क्यूलेक्स प्रजाति के काटने से फैलता है।

जापानी इंसेफेलाटिस एशिया और पश्चिमी प्रशांत के ग्रामीण और कृषि क्षेत्रों में प्रचलित है।

जापानी इंसेफेलाटिस के लक्षणों में तेज बुखार, सिरदर्द, गर्दन में अकड़न, भटकाव, कोमा, दौरे और पक्षाघात सम्मिलित हैं।

जापानी इंसेफेलाटिस के लिए कोई विशिष्ट एंटीवायरल उपचार नहीं है; सहायक देखभाल प्राथमिक उपागम है।

35. (b) सार्वजनिक प्रशासन तृतीयक क्षेत्र का एक महत्वपूर्ण भाग है, जिसमें सरकार द्वारा अपने नागरिकों को प्रदान की जाने वाली सेवाएँ सम्मिलित हैं।

इस क्षेत्र में सार्वजनिक नीति का प्रशासन, कानून और व्यवस्था का रखरखाव और सामाजिक सेवाओं का प्रावधान जैसी गतिविधियाँ सम्मिलित हैं। सार्वजनिक प्रशासन सरकारी नीतियों और कार्यक्रमों के कार्यान्वयन में एक महत्वपूर्ण भूमिका निभाता है।

यह सरकारी संचालन के सुचारू संचालन और सार्वजनिक सेवाओं की डिलिवरी सुनिश्चित करता है।

सार्वजनिक प्रशासन समाज के कल्याण और सुरक्षा को बनाए रखने के लिए महत्वपूर्ण है, जो इसे तृतीयक क्षेत्र का एक अभिन्न अंग बनाता है।

36. (d) सही उत्तर ग्रामीण से ग्रामीण है।

2011 की जनगणना के अनुसार, भारत में आंतरिक प्रवासन का सबसे सामान्य प्रकार ग्रामीण क्षेत्रों से अन्य ग्रामीण क्षेत्रों में है।

इस प्रकार के प्रवासन में कुल आंतरिक प्रवासन का लगभग 47.4% भाग है।

ग्रामीण से ग्रामीण प्रवासन के प्रमुख कारणों में से एक विवाह है, खासकर महिलाओं में।

एक अन्य कारण काम की तलाश में कृषि मजदूरों का आवागमन है।

ग्रामीण से ग्रामीण प्रवासन कृषि और संबंधित क्षेत्रों में मौसमी काम से भी प्रेरित है।

37. (c) 1978 के 44वें संशोधन अधिनियम ने संपत्ति के अधिकार को मौलिक अधिकारों की सूची से हटा दिया।

संपत्ति का अधिकार मूल रूप से भारतीय संविधान के अनुच्छेद 31 के अंतर्गत प्रदान किया गया था।

संशोधन के बाद, संपत्ति का अधिकार अनुच्छेद 300A के अंतर्गत एक वैधानिक अधिकार बना दिया गया।

यह संशोधन अधिकार के दुरुपयोग पर रोक लगाने और भूमि सुधारों को सुविधाजनक बनाने के लिए प्रस्तुत किया गया था।

इस संशोधन का उद्देश्य व्यक्तिगत अधिकारों और सामाजिक-आर्थिक न्याय की आवश्यकता के बीच संतुलन बनाना था।

38. (a) धिवेही मालदीव की आधिकारिक भाषा है।

यह एक भारत आर्य भाषा है जो मालदीवी लोगों द्वारा बोली जाती है।

इस भाषा की जड़ें प्राचीन सिंहली भाषा में हैं।

धिवेही थाना लिपि में लिखी जाती है, जो दाएँ से बाएँ पढ़ी जाती है।

39. (c) भारत के संविधान के अनुसार राज्यपाल के पास कार्यपालक, विधायी और न्यायिक शक्तियाँ होती हैं।

कार्यपालक शक्ति राज्यपाल को राज्य सरकार के कार्य निष्पादन में सहायता करती है।

विवेकाधिकार शक्ति का प्रयोग राज्यपाल विशेष परिस्थितियों में स्वतंत्र रूप से कर सकते हैं।

विधायी शक्ति के अंतर्गत राज्यपाल विधान मंडल के सम्मेलनों को बुला सकते हैं और अध्यादेश जारी कर सकते हैं।

अनिवार्य शक्ति राज्यपाल की शक्तियों में सम्मिलित नहीं है, क्योंकि इस प्रकार की कोई शक्ति संविधान में नहीं दी गई है।

40. (c) मृत सागर एक खारे पानी की झील है जो पूर्व में जॉर्डन और पश्चिम में इज़राइल और फ़िलिस्तीन से घिरी हुई है।

यह दुनिया के सबसे खारे जल निकायों में से एक है, जिसकी लवणता 34.2% है, जो समुद्र से लगभग दस गुना अधिक है।

मृत सागर की उच्च लवणता के कारण यह पौधों और जानवरों के लिए कठोर वातावरण है, इसलिए इसका यह नाम पड़ा।

यह पृथ्वी की सतह पर शुष्क भूमि पर सबसे निचले बिंदु पर स्थित है, जो समुद्र तल से लगभग 430 मीटर नीचे है।

मृत सागर अपने खनिज युक्त पानी और चिकित्सीय गुणों के लिए प्रसिद्ध है, जो कल्याण और स्पा उपचार के लिए आगंतुकों को आकर्षित करता है।

41. (d) मान लीजिए कि ईंधन का वास्तविक मूल्य ₹100 है।

पहले महीने के बाद (40% कमी):

40% कमी के बाद मूल्य 100 × (1 – 140/100) = 100 × 0.60 = ₹60

दूसरे महीने के बाद (10% कमी):

10% कमी के बाद मूल्य = 60 × (1 – 110/100) = 60 × 0.90 = ₹54 तीसरे महीने के बाद (50% कमी):

50% कमी के बाद मूल्य 54 × (1 – 150/100) = 54 × 0.50 = ₹27

चौथे महीने के बाद (50% वृद्धि):

50% वृद्धि के बाद मूल्य 27 × (1 + 150/100) = 27 × 1.50 = ₹40.5

प्रतिशत परिवर्तन = [(अंतिम मूल्य वास्तविक मूल्य)/वास्तविक मूल्य] × 100

प्रतिशत परिवर्तन [(40.5 – 100)/100] × 100

प्रतिशत परिवर्तन (–59.5/100) × 100 = –59.5%

इसलिए, वास्तविक मूल्य की तुलना में चौथे महीने में ईंधन के मूल्य में 59.5% की कमी आई है।

42. (d) माना स्थिर जल में नाव की गति x किमी/घंटा है।

धारा की दिशा में गति = $x + 9$ किमी/घंटा

धारा की विपरीत दिशा में गति = $x - 9$ किमी/घंटा

धारा के अनुकूल यात्रा में लिया गया समय = $56/(x+9)$

धारा के प्रतिकूल यात्रा में लिया गया समय = $28/(x-9)$

कुल समय = 7 घंटे

$\Rightarrow \quad 56/(x + 9) + 28/(x - 9) = 7$

दोनों पक्षों को $(x + 9)(x - 9)$ से गुणा करें:

$= 56(x - 9) + 28(x + 9) = 7(x + 9)(x - 9)$

$\Rightarrow 56x - 504 + 28x + 252 = 7(x^2 - 81)$

$\Rightarrow 84x - 252 = 7x^2 - 567$

$\Rightarrow 7x^2 - 84x - 315 = 0$

संपूर्ण समीकरण को 7 से विभाजित करने पर

$\Rightarrow x^2 - 12x - 45 = 0$

द्विघात समीकरण का गुणनखंडन करने पर

$\Rightarrow (x - 15)(x + 3) = 0$

$\Rightarrow x = 15$ या $x = -3$

चूँकि गति ऋणात्मक नहीं हो सकती, $x = 15$ किमी/घंटा

स्थिर जल में नाव की गति 15 किमी/घंटा है।

43. (b) मान लीजिए कि विक्रय मूल्य (SP) 100 है

क्रय मूल्य (CP) = SP का 75% = 75

लाभ = SP – CP = 100 – 75 = 25

लाभ% $= \frac{25}{75} \times 100$

$\Rightarrow$ लाभ% $= \frac{1}{3} \times 100$

$\Rightarrow$ लाभ% = 33.33%

लाभ प्रतिशत 33(1)/(3) % है।

44. (d) SI = (P × R × T)/100

318 = (P × 6 × 2)/100

⇒ 318 = (12P)/100

⇒ 31800 = 12P

⇒ P = 31800/12

⇒ P = 2650

मूलधन राशि ₹2650 है।

45. (d) सबसे पहले, समानुपातिक स्थिरांक k ज्ञात कीजिए:

k = M/H

⇒ k = 324/6

⇒ k = 54

अब, 29 घंटे के कार्य के लिए अर्जित धन की गणना कीजिए:

M = k × H

सबसे पहले, समानुपातिक स्थिरांक k ज्ञात कीजिए:

k = M/H

⇒ k = 324/6

⇒ k = 54

अब, 29 घंटे के कार्य के लिए अर्जित धन की गणना कीजिए:

M = k × H

⇒ M = 54 × 29

⇒ M = 1,566

29 घंटों में अर्जित धन की राशि ₹1,566 है।

46. (a) 400 सेबों का क्रय मूल्य (CP) = (1200/100) × 400 = ₹4800

विक्रय मूल्य (SP) = क्रय मूल्य + लाभ ₹4800 + ₹800 = ₹5600

400 सेबों में दर्जन की संख्या = 400/12 = 33.33 दर्जन

प्रति दर्जन विक्रय मूल्य = कुल विक्रय मूल्य/दर्जन की संख्या

प्रति दर्जन विक्रय मूल्य = ₹5600/33.33 = ₹168 इसलिए, सेब का प्रति दर्जन विक्रय मूल्य ₹168 है।

47. (b) दिया गया है–

व्यंजक: $\left[(23\times5)\times\left\{6\div6\times\frac{(18-14)}{4}\right\}\right]$

क्रियाओं का क्रम (BODMAS/BIDMAS): कोष्ठक, घात (यानी घात और वर्गमूल, आदि), भाग और गुणा, जोड़ और घटाव

गणना:

$\left[(23\times5)\times\left\{6\div6\times\frac{(18-14)}{4}\right\}\right]$

$\Rightarrow \left[(115)\times\left\{6\div6\times\frac{(4)}{4}\right\}\right]$

$\Rightarrow [(115) \times \{ 6 \div 6 \times 1\}]$

$\Rightarrow 115$

48. (d) अभाज्य गुणनखंडन:

$56 = 2^3 \times 7$

$30 = 2 \times 3 \times 5$

$108 = 2^2 \times 3^3$

$120 = 2^3 \times 3 \times 5$

$LCM = 2^3 \times 3^3 \times 5 \times 7$

$\Rightarrow LCM = 8 \times 27 \times 5 \times 7$

$\Rightarrow LCM = 216 \times 5 \times 7$

$\Rightarrow LCM = 1080 \times 7$

$\Rightarrow LCM = 7560$

56, 30, 108 और 120 का LCM, 7560 है।

49. (c) मान लीजिए कि अजय को दी गई राशि x है, और प्रकाश को दी गई राशि ₹ $(1224 - x)$ है।

प्रश्न के अनुसार, अजय और प्रकाश को 18 और 19 वर्षों के बाद समान राशि मिली है, इसलिए हम उनकी राशियों के लिए समीकरण लिख सकते हैं:

$x(1 + 4/100)^{18} = (1224 - x)(1 + 4/100)^{19}$

$= x(1.04)^{18} = (1224 - x)\ (1.04)^{19}$

अब, दोनों पक्षों को $(1.04)^{18}$ से विभाजित करें:

$\Rightarrow x = (1224 - x)\ (1.04)$

$\Rightarrow x = 1224 \times 1.04 - x \times 1.04$

$\Rightarrow x + x \times 1.04\ 1224 \times 1.04$

$\Rightarrow x\ (1 + 1.04) = 1224 \times 1.04$

$\Rightarrow x \times 2.04 = 1224 \times 1.04$

$\Rightarrow x = (1224 \times 1.04)/2.04$

$\Rightarrow x = 1272.96/2.04$

$\Rightarrow x =$ ₹624

प्रकाश को दी गई राशि 1224624 = 600

इसलिए, विजय ने प्रकाश को ₹600 दिए थे।

50. (d) मान लीजिए दूसरी संख्या x है।

दो संख्याओं का गुणनफल = $33 \times x$

दिया गया है, दो संख्याओं का गुणनफल = LCM × HCF

$\Rightarrow 33 \times x = 66 \times 11$

$\Rightarrow 33 \times x = 726$

$\Rightarrow x = 726/33$

$\Rightarrow x = 22$

दूसरी संख्या 22 है।

51. (d) आयतन को 3 से गुणा करने पर,

मूल गोले का आयतन $= \frac{4}{3}\pi r^3$

नए गोले का आयतन $= \frac{4}{3}\pi(3r)^3$

$\Rightarrow$ नए गोले का आयतन $= \frac{4}{3}\pi(27r^3)$

$\Rightarrow$ नए गोले का आयतन $= 27 \times \frac{4}{3}\pi r^3$

= नए गोले का आयतन = मूल गोले के आयतन का 27 गुना

मूल गोले के आयतन का नए गोले के आयतन से अनुपात = 1 : 27

सही उत्तर विकल्प (d) है।

52. (d) दिया गया है–

ध्वनि की गति = दूरी/समय

ध्वनि की गति = 1,350 मीटर/3 सेकंड

ध्वनि की गति = 450 मीटर प्रति सेकंड

इसलिए, ध्वनि की गति 450 मीटर/सेकंड है।

53. (d) कुल कार्य = LCM (18, 27) = 54 इकाई

रीतु और मोना की दक्षता 54/18 = 3

रीतु की दक्षता = 54/27 = 2

मोना की दक्षता = 3 – 2 = 1

मोना को अकेले पेंटिंग को पूरा करने में लगा समय 54/1 = 54 दिन

सही उत्तर विकल्प (d) है।

54. (a) **चरण 1:** 153 और 117 का HCF

$153 = 1171 + 36$

$117 = 36 \times 3 + 9$

$36 = 9 \times 4 + 0$

$\Rightarrow$ HCF (153, 117) = 9

चरण 2: चरण 1 के परिणाम और 405 का HCF

$405 = 9 \times 45 + 0$

= HCF (9, 405) = 9

153, 117 और 405 का HCF, 9 है।

55. (a) x का 4% = 72

$4/100 \times x = 72$

$\Rightarrow 4x/100 = 72$

$\Rightarrow 4x = 72 \times 100$

$\Rightarrow 4x = 7200$

$\Rightarrow x = 7200/4$

$\Rightarrow x = 1800$

सही उत्तर विकल्प (a) है।

56. (d) मान लीजिए कि दो संख्याएँ $19x$ और $24x$ हैं।

जब प्रत्येक संख्या में से 36 घटाया जाता है, तो अनुपात बन जाता है–

$\frac{19x-32}{23x-36} = \frac{3}{4}$

$4(19x - 36) = 3(24x - 36)$

$\Rightarrow 76x - 144 = 72x - 108$

$\Rightarrow 76x - 72x = 144 - 108$

$\Rightarrow 4x = 36$

$\Rightarrow\ = 9$

अब, दो संख्याएँ हैं:

$19x = 19 \times 9 = 171$

$24x = 24 \times 9 = 216$

संख्याओं का योग = 171 + 216

संख्याओं का योग 387 है।

57. (d) वस्तु का अंकित मूल्य = ₹7,895

दी गई छूट = 4.2%

प्रयुक्त सूत्र:

विक्रय मूल्य = अंकित मूल्य (1 (छूट %/100))

विक्रय मूल्य ₹7, 895 × (1 – (4.2/100))

विक्रय मूल्य = ₹7,895 (10.042)

विक्रय मूल्य = ₹7,895 × 0.958

$\Rightarrow$ विक्रय मूल्य = ₹7,563.41

वस्तु का विक्रय मूल्य ₹7,563.41 है।

58. (d) मान लीजिए कि महेश ने विजय को ₹x और अजय को ₹ $(1617 - x)$ दिए हैं।

दी गई शर्त के अनुसार, विजय और अजय को 13 और 14 वर्षों के बाद समान राशि मिली, इसलिए हम उनकी राशियों के लिए समीकरण लिख सकते हैं:

$x(1 + 10/100)^{13} = (1617 - x)(1 + 10/100)^{14}$

$\Rightarrow x(1.1)^{13} = (1617 - x)\ (1.1)^{14}$

$(1.1)^{13}$ से दोनों पक्षों को विभाजित करें:

$\Rightarrow x = (1617 - x)\ (1.1)$

$\Rightarrow x = 1617 \times 1.1 - x \times 1.1$

$\Rightarrow x + x \times 1.1 = 1617 \times 1.1$

$\Rightarrow x\ (1 + 1.1) = 1617 \times 1.1$

$\Rightarrow x \times 2.\ 1 = 1617 \times 1.1$

$\Rightarrow x = (1617 \times 1.1)/2.1$

$\Rightarrow x = 1778.7/2.1$

$\Rightarrow x =$ ₹846.43 = ₹847

इसलिए, महेश ने विजय को ₹847 दिए थे।

59. (d) 54 विद्यार्थियों की कुल आयु = 54 × 37

54 विद्यार्थियों की कुल आयु = 1998

55 सदस्यों (शिक्षक सहित) की कुल आयु = 55 × 38

55 सदस्यों की कुल आयु = 2090

शिक्षक की आयु = 55 सदस्यों की कुल आयु –54 विद्यार्थियों की कुल आयु

शिक्षक की आयु 2090 – 1998

शिक्षक की आयु = 92

शिक्षक की आयु 92 वर्ष है।

60. (b) कुल स्कोर औसत स्कोर × खिलाड़ियों की संख्या

कुल स्कोर = 55 × 7

सही कुल स्कोर = 385 – 53 + 35

सही कुल स्कोर = 367

सही औसत स्कोर = 367/7

सही औसत स्कोर = 52.43

सही औसत स्कोर = 52.43 है।

61. (c) 'उसने कुछ नहीं खाया।' वाक्य में अनिश्चयवाचक सर्वनाम है।

जिन सर्वनाम शब्दों से वस्तु, व्यक्ति, स्थान आदि की निश्चितता का बोध नही होता, वे अनिश्चयवाचक सर्वनाम कहलाते हैं।

जैसे कुछ, किसी, कोई आदि । कुछ, किसी, कोई आदि शब्दों में कोई भी निश्चित नहीं हैं अर्थात् अनिश्चितता का बोध हो रहा है।

इसलिए ये शब्द अनिश्चयवाचक सर्वनाम में आते हैं।

उदाहरण–

- तुम कुछ गा रहे थे।
- वहां कोई भी नहीं हो सकता है।

62. (b) 'सारे कलाकार ऊपर हैं।' इस वाक्य का सम्बन्ध स्थानवाचक क्रिया-विशेषण से है। इसमें 'ऊपर' शब्द स्थान का बोध कराता है और क्रिया "हैं" को विशेषित कर रहा है। वे शब्द जो क्रिया के घटित होने के स्थान का बोध कराते हैं, उन्हें स्थानवाचक क्रियाविशेषण कहते हैं।

जैसे – यहाँ, वहाँ, कहाँ, जहाँ, सामने, नीचे, ऊपर, आगे, भीतर, बाहर, दूर, पास, अंदर, किधर, इस ओर, उस ओर, इधर, उधर, जिधर, दाएँ, बाएँ, दाहिने आदि ।

63. (b) मूल वाक्य में "मालुम" लिखा गया है, जबकि शुद्ध वर्तनी "मालूम" है।

अन्य विकल्पों में "कर्यालय", "कार्यालये" और "मलूम" अशुद्ध रूप हैं।

अत: शुद्ध वाक्य होगा: यहाँ किसी को भी कार्यालय का पता मालूम नहीं है।

64. (c) 'मछली' का पर्यायवाची शब्द 'जलजीवन' होगा।

'मछली' के अन्य पर्यायवाची शब्द मीन, मत्स्य, शफरी, मकर, झख, झष, जलीय जीव।

65. (a) 'गमन' शब्द का विलोम शब्द 'आगमन होगा।

'गमन' शब्द का अर्थ है – जाना या प्रस्थान ।

'आगमन' शब्द का अर्थ आना या पहुंचना ।

66. (d) अशुद्ध वाक्य मेरे पीछे आप आये।

दिए गये वाक्य में शब्द- अर्थ प्रयोग की त्रुटि है,

यहाँ 'पीछे आप' सार्थक शब्द नहीं है और इससे सही अर्थ प्रकट नहीं हो रहा।

अत: सार्थक शब्द 'बाद आप' होना चाहिए।

शुद्ध वाक्य- मेरे बाद आप आये ।

67. (c) भारत गुटों से अलग रहने वाले देशों में शामिल है। 'गुटों से अलग रहने वाले वाक्यांश के स्थान पर उचित शब्द होगा – तटस्थ

'गुटों से अलग रहने वाले वाक्यांश के लिए उपयुक्त शब्द 'तटस्थ'

68. (b) वाक्य 'दुर्भाग्य से वह परीक्षा में बैठ न सका।'

वाक्य का संयुक्त वाक्य रूपांतरण है- उसका दुर्भाग्य था इसलिए वह परीक्षा में बैठ न सका।

69. (a) अशुद्ध वाक्य – वह बहुत ज्ञानी व्यक्ति है। उसने अनेकों ग्रन्थों की रचना की है।

दिए गये वाक्य में वचन प्रयोग की त्रुटि है,

यहाँ 'अनेकों' सार्थक शब्द नहीं है और इससे सही अर्थ प्रकट नहीं हो रहा।

अत: सार्थक शब्द 'अनेक' होना चाहिए। जबकि 'अनेक' शब्द का प्रयोग सदैव बहुवचन में होता है।

शुद्ध वाक्य- वह बहुत ज्ञानी व्यक्ति है। उसने अनेक ग्रन्थों की रचना की है।

70. (a) "रिधिमा आज अपने घर वर गयी होगी।' वाक्य में प्रयुक्त 'घर-वर' के शब्द युग्म होगा – सार्थक निरर्थक

वाक्य में प्रयुक्त "घर-वर" शब्द युग्म सार्थक निरर्थक है। "घर" का अर्थ है निवास स्थान।

जबकि "वर" का अर्थ यहां निरर्थक है और इसका कोई सापेक्ष अर्थ नहीं निकलता।

71. (c) 'आसक्ति' का अर्थ- गहरी चाह

ऐसे शब्द जो केवल एक ही प्रकार का अर्थ प्रकट करते है, उन्हें एकार्थक शब्द कहा जाता है।

72. (b) 'हाथ का मैल होना' मुहावरे का सही अर्थ इनमें से होगा- अत्यंत तुच्छ होना

'हाथ का मैल होना' का अर्थ अत्यंत तुच्छ होना

वाक्य प्रयोग – अंबानी और अडानी के लिए तो पैसा "हाथ का मैल है", जो वस्तु चाहे खरीद ले।

73. (d) 'ब्रह्मा' का पर्यायवाची शब्द 'लोकेश' है।

'ब्रह्मा' के अन्य पर्यायवाची शब्द विधि, अज, स्वयंभू, पितामह, आत्मभू, विधाता, चतुरानन, कर्तार, कमलासन, नाभिजन्म, हिरण्यगर्भ।

74. (c) 'किसी शुभ कार्य को विधि विधान और श्रद्धापूर्वक करना' वाक्यांश के लिए एक शब्द होगा – अनुष्ठान

वाक्यांश के लिए उपयुक्त शब्द अनेक शब्दों के लिए एक शब्द को प्रयुक्त करना ही वाक्यांश के लिए एक शब्द कहलाता है।

75. (d) 'आपने चाय-वाय पी ली होगी।' वाक्य में प्रयुक्त 'चाय वाय' का शब्द युग्म है- सार्थक निरर्थक

- 'आपने चाय-वाय पी ली होगी।' इस वाक्य में प्रयुक्त 'चाय वाय' का शब्द युग्म सार्थक – निरर्थक है।
- 'चाय' एक सार्थक शब्द है जबकि 'वाय' निरर्थक शब्द के रूप में प्रयोग किया गया है।

76. (d) महात्मा फुले के अनुसार जिस परिवार में पिता बौद्ध, माता ईसाई, बेटी मुसलमान और बेटा सत्यधर्मी हो, उस परिवार को आदर्श परिवार की संज्ञा दी है।

77. (d) 'महात्मा' शब्द में संधि का प्रयोग हुआ है- महा + आत्मा

'महात्मा' शब्द का संधि विच्छेद- 'महा + आत्मा' (आ+ आ आ) होता है। 'महात्मा' शब्द में 'दीर्घ स्वर संधि' है।

78. (d) महात्मा फुले को 'महात्मा' की उपाधि से 1888 सम्मानित किया गया।

79. (c) ज्योतिबा फुले की सबसे बड़ी विशेषता थी जो कहते थे वही अपने आचरण एवं व्यवहार में उतारते थे।

80. (c) उपर्युक्त गद्यांश का उचित शीर्षक होगा- ज्योतिबा फुले के आदर्श विचार

❑❑❑

SSC कांस्टेबल (जी.डी.)
भर्ती परीक्षा
सॉल्व्ड पेपर–2024

तारीख: 29/02/2024
समय: 2.30 PM to 3.30 PM

भाग-I सामान्य बुद्धिमत्ता एवं तर्कशक्ति

1. दिए गए शब्दों को उसी क्रम में व्यवस्थित कीजिए, जिस क्रम में वे अंग्रेजी शब्दकोश में आते हैं।
   1. **Liberal** 2. **Libra**
   3. **Library** 4. **Libel**
   5. **Liability**

   (a) 4, 5, 2, 1, 3 (b) 5, 4, 1, 3, 2
   (c) 5, 4, 1, 2, 3 (d) 4, 5, 1, 2, 3

2. एक निश्चित कूट भाषा में, 'LAPTOP' को 'MZQSPO' लिखा जाता है। उसी कूट भाषा में 'KILLED' को कैसे लिखा जाएगा?
   (a) LHMKFD (b) LHMKFC
   (c) LHMLFC (d) LHNKFC

3. निम्नलिखित प्रश्न में, तीन कथन और उसके बाद I और II क्रमांकित दो निष्कर्ष दिए गए हैं। दिए गए कथनों को सत्य मानते हुए, चाहे वे सामान्यत: ज्ञात तथ्यों से भिन्न प्रतीत होते हों, निश्चय कीजिए कि दिए गए निष्कर्षों में से कौन-सा निष्कर्ष कथनों का तार्किक रूप से अनुसरण करता है।
   कथन I : सभी गणितज्ञ, तार्किक विचारक हैं।
   कथन II : कुछ तार्किक विचारक, वैज्ञानिक हैं।
   कथन III : कुछ वैज्ञानिक, मूर्ख हैं।
   निष्कर्ष I : कुछ वैज्ञानिक, मूर्ख नहीं हैं।
   निष्कर्ष II : कुछ तार्किक विचारक, वैज्ञानिक नहीं हैं।
   (a) न तो निष्कर्ष I और न ही II अनुसरण करता है
   (b) निष्कर्ष I और II दोनों अनुसरण करते हैं
   (c) केवल निष्कर्ष I अनुसरण करता है
   (d) केवल निष्कर्ष II अनुसरण करता है

4. दी गई आकृति के उस सही दर्पण प्रतिबिंब का चयन कीजिए, जो दर्पण PQ को उस आकृति के दाईं ओर रखने पर बनेगा।

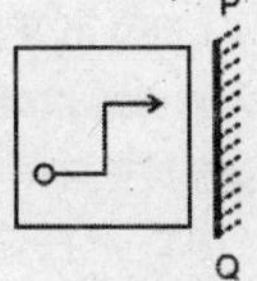

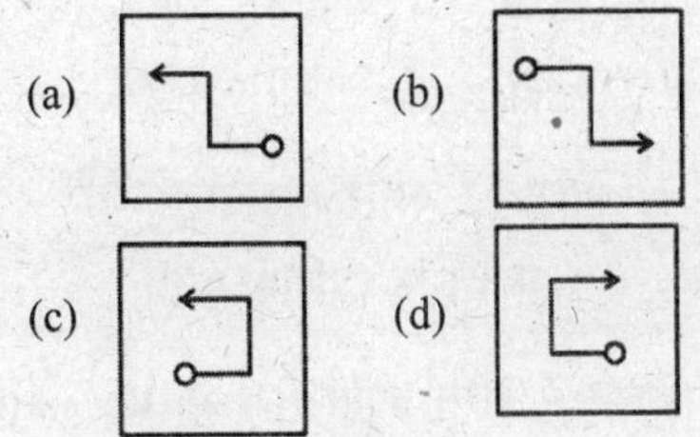

5. एक निश्चित कूट भाषा में, 'MOUSE' को 'M152155' लिखा जाता है, 'ELEPHANT' को '5L5PH1NT' लिखा जाता है, तो उसी कूट भाषा में 'TIGER' को कैसे लिखा जाएगा?
   (a) T9G5R (b) TI9518
   (c) TGG5R (d) T995R

6. दिए गए विकल्पों में से किन दो संख्याओं को आपस में बदलने पर निम्नलिखित समीकरण सही होगा?
   $9 \div 3 + 1 \times 7 - 4 = 0$
   (a) 1 और 0 (b) 4 और 7
   (c) 3 और 4 (d) 9 और 7

7. निम्नलिखित विकल्पों में से उस विकल्प का चयन कीजिए जो पांचवें शब्द से ठीक उसी प्रकार संबंधित है जिस प्रकार चौथा शब्द तीसरे शब्द से संबंधित है और दूसरा शब्द पहले शब्द से संबंधित है।
   भारत : नई दिल्ली : : बांग्लादेश : ढाका : : फ्रांस : ?
   (a) यूनाइटेड किंगडम (b) बुडापेस्ट
   (c) पेरिस (d) न्यूयॉर्क

8. निम्नलिखित प्रश्न में, दिए गए विकल्पों में से श्रृंखला से लुप्त संख्या का चयन कीजिए।
   750, 715, 680, 645, 610, ?
   (a) 574 (b) 575
   (c) 570 (d) 573

9. दिए गए विकल्पों में से उस आकृति का चयन कीजिए जिसे दी गई आकृति श्रृंखला में प्रश्न चिह्न (?) के स्थान पर रखा जा सकता है।

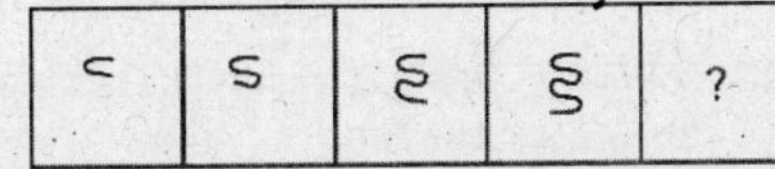

(a) (b)
(c) (d)

10. नीचे दर्शाए गए अनुसार एक कागज को मोड़कर काटा जाता है। खोले जाने पर यह कैसा दिखाई देगा?

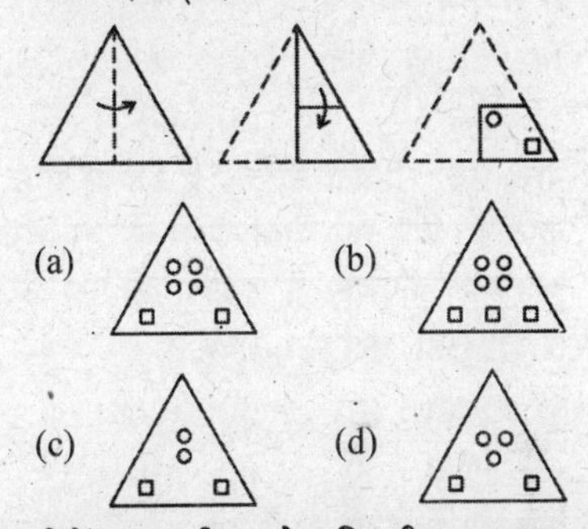

11. नीचे एक ही पासे की तीन अलग-अलग स्थितियां दी गई हैं। संख्या '2' वाले फलक के विपरीत फलक पर क्या आएगा?

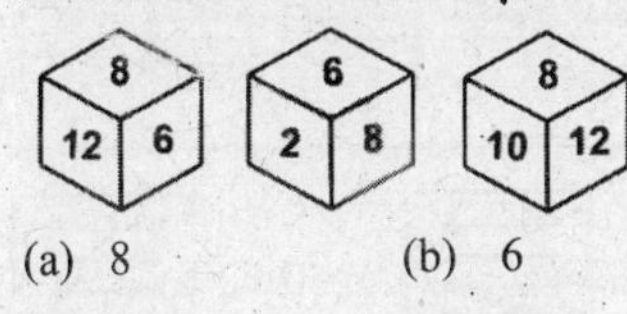

   (a) 8 (b) 6
   (c) 12 (d) 10

12. निम्नलिखित प्रश्न में, दिए गए विकल्पों में से संबंधित अक्षरों का चयन कीजिए।
   DQMZ : FSOB : : AGHL : ?
   (a) NSMT (b) PUSX
   (c) CIJN (d) ZOPB

13. आठ शिक्षक जतिन, अभि, गोपाल, हिना, ईशा, रोहित, काजल और लीला एक वृत्ताकार मेज के चारों ओर केंद्र से बाहर की ओर मुख करके बैठे हैं (परंतु जरूरी नहीं कि वे इसी क्रम में बैठे हों)। अभि, हीना के बाईं ओर से दूसरे स्थान पर बैठा है। रोहित, हीना के दाईं ओर से तीसरे स्थान पर बैठा है। गोपाल, जतिन के

दाईं ओर सें दूसरे स्थान पर बैठा है। रोहित, जतिन के बाईं ओर से दूसरे स्थान पर बैठा है। काजल, ईशा के बाईं ओर से तीसरे स्थान पर बैठी है। गोपाल के ठीक बाईं ओर कौन बैठा/बैठी है ?

(a) काजल (b) रोहित
(c) हीना (d) अभि

14. दिए गए विकल्पों में से किन दो चिह्नों को आपस में बदलने पर निम्नलिखित समीकरण सही होगा ?

$10 - 2 \div 4 + 6 \times 3 = 19$

(a) × और ÷ (b) + और –
(c) = और × (d) – और ÷

15. यदि A + B का अर्थ है, A, B की पत्नी है, A × B का अर्थ है, A, B का पिता है, A ÷ B का अर्थ है, A, B की मां है, A $ B का अर्थ है, A, B का भाई है और A – B का अर्थ है, A, B की बहन है।

यदि P ÷ D $ B + H × T – M है, तो H का D से क्या संबंध है ?

(a) बहन का पति (b) बहन
(c) पिता (d) भाई

16. नीचे एक श्रृंखला दी गई है जिसमें एक पद लुप्त है। दिए गए विकल्पों में से उस विकल्प का चयन कीजिए जो श्रृंखला को पूरा करेगा।

NRT, OSU, PTV, QUW, ?

(a) RXM (b) RVX
(c) PQR (d) MHD

17. दिए गए विकल्पों में से उस आकृति का चयन कीजिए जिसे दी गई आकृति श्रृंखला में प्रश्न चिह्न (?) के स्थान पर रखा जा सकता है।

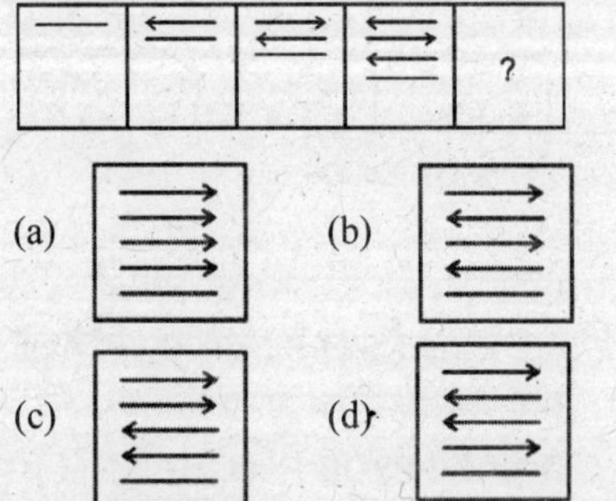

18. निम्नलिखित विकल्पों में से दी गई श्रृंखला से लुप्त संख्या का चयन कीजिए।

5, 48, 7, 44, 13, ?

(a) 36 (b) 41
(c) 44 (d) 48

19. पांच सहेलियां पूजा, भावना, चारू, गीता और हेमा एक वृत्ताकार मेज के चारों ओर केंद्र की ओर मुख करके बैठीं हैं। चारू, भावना की पड़ोसी नहीं है। भावना, हेमा के बाईं ओर से दूसरे स्थान पर बैठी है। गीता, भावना और हेमा की पड़ोसी है। पूजा के ठीक बाईं ओर कौन बैठा है ?

(a) चारू (b) हेमा
(c) भावना (d) गीता

20. निम्नलिखित अक्षर समूहों में से अक्षरों का कौन-सा समूह क्रमबद्ध रूप से बाईं से दाईं ओर रखे जाने पर नीचे दी गई श्रृंखला को पूरा करेगा ?

xx_yyyyzzzzzxxxyyy_zzzzzx_yyyyzzzz_

(a) xyxz (b) xyzy
(c) yzzy (d) xxyy

भाग-II सामान्य ज्ञान एवं सामान्य जागरूकता

21. भारत में हरित क्रांति (Green Revolution) निम्नलिखित में से किस वर्ष के आसपास शुरू हुई ?

(a) 1955 (b) 1978
(c) 1948 (d) 1966

22. 2011 की साक्षरता दर जनगणना के अनुसार भारत में महिलाओं की साक्षरता दर कितनी है ?

(a) 74.04% (b) 65.46%
(c) 39.3% (d) 82.8%

23. प्रथम सात पंचवर्षीय योजना में, भारत में, व्यापार की विशेषता को आमतौर पर एक .... रणनीति कहा जाता है।

(a) अंतर्मुखी और बाह्यमुखी व्यापार
(b) ग्रंथन व्यापार
(c) अंतर्मुखी व्यापार
(d) बाह्यमुखी व्यापार

24. भारत में आर्म्स एक्ट (Arms Act) किस वर्ष पारित किया गया था ?

(a) 1862 (b) 1868
(c) 1878 (d) 1872

25. जून 2023 में, ... मंत्रालय ने हाल ही में घोषणा की कि 2021 का गांधी शांति पुरस्कार गीता प्रेस, गोरखपुर को प्रदान किया जाएगा।

(a) वित्त (b) पर्यटन
(c) संस्कृति (d) शिक्षा

26. अखम लक्ष्मी देवी (Akham Lakshmi Devi) को .... नृत्य में उनके योगदान के लिए संगीत नाटक अकादमी अवार्ड प्राप्त हुआ।

(a) ओडिसी (b) मणिपुरी
(c) सत्रीय (d) कथक

27. क्रॉसओवर ड्रिबल (Crossover Dribble) का संबंध मुख्य रूप से .... से है।

(a) बैडमिंटन (b) हॉकी
(c) बास्केटबॉल (d) फ़ुटबॉल

28. .... ने (सितंबर 2022) अपनी नई राजनीतिक पार्टी 'डेमोक्रेटिक आज़ाद पार्टी (Democratic Azad Party)' की घोषणा की है और अपनी पार्टी का झंडा भी जारी किया है।

(a) राहुल गांधी (Rahul Gandhi)
(b) गुलाम नबी आज़ाद (Ghulam Nabi Azad)
(c) अधीर रंजन चौधरी (Adhir Ranjan Chowdhury)
(d) मल्लिकार्जुन खड़गे (Mallikarjun Kharge)

29. .... गैर-सरकारी संस्थाओं (non-government entities) को राष्ट्रीय और अंतर्राष्ट्रीय अंतरिक्ष-आधारित संचार सेवाएं प्रदान करने की अनुमति देता है।

(a) इंटरनेट गवर्नेंस और विनियमन अधिनियम, 2019
(b) सूचना प्रौद्योगिकी अधिनियम, 2000
(c) भारतीय अंतरिक्ष नीति 2023
(d) भारतीय दूरसंचार विधेयक 2023

30. आधुनिक आवर्त सारणी में कितने ऊर्ध्वाधर स्तंभ होते हैं ?

(a) 14 (b) 18
(c) 16 (d) 20

31. संविधान की, समाज की बदलती आवश्यकताओं को पूरा करने के लिए समय के साथ अनुकूलित होने और बढ़ने की क्षमता का वर्णन किस शब्द से किया जाता है ?

(a) लचीलापन (b) कठोर
(c) अर्ध-संघीय (d) अडिग

32. सुल्तान अजलान शाह कप की मेजबानी कौन-सा देश करता है ?

(a) सिंगापुर (b) थाईलैंड
(c) मलेशिया (d) म्यांमार

33. भारत में विधायी शाखा के अंतर्गत संसद के .... सदन हैं।

(a) एक (b) दो
(c) पांच (d) तीन

34. सितंबर 2023 में, ... ने नई दिल्ली में गांधी दर्शन में राष्ट्रपिता महात्मा गांधी की 12 फीट ऊंची प्रतिमा और 'गांधी वाटिका' का अनावरण किया।

(a) भारत के राष्ट्रपति (b) भारत के गृहमंत्री
(c) भारत के रक्षा मंत्री (d) भारत के प्रधानमंत्री

35. निम्नलिखित में से कौन-सा व्यक्तियों और उनसे संबंधित संगीत वाद्ययंत्रों से सही ढंग से मेल खाता है ?

I. यू. श्रीनिवास-मैंडोलिन

II. बिस्मिल्लाह खान-शहनाई

(a) न तो I और न ही II
(b) I और II दोनों
(c) केवल II
(d) केवल I

36. अमृत दीवान कप (Amrit diwan cup) का संबंध .... से है।

(a) हॉकी (b) बास्केटबॉल
(c) बैडमिंटन (d) नौका दौड़

37. एक हैंडबॉल मैच कुल .... मिनट तक चलता है।

(a) 150 (b) 70
(c) 40 (d) 60

38. 1993-94 तक, भारत में गरीबी रेखा का आकलन यूआरपी (URP) डेटा पर आधारित था। 'यूआरपी (URP)' का पूर्ण रूप क्या है ?

(a) यूनिफ़ॉर्म रिसर्च पीरियड (Uniform Research Period)
(b) यूजुअल रिफ्रेन्स पीरियड (Usual Reference Period)
(c) यूनिफ़ॉर्म रिफ्रेन्स पीरियड (Uniform Reference Period)
(d) यूजुअल रिसर्च पीरियड (Usual Research Period)

39. .... एक प्रसिद्ध भारतीय लोक नृत्य है, जो असम में बिहू उत्सव के दौरान आयोजित किया जाता है।

(a) बार्डो छम (b) भोरताल नृत्य
(c) बिहू नृत्य (d) बगुरुम्बा नृत्य

40. निम्नलिखित में से किस त्योहार का संबंध गुजरात से है ?

(a) मड़ई
(b) बस्तर दशहरा
(c) मोढेरा नृत्य महोत्सव
(d) मांडो उत्सव

भाग-III प्रारंभिक गणित

41. 14 पंप प्रतिदिन 8 घंटे काम करके एक पूर्णत: भरे जलाशय को 18 दिनों में खाली कर सकते हैं। ऐसे कितने पंप प्रतिदिन 12 घंटे काम करके उसी जलाशय को 4 दिनों में खाली कर देंगे ?

(a) 35 (b) 38
(c) 24 (d) 42

42. 10 प्रतिशत की वार्षिक दर पर उधार दी गई एक निश्चित धनराशि पर 1 वर्ष के लिए चक्रवृद्धि ब्याज (अर्धवार्षिक रूप से संयोजित) और 1 वर्ष के लिए साधारण ब्याज के बीच का अंतर 305 रुपए है। उधार दी गई धनराशि कितनी है ?

(a) 12000 रुपए (b) 14700 रुपए
(c) 122000 रुपए (d) 12500 रुपए

43. 256 ÷ 16 – 34 + 124 ÷ (6 + 12 ÷ 3 – 6) का मान ज्ञात कीजिए।

(a) 13 (b) 17
(c) 19 (d) 11

44. 48 – 12 ÷ 6 × 3 + 26 का मान कितना है ?

(a) 68 (b) 52
(c) 60 (d) 64

45. एक भिन्न के अंश में 88% की वृद्धि की जाती है और हर में 55% की वृद्धि की जाती है। भिन्न का मान $\frac{1504}{775}$ हो जाता है। मूल भिन्न क्या है ?

(a) $\frac{5}{8}$ (b) $\frac{7}{2}$
(c) $\frac{2}{7}$ (d) $\frac{8}{5}$

46. यदि D : E = 3 : 2 और D – E = 9 है, तो D + E का मान ज्ञात कीजिए।

(a) 40 (b) 45
(c) 47 (d) 44

47. यदि एक अर्धगोले का व्यास 63 cm है, तो अर्धगोले का आयतन कितना है ?

(a) 72654.5 cm^3 (b) 69246.5 cm^3
(c) 61324.5 cm^3 (d) 65488.5 cm^3

48. जब किसी संख्या का 32 प्रतिशत 476 में जोड़ा जाता है तो परिणाम में वही संख्या प्राप्त होती है। संख्या का मान कितना है ?

(a) 800 (b) 700
(c) 500 (d) 750

49. एक व्यक्ति ने 15 प्रतिशत वार्षिक की दर पर साधारण ब्याज पर एक निश्चित धनराशि ऋण पर दी और उस धनराशि पर 6 वर्षों में प्राप्त ब्याज, ऋण पर दी गई धनराशि से 800 रुपए कम है। ऋण पर दी गई धनराशि कितनी है ?

(a) 7200 रुपए (b) 6000 रुपए
(c) 8000 रुपए (d) 4800 रुपए

50. एक कुर्सी 1500 रुपए में खरीदी जाती है और 25 प्रतिशत की हानि पर बेची जाती है। कुर्सी का विक्रय मूल्य कितना है ?

(a) 1225 रुपए (b) 1125 रुपए
(c) 1250 रुपए (d) 1175 रुपए

51. P, Q को 50 प्रतिशत के लाभ पर एक लैपटॉप बेचता है और Q इसे R को 60 प्रतिशत के लाभ पर बेचता है। P और R के क्रय मूल्य का अनुपात कितना है ?

(a) 5 : 12 (b) 12 : 17
(c) 12 : 13 (d) 13 : 5

52. 4200 ÷ 5 – 210 × 7 + 21 × 5 का मान कितना है ?

(a) – 525 (b) – 1281
(c) – 645 (d) – 635

53. A अकेले किसी काम को 20/3 दिनों में पूरा कर सकता है। A और B मिलकर उसी काम को 5 दिनों में पूरा कर सकते हैं। B को अकेले काम पूरा करने में कितना समय लगेगा ?

(a) 22 दिन (b) 20 दिन
(c) 15 दिन (d) 18 दिन

54. निम्नलिखित में से वह सबसे छोटी संख्या कौन-सी है जो 13, 15, 4, 21 और 2 की गुणज हो ?

(a) 2378 (b) 3340
(c) 5460 (d) 1580

55. यदि कोई व्यापारी किसी वस्तु का मूल्य क्रय मूल्य से 50 प्रतिशत अधिक अंकित करता है और वस्तु पर 30 प्रतिशत की छूट देता है, तो उसका लाभ प्रतिशत कितना है ?

(a) 15 प्रतिशत (b) 5 प्रतिशत
(c) 10 प्रतिशत (d) 8 प्रतिशत

56. एक दुकानदार एक वस्तु के अंकित मूल्य पर 18% की छूट इस प्रकार देता है कि विक्रय मूल्य ₹ 574 हो जाता है। वस्तु का अंकित मूल्य ज्ञात कीजिए।

(a) ₹ 700 (b) ₹ 850
(c) ₹ 840 (d) ₹ 780

57. तीन संख्याओं का अनुपात 5 : 6 : 7 है। यदि तीनों संख्याओं का योग 540 है, तो तीनों संख्याओं में से सबसे छोटी संख्या कौन-सी है ?

(a) 540 (b) 150
(c) 180 (d) 210

58. 17 छात्रों का औसत भार 53 kg है। उस समूह में एक नए छात्र को शामिल करने के बाद औसत भार 2 kg बढ़ जाता है। नए छात्र का भार कितना है ?

(a) 89 kg (b) 93 kg
(c) 90 kg (d) 92 kg

59. अमन 5 km/hr की चाल से चलता है और 28 मिनट की देरी से स्कूल पहुंचता है। यदि वह 8 km/hr की चाल से चलता है, तो वह निर्धारित समय से 35 मिनट पहले पहुंच जाता है। उसके स्कूल से उसके घर की दूरी कितनी है ?

(a) 10 km (b) 12 km
(c) 16 km (d) 14 km

60. एक खिलाड़ी के 6 मैचों में औसत रन 37 हैं। उसे अपना औसत 40 करने के लिए अगले मैच में कितने रन बनाने होंगे ?

(a) 69 (b) 55
(c) 54 (c) 58

भाग-IV हिंदी

61. निम्नलिखित प्रश्न में, चार विकल्पों में से, उस विकल्प का चयन करें जो रिक्त स्थान के लिए सही पुल्लिंग रूप वाला विकल्प हो।
मुझे .... की सब्ज़ी खाना बहुत पसंद है।
(a) भिन्डी (b) चने
(c) मेथी (d) पालक

62. दिए गए वाक्य में रेखांकित शब्द के लिए सही वर्तनी ज्ञात कीजिए।
उनके सासन में दंगे हुए थे।
(a) शाशन (b) शासन
(c) साशन (d) सापन

63. दिए गए वाक्य का वह भाग ज्ञात करें, जिसमें कोई त्रुटि है।
यह एक गहरी समस्या है जिसका उपाय निकालना ही होगा वरना अनर्थ हो जाएगा।
(a) निकालना ही होगा
(b) यह एक गहरी
(c) वरना अनर्थ हो जाएगा।
(d) समस्या है जिसका उपाय

64. दिए गए वाक्य में रेखांकित शब्दों के लिए सही शब्दों वाले विकल्प का चयन करें।
बालक और बालिका एक साथ खेल रही है।
(a) बालक और बालिका एक साथ खेल रहे हैं।
(b) बालक और बालिका एक साथ खेल रहे हो।
(c) परिवर्तन की आवश्यकता नहीं है।
(d) बालक और बालिका एक साथ खेल रहा है।

65. दिए गए वाक्य में उचित पर्यायवाची शब्द का चयन करके रिक्त स्थान की पूर्ति करें।
बारिश होते ही .... (फूल) खिल उठे।
(a) बगीचा (b) वर्षा
(c) ध्वज (d) पुष्प

66. दिए गए वाक्य में रेखांकित भाग के लिए उचित सार्थक शब्द का चयन कीजिए।
वे मसूह में चलते है।
(a) हमूस (b) समूह
(c) सूहम (d) मायुज

67. निम्नलिखित प्रश्न में, दिए गए चार विकल्पों में से, उस विकल्प का चयन करें जो दिए गए मुहावरे के अर्थ को सर्वश्रेष्ठ रूप से व्यक्त करता है।
तू-तू मैं-मैं होना
(a) अपनी बात ऊपर रखना
(b) दूसरे व्यक्ति की न सुनना
(c) मन भारी होना
(d) बहस हो जाना

68. दिए गए वाक्य में उचित पर्यायवाची शब्द का चयन करके रिक्त स्थान की पूर्ति करें।
.... (संकट) आते ही कमज़ोर सबसे पहले भागता है।
(a) तन (b) विधि
(c) विपत्ति (d) शर्म

69. निम्नलिखित प्रश्न में, चार विकल्पों में से, उस विकल्प का चयन करें जो कोष्ठक में दिए गए शब्द के तत्सम रूप का सही विकल्प है।
पंचामृत में गंगाजल को (अमी) .... माना गया है।
(a) अमृत (b) अद्भुत
(c) आसान (d) मुख्य

70. निम्नलिखित वाक्य में रेखांकित भाग के लिए एक सार्थक शब्द ज्ञात कीजिए।
खुदा सब जगह है।
(a) सर्वव्यापी (b) लौकिक
(c) अलौकिक (d) निराकार

71. दिए गए वाक्य में रेखांकित शब्दों के लिए सही शब्दों वाले विकल्प का चयन करें।
तुम बीस तारीख के दिन कहाँ रहोगे?
(a) तुम बीस तारीख में कहाँ रहोगे?
(b) परिवर्तन की आवश्यकता नहीं है?
(c) तुम बीस तारीख ने कहाँ रहोगे?
(d) तुम बीस तारीख को कहाँ रहोगे?

72. दिए गए वाक्य में रेखांकित शब्द का विलोम शब्द ज्ञात कीजिए।
भारत में ज्यादातर लोग शाकाहारी हैं।
(a) सामान्य (b) मांसाहारी
(c) शिक्षक (d) क्राति

73. निम्नलिखित प्रश्न में, चार विकल्पों में से, उस विकल्प का चयन करें जो कोष्ठक में दिए गए शब्द के विलोम शब्द का सही विकल्प है।
संग्रह तथा इसके नमूनों को पूरी तरह से जानने में एक (कनिष्ठ) .... संग्रहपाल को कई वर्षों का समय लग सकता है।
(a) अवर (b) कनीय
(c) ज्येष्ठ (d) निम्नस्थ

74. निम्नलिखित प्रश्न में, दिए गए चार विकल्पों में से, उस विकल्प का चयन करें जो दिए गए मुहावरे के अर्थ को सर्वश्रेष्ठ रूप से व्यक्त करता है।
डाँवाडोल होना
(a) कमजोर हो जाना (b) बात खुलना
(c) बुरी तरह हारना (d) अस्थिर होना

75. निम्नलिखित वाक्य में, उस वाक्यांश को पहचानिए जिसमें मात्राओं से संबंधित अशुद्धियाँ हैं। यदि कोई गलती नहीं है तो 'कोई त्रुटि नहीं है' का चुनाव कीजिए।
बढ़ती हुई जनसंख्या की उदरपूर्ति के लिए/कृषि हेतु अधिक भूमि उपलब्ध कराने का लिए। वनों का काटा जाना बहुत साधारण बात है।
(a) कोई त्रुटि नहीं है
(b) बढ़ती हुई जनसंख्या की उदरपूर्ति के लिए
(c) वनों का काटा जाना बहुत ही साधारण बात है
(d) कृषि हेतु अधिक भूमि उपलब्ध कराने का लिए

निर्देश (प्रश्न 76 से 80 तक) : नीचे दिए गये गद्यांश में कुछ शब्द छोड़ दिये गए हैं। प्रत्येक अनुच्छेद के सामने चार विकल्प दिए गए हैं। इस गद्यांश को ध्यानपूर्वक पढ़ें और चारों विकल्पों में से सर्वोत्तम विकल्प चुनें।

मनुष्य एक सामाजिक प्राणी है और साथ ही उसमें विचारों को व्यक्त करने एवम् .... को महसूस करने की शक्ति होती है। इसी कारण मनुष्य अकेला नहीं रह सकता। एक मनुष्य दूसरे मनुष्य अथवा किसी अन्य प्राणी की तरफ .... होता है। उसे भावनात्मक रूप से अपना समझता है, बिना किसी रक्त संबंध के अपने दु:ख-सुख उससे बाटता है और सदैव उसकी मदद करता है। ऐसे ही संबंध को दोस्ती अथवा मित्रता का .... कहा जाता है। मित्रता का महत्व बहुत बड़ा है। जब भी व्यक्ति किसी अन्य के साथ स्वयं को परिपूर्ण समझे, उसके साथ उसकी तकलीफों को अपना समझे, अपने गम उससे कह सके, भले ही दोनों में न रक्त संबंध हो, न जातीय संबंध और न ही इंसानी सर्जीवता का संबंध लेकिन फिर भी वो भावनात्मक दृष्टि से उससे जुड़ा हुआ हो यही मित्रता का अर्थ है। मनुष्य एक ऐसा प्राणी है जो .... नहीं रह सकता। उसे अपने दिल की बात कहने के लिए किसी न किसी साथी की .... होती है फिर चाहे वो कोई इन्सान हो, जानवर हो या कोई निर्जीव सी वस्तु या फिर भगवान।

76. मनुष्य एक सामाजिक प्राणी है और साथ ही उसमे विचारों को व्यक्त करने एवम् .... को महसूस करने की शक्ति होती है।
(a) भावनाओं (b) अनुशासित
(c) आविष्कार (d) जानकारी

77. एक मनुष्य दूसरे मनुष्य अथवा किसी अन्य प्राणी की तरफ .... होता है।
(a) जाता (b) आकर्षित
(c) उपलब्ध (d) प्रकाशित

78. ऐसे ही संबंध को दोस्ती अथवा मित्रता का .... कहा जाता है।
(a) भरमार (b) संबंध
(c) कमाई (d) मज़ाक

79. मनुष्य एक ऐसा प्राणी है जो .... नहीं रह सकता।
(a) सम्बंधित (b) अकेला
(c) सरकारी (d) सामाजिक

80. अपने दिल की बात कहने के लिए किसी न किसी साथी की .... होती है।
(a) माध्यम (b) उपयोग
(c) प्रमुख (d) जरूरत

उत्तर (हल/संकेत)

1. (c) अंग्रेजी शब्दकोश का सहीं क्रम इस प्रकार हैं—(5) Liability (4) Libel (1) Liberal (2) Libra (3) Library

2. (b)

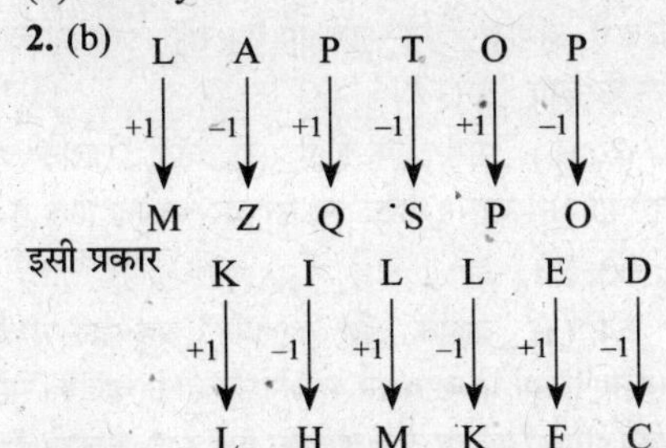

3. (a)

4. (a) हम जानते हैं कि दर्पण में किसी वस्तु का उल्टा प्रतिबिंब बनता है।

इसलिए आकृति 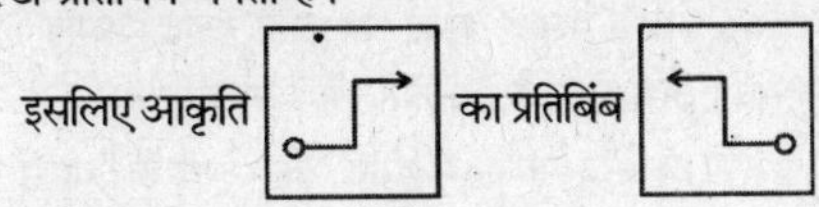 का प्रतिबिंब होगा जो कि विकल्प (a) में है।

5. (a)

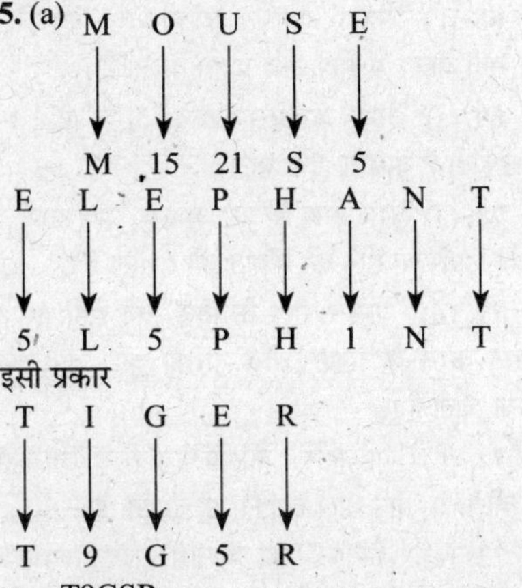

∴ T9GSR

6. (b) 9 ÷ 3 + 1 × 7 – 4 = 0 में 4 और 7 का स्थान बदलने पर समीकरण इस प्रकार हैं।

9 ÷ 3 + 1 × 4 – 7

= 3 + 4 – 7

= 7 – 7 = 0

इस प्रकार सहीं उत्तर 4, 7 होगा।

7. (c) जिस प्रकार भारत की राजधानी नई दिल्ली है। बांग्लादेश की राजधानी ढ़ाका है, उसी प्रकार फ्रांस की राजधानी पेरिस है।

8. (b)

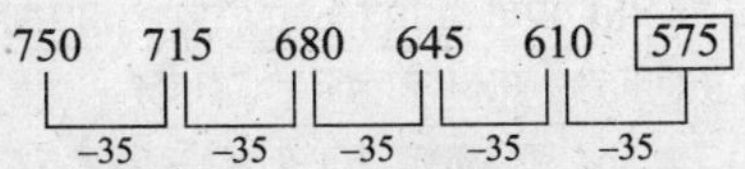

9. (d) प्रश्न में शामिल पहली आकृति बार-बार जुड़ती जा रहीं है इसलिए पाँचवी आकृति में 5 बार (c) जुटेगी

इस प्रकार सहीं उत्तर होगा।

10. (a) **11.** (c).

12. (c)

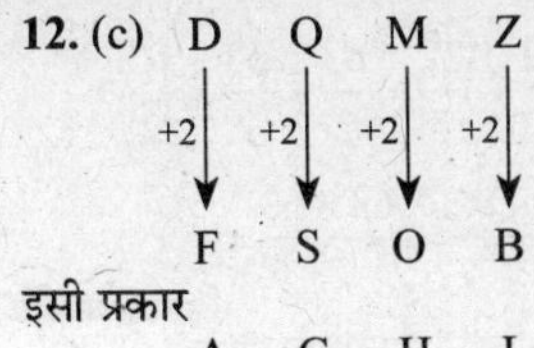

इसी प्रकार

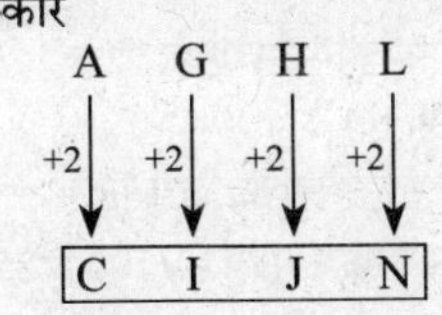

C I J N

13. (d)

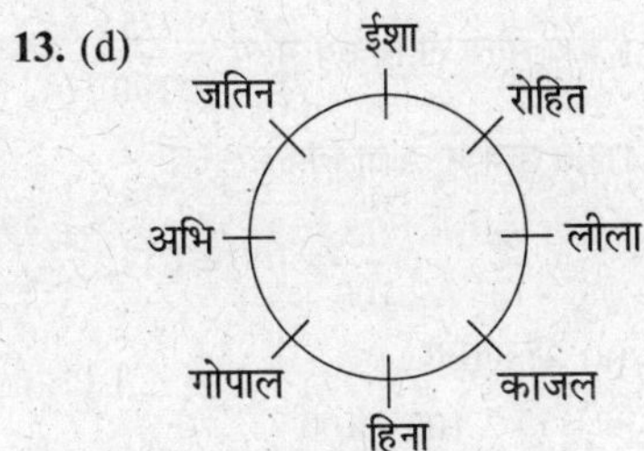

गोपाल के ठीक बाई और अभि बैठा है।

14. (d) 10 – 2 ÷ 4 + 6 × 3 = 19 समीकरण में (–) और (÷) को आपस में बदलने पर

10 – 2 ÷ 4 + 6 × 3

5 i + 6 × 3 = 19

इस प्रकार सहीं उत्तर (d) होगा।

15. (a)

16. (b)

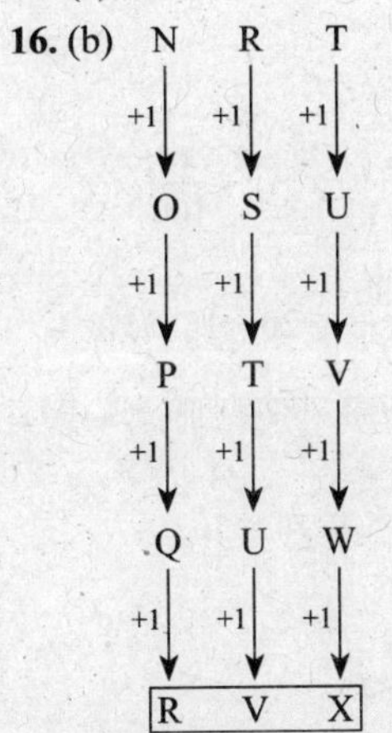

∴ RXM

17. (b) **18.** (a) **19.** (a)

20. (a) x x x y y y y z z z z x x x y y y y
z z z z z x x x y y y y z z z z z

∴ सही उत्तर xyxz होगा।

21. (d) हरित क्रांति 1966 में शुरू हुई, जिसका उद्देश्य कृषि उत्पादन में वृद्धि करना था।

22. (b)

23. (c) प्रथम सात पंचवर्षीय योजना में, भारत में, व्यापार की विशेषता को आमतौर पर अंतर्मुखी व्यापार रणनीति कहा जाता है।

24. (c)

25. (c) जून 2023 में, संस्कृति मंत्रालय ने हाल ही में घोषणा की कि 2021 का गांधी शांति पुरस्कार गीता प्रेस, गोरखपुर को प्रदान किया जाएगा।

26. (b) अखम लक्ष्मी देवी को मणिपुरी नृत्य में उनके योगदान के लिए संगीत नाटक अकादमी अवार्ड प्राप्त हुआ।

27. (c) क्रॉसओवर ड्रिबल का संबंध मुख्य रूप से बास्केटबॉल से है।

28. (b) गुलाम नबी आज़ाद ने सितंबर 2022 में अपनी नई राजनीतिक पार्टी 'डेमोक्रेटिक आज़ाद पार्टी' की घोषणा की है और अपनी पार्टी का झंडा भी जारी किया है।

29. (c)

30. (b) आधुनिक आवर्त सारणी में 18 ऊर्ध्वाधर स्तंभ होते हैं, जिनमें समूह 1 से 18 तक के तत्व शामिल हैं।

31. (a) संविधान की लचीलापन क्षमता समाज की बदलती आवश्यकताओं को पूरा करने के लिए समय के साथ अनुकूलित होने और बढ़ने की क्षमता का वर्णन करती है।

32. (c) सुल्तान अजलान शाह कप की मेजबानी मलेशिया देश करता है, जिसका नाम मलेशिया के पूर्व राजा सुल्तान अजलान शाह के नाम पर रखा गया है।

33. (b) भारत में विधायी शाखा के अंतर्गत संसद के दो सदन हैं, लोकसभा और राज्यसभा।

34. (a) सितंबर 2023 में, भारत के राष्ट्रपति ने नई दिल्ली में गांधी दर्शन में राष्ट्रपिता महात्मा गांधी की 12 फीट ऊंची प्रतिमा और 'गांधी वाटिका' का अनावरण किया।

35. (b) I और II दोनों

यू. श्रीनिवास मैंडोलिन से और बिस्मिल्लाह खान शहनाई से संबंधित हैं, इसलिए दोनों विकल्प सही हैं।

36. (c)

37. (d) एक हैंडबॉल मैच कुल 60 मिनट तक चलता है, जिसमें दो हाफ होते हैं, प्रत्येक 30 मिनट का।

38. (c) यूआरपी (URP) का पूर्ण रूप यूनिफ़ॉर्म रिफ्रेन्स पीरियड (Uniform Reference Period) है।

39. (c) बिहू नृत्य एक प्रसिद्ध भारतीय लोक नृत्य है, जो असम में बिहू उत्सव के दौरान आयोजित किया जाता है।

40. (c) मोढेरा नृत्य महोत्सव का संबंध गुजरात से है, जिसका आयोजन गुजरात में होता है।

41. (d) माना कि x पंप 12 घंटे प्रतिदिन काम करके जलाशय को 4 दिनों में खाली कर देंगे।

∴ फार्मूला से

$$\frac{M_1D_1T_1}{W_1} = \frac{M_2D_2T_2}{W_2}$$

$$\frac{14 \times 8 \times 18}{1} = \frac{x \times 12 \times 4}{1}$$

$$x = \frac{14 \times 8 \times 18}{12 \times 4} = 42$$

इस प्रकार 42 पंप प्रतिदिन 12 घंटे काम करके जलाशय को 4 दिनों में खाली कर सकेंगे।

42. (c)

43. (a) $256 \div 16 - 34 + 124 \div 16 + 12 \div 3 - 6$

$16 - 34 + 124 \div (6 + 4 - 6)$

$16 - 34 + 124 \div 4$

$16 - 34 + 31$

$47 - 34$

$= 13$

44. (a) $48 - 12 \div 6 \times 3 + 26$

$48 - 2 \times 3 + 26$

$48 + 26 - 6$

$74 - 6$

$= 68$

45. (d) माना कि भिन्न $= \frac{x}{y}$

अंश में 88% की वृद्धि करने पर अंश

$x + x$ का 88% $= x + \frac{88x}{100} = \frac{188x}{100}$

इसी प्रकार y में 55% की वृद्धि करने पर

$y + y$ का 55% $= y + \frac{55y}{100} = \frac{155y}{100}$

प्रश्नानुसार,

$$\frac{\frac{188x}{100}}{\frac{155y}{100}} = \frac{1504}{775}$$

$$\therefore \quad \frac{188x}{155y} = \frac{1504}{775}$$

$$\therefore \quad - = \frac{1504}{775} \times \frac{155}{188} = \frac{8}{5}$$

इस प्रकार भिन्न $= \frac{8}{5}$

46. (b) $D : E = \frac{3}{2}$

$$\frac{D}{E} = \frac{3}{2}$$

$$D = \frac{3E}{2} \quad ...(i)$$

प्रश्नानुसार,

$$D - E = 9 \quad ...(ii)$$

D का मान रखने पर

$$\frac{3E}{2} - E = 9$$

$$\frac{3E - 2E}{2} = 9$$

$$E = 18$$

E का मान समीकरण (ii) में

$$D - 18 = 9$$

$$D = 9 + 8 = 27$$

इस प्रकार

$$D + E = 27 + 18 = 45$$

47. (d) अर्द्ध गोले का व्यास = 63 से.मी.

$\therefore$ त्रिज्या $= \frac{63}{2}$ से.मी.

अर्द्ध गोले का आयतन

$$= \frac{2}{3}\pi r^3$$

$$= \frac{2}{3} \times \frac{22}{7} \times \frac{63}{2} \times \frac{63}{2} \times \frac{63}{2}$$

$$= \frac{11 \times 3 \times 63 \times 63}{2}$$

$= 65488.5$ cm³

48. (b) **49.** (c)

50. (b) माना कि वस्तु का क्रय मूल्य = ₹ 100

25% हानि पर विक्रय मूल्य = (100 – 25) = ₹ 75

₹ 100 क्रय मूल्य तो विक्रय मूल्य ₹ 75

$\therefore$ 1 क्रय मूल्य तो विक्रय मूल्य $= \frac{75}{100}$

$\therefore$ 1500 क्रय मूल्य तो विक्रय मूल्य

$$= \frac{75}{100} \times 100 = ₹\,1125$$

51. (a) प्रश्नानुसार

$$\frac{P}{Q} \times \frac{Q}{R} = \frac{100}{150} \times \frac{100}{160}$$

$$\frac{P}{R} = \frac{5}{12}$$

$\therefore \quad P : R = 5 : 12$

52. (a) $4200 \div 5 - 210 \times 7 + 21 \times 5$

$= 840 - 1470 + 105$

$= 945 - 1470$

$= -525$

53. (b) **54.** (c)

55. (b) फार्मूला से $x + y + \frac{xy}{100}$

प्रश्नानुसार

$$50 - 30 - \frac{50 \times 30}{100} = 20 - 15 = 5\%$$

इस प्रकार व्यापारी का प्रतिशत लाभ 5% है।

56. (a)

57. (b) माना पहली संख्या = $5x$

दूसरी संख्या = $6x$

तीसरी संख्या = $7x$

$5x + 6x + 7x = 540$

$18x = 540$

$x = 30$

$\therefore$ सबसे छोटी संख्या = $5x$

$= 5 \times 30 = 150$

58. (b) 17 छात्रों का औसत भार = 53

कुल भार = 53 × 17 = 901

प्रश्नानुसार

1 नया छात्र शामिल हो जाता है जिससे औसत भार 2 ग्राम बढ़ जाता है।

$\therefore$ 18 छात्रों का औसत भार 55 किलोग्राम होगा

$\therefore$ इनका कुल भार = 55 × 18

= 990 किलोग्राम

$\therefore$ नए छात्र का भार = 990 – 901 = 89

$\therefore$ नए छात्र का भार = 89 किलोग्राम

59. (d) **60.** (d)

61. (b) यह वाक्य पुल्लिंग सब्ज़ी की बात कर रहा है। "भिन्डी," "मेथी," और "पालक" ये सभी स्त्रीलिंग शब्द हैं, जबकि "चने" पुल्लिंग है। सही उत्तर पुल्लिंग रूप के लिए "चने" है।

62. (b) "सासन" के लिए सही वर्तनी "शासन" है, जिसका अर्थ शासन करना या सरकार चलाना होता है।

63. (b)

64. (a) "बालक और बालिका" बहुवचन में हैं, इसलिए क्रिया भी बहुवचन के अनुसार होनी चाहिए। सही वाक्य होगा: "बालक और बालिका एक साथ खेल रहे हैं।"

65. (d) "फूल" का पर्यायवाची शब्द "पुष्प" है, जो सही वाक्य में सही रूप से फिट होता है।

66. (b) "मसूह" शब्द का सही शब्द "समूह" है, जिसका अर्थ होता है एकत्रित लोग या समुदाय।

67. (d) "तू-तू मैं-मैं होना" का अर्थ है "बहस हो जाना" या झगड़ा करना।

68. (c) "संकट" का पर्यायवाची शब्द "विपत्ति" है, जो सही वाक्य में सही अर्थ प्रदान करता है।

69. (a) "अमी" का तत्सम शब्द "अमृत" है, जिसका अर्थ होता है अमरता देने वाला।

70. (a) "सब जगह है" का अर्थ है "सर्वव्यापी," जो सर्वत्र उपस्थित होने की स्थिति को दर्शाता है।

71. (d) "बीस तारीख के दिन" को सही तरीके से व्यक्त करने के लिए "बीस तारीख को" का उपयोग किया जाता है।

72. (b) "शाकाहारी" का विलोम शब्द "मांसाहारी" है, जो मांस खाने वाले व्यक्ति को दर्शाता है।

73. (c) "कनिष्ठ" का विलोम शब्द "ज्येष्ठ" है, जिसका अर्थ होता है वरिष्ठ या उच्च पद पर होना।

74. (d) "डाँवाडोल होना" का अर्थ है अस्थिर या झूलते हुए होना।

75. (d) "का लिए" को सही रूप में "के लिए" होना चाहिए।

76. (a) यह वाक्य मनुष्य की भावनाओं को महसूस करने की बात कर रहा है, इसलिए "भावनाओं" सही विकल्प है।

77. (b) मनुष्य दूसरे व्यक्ति की तरफ आकर्षित होता है, इसलिए "आकर्षित" सही विकल्प है।

78. (b) दोस्ती या मित्रता का "संबंध" ही सही शब्द है, क्योंकि यहाँ संबंध की बात हो रही है।

79. (b) यह वाक्य मनुष्य की अकेले रहने की स्थिति को नकारते हुए कह रहा है, इसलिए "अकेला" सही विकल्प है।

80. (d) दिल की बात कहने के लिए किसी साथी की "जरूरत" होती है, इसलिए "जरूरत" सही विकल्प है।

❑❑❑

SSC कांस्टेबल (जी.डी.)
भर्ती परीक्षा
सॉल्वड पेपर–2024
तारीख: 21/02/2024
समय: 9.00 AM to 10.00 AM

भाग-I सामान्य बुद्धिमत्ता एवं तर्कशक्ति

1. निम्नलिखित प्रश्न में कुछ कथन और उन कथनों के आधार पर कुछ निष्कर्ष दिए गए हैं। आपको दिए गए कथनों को सत्य मानना है, चाहे वे सामान्यत: ज्ञात तथ्यों से भिन्न प्रतीत होते हों। सभी निष्कर्षों को ध्यानपूर्वक पढ़िए और निश्चय कीजिए कि दिए गए निष्कर्षों में से कौन-सा निष्कर्ष कथनों का तार्किक रूप से अनुसरण करता है।

कथन:

I. कुछ U, C हैं।

II. कोई L, U नहीं है।

निष्कर्ष:

I. कुछ L U हैं।

II. कुछ C, L नहीं हैं।

(a) केवल निष्कर्ष ।। अनुसरण करता है
(b) निष्कर्ष। और।। दोनों अनुसरण करते हैं
(c) कोई भी निष्कर्ष अनुसरण नहीं करता है
(d) केवल निष्कर्ष । अनुसरण करता है

2. P, Q, R, S, T, U और V एक पंक्ति में उत्तर की ओर मुख करके बैठे हैं। U, T के ठीक दाईं ओर बैठा है। T, V के दाईं ओर से चौथे स्थान पर बैठा है। Q और S का पड़ोसी R है। जो व्यक्ति S के बाईं ओर से तीसरे स्थान पर बैठा है, वह किसी एक छोर पर बैठा है। R के ठीक दाईं ओर कौन बैठा है?

(a) Q (b) S
(c) P (d) U

3. एक निश्चित कूट भाषा में, 'RAINBOW' को 'S19OC15X' लिखा जाता है, 'SUNSHINE' को 'T21OTI905' लिखा जाता है। उसी कूट भाषा में 'MOONLIGHT' को कैसे लिखा जाएगा?

(a) N15150M9HIU
(b) N151509MHIU
(c) N1515ON9HIU
(d) N1515M9OHIU

4. निम्नलिखित में से कौन-सी संख्या दी गई शृंखला में प्रश्न चिह्न (?) के स्थान पर आएगी?

8, 16, 7, 14, 5, 10, 1, 2, ?

(a) 7 (b) –7
(c) 4 (b) 9

5. निम्नलिखित प्रश्न में, विकल्पों में दी गई उस आकृति का चयन कीजिए जिसे प्रश्न चिह्न (?) के स्थान पर रखा जा सकता है।

$ J	K $	L K	J L	?
K L	L J	J $	$ K	

(a)

J	$
K	L

(b)

$	J
L	K

(c)

$	J
K	L

(d)

$	K
J	L

6. नीचे एक शृंखला दी गई है जिसमें एक पद लुप्त है। दिए गए विकल्पों में से उस विकल्प का चयन कीजिए जो शृंखला को पूरा करेगा।

LMRC, PQVG, TUZK, XYDO, ?

(a) RBMN (b) BMRN
(c) BCHS (d) BTSQ

7. निम्नलिखित प्रश्न में, दिए गए विकल्पों में से संबंधित अक्षर-युग्म का चयन कीजिए।

DGKX: FIMZ :: ?

(a) WXZB: MLUD
(b) XCBA: TSBO
(c) FVKG: HXMI
(d) BLRO: AYWZ

8. निम्नलिखित अक्षर समूहों में से अक्षरों का कौन-सा समूह क्रमबद्ध रूप से बाईं से दाईं ओर रखे जाने पर नीचे दी गई शृंखला को पूरा करेगा?

defgh_defghidefg_idefghidef_hidefghide_ghi

(a) ihgf (b) ihhf
(c) ehgf (d) defg

9. नीचे एक ही पासे की तीन स्थितियां दी गई हैं। '7' वाले फलक के विपरीत फलक पर क्या आएगा?

(a) 3 (b) 12
(c) 15 (d) 20

10. यदि 6 @ 10 # 5 * 7 = 63 और 4 @ 3 # 2 * 5 = 15 है, तो 4 @ 5 # 6 * 7 = ?

(a) 41 (b) 18
(c) 28 (d) 39

11. नीचे दर्शाए गए अनुसार एक कागज को मोड़कर काटा जाता है। खोले जाने पर यह कैसा दिखाई देगा?

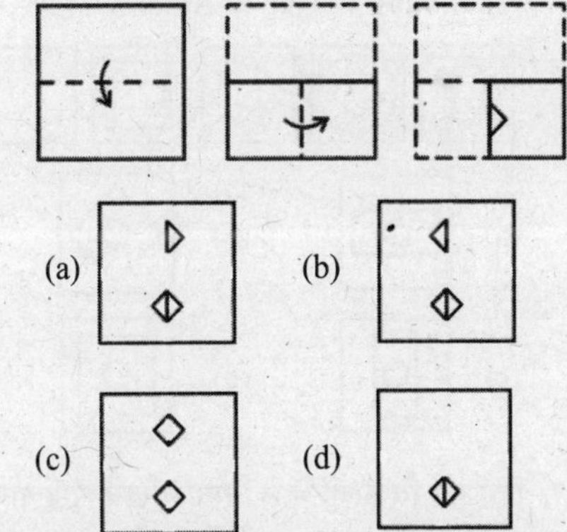

(a) (b)

(c) (d)

12. नीचे दिए गए शब्दों को अंग्रेजी शब्दकोश के क्रम के अनुसार व्यवस्थित करने के बाद, कौन-सा शब्द 'चौथे स्थान पर आएगा?

1. **Private**
2. **Prison**
3. **Privacy**
4. **Privy**
5. **Privilege**

(a) Privacy (b) Privy
(c) Privilege (d) Prison

13. एक निश्चित कूट भाषा में, 'TEA' को 'RFY' लिखा जाता है, 'COFFEE' को 'APDGCF'

लिखा जाता है। उसी कूट भाषा में 'SUGAR' को कैसे लिखा जाएगा?

(a) QSEYP (b) TVHBS
(c) QTEZP (d) QVEBP

14. P + Q का अर्थ है, P, Q का भाई है, P × Q का अर्थ है, P, Q की मां है, P Q का अर्थ है P, Q का पिता है और P - Q का अर्थ है, P, Q की बहन है। यदि A × B C D + E - F, तो A का F से क्या संबंध है?

(a) पिता की बहन
(b) मां की मां
(c) मां
(d) पिता की मां

15. सात लड़कियां P, Q, R, S, T, U और V एक पंक्ति में दक्षिण की ओर मुख करके बैठी हैं (परंतु जरूरी नहीं है कि वे इसी क्रम में बैठी हों)। Q और R एक-दूसरे के निकटतम पड़ोसी हैं। Q किसी एक छोर पर बैठी है। P, Q के बाईं ओर से चौथे स्थान पर बैठी है। U न तो P और न ही R की निकटतम पड़ोसी है। S, V के दाईं ओर दूसरे स्थान पर बैठी है। R के ठीक दाईं ओर कौन बैठी है?

(a) V (b) Q
(c) P (d) T

16. निम्नलिखित प्रश्न में, विकल्पों में दी गई उस आकृति का चयन कीजिए जिसे प्रश्न चिह्न (?) के स्थान पर रखा जा सकता है।

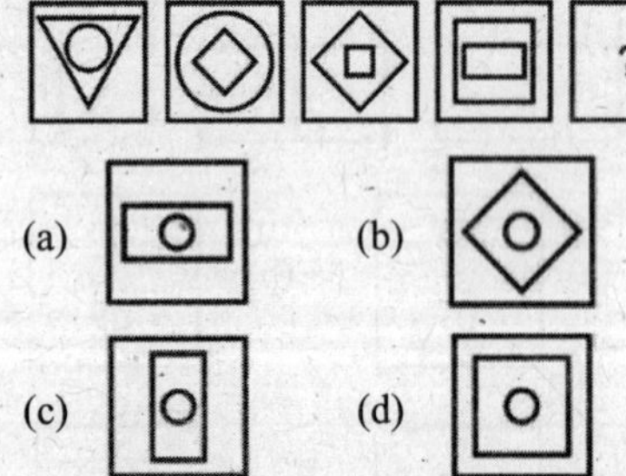

(a) (b)
(c) (d)

17. दिए गए विकल्पों में से निम्नलिखित श्रृंखला से लुप्त संख्या का चयन कीजिए।

74, 61, 82, 53, 90, ?

(a) 44 (b) 43
(c) 40 (d) 45

18. दिए गए विकल्पों में से किन दो चिह्नों को आपस में बदलने पर निम्नलिखित समीकरण सही होगा?

28 + 12 − 6 × 40 : 8

(a) × और − (b) + और −
(c) + और ÷ (d) × और +

19. निम्नलिखित प्रश्न में, दिए गए विकल्पों में से संबंधित अक्षरों का चयन कीजिए।

AEL: ACI:: NRV : ?

(a) UVB (b) RQP
(c) CBA (d) NPV

20. नीचे एक ही पासे की दो स्थितियां दी गई हैं। '3' वाले फलक के विपरीत फलक पर निम्नलिखित विकल्पों में से क्या आएगा?

(a) 5 (b) 2
(c) 6 (d) 4

भाग-II सामान्य ज्ञान एवं सामान्य जागरूकता

21. भारतीय खिलाड़ी अनाका अलंकामोनी (Anaka Alankamony) कौन-सा खेल खेलती हैं?

(a) बैडमिंटन (b) हॉकी
(c) स्क्वैश (d) टेबल टेनिस

22. 09 अगस्त 2023 तक, प्रधानमंत्री जन धन योजना (PMJDY) के अंतर्गत, मध्य प्रदेश में________परिवारों का जन धन खाता खुलवाया गया है।

(a) 50 प्रतिशत (b) 100 प्रतिशत
(c) 25 प्रतिशत (d) 75 प्रतिशत

23. सापेक्षता के सिद्धांत के साथ, _______ ने भौतिकी के परिदृश्य को बदल दिया, इस सिद्धांत ने क्वांटम यांत्रिकी के सिद्धांत को डिजाइन करने में प्रमुख योगदान दिया।

(a) गैलीलियो गैलीली
(b) अल्बर्ट आइंस्टीन
(c) आइजैक न्यूटन
(d) पॉल जी. हेविट

24. भारतीय संविधान के निम्नलिखित में से किस अनुच्छेद में यह उल्लेखित किया गया है कि किसी अपराध के लिए अभियुक्त किसी व्यक्ति को स्वयं अपने विरुद्ध साक्षी होने के लिए बाध्य नहीं किया जाएगा?

(a) अनुच्छेद 20 (b) अनुच्छेद 16
(c) अनुच्छेद 18 (d) अनुच्छेद 14

25. हरित क्रांति (Green revolution) को ______भी कहा जा सकता है।

(a) विश्व क्रांति
(b) श्वेत क्रांति
(c) नीली क्रांति
(d) कृषि क्रान्ति

26. लावणी नृत्य शैली का संबंध निम्नलिखित में से किस राज्य से है?

(a) मध्य प्रदेश
(b) महाराष्ट्र
(c) तमिलनाडु
(d) असम

27. भारत में किसानों पर हरित क्रांति के प्रभाव के बारे में निम्नलिखित कथनों को पढ़िए।

A. हरित क्रांति की शुरूआत से किसानों को अपनी आय का स्तर बढ़ाने में मदद मिली।

B. कृषि उत्पादकता में सुधार हेतु किसानों द्वारा अपनी अधिशेष आय का पुनः निवेश किया गया।

गलत कथन/कथनों को पहचानिए।

(a) केवल B
(b) केवल A
(c) न तो A और न ही B
(d) A और B दोनों

28. 2011 की जनगणना के अनुसार निम्नलिखित में से किस राज्य में महिला साक्षरता दर सबसे कम है?

(a) उत्तर प्रदेश (b) केरल
(c) झारखंड (d) राजस्थान

29. भारतीय संविधान का निम्नलिखित में से कौन-सा अनुच्छेद भारत के वित्त आयोग से संबंधित है?

(a) अनुच्छेद 270 (b) अनुच्छेद 290
(c) अनुच्छेद 280 (d) अनुच्छेद 260

30. दलीप ट्रॉफी (Duleep Trophy) का संबंध_____से है।

(a) बास्केटबॉल (b) फुटबॉल
(c) बैडमिंटन (d) क्रिकेट

31. हर्षवर्द्धन का राजवंश कितने विशिष्ट प्रकार के प्रदेशों में विभाजित था?

(a) पांच (b) तीन
(c) चार (d) दो

32. निम्नलिखित में से कौन-सा भारत में नृत्य के लिए दिया जाने वाला सर्वोच्च पुरस्कार है?

(a) संगीत नाटक अकादमी पुरस्कार
(b) नृत्यशिरोमणि
(c) गुरु देबप्रसाद पुरस्कार
(d) कालिदास सम्मान

33. महाराष्ट्र सरकार द्वारा शुरू किए गए 'उद्योग रत्न' पुरस्कार (2023) से किसे सम्मानित किया गया?

(a) रतन टाटा (Ratan Tata)
(b) आदि गोदरेज (Adi Godrej)

(c) लक्ष्मणराव किर्लोस्कर (Laxmanrao Kirloskar)
(d) आनंद महिंद्रा (Anand Mahindra)

34. किस खेल में प्रतिभागियों को प्यूजलिस्ट (Pugilist) कहा जाता है ?
(a) बैडमिंटन
(b) हॉकी
(c) टेनिस
(d) मुक्केबाज़ी

35. लद्दाख और तिब्बती समुदायों में मनाया जाने वाला "लोसर (Losar)" त्योहार,______का प्रतीक है।
(a) फसल कटाई के त्योहार
(b) मानसून महोत्सव
(c) शीतकालीन संक्रांति महोत्सव
(d) नए वर्ष के त्योहार

36. निम्नलिखित में से कौन-से पड़ोसी देश भारत का हिस्सा हुआ करते थे ?
(a) पाकिस्तान और बांग्लादेश
(b) इंडोनेशिया और भूटान
(c) श्रीलंका और मालदीव
(d) नेपाल और चीन

37. किस राज्य के मुख्यमंत्री ने राज्य की महिलाओं को सशक्त बनाने के लक्ष्य के साथ 'कलैगनार मगलिर उरीमाई थोगई थिट्टम (Kalaignar Magalir Urimai Thogai Thittam)' पहल की शुरुआत की ?
(a) मध्य प्रदेश (b) तमिलनाडु
(c) केरल (d) पश्चिम बंगाल

38. टेलीफोन सेवाओं (telephone services), स्टॉक ब्रोकरों (stock brokers), स्वास्थ्य क्लबों (health clubs), ब्यूटी पार्लरों (beauty parlors), ड्राई क्लीनिंग सेवाओं (dry cleaning services) आदि जैसी सेवाओं पर लगने वाला एक कर, सेवा कर____ में पेश किया गया था।
(a) 1994-95 (b) 1993-94
(c) 1991-92 (d) 1992-93

39. उस्ताद बिस्मिल्लाह खान ________के प्रसिद्ध प्रतिपादक हैं।
(a) हरमोनियम (b) तबला
(c) ढोलक (d) शहनाई

40. सरोजिनी नायडू ने वर्ष ________ में भारतीय राष्ट्रीय कांग्रेस के अध्यक्ष के रूप में कार्य किया।
(a) 1925 (b) 1921
(c) 1935 (d) 1931

भाग-III प्रारंभिक गणित

41. P और Q मिलकर एक काम को 30 दिनों में पूरा कर सकते हैं। Q और R मिलकर उसी काम को 37.5 दिनों में पूरा कर सकते हैं। R और P मिलकर उसी काम को 150 दिनों में पूरा कर सकते हैं। तीनों एक साथ काम करते हुए उसी काम को कितने दिनों में पूरा कर सकते हैं ?
(a) 35 दिन (b) 25 दिन
(c) 20 दिन (d) 30 दिन

42. 22 शिक्षकों की औसत आयु 64 वर्ष है। उस समूह में एक नए शिक्षक को शामिल करने के बाद औसत में 1 वर्ष की वृद्धि हो जाती है। नए शिक्षक की आयु कितनी है ?
(a) 89 वर्ष (b) 91 वर्ष
(c) 93 वर्ष (d) 87 वर्ष

43. उस त्रिभुज की ऊँचाई ज्ञात कीजिए जिसका आधार उसकी ऊँचाई का $\frac{5}{7}$वां भाग है और जिसका क्षेत्रफल 18.207 वर्ग सेमी. है।
(a) 7.14 सेमी.
(b) 2.25 सेमी.
(c) 14.7 सेमी.
(d) 8 सेमी.

44. $(27 \times 50) \div 25 \times 5(15-14) + 800 \div 25$ का मान ज्ञात कीजिए।
(a) 312 (b) 302
(c) 366 (d) 420

45. $2.\overline{3} + 4.\overline{3}$ का मान क्या है ?
(a) $\frac{21}{4}$ (b) $\frac{20}{3}$
(c) $\frac{22}{7}$ (d) $\frac{18}{7}$

46. यदि कुल वस्तुओं का 70 प्रतिशत, 20 प्रतिशत के लाभ पर बेचा जाता है और शेष वस्तुओं को 10 प्रतिशत की हानि पर बेचा जाता है, तो कुल लाभ प्रतिशत कितना होगा ?
(a) 11 प्रतिशत (b) 15 प्रतिशत
(c) 12 प्रतिशत (d) 8 प्रतिशत

47. $(0.5)^2 + (0.05)^2$ का मान कितना है ?
(a) 0.2525 (b) 0.255
(c) 2.5 (d) 0.5025

48. एक पुस्तक को उसके अंकित मूल्य के $\frac{16}{25}$ पर बेचने पर हानि होती है। पुस्तक के अंकित मूल्य और विक्रय मूल्य का अनुपात कितना होगा ?
(a) 25:16 (b) 8:3
(c) 16:15 (d) 3:8

49. $6 + 2 \times (9 - 4) \div 2$ का मान ज्ञात कीजिए।
(a) 11 (b) 14
(c) 16 (d) 12

50. रमेश का वेतन, रमन के वेतन से 20 प्रतिशत अधिक है। यदि रमेश 33750 रुपए बचाता है, जो उसके वेतन का 75 प्रतिशत है, तो रमन का वेतन कितना है ?
(a) 30750 रुपए (b) 35700 रुपए
(c) 35500 रुपए (d) 37500 रुपए

51. 512 के 64 प्रतिशत + 215 के 46 प्रतिशत का मान कितना है ?
(a) 427.58 (b) 426.58
(c) 424.58 (d) 428.58

52. 600 मीटर लंबी एक रेलगाड़ी, विपरीत दिशा में चल रहे एक व्यक्ति को 20 सेकंड में पार करती है। यदि रेलगाड़ी की चाल, व्यक्ति की चाल की 5 गुना है, तो रेलगाड़ी की चाल कितनी है ?
(a) 108 किलोमीटर प्रति घंटा
(b) 72 किलोमीटर प्रति घंटा
(c) 90 किलोमीटर प्रति घंटा
(d) 54 किलोमीटर प्रति घंटा

53. निश्चित ब्याज दर पर 2 वर्षों के लिए एक मूलधन पर साधारण ब्याज और चक्रवृद्धि ब्याज (वार्षिक रूप से संयोजित) क्रमशः 12000 रुपए और 14400 रुपए है। मूलधन कितना है ?
(a) 15000 रुपए (b) 22000 रुपए
(c) 17000 रुपए (d) 18000 रुपए

54. एक मिश्रण में दूध और पानी का अनुपात 2:3 है। मिश्रण में कुछ मात्रा में दूध मिलाया जाता है जिसके कारण दूध और पानी का अनुपात 10 : 3 हो जाता है। प्रारंभिक मिश्रण के प्रतिशत के रूप में कितना दूध मिलाया गया ?
(a) 120 प्रतिशत (b) 140 प्रतिशत
(c) 100 प्रतिशत (d) 160 प्रतिशत

55. एक वस्तु का विक्रय मूल्य 1690 रुपए है। यदि 35 प्रतिशत की छूट दी जाती है, तो वस्तु का अंकित मूल्य कितना था ?
(a) 2600 (b) 2700
(c) 2500 (d) 2800

56. अरविन्द एक काम को 20 दिनों में और बख्शी 22 दिनों में कर सकता है। यदि वे पाँच दिनों तक एक साथ काम करते है तो कितना काम शेष बचा है-

(a) 17/7 (b) 28/15
(c) 63/20 (d) 23/44

57. एक परिवार की आय और व्यय का अनुपात 19 : 13 है। यदि परिवार का व्यय ₹29,510 है, तो उस परिवार की बचत ज्ञात कीजिए।
(a) ₹12,240
(b) ₹15,550
(c) ₹3.13,620
(d) ₹14,440

58. किसी धनराशि पर 20 वर्षों के लिए प्राप्त साधारण ब्याज उस धनराशि का $\frac{2}{5}$ है। वार्षिक ब्याज दर कितनी है?
(a) 4 प्रतिशत (b) 2.5 प्रतिशत
(c) 3 प्रतिशत (d) 2 प्रतिशत

59. एक आदमी एक रुपए में 35 कलम खरीदता है। 40 प्रतिशत का लाभ अर्जित करने के लिए उसे एक रुपए में कितने कलम बेचने चाहिए?
(a) 34 (b) 25
(c) 27 (d) 37

60. 35 कर्मचारियों की औसत आय K रुपए है। यदि प्रबंधक की आय भी शामिल कर ली जाए, तो औसत आय 19000 रुपए हो जाती है। यदि प्रबंधक की आय 54000 रुपए है, तो K का मान कितना है?
(a) 17,700 रुपए (b) 18,000 रुपए
(c) 18,800 रुपए (d) 19,200 रुपए

भाग-III हिंदी

61. निम्नलिखित प्रश्न में, दिए गए चार विकल्पों में से, उस विकल्प का चयन करें जो दिए गए मुहावरे के अर्थ को सर्वश्रेष्ठ रूप से व्यक्त करता है।
किताबी कीड़ा
(a) पढ़ाई से दूर भागने वाला व्यक्ति
(b) ऐसा कीड़ा जो दीमक की भांति किताबें खा जाता है
(c) हर समय पढ़ाई में लगे रहने वाला
(d) उलझन पैदा करने वाला सिद्धांत

62. दिए गए शब्द का पर्यायवाची ज्ञात कीजिए।
अटल
(a) निरादर (b) सहसा
(c) अडिग (d) धान्य

63. दिए गए वाक्य में रेखांकित शब्द का विलोम शब्द ज्ञात कीजिए।
मुजरिम को जीवनदान दिया गया।
(a) जीवन (b) मृत्युदंड
(c) जीवात्मा (d) कटुकरण

64. दिए गए वाक्य में रेखांकित शब्द का तद्भव शब्द ज्ञात कीजिए।
गोस्वामी जी को बुला लाओ।
(a) गागर
(b) गुसाईं
(c) गुन
(d) गाहक

65. निम्नलिखित प्रश्न में, चार विकल्पों में से, उस सही विकल्प का चयन करें जो वाक्यांशों के लिए एक शब्द का विकल्प हो।
जो बाहय संसार के ज्ञान से अनभिज्ञ हो
(a) असाध्य (b) अलंघनीय
(c) अलौकिक (d) अलोकज्ञ

66. दिए गए वाक्यांश के लिए सार्थक शब्द ज्ञात कीजिए।
जिसकी कोई उपमा न हो
(a) विशेष (b) अलौकिक
(c) अनुपम (d) अतिशयोक्ति

67. निम्नलिखित वाक्य में, उस वाक्यांश को पहचानिए जिसमें मात्राओं से संबंधित अशुद्धियाँ हैं। यदि कोई गलती नहीं है तो 'कोई त्रुटि नहीं है' का चुनाव कीजिए।
प्रकृति और मनुष्य का संबंध ऐतिहासिक दृष्टि से काफी बाद में शुरू हुआ, क्योंकि प्रकृति/ पहले को थी, मनूश्य बाद में आई।
(a) कोई त्रुटि नहीं है
(b) प्रकृति और मनुष्य का संबंध ऐतिहासिक दृष्टि
(c) से काफी बाद में शुरू हुआ, क्योंकि प्रकृति
(d) पहले को थी, मनूश्य बाद में आई

68. दिए गए वाक्य में रेखांकित शब्दों के लिए सही शब्दों वाले विकल्प का चयन करें।
काम खत्म होने के बाद हमने संतोष की साँस लिया।
(a) काम खत्म होने के बाद हमने संतोष की साँस लाओ।
(b) काम खत्म होने के बाद हमने संतोष की साँस ली।
(c) काम खत्म होने के बाद हमने संतोष की साँस लिए।
(d) परिवर्तन की आवश्यकता नहीं है।

69. दिए गए वाक्य में रेखांकित शब्द का विलोम शब्द ज्ञात कीजिए।
यह समूह अलगाव की राह पर है।
(a) एकीकरण (b) अपूर्ण
(c) समाज (d) निडर

70. दिए गए वाक्य में रेखांकित शब्द के लिए सही वर्तनी ज्ञात कीजिए।
आपसे मिलना तो मेरा सोभाग्य है।
(a) सौभाग्य (b) सौभाग
(c) सोभाग (d) साभाग्य

71. दिए गए वाक्य में उचित देशज-विदेशज शब्द का चयन करके रिक्त स्थान की पूर्ति करें।
क्या ________ इतनी दौलत का जब वह अपने माता-पिता को ही नहीं पूछता?
(a) दावत (b) जनाब
(c) जवाब (d) फायदा

72. निम्नलिखित प्रश्न में, चार विकल्पों में से, उस विकल्प का चयन करें जो रिक्त स्थान के लिए सही भाववाचक संज्ञा वाला विकल्प हो। परिवार से उस व्यक्ति के चले जाने की ________ सदैव बनी रहेगी।
(a) कमी (b) कांति
(c) कटुता (d) उभार

73. निम्नलिखित प्रश्न में, चार विकल्पों में से, उस विकल्प का चयन करें जो रिक्त स्थान के लिए सही स्त्रीलिंग रूप वाला विकल्प हो।
क्या हुआ है तुम्हें, तुम्हारी वह________अब नहीं रही।
(a) स्वास्थ्य (b) चमक
(c) खबर (d) होश

74. दिए गए शब्द का पर्यायवाची ज्ञात कीजिए।
निशा
(a) खेद (b) शुद्ध
(c) रात्रि (d) दंत

75. निम्नलिखित प्रश्न में, चार विकल्पों में से, उस विकल्प का चयन करें जो दिए गए मुहावरे का उचित अर्थ वाला है।
पासा पलटना
(a) जान छुड़ाना
(b) कठिन परिश्रम करना
(c) स्थिति उलट जाना
(d) समय नष्ट करना

नीचे दिए गये गद्यांश में कुछ शब्द छोड़ दिये गए हैं, प्रत्येक अनुच्छेद के सामने चार विकल्प दिए गए हैं। इस गद्यांश को ध्यानपूर्वक पढ़ें और चार विकल्पों में से सर्वोत्तम उत्तर वाला विकल्प चुनें।

जोखिम वाले कार्य या रोमांचकारी कार्य किसी उत्साहवर्धक______का अनुभव कराते हैं। यह अप्रत्याशित अनुभव होता है जो साहस,, उत्साह, और आनंद की गतिविधियों से भरा होता है। यह कभी भी परिणाम के बारे में नहीं सोचता। इसका परिणाम सकारात्मक होता है, जो हमें कुछ लाभ देता है और

इसके________प्रभाव नुकसान और हानि पहुँचाते हैं। यद्यपि, साहसिक लोग कभी भी________के बारे में नहीं सोचते हैं और अपने साहसिक कार्यों को निरंतर करते रहते हैं। प्रत्येक कार्य में रोमांच निहित होता है हालांकि, यह लोगों की सोच के अनुसार थोड़ा अलग होता है। रोमांचकारी कार्य अनुभवकारी गतिविधियों का समूह होता है, जो उन्हें कुछ अस्वाभाविक अनुभव देते हैं। इस तरह की गतिविधियाँ उत्साह और________से भरी होती हैं जिनकी प्रकृति साहस और जोखिम वाली होती है। ऐसे बहुत से लोग हैं, जिनका पूरा जीवन साहसिक अनुभवों से भरा होता है। रोमांचकारी कार्य अनुभवकारी गतिविधियों का समूह होता है, जो उन्हें कुछ अस्वाभाविक अनुभव देते हैं।

76. जोखिम वाले कार्य या रोमांचकारी कार्य किसी उत्साहवर्धक ________का अनुभव कराते हैं।

(a) प्रमाण (b) दुविधा

(c) गतिविधि (d) प्रणाली

77. इसका परिणाम सकारात्मक होता है, जो हमें कुछ लाभ देता है और इसके________ प्रभाव नुकसान और हानि पहुँचाते हैं।

(a) नकारात्मक (b) रोमांचक

(c) कुछ भी (d) साहसी

78. यद्यपि, साहसिक लोग कभी भी______के बारे में नहीं सोचते हैं और अपने साहसिक कार्यों को निरंतर करते रहते हैं।

(a) कार्य (b) प्रमाण

(c) पर्यावरण (d) परिणाम

79. इस तरह की गतिविधियाँ ________ और साहस से भरी होती हैं जिनकी प्रकृति साहस और जोखिम वाली होती हैं।

(a) डर (b) नियम

(c) प्रकृति (d) उत्साह

80. रोमांचकारी कार्य अनुभवकारी गतिविधियों का समूह होता है, जो उन्हें कुछ अस्वाभाविक देते हैं।

(a) हिस्सा (b) अनुभव

(c) समय (d) बातें

उत्तर (हल/संकेत)

1. (a)

2. (b) प्रश्नानुसार

बैठने का सही क्रम इस प्रकार होगा।

$\overline{V}$ $\overline{U}$ $\overline{R}$ $\overline{S}$ $\overline{T}$ $\overline{U}$ $\overline{P}$

इस प्रकार R के दाई ओर S है

3. (a) R A N B O W

S 1 0 C 15 X

S U N S H I N E

T 21 0 T 1 9 0 5

इसी प्रकार

M O O N L I H H T

N 15 15 0 M 9 H I U

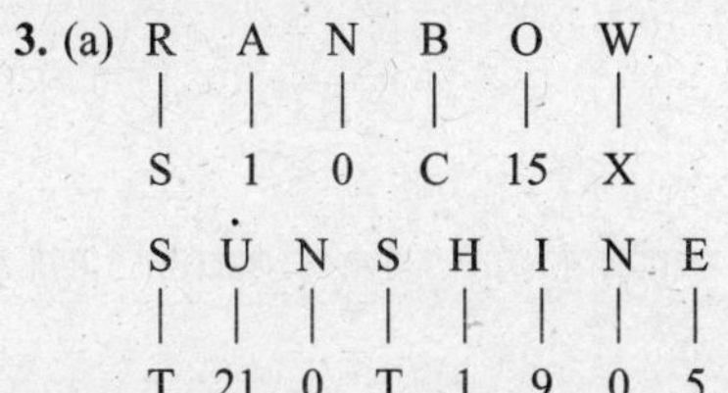

∴ N 15 15 0 M 9 H I U

4. (b)

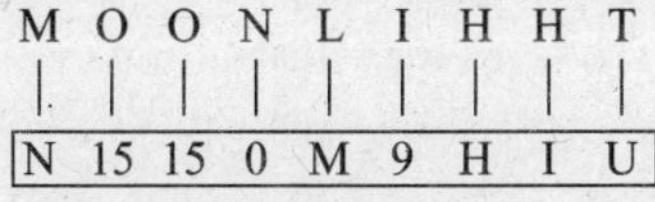

8 16 7 14 5 10 1 2 ?

(ऊपर: −2, −4, −8; नीचे: −1, −2, −4, −8)

∴ 1 − 8 = − 7

5. (d)

6. (c) L M R C

+4 +4 +4 +4

P Q V G

+4 +4 +4 +4

T V Z K

+4 +4 +4 +4

X Y D O

+4 +4 +4 +4

B C H S

∴ BCHS

7. (c) D G K X

+2 +2 +2 +2

F I M Z

इसी प्रकार

F V K Z

+2 +2 +2 +2

H X M I

HXMI

8. (a) defghi defghi defghi defghi defghi defghi defghi

∴ प्रश्न में

defghi का पैटर्न बन रहा है

इसलिए सही उत्तर ighf होगा

9. (a) पासे के विपरीत फलक के विश्लेषण से 7 के विपरीत फलक पर 3 होगा।

10. (a) **11.** (c)

12. (c) प्रश्नानुसार

अंग्रेजी शब्दकोश का सही क्रम

(1) Prison

(2) Privacy

(3) Private

(4) Privilege

(5) Privy

∴ चौथे स्थान पर Privilege होगा।

13. (d) T E A

−2 +1 −2

R F Y

C O F F E E

−2 +1 −2 +1 −2 +1

A P D G C F

इसी प्रकार

S V G A R

−2 +1 −2 +1 −2

Q V E B P

∴ QVEBP

14. (d) A × B ÷ C − D + E − F

प्रश्नानुसार

A, B की माँ है।

B, C का पिता है।

C, D की बहन है।

D, E का भाई है।

E, F की बहन है।

∴ A, F की पिता की माँ है।

15. (b) प्रश्नानुसार

$\overline{U}$ $\overline{S}$ $\overline{P}$ $\overline{V}$ $\overline{T}$ $\overline{R}$ $\overline{Q}$

इसी प्रकार R के दाई ओर Q बैठी है

16. (a)

17. (d) 74, 61, 82, 53, 90, ?

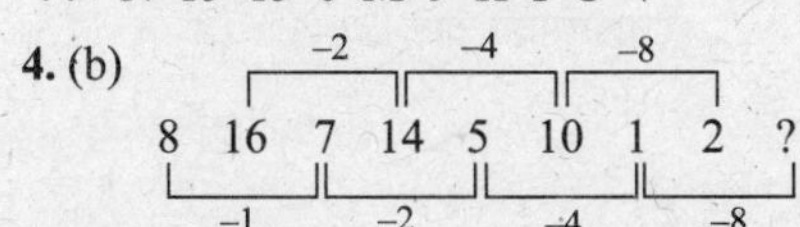

74, 61, 82, 53, 90, ?

(ऊपर: −8, −8; नीचे: +8, +8)

∴ 53 − 8 = 45

18. (b) 28 + 12 − 6 × 40 ÷ 8 = 46

(+) और (−) को आपस में बदलने पर

$28 - 12 + 6 \times 40 \div 8$

$= 28 - 12 + \frac{6 \times 40}{8}$

$= 28 - 12 + 30$

$= 58 - 12 = 46$

इस प्रकार विकल्प (c) सहीं है।

19. (d) A E I
+0 −2 +0
A C I

इसी प्रकार
N R V
+0 −2 +0
| N P V |

इसी प्रकार सही उत्तर
| N P V | होगा।

20. (a) प्रश्नानुसार
1 के विपरीत फलन पर 1 होगा
3 के विपरीत फलन पर 5 होगा
4 के विपरीत फलन पर 6 होगा
∴ 3 के विपरीत फलन पर 5 है

21. (c) विश्व की सबसे बड़ी वित्तीय समावेशन योजना जन धन योजना का शुभारम्भ 28 अगस्त 2024 से पूरे देश में किया गय था। स्क्वैश एक रैकेट खेल है जिसमें दो खिलाड़ी, या डबल्स के लिए चार खिलाड़ी, एक छोटी खोखली रबर गैंद से चार दीवारों वाले कोर्ट में खेलते हैं।

22. (b)

23. (b) अल्बर्ट आइंस्टीन ने सापेक्षता के सिद्धांत को प्रस्तुत किया, जिसने आधुनिक भौतिकी की नींव रखी और क्वांटम यांत्रिकी के विकास में भी योगदान दिया।

24. (a) भारतीय संविधान के अनुच्छेद 20 में यह प्रावधान है कि कोई भी व्यक्ति अपने खिलाफ साक्षी देने के लिए बाध्य नहीं हो सकता है।

25. (d) हरित क्रांति को कृषि क्रान्ति भी कहा जाता है, क्योंकि इसने कृषि क्षेत्र में बड़ी क्रांति और सुधार किया। इस क्रान्ति के फलस्वरूप गेहूँ की उत्पादकता में वृद्धि हुई।

26. (b) लावंणी नृत्य महाराष्ट्र की पारंपरिक नृत्य शैली है जो विशेष रूप से लोक नृत्यों के अंतर्गत आती है।

27. (b) कथन A सही है, क्योंकि हरित क्रांति से किसानों की आय में वृद्धि हुई। कथन B गलत है, क्योंकि हरित क्रांति के दौरान किसानों ने अपनी अधिशेष आय का पुन: निवेश नहीं किया।

28. (d)

29. (c) भारतीय संविधान के अनुच्छेद 280 में भारत के वित्त आयोग के गठन और उसकी शक्तियों का वर्णन है।

30. (d) दलीप ट्रॉफी एक क्रिकेट टूर्नामेंट है जो भारतीय क्रिकेट के प्रमुख टूर्नामेंटों में से एक है।

31. (d)

32. (a) संगीत नाटक अकादमी पुरस्कार भारत में नृत्य और संगीत के लिए सबसे प्रतिष्ठित पुरस्कार है।

33. (a)

34. (d) मुक्केबाज़ी (बॉक्सिंग) में प्रतिभागियों को प्यूजलिस्ट कहा जाता है, जो कि लात-घूंसा और मुक्के की लड़ाई से संबंधित है।

35. (d) "लोसर" एक नया वर्ष का त्योहार है जो लद्दांख और तिब्बती समुदायों द्वारा मनाया जाता है।

36. (a) पाकिस्तान और बांग्लादेश पहले भारत का हिस्सा थे और विभाजन के बाद अलग देश बने।

37. (b) 'कलैगनार मगलिर उरीमैई थोगई थिट्टम' पहल तमिलनाडु के मुख्यमंत्री द्वारा शुरू की गई थी, जिसका उद्देश्य महिलाओं को सशक्त बनाना है।

38. (a) सेवा कर को 1994-95 में पेश किया गया था, जो विभिन्न सेवाओं पर लगाया जाता है।

39. (d) उस्ताद बिस्मिल्लाह खान शहनाई के प्रसिद्ध प्रतिपादक हैं और उन्होंने इसे भारतीय संगीत मंच पर प्रमुखता दिलाई।

40. (a) सरोजिनी नायडू ने 1925 में भारतीय राष्ट्रीय कांग्रेस के अध्यक्ष के रूप में कार्य किया।

41. (d)

(P + Q) द्वारा 1 दिन में किया गया काम $= \frac{1}{30}$

(Q + R) द्वारा 1 में किया गया काम $= \frac{1}{37.5}$

(R + P) द्वारा 1 में किया गया काम $= \frac{1}{150}$

2(P + Q + P) द्वारा मिलकर 1 दिन में किया गया काम

$$= \frac{1}{30} + \frac{1}{37.5} + \frac{1}{150}$$

$$= \frac{5+4+1}{150} = \frac{10}{150}$$

∴ (P + Q + R) द्वारा 1 दिन में किया गया कुल काम

$$= \frac{150}{10} \times 2 = 30 \text{ दिन}$$

42. (d) 22 शिक्षकों की कुल औसत आयु
$= 22 \times 64 = 1408$ वर्ष

एक शिक्षक बढ़ जोड़ने के बाद 23 शिक्षकों की कुल औसत आयु = 25 वर्ष

∴ 23 शिक्षकों की कुल आयु $= 23 \times 65$
$= 1495$ वर्ष

∴ नए शिक्षक की आयु $= 1495 - 1408 = 87$ वर्ष

43. (a)

44. (b) $(27 \times 50) \div 25 \times 5\ (15 - 14) + 800 \div 25$

$$= \frac{27 \times 50}{25} \times 5 \times 1 + \frac{800}{25}$$

$= 54 \times 5 + 32$

$= 270 + 32 = 302$

45. (b) $2.\overline{3} + 4.\overline{3}$

$$= 6.\overline{6} = 6 + \frac{6}{9} = 6 + \frac{2}{3} = \frac{18+2}{3}$$

$$= \frac{20}{3}$$

46. (a)

47. (a) $(0.5)^2 + (0.05)^2$
$= 0.25 + 0.0025 = 0.2525$

48. (a)

49. (a) $6 + 2 \times (9 - 4) \div 2$

$$6 + 2 \times \frac{5}{2} = 11$$

50. (d)

51. (b) $512 \times \frac{64}{100} + 512 \times \frac{46}{100}$

$\frac{1}{100}[512 \times 64 + 215 + 46]$

$\frac{1}{100}[32786 + 9890] = \frac{1}{100}[42658]$

$= 426.58$

52. (b) माना की रेलगाड़ी की चाल $= x$
व्यक्ति की चाल $= y$

प्रश्नानुसार

$x + y = \frac{600}{20} = 30$ मी./से.

$= 30 \times \frac{18}{5} = 108$ किमी./घंटा

∴ $x + y = 108$ (i)

रेलगाड़ी की चाल व्यक्ति की चाल की 5 गुणी है

∴ $y = 5x$ (ii)

y का मान (i) में रखने पर

$5x + x = 108$
$6x = 108$

$x = \frac{108}{6} = 18$

∴ रेलगाड़ी की चाल $y = 5 \times 18$
$= 90$ किमी./घंटा

53. (a)

54. (d)

	दूध	:	पानी
	2	:	3
मिलावट के बाद नई मात्रा	10	:	3

∴ दूध $(10 - 2) = 8$ लीटर मिलाया गया

प्रारंभिक मिश्रण $2 + 3 = 5$ लीटर

प्रारंभिक मिश्रण में मिलाया गया दूध का प्रतिशत

$$= \frac{8}{5} \times 100 = 160\%$$

55. (a) माना की वस्तु का अंकित मूल्य $= x$

35% छूट पर विक्रय मूल्य = (100 – 35%)
= 65%

प्रश्नानुसार

$$x \times \frac{65}{100} = 1690$$

$$65x = 1690 \times 100$$

$$x = \frac{1690 \times 100}{65} = 2600$$

$\therefore$ वस्तु का अंकित मूल्य = 2600 रुपया

56. (d)

57. (c) परिवार की बचत $= \frac{29510}{13} \times 6$

$= ₹\ 13{,}620$

58. (d) प्रश्नानुसार

साधारण ब्याज उस धनराशि का $\frac{2}{5}$ है

$\therefore$ साधारण ब्याज = 2 ₹

तथा धन राशि = 5 ₹

समय = 20 वर्ष

$\therefore$ दर $= \frac{\text{ब्याज} \times 100}{\text{मू.} \times \text{समय}} = \frac{2 \times 100}{5 \times 20} = 2\%$

59. (b) $\because$ 35 कलम 1 रुपया में खरीदता है।

$\therefore$ 1 कलम $= \frac{1}{35}$ रुपया

40% लाभ अर्जित करने के लिए

$$= \frac{1}{35} \times \frac{140}{100} = \frac{1}{25}$$

1 रुपए में कुल 25 कलम बेचने चाहिए।

60. (b)

61. (c) "किताबी कीड़ा" का अर्थ होता है वह व्यक्ति जो हमेशा पढ़ाई में व्यस्त रहता है और किताबों को बहुत पसंद करता है।

62. (c) "अटल" का मतलब है अडिग या स्थिर, जो बदलता नहीं है।

63. (b) "जीवनदान" का विलोम "मृत्युदंड" होता है, जो जीवन के स्थान पर मृत्यु की सजा को दर्शाता है।

64. (b) "गोस्वामी" का तद्भव रूप "गुसाईं" होता है, जो उसी अर्थ में प्रयोग होता है।

65. (d) "अलोकज्ञ" का अर्थ होता है बाहरी संसार के ज्ञान से अनभिज्ञ।

66. (c) "अनुपम" का अर्थ होता है अद्वितीय या जिसकी कोई तुलना न हो।

67. (d) सही वाक्य होना चाहिए "प्रकृति पहले थी, मनुष्य बाद में आया।"

68. (b) सही वाक्य में "साँस ली" होगा, क्योंकि यहाँ "साँस" एक स्त्रीलिंग शब्द है।

69. (a) "अलगाव" का विलोम "एकीकरण" होता है, जो एकता और मिलन को दर्शाता है।

70. (a) सही वर्तनी "सौभाग्य" है, जिसका अर्थ है शुभ या भाग्यशाली।

71. (d)

72. (a) "कमी" का अर्थ होता है, कुछ का अभाव, जो परिवार से किसी व्यक्ति के चले जाने पर महसूस होता है।

73. (b) "चमक" का अर्थ है आकर्षण या जीवंतता, जो यहाँ उपयुक्त है।

74. (c) "निशा" का पर्यायवाची शब्द "रात्रि" होता है, जिसका अर्थ रात होता है।

75. (c) "पासा पलटना" का अर्थ होता है स्थिति का अचानक बदल जाना।

76. (c) "गतिविधि" का अर्थ होता है कार्य या क्रिया, जो रोमांचकारी कार्यों से संबंधित है।

77. (a) "नकारात्मक" का अर्थ होता है हानिकारक प्रभाव, जो नुकसान और हानि का कारण बनता है।

78. (d) साहसिक लोग हमेशा परिणाम के बारे में नहीं सोचते और अपने साहसिक कार्यों को जारी रखते हैं।

79. (d) "उत्साह" का अर्थ होता है उत्साही भावना, जो साहसिक गतिविधियों में निहित होती है।

80. (b) "अनुभव" का अर्थ होता है प्राप्त ज्ञान या अनुभव, जो रोमांचकारी गतिविधियों से मिलता है।

❑❑❑

SSC कांस्टेबल (जी.डी.)
भर्ती परीक्षा
सॉल्व्ड पेपर–2024

तारीख: 20/02/2024
समय: 9.00 AM to 10.00 AM

भाग-I सामान्य बुद्धिमत्ता एवं तर्कशक्ति

1. एक निश्चित कूट भाषा में, 'FORCE' को '83052' लिखा जाता है, 'GAMES' को '42761' लिखा जाता है, और 'FORUM' को '08957' लिखा जाता है। उसी कूट भाषा में 'C' को कैसे लिखा जाएगा?
(a) 3 (b) 8
(c) 2 (d) 5

2. दिए गए विकल्पों में से किन दो संख्याओं को आपस में बदलने पर निम्नलिखित समीकरण सही होगा?
$8 \times 9 \div 4 + 5 - 3 = 2$
(a) 2 और 5 (b) 8 और 4
(c) 3 और 9 (d) 9 और 2

3. निम्नलिखित प्रश्न में, विकल्पों में दी गई उस आकृति का चयन कीजिए जिसे प्रश्न चिह्न (?) के स्थान पर रखा जा सकता है।

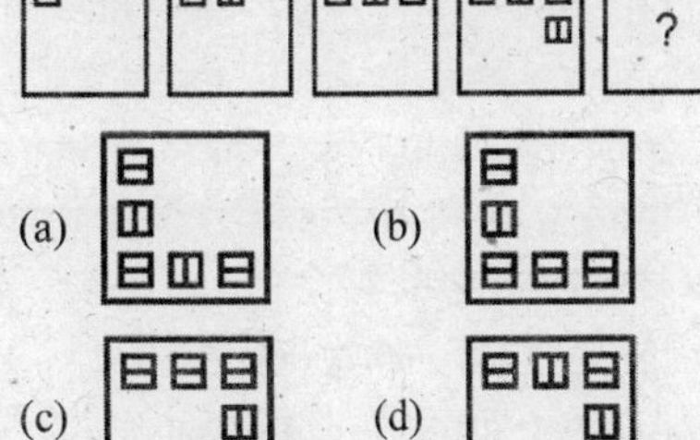

4. पांच मित्र एलेक्स, बेन, क्रिस, डेविड और एमा एक वृत्ताकार मेज के चारों ओर केंद्र की ओर मुख करके बैठे हैं। एलेक्स, बेन के ठीक दाईं ओर बैठा है। क्रिस या डेविड के बगल में एलेक्स नहीं बैठा है। डेविड, एमा के ठीक दाईं ओर बैठा है। क्रिस के ठीक दाईं ओर कौन बैठा/बैठी है?
(a) बेन (b) डेविड
(c) एमा (d) एलेक्स

5. निम्नलिखित प्रश्न में, दिए गए विकल्पों में से शृंखला से लुप्त संख्या का चयन कीजिए।
142, 150, 123, 187, 62, ?
(a) 285 (b) 278
(c) 281 (d) 300

6. निम्नलिखित विकल्पों में से उस विकल्प का चयन कीजिए जो तीसरे शब्द से ठीक उसी प्रकार संबंधित है जिस प्रकार दूसरा शब्द पहले शब्द से संबंधित है।
साइकिल : पैडल :: कार : ?
(a) हथोड़ा (b) करछा
(c) पहिया (d) दरवाजा

7. निम्नलिखित में से कौन-सी संख्या दी गई शृंखला में प्रश्न चिह्न (?) के स्थान पर आएगी?
8, 18, 38, 78, 158, ?
(a) 318 (b) 290
(c) 268 (d) 340

8. निम्नलिखित विकल्पों में से उस घन का चयन कीजिए, जो दी गई शीट को मोड़ने पर नहीं बन सकता है।

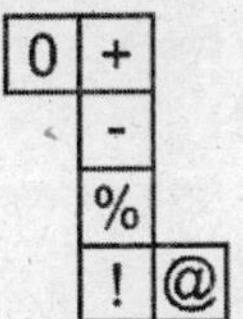

(a) 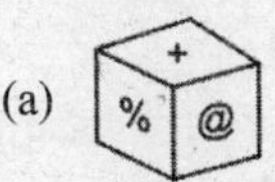 (b) 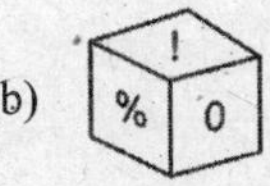

(c) 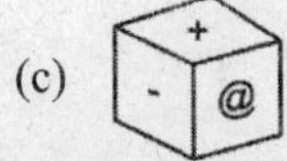 (d)

9. दिए गए शब्दों को उसी क्रम में व्यवस्थित कीजिए, जिस क्रम में वे अंग्रेजी शब्दकोश में आते हैं।
1. Dear 2. Dean
3. Deal 4. Dead
5. Death
(a) 43251 (b) 13245
(c) 43215 (d) 13254

10. निम्नलिखित प्रश्न में, दिए गए विकल्पों में से संबंधित अक्षर-युग्म का चयन कीजिए।
KW : FR :: ?
(a) AB : BM (b) OC : CP
(c) IU : DP (d) BM : WO

11. दिए गए विकल्पों में से किन दो चिह्नों को आपस में बदलने पर निम्नलिखित समीकरण सही होगा?
$28 + 12 - 21 \div 7 \times 4 = 60$
(a) × और − (b) × और +
(c) × और ÷ (d) + और ÷

12. निम्नलिखित प्रश्न में, विकल्पों में दी गई उस आकृति का चयन कीजिए जिसे प्रश्न चिह्न (?) के स्थान पर रखा जा सकता है।

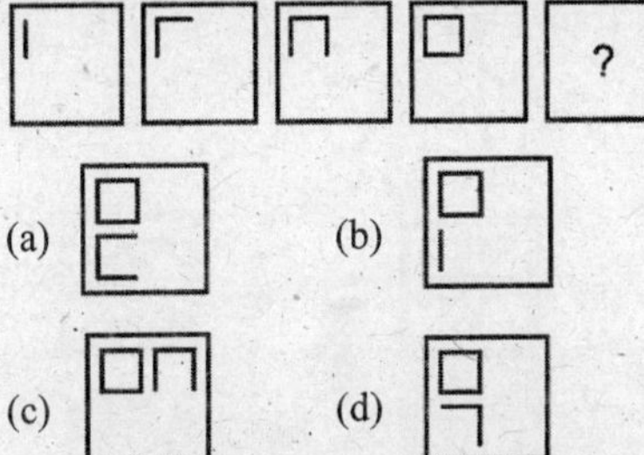

13. निम्नलिखित अक्षर समूहों में से अक्षरों का कौन-सा समूह क्रमबद्ध रूप से बाईं से दाईं ओर रखे जाने पर नीचे दी गई शृंखला को पूरा करेगा?
Jklmnojklmnoj_lmnojk_m_ojklmn_
(a) mnol (b) klno
(c) jklm (d) knlo

14. आठ लड़के B_1, B_2, B_3, B_4, B_5, B_6, B_7 और B8 एक पंक्ति में उत्तर की ओर मुख करके बैठे हैं (परंतु जरूरी नहीं कि वे इसी क्रम में बैठे हों)। B_6, B_1 के दाईं ओर से पांचवें स्थान पर बैठा है। B_4, B_5 के दाईं ओर से पांचवें स्थान पर बैठा है। B_5, B_1 के ठीक दाईं ओर बैठा है। B_8, B_4 के बाईं ओर से तीसरे स्थान पर बैठा है। B_2, B_7 के दाईं ओर से तीसरे स्थान बैठा है। B_7, B_1 का निकटतम पड़ोसी है। B1 के ठीक बाईं ओर कौन बैठा है?
(a) B2 (b) B6
(c) B8 (d) B7

15. एक निश्चित कूट भाषा में, 'LAMP' को 'IWJL' लिखा जाता है। उसी कूट भाषा में 'LOGS' को कैसे लिखा जाएगा ?

(a) IKEO (b) IKDP

(c) IKDO (d) IJDO

16. नीचे एक ही पासे की चार अलग-अलग स्थितियां दी गई हैं। संख्या '23' वाले फलक के विपरीत फलक पर कौन-सी संख्या आएगी ?

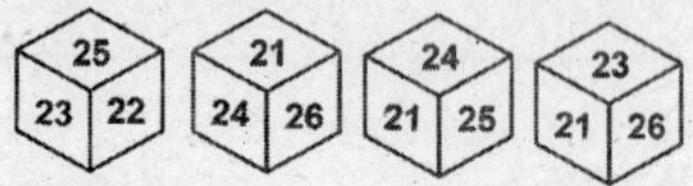

(a) 21 (b) 26

(c) 24 (d) 25

17. निम्नलिखित में से कौन-सा अक्षर संख्या समूह दी गई श्रृंखला में प्रश्न चिह्न (?) के स्थान पर आएगा ?

TJM10, ULP12, VNS14, WPV16, XRY18, ?

(a) YSZ20 (b) YSZ21

(c) YTB20 (d) YTB21

18. दी गईं विकल्प आकृतियों में से, उस आकृति का चयन कीजिए जिसमें प्रश्न में दी गई आकृति छिपी हुई/निहित है। (घूर्णन की अनुमति नहीं है)

(a)  (b) 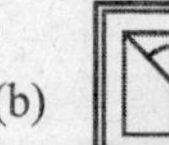

(c)  (d) 

19. 'I × J' का अर्थ है 'I, J की मां है'

'I + J' का अर्थ है 'I, J का पति है'

'I ÷ J' का अर्थ है '1, J की बहन है'

'I - J' का अर्थ है 'I J का भाई है'

व्यंजक 'Q ÷ X + Y × Z' में, Q का Z से क्या संबंध है ?

(a) पत्नी की बहन (b) बेटी

(c) पत्नी (d) पिता की बहन

20. निम्नलिखित प्रश्न में, तीन कथन और उसके बाद I और II क्रमांकित दो निष्कर्ष दिए गए हैं। दिए गए कथनों को सत्य मानते हुए, चाहे वे सामान्यतः ज्ञात तथ्यों से भिन्न प्रतीत होते हों, निश्चय कीजिए कि दिए गए निष्कर्षों में से कौन-सा निष्कर्ष कथनों का तार्किक रूप से अनुसरण करता है।

कथन I: सभी बल्ले, गेंद हैं।

कथन II: सभी गेंद, बैडमिंटन हैं।

कथन III: सभी बैडमिंटन, विकेट हैं।

निष्कर्ष I: सभी बल्ले, विकेट हैं।

निष्कर्ष II: कुछ बैडमिंटन, बल्ले हैं।

(a) निष्कर्ष I और II दोनों अनुसरण करते हैं

(b) केवल निष्कर्ष I अनुसरण करता है

(c) केवल निष्कर्ष II अनुसरण करता है

(d) न तो निष्कर्ष I और न ही II अनुसरण करता है

भाग-II सामान्य ज्ञान एवं सामान्य जागरूकता

21. ______ किसी देश या देश के एक सुपरिभाषित भौगोलिक क्षेत्र के सभी व्यक्तियों से संबंधित जनसांख्यिकीय, आर्थिक और सामाजिक आंकड़ों को एक विशिष्ट समय पर एकत्र करने, संकलित करने, विश्लेषण करने और प्रसारित करने की संपूर्ण प्रक्रिया है।

(a) संविधान (b) राष्ट्रीय सर्वेक्षण

(c) जनसंख्या (d) जनगणना

22. ______ मुद्रा आपूर्ति की माप का सबसे साधारण रूप है।

(a) M1 (b) M3

(c) M2 (d) M4

23. न्यायाधीश को हटाए जाने के संबंध में नीचे दिए गए कथन को पूरा कीजिए।

भारतीय संविधान :-

(a) यह केवल उच्च न्यायालय के न्यायाधीशों को हटाने की प्रक्रिया निर्धारित करता है।

(b) न्यायाधीशों को हटाने के लिए बहुत लचीली प्रक्रिया निर्धारित करता है।

(c) न्यायाधीशों को हटाने के लिए बहुत कठिन प्रक्रिया निर्धारित करता है।

(d) न्यायाधीशों को हटाने के लिए कोई प्रक्रिया निर्धारित नहीं करता है।

24. जब मेंडलीफ ने अपना कार्य आरंभ किया, उस समय कितने तत्व ज्ञात थे ?

(a) 63 (b) 29

(c) 36 (d) 47

25. मई 2023 में, किस राज्य के मुख्यमंत्री को भय मुक्त राज्य बनाने के लिए भारत रत्न डॉ. अंबेडकर पुरस्कार से सम्मानित किया गया ?

(a) बिहार के मुख्यमंत्री

(b) उत्तर प्रदेश के मुख्यमंत्री

(c) केरल के मुख्यमंत्री

(d) झारखंड के मुख्यमंत्री

26. 23 मई 2023 को, भारतीय प्रतिस्पर्धा आयोग (Competition Commission of India - CCI) में अध्यक्ष के रूप में किसने पद संभाला ?

(a) रवनीत कौर (b) लीना नायर

(c) नैना लाल किदवई (d) शांति एकंबरम

27. निम्नलिखित में से कौन-सा/कौन-सी भारतीय संगीतकार, सर्वोच्च नागरिक सम्मान, भारत रत्न प्राप्त करने वाला/वाली पहला/पहली गायक/गायिका है ?

(a) ए. आर. रहमान

(b) आर. डी. बर्मन

(c) एम. एस. सुब्बुलक्ष्मी

(d) ज़ाकिर हुसैन

28. सत्यशोधक समाज के संस्थापक कौन थे ?

(a) ईश्वरचंद्र विद्यासागर

(b) हरिदास ठाकुर

(c) ज्योतिराव फुले

(d) घासीदास

29. भारतीय उपमहाद्वीप में ज्ञात, लेखन की सबसे प्रारंभिक शैली का क्या नाम है ?

(a) ब्राह्मी लिपि (b) सिंधु लिपि

(c) पाली लिपि (d) संस्कृत लिपि

30. भारत की पहली आर्थिक जनगणना राज्यों/केंद्र शासित प्रदेशों (UTS) के सहयोग से ________ देश में आयोजित की गई थी।

(a) 1997 (b) 1977

(c) 1967 (d) 1987

31. महिला आरक्षण विधेयक, 2023 के अनुसार, लोकसभा और राज्य विधानसभाओं में महिलाओं के लिए कितनी सीटें आरक्षित हैं ?

(a) आधी (b) दो-तिहाई

(c) एक-तिहाई (d) एक-चौथाई

32. बरांश (Barash), हिंदू त्योहार दिवाली के समान है, जो निम्नलिखित में से किस जनजाति द्वारा मनाया जाता है ?

(a) वर्ली और कोंकणा (b) संथाल

(c) गोंड और भील (d) मुंडा

33. एथलेटिक्स में IAAF विश्व चैंपियनशिप ______ से पूरी तरह से एक पेशेवर प्रतियोगिता बन गई।

(a) 1997 (b) 1993

(c) 1991 (d) 1995

34. रंगास्वामी कप (Rangaswami Cup) का संबंध ______ खेल से है।

(a) हॉकी (b) बैडमिंटन

(c) टेनिस (d) फुटबॉल

35. पंडित बिरजू महाराज एक भारतीय नर्तक, संगीतकार, गायक और भारत में कथक नृत्य के ______ "कालका-बिंदादीन" घराने के प्रतिपादक थे।

(a) हैदराबाद (b) लखनऊ
(c) आगरा (d) ग्वालियर

36. भारतीय संविधान के भाग IV A के अनुसार, "यदि माता-पिता या संरक्षक है, _____ वर्ष तक की आयु वाले अपने, यथास्थिति, बालक या प्रतिपाल्य के लिए शिक्षा का अवसर प्रदान करें।

(a) 6-12 (b) 4-14
(c) 2-6 (d) 6-14

37. किस भारतीय नृत्य कलाकार ने 2018 में ओडिसी नृत्य के लिए संगीत नाटक अकादमी पुरस्कार जीता?

(a) अखम लक्ष्मी देवी (Akham Lakshmi Devi)
(b) सुरूपा सेन (Surupa Sen)
(c) डॉ. अरुणा मोहंती (Dr. Aruna Mohanty)
(d) एलम एंदिरा देवी (Elam Endira Devi)

38. 2015 में, भारत के योजना आयोग के स्थान पर किस संस्था की स्थापना की गई?

(a) नाबार्ड (NABARD)
(b) सेबी (SEBI)
(c) नीति आयोग (NITI Aayog)
(d) आरबीआई (RBI)

39. ओपन नेटवर्क फॉर डिजिटल कॉमर्स (Open Network for Digital Commerce-ONDC) _______ की एक पहल है।

(a) उद्योग संवर्धन और आंतरिक व्यापार विभाग
(b) नीति आयोग
(c) सांख्यिकी और कार्यक्रम कार्यान्वयन मंत्रालय
(b) सूचना एवं प्रसारण मंत्रालय

40. बैडमिंटन के संबंध में निम्नलिखित में से कौन-सा कथन सही है?

1. **बैडमिंटन के खेल की शुरुआत में और जब स्कोर बराबरी पर होता है, तो सर्वर (server) बाईं ओर के सर्विस कोर्ट (service court) से सर्व (serves) करता है।**

II. **सर्वर (server) और रिसीवर (receiver) हमेशा विपरीत सर्विस कोर्ट में, लेकिन एक ही तरफ खड़े होते हैं।**

(a) I और II दोनों (b) केवल II
(c) केवल I (d) न तो I और न ही II

भाग-III प्रारंभिक गणित

41. एक क्रिकेट टीम में 7 पुरुषों की आयु 26, 25, 21, 29, 24, 28 और 22 है। उनकी औसत आयु कितनी है?

(a) 24 (b) 23
(c) 25 (d) 22

42. एक कुर्सी का अंकित मूल्य 2000 रुपए है। 20 प्रतिशत और x प्रतिशत की दो क्रमिक छूट देने के बाद वह कुर्सी 1400 रुपए में बेची जाती है। x का मान कितना है?

(a) 12.5 प्रतिशत (b) 10 प्रतिशत
(c) 20 प्रतिशत (d) 25 प्रतिशत

43. A और B दोनों 5000 रुपए प्रति घड़ी की दर से अपनी घड़ियां बेचते हैं। A, 25 का प्रतिशत का लाभ अर्जित करता है जबकि B को 10 प्रतिशत की हानि होती है। A और B के क्रय मूल्यों का अनुपात कितना है?

(a) 17 : 20 (b) 9 : 10
(c) 18 : 25 (d) 16 : 25

44. दो रेलगाड़ियां समान चाल से विपरीत दिशा में चल रही हैं। यदि प्रत्येक रेलगाड़ी की लंबाई 320 मीटर है और वे 18 सेकंड में एक-दूसरे को पार करती हैं, तो प्रत्येक रेलगाड़ी की चाल कितनी है?

(a) 72 km/hr (b) 56 km/hr
(c) 64 km/hr (d) 48 km/hr

45. 7200 रुपए को P, Q और R के बीच में क्रमशः 1/2 : 4 : 3/2 के अनुपात में बांटा जाता है। R का हिस्सा कितना है?

(a) 2400 रुपए (b) 600 रुपए
(c) 1800 रुपए (d) 4800 रुपए

46. यदि M : N = 9 : 6 है, तो (M + N) : (M-N) का मान कितना है ?

(a) 1 : 5 (b) 5 : 4
(c) 5 : 2 (d) 5 : 1

47. (7 + 33) × (44 + 2) × (5 × 5) का मान ज्ञात कीजिए।

(a) 25,000 (b) 22,000
(c) 22,500 (d) 21,000

48. यदि एक आयत की लंबाई में 14.28 प्रतिशत की वृद्धि कर दी जाए, तो क्षेत्रफल को अपरिवर्तित रखने के लिए इसकी चौड़ाई कितने प्रतिशत घटाई जानी चाहिए?

(a) 14.28 प्रतिशत (b) 16.66 प्रतिशत
(c) 14 प्रतिशत (d) 12.5 प्रतिशत

49. किसी वस्तु का विक्रय मूल्य 5175 रुपए है और उस पर 25 प्रतिशत की छूट दी गई है। वस्तु का अंकित मूल्य कितना है?

(a) 7000 रुपए (b) 6900 रुपए
(c) 8500 रुपए (d) 6600 रुपए

50. किसी धनराशि पर 40 वर्षों तक प्राप्त साधारण ब्याज, उस धनराशि का 2/5 है। वार्षिक ब्याज दर कितनी है?

(a) 1.5 प्रतिशत (b) 2 प्रतिशत
(c) 3 प्रतिशत (d) 1 प्रतिशत

51. 8 दिनों तक काम करने के बाद, राखी को पता चलता है कि अभी तक केवल 10 प्रतिशत काम पूरा हुआ है। वह पूनम को काम पर रखती है, जो राखी से 20 प्रतिशत अधिक कुशल है। शेष काम को पूरा करने में उन्हें कितने दिन और लगेंगे?

(a) 360/11 दिन (b) 340/7 दिन
(c) 340/11 दिन (d) 360/7 दिन

52. [41 × {36 of 4 ÷ (96 of 2 : 24)}] का मान कितना है?

(a) 656 (b) 779
(c) 697 (d) 738

53. चक्रवृद्धि ब्याज (वार्षिक रूप से संयोजित) पर रखी गई एक धनराशि 10 वर्षों में स्वयं की दोगुनी हो जाती है। वह समय ज्ञात कीजिए, जिसमें धनराशि स्वयं की 4 गुना हो जाएगी।

(a) 20 वर्ष (b) 15 वर्ष
(c) 10 वर्ष (d) 14 वर्ष

54 आम, 121 केले और 11 सेब हैं, उन्हें कई पंक्तियों में इस प्रकार व्यवस्थित करना है कि प्रत्येक पंक्ति में समान संख्या में फल हों और प्रत्येक पंक्ति में एक प्रकार का फल हो। पंक्तियों की न्यूनतम संख्या कितनी है?

(a) 16 (b) 15
(c) 13 (d) 14

55. एक वर्ष में, सपना का औसत मासिक व्यय वर्ष के प्रथम 3 महीनों के लिए 1100 रुपए, अगले 5 महीनों के लिए 1000 रुपए और अंतिम 4 महीनों के लिए 1200 रुपए था। यदि कुल वार्षिक बचत 1300 रुपए थी, तो सपना की औसत मासिक आय कितनी थी?

(a) 1210 रुपए (b) 1270 रुपए
(c) 1200 रुपए (d) 1250 रुपए

56. R एक काम को 90 दिनों में पूरा कर सकता है। कुल काम का कितना प्रतिशत काम R द्वारा 45 दिनों में पूरा किया जा सकता है?

(a) 50 प्रतिशत (b) 56 प्रतिशत
(c) 70 प्रतिशत (d) 65 प्रतिशत

57. रोहित 2320 रुपए में एक पुराना बल्ला खरीदता है और उसकी मरम्मत में 180 रुपए खर्च करता है। यदि वह इसे 2400 रुपए में बेचता है, तो हानि प्रतिशत कितना है?

(a) 10 प्रतिशत (b) 8 प्रतिशत
(c) 4 प्रतिशत (d) 5 प्रतिशत

58. एक विद्यार्थी ने एक परीक्षा में 75% अंक प्राप्त किए और उसे 60% अंक प्राप्त करने वाले दूसरे

विद्यार्थी के अंक से 30 अंक अधिक प्राप्त हुए। परीक्षा के अधिकतम अंक कितने हैं ?

(a) 120 (b) 100
(c) 150 (d) 200

59. मान ज्ञात कीजिए।

$\{(175 \times 72 \div 24 + 5) \times 20\} : 2$

(a) 5300 (b) 4850
(c) 5800 (d) 4300

60. एक परीक्षा में, उपस्थित होने वाले विद्यार्थियों की कुल संख्या में से 93 प्रतिशत विद्यार्थी उत्तीर्ण हुए और 9275 विद्यार्थी अनुत्तीर्ण रहे। परीक्षा में उपस्थित होने वाले विद्यार्थियों की कुल संख्या कितनी है ?

(a) 135550 (b) 132550
(c) 132500 (d) 135500

भाग-IV: हिंदी

61. निम्नलिखित प्रश्न में, चार विकल्पों में से, उस विकल्प का चयन करें जो कोष्ठक में दिए गए शब्द के पर्यायवाची शब्द का सही विकल्प नहीं है।

ईश्वर की शरण में जाना ही (उद्धार) ______ प्राप्ति का एक मात्र मार्ग है।

(a) विमुक्ति (b) छुटकारा
(c) उद्गम (d) परित्राण

62. निम्नलिखित प्रश्न में, चार विकल्पों में से, उस विकल्प का चयन करें जो रिक्त स्थान के लिए सही पुल्लिंग रूप वाला विकल्प हो।

मैं ______ में अपने परिवार के साथ घूमने जाने वाली हूँ।

(a) दिसंबर (b) गाड़ी
(c) कल (d) अपनेपन

63. दिए गए वाक्य में रेखांकित शब्द का विलोम शब्द ज्ञात कीजिए।

संसार <u>नश्वर</u> है।

(a) दानव (b) सहित
(c) अनश्वर (d) संपन्न

64. निम्नलिखित वाक्य में, उस वाक्यांश को पहचानिए जिसमें अशुद्धियाँ हैं। यदि कोई गलती नहीं है तो कोई त्रुटि नहीं है' का चुनाव कीजिए।

हर साल के विश्व पर्यावरण दिवस को कुछ न कुछ विषय के साथ मनाई जाती है, और यह विषय विशेष रूप से पर्यावरण पर/किसी एक चिंता पर ध्यान आकर्षित करने के लिए होता है।

(a) कोई त्रुटि नहीं है
(b) साथ मनाई जाती है, और यह विषय विशेष रूप से पर्यावरण पर
(c) हर साल के विश्व पर्यावरण दिवस को कुछ न कुछ विषय के
(d) किसी एक चिंता पर ध्यान आकर्षित करने के लिए होता है

65. निम्नलिखित प्रश्न में, चार विकल्पों में से, उस विकल्प का चयन करें जो कोष्ठक में दिए गए शब्द के तत्सम रूप का सही विकल्प है।

मेरे पड़ोसी का घर बन रहा है इसलिए बहुत सी (ईंट) ______ मँगवाई गई है।

(a) गंडक (b) इष्टिका
(c) अक्ष (d) रेट

66. निम्नलिखित प्रश्न में, चार विकल्पों में से, उस विकल्प का चयन करें जो रिक्त स्थान के लिए सही शब्द वाला विकल्प हो।

महाभारत में कहा गया है कि जो सब धर्मों को सम्मान नहीं देता, वह धर्म नहीं ______ है।

(a) अधर्म (b) सधर्म
(c) आचार (d) तपस्या

67. दिए गए वाक्य में रेखांकित भाग के लिए उचित सार्थक शब्द का चयन कीजिए।

रात होते ही <u>ड्भी</u> बढ़ गई है।

(a) ड़ाभ (b) भीड़
(c) भाड़ (d) भड़ा

68. दिए गए वाक्य में रेखांकित शब्द का विलोम शब्द ज्ञात कीजिए।

सामान का <u>दुरुपयोग</u> न करें।

(a) कठोर (b) कुरूपयोग
(c) निरूपयोग (d) सदुपयोग

69. दिए गए वाक्य का वह भाग ज्ञात करें, जिसमें कोई त्रुटि है। यदि कोई त्रुटि नहीं है, तो 'कोई त्रुटि नहीं है' चुनें।

'विद्यार्थी' शब्द दो शब्द के योग से बना है- विद्या + अर्थी।

(a) शब्द के योग से
(b) बना है - विद्या + अर्थी
(c) 'विद्यार्थी' शब्द दो
(d) कोई त्रुटि नहीं है

70. निम्नलिखित प्रश्न में, दिए गए चार विकल्पों में से, उस विकल्प का चयन करें जो दिए गए मुहावरे के अर्थ को सर्वश्रेष्ठ रूप से व्यक्त करता है।

झाँसा देना

(a) धोखा होना (b) धोखा मिलना
(c) धोखा देना (d) भड़काना

71. निम्नलिखित वाक्य में रेखांकित भाग के लिए एक सार्थक शब्द ज्ञात कीजिए।

पुस्तकालय में <u>हाथ से लिखी एक भी पुस्तक</u> उपलब्ध नहीं है।

(a) पांडुलिपि (b) प्रतिलिपि
(c) छायाप्रति (d) चित्रपुस्तक

72. दिए गए विकल्पों में से शुद्ध वर्तनी वाले विकल्प का चयन करें।

(a) यह मशिन सब कार्य करती है।
(b) राम की तूलना कबीर से मत करो।
(c) औरत में बहुत शक्ति होती है।
(d) दिपक रोशनी प्रदान करता है।

73. दिए गए वाक्य में उचित पर्यायवाची शब्द का चयन करके रिक्त स्थान की पूर्ति करें।

पर्वत ______ (स्थिर) है।

(a) गिरावट (b) सुगम
(c) निश्चल (d) मंगल

74. निम्नलिखित वाक्य में रेखांकित भाग के लिए एक सार्थक शब्द ज्ञात कीजिए।

<u>देवताओं का उपवन</u> बहुत सुंदर होता है।

(a) अशोकवाटिका (b) स्वर्ग
(c) राधारणी वन (d) नंदनकानन

75. निम्नलिखित प्रश्न में, चार विकल्पों में से, उस विकल्प का चयन करें जो दिए गए मुहावरे का सही अर्थ वाला विकल्प है।

अलादीन का चिराग

(a) भाग्य खुलना
(b) आमना-सामना होना
(c) आश्चर्यजनक वस्तु
(d) पूरी तरह से वश में करना

नीचे दिए गए गद्य में कुछ शब्द छोड़ दिए गए हैं और प्रत्येक रिक्त स्थान के चार विकल्प दिए गए हैं। इन चारों में से कौन-सा विकल्प रिक्त स्थान की पूर्ति करेगा–

डॉक्टर्स विदाउट बॉर्डर्स, जिसे मेडेसिन्स सैन्स फ्रंटियर्स (एमएसएफ) के नाम से भी जाना जाता है, फ्रांस का एक गैर सरकारी (1) ______ है जो युद्ध क्षेत्रों और बीमारियों से (2) ______ देशों में मानवीय चिकित्सा देखभाल प्रदान करता है। यह संगठन (3) ______ बीमारियों जैसे मधुमेह, दवा-प्रतिरोधी संक्रमण, एचआईवी/एड्स, हेपेटाइटिस सी के उपचार में मदद करता है। एमएसएफ को कई महाद्वीपों पर उनके (4) ______ कार्यों के लिए 1999 में नोबेल शांति (5) ______ से सम्मानित किया गया था।

76. रिक्त 1 के लिए सबसे उपयुक्त विकल्प का चयन कीजिए।

(a) संगठन (b) सांयकाल
(c) हार्डवेयर (d) सॉफ्टवेयर

77. रिक्त 2 के लिए सबसे उपयुक्त विकल्प का चयन कीजिए।

(a) अतिक्रमण (b) परिचय
(c) राजपथ (d) प्रभावित

78. रिक्त 3 के लिए सबसे उपयुक्त विकल्प का चयन कीजिए।

(a) अत्यंत (b) विनाश
(c) अनुग्रह (d) विभिन्न

79. रिक्त 4 के लिए सबसे उपयुक्त विकल्प का चयन कीजिए।

(a) अतिशोक्ति (b) अनुभव
(c) मानवीय (d) बेकार

80. रिक्त 5 के लिए सबसे उपयुक्त विकल्प का चयन कीजिए।

(a) गेम (b) पुरस्कार
(c) दंड (d) भेटो

उत्तर (हल/संकेत)

1. (a)

2. (c) $8 \times 9 \div 4 + 5 - 3 = 2$

समीकरण में 3 और 9 को बदलने पर नया समीकरण

$8 \times 3 \div 4 + 5 - 9$

$= \frac{24}{4} + 5 - 9$

$= 6 + 5 - 9 = 2$

3. (d) **4.** (a)

5. (b)

142, 150, 123, 187, 62, ?

+8	–27	+64	–125	+216
$+2^3$	-3^3	$+4^3$	-5^3	$+6^3$

$= 216 + 62 = 278$

6. (c) जिस प्रकार पैडल के बिना साइकिल नहीं चल सकती उसी प्रकार कार बिना पाहिए के नहीं चल सकती है।

7. (a)

8, 18, 38, 78, 158, ?

+10	+20	+40	+80	+160

$= 158 + 160 = 318.$

8. (a)

9. (c) शब्दकोश के क्रमों का सही क्रम इस प्रकार है–

(4) Dead, (3) Deal, (2) Dean, (1) Dear, (5) Death

10. (c)

K W : F R (K → F: –5, W → R: –5)

इसी प्रकार

I V : D P (I → D: –5, V → P: –5)

11. (a) $28 + 12 - 21 \div 7 \times 4 = 60$

समीकरण में (×) और (–) को बदलने पर

$28 + 12 \times 21 \div 7 - 4$

$28 + 12 \times 3 - 4$

$28 + 36 - 4$

$= 64 - 4 = 60$

12. (b)

13. (b) Jklmno, Jklmno, J<u>kl</u>mno, Jklmn<u>o</u>, Jklmno,

∴ klno

14. (d) प्रश्नानुसार सही क्रम इस प्रकार है–

B_7 B_1 B_5 B_2 B_8 B_3 B_6 B_4

इसी प्रकार B_1 के बाई और B_7 है।

15. (c)

L A M P
–4↓ –4↓ –4↓ –4↓
I W J L

इसी प्रकार

L O G S
–4↓ –4↓ –4↓ –4↓
I K D O

∴ IKDO

16. (c)

17. (c)

T	J	M	10
+1	+2	+3	+2
U	L	P	12
+1	+2	+3	+2
V	N	S	14
+1	+2	+3	+2
W	P	V	16
+1	+2	+3	+2
X	R	Y	18
+1	+2	+3	+2
Y	T	B	20

इसी प्रकार सही उत्तर YTB20 होगा।

18. (c)

19. (d) Q ÷ X × Y × 2

में प्रश्नानुसार

Q, X की बहन है।

X, Y की पति है।

Y, Z की माँ है।

इस प्रकार

Q, Z की पिता की बहन है।

20. (a)

21. (d) यह वाक्य जनसांख्यिकीय, आर्थिक और सामाजिक आंकड़ों को एकत्र करने, संकलित करने और विश्लेषण करने की प्रक्रिया के बारे में बात कर रहा है, जिसे "जनगणना" कहा जाता है।

22. (b)

23. (c) भारतीय संविधान न्यायाधीशों को हटाने के लिए एक कठिन प्रक्रिया निर्धारित करता है, जिसमें जांच और संसद द्वारा मतदान शामिल है।

24. (a) मेंडलीफ ने जब अपने तत्वों की तालिका को पेश किया था, जब 63 तत्व ज्ञात थे।

25. (b) **26.** (a)

27. (c) एम. एस. सुब्बुलक्ष्मी भारत रत्न प्राप्त करने वाली पहली गायक हैं।

28. (c) सत्यशोधक समाज की स्थापना ज्योतिराव फुले ने की थी।

29. (b)

30. (b) भारत की पहली आर्थिक जनगणना 1977 में आयोजित की गई थी।

31. (c) महिला आरक्षण विधेयक, 2023 के अनुसार, लोकसभा और राज्य विधानसभाओं में महिलाओं के लिए एक-तिहाई सीटें आरक्षित हैं।

32. (a) बरांश त्योहार वर्ली और कोंकणा जनजातियों द्वारा मनाया जाता है।

33. (a) IAAF विश्व चैंपियनशिप 1997 से पूरी तरह से एक पेशेवर प्रतियोगिता बन गई।

34. (a) रंगास्वामी कप हॉकी खेल से संबंधित है।

35. (a) पंडित बिरजू महाराज "कालका-बिंदादीन" घराने के प्रतिपादक हैं, जो लखनऊ घराना है।

36. (d) भारतीय संविधान के भाग IV A के अनुसार, माता-पिता को 6-14 वर्ष तक के बालकों के लिए शिक्षा का अवसर प्रदान करने की आवश्यकता है।

37. (b)

38. (c) 2015 में, भारत के योजना आयोग के स्थान पर नीति आयोग (NITI Aayog) की स्थापना की गई।

39. (a)

40. (d) बैडमिंटन में, खेल की शुरुआत में और जब स्कोर बराबरी पर होता है, सर्वर दाईं ओर से सर्व करता है। इसके अलावा, सर्वर और रिसीवर हमेशा विपरीत सर्विस कोर्ट में खड़े होते हैं, लेकिन एक ही तरफ नहीं खड़े होते।

41. (c) क्रिकेट टीम में 7 पुरुषों की कुल औसत आयु

$= \frac{26 + 25 + 21 + 29 + 24 + 28 + 22}{7}$

$= \frac{175}{7} = 25$

42. (a) 20% छूट देने पर कुर्सी का क्रय मूल्य

$= 2000 \times \frac{80}{100} = 1600$ रुपए

क्रय मूल्य = 1600

विक्रय मूल्य = 1400

हानि = 1600 – 1400 = 200

% हानि $= \frac{200 \times 100}{1600} = 12.5\%$

$\therefore$ x का मान = 12.5%

43. (c)

44. (c) माना कि प्रत्येक रेलगाड़ी की चाल = x

$\because$ प्रश्नानुसार दोनों रेलगाड़ी विपरीत दिशा से आ रही हैं। इसलिए रेलगाड़ी की लम्बाई जुड़ेगी।

कुल लम्बाई = 320 + 320 = 640 मीटर

चाल $= \frac{\text{कुल लंबाई}}{\text{समय}} = \frac{640}{18}$ मी/से

$= \frac{640}{18} \times \frac{18}{5}$ किमी/से

= 64 किमी/से

45. (c) माना P का हिस्सा $= \frac{x}{2}$

Q का हिस्सा = $4x$

R का हिस्सा $= \frac{3x}{2}$

(P + Q + R) का हिस्सा = 7200

$\frac{x}{2} \times 4x + \frac{3x}{2} = 7200$

$\frac{x + 8x + 3x}{2} = 7200$

$12x = 7200 \times 2$

$x = 1200$

$\therefore$ प्रश्नानुसार R का हिस्सा

$= \frac{3 \times 1200}{2} = 1800$ रु.

46. (d) M : N = 9 : 6

$\therefore$ M = 9

N = 6

प्रश्नानुसार

$\frac{(M+N)}{(M-N)} = \frac{9+6}{9-6} = \frac{15}{3} = \frac{5}{1}$

$\therefore$ (M + N) : (M – N) = 5 : 1

47. (b) $(7 + 33) \times (44 \div 2) \times (5 \times 5)$

$= 40 \times 22 \times 25 = 22000$

48. (b)

49. (b) विक्रय मूल्य = 5175 रुपए

छूट = 25% = 0.25

अंकित मूल्य $= \frac{\text{विक्रय मूल्य}}{(1 - \%\text{ छूट})}$

$= \frac{5170}{(1 - 0.25)} = 6900$

50. (d) माना धनराशि = x

साधारण ब्याज $= \frac{2x}{5}$

समय = 40 वर्ष

$\therefore$ दर $= \frac{\text{ब्याज} \times 100}{\text{मू.} \times \text{समय}}$

$= \frac{\frac{2x}{5} \times 100}{40 \times x} = 1\%$

51. (a)

52. (a) $[41 \times \{36 \times 4 \div (96 \times 2 \div 24)\}]$

$= [41 \times \{36 \times 4 \div (192 \div 24)\}]$

$= [41 \times \{144 \div 8\}]$

$= [41 \times 18] = 738$

53. (a) चूँकि राशि 10 वर्ष में 2 गुणी हो जाती है।

2 गुणी = 10 वर्ष

2 × 2 = 10 × 2

4 गुणी = 10 × 2 = 20 वर्ष

इस प्रकार स्वयं राशि 20 वर्ष में 4 गुणी हो जायेगी।

54. (a)

55. (c) 3 महीनों का औसत व्यय = 1100 × 3 = 3300 रुपए

5 महीने का औसत व्यय = 1000 × 5 = 5000 रुपए

4 महीने का औसत व्यय = 1200 × 4 = 4800 रुपए

$\therefore$ कुल व्यय = 3300 + 5000 + 4800 = 13100 रुपए

कुल आय = कुल व्यय + बचत = 13100 + 1300 = 14400 रुपए

$\therefore$ औसत मासिक आय $= \frac{14400}{12} = 1200$ रुपए

56. (a) R एक काम को 90 दिनों में पूरा करता है।

R द्वारा 45 दिनों में $= \frac{45}{90} \times 100 = 50\%$ काम पुरा किया जाएगा।

57. (c) रोहित द्वारा बल्ला पर किया गया कुल खर्च = 2320 + 180 = 2500 रुपए

विक्रय मूल्य = 2400 रुपए

हानि = 2500 - 2400 = 100 रुपए

% हानि $= \frac{\text{हानि} \times 100}{\text{क्रय मूल्य}} = \frac{100 \times 100}{2500} = 4\%$

58. (d)

59. (a) $\{(175 \times 72 \div 24 + 5) \times 20\} \div 2$

$= \{175 \times 3 + 5\} \times 20 \div 2$

$= \{525 + 5\} \times 20 \div 2$

$= \frac{(530 \times 20)}{2} = 5300$

60. (c) उपस्थित विद्यार्थियों की कुल संख्या 93% उत्तीर्ण हुए, 7% अनुत्तीर्ण रहे।

7% = 9275

कुल संख्या = 9275 / 0.07 = 132500

सही विकल्प: (c) 132500

61. (c) 'उद्धार' के पर्यायवाची शब्द हैं 'विमुक्ति', 'छुटकारा', और 'परित्राण', लेकिन 'उद्गम' का मतलब होता है 'स्रोत' या 'उत्पत्ति', जो कि 'उद्धार' का पर्यायवाची नहीं है।

62. (a) वाक्य में समय की बात की जा रही है, इसलिए 'दिसंबर' सही पुल्लिंग रूप है क्योंकि यह एक मास (महिना) है और यह वाक्य का सही पुल्लिंग रूप है। 'गाड़ी', 'कल', और 'अपनेपन' पुल्लिंग शब्द नहीं हैं।

63. (c) 'नश्वर' का मतलब होता है 'अस्थायी' या 'खत्म होने वाला', जबकि 'अनश्वर' का मतलब होता है 'स्थायी' या 'अमर', जो कि विलोम है।

64. (b) वाक्यांश में 'साथ मनाई जाती है' और 'पर्यावरण पर' में अशुद्धियाँ हैं। 'हर साल के विश्व पर्यावरण दिवस को कुछ न कुछ विषय के साथ मनाया जाता है' और 'पर्यावरण पर ध्यान आकर्षित करने के लिए' होना चाहिए।

65. (b) 'ईंट' का तत्सम रूप 'इष्टिका' होता है। 'गंडक', 'अक्ष', और 'रेट' इस संदर्भ में सही नहीं हैं।

66. (a) 'धर्म' का विपरीत 'अधर्म' होता है, जो सही विकल्प है। 'सधर्म', 'आचार', और 'तपस्या' इस संदर्भ में उपयुक्त नहीं हैं।

67. (b) 'ड़भी' का सही शब्द 'भीड़' है, जिसका अर्थ है 'काफी संख्या में लोग'। अन्य विकल्प सही अर्थ प्रदान नहीं करते हैं।

68. (d) 'दुरुपयोग' का विलोम 'सदुपयोग' होता है, जो कि 'सही उपयोग' के रूप में जाना जाता है। अन्य विकल्प इस अर्थ में उपयुक्त नहीं हैं।

69. (a) 'विद्यार्थी' शब्द 'विद्या' और 'अर्थी' से नहीं बल्कि 'विद्या' और 'अर्थ' से बना है। इसलिए 'शब्द के योग से' भाग में त्रुटि है।

70. (c) 'झाँसा देना' का अर्थ होता है 'धोखा देना'। अन्य विकल्प 'धोखा होना' और 'धोखा मिलना' सही अर्थ नहीं व्यक्त करते हैं।

71. (a) 'हाथ से लिखी पुस्तक' के लिए 'पांडुलिपि' शब्द सही है। अन्य विकल्प सही अर्थ नहीं देते हैं।

72. (c) 'औरत' शब्द सही वर्तनी है। अन्य विकल्पों में वर्तनी की त्रुटियाँ हैं।

73. (c) 'स्थिर' का पर्यायवाची शब्द 'निश्चल' होता है, जिसका मतलब होता है 'अचल' या 'स्थिर'। अन्य विकल्प सही अर्थ नहीं देते हैं।

74. (d)

75. (c) 'अलादीन का चिराग' का मतलब होता है 'आश्चर्यजनक वस्तु' जो किसी के काम आ सकती है। अन्य विकल्प सही अर्थ नहीं देते हैं।

76. (a) 'संगठन' सही विकल्प है क्योंकि 'डॉक्टर्स विदाउट बॉर्डर्स' एक संगठन है। अन्य विकल्प इस संदर्भ में उपयुक्त नहीं हैं।

77. (d) 'प्रभावित' सही विकल्प है क्योंकि संगठन युद्ध क्षेत्रों और बीमारियों से प्रभावित देशों में काम करता है। अन्य विकल्प सही नहीं हैं।

78. (d)

79. (c) 'मानवीय' सही विकल्प है क्योंकि यह संगठन के कार्यों की भावना को दर्शाता है। अन्य विकल्प उपयुक्त नहीं हैं।

80. (b) 'पुरस्कार' सही विकल्प है, क्योंकि एमएसएफ को नोबेल शांति पुरस्कार मिला था। अन्य विकल्प सही नहीं हैं।

□□□

SSC कांस्टेबल (जी. डी.)
भर्ती परीक्षा
सॉल्व्ड पेपर–2023

तारीख: 10/01/2023
समय: 9.00 AM 10.00 AM

भाग-I सामान्य बुद्धिमत्ता एवं तर्कशक्ति

1. उस विकल्प का चयन कीजिए जो पांचवें अक्षर समूह से उसी प्रकार संबंधित है जिस प्रकार दूसरा अक्षर-समूह पहले अक्षर-समूह से संबंधित है और चौथा अक्षर-समूह तीसरे अक्षर-समूह से संबंधित है।

YOUR : XPEJ :: TONE : SPLW :: BANK : ?

(a) CBOL (b) ABLQ
(c) YZMP (d) XYOP

2. उस विकल्प का चयन कीजिए जो पांचवें अक्षर समूह से उसी प्रकार संबंधित है जिस प्रकार दूसरा अक्षर-समूह पहले अक्षर-समूह से संबंधित है और चौथा अक्षर-समूह तीसरे अक्षर-समूह से संबंधित है।

COMFORT : OCFMTRO ::
CONTROL : OCTNLOR ::
DIGITAL : ?

(a) GITALDI (b) GIDLATI
(c) LATIGID (d) IDIGLAT

3. वह विकल्प चित्र चुनिए, जो प्रस्तुत चित्र में अंतर्निहित है। (घुमाना अनुमन्य नहीं है)

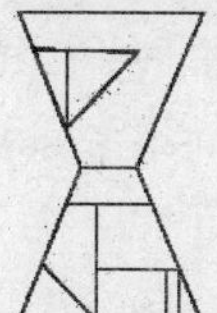

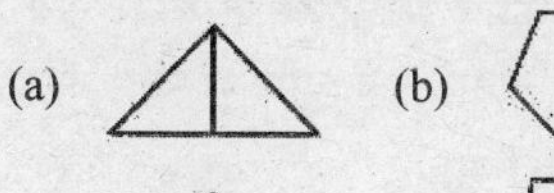

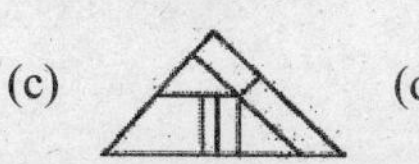

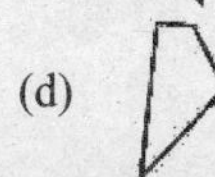

4. किस विकल्प में निम्नलिखित शब्दों का वह क्रम दिया गया है, जिस क्रम में वे अंग्रेजी शब्दकोश में आते हैं ?

1. **manner** **2.** **manage**
3. **masculine** **4.** **magic**
5. **matter**

(a) 4, 2, 1, 3, 5 (b) 1, 4, 3, 2, 5
(c) 4, 1, 2, 5, 3 (d) 1, 2, 4, 3, 5

5. छह व्यक्ति एक वृत्ताकार मेज के परित: केंद्र की ओर मुख करके बैठे हैं, काया, जया और तारा के ठीक बगल में है। सोनल, प्रिया और स्वाति के ठीक बगल में है। सोनल, प्रिया के दाईं ओर ठीक बगल में बैठी है, तारा और स्वाति एक-दूसरे के ठीक बगल में नहीं बैठी हैं। प्रिया के बाईं ओर ठीक बगल में कौन बैठी है ?

(a) स्वाति (b) जया
(c) काया (d) तारा

6. नीचे दिए गए समीकरण को गणितीय रूप से सही बनाने के लिए किन दो चिन्हों को परस्पर बदलना चाहिए ?

72 × 6 + 18 ÷ 5 – 9 = 93

(a) ÷ और –
(b) × और +
(c) + और –
(d) × और ÷

7. **'A + B'** का अर्थ है **'B, A** का पिता है'
'A # B' का अर्थ है **'B, A** की बहन है'
'A @ B' का अर्थ है **'B, A** का भाई है'
यदि **A @ B # C + D + E** है, तो **E, A** से किस प्रकार संबंधित है ?

(a) दादा (b) पिता
(c) चाचा/ताऊ (d) पुत्र

8. यदि शृंखला जारी रखनी है तो कौन-सी आकृति प्रश्न चिह्न (?) के स्थान पर आएगी ?

↑O2BΔ	O2BΔ↑	Δ↑UO2	↑UO2Δ	?

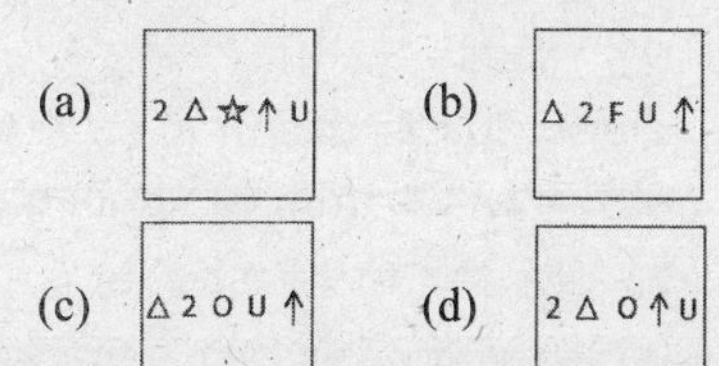

9. उस समुच्चय का चयन करें, जिसमें संख्याएं उसी प्रकार संबंधित हैं, जिस प्रकार निम्नलिखित समुच्चयों की संख्याएँ हैं।

(नोट: संख्याओं को उसके घटक अंकों में विभाजित किए बिना, पूर्ण संख्याओं पर ही गणितीय संक्रियाएँ की जानी चाहिए। जैसे 13 - मान लीजिए 13 पर गणितीय संक्रियाएँ जैसे कि 13 में जोड़ना/घटाना/गुणा करना आदि किया जा सकता है। 13 को 1 और 3 में तोड़कर और फिर 1 और 3 पर गणितीय संक्रियाएँ करने की अनुमति नहीं है।)

(20, 30, 450)
(35, 25, 540)

(a) (7, 18, 225) (b) (20, 9, 297)
(c) (8, 15, 227) (d) (9, 17, 264)

10. एक निश्चित कूट भाषा में, **'cart light'** को **'straw handle'** के रूप में कूटबद्ध किया जाता है, **'plug light'** को **'toes handle'** के रूप में कूटबद्ध किया जाता है और **'cart plug'** को **'toes straw'** के रूप में कूटबद्ध किया जाता है। **'cart'** के लिए कूट शब्द क्या होगा ?

(a) handle (b) straw
(c) toes (d) plug

11. कौन-सा अक्षर-समूह दी गई शृंखला में प्रश्नचिह्न (?) के स्थान पर आकर शृंखला को पूर्ण करेगा ?

ZACF, WXZC,?, QRTW, NOQT

(a) XUVZ (b) TUWZ
(c) XUYZ (d) VWZC

12. निम्नलिखित में से कौन-सी संख्या दी गई शृंखला में प्रश्न-चिह्न (?) के स्थान पर आएगी ?

33, 47, 44, 58, 56, 70, 69, ?

(a) 80 (b) 83
(c) 84 (d) 82

13. एक निश्चित कूट भाषा में, FORCE को 47 के रूप में कूटबद्ध किया जाता और GREEN को 49 के रूप में कूटबद्ध किया जाता है। उसी भाषा में FLAVOUR को किस प्रकार कूटबद्ध किया जाएगा ?

(a) 95 (b) 100
(c) 98 (d) 92

14. नीचे दिए गए समीकरण को गणितीय रूप से सही बनाने के लिए किन दो गणितीय चिह्नों को परस्पर बदलना चाहिए ?

42 + 16 ÷ 7 - 36 × 16 = 76

(a) + और - (b) ÷ और ×
(c) × और + (d) ÷ और +

15. इस प्रश्न में तीन कथन दिए गए हैं, जिसके बाद दो निष्कर्ष I और II दिए गए हैं। कथनों को सत्य मानते हुए, भले ही वे सर्वज्ञात तथ्यों से भिन्न प्रतीत होते हों, निर्णय कीजिए कि कौन-सा/से निष्कर्ष कथनों का तार्किक रूप से अनुसरण करता है/अनुसरण करते हैं।

कथन:

सभी बोतलें बैग हैं।

कुछ बैग पेंसिलें हैं।

कुछ पेंसिलें शार्पनर हैं।

निष्कर्ष:

I. कुछ शार्पनर बोतलें हैं।

II. कुछ बोतलें पेंसिलें हैं।

(a) निष्कर्ष I और II दोनों अनुसरण करते हैं।
(b) केवल निष्कर्ष II अनुसरण करता है।
(c) न तो निष्कर्ष I और न ही II अनुसरण करता है।
(d) केवल निष्कर्ष I अनुसरण करता है।

16. एक ही पासे की दो अलग-अलग स्थितियों को दर्शाया गया है जिस पर P से U अक्षर बने हैं। U दर्शाने वाले फलक के विपरीत फलक पर बना अक्षर ज्ञात कीजिए।

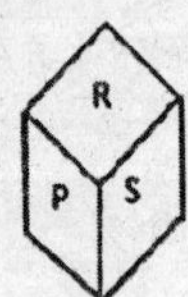

(a) Q (b) T
(c) S (d) R

17. छः सहकर्मी - A, B, C, D, E और F, एक साथ एक वृत्ताकार मेज पर वृत्त के केंद्र की ओर मुख करके एक-दूसरे से समान दूरी पर बैठकर भोजन कर रहे हैं। D, E और B के ठीक बगल में बैठा है, जबकि C, A और F के ठीक बगल में बैठा है। यदि A, E के बाईं ओर ठीक बगल में बैठा है, तो C के बाईं ओर ठीक बगल में कौन बैठा है ?

(a) B (b) F
(c) D (d) E

18. निम्नलिखित में से कौन-सी संख्या दी गई श्रृंखला में प्रश्न चिह्न (?) के स्थान पर आएगी ?

1, 6, 31, 156,?, 3906

(a) 2125 (b) 781
(c) 1225 (d) 985

19. दर्पण को नीचे दिए गए चित्र के अनुसार MN पर रखे जाने पर दी गई आकृति का दर्पण में निर्मित सही प्रतिबिंब चयनितं कीजिए।

CLkv38z

M ——— N

(a) C⅂KʌƐ8Z
(b) CΓꓘʌ38Z
(c) CΓKʌ38Z
(d) z8Ɛvꓘ⅃Ɔ

20. निम्नलिखित में से कौन-सा पद दी गई श्रृंखला में प्रश्न-चिह्न (?) के स्थान पर आएगा ?

EZF, GXH, KTL, QNR,?

(a) YGY (b) XFZ
(c) WEY (d) YFZ

भाग-II सामान्य ज्ञान एवं सामान्य जानकारी

21. निम्नलिखित में से कौन-सा महाराष्ट्र का धन्यवादज्ञापन (thanksgiving) उत्सव है, जहाँ बैलों को सम्मानित किया जाता है क्योंकि उन्हें खेती के लिए अत्यावश्यक माना जाता है ?

(a) काला घोड़ा कला महोत्सव
(b) गुड़ी पड़वा
(c) मकर संक्रांति
(d) पोला महोत्सव

22. मास और मोकशिया, निम्नलिखित में से किसके अंतर्गत आते हैं ?

(a) शैवाल (b) अनावृतबीजी
(c) ब्रायोफाइटा (d) टेरिडोफाइटा

23. जागोई भारतीय शास्त्रीय नृत्य के निम्नलिखित में से किस नृत्य रूप की एक प्रमुख शैली है ?

(a) मणिपुरी (b) सत्रीया
(c) ओडिसी (d) कथक

24. जीवाश्म ईंधन के जलने से होने वाले प्रदूषण को कम करने के तरीके की पहचान करें।

(a) गुप्त ऊष्मा को कम करके
(b) कार्बन अणुओं की संख्या में वृद्धि करके
(c) दहन प्रक्रिया की दक्षता में वृद्धि करके
(d) प्रदाह का तापमान कम करके

25. निम्न में से क्या सातवीं पंचवर्षीय योजना के मुख्य उद्देश्यों में से एक था ?

(a) जीवन स्तर में सुधार
(b) खाद्यान्नों के उत्पादन में वृद्धि
(c) अवसंरचना में वृद्धि
(d) गरीबी उन्मूलन

26. किसने सितंबर 2022 में कोच्चि में भारत के पहले स्वदेशी एयरक्राफ्ट करियर आइएनएस विक्रांत को प्रमाणित (कमीशंड) किया ?

(a) अमित शाह
(b) नरेंद्र मोदी
(c) ज्योतिरादित्य सिंधिया
(d) राजनाथ सिंह

27. .... वस्त्र मंत्रालय के अंतर्गत आता/आती है।

(a) MPLADS (संसद सदस्य स्थानीय क्षेत्र विकास योजना)
(b) अम्बेडकर सोशल इनोवेशन एंड इनक्यूबेशन मिशन
(c) समर्थ योजना
(d) मर्चेंडाइज एक्सपोर्ट फ्रॉम इंडिया स्कीम

28. निम्नलिखित में से किस मौर्य राजा के शासनकाल में कलिंग युद्ध लड़ा गया था ?

(a) दशरथ (b) चंद्रगुप्त
(c) बिंदुसार (d) अशोक

29. भारत के राष्ट्रपति का चुनाव .... द्वारा किया जाता है।

(a) केवल राज्यसभा के सदस्यों
(b) संसद के दोनों सदनों के निर्वाचित सदस्यों और राज्य विधान सभाओं के निर्वाचित सदस्य
(c) केवल राज्य विधानसभाओं के सदस्यों
(d) केवल संसद के दोनों सदनों के निर्वाचित सदस्यों

30. तपन कुमार पटनायक ने किस नृत्य शैली में संगीत नाटक अकादमी पुरस्कार जीता है ?

(a) कुचिपुड़ी (b) ओडिसी
(c) सत्रीयां (d) छऊ

31. महात्मा गांधी (नई) श्रृंखला के 2000 रु. के बैंकनोट के पृष्ठभाग पर .... का चित्र है।

(a) लाल किला
(b) मंगलयान
(c) सूर्य मंदिर, कोणार्क
(d) रानी की बावड़ी

32. भारतीय संविधान के मूल लेख में .... अनुच्छेद थे।

(a) 395 (b) 440
(c) 386 (d) 376

33. आपातकाल के दौरान किन मौलिक अधिकारों को निलंबित नहीं किया जा सकता है?

(a) अनुच्छेद 16-17 (b) अनुच्छेद 14-15
(c) अनुच्छेद 20-21 (d) अनुच्छेद 18-19

34. 1958 में डावर से कालस तक इंग्लिश चैनल को पार करने वाले पहले भारतीय कौन थे, जो 1966 में एक कैलेंडर वर्ष में पांच महाद्वीपों के महासागरों में तैराकी करने वाले एकमात्र व्यक्ति भी थे?

(a) मिहिर सेन (b) खशाबा जाधव
(c) अजीत पटेल (d) रामनाथन कृष्णन

35. कौन-सी अक्षांश रेखा भारत के मध्य से होकर गुजरती है जो देश की जलवायु को प्रभावित करती है?

(a) मकर रेखा (b) भूमध्य रेखा
(c) अंटार्कटिक वृत्त (d) कर्क रेखा

36. ऐसी राजस्व प्राप्तियां जिनका सरकार पर दावा नहीं होता है, क्या कहलाती हैं?

(a) गैर प्रतिदेय
(b) पूंजीगत प्राप्तियां
(c) सुदृढ़ करने में सक्षम
(d) प्रतिदेय

37. 2017-18 में विजय हजारे ट्रॉफी किस राज्य ने जीती थी?

(a) कर्नाटक (b) महाराष्ट्र
(c) केरल (d) उत्तर प्रदेश

38. अगस्त 2022 में, उत्तराखंड सरकार के "राज्य ब्रांड एंबेसडर" के रूप में किस नियुक्त किया गया?

(a) रोहित शेट्टी (b) अक्षय कुमार
(c) ऋषभ पंत (d) दिनेश कार्तिक

39. भारत में अरेबिका कॉफी कौन-से राज्य में उगाई जाती है?

(a) असम (b) उत्तराखंड
(c) पश्चिम बंगाल (d) कर्नाटक

40. भारत में पहली संपूर्ण जनगणना कब की गई थी?

(a) 1887 (b) 1882
(c) 1880 (d) 1881

भाग-III प्रारंभिक अंकगणित

41. एक व्यक्ति गंतव्य तक पहुँचने के लिए चार अलग-अलग रास्तों से साइकिल चलाता है। इस पूरी यात्रा के दौरान औसत गति ज्ञात कीजिए।

रास्ता	गति (km/h)	दूरी (km)
A	5	20
B	3	15
C	2	10
D	4	24

(a) 3.45 किमी./घंटा
(b) 4.5 किमी./घंटा
(c) 5.5 किमी./घंटा
(d) 2.45 किमी./घंटा

42. यदि $(5x - 2y) : (x - 2y) = 9 : 17$ है, तो $\frac{9x}{13y}$ का मान ज्ञात कीजिए।

(a) $\frac{36}{247}$ (b) $\frac{151}{1731}$
(c) $\frac{144}{1001}$ (d) $\frac{72}{421}$

43. एक डीलर ने एक वस्तु पर 72000 रुपए के अंकित मूल्य पर 20 प्रतिशत की छूट दी और 10 प्रतिशत की हानि व्यय की। अंकित मूल्य पर उसे कितनी छूट देनी चाहिए, जिससे उसे वस्तु पर 440 रुपए का लाभ हो?

(a) 10.5 प्रतिशत (b) 8.5 प्रतिशत
(c) 11.5 प्रतिशत (d) 9.5 प्रतिशत

44. एक व्यक्ति की आय ₹ 95,000 है और उसका व्यय ₹ 75,000 है। यदि उसकी आय में 18% और व्यय में 12% की वृद्धि होती है, तो उसकी बचत में कितने प्रतिशत की वृद्धि होगी?

(a) 40.4% (b) 40.6%
(c) 40.5% (d) 40.8%

45. दिव्या ने एक कार ₹ 3,50,000 में खरीदी और ₹ 4,35,000 में बेची। उसका लाभ प्रतिशत कितना है (एक दशमलव स्थान तक सही)?

(a) 21.5% (b) 23.3%
(c) 24.3% (d) 20.7%

46. एक लम्ब वृत्तीय बेलन का व्यास 14 cm और ऊँचाई 2 cm है। इसके वक्र पृष्ठीय क्षेत्रफल और संपूर्ण पृष्ठीय क्षेत्रफल का योग ज्ञात कीजिए। ($\pi = \frac{22}{7}$ का उपयोग कीजिए)

(a) 484 cm^2 (b) 308 cm^2
(c) 176 cm^2 (d) 968 cm^2

47. एक शहर में भालुओं की जनसंख्या प्रति वर्ष 3% का दर से बढ़ रही है। यदि शहर में भालुओं की वर्तमान जनसंख्या 21,218 है, तो दो वर्ष पूर्व भालुओं की जनसंख्या कितनी थी?

(a) 18500 (b) 19000
(c) 20000 (d) 18000

48. x ने कुल 180 रुपये में 40 पेंसिलें खरीदीं और 180 रुपये में 2 दर्जन पेन खरीदे। एक पेन और एक पेंसिल के मूल्य के बीच का अंतर ज्ञात करें।

(a) 2.5 रुपए (b) 3.5 रुपए
(c) 3 रुपए (d) 2 रुपए

49. A अपने वेतन का 45% भोजन पर खर्च करता है और अपने वेतन का 5% वृद्धाश्रम में दान कर देता है। वह भोजन तथा वृद्धाश्रम पर कुल ₹ 28,500 खर्च करता है, तो A की आय क्या होगी?

(a) ₹ 52,000 (b) ₹ 57,000
(c) ₹ 55,000 (d) ₹ 50,000

50. A एक पेंटिंग को 12 दिनों में पेंट कर सकता है। B उसी को 8 दिनों में पेंट कर सकता है। C उसी को 10 दिनों में पेंट कर सकता है। दिनों की संख्या (लगभग) ज्ञात करें जिनमें A द्वारा पेंटिंग पेंट की जा सकती है, यदि B और C दोनों साथ मिलकर एक दिन छोड़कर एक दिन उसका साथ दे, पहले दिन A अकेला पेंट करना आरंभ करता है।

(a) 5.4 दिन (b) 8.5 दिन
(c) 4.4 दिन (d) 7.2 दिन

51. 5 महिलाएँ एक काम को 8 दिनों में पूरा कर सकती हैं, जबकि 8 बच्चे उसी काम को 10 दिन में पूरा कर सकते हैं। 2 महिलाएं और 4 बच्चे काम को कितने दिन में पूरा करेंगे?

(a) 12 (b) 8
(c) 10 (d) 40

52. $\sqrt{6}$, $\sqrt{8}$ और $\sqrt{21}$ का चतुर्थानुपाती क्या है?

(a) $2\sqrt{7}$ (b) $8\sqrt{7}$
(c) $5\sqrt{7}$ (d) $3\sqrt{7}$

53. एक कार 5 घंटे में 240 किमी की दूरी तय करती है। यदि वह अपनी सामान्य गति से आधी गति से यात्रा करती है, तो उसी दूरी को तय करने में कितना अधिक समय लगेगा?

(a) 4 घंटे (b) 5 घंटे
(c) 3 घंटे (d) 10 घंटे

54. एक दुकानदार अपनी वस्तुओं पर 40% की छूट देता है और उसके बाद भी 20% का लाभ अर्जित करता है। 2,400 अंकित मूल्य वाली एक वस्तु के लिए दुकानदार कितना क्रय मूल्य भुगतान करता है ?

(a) 1,132 (b) 1,728
(c) 1,200 (d) 1,440

55. एक व्यक्ति स्कूटर द्वारा 64 किमी./घंटा की चाल से एक निश्चित दूरी तय करता है और वह साइकिल चलाकर 16 किमी./घंटा की चाल से प्रारंभिक स्थान पर लौट आता है। पूरी यात्रा के लिए औसत चाल ज्ञात कीजिए।

(a) 25.6 किमी./घंटा (b) 40 किमी./घंटा
(c) 51.2 किमी./घंटा (d) 26.5 किमी./घंटा

56. 5 घंटियाँ सुबह 9 बजे एक साथ बजती हैं। ये 12 सेकंड, 18 सेकंड, 24 सेकंड, 36 सेकंड और 45 सेकंड के अंतराल पर बजती हैं। घंटियाँ पुन: किस समय पर एक साथ बजती हैं ?

(a) 9:08 AM
(b) 9:10 AM
(c) 9:06 AM
(d) 9:05 AM

57. ₹ 80,000 की राशि 10% वार्षिक ब्याज दर पर ब्याज के वार्षिक रूप से चक्रवृद्धि होने पर, कितने समय में (वर्षों में) ₹ 1,17,128 हो जाएगी ?

(a) 3.5 वर्ष
(b) 4 वर्ष
(c) 2.5 वर्ष
(d) 2 वर्ष

58. 9 cm त्रिज्या और 15 cm ऊँचाई वाले एक शंकु को पिघलाकर 45 cm ऊँचाई का एक बेलन बनाया जाता है। बेलन का व्यास है-

(a) 5 cm (b) 6 cm
(c) 10 cm (d) 3 cm

59. मोहन एक टेबल को ₹ 2,832 पर बेच रहा है। यदि उसका लाभ 18% है, तो टेबल का क्रय मूल्य क्या होगा ?

(a) ₹ 2,480 (b) ₹ 2,500
(c) ₹ 2,400 (d) ₹ 2,440

60. 40 और 50 के बीच कितनी अभाज्य संख्याएँ हैं ?

(a) 3 (b) 2
(c) 5 (d) 4

भाग-IV हिंदी

61. पेड़ बढ़ता गया।
इस वाक्य में प्रयुक्त संयुक्त क्रिया का नाम बताइए।

(a) नित्यताबोधक संयुक्त क्रिया
(b) अनुमतिबोधक संयुक्त क्रिया
(c) अवकाशबोधक संयुक्त क्रिया
(d) समाप्तिबोधक संयुक्त क्रिया

62. 'टिप्पस भिड़ाना' मुहावरे का अर्थ होगा-

(a) अक्ल लगाना
(b) नयी योजना बनाना
(c) लोगों को आपस में लड़वाना
(d) सिफारिश करवाना

63. इस वाक्य के रिक्त स्थान पर रेखांकित शब्द का उपयुक्त विलोम शब्द कौन-सा होगा ?
भारत में कहीं <u>अतिवृष्टि</u> से बाढ़ आती है तो कहीं .... से सूखा पड़ता है।

(a) सुवरिष्टि
(b) अनावृष्टि
(c) वृष्टि
(d) लघुवृष्टि

64. निम्न में से किस वाक्य में 'उत्कंठा' के सही पर्यायवाची शब्द का प्रयोग हुआ है ?

(a) रघु में उत्साह की कमी है।
(b) नव्या में अब कोई लालसा शेष नहीं थी।
(c) लता ने अपनी उदारता का परिचय दिया।
(d) नेहा श्रेष्ठ गायिका है।

65. लकड़ियों का <u>समूह</u>।
रेखांकित शब्द 'समूह' के बदले उपयुक्त शब्द का प्रयोग कीजिए।

(a) गट्ठर (b) रेवड़
(c) टुकड़ा (d) ढेर

66. निम्नलिखित वाक्य के किस खंड में त्रुटि है ?
जीवन और साहित्य का घोर संबंध है।

(a) जीवन (b) संबंध
(c) साहित्य (d) घोर

67. दिए गए शब्दों में से उचित शब्द से वाक्य पूर्ण करें।
वैद्य जी .... देखकर इलाज करते हैं।

(a) नारी (b) नाड़ी
(c) नीर (d) नीड़

68. 'सरस्वती' के पर्यायवाची शब्द से वाक्य की पूर्ति कीजिए।
प्रात:काल .... का स्तोत्र पढ़िए।

(a) शारदा (b) उमा
(c) कान्ता (d) धात्री

69. वह व्यक्ति जो विद्यार्थियों को पढ़ाने का कार्य करता है' वाक्यांश के लिए सार्थक शब्द है-

(a) विद्यार्थी
(b) शिक्षक
(c) शिक्षार्थी
(d) छात्र

70. निम्नलिखित वाक्यांश के लिए उपयुक्त सार्थक शब्द है-
जो कहा न जा सके

(a) अकथ्य (b) कथन
(c) कहानी (d) कहना

71. वाक्य में रेखांकित अंश के लिए उचित मुहावरा दिए गए विकल्पों में से चुनिए-
तुम <u>किस काम के</u> हो!

(a) कोल्हू का बैल
(b) कूप मंडूक
(c) किस मर्ज की दवा
(d) कोढ़ में खाज

72. 'शरीर का कोई भाग' वाक्यांश के लिए उचित शब्द बताइए-

(a) अवयव
(b) कृशांग
(c) दृष्टि
(d) अभिन्न

73. निम्नलिखित वाक्य के किस खंड में अशुद्धि है ?
गौतम बुद्ध ने पाली भाषा में उपदेश दिया।

(a) उपदेश
(b) दिया
(c) पाली
(d) भाषा

74. 'करण खाने बीच मिठाई लाया'
उपरोक्त वाक्य में कारक सम्बन्धी त्रुटि पहचानकर निम्नलिखित में से शुद्ध वाक्य चुनिए।

(a) करण खाने साथ मिठाई लाया।
(b) करण खाने की मिठाई लाया।
(c) करण खाने बाद मिठाई लाया।
(d) करण खाने के लिए मिठाई लाया।

75. 'सुनैना खाना खा रही है'।
उपरोक्त वाक्य का भाववाच्य में रूपांतरण होगा-

(a) सुनैना खाना खा रही थी।
(b) सुनैना खाना नहीं खा रही है।

(c) सुनैना खाना खा रही होगी।

(d) सुनैना से खाना नहीं खाया जाता।

निर्देश [76–80]: निम्नलिखित गद्यांश में कुछ शब्दों को हटा दिया गया है। दिए गए विकल्पों की सहायता से रिक्त स्थानों की पूर्ति कीजिए। प्रत्येक संख्या के लिए सबसे उपयुक्त विकल्प का चयन करें।

मैत्री भाव सकारात्मक तथा 1. .... वर्ग में गिना जाता है। मित्रता ऐसा उपहार है जो 2. .... को प्राप्त होता है। सच्चा मित्र वही होता है जिसके कारण हमें कभी भी 3. .... ना हो। जब भी हमारी ऐसी कोई आदत होती है जिससे दूसरे को परेशानी होती है तो ऐसी आदत 4. .... में ही भलाई है। मनुष्य तो 5. .... प्राणी है।

76. रिक्त स्थान 1 की पूर्ति के लिए सबसे उपयुक्त विकल्प का चयन कीजिए।

(a) नकारात्मक (b) निम्न

(c) उच्च (d) मध्यम

77. रिक्त स्थान 2 की पूर्ति के लिए सबसे उपयुक्त विकल्प का चयन कीजिए।

(a) गरीब (b) सबको

(c) अमीर (d) भाग्यशाली

78. रिक्त स्थान 3 की पूर्ति के लिए सबसे उपयुक्त विकल्प का चयन कीजिए।

(a) खुशी (b) उत्साह

(c) भलाई (d) पश्चात्ताप

79. रिक्त स्थान 4 की पूर्ति के लिए सबसे उपयुक्त विकल्प का चयन कीजिए।

(a) दिखाने (b) गिनाने

(c) छोड़ने (d) अपनाने

80. रिक्त स्थान 5 की पूर्ति के लिए सबसे उपयुक्त विकल्प का चयन कीजिए।

(a) भयानक (b) परेशान

(c) सामाजिक (d) दिखावा

उत्तर (हल/संकेत)

1. (b) जिस प्रकार, YOUR : XPEJ के लिए

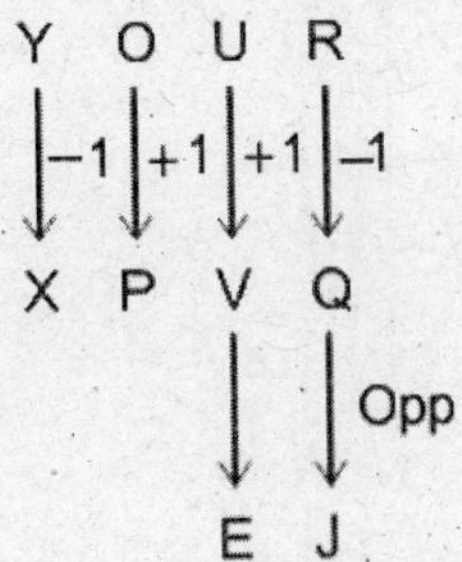

और TONE : SPLW

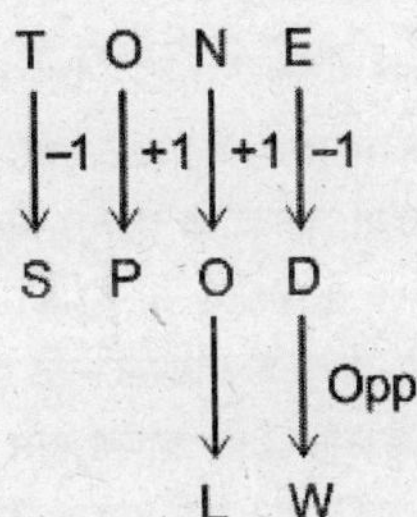

के लिए

उसी प्रकार,

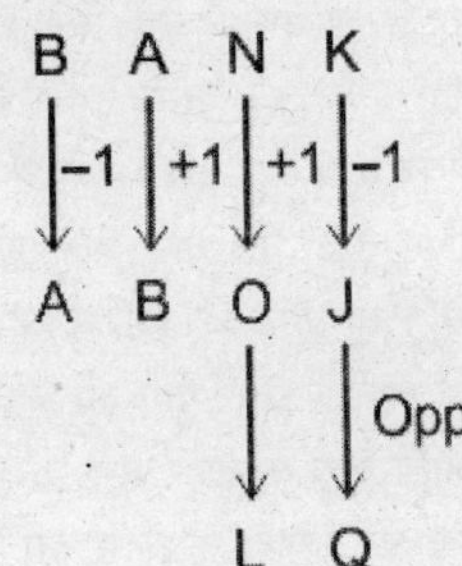

अतः, सही उत्तर "विकल्प (b)" है।

2. (d) जिस प्रकार, COMFORT : OCFMTRO के लिए

CONTROL : OCTNLOR के लिए

उसी प्रकार,

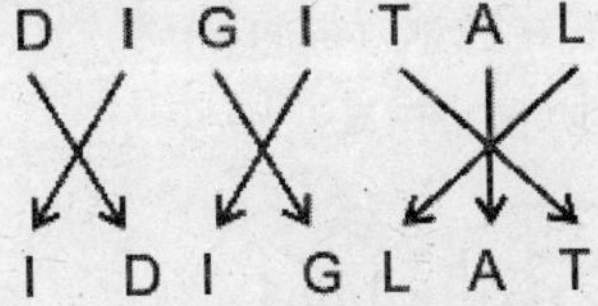

अतः, सही उत्तर "विकल्प (d)" है।

3. (b) विकल्प (b) में दी गयी आकृति प्रशन आकृति में सन्निहित है।

4. (a) शब्दकोश के अनुसार सही क्रम है:

4 magic 2 manage

1 manner 3 masculine

5 matter

अतः, सही उत्तर "4, 2, 1, 3, 5" है।

5. (d) प्रश्न में दी गयी जानकारी के अनुसार,

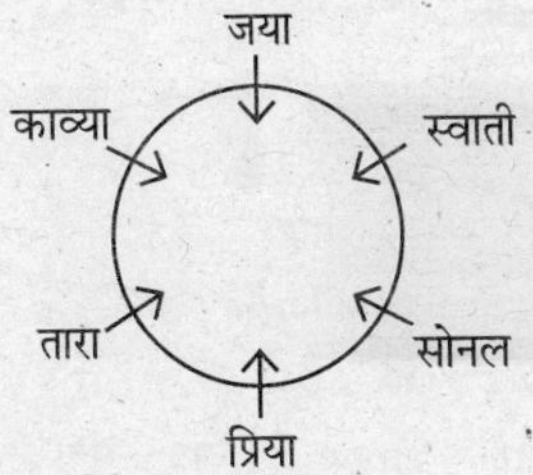

'तारा', प्रिया के ठीक बायें बैठी है। अतः, सही उत्तर "विकल्प (d)" है।

6. (d) दिया गया समीकरण: $72 \times 6 + 18 \div 5 - 9 = 93$ विकल्प (d) में दिए गये चिह्नों (× और ÷ की अदला-बदली पर,

$\underline{72 \div 6} + 18 \times 5 - 9 = 93$

$12 + \underline{18 \times 5} - 9 = 93$

$\underline{12 + 90} - 9 = 93$

$\underline{102 - 9} = 93$

बायाँ पक्ष = दायाँ पक्ष यहाँ, हम देख सकते हैं कि केवल 'विकल्प (d)' समीकरण को संतुष्ट करता है। अतः, सही उत्तर विकल्प (d) है।

7. (a) दिया गया है: A @ B # C + D + E इसका अर्थ है: B, A का भाई है, C, B की बहन है, D, C का पिता है, E, D का पिता है।

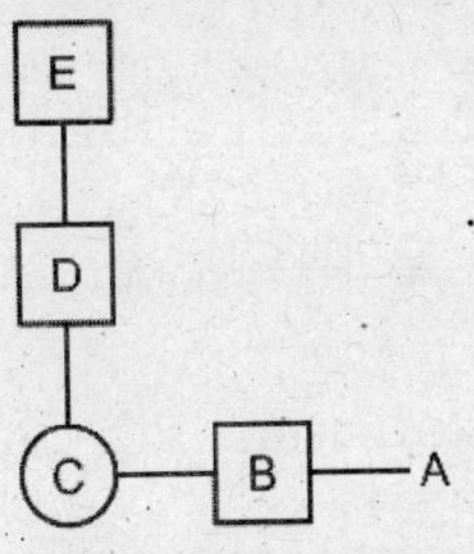

यहाँ, E, A के 'पिता का पिता' है।

अतः, सही उत्तर "विकल्प (a)" है।

8. (a) यदि श्रृंखला को जारी रखना हो तो प्रश्न चिह्न (?) के स्थान पर विकल्प (a) में दी गयी आकृति आएगी।

9. (a) लॉजिक - (पहला नंबर + दूसरा नंबर) × 9 = तीसरा नंबर जिस प्रकार,

(20, 30, 450) = (20 + 30) × 9 = 50 × 9 = 450

(35, 25, 540) = (35 + 25) × 9 = 60 × 9 = 540

इसी प्रकार,

(7, 18, 225) = (7+18)×9 = 25 × 9 = 225

यहां, हम देख सकते हैं कि केवल 'विकल्प (a)' ही तर्क का पालन करता है। अतः, सही उत्तर "विकल्प (a)" है।

10. (b)

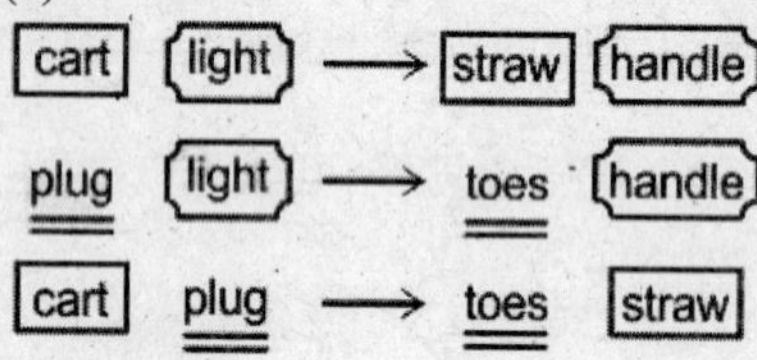

यहाँ, 'cart' ='straw'

'light' = 'handle' है।

'plug' = 'toes' है।

'cart' = 'straw' है। अतः, सही उत्तर "विकल्प (b)" है।

11. (b) दी गई श्रृंखला निम्न पैटर्न पर आधारित है-

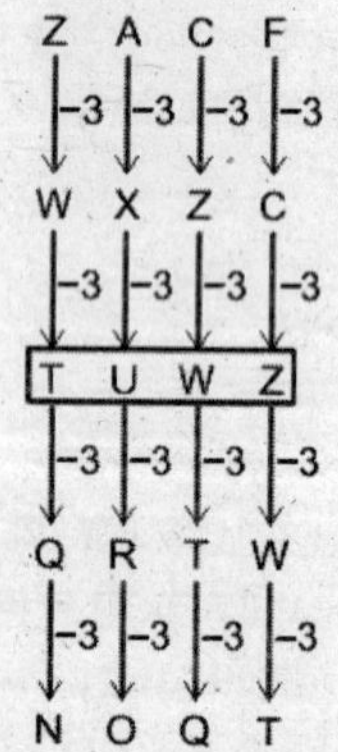

अतः, सही उत्तर "विकल्प (b)" है।

12. (b) दी गई श्रृंखला निम्न पैटर्न पर आधारित है-

33 47 44 58 56 70 69 [83]

+14 −3 +14 -2 +14 −1 +14

अतः, सही उत्तर "विकल्प (b)" है।

13. (a) 'FORCE' = '47'

6(F) + 15(O) + 18(R) + 3(C) + 5(E) = 47

'GREEN' = '49'

7(G) + 18(R) + 5(E) + 5(E) + 14(N) = 49

इसी तरह, 'FLAVOUR' के लिए → 6(F) + 12(L) + 1(A) + 22(V) + 15(O) + 21(U) + 18(R) = 95

इसलिए, 'FLAVOUR' को '95' लिखा जाता है। अतः, सही उत्तर "95" है।

14. (c) दिया गया समीकरण = 42 + 16 ÷ 7 - 36 × 16 = 76

विकल्प (c) में दिए गये चिह्नों (× और +) की अदला-बदली पर,

42 × 16 ÷ 7 – 36 + 16 = 76

96 – 36 + 16 = 76

112 – 36 = 76

76 = 76

बायाँ पक्ष = दायाँ पक्ष

15. (c) प्रश्न में दी गयी जानकारी के अनुसार,

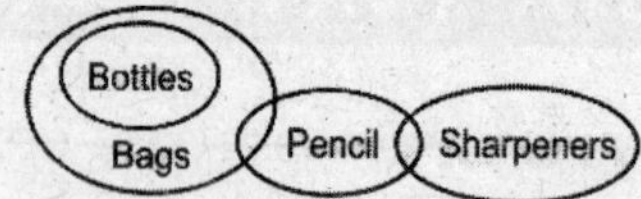

निष्कर्ष:

I. कुछ शार्पनर बोतल हैं - असत्य (क्योंकि, शार्पनर और बोतल के बीच कोई निश्चित संबंध नहीं दिया गया है, इसलिए यह केवल संभव हो सकता है)।

II. कुछ बोतलें पेंसिल हैं - असत्य (क्योंकि, बोतल और पेंसिल के बीच कोई निश्चित संबंध नहीं दिया गया है, इसलिए यह केवल संभव हो सकता है)।

इसलिए, न तो निष्कर्ष I और न ही II अनुसरण करता है।

अतः, सही उत्तर "विकल्प (c)" है।

16. (d) दिए गए पासे से,

→ P और S दोनों पासे में उभयनिष्ठ सतह हैं, 'U', 'R' की विपरीत सतह है। यहाँ 'U', 'R' वाले फलक के विपरीत है। अतः, सही उत्तर "R" है।

17. (b)

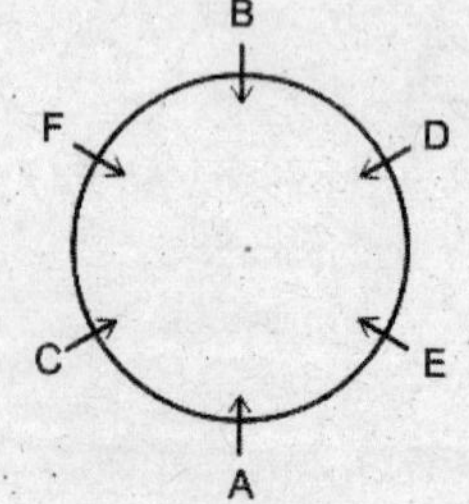

उपरोक्त व्यवस्था से स्पष्ट है कि, 'F', C के निकटतम बायें है। अतः, सही उत्तर "विकल्प (b)" है।

18. (b) दी गई श्रृंखला निम्न पैटर्न पर आधारित है-

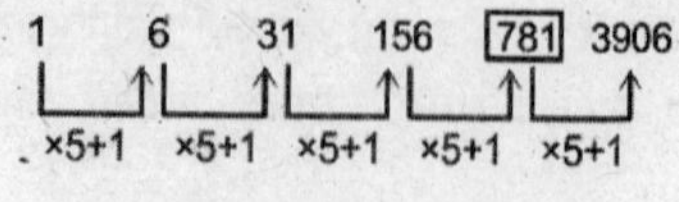

इसलिए, '781' श्रृंखला को पूरा करेगा।

अतः, सही उत्तर "विकल्प (b)" है।

19. (c) दर्पण प्रतिबिम्ब है-

CLkv38z

M ——— N

CLkv38z (mirror image)

अतः, सही उत्तर विकल्प (c) है।

20. (d) दी गई श्रृंखला निम्न पैटर्न पर आधारित है-

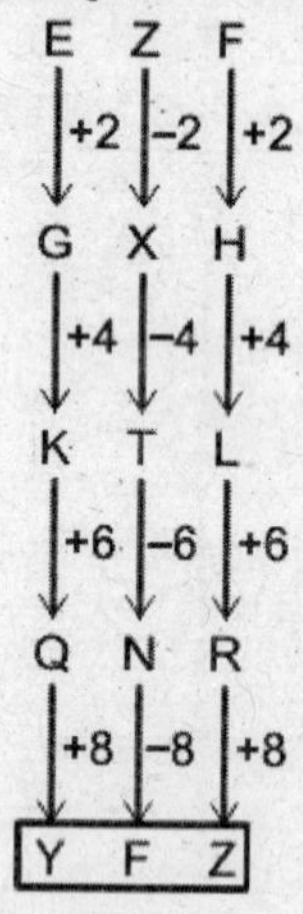

अतः, सही उत्तर "विकल्प (d)" है।

21. (d) पोला महोत्सव महाराष्ट्र और छत्तीसगढ़ में किसानों द्वारा मनाया जाने वाला एक धन्यवाद उत्सव है, जो बैल और बैलों के महत्त्व को स्वीकार करने के लिए मनाया जाता है, जो कृषि और खेती की गतिविधियों का एक महत्त्वपूर्ण हिस्सा है। यह श्रावण मास में पिथौरी अमावस्या के दिन पड़ता है। गुड़ी पड़वा और उगादि त्योहार कर्नाटक, आंध्र प्रदेश और महाराष्ट्र सहित दक्कन क्षेत्र में मनाए जाते हैं। दोनों त्योहारों/समारोहों में आम प्रथा है कि उत्सव में भोजन मीठे और कड़वे मिश्रण से तैयार किया जाता है। दक्षिण में बेवु-बेला नामक गुड़ (मीठा) और नीम (कड़वा) परोसा जाता है, जो यह दर्शाता है कि जीवन सुख और दुख का मिश्रण है। गुड़ी महाराष्ट्र के घरों में तैयार की जाने वाली एक गुड़िया है। गुड़ी बनाने के लिये बाँस की छड़ी को हरे या लाल ब्रोकेड से सजाया जाता है। इस गुड़ी को प्रमुख रूप से घर में या खिड़की/दरवाजे के बाहर सभी को दिखाने के लिये से रखा जाता है। उगादि के लिये घरों में दरवाजे आम के पत्तों से सजाए जाते हैं, जिन्हें कन्नड़ में तोरणालु या तोरण कहा जाता है।

22. (c) "मास" और "मार्केन्शिया" दोनों एक प्रकार के पौधे होते हैं, जो ब्रायोफाइटा वर्ग से संबंधित हैं। ब्रायोफाइटा, असंवहनी पौधों के वर्ग या समुदाय में से एक है, जिसमें लिवरवर्ट (जैसे कि मार्केन्शिया) और हॉर्नवर्ट भी शामिल होते हैं। ब्रायोफाइटा छोटे स्थलीय पौधे होते हैं। वे तने, पत्ती जैसी संरचनाओं और जड़ जैसी संरचनाओं के साथ शरीर के डिजाइन में भिन्नता दिखाते हैं।

टेरिडोफाइटा समूह के पौधों में अच्छी तरह से विकसित जड़ें, तना और पत्तियाँ होती हैं और भोजन और पानी के चालन के लिए अलग-अलग ऊतक होते हैं। लेकिन इनमें फूल और फल नहीं लगते हैं। वे अपनी पत्तियों के पीछे की सतह पर बनने वाले बीजाणुओं की मदद से प्रजनन करते हैं। उदाहरण- फर्न जैसे नेफ्रोलेपिस, मार्सिलिया, टेरिस, एडिएंटम, इक्विसेटम, सेलाजिनेला, लाइकोपोडियम आदि।

23. (a) जागोई मणिपुरी की एक प्रमुख शैली है, जो भारतीय शास्त्रीय नृत्य के रूपों में से एक है। मणिपुरी नृत्य की उत्पत्ति उत्तर-पूर्वी राज्य मणिपुर में हुई थी और यह अपनी मनोहर गतिविधियों, नाजुक हाथों के इशारों और जीवंत वेशभूषा के लिए जाना जाता है। जागोई मणिपुरी के भीतर एक पारंपरिक नृत्य रूप है, जिसकी विशेषता लयबद्ध कदमों का उपयोग, अभिव्यंजक चेहरे के भाव और कहानी कहने वाले तत्व हैं।

24. (c) दहन प्रक्रिया की दक्षता बढ़ाने से वास्तव में जीवाश्म ईंधन को जलाने से होने वाले प्रदूषण को कम करने में मदद मिल सकती है। यहाँ कुछ तरीके दिए गए हैं, जिनसे दक्षता में सुधार प्राप्त किया जा सकता है:

उन्नत दहन प्रौद्योगिकियाँ

ईंधन की गुणवत्ता

सह-उत्पादन और संयुक्त ऊष्मा और शक्ति प्रणाली (को-जेनरेशन एंड कंबाइंड हीट एंड पावर (CHP) सिस्टम)

ऊर्जा दक्षता उपाय

कार्बन कैप्चर एंड स्टोरेज (CCS)

25. (b) सातवीं पंचवर्षीय योजना के अन्य उद्देश्यों में आर्थिक उत्पादकता में वृद्धि, खाद्यान्न उत्पादन में वृद्धि और सामाजिक न्याय प्रदान करते हुए रोजगार सृजन करना शामिल था। जोसेफ स्टालिन प्रथम व्यक्ति थे जिन्होंने सोवियत संघ में वर्ष 1928 में पंचवर्षीय योजना को लागू किया। वर्ष 1951 से 2017 तक भारतीय अर्थव्यवस्था का मॉडल पंचवर्षीय योजनाओं पर आधारित नियोजन की अवधारणा पर आधारित था। पंचवर्षीय योजनाओं को तैयार करने, कार्यान्वित करने तथा विनियमित करने का कार्य योजना आयोग नामक संस्था द्वारा किया गया। वर्ष 2015 में योजना आयोग को नीति आयोग नामक थिंक टैंक द्वारा प्रतिस्थापित किया गया। नीति आयोग ने तीन दस्तावेज प्रस्तुत किये हैं - 3 वर्षीय एक्शन एजेंडा, 7 वर्षीय मध्यम अवधि का रणनीति पेपर और 15 वर्षीय विजन डॉक्यूमेंट।

26. (b) भारत के पहले विमानवाहक पोत INS विक्रांत को 2 सितंबर को कोच्चि में एक कार्यक्रम में नरेंद्र मोदी द्वारा नौसेना में शामिल किया गया था।

27. (c) वस्त्र मंत्रालय ने वस्त्र उद्योग में कौशल की कमी को पूरा करने तथा क्षमता निर्माण के लिये समर्थ योजना की शुरुआत की है। इस योजना का उद्देश्य संगठित क्षेत्र में कताई, बुनाई को छोड़कर उद्योग द्वारा वस्त्र निर्माण व संबंधित क्षेत्र में रोजगार सृजन के प्रयासों में सहायता प्रदान करने के लिये मांग संचालित एवं रोजगार उन्मुख कौशल प्रदान करना है।

28. (d) कलिंग का युद्ध मौर्य सम्राट अशोक और कलिंग के राजा अनंत पद्मनाभन के बीच 261 ई० पू० लड़ा गया था।

29. (b) राष्ट्रपति का चुनाव एक निर्वाचक मंडल, जिसे इलेक्टोरल कॉलेज भी कहा जाता है, करता है। संविधान के अनुच्छेद 54 में इसका वर्णन है। यानी जनता अपने राष्ट्रपति का चुनाव सीधे नहीं करती, बल्कि उसके द्वारा चुने गए प्रतिनिधि करते हैं। चूँकि जनता राष्ट्रपति का चयन सीधे नहीं करती है, इसलिए इसे परोक्ष निर्वाचन कहा जाता है। भारत के राष्ट्रपति के चुनाव में सभी राज्यों की विधानसभाओं एवं संघराज्य क्षेत्रों की विधानसभाओं के निर्वाचित सदस्य और लोक सभा तथा राज्य सभा के निर्वाचित सदस्य भाग लेते हैं। उल्लेखनीय है कि राष्ट्रपति द्वारा मनोनीत सदस्य, राष्ट्रपति चुनाव में वोट नहीं डाल सकते हैं।

30. (d) तपन कुमार पटनायक ने छऊ के लिए संगीत नाटक अकादमी पुरस्कार जीता है। छऊ नृत्य एक पारंपरिक भारतीय नृत्य का रूप है, जिसकी उत्पत्ति पूर्वी राज्यों झारखंड, पश्चिम बंगाल और ओडिशा में हुई थी। यह एक जीवंत और गतिशील नृत्य का रूप है, जो अपने मार्शल आर्ट जैसे आंदोलनों और विस्तृत मुखौटों के लिए जाना जाता है।

31. (b)

32. (a) मूल रूप से भारतीय संविधान में कुल 395 अनुच्छेद (22 भागों में विभाजित) और 8 अनुसूचियाँ थीं, किंतु विभिन्न संशोधनों के परिणामस्वरूप वर्तमान में इसमें कुल 470 अनुच्छेद (25 भागों में विभाजित) और 12 अनुसूचियां हैं। भारत के संविधान का निर्माण संविधान सभा द्वारा किया गया। भारत की संविधान सभा ने संविधान के निर्माण से संबंधित विभिन्न कार्यों से निपटने के लिये कुल 13 समितियों का गठन किया। इनमें 8 प्रमुख समितियाँ थीं और शेष अन्य थीं। प्रमुख समितियों और उनके प्रमुखों की सूची नीचे दी गई है-

मसौदा समिति- बी.आर. अंबेडकर

संघ शक्ति समिति- जवाहरलाल नेहरू

केंद्रीय संविधान समिति- जवाहरलाल नेहरू

प्रांतीय संविधान समिति- वल्लभभाई पटेल

मौलिक अधिकारों, अल्पसंख्यकों और जनजातीय तथा बहिष्कृत क्षेत्रों पर सलाहकार समिति- वल्लभभाई पटेल।

प्रक्रिया समिति नियम- राजेंद्र प्रसाद

राज्य समिति (राज्यों के साथ बातचीत के लिये समिति)- जवाहरलाल नेहरू

संचालन समिति- राजेंद्र प्रसाद

33. (c) राष्ट्रीय आपातकाल के दौरान अनुच्छेद 20 तथा 21 द्वारा प्रदान किए गए मौलिक अधिकार समाप्त नहीं होते तथा अनुच्छेद 19 के तहत प्रदान किए गए मौलिक अधिकार केवल युद्ध अथवा बाहरी आक्रमण के आधार पर आपातकाल की उद्घोषणा के दौरान निलंबित रहते हैं। वित्तीय आपातकाल तथा राष्ट्रपति शासन के दौरान मूल अधिकार निलंबित नहीं होते हैं। भारतीय संविधान में आपातकालीन प्रावधान भारत सरकार अधिनियम 1935 से लिये गए हैं। हालाँकि आपातकाल के दौरान मौलिक अधिकारों का निलंबन वीमर (जर्मन) संविधान से लिया गया है।

34. (a) मिहिर सेन, एक कैलेंडर वर्ष में पांच अलग-अलग महाद्वीपों के पांच अलग-अलग समुद्रों में तैरने वाले पहले भारतीय थे। 1958 में इंग्लिश चैनल तैरकर पार करने वाले मिहिर सेन भारत के ही नहीं बल्कि एशिया के पहले तैराक थे, जिन्होंने यह उपलब्धि हासिल की थी। पेशे से वकील मिहिर ने सॉल्ट वाटर तैराकी में पांच महत्त्वपूर्ण रिकॉर्ड बनाए थे।

35. (d) कर्क रेखा भारत के आठ राज्यों गुजरात (जसदन), राजस्थान (कालिंजर), मध्य प्रदेश (शाहजहाँपुर), छत्तीसगढ़ (सोनहत), झारखंड (लोहरदगा), पश्चिम बंगाल (कृष्णानगर), त्रिपुरा (उदयपुर) और मिजोरम (चंफाई) से होकर गुजरती है। कर्क रेखा भूमध्य रेखा के 23.5 डिग्री उत्तर में पृथ्वी पर अक्षांश के समानांतर है। माही नदी भारत की एकमात्र नदी है, जो कर्क रेखा को दो बार काटती है, पहली मध्य प्रदेश में, जहाँ से यह राजस्थान की ओर बहती है और गुजरात में प्रवेश करती है, जहाँ यह दूसरी बार काटती है।

36. (a) राजस्व प्राप्तियाँ सरकार की ऐसी प्राप्तियाँ होती हैं, जो अप्रतिदेय होती हैं, अर्थात् सरकार से उनका पुनः दावा नहीं किया जा सकता है।

पूंजीगत बजट: इसे बजट के उस हिस्से के रूप में परिभाषित किया जा सकता है, जो सरकार की पूंजीगत प्राप्तियों और पूंजीगत व्यय से संबंधित है।

पूंजीगत प्राप्तियाँ : पूंजीगत प्राप्तियाँ उन प्राप्तियों को संदर्भित करती हैं जो या तो एक दायित्व पैदा करती हैं या सरकार की संपत्ति में कमी का कारण बनती हैं। आमतौर पर सरकार की गैर-राजस्व प्राप्तियों को पूंजीगत प्राप्तियों के रूप में जाना जाता है। इनमें ऋण वसूली, सरकार द्वारा उधार (बाजार, विदेशों और बहुपक्षीय संस्थानों से ऋण), सरकार की अन्य प्राप्तियाँ जैसे- डाक जमा, भविष्य निधि आदि शामिल हैं।

पूंजीगत व्यय: ऐसा व्यय जो या तो संपत्ति सृजित करता है (उदाहरण के लिये सड़क, स्कूल का निर्माण) या देयता को कम करता है (उदाहरण के लिये ऋण का भुगतान) पूंजीगत व्यय कहलाता है। इनमें सरकार द्वारा ऋण वितरण (राज्यों एवं केंद्रशासित प्रदेशों को दिये गए ऋण तथा अग्रिम) और ऋण भुगतान; सड़कों, भवनों, मशीनरी आदि जैसी संपत्तियों के अधिग्रहण पर व्यय एवं रक्षा, सामान्य सेवाओं व अन्य देनदारियों पर सरकार का पूंजीगत व्यय शामिल है।

37. (a) **दलीप ट्रॉफी:** नवानगर के कुमार श्री दलीप सिंह जी के नाम पर नामित , दलीप ट्रॉफी भारत में एक घरेलू प्रथम श्रेणी क्रिकेट प्रतियोगिता है जिसका पहला संस्करण 1961-62 में खेला गया था।

विजय हजारे ट्रॉफी: विजय हजारे ट्रॉफी एक सीमित ओवरों की घरेलू प्रतियोगिता है जिसमें भारत के विभिन्न राज्यों की टीमें खिताब के लिए एक-दूसरे के खिलाफ लड़ती हैं और इसका नाम प्रमुख भारतीय बल्लेबाज-विजय हजारे के नाम पर रखा गया है।

देवधर ट्रॉफी: देवधर ट्रॉफी भारत में प्रतिवर्ष आयोजित की जाने वाली एक लिस्ट-ए घरेलू पचास ओवर की प्रतियोगिता है, जो पहली बार 1973-74 सीज़न में शुरू हुई थी।

ईरानी कप: रणजी ट्रॉफी चैंपियनशिप के 25 साल पूरे होने पर, बीसीसीआई ने 1960 में स्वर्गीय जेडआर ईरानी के नाम पर ईरानी ट्रॉफी का उद्घाटन किया। ईरानी कप में हर साल पिछले साल के रणजी ट्रॉफी चैंपियन और बाकी भारतीय टीम के बीच एक मैच होता है।

सैयद मुश्ताक अली ट्रॉफी: वर्ष 2008-09 में शुरू की गई, सैयद मुश्ताक अली ट्रॉफी एक ट्वेंटी-20 क्रिकेट घरेलू चैंपियनशिप है, जो रणजी ट्रॉफी की टीमों के बीच बीसीसीआई द्वारा आयोजित की जाती है।

38. (c) उत्तराखंड के मुख्यमंत्री पुष्कर सिंह धामी ने 11 अगस्त 2022 को क्रिकेटर ऋषभ पंत को राज्य का ब्रांड एंबेसडर नामित किया था।

39. (d) भारत में कॉफी की अरेबिका और रोबस्टा किस्मों की खेती की जाती है। अरेबिका हल्की कॉफी है, लेकिन इसकी फलियाँ अधिक सुगंधित होने के कारण रोबस्टा फलियों की तुलना में इसका बाजार मूल्य अधिक है। दूसरी ओर रोबस्टा कॉफी अधिक तेज होती है और इसलिये विभिन्न मिश्रणों में इसका उपयोग किया जाता है। अरेबिका की खेती रोबस्टा की तुलना में अधिक ऊँचाई पर की जाती है। अरेबिका मुख्यत: कर्नाटक में उगाई जाती है।

40. (d) जनगणना का इतिहास 1800 ई. से शुरू हुआ, जब इंग्लैंड ने अपनी जनगणना शुरू की थी। इसकी निरंतरता में जेम्स प्रिंसेप द्वारा इलाहाबाद (वर्ष 1824) और बनारस (वर्ष 1827-28) में जनगणना करवाई गई थी। एक भारतीय शहर की पहली पूर्ण जनगणना वर्ष 1830 में हेनरी वाल्टर द्वारा ढाका (अब बांग्लादेश में) में आयोजित की गई थी। दूसरी जनगणना वर्ष 1836-37 में फोर्ट सेंट जॉर्ज द्वारा की गई थी। वर्ष 1849 में भारत सरकार ने स्थानीय सरकारों को जनसंख्या का पंचवर्षीय संचालन करने का आदेश दिया।

पहली गैर-तुल्यकालिक जनगणना: यह भारत में वर्ष 1872 में गवर्नर-जनरल लॉर्ड मेयो के शासन काल के दौरान आयोजित की गई थी।

पहली तुल्यकालिक जनगणना: पहली तुल्यकालिक जनगणना 17 फरवरी, 1881 को ब्रिटिश शासन के तहत डब्ल्यू.सी. प्लौडेन (भारत के जनगणना आयुक्त) द्वारा करवाई गई थी।

41. (a) औसत गति = कुल दूरी/कुल समय

सबसे पहले, आइए तय की गई कुल दूरी ज्ञात करें, जो कि प्रत्येक रास्ते में तय की गई दूरियों का योग है:

कुल दूरी = 20 किमी (A) + 15 किमी (B) + 10 किमी (C) + 24 किमी (D)

कुल दूरी = 69 किमी

अगला, हमें लिए गए कुल समय का पता लगाने की आवश्यकता है। प्रत्येक रास्ते के लिए लिया गया समय तय की गई दूरी को गति से विभाजित करने पर प्राप्त होता है।

$$\text{रास्ते A में लगने वाला समय} = \frac{20 \text{ किमी}}{5 \text{ किमी/घंटा}} = 4 \text{ घंटे}$$

$$\text{रास्ते B में लगने वाला समय} = \frac{15 \text{ किमी}}{3 \text{ किमी/घंटा}} = 5 \text{ घंटे}$$

$$\text{रास्ते C में लगने वाला समय} = \frac{10 \text{ किमी}}{2 \text{ किमी/घंटा}} = 5 \text{ घंटे}$$

$$\text{रास्ते D में लगने वाला समय} = \frac{24 \text{ किमी}}{4 \text{ किमी/घंटा}} = 6 \text{ घंटे}$$

कुल समय = 4 घंटे (A) + 5 घंटे (B) + 5 घंटे (C) + 6 घंटे (D)

कुल समय = 20 घंटे

अब हम औसत गति की गणना कर सकते हैं:

$$\text{औसत गति} = \frac{\text{कुल दूरी}}{\text{कुल समय}}$$

$$\text{औसत गति} = \frac{69 \text{ किमी}}{20 \text{ घंटे}}$$

औसत गति = 3.45 किमी/घंटा

इसलिए, पूरी यात्रा के दौरान औसत गति 3.45 किमी/घंटा है।

42. (a) $(5x - 2y) / (x - 2y) = 9/17$

$17 \times (5x - 2y) = 9 \times (x - 2y)$

$85x - 34y = 9x - 18y$

$76x = 16y$

$$\frac{x}{y} = \frac{16}{76}$$

$$\frac{x}{y} = \frac{4}{19}$$

$$9 \times \frac{\left(\frac{4}{19}\right)}{13} = \frac{36}{247}$$

43. (a) $$\frac{MP}{CP} = \frac{(100 - \text{हानि } \%)}{(100 - \text{छूट } \%)}$$

$$\frac{72000}{CP} = \frac{(100 - 10)}{(100 - 20)}$$

$$\frac{72000}{CP} = \frac{90}{80}$$

$$CP = 72000 \times \frac{80}{90}$$

CP = ₹ 64000

अब, डीलर रुपये हासिल करना चाहता है। लेख पर 440 है, तो नया विक्रय मूल्य (SP) होगा:

SP = CP + Gain = 64000 + 440 = ₹ 64,440

छूट खोजने के लिए,

$$\text{बट्टा} = \frac{(\text{चिह्नित मूल्य} - SP)}{\text{चिह्नित मूल्य} \times 100}$$

$$\text{छूट} = \frac{(72000 - 64440)}{72000} \times 100$$

छूट = 10.5%

इसलिए, उसे रुपये का लाभ प्राप्त करने के लिए अंकित मूल्य पर 10.5% की छूट देनी चाहिए।

44. (c) बचत = 95000 – 75000 = 20000

आय में वृद्धि = 95,000 रुपये का 18% = 18/100 × 95,000 = 17,100 रुपये

व्यय में वृद्धि = 75,000 रुपये का 12% = 12/100 × 75,000 = 9,000 रुपये

नई बचत = 17,100 रुपये – 9,000 रुपये = 81,00 रुपये

$$\text{बचत में प्रतिशत वृद्धि} = \frac{(8,100 - 20,000)}{20,000} \times 100 = 40.5\%$$

इसलिए, व्यक्ति की बचत में प्रतिशत वृद्धि 40.5% है।

45. (c) लाभ = 4,35,000 रुपये – 3,50,000 रुपये = 85,000 रुपये

लाभ प्रतिशत की गणना करने का सूत्र है:

लाभ% = (लाभ/CP) × 100

तो, दिव्या का लाभ प्रतिशत है:

$$\text{लाभ\%} = \frac{85,000 \text{ रुपये}}{3,50,000 \text{ रुपये}} \times 100 = 24.3\%$$

∴ विकल्प (c) सही उत्तर है।

46. (a) वक्र पृष्ठीय क्षेत्रफल = 2πrh

$$= 2 \times \frac{22}{7} \times 7 \times 2$$

$= 44 \times 2$

$= 88\ cm^2$

कुल पृष्ठीय क्षेत्रफल = $2\pi r\ (r + h)$

$= 2 \times \frac{22}{7} \times 7\ (7 + 2)$

$= 44 \times 9$

$= 396\ cm^2$

पृष्ठीय क्षेत्रफलों का योग = $88\ cm^2 + 396\ cm^2$ = $484\ cm^2$

47. (c) दो वर्ष बाद की जनसंख्या × (1 + वृद्धि दर)^2

माना 2 वर्ष पहले की जनसंख्या = x

$x \times (1 + 0.03)^2 = 21{,}218$

$x \times (1.03)^2 = 21{,}218$

$x = \frac{21218}{1.0609}$

$x = 20000$

अतः, दो वर्ष पहले भालुओं की जनसंख्या लगभग 20,000 थी।

48. (c) माना एक पेंसिल के मूल्य को 'P' से और एक पेन के मूल्य को 'Q' से निरूपित करते हैं।

दी गई जानकारी से,

पेंसिलों का कुल मूल्य = पेंसिलों की संख्या = एक पेंसिल का मूल्य

$180 = 40 \times P$

तो, हम एक पेंसिल के मूल्य की गणना इस प्रकार कर सकते हैं:

$P = \frac{180}{40} = 4.5$ रुपये

इसी तरह, पेन के लिए:

पेनों का कुल मूल्य = पेनों की संख्या × एक पेन का मूल्य

$180 = 24 \times Q$

तो, एक पेन का मूल्य है:

$Q = \frac{180}{24} = 7.5$ रुपये

अब, हमें एक पेन और एक पेंसिल के मूल्य के बीच का अंतर ज्ञात करना है:

अंतर = Q – P

अंतर = 7.5 – 4.5 = 3 रुपये

49. (b) माना A के वेतन को 'S' के रूप में निरूपित करते हैं।

दी गई जानकारी से, हम जानते हैं कि A भोजन और वृद्धाश्रम पर 45% + 5% = उसके वेतन का 50% खर्च करता है। इसलिए, हम कह सकते हैं कि:

S का 50% = 28,500 रुपये

S (A का वेतन) ज्ञात करने के लिए, हम इस समीकरण को फिर से लिख सकते हैं:

$S = \frac{28{,}500 \text{ रुपये}}{50\%}$

इसकी गणना करने पर प्राप्त होता है:

S = 57,000 रुपये

इसलिए, A का वेतन 57,000 रुपये है।

50. (a) कुल कार्य = ल.स.प. (12, 8, 10) = 120

A की दक्षता = $\frac{120}{12} = 10$

B की दक्षता = $\frac{120}{8} = 15$

C की दक्षता = $\frac{120}{10} = 12$

प्रश्न के अनुसार,

यदि B और C एकसाथ एकांतर दिनों में A का साथ देते हैं। A पहले दिन अकेले शुरुआत करता है।

2 दिन में पूरा हुआ कार्य = 47

4 दिन में पूरा किया गया कार्य = 47 × 2 = 94

5 दिन में पूरा हुआ कार्य = 94 + 10 = 104

शेष कार्य = 16

उनमें से तीनों द्वारा किए गए कार्य की 16 इकाई को पूरा करने में लगा समय = $\frac{16}{37} = 0.4$ दिन

कार्य को पूरा करने के लिए आवश्यक कुल दिनों की संख्या = 5 + 0.4 = 5.4 दिन

51. (c) $5W \times 8 = 8C \times 10$

$W/C = \frac{2}{1}$

माना महिलाओं की दक्षता 2 और बच्चों की क्षमता 1 है।

कुल काम – 5 × 2 × 8 = 80

2 महिलाओं और 4 बच्चों द्वारा किया गया कार्य = 2W + 4C

$2 \times 2 + 4 \times 1 = 8$

दिनों की संख्या = $\frac{80}{8} = 10$ दिन

52. (a) a, b और c का चतुर्थानुपाती = $\frac{(b \times c)}{a}$

चतुर्थानुपाती $\sqrt{6}, \sqrt{8}$ और $\sqrt{21} = \frac{(\sqrt{21} \times \sqrt{8})}{\sqrt{6}}$

$\Rightarrow \sqrt{8} \times \sqrt{4}$

$\Rightarrow 2\sqrt{7}$

53. (b) सामान्य गति = $\frac{\text{कुल दूरी}}{\text{कुल समय}}$

$= \frac{240 \text{ किमी}}{5 \text{ घंटे}} = 48$ किमी/घंटा

आधी गति = $\frac{\text{सामान्य गति}}{2} = \frac{48 \text{ किमी/घंटा}}{2}$

= 24 किमी/घंटा

समान दूरी (240 किमी) को आधी गति से तय करने में लगने वाला समय होगा:

$\frac{240 \text{ किमी}}{24 \text{ किमी/घंटा}} = 10$ घंटे

अतिरिक्त समय = आधी गति पर समय – सामान्य गति पर समय = 10 घंटे – 5 घंटे = 5 घंटे

इसलिए, कार को समान दूरी को अपनी सामान्य गति की आधी गति से तय करने में 5 घंटे अतिरिक्त लगेंगे।

54. (c) विक्रय मूल्य = 2,400 रुपये – $\frac{40}{100}$ × 2,400 रुपये

= 2,400 रुपये – 960 रुपये

= 1,440 रुपये

क्रय मूल्य = विक्रय मूल्य × $\frac{100}{(100 + \text{लाभ}\%)}$

= 1,440 रुपये × 100/120

= 1,200 रुपये

55. (a) औसत गति = $\frac{2 \times 64 \times 16}{64 + 16}$

$= \frac{2080}{80}$

= 25.6 किमी/घंटा

56. (c) दो या दो से अधिक पूर्णांकों का लघुत्तम समापवर्त्य वह छोटी से छोटी संख्या होती है जो सभी पूर्णांकों की गुणज होती है।

12, 18, 24, 36 और 45 का लघुत्तम समापवर्त्य 360 है।

इसका मतलब है कि 360 सेकंड के बाद घंटियाँ फिर से एक साथ बजेंगी।

चूँकि एक मिनट में 60 सेकंड होते हैं, इसलिए सुबह 9:06 बजे फिर से घंटियाँ एक साथ बजेंगी।

57. (b) $1, 17, \frac{128}{80}, 000 = (1 + 10{,}100)^n$

$1, 17, \frac{128}{80}, 000 = \left(\frac{11}{10}\right)^n$

$\left(\frac{11}{10}\right)^n = \frac{14641}{10{,}000}$

$\left(\frac{11}{10}\right)^n = \left(\frac{11}{10}\right)^4 \quad n = 4$ वर्ष

58. (b) शंकु का आयतन = $\frac{1}{3}\pi r^2 h$

बेलन का आयतन = πr^2

शंकु का आयतन बेलन का आयतन के बराबर है। तो हमारे पास है:

$\frac{1}{3} \times (r^2 \times h) = (r^2 \times h)$

$\frac{1}{3} \times (9^2 \times 15) = (r^2 \times 45)$

$r^2 = 9$

r = 3 सेमी.

d = 3 × 2 = 6 सेमी.

59. (c) विक्रय मूल्य = क्रय मूल्य × (100 + लाभ%)

2,832 = क्रय मूल्य × (100 + 18%)

क्रय मूल्य = (2832 × 100)118

क्रय मूल्य = 2400

∴ विकल्प (c) सही उत्तर है।

60. (a) एक अभाज्य संख्या 1 से बड़ी प्राकृतिक संख्या है जिसका 1 और स्वयं के अलावा कोई धनात्मक विभाजक नहीं होता है।

40 और 50 के बीच अभाज्य संख्याएँ 41, 43 और 47 हैं। इसलिए, 40 और 50 के बीच 3 अभाज्य संख्याएँ हैं।

∴ विकल्प (a) सही उत्तर है।

61. (a) प्रश्न में दिए गए वाक्य 'पेड़ बढ़ता गया' में नित्यताबोधक संयुक्त क्रिया है। संयुक्त क्रिया का वह रूप, जिससे किसी क्रिया के नित्य होने का अथवा उसके खत्म न होने का बोध होता है, उसे 'नित्यताबोधक संयुक्त क्रिया' कहते हैं। नित्यताबोधक संयुक्त क्रियाएँ वर्तमानकालिक कृदंत के आगे 'आना, जाना व रहना क्रिया' जोड़ने से बनती है। इस संयुक्त क्रिया में कृदंत के लिंग और वचन विशेष्य के अनुसार बदलते हैं।

62. (d) टिप्पस भिड़ाना का अर्थ है सिफारिश लगवाना। वाक्य प्रयोग- कई बार मामूली काम के लिए भी मंत्रियों से टिप्पस भिड़ाने पड़ते हैं।

63. (b) वृष्टि का अर्थ है वर्षा। अतिवृष्टि से बाढ़ आती है जबकि अनावृष्टि से सूखा पड़ता है।

64. (b) प्रश्न में दिए गए विकल्प (b) में उत्कंठा के सही पर्यायवाची लालसा का प्रयोग हुआ है। उत्कंठा' के अन्य पर्यायवाची हैं- चाव, उत्सुकता, औत्सुक्य, चाह, आकुलेच्छा, प्रबलेच्छा।

65. (a) प्रश्न में दिए गए वाक्य 'लकड़ियों का समूह' में रेखांकित शब्द 'समूह' के बदले उपयुक्त शब्द 'गट्ठर' होगा।

66. (d) प्रश्न में दिए गए वाक्य 'जीवन और साहित्य का घोर सम्बन्ध है' में 'घोर' शब्द त्रुटियुक्त है। इसके बजाय 'गहरा' शब्द वाक्य को सार्थक बनता है।

67. (b) वैद्य जी नाड़ी देखकर इलाज करते हैं। वैद्य की तीन उँगलियाँ वात, पित्त और कफ का पांचों तरह का परीक्षण करती हैं जिससे पता चलता है कि कौन-सी बीमारी ठीक हो सकती है और कौन-सी असाध्य है। आमतौर पर पुरुषों के दायें हाथ की और स्त्रियों के बाएं हाथ की नाड़ी की गति देखी जाती है। नाड़ी की जांच के लिए सबसे सही समय सुबह खाली पेट होता है।

68. (a) प्रात: काल शारदा का स्तोत्र पढ़िए 'सरस्वती' शब्द के अन्य पर्यायवाची शब्द हैं - भारती, वीणापाणि, वागेश्वरी, शारदा, वाग्देवी, महाश्वेता, ज्ञानदा, हंसवाहिनी, वागीश्वरी आदि।

69. (b) वह व्यक्ति जो विद्यार्थियों को पढ़ने का काम करता है शिक्षक कहलाता है। शिक्षक को गहन विचारक एवं अच्छा वक्ता होना चाहिए क्योंकि तभी वह विद्यार्थी को प्रभावित कर सकता है।

70. (a) 'जो कहा न जा सके' वाक्यांश के लिए एक शब्द होगा-अकथ्य। जब किसी शब्द समूह से एक विचार पूरी तरह व्यक्त हो सके, तो उसे वाक्यांश कहते हैं।

71. (c) प्रश्न में दिए गए वाक्य के रेखांकित अंश "किस काम के' के लिए उचित मुहावरा होगा -किस मर्ज की दवा। जो वाक्यांश साधारण अर्थ के अलावा एक विशेष अर्थ को व्यक्त करता है ऐसे वाक्यांश को मुहावरा कहते हैं। मुहावरा 'अरबी' भाषा का शब्द है।

72. (a) दिए गए वाक्यांश 'शरीर का कोई भाग' के लिए उचित शब्द होगा-अवयव।

73. (c) दिए गए वाक्य में 'पाली' शब्द अशुद्ध है। शुद्ध शब्द होगा 'पालि'।

74. (d) दिए गए वाक्य 'करण खाने बीच मिठाई लाया' में कारक का प्रयोग नहीं है। शुद्ध वाक्य होगा 'करण खाने के लिए मिठाई लाया'। संज्ञा या सर्वनाम के जिस रूप से वाक्य का सम्बन्ध किसी दूसरे शब्द के साथ पता चलता है, उसे कारक कहते हैं। प्रस्तुत वाक्य में प्रयुक्त कारक सम्प्रदान कारक है। "कर्ता कारक जिसके लिए या जिस उद्देश्य के लिए क्रिया का सम्पादन करता है, वह 'सम्प्रदान कारक' होता है।"

75. (d) प्रश्न में दिए गए वाक्य का भाववाच्य रूपांतरण होगा- सुनैना से खाना नहीं खाया जाता। भाववाच्य में क्रिया के पुरुष, वचन, लिंग हमेशा अन्यपुरुष, एकवचन और पुल्लिंग में ही रहते हैं। इसमें कर्ता और कर्म की प्रधानता न होकर क्रिया की प्रधानता होती है। वाक्य का भाव क्रिया पर आश्रित होता है।

76. (c) मैत्री भाव सकारात्मक तथा उच्च वर्ग में गिना जाता है। मैत्री पारस्परिक स्नेह का सम्बन्ध है। यह महज औपचारिकता नहीं, बल्कि एक उत्तरदायित्व है जिसे दोनों पक्षों को निभाना पड़ता है।

77. (d) मित्रता एक ऐसा उपहार है जो भाग्यशाली को प्राप्त होता है।

78. (d) सच्चा मित्र वही होता है जिसके कारण हमें कभी भी पश्चात्ताप न हो।

79. (c) जब भी हमारी ऐसी कोई आदत होती है जिससे दूसरे को परेशानी होती है तो ऐसी आदत को छोड़ने में ही भलाई है।

80. (c) मनुष्य तो सामाजिक प्राणी है। अरस्तू ने भी मनुष्य को स्वभाव से एक सामाजिक प्राणी माना है, क्योंकि मनुष्य समाज में रहकर सहयोग, सहिष्णुतां, प्रेम आदि गुणों की प्राप्ति करता है।

❑❑❑

SSC कांस्टेबल (जी.डी.)
भर्ती परीक्षा
सॉल्व्ड पेपर–2023

तारीख: 10/01/2023
समय: 2.30 PM 3.30 PM

भाग-I सामान्य बुद्धिमत्ता एवं तर्कशक्ति

1. उस विकल्प आकृति का चयन करें जो नीचे दी गई आकृति में अंतर्निहित है। (आकृति घुमाने की अनुमति नहीं है)

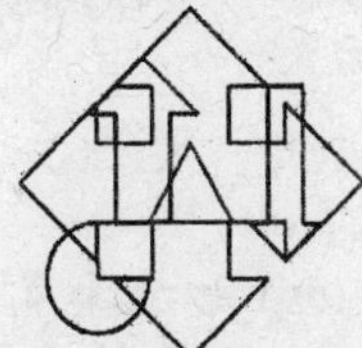

(a) 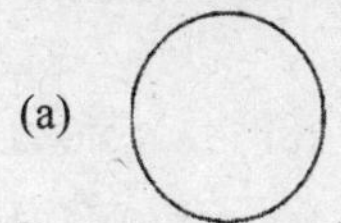

(b) 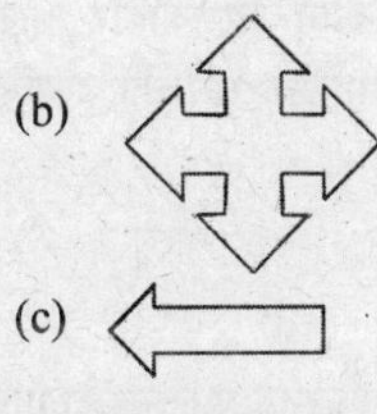

(c)

(d)

2. निम्नलिखित में से कौन-सा अक्षर-समूह दी गई श्रृंखला में प्रश्न चिह्न (?) के स्थान पर आएगा?
LPKT, NNMR, PLOP,?, THSL
(a) RIQN (b) SJQN
(c) SJQO (d) RJQN

3. एक निश्चित कूट भाषा में, 'find a solution' को '418' के रूप में कूटबद्ध किया जाता है, 'be attentive' को '29' के रूप में कूटबद्ध किया जाता है और 'answers are correct' को '737' के रूप में कूटबद्ध किया जाता है। उसी भाषा में 'check the question' को किस प्रकार कूटबद्ध किया जाएगा?
(a) 427 (b) 649
(c) 538 (d) 835

4. उस विकल्प का चयन करें जो तीसरे शब्द से उसी प्रकार संबंधित है जिस प्रकार दूसरा शब्द पहले शब्द से संबंधित है। (शब्दों को अर्थपूर्ण शब्दों के रूप में मानना है और उन्हें शब्द में अक्षरों/व्यंजनों/स्वरों की संख्या के आधार पर एक-दूसरे से संबंधित नहीं करना है।)
मुंबई : महाराष्ट्र :: भोपाल : ?
(a) उत्तर प्रदेश (b) मध्य प्रदेश
(c) दिल्ली (d) आंध्र प्रदेश

5. निम्नलिखित में से कौन-सी संख्या दी गई श्रृंखला में प्रश्न चिह्न (?) का स्थान लेगी?
3, 21, 147, ?, 7203
(a) 1218 (b) 882
(c) 1323 (d) 1029

6. दिए गए विकल्पों में से वह संख्या चुनिए, जो निम्नलिखित श्रृंखला में प्रश्न-चिह्न (?) को प्रतिस्थापित कर सके।
213, 216, 225, 240, 261, ?
(a) 288 (b) 286
(c) 289 (d) 268

7. एक ही पासे की तीन अलग-अलग स्थितियों को दर्शाया गया है। '4' दर्शाने वाले फलक के विपरीत फलक पर मौजूद संख्या ज्ञात कीजिए।

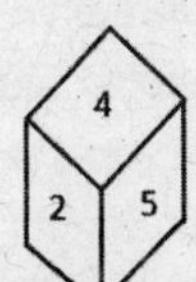

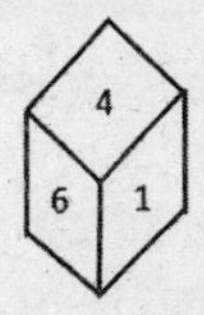

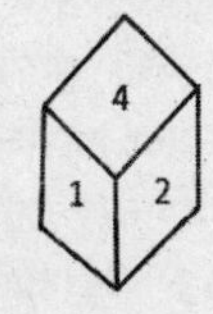

(a) 1 (b) 2
(c) 3 (d) 5

8. इस प्रश्न में तीन कथन दिए गए हैं, जिसके बाद दो निष्कर्ष I और II दिए गए हैं। कथनों को सत्य मानते हुए, भले ही वे सर्वज्ञात तथ्यों से भिन्न प्रतीत होते हों, निर्णय कीजिए कि कौन-सा/से निष्कर्ष कथनों का तार्किक रूप से अनुसरण करता है/अनुसरण करते हैं।
कथन:
सभी पंखे बल्ब हैं।
सभी बल्ब ट्यूब लाइटें हैं।
कुछ ट्यूबलाइटें नई हैं।
निष्कर्ष:
I. सभी पंखे नए हैं।
II. सभी ट्यूब लाइटें पंखे हैं।
(a) न तो निष्कर्ष I और न ही II अनुसरण करता है।
(b) केवल निष्कर्ष I अनुसरण करता है।
(c) निष्कर्ष I और II दोनों अनुसरण करते हैं।
(d) केवल निष्कर्ष II अनुसरण करता है।

9. सात व्यक्ति A, H, D, F, I, E और G एक सीधी पंक्ति में उत्तर की ओर मुख करके बैठे हैं। E के बाईं ओर केवल तीन व्यक्ति बैठे हैं। G और H, E के ठीक बगल में हैं। A पंक्ति के दाएं सिरे पर बैठा है। D, A के ठीक बगल में है। F, E के बाईं ओर दूसरे स्थान पर बैठा है। पंक्ति के बाएं सिरे पर कौन बैठा है?
(a) T (b) A
(c) F (d) D

10. एक निश्चित कूट भाषा में 'FINGER' को 'HHPIDT' और 'DESTINY' को 'FDUVHPA' लिखा जाता है।
उसी भाषा में 'GRANTED' किस प्रकार लिखा जाएगा?
(a) ITZPVDF (b) IQCMVDF
(c) HTZPVCE (d) HTCOVCE

11. किस विकल्प में निम्नलिखित शब्दों का वह क्रम दिया गया है, जिस क्रम में वे अंग्रेजी शब्दकोश में आते हैं?
1. Seminar
2. Semolina
3. Senior
4. September
5. Serious
(a) 1, 3, 4, 2, 5
(b) 5, 4, 3, 2, 1
(c) 1, 2, 3, 4, 5
(d) 5, 3, 4, 1, 2

12. 'A + B' का अर्थ है 'A, B का पुत्र है '
'A − B' का अर्थ है 'A, B की बहन है' 'A × B' का अर्थ है 'A, B का भाई है'
'A + B' का अर्थ है 'A, B की पत्नी है'
यदि A + B ÷ C × D − E + F है, तो निम्न में से कौन-सा कथन सही नहीं है।
(a) D, F की पुत्री है।
(b) A, C का पुत्र है।
(c) A, F का पोता है।
(d) E, B का भाई है।

13. कौन-सा अक्षर-समूह दी गई श्रृंखला में प्रश्न-चिह्न (?) के स्थान पर आकर श्रृंखला को पूर्ण करेगा ?
AJRZ, DMTC, ?, JSXI, MVZL
(a) HRVF
(b) HPVF
(c) GPVF
(d) GRVF

14. उस विकल्प आकृति का चयन करें जो नीचे दी गई आकृति में अंतर्निहित है। (आकृति घुमाने की अनुमति नहीं है)

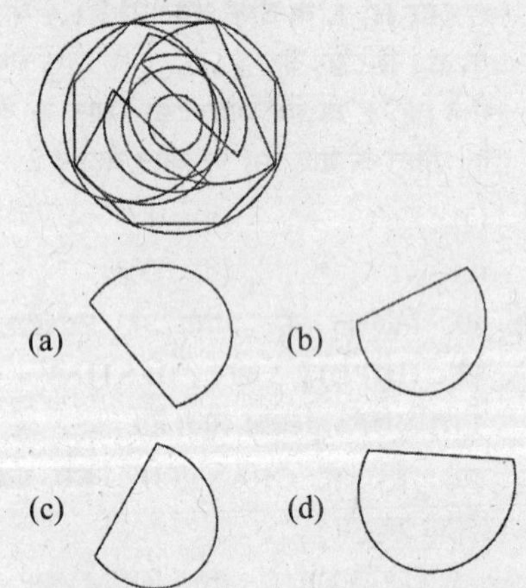

15. उस विकल्प का चयन करें जो पांचवें अक्षर समूह से उसी प्रकार संबंधित है जिस प्रकार दूसरा अक्षर- समूह पहले अक्षर-समूह से संबंधित है और चौथा अक्षर-समूह तीसरे अक्षर-समूह से संबंधित है। ROOT : QQTV : : STEM: VGUO :: LEAF : ?
(a) GDNH
(b) GCHN
(c) GCNH
(d) NGCH

16. उस आकृति का चयन कीजिए, जो निम्नलिखित श्रृंखला में आगे आएगी।

(a)
(b)
(c)
(d)

17. 6 मित्र F, U, K, S, M और A, एक वृत्ताकार मेज के परित: केंद्र की ओर मुख करके बैठे हैं। A और S, K के ठीक बगल में बैठे हैं। F, K के सामने बैठा है। S, F के बगल में नहीं बैठा है। M, A और F के ठीक बगल में बैठा है। यदि M और S अपने स्थान आपस में परस्पर बदल लेते हैं, तो A और F के ठीक बगल में कौन बैठा है ?
(a) M (b) U
(c) S (d) K

18. गणितीय चिह्नों के उस सही संयोजन का चयन करें, जिसे क्रमिक रूप से चिह्नों के स्थान पर रखे जाने पर दिया गया समीकरण संतुलित हो जाएगा।
89 + 5 + 15 × 32 × 8 = 18
(a) ÷ +, −, ×, = (b) −, ×, +, ÷; =
(c) × +, ÷, −, = (d) +; −, ÷, ×, =

19. उस समुच्चय का चयन करें, जिसमें संख्याएँ उसी प्रकार संबंधित हैं, जिस प्रकार निम्नलिखित समुच्चयों की संख्याएँ हैं।
(नोट: संख्याओं को उसके घटक अंकों में विभाजित किए बिना, पूर्ण संख्याओं पर ही गणितीय संक्रियाएँ की जानी चाहिए। जैसे 13 मान लीजिए 13 पर गणितीय संक्रियाएँ जैसे कि 13 में जोड़ना/घटाना/गुणा करना आदि किया जा सकता है। 13 को 1 और 3 में तोड़कर और फिर 1 और 3 पर गणितीय संक्रियाएँ करने की अनुमति नहीं है।)
(216, 12, 15)
(432, 23, 31)
(a) (304, 14, 24) (b) (484, 16, 32)
(c) (380, 24, 18) (d) (150, 11, 14)

20. नीचे दिए गए समीकरण को गणितीय रूप से सही बनाने के लिए किन दो चिन्हों को परस्पर बदलना चाहिए ?
136 ÷ 17+ 102 − 3 × 2 = 187
(a) + और × (b) × और −
(c) ÷ और − (d) ÷ और ×

भाग-II सामान्य ज्ञान एवं सामान्य जानकारी

21. 25 जून, 2015 को .... को लॉन्च किया गया, जिसका उद्देश्य वर्ष 2022 तक शहरी क्षेत्रों में सभी के लिए आवास उपलब्ध कराना है।
(a) वैश्विक आवास प्रौद्योगिकी चुनौती
(b) प्रधानमंत्री आवास योजना (शहरी)
(c) प्रधानमंत्री गरीब कल्याण अन्न योजना
(d) O-SMART योजना

22. निम्नलिखित में से कौन-सा देश लुसोफोनिया खेलों का हिस्सा नहीं है ?
(a) पुर्तगाल (b) मकाउ
(c) जर्मनी (d) भारत

23. RBI के अनुसार, 1980 के दशक में भारत की GDP में सेवा क्षेत्र की हिस्सेदारी कितने प्रतिशत थी ?
(a) 38.6 प्रतिशत (b) 18.6 प्रतिशत
(c) 58.6 प्रतिशत (d) 78.6 प्रतिशत

24. निम्नलिखित में से कौन-सा त्यौहार असम में देवी कामाख्या के मासिक धर्म की अवधि को चिह्नित करता है ?
(a) अम्बुबाची मेला (b) मोत्सु
(c) वंगाला (d) चापचर कुट

25. कौन-से उद्योग में ट्रांजिस्टर से लेकर टेलीविजन तक उत्पादों की व्यापक श्रेणी सम्मिलित होती है ?
(a) नहर सिंचाई उद्योग
(b) उर्वरक उद्योग
(c) जूट प्रंसस्करण उद्योग
(d) इलेक्ट्रोनिक उद्योग

26. भारतीय संविधान में "छुआछूत का निषेध" कौन-से अनुच्छेद में उल्लिखित है ?
(a) अनुच्छेद 14
(b) अनुच्छेद 19
(c) अनुच्छेद 17
(d) अनुच्छेद 32

27. निम्न में से किस स्थान पर जून 2021 में इण्डिया ग्राण्ड प्रिक्स-4 का आयोजन किया गया था ?
(a) जालन्धर (b) लुधियाना
(c) अमृतसर (d) पटियाला

28. जब ऑक्सीजन की उपस्थिति में मैग्नीशियम को जलाया जाता है तो इससे उठने वाली लपटों का रंग कौन-सा होता है ?

(a) हरा (b) पीला
(c) सफेद (d) लाल

29. निम्न चार में से तीन सीलेन्ट्रेटा फाइलम के उदाहरण हैं और एक समूह का निर्माण करते हैं। इनमें से कौन-सा इस समूह से संबंधित नहीं है ?

(a) मस्तिष्क भित्ति (b) समुद्री एनीमोन
(c) लिवर फ्लक (d) सी-पेन

30. स्वामी दयानंद सरस्वती ने एक संगठन ...., जिसने हिन्दू धर्म में सुधार का प्रयास किया, की स्थापना की।

(a) आदि हिंदू समाज (b) वेदांत समाज
(c) आदि धर्म समाज (d) आर्य समाज

31. भारत में रेडियो प्रसारण 1923 में .... द्वारा शुरू किया गया था।

(a) लायंस क्लब ऑफ बॉम्बे
(b) रेडियो क्लब ऑफ बॉम्बे
(c) रोटरैक्ट क्लब ऑफ बॉम्बे
(d) रोटरी क्लब ऑफ बॉम्बे

32. निम्नलिखित में से किस गुप्त शासक को उसकी सैन्य उपलब्धियों के कारण 'भारत का नेपोलियन' कहा जाता था ?

(a) श्रीगुप्त (b) चंद्रगुप्त द्वितीय
(c) समुद्रगुप्त (d) चंद्रगुप्त प्रथम

33. राष्ट्रीय आय की गणना करते समय, एक कारक के रूप में लिया जाता है-

(a) निर्यात को
(b) बिजली बिल को
(c) रसायन उपभोग को
(d) सड़क निर्माण को

34. 2018 में, भरतनाट्यम में संगीत नाटक अकादमी पुरस्कार किसने जीता ?

(a) राधा श्रीधर
(b) पसुमूर्ति रामलिंग शास्त्री
(c) मादम्बी सुब्रमण्यम नंबूदरी
(d) अखम लक्ष्मी देवी

35. भारतीय संविधान के किस अनुच्छेद में चुनावों के अधीक्षण, निर्देशन और नियंत्रण की चर्चा की गई है ?

(a) अनुच्छेद 324
(b) अनुच्छेद 356
(c) अनुच्छेद 367
(d) अनुच्छेद 333

36. नवंबर 2022 तक की स्थिति के अनुसार, निम्नलिखित में से कौन दिल्ली, भारत का उपराज्यपाल है ?

(a) अनिल बैजल
(b) मनोज सिन्हा
(c) अरविंद केजरीवाल
(d) विनय कुमार सक्सेना

37. ई. कृष्ण अय्यर का संबंध किस नृत्य शैली से है ?

(a) भरतनाट्यम (b) ओडिसी
(c) कथक (d) कुचिपुड़ी

38. भारत में, प्रत्येक .... में एक बार जनसंख्या जनगणना की जाती है।

(a) 5 वर्ष (b) 12 वर्ष
(c) 10 वर्ष (d) 15 वर्ष

39. मार्च 2022 में किस केंद्रीय मंत्री ने इंडिया वाटर पिच - पायलट-स्केल स्टार्ट-अप चैलेंज (India Water Pitch Pilot-Scale Start-up Challenge) लॉन्च किया ?

(a) हरदीप सिंह पुरी (b) डी. थारा
(c) मनोज जोशी (d) कौशल किशोर

40. एक .... बहते हुए जल पर एक अवरोधक संरचना होती है, जो जल प्रवाह को अवरोधित कर या बहाव को उल्टा घुमाकर प्राय: एक जल क्षेत्र जैसे-झील का तालाब का निर्माण करती है।

(a) क्षिप्रिका (b) मोट
(c) बांध (d) निआन्डर

भाग-III प्रारंभिक अंकगणित

41. रामू और मोहन अलग-अलग एक कार्य को क्रमश: 10 घंटे और 16 घंटे में पूरा कर सकते हैं। 2 घंटे एक साथ कार्य करने के बाद, मोहन कार्य छोड़ देता है। रामू शेष कार्य को कितने घंटे में पूरा करेगा ?

(a) $5\frac{3}{4}$ (b) $7\frac{3}{4}$
(c) $6\frac{3}{4}$ (d) $6\frac{1}{4}$

42. 20 लीटर और 36 लीटर के दो कंटेनरों में दूध और पानी का अनुपात क्रमश: 3 : 7 और 7 : 5 है। यदि दोनों कंटेनरों को एक दूसरे में मिश्रित कर दिया जाए, तो दूध और पानी का अनुपात क्या होगा ?

(a) 21:23 (b) 21:25
(c) 27:29 (d) 9:13

43. हर्षि ने स्टोर से एक नई स्वेटशर्ट खरीदी, जब वे 40 प्रतिशत की छूट दे रहे थे। यदि स्वेटशर्ट का अंकित मूल्य 2999 रुपए है, तो हर्षि ने छूट के साथ कितना भुगतान किया ?

(a) 2099.20 रुपए (b) 1799.40 रुपए
(c) 1899.80 रुपए (d) 2399.50 रुपए

44. एक व्यक्ति ने दो कुर्सियाँ ₹ 475 प्रत्येक में बेचीं, एक पर 25% का लाभ और दूसरी पर 20% की हानि हुई। यदि उसने दोनों कुर्सियों को ₹ 575 प्रत्येक में बेचा होता, तो उसका लाभ/हानि प्रतिशत (निकटतम पूर्णांक तक पूर्णांकित) कितना होता ?

(a) 45% लाभ (b) 41% लाभ
(c) 25% हानि (d) 18% लाभ

45. एक कार 108 की किमी./घंटे चाल से एक निश्चित दूरी 3 घंटे में तय करती है। यदि चाल 27 किमी./घंटे कम कर दी जाती है, तो कार द्वारा समान दूरी को तय करने में लगने वाला समय क्या होगा ?

(a) $2\frac{1}{2}$ घंटे (b) $3\frac{1}{2}$ घंटे
(c) 2 घंटे (d) 4 घंटे

46. एक चोर ने अपनी यात्रा 60 किमी./घंटे की चाल से शुरू की। 30 मिनट के बाद, पुलिस ने उसी जगह से 80 किमी./घंटे की चाल से पीछा करना शुरू किया। पुलिस को चोर को पकड़ने में कितना समय (घंटे में) लगेगा ?

(a) $\frac{5}{2}$ घंटे (b) $\frac{3}{2}$ घंटे
(c) $\frac{1}{2}$ घंटे (d) $\frac{1}{3}$ घंटे

47. राहुल एक निश्चित दूरी 4 किमी./घंटे की चाल से तय करता है और उसी मार्ग से 3 किमी./घंटे की चाल से वापस आता है। पूरी यात्रा के लिए उसकी औसत चाल क्या थी (2 दशमलव स्थानों तक सही) ?

(a) 5.92 किमी./घंटे (b) 2.5 किमी./घंटे
(c) 3.43 किमी./घंटे (d) 1.23 किमी./घंटे

48. रोहन अपनी पूरी यात्रा को तीन बराबर भागों में विभाजित करता है और अपनी कार से पहले भाग को 30 किमी./घंटे की चाल से, दूसरे भाग को 40 किमी./घंटे की चाल से और अंतिम भाग को 50 किमी./घंटे की चाल से तय करता है। उसकी पूरी यात्रा के दौरान उसकी कार की औसत चाल (किमी./घंटे में) क्या है ?

(a) $35\frac{14}{47}$ (b) 45
(c) 40 (d) $38\frac{14}{47}$

49. A एक कार्य को 8 दिनों में और B 24 दिनों में कर सकता है। वे एक साथ शुरू करते हैं, लेकिन कार्य पूरा होने से 4 दिन पहले, A छोड़ देता है। सम्पूर्ण कार्य को पूरा करने के लिए A और B द्वारा लिए गए दिनों की संख्या ज्ञात करें।

(a) 11 दिन (b) 7 दिन
(c) 8 दिन (d) 9 दिन

50. एक वस्तु का मूल्य 2 वर्ष में घटकर 18,000 से 14,580 हो गया। वस्तु के मूल्य में मूल्यह्रास की वार्षिक दर ज्ञात करें।

(a) 8% (b) 12%
(c) 10% (d) 9%

51. 24 और 36 का तृतीय समानुपाती क्या होगा?

(a) 45 (b) 46
(c) 64 (d) 54

52. दो शंकुओं के आयतन 3 : 2 के अनुपात में हैं और उनकी त्रिज्याएँ 3 : 4 के अनुपात में हैं। उनकी ऊँचाई का अनुपात क्या है?

(a) 9 : 4 (b) 2 : 1
(c) 4 : 9 (d) 8 : 3

53. ₹ 5,750 पर एक वर्ष के लिए 16% की दर से वार्षिक रूप से चक्रवृद्धि होने वाले ब्याज और अर्ध-वार्षिक रूप से चक्रवृद्धि होने वाले ब्याज के बीच कितना अंतर है?

(a) ₹ 49.76 (b) ₹ 32.58
(c) ₹ 29.50 (d) ₹ 36.80

54. निम्नलिखित व्यंजक का मूल्यांकन कीजिए।

$$[\frac{-4}{7} \div \frac{1}{12}] \div [-\frac{4}{5} \times \{(-2) - (-\frac{2}{7})\}]$$

(a) 5 (b) –5
(c) $\frac{1}{5}$ (d) $-\frac{1}{5}$

55. 28 के वर्ग को उस सबसे बड़ी संख्या से विभाजित किया जाता है जो 42 और 56 दोनों को पूर्णतः विभाजित कर सकती है। परिणाम क्या है?

(a) 56 (b) 28
(c) 42 (d) 14

56. एक गोले का घुमावदार क्षेत्र का क्षेत्रफल 1386 वर्ग^2 है, तो गोले का आयतन होगा-

(a) 2425.5 सेमी.^{3} (b) 4815 सेमी.^{3}
(c) 4851 सेमी.^{3} (d) 1617 सेमी.^{3}

57. डिस्काउंट स्कीम के तहत 20% की छूट देने के बाद भी 10% का लाभ होता है। यह बताएं कि अंकित मूल्य क्रय मूल्य से कितने प्रतिशत अधिक है?

(a) 40% (b) 35.2%
(c) 39% (d) 37.5%

58. एक मेज जिसका अंकित मूल्य रु. 300 है, को 20% और 10% की दो क्रमिक छूट पर बेचा जाता है। अगर इसके अलावा, नकद भुगतान पर 5% की छूट की पेशकश की जाती है, तो मेज के लिए नकद मूल्य .... है।

(a) 240.25 (b) 205.20
(c) 210.25 (d) 216.50

59. एक चुनाव में दो उम्मीदवार A और B थे। निर्वाचन क्षेत्र में मतदाताओं की कुल संख्या 90000 थी और कुल मतों का 70% मतदान हुआ था। यदि मतदान में से 60% मत A के पक्ष में डाले गए, तो B को कितने मत प्राप्त हुए?

(a) 28600 (b) 28500
(c) 25200 (d) 28700

60. पेट्रोल की कीमत ₹ 92 प्रति लीटर से बढ़ाकर ₹ 96.5 प्रति लीटर कर दी गई है। पेट्रोल की कीमत में कितने प्रतिशत की वृद्धि हुई है?

(a) 4.9% (b) 4.7%
(c) 4.5% (d) 5.1%

भाग-IV हिंदी

61. 'किसी पदार्थ या राज्य का क्रमशः दूसरे पदार्थ या राज्य में मिल जाना'-
वाक्यांश के लिए एक शब्द होगा-

(a) एकीकरण
(b) विलय
(c) संगम
(d) सहयोग

62. वर्तनी की दृष्टि से दिए गए वाक्य के अशुद्ध भाग का चयन कीजिए-
पूर्ण स्वस्थ के लिए शुद्ध आहार-विहार आवश्यक हैं।

(a) आवश्यक है।
(b) आहार-विहार
(c) पूर्ण स्वस्थ
(d) के लिए शुद्ध

63. 'वह धन जो आधिकारिक रूप से राज्य को मिलता हो' - वाक्यांश के लिए एक शब्द होगा

(a) राजस्व (b) चुंगी
(c) कर (d) राजधन

64. निम्नलिखित वाक्यों में रिक्त स्थान की पूर्ति उचित एकार्थी शब्द-युग्म से करें-
साहसी व्यक्ति .... हो जाता है। कछुआ .... चर जीव है।

(a) जिसमें भय हो - जिसमें भय ना हो
(b) अभय - उभय
(c) भय सहित - केवल एक
(d) साथ-साथ - ऊपर

65. निम्न में से कौन-सा शब्द 'हाथ' शब्द का पर्यायवाची शब्द नहीं है?

(a) कर (b) पाणि
(c) बाहु (d) दन्त

66. निम्न में से कौन-सा शब्द 'कुबेर' शब्द का पर्यायवाची शब्द नहीं है?

(a) किन्नरपति (b) धनपति
(c) यक्ष (d) मुनि

67. 'हिमालय की चोटियाँ तो ....।'
वाक्य में रिक्त स्थान की पूर्ति उचित मुहावरे द्वारा कीजिए।

(a) राई का पहाड़ है
(b) गगनचुम्बी हैं
(c) आसमान से बातें करती हैं
(d) आसमान चूमती हैं

68. वाक्य में रेखांकित शब्द को दिए गए शब्दों में से उचित शब्द से बदलें।
भरत को कैकयी की करनी पर <u>करुणा</u> हुई।

(a) पश्चात्ताप (b) दया
(c) दुःख (d) क्षोभ

69. निम्नलिखित विकल्पों में से किस एक वाक्य में संख्यावाचक विशेषण का उचित प्रयोग नहीं किया गया है-

(a) दुर्घटना में पहलवान को अधिक घाव हो गए हैं।
(b) हमारी बगिया में कुछ अधिक वृक्ष हो गए हैं।
(c) महात्मा गाँधी बहुत थोड़े कपड़े पहनते थे।
(d) नव्या के काले बाल हैं।

70. 'नव्या ने सुमति की बहुत भर्त्सना की।'
उक्त वाक्य में प्रयुक्त 'भर्त्सना' के स्थान पर उसके विलोम शब्द का प्रयोग निम्न में से किस वाक्य में किया गया है?

(a) नव्या ने सुमति की बहुत बुराई की।
(b) नव्या ने सुमति की बहुत आलोचना की।
(c) नव्या ने सुमति की बहुत प्रशंसा की।
(d) नव्या ने सुमति की बहुत निंदा की।

71. दिए गये वाक्य के अशुद्ध भाग का चयन कीजिए।
एक मेरे प्रिय मेधावी छात्र ने अच्छा नाम कमाया।

(a) एक मेरे (b) छात्र ने अच्छा
(c) नाम कमाया। (d) प्रिय मेधावी

72. निम्नलिखित में से शुद्ध वाक्य का चयन कीजिए-

(a) आप कब आए ?
(b) आप कब आयो ?
(c) आप कब्बे आए ?
(d) आप कब आया ?

73. निम्नलिखित विकल्पों में से कौन-सा एक वाक्य प्रश्नवाचक सर्वनाम से संबंधित नहीं है ?
(a) यह मूर्खता किसने की है ?
(b) किसी ने जोर से चीत्कार की ?
(c) संसार का संचालन और नियमन कौन करता है ?
(d) यह गाड़ी किसकी है ?

74. निम्नलिखित वाक्यांश के लिय उपयुक्त सार्थक शब्द है-
बिना स्वार्थ के कार्य करने वाला
(a) नि:स्वार्थी (b) सहायक
(c) हितैषी (d) स्वार्थी

75. 'लेने के देने पड़ना' मुहावरे का उचित अर्थ है-
(a) बहुत अधिक लाभ होना
(b) लाभ के बदले हानि
(c) व्यापार करना
(d) कुछ न देना

निर्देश [प्रश्न 16-20]: निम्नलिखित गद्यांश में कुछ शब्दों को हटा दिया गया है। दिए गए विकल्पों की सहायता से रिक्त स्थानों की पूर्ति कीजिए। प्रत्येक संख्या के लिए सबसे उपयुक्त विकल्प का चयन करें।

आज का जीवन 1. .... से भरा है। महत्त्वपूर्ण और अनिवार्य 2. .... को पूरा करने में अत्यधिक संघर्ष करना पड़ता है। महँगाई बहुत 3. .... गई है। इसके साथ ही बच्चों से लेकर 4. ....तक की आवश्यकताएं इतनी अधिक हो गई हैं कि परिवार के प्रत्येक सदस्य को धनोपार्जन के लिए घर से बाहर जाना पड़ता है। घर और अपनों के लिए समय ही नहीं होता। जीवन संघर्ष का 5. .... बन गया है।

76. रिक्त स्थान 1 की पूर्ति के लिए सबसे उपयुक्त विकल्प का चयन कीजिए।
(a) कार्य (b) सदस्यों
(c) भागदौड़ (d) खेल-कूद

77. रिक्त स्थान 2 की पूर्ति के लिए सबसे उपयुक्त विकल्प का चयन कीजिए।
(a) अवसर
(b) घटना
(c) भावना
(d) आवश्यकताओं

78. रिक्त स्थान 3 की पूर्ति के लिए सबसे उपयुक्त विकल्प का चयन कीजिए।
(a) कम (b) बढ़
(c) बन (d) नीचे

79. रिक्त स्थान 4 की पूर्ति के लिए सबसे उपयुक्त विकल्प का चयन कीजिए।
(a) बूढ़ों
(b) सरकार
(c) बाहर
(d) किसी की भी

80. रिक्त स्थान 5 की पूर्ति के लिए सबसे उपयुक्त विकल्प का चयन कीजिए।
(a) प्रकार (b) सहायक
(c) पर्याय (d) कारण

उत्तर (हल/संकेत)

1. (b) विकल्प (b) में दी गई आकृति प्रश्न आकृति में अंतर्निहित है।

2. (d) दी गई श्रृंखला निम्न पैटर्न पर आधारित है-

L →(+2) N →(−2) P →(+2) [R] →(−2) T
P →(+2) N →(−2) L →(+2) [J] →(−2) H
K →(+2) M →(−2) O →(+2) [Q] →(−2) S
T →(+2) R →(−2) P →(+2) [N] →(−2) L

अत: दी गई श्रृंखला में प्रश्न वाचक चिंह के स्थान पर RJQN आयेगा।

3. (c) find ⓐ Solution ⇒ 4 ① [8]
be attentine ⇒ ② 9
answers (are) correct ⇒ 7 ③ 7
शब्दों के अक्षरों संख्या को लिखा गया है अत:
[Check] (the) question ⇒ [5] ③ 8
अत: सही उत्तर 5 3 8 होगा।

4. (b) जिस प्रकार, मुंबई, महाराष्ट्र की राजधानी है। उसी प्रकार, भोपाल, मध्य प्रदेश की राजधानी है
अत: सही उत्तर मध्य प्रदेश होगा।

5. (b) दी गई श्रृंखला निम्न पैटर्न पर आधारित है-

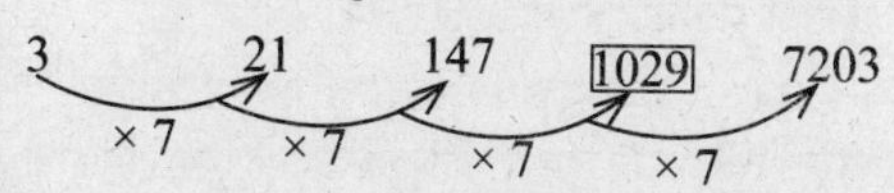

अत: प्रश्नवाचक चिह्न (?) के स्थान पर 1029 आयेगा।

6. (a) दी गई श्रृंखला निम्न पैटर्न पर आधारित है-

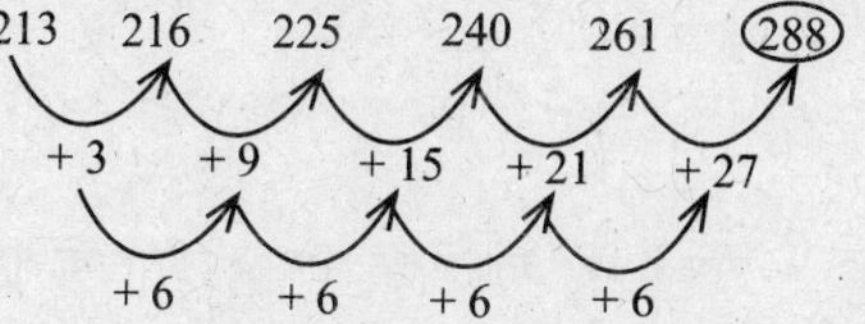

अत: प्रश्नवाचक चिह्न के स्थान पर 288 आयेगा।

7. (c)

8. (a) प्रश्न में दी गई जानकारी के अनुसार,

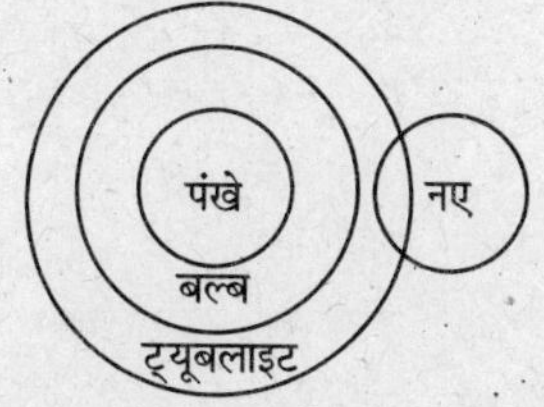

उपर्युक्त वेन आरेख से स्पष्ट है कि न तो निष्कर्ष I और न ही II अनुसरण करता है।

9. (a) प्रश्न में दी गई जानकारी के अनुसार,

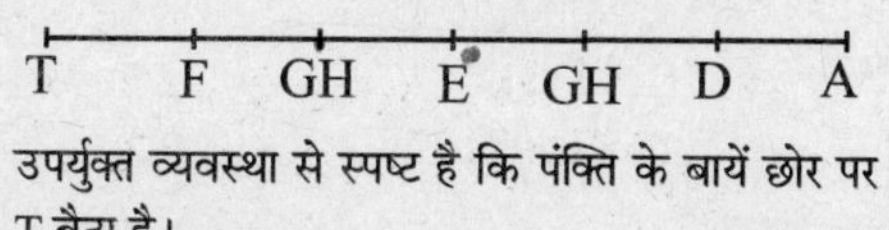

उपर्युक्त व्यवस्था से स्पष्ट है कि पंक्ति के बायें छोर पर T बैठा है।

10. (a) 'FINGER' को 'HHPIDT' के रूप में लिखा जाता है।

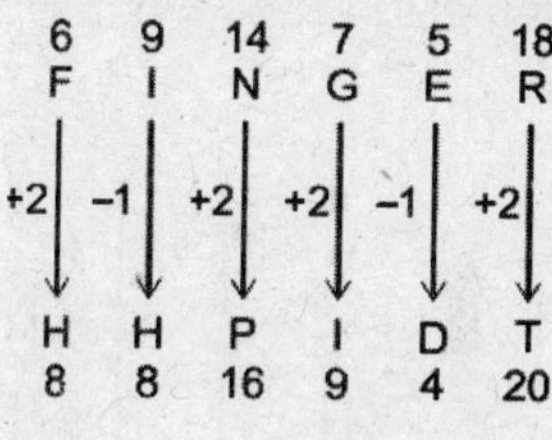

तथा,
'DESTINY' को 'FDUVHPA' के रूप में लिखा जाता है।

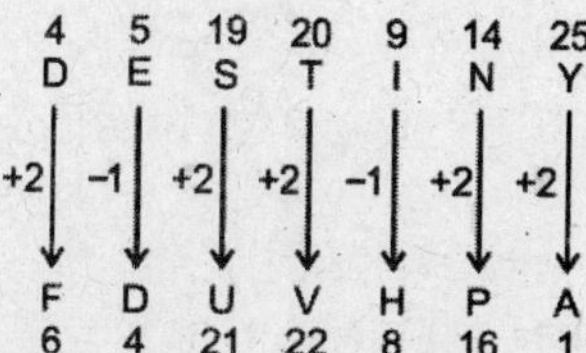

इसी प्रकार,
'GRANTED' को इस प्रकार लिखा जाएगा

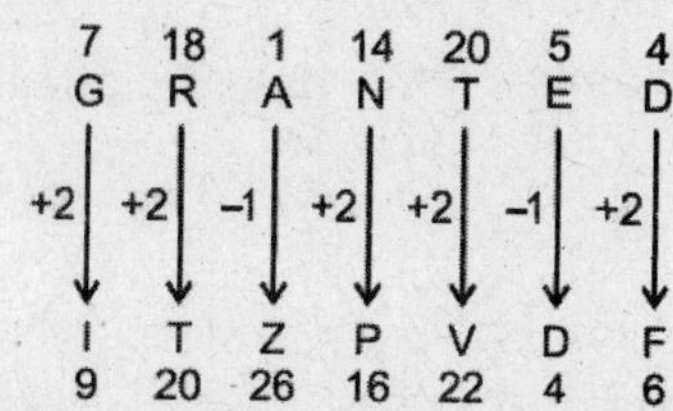

अत:, सही उत्तर "ITZPVDF" है।

11. (c) अंग्रेजी शब्दकोश के अनुसार सही क्रम निम्नलिखित है:

(1) Seminar
(2) Semolina
(3) Senior
(4) September
(5) Serious

अत: सही उत्तर "1, 2, 3, 4, 5" है।

12. (d) दिए गए प्रश्न के अनुसार:

"A + B ÷ C × D – E + F" को नीचे एक वंश वृक्ष आरेख के रूप में दिखाया गया है,

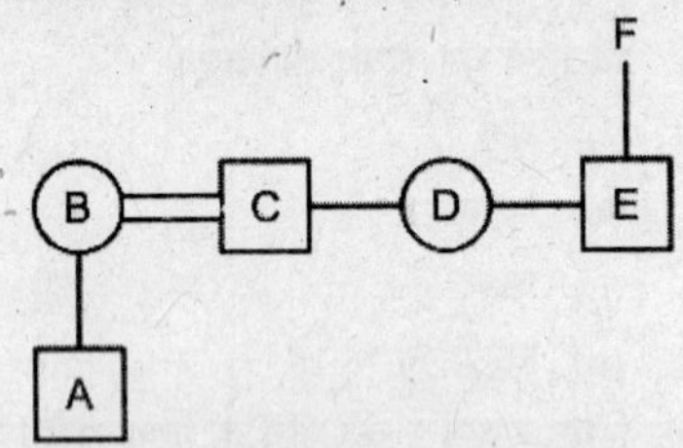

अब, प्रत्येक विकल्प की जाँच करते हैं:

A, F का पोता है → सत्य

A, C का पुत्र है → सत्य

E, B का भाई है → असत्य

D, F की पुत्री है → सत्य

अत: सही उत्तर है- "E, B का भाई है।"

13. (c) दी गई श्रृंखला निम्नलिखित पैटर्न पर आधारित है-

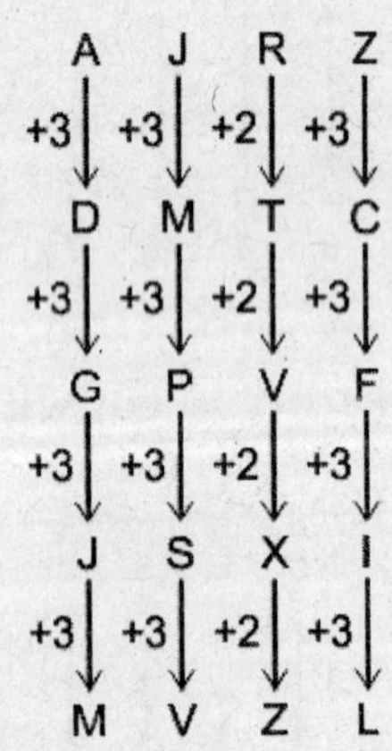

अत:, सही उत्तर "GPVF" है।

14. (c) विकल्प (c) में दी गई आकृति प्रश्न आकृति में निहित है

15. (c) जिस प्रकार,

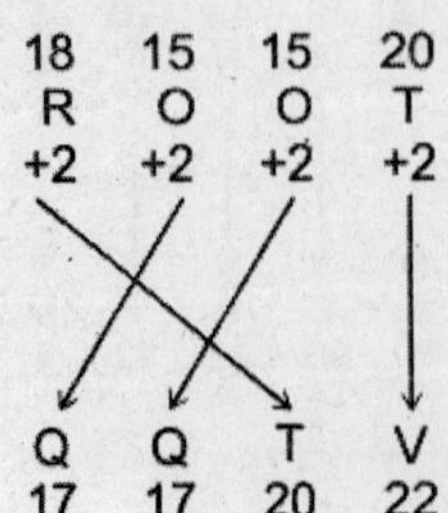

तथा,

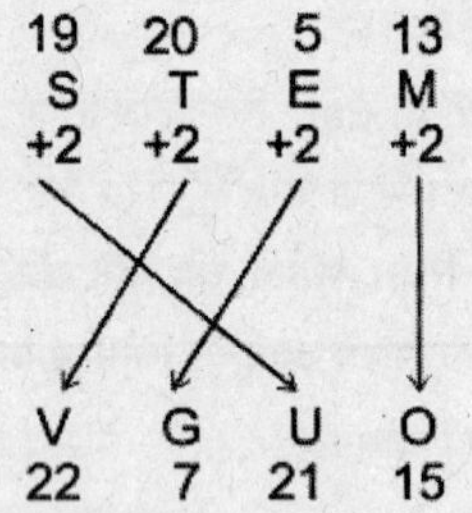

इसी प्रकार,

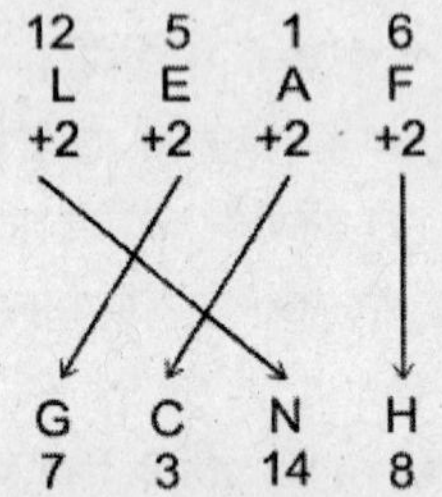

अत:, सही उत्तर "GCNH" है।

16. (d) विकल्प (d) में दी गई आकृति प्रश्न में दी गई श्रृंखला को पूरा करेगी

17. (c) प्रश्न में दी गई जानकारी के अनुसार,

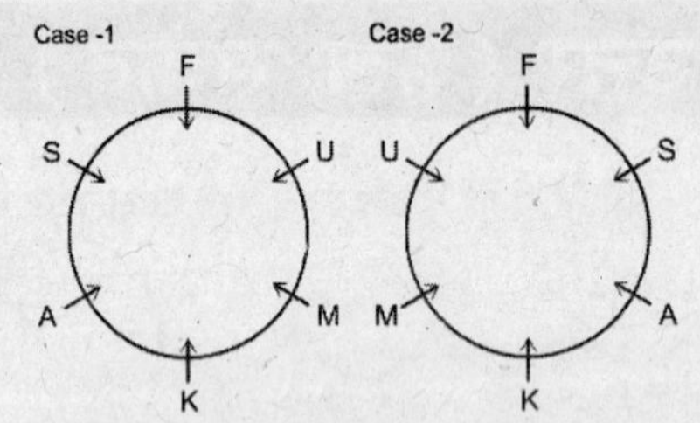

स्पष्ट है कि, दोनों स्थिति में S, A और F के बीच में बैठा है।

अत:, सही उत्तर "S" है।

18. (b) –, ×, +, ÷, =

⇒ $89 - 5 \times 15 + 32 \div 8 = 18$

⇒ $89 - 5 \times 15 + 4 = 18$

⇒ $89 - 75 + 4 = 18$

⇒ $93 - 75 = 18$

⇒ $18 = 18$

⇒ बायाँ पक्ष = दायाँ पक्ष

अत:, सही उत्तर "–, ×, +, ÷, =" है।

19. (a) पैटर्न इस प्रकार है–

(तीसरी संख्या + दूसरी संख्या) × 8 = पहली संख्या

(216, 12, 15)

⇒ $(15 + 12) \times 8$

⇒ $27 \times 8 = 216$

तथा,

(432, 23, 31)

⇒ $(23 + 31) \times 8$

⇒ $54 \times 8 = 432$

(304, 14, 24)

⇒ $(14 + 24) \times 8$

⇒ $38 \times 8 = 304$

20. (c) ÷ तथा –

दिया गया है: $136 \div 17 + 102 - 3 \times 2 = 187$

चिह्न को आपस में बदलने पर हमें प्राप्त होता है;

⇒ $136 - 17 + 102 \div 3 \times 2 = 187$

⇒ $136 - 17 + 34 \times 2 = 187$

⇒ $136 - 17 + 68 = 187$

⇒ $204 - 17 = 187$

⇒ $187 = 187$

⇒ बायाँ पक्ष = दायाँ पक्ष

21. (b) प्रधानमंत्री आवास योजना (शहरी) वर्ष 2022 तक सभी शहरी परिवारों के लिए किफायती आवास उपलब्ध कराने के उद्देश्य से भारत सरकार द्वारा शुरू की गई एक प्रमुख आवास योजना है।

22. (c) लुसोफोनिया खेल, जिसे जोगोस दा लुसोफोनिया के नाम से भी जाना जाता है, पुर्तगाली भाषी देशों के एथलीटों के बीच आयोजित एक बहुराष्ट्रीय बहु-खेल आयोजन है। खेलों का आयोजन एसोसिएशन ऑफ पुर्तगाली-स्पीकिंग ओलंपिक कमेटी (ACOLOP) द्वारा किया जाता है और प्रत्येक चार वर्षों में आयोजित किया जाता है लुसोफोनिया खेलों का पहला संस्करण 2006 में मकाऊ, चीन में हुआ था। यह कार्यक्रम पुर्तगाली भाषी देशों के बीच सांस्कृतिक और खेल संबंधों को मजबूत करने, भाग लेने वाले देशों के बीच मित्रता और सहयोग को बढ़ावा देने के लिए बनाया गया था। इन खेलों का उद्देश्य इन देशों के एथलीटों को एक अंतरराष्ट्रीय मंच पर अपनी प्रतिभा दिखाने के लिए एक मंच प्रदान करना है।

23. (a) सकल घरेलू उत्पाद (GDP) एक विशिष्ट अवधि के दौरान देश के भीतर निर्मित सभी तैयार वस्तुओं और सेवाओं का मौद्रिक मूल्य है।

GDP एक देश का आर्थिक स्नैपशॉट (आशुचित्र) प्रदान करता है, जिसका उपयोग अर्थव्यवस्था के आकार और इसकी विकास दर का अनुमान लगाने के लिए किया जाता है।

GDP की गणना व्यय, उत्पादन या आय का उपयोग करके तीन तरीकों से की जा सकती है। गहन अंतर्दृष्टि प्रदान करने के लिए इसे मुद्रास्फीति और जनसंख्या के लिए समायोजित किया जा सकता है। हालांकि इसकी सीमाएं हैं, नीति-निर्माताओं, निवेशकों और व्यवसायों को रणनीतिक निर्णय लेने में मार्गदर्शन करने के लिए जीडीपी एक महत्वपूर्ण साधन है। 1980 के सकल घरेलू उत्पाद में सेवा क्षेत्र का हिस्सा 38.6% था।

24. (a) अम्बुबाची मेला अम्बुबासी त्यौहार या अमेती त्यौहार के रूप में भी जाना जाता है। यह गुवाहाटी, असम, भारत में कामाख्या मंदिर में मनाया जाने वाला

एक वार्षिक धार्मिक त्यौहार है। यह असम राज्य में सबसे महत्वपूर्ण त्यौहारों में से एक है और देश के विभिन्न हिस्सों से हजारों भक्तों को आकर्षित करता है। त्यौहार कामाख्या देवी मंदिर के आसपास केंद्रित है, जो हिंदू देवी कामाख्या को समर्पित है। हिंदू पौराणिक कथाओं के अनुसार, त्यौहार के दौरान, देवी कामाख्या को उनके वार्षिक मासिक धर्म से गुजरना माना जाता है। इस अवधि के दौरान मंदिर तीन दिनों तक बंद रहता है क्योंकि इसे अशुद्ध समय माना जाता है।

25. (d) इलेक्ट्रॉनिक्स उद्योग में इलेक्ट्रॉनिक उपकरणों और उपकरणों का निर्माण, डिजाइन और बिक्री शामिल है।

इसमें उपभोक्ता इलेक्ट्रॉनिक्स (जैसे, टेलीविज़न, स्मार्टफोन, लैपटॉप और घरेलू उपकरण), इलेक्ट्रॉनिक घटक (जैसे, अर्धचालक, एकीकृत सर्किट और प्रतिरोधक), संचार उपकरण, चिकित्सा उपकरण, ऑटोमोटिव इलेक्ट्रॉनिक्स, और बहुत कुछ जैसे उत्पादों की एक विस्तृत श्रृंखला शामिल है।

उद्योग प्रौद्योगिकी, दूरसंचार, स्वास्थ्य सेवा, मोटर वाहन और मनोरंजन सहित विभिन्न क्षेत्रों में महत्वपूर्ण भूमिका निभाता है।

26. (c) अनुच्छेद 17 अस्पृश्यता का उन्मूलन करता है और किसी भी रूप में इसके अभ्यास को प्रतिबंधित करता है। भारतीय संसद ने 1955 में अस्पृश्यता (अपराध) अधिनियम पारित किया। संविधान सभा द्वारा "महात्मा गांधी की जय" के नारों के साथ अनुच्छेद 17 को अपनाया गया था। संविधान या अधिनियम में 'अस्पृश्यता' शब्द को परिभाषित नहीं किया गया है।

27. (d) एथलेटिक्स फेडरेशन ऑफ इंडिया (एएफआई) ने जून 2021 में इंडियन ग्रां प्री IV का आयोजन किया। यह पटियाला में राष्ट्रीय खेल संस्थान (एनआईएस) में आयोजित किया गया था।

28. (c) जब मैग्नीशियम ऑक्सीजन की उपस्थिति में जलता है, तब यह एक चमकदार सफेद ज्वाला उत्पन्न करता है।

तीव्र सफेद प्रकाश उच्च तापमान और दृश्य प्रकाश सहित एक व्यापक स्पेक्ट्रम में विद्युत चुम्बकीय विकिरण के उत्सर्जन का परिणाम है।

इस विशिष्ट सफेद रोशनी को अक्सर इसकी चमक के कारण बहुत चमकीला या चकाचौंध के रूप में वर्णित किया जाता है।

29. (c) यकृत पर्णकृमि एक प्रकार का परजीवी फ्लैटवॉर्म है जो मनुष्यों सहित विभिन्न जानवरों के लिवर को संक्रमित करता है। मनुष्यों को संक्रमित करने वाली सबसे आम लिवर फ्लूक प्रजातियां हैं फैसिओला हेपेटिक और फैसिओला जाइगैन्टिक। ये परजीवी दुनिया के कुछ हिस्सों में प्रचलित हैं, विशेष रूप से उन क्षेत्रों में जहां कच्चे या अधपके ताजे जल के पौधों की खपत होती है, जो फ्लूक के लार्वा से दूषित होते हैं।

30. (d) आर्य समाज 'स्वामी दयानंद सरस्वती' द्वारा एक हिंदू सुधार आंदोलन की स्थापना की गई है। दयानंद सरस्वती ने 1875 में बंबई में मुथरा के स्वामी विरजानंद से आर्य समाज को प्रेरित किया था। आर्य समाज शुद्ध वैदिक परंपरा में विश्वास करते थे और प्रतिमा पूजा, अवतार, बलिदान, ईसाई कर्मकांड और अंधविश्वास को खारिज करते थे। इसमें छुआछूत और जातिगत भेदभाव का विरोध किया गया और महिलाओं और शूद्रों को भी यज्ञोपवीत धारण करने और वेद पढ़ने का अधिकार दिया गया।

31. (b) बॉम्बे का रेडियो क्लब, जिसे RCBC के नाम से भी जाना जाता है, मुंबई, भारत में स्थित एक प्रमुख सदस्य-मात्र सामाजिक क्लब है। यह 1928 में स्थापित किया गया था और यह मुंबई के लोकप्रिय पड़ोस में से एक, कोलाबा में अरब सागर की ओर मुख वाली एक विरासत इमारत में स्थित है। बॉम्बे का रेडियो क्लब अपने सदस्यों को मनोरंजन और आराम की विस्तृत श्रृंखला प्रदान करता है। क्लब अपनी खेल सुविधाओं के लिए जाना जाता है, जिसमें टेनिस कोर्ट, स्क्वैश कोर्ट और स्विमिंग पूल शामिल हैं।

इसमें एक व्यायामशाला, बिलियर्ड्स रूम और एक पुस्तकालय भी है।

32. (c) समुद्रगुप्त प्राचीन भारत के एक प्रमुख शासक थे जिन्होंने लगभग 335 से 375 ईस्वी तक शासन किया था। वह गुप्त वंश से संबंधित थे, जिन्हें कला, विज्ञान, साहित्य और प्रशासन में अपनी प्रगति के कारण भारतीय इतिहास में एक स्वर्णिम काल माना जाता है। समुद्रगुप्त गुप्त साम्राज्य के संस्थापक चंद्रगुप्त प्रथम के पुत्र और उत्तराधिकारी थे। उन्हें अक्सर उनकी सैन्य विजय, प्रशासनिक क्षमताओं और कला और संस्कृति के संरक्षण के कारण प्राचीन भारत के महानतम शासकों में से एक माना जाता है। समुद्रगुप्त के शासनकाल में गुप्त साम्राज्य का विस्तार और समेकन हुआ।

33. (a) निर्यात वास्तव में एक महत्वपूर्ण कारक है जिसे किसी देश की राष्ट्रीय आय की गणना करते समय ध्यान में रखा जाता है। उन्हें राष्ट्रीय आय की गणना में एक सकारात्मक कारक माना जाता है क्योंकि वे देश में धन के प्रवाह का प्रतिनिधित्व करते हैं। निर्यात आय एक राष्ट्र की समग्र आर्थिक गतिविधि और आय में योगदान करती है। राष्ट्रीय आय की गणना करते समय, निर्यात के मूल्य को शामिल किया जाता है क्योंकि यह अन्य देशों को घरेलू रूप से उत्पादित वस्तुओं और सेवाओं को बेचने से उत्पन्न आय का प्रतिनिधित्व करता है।

जिन अन्य कारकों पर विचार किया जाता है उनमें मजदूरी, वेतन, लाभ, किराए और देश के भीतर व्यक्तियों और व्यवसायों द्वारा उत्पन्न आय के अन्य रूप शामिल हैं।

इसके अतिरिक्त, राष्ट्रीय आय के व्यापक माप पर पहुंचने के लिए कर, सब्सिडी (सहायिकी), मूल्यह्रास और शुद्ध विदेशी आय जैसे कारकों को भी ध्यान में रखा जाता है।

34. (a) राधा श्रीधर को भरतनाट्यम में उनके योगदान के लिए वर्ष 2018 का संगीत नाटक अकादमी पुरस्कार मिला। भरतनाट्यम नृत्य की उत्पत्ति तमिलनाडु में मंदिर नर्तकियों या देवदासियों के एकल नृत्य सदिर में देखी जा सकती है।

35. (a) भारतीय संविधान में अनुच्छेद 324 चुनाव आयोग को सभी संसद, प्रत्येक राज्य के विधानमंडल के लिए और संविधान के तहत आयोजित राष्ट्रपति और उपराष्ट्रपति के कार्यालयों के लिए चुनावों को निर्देशित, नियंत्रित और संचालित करने की शक्ति देता है।

संविधान का अनुच्छेद 324 "चुनावों के अधीक्षण, निर्देशन और नियंत्रण" को एक चुनाव आयोग में निहित करता है, जिसमें "मुख्य चुनाव आयुक्त और अन्य चुनाव आयुक्तों की इतनी संख्या, यदि कोई हो, जैसा कि राष्ट्रपति समय-समय पर तय करते हैं" शामिल है।

36. (d) श्री विनय कुमार सक्सेना ने 26 मई 2022 को दिल्ली के 22वें उप-राज्यपाल के रूप में पदभार संभाला। 63 वर्षीय श्री सक्सेना को निगम और सामाजिक क्षेत्रों में तीन दशकों से अधिक का विशाल अनुभव है और इस तरह के उप-राज्यपाल पद के लिए चुने गए पहले निगमित व्यक्ति हैं।

37. (a) ई. कृष्णा अय्यर, एक प्रमुख भारतीय न्यायविद् और भारत के सर्वोच्च न्यायालय के पूर्व न्यायाधीश हैं। उनका जन्म 15 नवंबर, 1915 को पलक्कड़, केरल, भारत में हुआ था और 4 दिसंबर, 2014 को उनका निधन हो गया। ई. कृष्णा अय्यर कानून के प्रति अपने प्रगतिशील और सक्रिय दृष्टिकोण के लिए जाने जाते थे। एक न्यायाधीश के रूप में अपने कार्यकाल के दौरान, उन्होंने कई ऐतिहासिक निर्णय दिए जिनका भारतीय न्यायशास्त्र पर महत्वपूर्ण प्रभाव पड़ा। उन्हें सामाजिक न्याय के प्रति उनकी प्रतिबद्धता और समाज के शोषित और वंचित वर्गों के अधिकारों की रक्षा के प्रयासों के लिए जाना जाता था।

38. (c) जनगणना एक विशिष्ट भौगोलिक क्षेत्र के भीतर सभी व्यक्तियों के जनसांख्यिकीय, सामाजिक और आर्थिक आकड़ों का एक व्यवस्थित संग्रह है। इसका उद्देश्य नीति निर्माण, नियोजन और संसाधन आवंटन के लिए विश्वसनीय आधार प्रदान करने के लिए जनसंख्या के बारे में व्यापक जानकारी एकत्र करना है। भारत में हर दस वर्षों में एक बार जनसंख्या की जनगणना की जाती है।

भारत में आयोजित अंतिम जनसंख्या जनगणना 2011 में हुई थी।

39. (a) इंडिया वॉटर पिच-पायलट-स्केल स्टार्ट-अप अमृत 2.0 ने रचनात्मकता और डिजाइन को बढ़ावा देने के लिए एक चुनौती स्थापित की। इसका उद्देश्य नवाचार और डिजाइन के माध्यम से जल और उपयोग किए गए जल क्षेत्रों में स्टार्टअप्स का विस्तार करने में सक्षम बनाना है, जो रोजगार के अवसर प्रदान करेगा और आर्थिक विकास का समर्थन करेगा।

40. (c) बांध जल को रोकने के लिए एक नदी या धारा के पार बनाया गया एक ढांचा है।

मानव निर्मित बांध कृत्रिम झीलों का निर्माण करते हैं जिन्हें जलाशय कहा जाता है। जलाशयों का उपयोग खेती, उद्योग और घरेलू उपयोग के लिए जल के भंडारण के लिए किया जा सकता है।

41. (c) रामू की प्रति घंटे कार्य दर $\frac{1}{10}$ है।

मोहन की प्रति घंटे कार्य दर $\frac{1}{16}$ है।

जब वे एक साथ कार्य करते हैं, तो उनकी संयुक्त कार्य दर निम्नलिखित होती है:

$\frac{1}{10}+\frac{1}{16}=\frac{13}{80}$ प्रति घंटे

वे एक साथ 2 घंटे कार्य करते हैं, तो उनके द्वारा पूरा किया गया कार्य है:

$2\times\frac{13}{80}=\frac{26}{80}=$ कार्य का $\frac{13}{40}$ भाग

इसका अर्थ है कि अभी कार्य शेष है-

$1-\frac{13}{40}=$ कार्य का $\frac{27}{40}$ भाग शेष है।

हमें यह ज्ञात करना है कि रामू अकेले शेष कार्य को कितने समय में पूरा कर लेगा। उसकी प्रति घंटे कार्य दर $\frac{1}{10}$ है, इसलिए शेष कार्य को पूरा करने में उसे निम्नलिखित समय लगेगा:

$\left(\frac{27}{40}\right)/\left(\frac{1}{10}\right)=\frac{27}{4}=6.75$ घंटे

इसलिए, रामू शेष कार्य को 6.75 घंटे में पूरा कर देगा।

42. (c) प्रत्येक बर्तन में दूध और पानी की मात्रा की गणना करते हैं।

बर्तन 1:

कुल भाग = 3 + 7 = 10 भाग

बर्तन 1 में दूध की मात्रा $=\left(\frac{3}{10}\right)\times 20$ लीटर = 6 लीटर

बर्तन 1 में पानी की मात्रा $=\left(\frac{7}{10}\right)\times 20$ लीटर = 14 लीटर

बर्तन 2:

कुल भाग = 7 + 5 = 12 भाग

बर्तन 2 में दूध की मात्रा $=\left(\frac{7}{12}\right)\times 36$ लीटर = 21 लीटर

बर्तन 2 में पानी की मात्रा $=\left(\frac{5}{12}\right)\times 36$ लीटर = 15 लीटर

अब, बर्तनों के मिश्रण को एक साथ मिलाने पर दूध और पानी की कुल मात्रा की गणना करते हैं।

दूध की कुल मात्रा = बर्तन 1 में दूध की मात्रा + बर्तन 2 में दूध की मात्रा = 6 लीटर + 21 लीटर = 27 लीटर

पानी की कुल मात्रा = बर्तन 1 में पानी की मात्रा + बर्तन 2 में पानी की मात्रा = 14 लीटर + 15 लीटर = 29 लीटर

इसलिए, दो बर्तनों के मिश्रण को एक साथ मिलाने पर दूध और पानी का अनुपात 27 : 29 हो जाता है।

43. (b) दिए गए मानों को सूत्र में प्रतिस्थापित करने पर:

$2999-\left(\frac{40}{100}\right)\times 2999$

$2999-(0.4)\times 2999$

$2999-1199.6$

1799.40 रुपये

इसलिए, अंकित मूल्य पर 40% छूट लागू करने के बाद, हर्षि ने 1799.40 रुपये का भुगतान किया है।

44. (d) $CP_1 = 475\times\frac{100}{125}$

$475\times\frac{4}{5}=380$ रुपये

$CP_2 = 475\times\frac{100}{80}=593.75$ रुपये

कुल CP = 380 + 593.75 = 973.75 रुपये

कुल नया SP = 575 + 575 = 1150 रुपये

लाभ = 1150 – 973.75 = 176.25 रुपये

लाभ% $=\frac{176.25}{973.75}\times 100 = 18\%$

45. (d) कार द्वारा तय की गई दूरी 108 × 3 = 324 किमी है।

यदि गति 27 किमी/घंटा कम कर दी जाती है, तो नई गति 108 – 27 = 81 किमी/घंटा हो जाती है।

समान दूरी तय करने में कार द्वारा लिया गया नया समय $\frac{324}{81}=4$ घंटे है।

इसलिए, कार द्वारा समान दूरी को तय करने में लगने वाला समय 4 घंटे होगा।

46. (b) चोर की प्रारम्भिक गति

(Vt) = 60 किमी/घंटा

पुलिस की गति (Vp) = 80 किमी/घंटा

पुलिस के पीछा करने से पहले बीता हुआ समय

(T) = 30 मिनट = 0.5 घंटे

दूरी (D) = गति (V) × समय (T)

माना, चोर को पकड़ने में पुलिस को लगने वाला समय t है।

t = (60 किमी/घंटा × 0.5)/(80 किमी/घंटा – 60 किमी/घंटा)

t = (30 किमी/घंटा)/(20 किमी/घंटा)

$t=\frac{3}{2}$ घंटे

47. (c) औसत गति $=\frac{2s_1s_2}{(s_1+s_2)}$

औसत गति $=\frac{2s_1s_2}{(s_1+s_2)}$

$=\frac{(2\times 4\times 3)}{(4+3)}$

= 3.43 किमी/घंटा

48. (d) दिए गए मानों को सूत्र में प्रतिस्थापित करते हैं:

v-औसत = 3/(1/30 + 1/40 + 1/50)

अब, इसकी गणना करते हैं:

औसत = (3 × 300)/(10 + 7.5 + 6)

$38\frac{14}{47}$ किमी/घंटा

इसलिए, पूरी यात्रा के दौरान रोहन की कार की औसत गति अनुमानित $38\frac{14}{47}$ किमी/घंटा है।

49. (d) हम निम्नलिखित सूत्र का उपयोग करके कार्य को पूरा करने में लगने वाले समय की गणना कर सकते हैं:

दिन $=\frac{y(x+n)}{(x+y)}$

जहाँ x और y, A और B द्वारा लिए गए दिनों की संख्या है।

और n, A के छोड़ने से पहले के दिनों की संख्या है।

यहाँ, हमारे पास $x = 8$, y = 24 और n = 4 है।

अत:, अभीष्ट दिनों की संख्या

$=24\times\frac{(8+4)}{(8+24)}$

$=24\times\frac{12}{32}$

= 9 दिन

50. (c) प्रारम्भिक मूल्य (V_1) = 18,000 रुपये

2 वर्षों के बाद अंतिम मूल्य (V_2) = 14,580 रुपये

समय (t) = 2 वर्ष

मूल्यह्रास की वार्षिक दर (r)

मूल्यह्रास (जब मूल्यह्रास दर स्थिर है) का सूत्र निम्नलिखित द्वारा किया जाता है–

$V_2 = V_1\times\left(\frac{1-r}{100}\right)^t$

जहाँ:

V_2 अंतिम मूल्य है,

V_1 प्रारंभिक मूल्य है,

r मूल्यह्रास की दर है (प्रतिशत में)

t समय (वर्षों में) है।

$r = 100\times\left(1-\frac{V_2}{V_1}\right)^{(1/t)}$

अब हम उपरोक्त समीकरण की गणना करते हैं:

$r = 100\times(1-(0.81)^{0.5}$

$r = 100 \times (1 - 0.90)$

$r = 10\%$

इसलिए, मूल्यह्रास की वार्षिक दर अनुमानित 10% है।

51. (d) यदि A : B :: C : D है, तब (A × D) = (B × C)

माना, तृतीयानुपाती P है।

इसलिए, समानुपात इस प्रकार बन जाएगा:

$\Rightarrow$ 24 : 36 :: 36 : P

अवधारणा के अनुसार,

$24 \times P = 36 \times 36$

$\Rightarrow P = \frac{1296}{24}$

$\Rightarrow P = 54$

$\therefore$ तृतीयानुपाती 54 है।

52. (d) माना, दो शंकुओं की त्रिज्याएँ $3x$ और $4x$ हैं, जहाँ x एक उभयनिष्ठ गुणनखंड है।

इसलिए, उनकी त्रिज्याओं का अनुपात $3x : 4x$ है।

पहले शंकु का आयतन (V_1) इस प्रकार व्यक्त किया जा सकता है:

$$V_1 = \left(\frac{1}{3}\right)\pi\,(3x)^2 h_1$$

$$V_1 = \left(\frac{1}{3}\right)\pi\,9x^2 h_1$$

दूसरे शंकु का आयतन (V_2) इस प्रकार व्यक्त किया जा सकता है:

$$V_2 = \left(\frac{1}{3}\right)\pi(4x)^2 h_1$$

$$V_2 = \left(\frac{1}{3}\right)\pi 16x^2 h_1$$

दिया गया है कि दो शंकुओं का आयतनों का अनुपात 3 : 2 है, जिससे हमारे पास है: $\frac{V_1}{V_2} = \frac{3}{2}$

$$\frac{9x^2 h_1}{16x^2 h_2} = \frac{3}{2}$$

$$\frac{h_1}{h_2} = \frac{48x^2}{18x^2}$$

$$\frac{h_1}{h_2} = \frac{8}{3}$$

इसलिए, दो शंकुओं की ऊँचाई का अनुपात 8 : 3 है।

53. (d) वार्षिक 16% की दर से एक वर्ष के लिए दर 16% है।

अर्धवार्षिक $= \frac{16}{2} = 8\%$

एक वर्ष के लिए चक्रवृद्धि ब्याज $(x + y\frac{xy}{100})\,\%$ है।

8% की दर से एक वर्ष के लिए चक्रवृद्धि ब्याज

$$= \left(8 + 8 + \frac{64}{100}\right)\%$$

$\Rightarrow$ 16.64% अर्धवार्षिक ब्याज दर है।

वार्षिक और अर्धवार्षिक ब्याज दर में अंतर निम्नलिखित है:

$\Rightarrow 16.64\% - 16\% = 0.64\%$

अब, 5,750 का 0.64%

$$\Rightarrow \frac{64}{100} \times 5750 = 36.80$$

54. (b)

$$\left[\frac{-4}{7} \div \frac{1}{12}\right] \div \left[-\frac{4}{5} \times \left\{(-2) - \left(-\frac{2}{7}\right)\right\}\right]$$

$$\left[\frac{-4}{7} \times 12\right] \div \left[-\frac{4}{5} \times \left\{(-2) + \left(\frac{2}{7}\right)\right\}\right]$$

$$\Rightarrow \left[\frac{-48}{7}\right] \div \left[-\frac{4}{5} \times \left(\frac{-12}{7}\right)\right\}\right]$$

$$\Rightarrow \left[\frac{-48}{7}\right] \div \left[\frac{48}{35}\right]$$

$$\Rightarrow \left[\frac{-48}{7}\right] \times \left[\frac{35}{48}\right]$$

$\Rightarrow -5$

55. (a) सबसे पहले, 42 और 56 का महत्तम समापवर्तक ज्ञात करते हैं।

42 के गुणनखंड: 1, 2, 3, 6, 7, 14, 21, 42

56 के गुणनखंड: 1, 2, 4, 7, 8, 14, 28, 56

ऊपर सूचीबद्ध गुणनखंडों से, हम देख सकते हैं कि 42 और 56 के उभयनिष्ठ गुणनखंड 1, 2, 7 और 14 हैं।

सबसे बड़ी संख्या जो 42 और 56 दोनों को पूरी तरह से विभाजित कर सकती है, वह उनका महत्तम समापवर्तक है। इस स्थिति में महत्तम समापवर्तक 14 है।

अब, 28 के वर्ग को 14 से विभाजित करके परिणाम की गणना करते हैं।

परिणाम $= \frac{(28^2)}{14}$

परिणाम $= \frac{784}{14}$

परिणाम = 56

56. (c) त्रिज्या 'r' के लिए एक गोले का पृष्ठीय क्षेत्रफल $= 4\pi r^2$

$\Rightarrow 4 \times \frac{22}{7} \times r^2 = 1386$

$\Rightarrow r^2 = 110.25$

$\Rightarrow r = \sqrt{110.25} = 10.5$ सेमी

गोले का आयतन : $\frac{4}{3}\pi r^3$

$\frac{4}{3}\pi\,(10.5)^3$

$\frac{4}{3} \times \frac{22}{7} \times \frac{21}{2} \times \frac{21}{2} \times \frac{21}{2}$

4851 सेमी^{3}

57. (d)

$\frac{MP}{CP}$ = (100 + लाभ%)/(100 - छूट%)

$\frac{MP}{CP} = (110)/(80)$

$\frac{MP}{CP} = (11)/(8)$

प्रश्न के अनुसार:

$11 - 8 = 3$

$3/8 \times 100 = 37.5\%$

58. (b) मेज का अंकित मूल्य = रु. 300

लगातार छूट: 20% और 10%

नकद भुगतान पर अतिरिक्त छूट: 5%

प्रश्न के अनुसार:

$300 \times 80/100 \times 90/100 \times 95/100 = 205.20$

59. (c) डाले गए मतों की संख्या

= (70/100) × 90000

डाले गए मतों की संख्या = 63000

उम्मीदवार A के पक्ष में मतों की संख्या

= (60/100) × 63000

उम्मीदवार A के पक्ष में मतों की संख्या = 37800

चूँकि, केवल दो उम्मीदवार थे, इसलिए शेष मत उम्मीदवार B के पक्ष में होंगे।

उम्मीदवार B द्वारा प्राप्त मतों की संख्या = डाले गए मतों की कुल संख्या - उम्मीदवार A के पक्ष में मतों की संख्या

उम्मीदवार B द्वारा प्राप्त मतों की संख्या

= 63000 – 37800

उम्मीदवार B द्वारा प्राप्त मतों की संख्या = 25200

60. (a) दिया गया है:

पेट्रोल की प्रारम्भिक कीमत = 92 रुपये प्रति लीटर

पेट्रोल की नई कीमत = 96.5 रुपये प्रति लीटर

प्रतिशत वृद्धि = (नया मूल्य - प्रारंभिक मूल्य)/(प्रारंभिक मूल्य) × 100

अब, पेट्रोल की कीमत में प्रतिशत वृद्धि की गणना करते हैं।

प्रतिशत वृद्धि = ((96.5 – 92)/92) × 100

(4.5 / 92) × 100 = 4.9%

इसलिए, पेट्रोल की कीमत में 4.89% की वृद्धि हुई है।

61. (b) विलय- किसी पदार्थ या राज्य का क्रमशः दूसरे पदार्थ या राज्य में मिल जाना।

62. (c) वाक्य में "पूर्ण स्वस्थ" अशुद्ध भाग है। अन्य विकल्प संगत हैं।

63. (a) राजस्व- 'वह धन जो आधिकारिक रूप से राज्य को मिलता हो'।

अन्य विकल्प सही उत्तर नहीं हैं।

64. (b) रिक्त स्थान की पूर्ति के लिए एकार्थी शब्द-युग्म "अभय - उभय" है। अन्य विकल्प असंगत हैं।

साहसी व्यक्ति अभय हो जाता है। कछुआ उभयचर जीव है।

अभय का अर्थ- भय का अभाव, निर्भयता।

उभयचर का अर्थ- जल और थल दोनों में रहने वाला।

65. (d) हाथ शब्द के अन्य पर्यायवाची- बाहू, पाणि, कर, हस्त, पंजा, भुजा, बाँह आदि।

दंत शब्द के अन्य पर्यायवाची- मुखखुर, दर, रदन, द्विज, दशन आदि।

"दंत" हाथ का उचित पर्यायवाची नहीं है। अन्य विकल्प संगत हैं।

66. (d) कुबेर के अन्य पर्यायवाची- धनपती, किन्नरपति, यक्ष, नरेश, यक्षराज, धनाधिप, धनराज, धनेश आदि।

मुनि के अन्य पर्यायवाची- यती, अवधूत, संन्यासी, वैरागी, तापस, सन्त, भिक्षु, महात्मा आदि।

कुबेर का उचित पर्यायवाची शब्द "मुनि" नहीं है। अन्य विकल्प संगत हैं।

67. (c) वाक्य में रिक्त स्थान की पूर्ति के लिए सर्वाधिक उपयुक्त मुहावरा "आसमान से बातें करती हैं"।

68. (d) वाक्य में रेखांकित शब्द करुणा के स्थान पर उपयुक्त शब्द "क्षोभ" है। अन्य विकल्प असंगत हैं।

69. (d) नव्या के काले बाल हैं। इस वाक्य में संख्यावाचक विशेषण का प्रयोग नहीं हुआ है।

यह वाक्य गुणवाचक विशेषण का है।

अन्य सभी विकल्पों में दिए गए वाक्यों में अनिश्चित संख्यावाचक विशेषण का प्रयोग किया गया है।

70. (c) "भर्त्सना" शब्द का उचित विलोम शब्द का प्रयोग विकल्प (c) नव्या ने सुमति की बहुत प्रशंसा की। वाक्य में किया गया है।

71. (a)

72. (a) आप कब आए ? - शुद्ध वाक्य है। अन्य सभी विकल्पों में दिए गए वाक्य में अशुद्धियाँ हैं।

73. (b) "किसी ने जोर से चीत्कार की।" यह वाक्य प्रश्नवाचक सर्वनाम से संबंधित नहीं है।

74. (a) बिना स्वार्थ के कार्य करने वाला "नि:स्वार्थी" कहलाता है।

75. (b) सही उत्तर "लाभ के बदले हानि" है। अन्य विकल्प असंगत हैं।

76. (c) रिक्त स्थान (1) की पूर्ति के लिए सर्वाधिक उपयुक्त शब्द "भागदौड़" है। अन्य विकल्प असंगत हैं।

77. (d) रिक्त स्थान (2) की पूर्ति के लिए सर्वाधिक उपयुक्त शब्द "आवश्यकताओं" है। अन्य विकल्प असंगत हैं।

78. (b) रिक्त स्थान (3) की पूर्ति के लिए सर्वाधिक उपयुक्त शब्द "बढ़" है। अन्य विकल्प असंगत हैं।

79. (a) रिक्त स्थान (4) की पूर्ति के लिए सर्वाधिक उपयुक्त शब्द "बूढ़ों" है। अन्य विकल्प असंगत हैं।

80. (c) रिक्त स्थान (5) की पूर्ति के लिए सर्वाधिक उपयुक्त शब्द " पर्याय" है। अन्य विकल्प असंगत हैं।

❑❑❑

SSC कांस्टेबल (जी.डी.)
भर्ती परीक्षा
सॉल्व्ड पेपर–2023

तारीख: 10/01/2023
समय: 5.15 PM 6.15 PM

भाग-I सामान्य बुद्धिमत्ता एवं तर्कशक्ति

1. तीन कथनों के बाद तीन निष्कर्ष दिए गए हैं। कथनों को सत्य मानते हुए, भले ही वे सामान्य रूप से ज्ञात तथ्यों से भिन्न प्रतीत होते हों, निर्णय करें कि कौन-सा/से निष्कर्ष कथनों का तार्किक रूप से अनुसरण करता है/करते हैं।

कथन:

कुछ कंप्यूटर फोन हैं।

सभी फोन कैलकुलेटर हैं।

सभी कैलकुलेटर आई-पैड हैं।

निष्कर्ष:

1. कुछ आई-पैड कंप्यूटर हैं।

2. सभी कैलकुलेटर फोन हैं।

3. कुछ आई-पैड फोन हैं।

(a) सभी निष्कर्ष अनुसरण करते हैं।
(b) केवल निष्कर्ष 1 और 3 अनुसरण करते हैं।
(c) केवल निष्कर्ष 2 और 3 अनुसरण करते हैं।
(d) केवल निष्कर्ष 1 और 2 अनुसरण करते हैं।

2. किस विकल्प में निम्नलिखित शब्दों का वह क्रम दिया गया है, जिस क्रम में वे अंग्रेजी शब्दकोश में आते हैं ?

1. inside
2. inertia
3. instruction
4. insight
5. individual

(a) 5, 1, 2, 3, 4 (b) 5, 1, 3, 4, 2
(c) 5, 3, 1, 2, 4 (d) 5, 2, 1, 4, 3

3. दिए गए समीकरण को संतुलित करने के लिए किन दो चिह्नों को परस्पर बदलना होगा ?

561 ÷ 11 × 22 + 6 – 25 = 158

(a) + और – (b) ÷ और +
(c) + और × (d) ÷ और ×

4. वह विकल्प चित्र चुनिए, जो प्रस्तुत चित्र में अंतर्निहित है। (घुमाना अनुमन्य नहीं है)

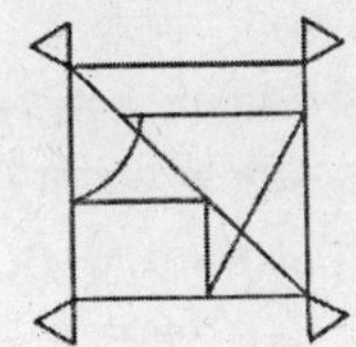

(a) 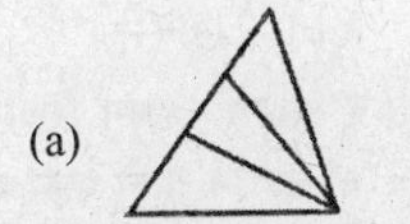 (b) 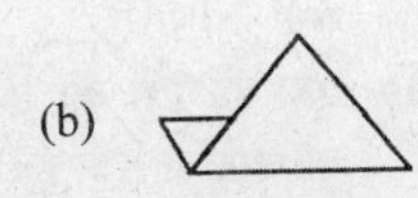

(c) 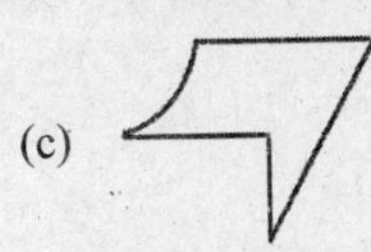 (d) 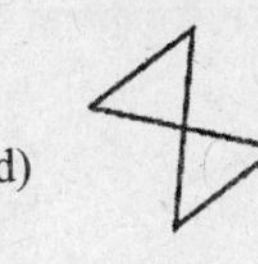

5. उस आकृति का चयन कीजिए. जो नीचे दी गई शृंखला में आगे आएगी।

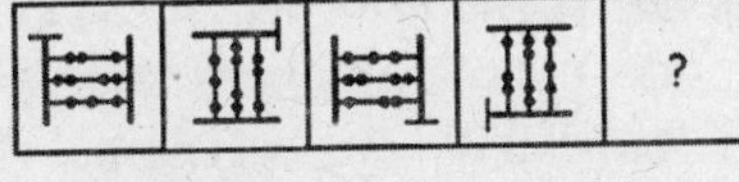

(a) 

(b) 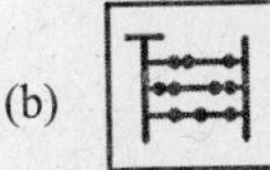

(c) 

(d) 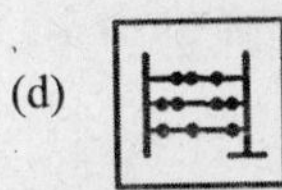

6. नीचे दिए गए समीकरण को गणितीय रूप से सही बनाने के लिए किन दो चिन्हों को परस्पर बदलना चाहिए ?

48 – 96 × 4 ÷ 3 + 58 = 34

(a) ÷ और × (b) + और –
(c) × और + (d) – और ÷

7. उस विकल्प का चयन कीजिए जो पांचवें अक्षर-समूह से उसी प्रकार संबंधित है जिस प्रकार दूसरा अक्षर- समूह पहले अक्षर-समूह से संबंधित है और चौथा अक्षर-समूह तीसरे अक्षर समूह से संबंधित है। PENALTY : QFOBMUZ :: OFFENSE : PGGFOTF :: NERVOUS : ?

(a) VOUSNER (b) RENVOU
(c) OFSWPVT (d) SUOVREN

8. 7 व्यक्ति – A, B, C, D, E, F, और G, एक वृत्ताकार मेज के परित: केंद्र की ओर मुख करके बैठे हैं। A, के दाईं ओर ठीक बगल में, और D के बाईं ओर ठीक बगल में बैठा है। G, C के बाईं ओर ठीक बगल में, औरF के दाईं ओर ठीक बगल में बैठा है। E, F के बाईं ओर ठीक बगल में, और B के दाईं ओर ठीक बगल में बैठा है। B, A के दाईं ओर दूसरे स्थान पर बैठा है। इनमें से कौन A और B के ठीक बगल में बैठा है ?

(a) E (b) F
(c) D (d) G

9. एक निश्चित कूट भाषा में, 'TABLE' को '@6#%' के रूप में लिखा जाता है, 'LARK' को '#@28' के रूप में लिखा जाता है और 'BUCKET' को '6$+8%' के रूप में लिखा जाता है। उसी भाषा में 'CLARET' को कैसे लिखा जाएगा ?

(a) +#26%$ (b) 8#2%6+
(c) +#@2% (d) 8#@6%

10. A @ B का अर्थ है 'A, B की बहन है।
A & B का अर्थ है 'A, B का भाई है।
A # B का अर्थ है 'A, B की पत्नी है।
A B का अर्थ है 'A, B की माता है।
A + B का अर्थ है 'A, B के पिता हैं।
यदि X + T^ M# G & C^ K@H^ Q है, तो निम्नलिखित में से कौन-सा कथन सही नहीं है ?

(a) X, M के नाना हैं।
(b) C, H की माता है।
(c) G, K के पिता हैं।
(d) G. T का दामाद है।

11. निम्न में से कौन-सी संख्या दी गई श्रृंखला में प्रश्न-चिह्न (?) के स्थान पर आएगी ?

115, 102, 107, 94, 99, ?

(a) 86 (b) 96
(c) 84 (d) 92

12. उस विकल्प का चयन करें, जो पाँचवीं संख्या से उसी प्रकार संबंधित है, जिस प्रकार दूसरी संख्या, पहली संख्या से संबंधित है और चौथी संख्या, तीसरी संख्या से संबंधित है।

48 : 5 :: 30 : 3 :: 57 : ?

(a) 4 (b) 6
(c) 2 (d) 7

13. दी गई आकृति के सही दर्पण प्रतिबिम्ब का चयन करें जब दर्पण को MN पर रखा जाए जैसा कि नीचे m दर्शाया गया है।

PsyCHoLoGy | (M–N)

(a) yGoꓶoHƆYƨꟼ
(b) yGoꓶoHƆyƨꟼ
(c) yGoꓶoHƆyƧꟼ
(d) yGoꓶoHƆyƨq

14. सात व्यक्ति A, B, C, D, E, F और G एक सीधी पंक्ति में उत्तर की ओर मुख करके बैठे हैं। A पंक्ति के ठीक मध्य में बैठा है। G और E पंक्ति के सिरों पर बैठे हैं। B, A के बाईं ओर ठीक बगल में बैठा है। F, G के दाईं ओर ठीक बगल में बैठा है। D, E के बाईं ओर ठीक बगल में बैठा है। C, E के बाईं ओर दूसरे स्थान पर बैठा है। G और B के बीच में कौन बैठा है ?

(a) D (b) F
(c) C (d) A

15. कौन-सा अक्षर-समूह दी गई श्रृंखला में प्रश्न-चिह्न (?) के स्थान पर आकर श्रृंखला को पूर्ण करेगा ?

CTUJ, EVWL, ?, IZAP, KBCR

(a) FXYO (b) GXYN
(c) GXYO (d) FXYN

16. निम्नलिखित में से कौन-सी संख्या दी गई श्रृंखला में प्रश्न चिह्न (?) के स्थान पर आएगी ?

23, 27, 35, ?, 63, 83, 107

(a) 55 (b) 39
(c) 43 (d) 47

17. उस विकल्प का चयन कीजिए जो तीसरे शब्द से उसी प्रकार संबंधित है जिस प्रकार दूसरा शब्द पहले शब्द से संबंधित है। (शब्दों को अर्थपूर्ण शब्दों के रूप में मानना है और उन्हें शब्द में अक्षरों/व्यंजनों/स्वरों की संख्या के आधार पर एक-दूसरे से संबंधित नहीं करना है।)

मेघालय : शिलांग :: केरल : ?

(a) बेंगलुरु (b) तिरुवनंतपुरम
(c) चेन्नई (d) पणजी

18. निम्नलिखित में से कौन-सा पद दी गई श्रृंखला में प्रश्न चिह्न (?) के स्थान पर आएगा ?

MQEV, ?, QOIT, SNKS, UMMR

(a) OPHU (b) PPHV
(c) NPGU (d) OPGU

19. एक ही पासे की तीन अलग-अलग स्थितियों को दर्शाया गया है। '6' दर्शाने वाले फलक के विपरीत फलक पर मौजूद संख्या ज्ञात कीजिए।

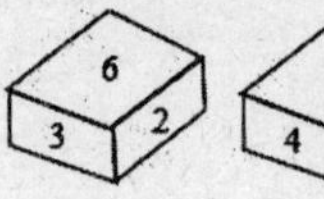

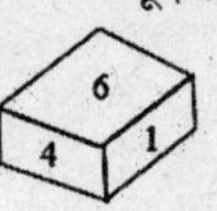

(a) 3 (b) 5
(c) 1 (d) 4

20. एक निश्चित कूट भाषा में 'STATION' को 'UVYVGMP' लिखा जाता है और 'TRIUMPH' को 'VTGSORJ' लिखा जाता है। उसी भाषा में 'HOLIDAY' को किस प्रकार लिखा जाएगा ?

(a) JMNGFCW
(b) JMNGFXW
(c) JMNGFYA
(d) JMNGBXW

भाग-II सामान्य ज्ञान एवं सामान्य जानकारी

21. ______ के लिए रासायनिक सूत्र H_2SO_4 है।

(a) मुरिएटिक एसिड
(b) हरा विट्रिओल
(c) नीला विट्रिओल
(d) आयल ऑफ़ विट्रिओल

22. बजट दस्तावेज कुल व्यय को .... में वर्गीकृत करते हैं।

(a) माल और आय
(b) आंशिक और पूर्ण व्यय
(c) सेवाओं और गैर-माल सेवाओं
(d) योजनागत और गैर-योजनागत व्यय

23. पोषण की उस प्रणाली में जिसमें जीव किसी मृत एवं विघटित जैविक पदार्थों से पोशक तत्व प्राप्त करते हैं-

उसे .... पोषण प्रणाली कहा जाता है।

(a) विशमपोशी (b) स्वपोशी
(c) मृतजीवी (d) एकलपोशी

24. 'मोहिनीअट्टम की जननी .... पर आधारित एक डोकयु-फिक्शन है।

(a) शोभना नारायण
(b) कलामंडलम कल्याणिकुट्टी अम्मा
(c) महबूब सुभानी
(d) अनुराधा पाण्डेय

25. निम्नलिखित में से किस राज्य में मकर संक्रांति को पेड्डा पांडुगा के रूप में मनाया जाता है ?

(a) तमिलनाडु (b) आंध्र प्रदेश
(c) केरल (d) कर्नाटक

26. दिए गए उद्योगों में, चूना पत्थर, ... का कच्चा माल है।

(a) प्लास्टिक उद्योग (b) फर्नीचर उद्योग
(c) सीमेंट उद्योग (d) इलेक्ट्रॉनिक उद्योग

27. विषम का चयन करें। [संकेत: रेशेदार फसलें (fiber crops)]

(a) कपास (b) रबड़
(c) जूट (d) सन (हैम्प)

28. भारतीय संविधान में 'राष्ट्रपति के चुनाव की विधि को .... संविधान से लिया गया है।

(a) जर्मन
(b) दक्षिण अफ्रीकी
(c) संयुक्त राज्य अमेरिका
(d) आयरिश

29. भारत में, किस वर्ष में राष्ट्रीय काम के बदले भोजन कार्यक्रम (National Food for Work Programme) शुरू किया गया था ?

(a) 2005 (b) 2004
(c) 2003 (d) 2000

30. किस देश ने 2019 में एशियाई एथलेटिक्स चैंपियनशिप की मेजबानी की ?

(a) जॉर्डन
(b) फिलीपींस
(c) कतर
(d) दक्षिण कोरिया

31. भारत के संविधान का निम्नलिखित में से कौन-सा अनुच्छेद, राज्य कार्यकारिणी से संबंधित है ?

(a) अनुच्छेद 123-132
(b) अनुच्छेद 134-143
(c) अनुच्छेद 153-167
(d) अनुच्छेद 145-150

32. मोहिनीअट्टम निम्नलिखित में से किस राज्य से संबंधित एक एकल शास्त्रीय नृत्य है?

(a) बिहार (b) कर्नाटक
(c) उत्तर प्रदेश (d) केरल

33. भारत सरकार के किस केंद्रीय मंत्री ने मार्च में टेक कॉन्क्लेव 2022 का उद्घाटन किया?

(a) राजनाथ सिंह (b) अश्विनी वैष्णव
(c) स्मृति ईरानी (d) अमित शाह

34. किस भारतीय मूल के सिख को बाढ़, झाड़ियों में लगी आग, सूखे और कोविड-19 से प्रभावित समुदाय का समर्थन करने के लिए न्यू साउथ वेल्स ऑस्ट्रेलियन ऑफ द ईयर अवार्ड 2023 दिया गया है?

(a) कमलजीत अरोड़ा (b) जतिंदर सिंह
(c) अमर सिंह (d) नवजीत कौर बराड़

35. निम्नलिखित में से कौन-सी खेड़ा के किसान आंदोलन की मुख्य मांग थी?

(a) नि:शुल्क सिंचाई की सुविधा प्रदान की जाए
(b) राजस्व संग्रह में ढील दी जाए
(c) बाग़ान प्रणाली को समाप्त किया जाए
(d) संकर बीज उपलब्ध कराए जाए

36. क्रिकेट विश्व कप 1983 के फाइनल मैच में निम्नलिखित में से किस खिलाड़ी ने सर्वाधिक रन बनाए थे?

(a) सुनील गावस्कर
(b) कृष्णमाचारी श्रीकांत
(c) मोहिंदर अमरनाथ
(d) कपिल देव

37. रेशम बनाने की तकनीक का आविष्कार सबसे पहले लगभग .... वर्ष पहले चीन में हुआ था।

(a) 7000 (b) 30000
(c) 15000 (d) 20000

38. भारत के सर्वोच्च न्यायालय ने .... में एक निर्णय पारित किया जिसमें उसने तीन तलाक की प्रथा को असंवैधानिक घोषित किया और ऐसा करना निरस्त किया।

(a) 2017 (b) 2014
(c) 2013 (d) 2018

39. स्वतंत्रता के समय भारत की लगभग .... प्रतिशत जनसंख्या कृषि पर निर्भर थी।

(a) 50 (b) 100
(c) 75 (d) 90

40. भारत में, अक्टूबर-नवंबर के दौरान, सूर्य के दक्षिण की ओर आभासी गति के कारण .... मैदानों के ऊपर शिथिल हो जाता है।

(a) मानसून गर्त
(b) ली गर्त
(c) व्युत्क्रमित गर्त
(d) उच्चतल गर्त

भाग-III प्रारंभिक अंकगणित

41. एक आदमी एक खिलौना कार ₹135 में खरीदता है और उसे ₹150 में बेचता है, उसका लाभ प्रतिशत ज्ञात कीजिए।

(a) 11.11% (b) 11%
(c) 10.10% (d) 10%

42. ₹ 1,875 की राशि 4% की वार्षिक दर से एक निश्चित समय में बढ़कर ₹ 2,028 हो गई। यदि ब्याज वार्षिक रूप से चक्रवृद्धि है, तो समयावधि क्या होगी?

(a) 2 वर्ष (b) 3 वर्ष
(c) 3.5 वर्ष (d) 2.5 वर्ष

43. एक वाशिंग मशीन का अंकित मूल्य ₹ 23,500 है और दुकानदार ने इसे ₹ 20,915 में बेचा। दुकानदार द्वारा दी जाने वाली छूट का प्रतिशत कितना है?

(a) 10% (b) 9%
(c) 11% (d) 12%

44. 32 और 40 का लघुत्तम समापवर्त्य x के वर्ग से 9 कम के बराबर है। X का धनात्मक मान ज्ञात करें।

(a) 14 (b) 12
(c) 11 (d) 13

45. एक शहर की वर्तमान जनसंख्या 125000 है। यदि जनसंख्या 2% प्रति वर्ष की दर से बढ़ती है, तो 3 वर्ष बाद शहर की जनसंख्या क्या होगी?

(a) 132651 (b) 130896
(c) 133512 (d) 132165

46. अमन, राम और कपिल एक कार्य को क्रमश: 68 दिन, 51 दिन और 17 दिन में पूरा कर सकते हैं। यदि वे बारी-बारी से एक-एक दिन इस प्रकार कार्य करते हैं कि अमन पहले दिन कार्य करता है, राम दूसरे दिन कार्य करता है, कपिल तीसरे दिन कार्य करता है और फिर अमन चौथे दिन कार्य करता है और यह क्रम इसी प्रकार जारी रहता है, तो 50% कार्य होने में लगभग कितने दिन लगेंगे?

(a) 16 दिन (b) 18 दिन
(c) 19 दिन (d) 15 दिन

47. अंकित मूल्य पर 10% की छूट देने पर एक विक्रेता 5% का लाभ अर्जित करता है। यदि अंकित मूल्य में 5% की वृद्धि की जाती है और प्रत्येक 5% की दो क्रमिक छूटें दी जाती हैं, तो विक्रेता को कितने प्रतिशत लाभ होता है?

(a) 11.5% (b) 10%
(c) 10.5% (d) 11%

48. एक डीलर अपने माल को 16% की हानि पर बेचने का दावा करता है, लेकिन वह 1 kg वजन के स्थान पर 750 gm ही वजन करता है। उसका कुल लाभ प्रतिशत ज्ञात कीजिए।

(a) 15 प्रतिशत (b) 11 प्रतिशत
(c) 12 प्रतिशत (d) 14 प्रतिशत

49. एक शंकु का वक्र पृष्ठीय क्षेत्रफल 4,455 cm 2 है और इसका व्यास 105 cm है। इसकी तिर्यक ऊंचाई ज्ञात करें। $\pi = \frac{22}{7}$ लें-

(a) 25 cm (b) 21 cm
(c) 23 cm (d) 27 cm

50. 1000 m की एक रैखिक दौड़ में, सलोनी ने श्वेता को 100 m से हराया, जबकि श्वेता ने सोनम को 150 m से हराया। उसी दौड़ में सलोनी ने सोनम को कितने मीटर से हराया?

(a) 235 m (b) 250 m
(c) 220 m (d) 225 m

51. एक दशक में एक कस्बे की जनसंख्या 145000 से बढ़कर 200000 हो गई। प्रति वर्ष जनसंख्या की साधारण वृद्धि दर प्रतिशत क्या होगी?

(a) 3.793 प्रतिशत (b) 5.789 प्रतिशत
(c) 4.856 प्रतिशत (d) 2.165 प्रतिशत

52. एक लड़का घर से कॉलेज तक 35 km/h की चाल से जाता है और 3 km/h की चाल से वापस आता है। यदि पूरी यात्रा में 6 घंटे 30 मिनट लगते हैं, तो घर से कॉलेज की दूरी (दशमलव के बाद दो स्थानों तक सही) .... है।

(a) 17.25 km (b) 17.96 km
(c) 18.01 km (d) 17.58 km

53. 37, 55 का कितना प्रतिशत है? (दशमलव के दो स्थानों तक सही)

(a) 69.41% (b) 62.77%
(c) 64.91% (d) 67.27%

54. दो संख्याएँ 3 : 8 के अनुपात में हैं। यदि प्रत्येक संख्या में 8 जोड़ दिया जाए, तो अनुपात 1: 2 हो जाता है। यदि प्रत्येक संख्या में से 4 घटा दिया जाए, तो अनुपात क्या हो जाएगा ?

(a) 8 : 3 (b) 2 : 7
(c) 3 : 8 (d) 7 : 2

55. एक किसान के पास 10 तोते और 40 घोड़े हैं। प्रति जानवर पैरों की औसत संख्या ज्ञात करें।

(a) 3.2 (b) 3.6
(c) 3.8 (d) 3.4

56. एक घंटे में, A सात कुर्सियों को पेंट कर सकता है, जबकि B एक घंटे मे चार कुर्सियों को पेंट कर सकता है। निर्धारित कीजिए कि 55 कुर्सियों को एक साथ मिलकर पेंट करने पर उन्हें कितना समय लगेगा ?

(a) 5 घंटे (b) 7 घंटे
(c) 4 घंटे (d) 6 घंटे

57. एक बल्लेबाज 15वीं पारी में 97 रन बनाता है, जिससे उसके रनों का औसत 5 बढ़ जाता है। 15वीं पारी के बाद उसके रनों का औसत ज्ञात कीजिए।

(a) 92 (b) 27
(c) 15 (d) 82

58. 0.64 और 0.81 के बीच का मध्यानुपाती ज्ञात करें।

(a) 0.72 (b) 0.70
(c) 0.68 (d) 0.66

59. चार अभाज्य संख्याएँ आरोही क्रम में व्यवस्थित हैं। प्रथम तीन संख्याओं का गुणनफल 255 और अंतिम तीन संख्याओं का गुणनफल 1955 है। सबसे बड़ी अभाज्य संख्या है-

(a) 29 (b) 17
(c) 23 (d) 31

60. ऊंचाई 20 सेमी और आधार त्रिज्या 14 सेमी वाले बेलन के आयतन (सेमी 3 में) की गणना कीजिए।

(a) 13,230 सेमी^{3} (b) 12,200 सेमी^{3}
(c) 12,320 सेमी^{3} (d) 13,300 सेमी^{3}

भाग-IV हिंदी

61. 'अनुसंधान ....'

उपर्युक्त वाक्य में रिक्त स्थान के लिए उपयुक्त वाक्यांश का चयन विकल्पों में से कीजिए।

(a) द्वारा खोज का अर्थ होता है।
(b) खोज का अनर्थ होता है।
(c) का अर्थ खोज होता है।
(d) की अर्थ में खोज होता है।

62. निम्नलिखित मुहावरे के लिए, उपयुक्त सार्थक शब्द है-

जी अच्छा होना

(a) तबियत ठीक होना
(b) बहाना करना
(c) रंग बिरंगी
(d) हिम्मत करना

63. दिए गए विकल्पों में से कौन-सा शब्द निम्नलिखित वाक्य में रेखांकित शब्द का पर्यायवाची नहीं है ?

रासबिहारी बोस दिल्ली '<u>षड्यन्त्र</u>' के मुख्य अभियुक्त थे।

(a) कुचक्र
(b) साजिश
(c) साजिद
(d) दुरभिसंधि

64. वाक्यांश और उसके लिए एक शब्द का निम्न में से कौन-सा युग्म अशुद्ध है ?

(a) लाभ पाने की इच्छा-लिप्सा
(b) जो किसी से जीता न जा सके-अजेय
(c) नाप तौलकर खर्च करने वाला-मितभाषी
(d) सात दिन का समूह-सप्ताह

65. रिक्त स्थान की पूर्ति उचित कारक चिन्ह से करें-

श्याम मीरा .... खिलौने लाया।

(a) ने (b) का
(c) में (d) के लिए

66. निम्नलिखित वाक्य में रेखांकित खंड के स्थान पर प्रयुक्त होने वाले सबसे उपयुक्त विकल्प का चयन कीजिए-

वह अतिथि सेवा <u>के तत्पर लिए</u> है।

(a) के लिए है तत्पर
(b) तत्पर के लिए है
(c) तत्पर है के लिए
(d) के लिए तत्पर है

67. भगवान <u>दिवाकर</u> जीवनदायी हैं।

रेखांकित शब्द के उचित पर्यायवाची शब्द का चयन कीजिए।

(a) शशि (b) अब्ज
(c) नयन (d) सूर्य

68. निम्नलिखित वाक्य में त्रुटि पहचानें-

मैंने हाथ जोड़ दीया।

(a) दीया (b) मैंने
(c) हाथ (d) जोड़

69. निम्नलिखित में से शुद्ध वाक्य है-

(a) बहुत लोग ईक साथ दौड़ पड़े।
(b) बहुत लोग एक साथ दौठ पड़े।
(c) बहुत लोग एक साथ दौड़ पड़े।
(d) बहुत लोग एक सथ दौड़ पड़े।

70. रेखांकित शब्द-समूह के लिए सर्वाधिक उपयुक्त विकल्प चुनें।

आकाश में इतने तारे हैं कि गिने न जा सकें।

(a) गणनीय
(b) असंख्य
(c) अनगिनत
(d) गिनती के

71. अरे! साँप कहाँ गया ?

इस वाक्य में प्रयुक्त क्रिया विशेषण 'कहाँ' किस प्रकार का क्रियाविशेषण है ?

(a) यौगिक क्रिया विशेषण
(b) मूल क्रिया विशेषण
(c) अनुबद्ध क्रिया विशेषण
(d) साधारण क्रिया विशेषण

72. रितेश को जब कक्षा में प्रथम आने का समाचार मिला, तो उसकी .... खिल गईं।

रिक्त स्थान की पूर्ति उचित शब्द द्वारा कीजिए।

(a) बांछें
(b) आँखे
(c) चेहरा
(d) मुस्कान

73. मैंने विद्यालय के प्रधानाचार्य से प्रार्थना की कि मुझे छात्रवृत्ति प्रदान करें।

उपरोक्त वाक्य में प्रयुक्त 'प्रार्थना' शब्द का सही अर्थ है-

(a) विनयपूर्वक विनती करना
(b) तर्क से अपनी बात रखना
(c) अपनी बात मनवाने के लिए कहना
(d) आग्रहपूर्वक विनती करना

74. निम्न वाक्य में अनुपयुक्त शब्द प्रयोग सम्बन्धी अशुद्धि दूर करने के लिए, रेखांकित भाग को उचित विकल्प चुनकर प्रतिस्थापित करें-

'हिन्दी-साहित्य में आचार्य रामचंद्र शुक्ल <u>एक बड़े व्याख्याता</u> माने जाते हैं।"

(a) एक अच्छे वर्चक
(b) एक उत्कृष्ट विश्लेषक
(c) एक बड़े साहित्यक
(d) बड़े अच्छे वक्ता

75. निम्न में से कौन-सा 'जल' शब्द का पर्यायवाची है ?

(a) अंबुधि (b) नीरज
(c) वारिज (d) नीर

निम्नलिखित गद्यांश में कुछ शब्दों को हटा दिया गया है। दिए गए विकल्पों की सहायता से रिक्त स्थानों की पूर्ति कीजिए। प्रत्येक संख्या के लिए सबसे उपयुक्त विकल्प का चयन करें।

आत्मनिर्भरता से तात्पर्य है- अपने ऊपर 1. .... रहना। जब मनुष्य अपने कार्य 2. ....करता है तो आत्मनिर्भर कहलाता है। बहुत से कार्य वह दूसरों के 3. .... करता है। आत्मनिर्भरता का अर्थ यह है कि जब किसी कार्य को करने का मन करे, उसके लिए पूर्ण 4. .... और लगन का परिचय दे। स्वयं अपने सहारे उसे सिद्ध करने का 5. .... करें।

76 रिक्त स्थान 1 की पूर्ति के लिए सबसे उपयुक्त विकल्प का चयन कीजिए।
(a) दूभर
(b) सहारा
(c) निर्भर
(d) प्रवृत्ति

77. रिक्त स्थान 2 की पूर्ति के लिए सबसे उपयुक्त विकल्प का चयन कीजिए।
(a) स्वयं (b) नहीं
(c) श्रेष्ठ (d) कल

78. रिक्त स्थान 3 की पूर्ति के लिए सबसे उपयुक्त विकल्प का चयन कीजिए।
(a) सहारे (b) प्रकार
(c) लक्ष्य (d) स्थिति

79. रिक्त स्थान 4 की पूर्ति के लिए सबसे उपयुक्त विकल्प का चयन कीजिए।
(a) तत्परता (b) विफलता
(c) अकर्मण्यता (d) सहायता

80. रिक्त स्थान 5 की पूर्ति के लिए सबसे उपयुक्त विकल्प का चयन कीजिए।
(a) पाठ (b) प्रयास
(c) ध्यान (d) विकास

उत्तर (हल/संकेत)

1. (b) दी गई जानकारी के अनुसार न्यूनतम संभव वेन आरेख नीचे दिया गया है–

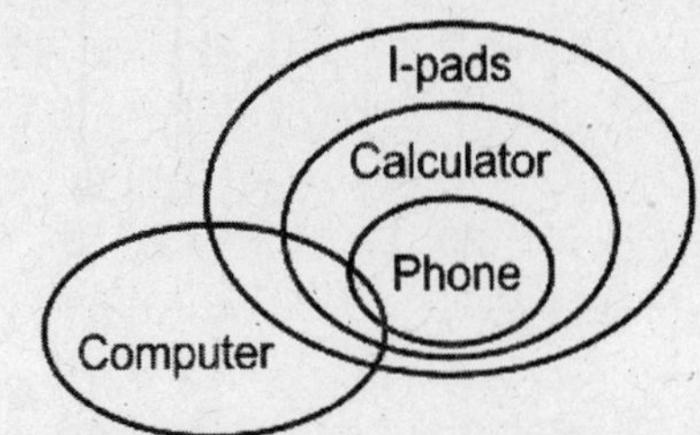

उपरोक्त वेन डायग्राम से स्पष्ट है कि "केवल निष्कर्ष 1 और 3 अनुसरण करते हैं"।

2. (d) शब्दकोश के अनुसार सही क्रम है:
(5) individual
(2) inertia
(1) inside
(4) insight
(3) instruction
अत:, सही उत्तर "5, 2, 1, 4, 3" है।

3. (c) + और ×
$561 \div 11 + 22 \times 6 - 25 = 158$
$51 + 22 \times 6 - 25 = 158$
$51 + 132 - 25 = 158$
$183 - 25 = 158$
$158 = 158$
बायाँ पक्ष = दायाँ पक्ष

4. (c) विकल्प (c) में दी गई आकृति प्रश्न आकृति में निहित है।

5. (b) दी गई आकृति शृंखला को प्रत्येक अगली आकृति में 90° दक्षिणावर्त दिशा में घुमाया जाता है।

6. (a) ÷ और ×
$48 - 96 \div 4 \times 3 + 58 = 34$
$48 - 24 \times 3 + 58 = 34$
$48 - 72 + 58 = 34$
$106 - 72 = 34$
$34 = 34$
बायाँ पक्ष = दायाँ पक्ष
यहाँ, हम देख सकते हैं कि केवल विकल्प (a) ही सही समीकरण देता है।
अत:, सही उत्तर "÷ और ×" है।

7. (c) जिस प्रकार,

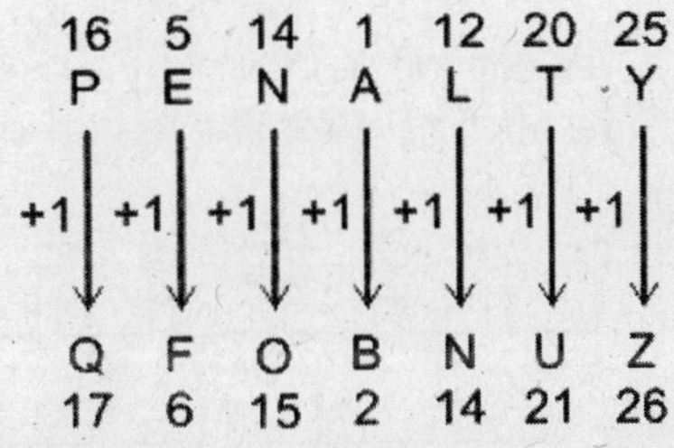

और,

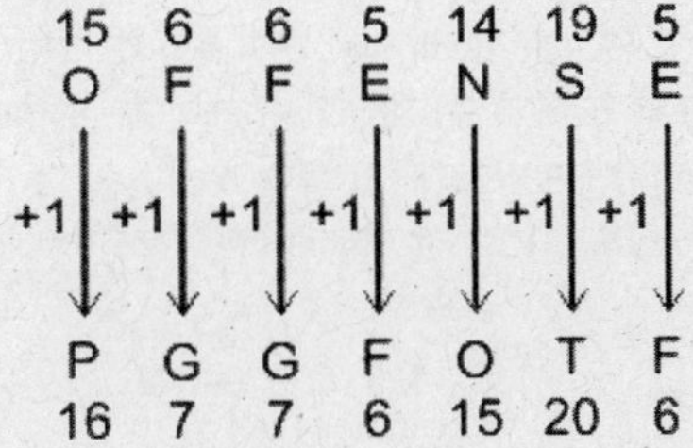

इसी प्रकार,

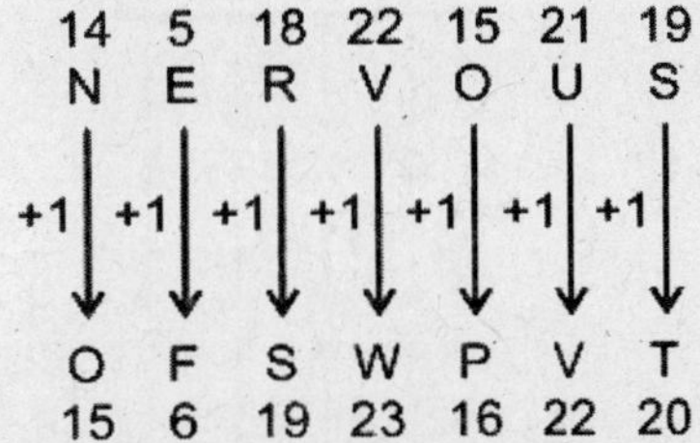

अत:, सही उत्तर **"OFSWPVT"** है

8. (c) प्रश्न में दी गई जानकारी के अनुसार,

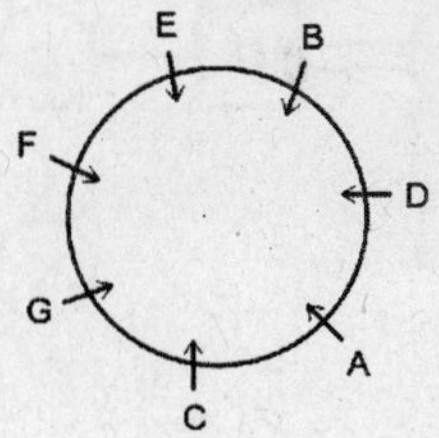

उपरोक्त चित्र से स्पस्ट है कि D, A और B का निकटतम पड़ोसी है। अत:, सही उत्तर (c) है।

9. (c)
'TABLE' को '@6#%' लिखा जाता है

शब्द	कूट
T	£
A	@
B	6
L	#
E	%

'LARK' को '#@28' लिखा जाता है

शब्द	कूट
L	#
A	@
R	2
K	8

'BUCKET' को '6$+8%' लिखा जाता है

शब्द	कूट
B	6
U	$
C	+
K	8
E	%
T	£

'CLARET' निम्न प्रकार लिखा जाएगा

शब्द	कूट
C	+
L	#
A	@
R	2
E	%
T	£

अतः, सही उत्तर "+#@2%" है।

10. (c) प्रश्न में दी गई जानकारी के अनुसार,

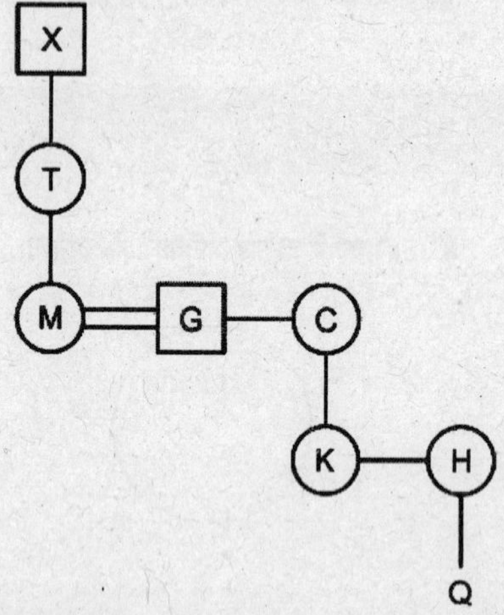

X, M का नाना है → हाँ, X, M का नाना है। (सत्य)

C, H की माँ है → हाँ, C, H की माँ है। (सत्य)

G, K का पिता है → नहीं, G, K का मामा है। (गलत)

G, T का दामाद है → हाँ, G, T का दामाद है। (सत्य)

अतः, सही उत्तर "G, K का पिता है"।

11. (a) दी गई श्रृंखला निम्न पैटर्न पर आधारित है-

115 102 107 94 99 [86]

-13 +5 -13 +5 -13

अतः, सही उत्तर "86" है।

12. (b) पैटर्न इस प्रकार है-

(दूसरी संख्या × 9) + 3 = पहली संख्या

48 : 5

⇒ (5 × 9) + 3

⇒ 45 + 3 = 48

और,

30: 3

⇒ (3 × 9) + 3

⇒ 27 + 3 = 30

इसीप्रकार,

57 : ?

57 – 3

⇒ 54 ÷ 9 = 6

13. (b) आकृति का दर्पण प्रतिबिंब नीचे दर्शाया गया है:

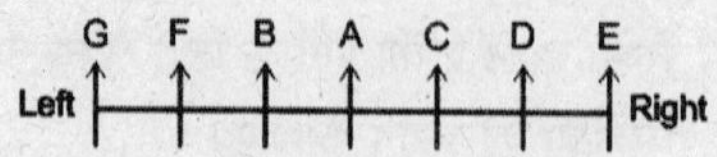

अतः, सही उत्तर "विकल्प (b)" है।

14. (b) प्रश्न में दी गई जानकारी के अनुसार,

G F B A C D E

Left ——— Right

स्पष्टतः, F, G और B के बीच में बैठा है।

अतः, सही उत्तर "F" है।

15. (b) दी गई श्रृंखला निम्न पैटर्न पर आधारित है –

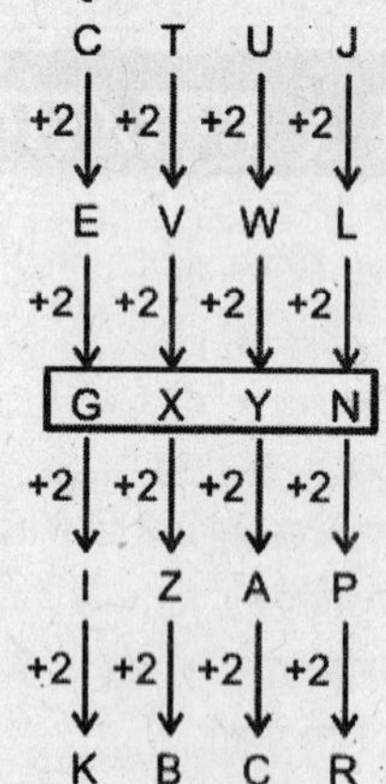

अतः, सही उत्तर "GXYN" है।

16. (d) दी गई श्रृंखला निम्न पैटर्न पर आधारित है –

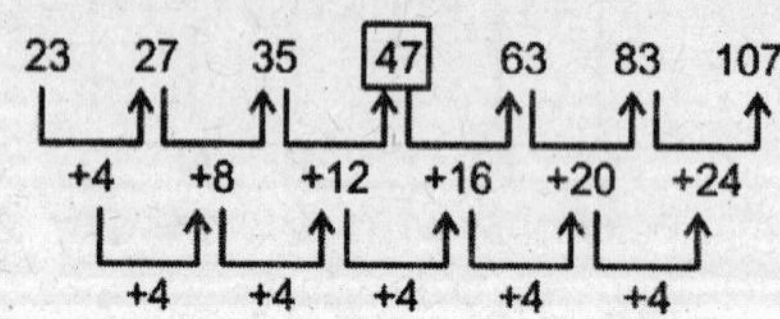

अतः, सही उत्तर "47" है।

17. (b) पहला शब्द राज्य है, और दूसरा शब्द उसकी राजधानी है। शिलांग मेघालय की राजधानी है। तिरुवनंतपुरम केरल की राजधानी है।

18. (d) दी गई श्रृंखला निम्न पैटर्न पर आधारित है –

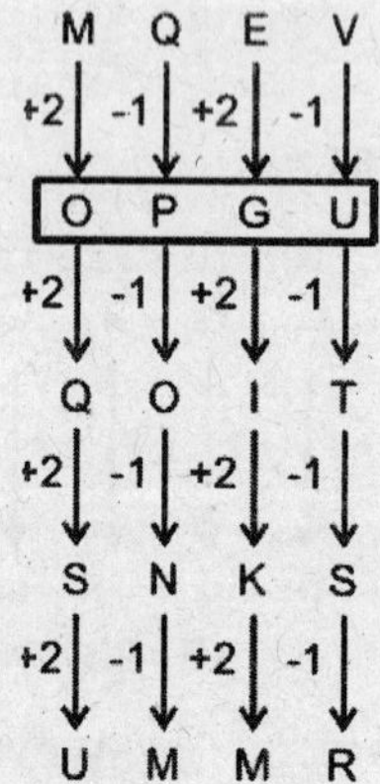

19. (b) विपरीत फलक:

⇒ 2 ⇔ 1

⇒ 3 ⇔ 4

⇒ 6 ⇔ 5

स्पष्टतः, 5, 6 का विपरीत है।

अतः, सही उत्तर "5" है।

20. (c) जिस प्रकार,

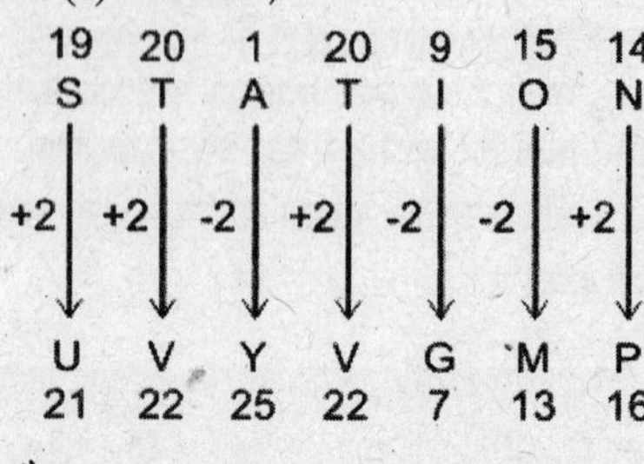

और,

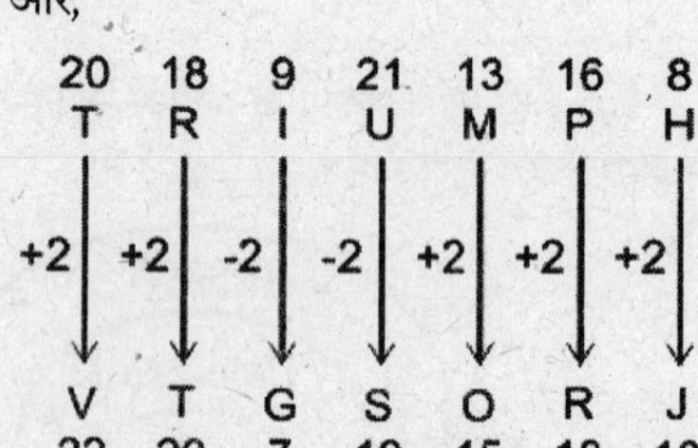

इसी प्रकार,

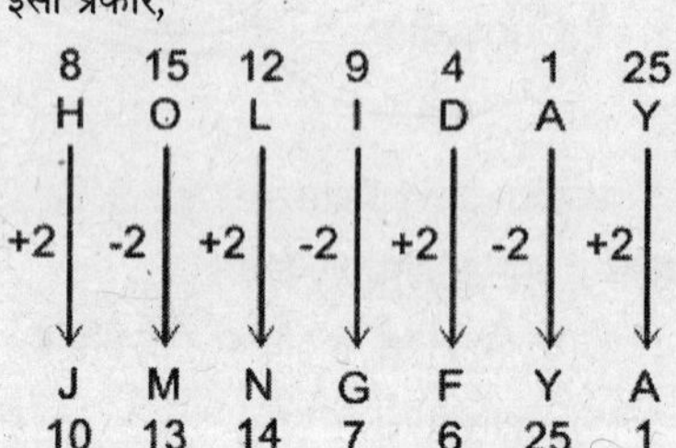

अतः, सही उत्तर "JMNGFYA" है।

21. (d) गन्धक सल्फ्यूरिक अम्ल के लिए एक पुराना शब्द है और H_2SO_4 वास्तव में सल्फ्यूरिक एसिड का रासायनिक सूत्र है। यह अत्यधिक संक्षारक और प्रबल अम्ल है जो सामान्यतः विभिन्न औद्योगिक प्रक्रियाओं, जैसे- बैटरी उत्पादन, उर्वरक और रासायनिक संश्लेषण में उपयोग किया जाता है। कीमिया और प्रारंभिक रासायनिक प्रयोगों में ऐतिहासिक रूप से गन्धक का उपयोग किया गया था। इसके नाम पर "गन्धक" शब्द केंद्रित सल्फ्यूरिक अम्ल के गन्धक की बनावट को संदर्भित करता है।

22. (d) बजट दस्तावेज कुल व्यय को योजना और गैर-योजनागत व्यय में वर्गीकृत करते हैं। योजनागत व्यय बजटीय योजना में उल्लिखित विशिष्ट कार्यक्रमों, योजनाओं और परियोजनाओं के लिए आवंटित धन को संदर्भित करता है। दूसरी ओर, गैर-योजनागत व्यय में वेतन, पेंशन, ऋण, चुकाने और रखरखाव की लागत जैसे सामान्य व्यय शामिल होते हैं।

यह वर्गीकरण नीति निर्माताओं को संसाधनों के कुशल उपयोग और विकासात्मक योजनाओं के प्रभावी

कार्यान्वयन को सुनिश्चित करने के लिए व्यय पैटर्न को ट्रैक और विशलेषण करने में सक्षम बनाता है।

23. (c) मृतजीवी पोषण, पोषण का वह तरीका है जिसमें जीव मृत और सड़ने वाले कार्बनिक पदार्थों को विघटित करके पोषक तत्व प्राप्त करते हैं। मृतजीवी, जिन्हें डीकंपोजर्स के रूप में भी जाना जाता है, जटिल कार्बनिक यौगिकों को सरल पदार्थों में तोड़ने के लिए पाचन एंजाइमों का स्राव करते हैं। वे विघटित पदार्थ से पोषक तत्वों को अवशोषित करते हैं, पोषक तत्वों को पारिस्थितिकी तंत्र में वापस लाने में महत्वपूर्ण भूमिका निभाते हैं। मृतजीवी के उदाहरणों में कवक (जैसे- मशरूम और मोल्ड) और कुछ बैक्टीरिया शामिल हैं।

24. (b) "मोहिनीअट्टम की माँ" कलामंडलम कल्याणीकुट्टी अम्मा के जीवन और योगदान पर आधारित एक डॉक्यू-फिक्शन है। कलामंडलम कल्याणीकुट्टी अम्मा मोहिनीअट्टम, केरल के एक शास्त्रीय नृत्य रूप में एक प्रमुख हस्ती थीं। 20वीं शताब्दी में मोहिनीअट्टम के पुनरुद्धार और लोकप्रियकरण में उन्हें एक महत्वपूर्ण योगदानकर्ता के रूप में जाना जाता है। कल्याणीकुट्टी अम्मा ने प्रसिद्ध गुरुओं के अधीन प्रशिक्षण लिया और मोहिनीअट्टम की पारंपरिक तकनीकों और प्रदर्शनों की सूची को संरक्षित करने और आगे बढ़ाने में महत्वपूर्ण भूमिका निभाई। कला के प्रति उनके प्रयासों और समर्पण ने उन्हें "मोहिनीअट्टम की माँ" की उपाधि दी।

25. (b) पेड्डा पांडुगा आंध्र प्रदेश में विशेष रूप से ग्रामीण क्षेत्रों में मनाया जाने वाला एक प्रमुख त्योहार है। यह सूर्य के मकर राशि (मकर रासी) के राशि चक्र में परिवर्तन और लंबे दिनों की शुरुआत का प्रतीक है। लोग पतंग उड़ाते हैं, सांस्कृतिक कार्यक्रम आयोजित करते हैं और बैलगाड़ी दौड़ और मुर्गों की लड़ाई जैसे पारंपरिक खेलों में भाग लेते हैं। पोंगल (एक मीठे चावल की तैयारी), अरिसेलु (मीठे गहरे तले हुए केक), और पुलिहोरा (इमली के चावल) जैसे विशेष व्यंजन उत्सव के दौरान तैयार और साझा किए जाते हैं।

26. (c) चूना पत्थर सीमेंट उत्पादन में एक प्रमुख कच्चा माल है। चूना पत्थर एक सामान्य प्रकार की कार्बोनेट तलछटी चट्टान है। यह ज्यादातर खनिजों केल्साइट और अर्गोनाइट से बना है, जो कैल्शियम कार्बोनेट के विभिन्न क्रिस्टल रूप हैं। यह सीमेंट भट्टों में ईंधन के दहन के दौरान सल्फर उत्सर्जन को कम करने में सहायता करता है। चूना पत्थर को गर्म करने से क्लिंकर बनता है, जिसे पीसकर सीमेंट बनाया जाता है।

27. (b) रबड़ रेशे वाली फसल नहीं है। इसकी मुख्य रूप से लेटेक्स उत्पादन के लिए खेती की जाती है, जिसका उपयोग विभिन्न उद्योगों में किया जाता है, विशेष रूप से रबड़ आधारित उत्पादों के उत्पादन में। इसके विपरीत, कपास, भांग और जूट रेशेदार फसलें हैं जो विशेष रूप से उनके रेशेदार गुणों के लिए उगाई जाती हैं, जिनका उपयोग वस्त्र, रस्सी और अन्य संबंधित उत्पादों को बनाने के लिए किया जाता है।

28. (d) भारतीय संविधान में 'राष्ट्रपति के चुनाव की विधि' को आयरलैंड के संविधान से लिया गया है। अनुच्छेद 55 में राष्ट्रपति के चुनाव के तरीके, निर्वाचक मंडल की संरचना और निर्वाचक मंडल के सदस्यों के मतों के मूल्य की रूपरेखा दी गई है। भारत में राष्ट्रपति के चुनाव की विधि एक अप्रत्यक्ष चुनाव है, जहाँ राष्ट्रपति सीधे नागरिकों द्वारा नहीं बल्कि एक निर्वाचक मंडल द्वारा चुना जाता है जिसमें संसद के दोनों सदनों और राज्यों की विधान सभाओं के निर्वाचित सदस्य शामिल होते हैं।

29. (b) नेशनल फूड फॉर वर्क प्रोग्राम (NFWP) भारत में 2004 में शुरू किया गया था। यह राष्ट्रीय ग्रामीण रोजगार गारंटी योजना (NREGS) का एक घटक था जिसे बाद में महात्मा गांधी राष्ट्रीय ग्रामीण रोजगार गारंटी योजना (MGNREGS) के रूप में बदल दिया गया। NFWP का उद्देश्य श्रम प्रधान परियोजनाओं में रोजगार के अवसर प्रदान करके ग्रामीण आबादी को खाद्य सुरक्षा प्रदान करना है। NFWP में भाग लेने वाले श्रमिकों को उनके काम के पारिश्रमिक के रूप में खाद्यान्न प्राप्त हुआ। NFWP को MGNREGS के व्यापक ढांचे में एकीकृत किया गया, जिससे रोजगार गारंटी कार्यक्रम के दायरे और कवरेज का विस्तार हुआ।

30. (c) कतर ने 2019 में एशियाई एथलेटिक्स चैम्पियनशिप की मेजबानी की। चीन 23 स्वर्ण, 20 रजत और 16 कांस्य सहित 59 पदक हासिल करके एशियाई एथलेटिक्स चैम्पियनशिप 2019 के समग्र चैंपियन के रूप में उभरा। एशिया भर के 44 देशों के एथलीटों ने चैंपियनशिप में भाग लिया, विभिन्न प्रकार के ट्रैक और फील्ड इवेंट्स में प्रतिस्पर्धा की। एशियाई एथलेटिक्स चैम्पियनशिप 2019 का शुभंकर "फाल्कन ऑफ कतरी हेरिटेज" था, जो कतरी संस्कृति में एक महत्वपूर्ण प्रतीक बाज़ की गति और अनुग्रह का प्रतिनिधित्व करता है। चैंपियनशिप में रिकॉर्ड-ब्रेकिंग प्रदर्शन देखा गया, जैसे बहरीन के सलवा ईद नसेर ने महिलाओं की 400 मीटर में एक नया चैम्पियनशिप रिकॉर्ड स्थापित किया और जापान की युकी हाशियोका ने पुरुषों की लंबी कूद में समान उपलब्धि हासिल की।

31. (c) भारत के संविधान के अनुच्छेद जो राज्य कार्यपालिका से संबंधित हैं, मुख्य रूप से अनुच्छेद 153 से 167 हैं। ये अनुच्छेद राज्यपाल, मंत्रिपरिषद, मुख्यमंत्री और अन्य संबंधित प्रावधानों सहित राज्य कार्यकारिणी की संरचना, शक्तियों और कार्यों को रेखांकित करते हैं। भारतीय संविधान के अनुच्छेद 153-167, जो राज्य कार्यपालिका से संबंधित हैं, का उल्लेख भाग VI - भारतीय संविधान के राज्यों में किया गया है।

32. (d) मोहिनीअट्टम केरल राज्य का एकल शास्त्रीय नृत्य रूप है। मोहिनीअट्टम भारत के प्रसिद्ध शास्त्रीय नृत्यों में से एक है, जो केरल राज्य में विकसित और अभी भी लोकप्रिय है। इस नृत्य शैली का नाम हिंदू भगवान विष्णु के ऐतिहासिक करामाती अवतार मोहिनी से लिया गया है, जो अपनी स्त्रैण ऊर्जा का पोषण करके बुराई पर अच्छाई की जीत में मदद करता है। यह एक शास्त्रीय भारतीय नृत्य है जो निहितार्थ से, नाट्य शास्त्र के मूल पाठ के प्रदर्शनों की सूची का पता लगाता है। नाट्य शास्त्र के ग्रंथ का श्रेय प्राचीन विद्वान भरत मुनि को जाता है।

33. (b) केंद्रीय इलेक्ट्रॉनिक्स और सूचना प्रौद्योगिकी, रेलवे और संचार मंत्री अश्विनी वैष्णव ने 'NIC टेक कॉन्क्लेव 2022' के तीसरे संस्करण का उद्घाटन किया। यह 3-4 मार्च 2022 को विज्ञान भवन, नई दिल्ली में राष्ट्रीय सूचना विज्ञान केंद्र (NIC) द्वारा आयोजित किया जा रहा दो दिवसीय कार्यक्रम था। NIC टेक कॉन्क्लेव 2022 की थीम "डिजिटल सरकार के लिए अगली पीढ़ी की तकनीक" थी। NIC टेक कॉन्क्लेव 2022 का उद्देश्य विशेष रूप से ई-गवर्नेंस में लागू होने वाली उभरती प्रौद्योगिकियों पर ध्यान केंद्रित करना था।

34. (c) भारतीय मूल के अमर सिंह को बाढ़, झाड़ियों में लगी आग, सूखे और कोविड-19 से प्रभावित समुदाय का समर्थन करने के लिए न्यू साउथ वेल्स ऑस्ट्रेलियन ऑफ द ईयर अवार्ड 2023 दिया गया।

35. (b) खेड़ा के किसान आंदोलन की मुख्य मांग राजस्व वसूली में ढील देने की थी। खेड़ा आंदोलन, जिसे बारदोली सत्याग्रह के रूप में भी जाना जाता है, 1918 में महात्मा गांधी के नेतृत्व में भारत के गुजरात के खेड़ा जिले में एक प्रमुख सविनय अवज्ञा आंदोलन था। आंदोलन खेड़ा के किसानों पर ब्रिटिश औपनिवेशिक सरकार द्वारा लगाए गए दमनकारी कराधान नीतियों की प्रतिक्रिया थी, जो पहले से ही फसल की विफलता और आर्थिक कठिनाइयों से पीड़ित थे। गांधी के नेतृत्व में किसानों ने करों के भुगतान को रोकने का फैसला किया और सरकार की अन्यायपूर्ण नीतियों के खिलाफ अहिंसक विरोध शुरू किया। आंदोलन को समाज के विभिन्न वर्गों से व्यापक समर्थन मिला, और किसानों द्वारा प्रदर्शित एकता और लचीलेपन ने ब्रिटिश सरकार को अंतत: बातचीत करने और करों के संग्रह को निलंबित करने के लिए मजबूर किया।

36. (b) कृष्णमाचारी श्रीकांत 1983 में क्रिकेट विश्व कप के फाइनल मैच में सर्वोच्च स्कोरर थे। वह एक पूर्व भारतीय क्रिकेटर हैं जो एक सलामी बल्लेबाज के रूप में खेले हैं। वेस्टइंडीज के खिलाफ फाइनल मैच में, श्रीकांत ने आउट होने से पहले 57 गेंदों पर 38 रन बनाए। शीर्ष क्रम में श्रीकांत की आक्रामक बल्लेबाजी ने भारतीय टीम को ठोस शुरुआत प्रदान की।

37. (a) रेशम बनाने की तकनीक का आविष्कार सबसे पहले चीन में लगभग 7000 वर्ष पहले हुआ था।

चीनियों ने रेशम के कीड़ों की खेती और उनके रेशम कोकून के संग्रह में महारत हासिल करते हुए रेशम उत्पादन की कला विकसित की। रेशम के कीड़ों के अंडे या कोकून के निर्यात पर सख्त नियमों के साथ, चीन में रेशम उत्पादन के आसपास की गोपनीयता को सदियों से बनाए रखा गया था, जिससे चीनियों को रेशम पर एकाधिकार बनाए रखने की अनुमति मिली। चीन में रेशम उत्पादन के विकास ने सिल्क रोड की स्थापना में महत्वपूर्ण भूमिका निभाई, जिससे चीन और अन्य क्षेत्रों के बीच वस्तुओं, विचारों और संस्कृति का आदान-प्रदान संभव हो गया।

38. (a) 2017 में, भारत के सर्वोच्च न्यायालय ने तीन तलाक की प्रथा को असंवैधानिक घोषित करते हुए एक ऐतिहासिक निर्णय पारित किया। तीन तलाक इस्लामिक प्रथा को संदर्भित करता है जहाँ एक पति अपनी पत्नी को तीन बार तलाक-तलाक शब्द कहकर तुरंत तलाक दे सकता है, प्राय: एक ही बार में अदालत ने फैसला सुनाया कि तीन तलाक भारतीय संविधान के तहत गारंटीकृत मुस्लिम महिलाओं के मौलिक अधिकारों का उल्लंघन करता है, जिसमें समानता का अधिकार और गैर-भेदभाव शामिल है। सुप्रीम कोर्ट ने ट्रिपल तलाक की प्रथा को शून्य घोषित कर दिया जिसका अर्थ है कि इसकी कोई कानूनी वैधता या प्रभाव नहीं है। इस फैसले के बाद तीन तलाक की प्रथा को अब भारत में तलाक के वैध रूप में मान्यता नहीं दी जाती है, मुस्लिम महिलाओं को अधिक सुरक्षा प्रदान की जाती है और निष्पक्ष और गरिमापूर्ण तलाक की कार्यवाही के उनके अधिकार को सुनिश्चित करती है।

39. (c) 1947 में भारत की स्वतंत्रता के समय, देश की लगभग 75 प्रतिशत जनसंख्या अपनी आजीविका के लिए कृषि पर निर्भर थी। कृषि ने ग्रामीण अर्थव्यवस्था में एक केंद्रीय भूमिका निभाई जिसमें अधिकांश ग्रामीण आबादी खेती या संबंधित कृषि गतिविधियों में लगी हुई थी। भारत में अधिकांश कृषि पद्धतियाँ निर्वाह खेती की विशेषता थीं, जहां किसान मुख्य रूप से अपने परिवारों और स्थानीय समुदायों की जरूरतों को पूरा करने के लिए फसलें उगाते थे। खेती के कार्यों में आधुनिक मशीनरी या प्रौद्योगिकी के सीमित उपयोग के साथ कृषि पद्धतियाँ मुख्य रूप से श्रम-गहन थीं।

40. (a) भारत में, अक्टूबर-नवंबर के दौरान, सूर्य के दक्षिण की ओर स्पष्ट गति के साथ, उत्तरी मैदानों पर मानसून की गर्त कमजोर हो जाती है। मानसून गर्त एक कम दबाव वाली प्रणाली है जो गर्मियों के मानसून के मौसम में भारत के उत्तरी मैदानी इलाकों में विकसित होती है, जो सामान्यत: जून से सितंबर तक रहती है। यह अंतर-उष्णकटिबंधीय अभिसरण क्षेत्र (ITCZ) के मौसमी बदलाव और दक्षिण की ओर सूर्य की गति से जुड़ा है।

41. (a) लाभ प्रतिशत = (विक्रय मूल्य - क्रय मूल्य)/क्रय मूल्य × 100

लाभ प्रतिशत $= \left(\frac{(150-135)}{135 \times 100}\right) = 11.11\%$

42. (a) $A = P\left(1+\frac{r}{100}\right)^t$

जहाँ:
A ब्याज के बाद की राशि है।
P मूलधन राशि है।
r ब्याज दर है।
t समय अवधि है।

$2028 = 1875\left(\frac{1+4}{100}\right)^t$

$(26/25)^2 = \left(\frac{1+4}{100}\right)^t$

$(26/25)^2 = \left(\frac{26}{25}\right)^t$

t = 2 वर्ष

43. (c) छूट = (अंकित मूल्य - विक्रय मूल्य)/अंकित मूल्य × 100

छूट = (23500 – 20915)/23500 × 100 = 11%

44. (d) दो संख्याओं का लघुत्तम समापवर्त्य = संख्याओं का गुणनफल/संख्याओं का महत्तम समापवर्तक

किसी संख्या का वर्ग = संख्या का स्वयं से गुणनफल

32 और 40 का महत्तम समापवर्तक 8 है।
32 और 40 का गुणनफल 1280 है।
इसलिए, 32 और 40 का लघुत्तम समापवर्त्य, $\frac{1280}{8} = 160$

प्रश्न के अनुसार
$X^2 = 160 + 9 = 169$
X = 13
इसलिए, X का धनात्मक मान 13 है।

45. (a) n वर्षों के बाद जनसंख्या

$= P\left(1+\frac{r}{100}\right)^n$

जहाँ:
p = वर्तमान जनसंख्या
r = विकास दर
n = वर्षों की संख्या
हल:
3 वर्ष बाद जनसंख्या $=125000(1 + 2/100)^3$
$= 125000(1.02)^3 = 132651$

46. (a) 68, 51 और 17 का लघुत्तम समापवर्त्य 204 है।

अमन का एक दिन का कार्य, $\frac{204}{68} = 3$

राम का एक दिन का कार्य, $\frac{204}{51} = 4$

कपिल का एक दिन का कार्य, $\frac{204}{17} = 12$

कार्य का 50% है, $\frac{204}{2} = 102$

(अमन + राम + कपिल) का इकाई प्रति 3 दिन का कार्य = 3 + 4 + 12 = 19 इकाई

(अमन + राम + कपिल) का 15 दिन का कार्य = 19 × 5 = 95

अब 16वें दिन अमन कार्य करेगा, 95 + 3 = 98 कार्य

अब 17वें दिन राम कार्य करेगा, 98 + 4 = 102

∴ कार्य पूरा करने के लिए अभीष्ट समय = 17 दिन

47. (c) विक्रय मूल्य = अंकित मूल्य – (छूट प्रतिशत × अंकित मूल्य)/100

लागत मूल्य = विक्रय मूल्य × 100/(100 + लाभ%)

लाभ प्रतिशत = ((विक्रय मूल्य - लागत मूल्य)/लाभ मूल्य) × 100

मान लेते हैं अंकित मूल्य रुपये है = ₹ 100

अंकित मूल्य पर 10% छूट के साथ, विक्रय मूल्य होगा:

विक्रय मूल्य $= 100 - \left(\frac{10}{100}\right) \times 100$

∴ 100 – 10 = 90

5% लाभ होने पर क्रय मूल्य

$= \frac{90 \times 100}{(100+5)}$

लागत मूल्य = 90 × 100/105

लागत मूल्य = ₹ 85.71

अब, आइए उस परिदृश्य पर विचार करें जहां चिह्नित मूल्य में 5% की वृद्धि हुई है और प्रत्येक 5% की दो लगातार छूट की पेशकश की गई है।

नया अंकित मूल्य $= 100 + \left(\frac{5}{100}\right) \times 100$

⇒ 100 + 5 = 105

विक्रय मूल्य = अंकित मूल्य × (100 – छूट%)/100

विक्रय मूल्य = 105 × (100 – 5)/100 × (100 – 5)/100

105 × 95/100 × 95/100 = 94.76

लाभ प्रतिशत = ((विक्रय मूल्य - लागत मूल्य)/लाभ मूल्य) × 100

⇒ (94.76 – 85.71)/(85.71) × 100

⇒ (9.05/85.71) × 100

⇒ 10.5%

48. (c) माना 1 किग्रा सामान का क्रय मूल्य 1000 रुपये है।

व्यापारी 16% की हानि पर सामान बेचता है, इसलिए विक्रय मूल्य 840 रुपये है।

हालाँकि, वह एक किग्रा वजन के स्थान पर 750 ग्राम वजन को तौलता है, इसलिए वह वास्तव में 840 रुपये में 750 ग्राम सामान बेचता है।

750 ग्राम सामान का क्रय मूल्य 750 रुपये है।

व्यापारी का लाभ 90 रुपये है।

व्यापारी का लाभ प्रतिशत है:

$\left(\frac{90}{750}\right) \times 100 = 12\%$

49. (d) शंकु का वक्र पृष्ठीय क्षेत्रफल = πrl
यहाँ:
r = शंकु की त्रिज्या
l = शंकु की तिर्यक ऊँचाई
सबसे पहले, हमें शंकु की त्रिज्या ज्ञात करने की आवश्यकता है। हम जानते हैं कि व्यास 105 सेमी है, इसलिए त्रिज्या $\frac{105}{2} = 52.5$ सेमी

$4455 = \left(\frac{22}{7}\right) \times 52.5 \times l$

$l = 4455 \times \left(\frac{7}{(22 \times 52.5)}\right)$

$l = 27$ सेमी
अत:, शंकु की तिर्यक ऊँचाई 27 सेमी है।

50. (a) सलोनी ने श्वेता को 100 मीटर से हराया।
सलोनी : श्वेता = 1000 : (1000 – 100)
= 1000 : 900 = 10 : 9 ...(i)
श्वेता ने सोनम को 150 मीटर से हराया।
श्वेता : सोनम = 1000 : (1000 – 150)
= 1000 : 850 = 20 : 17 ...(ii)
20 × (i) और 9 × (ii) से
A : B = 200 : 180
B : C = 180 : 153
अब, सलोनी : श्वेता : सोनम = 200 : 180 : 153
सलोनी : सोनम = 200 : 153
जब सलोनी 200 मीटर तय करती है तो सोनम तय करती है = 153
सलोनी 1000 मीटर तय करती है तो सोनम तय करती है = 153 × 5 = 765
1000 मीटर की दौड़ में सलोनी, सोनम को हराएगी = 1000 - 765 = 235 मीटर

51. (a) साधारण वृद्धि दर प्रति वर्ष (r)
साधारण वृद्धि दर का सूत्र निम्न द्वारा दिया जाता है:
r = ((P2 – P1)/P1)/t
जहाँ:
P2 अंतिम जनसंख्या है,
P1 प्रारंभिक जनसंख्या है,
r साधारण वृद्धि दर है,
t समय (वर्षों में) है।
हम मानों को रखते हैं:
r = ((200000 – 145000)/145000) × 100
अब उपरोक्त व्यंजक की गणना कीजिए:
r = (55000/145000) × 100
r = 0.03793 × 100
r = 3.793%
इसलिए, प्रति वर्ष जनसंख्या की साधारण वृद्धि दर लगभग 3.793% है।

52. (b) माना उसके द्वारा तय की गई दूरी x किमी है।
प्रश्न के अनुसार,

$\left(\frac{x}{35}\right) + \left(\frac{x}{3}\right) = 6$ घंटे 30 मिनट या $\frac{13}{2}$ घंटे

$\Rightarrow \left[\frac{(3x + 35x)}{105}\right] = \frac{13}{2}$

$\Rightarrow \left[\frac{(38x)}{105}\right] = \frac{13}{2}$

$\Rightarrow x = \frac{(13 \times 105)}{76}$

$\Rightarrow x = 17.96$ किमी
$\therefore$ घर से कॉलेज की दूरी 17.96 किमी है।

53. (d) (संख्या/कुल) × 100 = प्रतिशत

$\frac{37}{55} \times 100 = 67.27\%$

इसलिए, 37, 55 का 67.27% है।

54. (b) माना दो संख्याएँ $3x$ और $8x$ हैं।
प्रत्येक संख्या में 8 जोड़ने पर अनुपात 1 : 2 हो जाता है।
इसका अर्थ है कि $(3x + 8)/(8x + 8) = 1/2$
x को हल करने पर हमें $x = 4$ प्राप्त होता है।
अत:, दो संख्याएँ 12 और 32 हैं।
यदि प्रत्येक संख्या में से 4 घटा दिया जाए, तो अनुपात हो जाएगा:

$\frac{(12-4)}{(32-4)} = \frac{8}{28} = \frac{4}{14} = \frac{2}{7}$

इसलिए, प्रत्येक संख्या से 4 घटाने के बाद अनुपात 2 : 7 हो जाता है।

55. (b) किसान के पास कुल 10 + 40 = 50 पशु हैं।
तोते के 2 पैर और घोड़े के 4 पैर होते हैं।
पैरों की कुल संख्या 2 × 10 + 4 × 40 = 180 है।
प्रति पशु पैरों की औसत संख्या $\frac{180}{50} = 3.6$ है।
इसलिए, उत्तर 3.6 है।

56. (a) कुल कार्य 55 कुर्सियों को पेंट करना है। संयुक्त दर, 7 + 4 = 11 कुर्सियाँ प्रति घंटा है। इसलिए, अभीष्ट समय है:

समय = $\frac{55}{11} = 5$ घंटे

इसलिए, A और B को एक साथ कार्य करने पर 55 कुर्सियों को पेंट करने के लिए 5 घंटे की आवश्यकता होगी।

57. (b) मान लीजिए 14 पारियों के बाद बल्लेबाज का औसत x है।
हम जानते हैं कि 14 पारियों में बल्लेबाज द्वारा बनाए गए कुल रन $14x$ हैं।
प्रश्न के अनुसार:
$14x + 97 = 15(x + 5)$
$14x + 97 = 15x + 75$
$x = 22$
15वीं पारी के बाद औसत = x + 22 = 5 + 22 = 27

58. (a) मध्यानुपाती = $\sqrt{a \times b}$
गणना:
मान लीजिए, मध्यानुपाती x है
जैसा कि हम जानते हैं कि मध्यानुपाती = $\sqrt{a \times b}$
जहाँ a और b समानुपात के बाहरी पद हैं।
$x^2 = 0.64 \times 0.81$
$x = 0.72$

59. (c) मान लीजिए अभाज्य संख्याएँ a, b, c और d हैं, जहाँ a < b < c < d हैं।
प्रथम तीन संख्याओं का गुणनफल है:
abc = 255 = 3 × 5 × 17
अंतिम तीन संख्याओं का गुणनफल है:
bcd = 1955 = 5 × 17 × 23
अंतिम तीन संख्याओं के गुणनफल को प्रथम तीन संख्याओं के गुणनफल से विभाजित करने पर, हमें प्राप्त होता है:

$\frac{bcd}{abc} = \frac{1955}{255} = 5 \times 17 \times \frac{23}{5} \times 3 \times 17 = \frac{23}{17}$

d = 23 और c = 17
इसलिए, सबसे बड़ी अभाज्य संख्या d = 23 है।

60. (c) बेलन का आयतन = $\pi r^2 h$
जहाँ:
r = बेलन की त्रिज्या
h = बेलन की ऊँचाई
हल:
बेलन का आयतन है:
आयतन = $\pi r^2 h = \frac{22}{7} \times 14^2 \times 20 = 12{,}320$ सेमी^{3}
इसलिए बेलन का आयतन 12,320 सेमी^{3} है।

61. (c) अनुसन्धान का अर्थ खोज होता है। खोज का अर्थ है किसी वस्तु अथवा व्यक्ति के विषय में विशेष रूप से सावधानी के साथ जानकारी एकत्र करना अथवा वैज्ञानिक अनुसन्धान में वैज्ञानिक विधि का सहारा लेते हुए तथ्यों अथवा सिद्धान्तों का अन्वेषण करने के लिए निरन्तर सावधानीपूर्वक जाँच-पड़ताल करना है।

62. (a) 'जी अच्छा होना' मुहावरे का अर्थ है -तबियत ठीक होना। जब कोई वाक्यांश सामान्य अर्थ को छोड़कर किसी विशेष अर्थ को प्रकट करता है. तो उसे मुहावरा कहा जाता है।

63. (c) दिए गए विकल्पों में 'साजिद' शब्द षड्यंत्र का पर्यायवाची नहीं है। साजिद एक अरबी नाम है। इसका अर्थ है "वह जो भगवान के सामने झुकता है"।

64. (c) नाप तौलकर खर्च करने वाला 'मितव्ययी' होता है जबकि नपे-तुले शब्दों में अपनी बात कहने वाला 'मितभाषी' होता है।

65. (d) दिए गए वाक्य में सही कारक चिन्ह 'के लिए' होगा। जब वाक्य में किसी को कुछ दिया जाए या किसी के लिए कुछ किया जाए तो वहां पर सम्प्रदान कारक होता है। सम्प्रदान कारक के विभक्ति चिन्ह 'के लिए' या 'को' हैं।

66. (d) प्रश्न में दिए गए वाक्य के रेखांकित खंड के लिए उपयुक्त विकल्प (d) होगा, अत: सही वाक्य होगा-'वह अतिथि सेवा के लिए तत्पर है'।

67. (d) प्रश्न में दिए गए वाक्य के रेखांकित शब्द 'दिवाकर' के लिए सही पर्यायवाची होगा - सूर्य। जो शब्द समान अर्थ के कारण किसी दूसरे शब्द की जगह ले लेते हैं उन्हें पर्यायवाची शब्द कहते हैं। दिवाकर शब्द के अन्य पर्यायवाची भानु, भास्कर, आक, आदित्य, दिनेश, मित्र, मार्तण्ड, मन्दार, पतंग, विहंगम, रवि, प्रभाकर, अरुण, अंशुमाली आदि हैं।

68. (a) प्रश्न में दिए गए वाक्य में 'दीया' शब्द त्रुटियुक्त है। सही वाक्य होगा- मैंने हाथ जोड़ दिए।

69. (c) प्रश्न में दिए गए वाक्यों में 'बहुत लोग एक साथ दौड़ पड़े' शुद्ध वाक्य है। जिस वाक्य में लिंग, वचन, पुरुष, काल, कारक आदि का क्रिया के साथ सही मेल हो, उसे शुद्ध वाक्य कहते हैं।

70. (c) प्रश्न में दिए गए वाक्य के रेखांकित खंड 'गिने न जा सकें' के लिए उपयुक्त विकल्प 'अनगिनत' होगा।

71. (d) प्रश्न में दिए गए वाक्य 'अरे! सांप कहाँ गया?' में साधारण क्रिया विशेषण है। जिन क्रियाविशेषणों का प्रयोग स्वतंत्र रूप से वाक्य में किया जाता है, उसे साधारण क्रिया-विशेषण कहते हैं।

72. (a) प्रश्न में दिए गए रिक्त स्थान पर 'बांछें' शब्द आएगा। बांछें खिलने का अर्थ है -बहुत खुश हो जाना।

73. (a) प्रश्न में दिए गए वाक्य में प्रयुक्त शब्द 'प्रार्थना' का सही अर्थ है - विनयपूर्वक विनती करना।

74. (b) प्रश्न में दिए गए वाक्य में रेखांकित भाग 'एक बड़े व्याख्याता' के लिए उचित विकल्प होगा 'एक उत्कृष्ट विश्लेषक'। कभी-कभी वाक्यों में सही शब्दों की जगह उनके ही सादृश लगने वाले शब्दों का प्रयोग अर्थ में परिवर्तन का कारण बन जाता है, जिसके कारण वाक्य का सही अर्थ ही बदल जाता है और यह वाक्य में शब्द-अर्थ प्रयोग की अशुद्धि कहलाती है।

75. (d) 'जल' शब्द का पर्यायवाची होगा 'नीर'। अन्य पर्यायवाची हैं- वारि, पानी, सलिल, तोय, उदक, अंबु, जीवन, पय, अमृत।

76. (c) आत्मनिर्भरता से तात्पर्य है अपने ऊपर निर्भर रहना।

77. (a) जब मनुष्य अपने कार्य स्वयं करता है तो आत्मनिर्भर कहलाता है।

78. (a) बहुत से कार्य वह दूसरों के सहारे करता है।

79. (a) आत्मनिर्भरता का अर्थ यह है कि जब किसी कार्य को करने का मन करे, उसके लिए पूर्ण तत्परता और लगन का परिचय दें।

80. (b) स्वयं अपने सहारे उसे सिद्ध करने का प्रयास करें।

❑❑❑

प्रैक्टिस सेट्स

1 प्रैक्टिस सेट

भाग-I सामान्य बुद्धिमत्ता एवं तर्कशक्ति

1. QYK, ?, ISG, EPE
(a) NWJ (b) MVI
(c) NVI (d) MVJ

2. 10, 22, 46, 94, ?
(a) 180 (b) 184
(c) 190 (d) 140

3. नीचे दिए गए अक्षरों का कौन-सा समूह खाली स्थानों पर क्रमवार रखने से दी गई शृंखला को पूरा करेगा?
m _ nm _ n _ an _ a _ ma _
(a) a m a m m n (b) a a m m n n
(c) a m m a n m (c) a a m n a n

4. नीचे चार विकल्प दिए गए शब्द/अक्षर/संख्या विकल्पों में से उचित का चयन कीजिए–
(a) 32 – 42 (b) 62 – 44
(c) 46 – 28 (d) 33 – 56

5. PQRS : TUVW :: IJKL : ?
(a) MNOP (b) NMPO
(c) MNPO (d) PNOM

6. यदि 'PORTER' शब्द को 'MBNZQN' के रूप में कोडित किया जाता है, तो 'REPORT' को कैसे लिखा जाएगा?
(a) NQMBNZ (b) NQBMNZ
(c) NBQMNZ (d) NQMNBZ

7. यदि किसी कूट में 'COME AT ONCE' को XLNVZGLMXV के रूप में लिखा जाता है तो उसी कूट में निम्नलिखित में से कौन-सा 'OK' होगा?
(a) LM (b) LP
(c) KM (d) KL

8. यदि '+' का अर्थ 'घटाना' हो, '–' का अर्थ 'गुणा' हो, '÷' का अर्थ 'जोड़' तथा '×' का अर्थ 'भाग' हो, तो
$15 - 3 + 10 \times 5 \div 5 = ?$
(a) 52 (b) 48
(c) 22 (d) 5

9. दिए गए वैकल्पिक शब्दों में से उस शब्द को चुनिए जो दिए गए शब्द के अक्षरों के प्रयोग द्वारा नहीं लिखा जा सकता?
ADMINISTRATION
(a) STATION (b) TRADITION
(c) MINISTER (d) RATION

10. सुरेश एक स्थान से चलता है, दक्षिण की ओर 2 मील चलता है, दायें मुड़ जाता है और $1\frac{1}{2}$ मील चलता है, बायें मुड़ जाता है और $\frac{1}{2}$ मील चलता है और फिर पीछे मुड़ जाता है, यह बताइए कि अब वह किस दिशा में चल रहा है?
(a) पूर्व (b) पश्चिम
(c) दक्षिण (d) उत्तर

11. अशोक मदुरै का टिकट बुक कराना चाहता है। वह चलना शुरू करता है और बुकिंग ऑफिस तक जो उसके घर के पूर्व में है पहुँचने में 5 कि.मी. का रास्ता तय करता है। वहाँ से वह 3 किमी. चलकर बाजार की तरफ उत्तर की ओर मुड़ जाता है। वहाँ से वह अपने मित्र संदीप के घर की ओर जो 5 किमी. दूर है, बायें मुड़ जाता है। अब उसे अपने घर लौटना है। उसे अपने घर तक पहुँचने में कितने किमी. चलना पड़ेगा?
(a) 8 किमी. (b) 3 किमी.
(c) 5 किमी (d) 6 किमी.

12. X की आयु Y के आयु की $\frac{2}{3}$ है। 6 वर्ष के बाद X की आयु 46 वर्ष हो जाएगी। Y की वर्तमान आयु है–
(a) 40 वर्ष (b) 56 वर्ष
(c) 60 वर्ष (d) 100 वर्ष

13. निम्न चित्र में कितने वर्ग हैं?

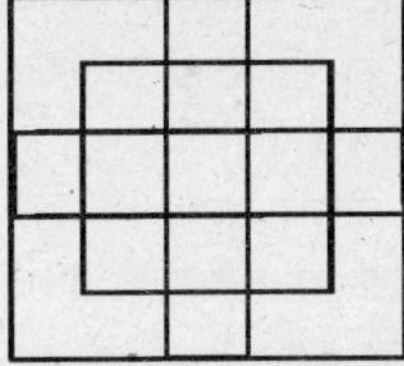

(a) 18 (b) 19
(c) 20 (d) 25

14. प्रश्न में एक कथन दिया गया है जिसके आगे दो तर्क I और II दिए गए हैं। आपको मानना है कि कथन सत्य है चाहे वह सामान्यत: ज्ञात तथ्यों से भिन्न प्रतीत होता हो। आपको निर्णय करना है कि दिए गए तथ्यों में से कौन-सा/कौन-से तर्क मजबूत है/हैं, यदि कोई हो?

कथन: क्या सभी भारतीय नागरिकों के लिए एक वर्ष का सेना का प्रशिक्षण अनिवार्य होना चाहिए?

तर्क: **I.** नहीं, प्रशिक्षण की लागत निषेधात्मक होगी और एक वर्ष का श्रम खो जाएगा।
II. हाँ, सैन्य प्रशिक्षण नागरिकों को बेहतर बनाने में मदद करेगा।

(a) यदि केवल तर्क I मजबूत है
(b) यदि केवल तर्क II मजबूत है
(c) यदि दोनों तर्क I और II मजबूत हैं
(d) यदि ना तो तर्क I और ना ही II मजबूत है

15. **प्रश्न आकृतियाँ:**

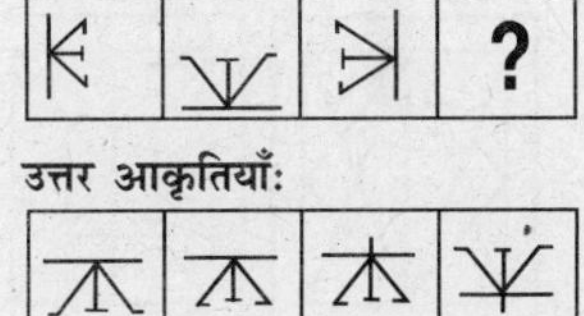

उत्तर आकृतियाँ:

(a) (b) (c) (d)

निर्देश : निम्नांकित आकृति का अध्ययन कीजिए और प्रश्न संख्या 16 से 18 का उत्तर दीजिए-

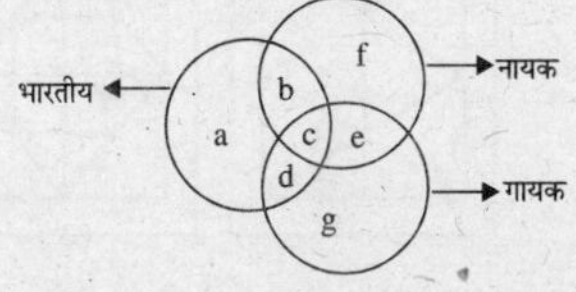

16. कौन-सा संकेत सिर्फ गायक को दर्शाता है, परन्तु न तो भारतीय को और ना ही नायक को?
(a) b (b) g
(c) f (d) d

17. निम्नलिखित में से वह संकेत कौन-सा है जो एक भारतीय को एक नायक और गायक के रूप में दर्शाता है?
(a) b (b) c
(c) d (d) e

18. **प्रश्न आकृतियाँ:**

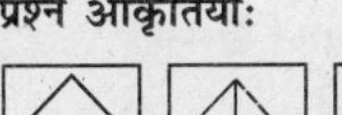

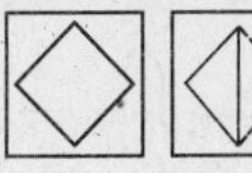

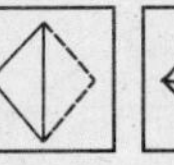

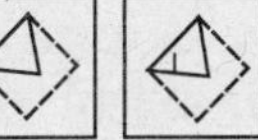

उत्तर आकृतियाँ:

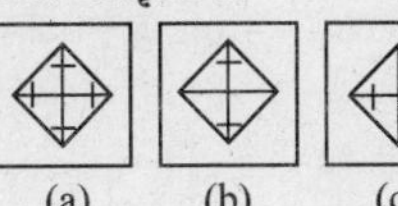

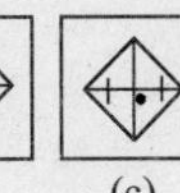

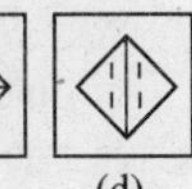

(a) (b) (c) (d)

19. नीचे आकृतियों का अनुक्रम दिया गया है जिनका वर्गों में समूहन किया जा सकता है। दिए गए

विकल्पों में से उस ग्रुप को चुनिए जिसमें आकृतियों को वर्गीकृत किया जा सकता है-

प्रश्न आकृतियाँ:

उत्तर आकृतियाँ:

(a)	(b)	(c)	(d)
2 3 6	7 8 6	8 5 1	4 5 6
1 5 7	9 5 3	7 9 2	7 8 9
4 9 8	2 1 4	4 3 6	1 2 3

20. दी गई उत्तर आकृतियों में से उस आकृति को चुनिए जिसमें प्रश्न आकृति निहित है।

प्रश्न आकृति:

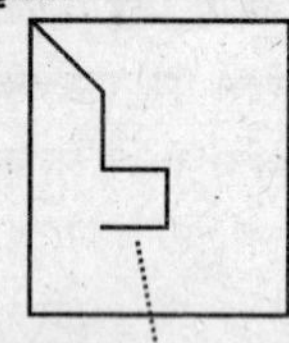

उत्तर आकृतियाँ:

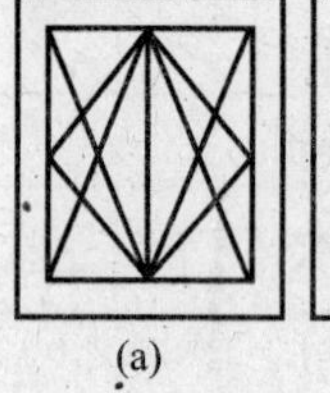
(a)

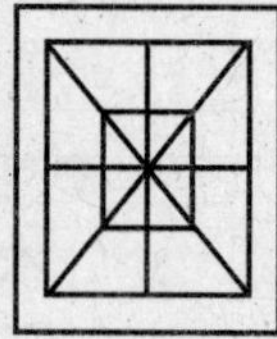
(b)

(c)

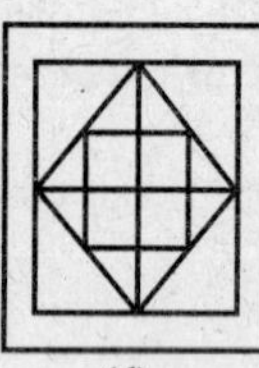
(d)

भाग-II सामान्य ज्ञान एवं सामान्य जानकारी

21. अंगोरा ऊन किस पशु से प्राप्त की जाती है?
(a) खरगोश (b) लोमड़ी
(c) भेड़ (d) बकरी

22. अंतरण अदायगी का अर्थ है-
(a) वृद्धावस्था पेन्शन
(b) बेरोजगारी भत्ता
(c) सामाजिक सुरक्षा अदायगी
(d) उपर्युक्त सभी

23. भारत जैसे विकासशील देश में प्रच्छन्न बेरोजगारी की उच्च दर किस क्षेत्र में पाई जाती है?
(a) कंपनी क्षेत्र (b) गृहस्थ क्षेत्र
(c) सेवा क्षेत्र (d) कृषि क्षेत्र

24. वह जोत जो किसानों को कम-से-कम एक जीविका तो उपलब्ध कराती है, कहलाती है-
(a) अनुकूलतम जोत (b) सीमांत जोत
(c) आर्थिक जोत (d) जीविका जोत

25. कौन-सी क्रिया उत्पादन में शामिल नहीं है?
(a) किसान द्वारा गेहूँ का उत्पादन
(b) किसी कंपनी द्वारा औषधियों का उत्पादन
(c) किसी नर्स द्वारा अस्पताल में दी गई सेवाएँ
(d) किसी गृहस्वामिनी द्वारा अपने घर में की गई सेवाएँ

26. निम्नलिखित में से किनको संवैधानिक स्थिति प्राप्त है?
(1) वित्त आयोग (2) राष्ट्रीय विकास परिषद्
(3) चुनाव आयोग (4) योजना आयोग
(a) A, C (b) A, B
(c) B, D (d) B, C

27. निम्नलिखित में से कौन-सा भारत में सबसे छोटा (क्षेत्रफल की दृष्टि से) लोक सभा चुनाव क्षेत्र है?
(a) चाँदनी चौक
(b) दिल्ली-सदर
(c) कोलकाता उत्तर-पश्चिम
(d) मुम्बई दक्षिण

28. भारत के राष्ट्रपति के चुनाव में जीतने वाले प्रत्याशी को प्राप्त करने चाहिए-
(a) डाले गए मतों का अधिकांश
(b) डाले गए मतों का छियासठ प्रतिशत
(c) डाले गए मतों का पचास प्रतिशत
(d) पचास प्रतिशत से अधिक और डाले गए कुल मतों का बहुमत

29. भारत के उच्चतम न्यायालय की स्थापना की गई थी-
(a) संविधान द्वारा
(b) संसद के कानून द्वारा
(c) राष्ट्रपति के आदेश द्वारा
(d) 1947 के अधिनियम द्वारा

30. गांधी के अनुसार, वर्ग संघर्ष की व्याप्ति और संपत्ति के लिए प्यार को कम किया जा सकता है-
(a) विकेंद्रीकरण द्वारा
(b) सहभागी लोकतंत्र द्वारा
(c) न्यायपालिका को कार्यपालिका से अलग करके
(d) न्यासी प्रथा द्वारा

31. प्लासी की लड़ाई किनके बीच लड़ी गई थी?
(a) ईस्ट इंडिया कंपनी और शाह आलम
(b) ईस्ट इंडिया कंपनी और शुजाउद्दौला
(c) ईस्ट इंडिया कंपनी और सिराजुद्दौला
(d) ईस्ट इंडिया कंपनी और अनवरुद्दीन

32. जून के महीने में मानसून का फटना वर्षा लाता है-
(a) केरल और कर्नाटक में
(b) केरल और तमिलनाडु के दक्षिणी तट में
(c) केरल, तमिलनाडु और आंध्र प्रदेश के कुछ भागों में
(d) केरल, तमिलनाडु और कर्नाटक में

33. हिमालय में 3600 मीटर से ऊपर एक विशिष्ट प्राकृतिक वनस्पति है-
(a) अल्पाइन घास स्थल
(b) अल्पाइन वन
(c) शंकुवृक्षी वन
(d) उषोष्ण चौड़ वन

34. दिल्ली में शीतकालीन वर्षा होती है-
(a) दक्षिण पश्चिम मानसून के कारण
(b) उत्तर पूर्व मानसून के कारण
(c) रूढ़ वर्षा के कारण
(d) पश्चिमी विक्षोभ के कारण

35. नाभिकीय ऊर्जा पैदा करने के लिए प्रयुक्त केरल तटों पर मोनाजाइट बालू में होता है-
(a) प्लैटिनम (b) कॉपर
(c) यूरेनियम (d) बॉक्साइट

36. अल नीनो प्रकट होता है-
(a) एटलांटिक महासागर के ऊपर
(b) हिंद महासागर के ऊपर
(c) प्रशांत महासागर के ऊपर
(d) भूमध्य सागर के ऊपर

37. आयोडीन घोल का प्रयोग किसके अस्तित्व की जांच के लिए किया जाता है?
(a) शर्करा (b) प्रोटीन
(c) स्टार्च (d) वसा

38. निम्नलिखित में से कौन-सा प्रोटोजोआयी रोग नहीं है?
(a) फील पाँव (b) प्राच्य व्रण
(c) निद्रालु व्याधि (d) कालाजार

39. एक पीढ़ी से अगली पीढ़ी को आनुवंशिक जानकारी का अंतरण होता है-
(a) आरएनए द्वारा (b) कोडोन द्वारा
(c) डीएनए द्वारा (d) दूत आरएनए द्वारा

40. निम्नलिखित में से कौन सी वास्तविक मछली है?
(a) रजत मीनाभ (सिल्वर फिश)
(b) तारा मीन (स्टार फिश)
(c) कुरंजन सुरा (डॉग फिश)
(d) कवच प्राणी (शेल फिश)

भाग-III प्रारंभिक अंकगणित

41. यदि $2 = x + \cfrac{1}{1+\cfrac{1}{3+\cfrac{1}{4}}}$, तब x का मान है-
(a) $\frac{18}{17}$ (b) $\frac{21}{17}$
(c) $\frac{13}{17}$ (d) $\frac{12}{17}$

42. किसी समचतुर्भुज का परिमाप 40 मी है और उसकी ऊँचाई 5 मी है। इसका क्षेत्रफल है-
(a) 60 वर्गमी. (b) 50 वर्गमी.
(c) 45 वर्गमी. (d) 55 वर्गमी.

43. किसी व्यक्ति ने एक पुरानी टाइप की मशीन ₹ 1200 में खरीदी और उसकी मरम्मत पर ₹ 200 व्यय किए। उसने उसे ₹ 1680 में बेच दिया। उसका लाभ प्रतिशत है–

(a) 20% (b) 10%
(c) 8% (d) 16%

44. पृथ्वी से चांद की दूरी 360000 किमी है। चांद का व्यास प्रेक्षक की आंख पर 30°का कोण बनाता है। चांद का व्यास है–

(a) 100π किमी (b) 1000π किमी
(c) 200π किमी (d) 2000π किमी

45. एक व्यक्ति धारा के अनुकूल एक नाव को 4 घंटे में 18 किमी खेता है तथा धारा के प्रतिकूल वापिस आने में 12 घंटे लेता है। धारा की चाल (किमी प्रति घंटा में) है–

(a) 1 (b) 1.5
(c) 2 (d) 1.75

46. 160 मीटर और 140 मीटर लम्बी दो रेलगाड़ियाँ समांतर रेल पथों पर विपरीत दिशाओं में क्रमशः 77 किमी प्रति घंटा और 67 किमी प्रति घंटा की चाल से चल रही हैं। एक दूसरे को पार करने में वे कितना समय लेंगी?

(a) 7 सेकण्ड (b) $7\frac{1}{2}$ सेकण्ड
(c) 6 सेकण्ड (d) 10 सेकण्ड

47. यदि $a = 7 - 4\sqrt{3}$ तो $\sqrt{a} + \frac{1}{\sqrt{a}} = ?$

(a) 8 (b) 6
(c) 4 (d) 2

48. यदि $3x - \frac{3}{2x} = 12$ तो $x^2 + \frac{1}{4x^2}$ का मान होगा–

(a) 17 (b) 16
(c) 15 (d) 14

49. 24 विद्यार्थियों की एक कक्षा का औसत भार 35 किग्रा है। यदि शिक्षक का भार भी सम्मिलित कर लिया जाए, तो औसत भार 400 ग्राम बढ़ जाता है। शिक्षक का भार है–

(a) 50 किग्रा. (b) 55 किग्रा.
(c) 45 किग्रा. (d) 53 किग्रा.

50. यदि $x + y + z = 15, xy + yz + zx = 85$ तो $x^2 + y^2 + z^2 = ?$

(a) 40 (b) 45
(c) 55 (d) 70

51. पिता की वर्तमान आयु अपने पुत्र की आयु के तिगुने से 3 वर्ष अधिक है। तीन वर्ष के बाद, पिता की आयु पुत्र की आयु के दुगुने से 10 वर्ष अधिक होगी। पिता की वर्तमान आयु है–

(a) 33 वर्ष (b) 39 वर्ष
(c) 45 वर्ष (d) 40 वर्ष

52. 2 सेमी॰ तथा 4 सेमी॰ अर्द्धव्यास के वृत्त एक-दूसरे को बाह्य रूप से स्पर्श करते हैं तथा उनकी उभयनिष्ठ स्पर्श रेखा ST उन्हें S तथा T बिन्दुओं पर स्पर्श करती है, तब ST^2 बराबर है–

(a) 6 सेमी॰ (b) 16 सेमी॰
(c) 32 सेमी॰ (d) 2 सेमी॰

53. एक त्रिभुज ABC जो C पर समकोण बनाती है के भुजा CA और CB का मध्य बिन्दु क्रमशः P और Q है, तो $4[(AQ)^2 + (BP)^2]$ का मान क्या होगा?

(a) $5 AB^2$ (b) $4 AB^2$
(c) $7 AB^2$ (d) $8 AB^2$

54. एक वर्ग जिसकी भुजा 2 मीटर है को प्रत्येक किनारे से काटते हुए एक सम षट्भुज का निर्माण किया जाता है, तो उस षट्भुज की भुजा की लम्बाई क्या होगी?

(a) $\sqrt{2}$ मीटर (b) $\frac{\sqrt{2}}{1+\sqrt{2}}$ मीटर
(c) $\frac{\sqrt{2}+1}{2}$ मीटर (d) $\frac{\sqrt{2}-1}{2\sqrt{2}}$ मीटर

55. यदि $x^2 + bx + c$ तथा $x^2 + mx + n$ का समापवर्तक $x + a$ हो, तो a का मान क्या होगा?

(a) $\frac{c-n}{b-m}$ (b) $\frac{c-n}{b+m}$
(c) $\frac{c+1}{b-m}$ (d) $\frac{c-n}{m-b}$

56. A और B मिलकर किसी कार्य को 30 दिन में पूरा कर सकते हैं। उन्होंने मिलकर 20 दिन काम किया और B ने काम छोड़ दिया। A ने शेष कार्य को अगले 20 दिन में पूरा कर लिया। A अकेला इस कार्य को कितने दिन में कर सकता है?

(a) 50 (b) 60
(c) 48 (d) 54

निर्देश (57 – 60) : निम्नलिखित आंकड़ों का सावधानीपूर्वक अध्ययन कीजिए और निम्न प्रश्नों के उत्तर दीजिए–

किसी संस्थान में विभिन्न संकायों में छात्रों के वितरण का विवरण

छात्रों की कुल संख्या = 2400

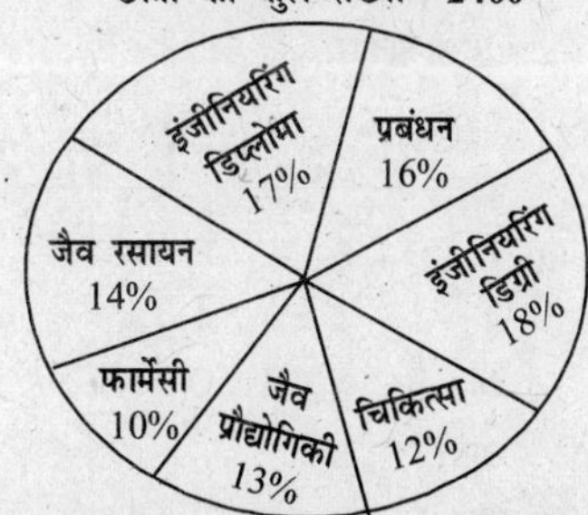

पुरुष (एम) : महिला (एफ) का अनुपात

संकाय	अनुपात एम : एफ
प्रबंधन	5 : 7
इंजीनियरिंग डिग्री	5 : 3
चिकित्सा	4 : 5
फार्मेसी	8 : 7
जैव प्रौद्योगिकी	6 : 7
जैव रसायन	5 : 9
इंजीनियरिंग डिप्लोमा	9 : 8

57. इंजीनियरिंग डिप्लोमा में पढ़ने वाली लड़कियों की संख्या संस्थान के छात्रों की कुल संख्या का कितने प्रतिशत है?

(a) 7 (b) 9
(c) 8 (d) 12

58. जैव रसायन में पढ़ने वाले छात्रों की कुल संख्या और जैव प्रौद्योगिकी में पढ़ने वाले छात्रों की कुल संख्या के बीच क्रमशः क्या अनुपात है?

(a) 14 : 13 (b) 14 : 17
(c) 13 : 15 (d) 13 : 17

59. प्रबंधन में कुल कितनी लड़कियाँ पढ़ रही हैं?

(a) 160 (b) 216
(c) 212 (d) 224

60. चिकित्सा में पढ़ने वाले लड़कों की संख्या और फार्मेसी में पढ़ने वाली लड़कियों की संख्या के बीच क्रमशः क्या अनुपात है?

(a) 8 : 5 (b) 4 : 5
(c) 8 : 7 (d) 4 : 7

भाग-IV हिंदी

61. 'ब्रजभाषा' है–

(a) पूर्वी हिंदी (b) पश्चिमी हिंदी
(c) बिहारी हिंदी (d) पहाड़ी हिंदी

62. 'अर्द्धकथानक है–

(a) जीवनी (b) आत्मकथा
(c) संस्मरण (d) रिपोर्ताज

63. अपभ्रंश की उत्तरकालीन अवस्था का नाम है–

(a) पालि (b) प्राकृत
(c) संस्कृत (d) अवहट्ट

64. 'मगही' किस हिन्दी प्रदेश की बोली है?

(a) मध्य प्रदेश (b) बिहार
(c) राजस्थान (d) छत्तीसगढ़

65. ब्राह्मी लिपि के विकास का अनुक्रम है–

(a) ब्राह्मी लिपि, गुप्त लिपि, कुटिल लिपि, देवनागरी लिपि
(b) कुटिल लिपि, ब्राह्मी लिपि, गुप्त लिपि, देवनागरी लिपि
(c) ब्राह्मी लिपि, देवनागरी लिपि, गुप्त लिपि, कुटिल लिपि
(d) देवनागरी लिपि, ब्राह्मी लिपि, कुटिल लिपि, गुप्त लिपि

66. हिन्दी की आदि जननी कही जाती है–

(a) पालि (b) संस्कृत
(c) प्राकृत (d) अपभ्रंश

67. 'विद्यार्थी शब्द में कौन-सी सन्धि है?'

(a) दीर्घ (b) गुण
(c) विसर्ग (d) यण

68. 'संहार' का सन्धि-विच्छेद क्या होगा?

(a) समा + हार (b) सम् + हार
(c) समा + हर (d) सन + हार्

69. 'ज्येष्ठ' का विलोम है–

(a) कनिष्ठ (b) अग्रज
(c) श्रेष्ठ (d) अर्जुन

70. इनमें से संयुक्त व्यंजन कौन-सा है?
(a) क्ष (b) त्र
(c) ज्ञ (d) ये सभी

71. इनमें से अन्तस्थ व्यंजन कौन-सा है?
(a) श (b) य
(c) ष (d) प

72. देखो **कौन** आया है? वाक्य में काला शब्द किस प्रकार का सर्वनाम है?
(a) प्रश्नवाचक (b) निश्चयवाचक
(c) अनिश्चयवाचक (d) निजवाचक

73. 'राधा **सीता से** चतुर है' काले पद में कौन-सा कारक है?
(a) सम्प्रदान (b) अपादान
(c) करण (d) कर्म

74. 'कनक कनक ते सौ गुनी मादकता अधिकाय' में कौन-सा अलंकार है?
(a) यमक (b) अनुप्रास
(c) श्लेष (d) इनमें से कोई नहीं

75. 'ध्वन्यालोक' किस तत्व से सम्बन्धित ग्रंथ है?
(a) अलंकार (b) रस
(c) नाट्य (d) ध्वनि

76. निम्नलिखित में से लोकोक्ति को चुनिए–
(a) अंधे की लकड़ी
(b) नौ दो ग्यारह होना
(c) गले पड़ना
(d) अधजल गगरी छलकत जाए

77. 'कमलनयन' में कौन-सा समास है?
(a) तत्पुरुष समास (b) द्विगु समास
(c) कर्मधारय समास (d) द्वंद्व समास

78. निम्नलिखित शब्दों में से शुद्ध शब्द को चुनिए–
(a) सन्यास (b) संन्यास
(c) सन्नयासं (d) संयास।

निर्देश: गद्यांश को पढ़कर निम्नलिखित प्रश्नों (प्र. सं. 79 से 80) के उत्तर दीजिए।

मनु बहन ने पूरे दिन की डायरी लिखी, लेकिन एक जगह लिख दिया, ''सफाई वगैरह की।''

गाँधीजी प्रतिदिन डायरी पढ़कर उस पर अपने हस्ताक्षर करते थे। आज की डायरी पर हस्ताक्षर करते हुए गाँधीजी ने लिखा, ''कातने की गति का हिसाब लिखा जाए। मन में आए हुए विचार लिखे जाएँ। जो-जो पढ़ा हो, उसकी टिप्पणी लिखी जाए। 'वगैरह' का उपयोग नहीं होना चाहिए। डायरी में 'वगैरह' शब्द के लिए कोई स्थान नहीं है।''

जिसने जो पढ़ा हो, वह लिखा जाए। ऐसा करने से पढ़ा हुआ कितना पच गया है, यह मालूम हो जाएगा। जो बातें हुई हों वे लिखी जाएँ। मनु ने अपनी गलती का अहसास किया और डायरी विधा की पवित्रता को समझा।

गाँधीजी ने पुन: मनु से कहा – ''डायरी लिखना आसान कार्य नहीं है। यह इबादत करने जैसी विधा है।'' हमें शुद्ध व सच्चे रूप से प्रत्येक छोटी-बड़ी घटना को निष्पक्ष रूप से लिखना चाहिए चाहे कोई बात हमारे विरुद्ध ही क्यों न जा रही हो। इससे हममें सच्चाई स्वीकार करने की शक्ति प्राप्त होगी।''

79. मनु को अपनी किस गलती का अहसास हुआ?
(a) उन्होंने डायरी में सही-सही बातें लिखी थीं
(b) उन्होंने डायरी में 'वगैरह' शब्द का प्रयोग किया था
(c) उन्होंने गाँधीजी की बात नहीं मानी थी
(d) मनु ने डायरी में कातने की गति का हिसाब लिखा था

80. गाँधीजी ने 'वगैरह' शब्द पर अपनी आपत्ति क्यों जताई?
(a) 'वगैरह' शब्द में कार्य और विचार की स्पष्टता नहीं है
(b) वे चाहते थे कि बातों को ज्यों-का-त्यों लिखा जाए
(c) 'वगैरह' शब्द की जगह 'आदि' शब्द का प्रयोग सही है
(d) गाँधीजी चाहते थे कि सही भाषा का प्रयोग हो

उत्तर (हल/संकेत)

भाग-I सामान्य बुद्धिमत्ता एवं तर्कशक्ति

1. (b)

Q Y K M V I I S G E P E
(−4, −3, −2)

2. (c) सभी संख्याओं का क्रम इस प्रकार है—

10, 22, 46, 94, 190
×2 +2 ×2 +2 ×2 +2 ×2 +2

अर्थात्

$10 \times 2 + 2 = 22$

$22 \times 2 + 2 = 46$

$46 \times 2 + 2 = 94$

$94 \times 2 + 2 = \boxed{190}$

3. (b) m <u>a</u> nm <u>a</u> n <u>m</u> an <u>m</u> a <u>n</u> ma <u>n</u>

4. (d) (33-56) को छोड़कर अन्य सभी में दोनों संख्या युग्म सम संख्याएँ हैं। केवल विकल्प (d) सह-अभाज्य संख्याएँ हैं।

5. (a) जिस प्रकार,

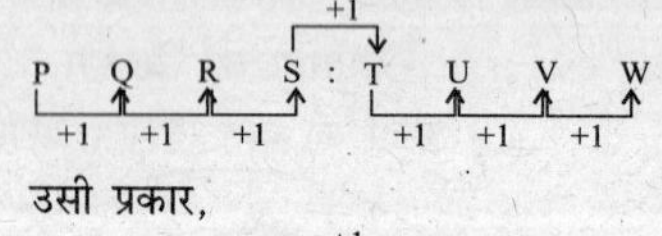

उसी प्रकार,

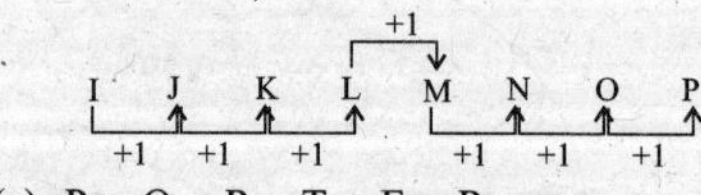

6. (a) P O R T E R
↓ ↓ ↓ ↓ ↓ ↓
M B N Z Q N

अत:

R E P O R T
↓ ↓ ↓ ↓ ↓ ↓
N Q M B N Z

7. (b) वर्णमाला में O 15 वें स्थान पर आता है। Z से गिनने पर 15वाँ स्थान L का है।

उसी प्रकार K का स्थान = 11

Z से गिनने पर 11वाँ स्थान P का है।

∴ O K = L P

8. (b)

+ ⇒ –	– ⇒ ×
÷ ⇒ +	× ⇒ ÷

अत: $15 - 3 + 10 \times 5 \div 5$

$15 \times 3 - 10 \div 5 + 5$

$= 15 \times 3 - 2 + 5$

$= 45 - 2 + 5 = 48$

9. (c) शब्द में 'E' वर्ण नहीं है।

10. (d)

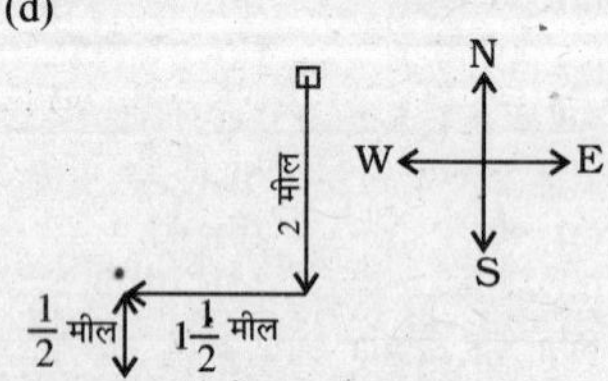

अर्थात् सुरेश अब उत्तर की ओर चल रहा है।

11. (b)

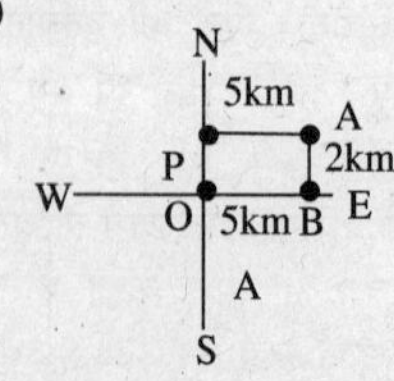

OP = 3km

अत: अशोक को अपने घर तक पहुँचने में 3 किमी. चलना पड़ेगा।

12. (c) $X=\frac{2}{3}Y \therefore Y=\frac{3}{2}X$

6 वर्ष बाद X की आयु = 46 वर्ष

X की वर्तमान आयु = 40 वर्ष

$\therefore Y=\frac{3}{2}\times 40=60$ वर्ष

13. (d)

14. (a) कथन के अनुसार, केवल तर्क I मजबूत है।

15. (a) प्रत्येक अगली प्रश्न आकृति में आकृति 90° वामावर्त घूम रही है तथा छोटी रेखाएँ एकांतर क्रम से दूसरी ओर चली जाती हैं।

16. (b) अक्षर 'g' अभीष्ट उत्तर है।

17. (b) अभीष्ट उत्तर 'c' है।

18. (c)

19. (a) आकृति 2, 3, 6 → वृत

आकृति 1, 5, 7 → चतुर्भुज

आकृति 4, 9, 8 → विकर्ण सहित

20. (b) दी गई प्रश्न आकृति उत्तर आकृति **(b)** में पूर्णत: निहित है।

भाग-II सामान्य ज्ञान एवं सामान्य जानकारी

21. (a) अंगोरा ऊन अत्यधिक मुलायम बुनने वाला रेशा है जो अंगोरा (Angora) खरगोशों के बालों (ऊपरी त्वचा) से बनता है। यह अंगोरा बकरी के बालों से बनने वाले मोहेयर (mohair) ऊन से बिल्कुल अलग है। यह कश्मीरी बकरी के बालों से बनने वाले कश्मीरी ऊन से भी भिन्न है। अंगोरा ऊन अपने मुलायम और पतले रेशों के लिए बहुत प्रसिद्ध है।

22. (d) सरकार द्वारा वस्तुओं और सेवाओं के अलावा कल्याणार्थ अदायगी को 'अंतरण अदायगी' कहा जाता है। अंतरण अदायगी राष्ट्रीय आय का भाग नहीं है। उदाहरणार्थ– वृद्धावस्था पेंशन, बेरोजगारी भत्ता, सामाजिक सुरक्षा अदायगी, बच्चों के लिए योजनाओं में खर्च आदि।

23. (d) कृषि क्षेत्र में प्रच्छन्न बेरोजगारी की उच्च दर पायी जाती है। कृषि क्षेत्र में अतिरिक्त कार्यबल प्रच्छन्न बेरोजगार होते हैं।

24. (c) वह जोत जो किसानों को कम-से-कम एक जीविका उपलब्ध कराती है, उसे 'आर्थिक जोत' कहते हैं।

25. (d) किसी गृहस्वामिनी द्वारा अपने घर में की गयी सेवाओं को अर्थशास्त्र में उत्पादन के अंतर्गत शामिल नहीं किया जाता है।

26. (a) वित्त आयोग का गठन संविधान के अनुच्छेद 280 के तहत केंद्र एवं राज्यों के बीच आर्थिक संबंध को परिभाषित करने के लिए किया जाता है। चुनाव आयोग का गठन संविधान के अनुच्छेद 324 के तहत किया गया है। चुनाव आयोग में मुख्य निर्वाचन अधिकारी के अलावा दो निर्वाचन अधिकारी होते हैं।

27. (a) भारत में चाँदनी चौक (दिल्ली) क्षेत्रफल की दृष्टि से सबसे छोटा लोकसभा चुनाव क्षेत्र है।

28. (d) भारत के राष्ट्रपति के चुनाव में जीतने वाले प्रत्याशी को पचास प्रतिशत से अधिक और डाले गए कुल मतों का बहुमत प्राप्त करना चाहिए (अनुच्छेद 54)।

29. (a) जब 1950 में नया संविधान अंगीकार किया गया तब उच्चतम न्यायालय में केवल आठ न्यायाधीश थे। वर्तमान में उच्चतम न्यायालय में मुख्य न्यायाधीश के अलावा 30 न्यायाधीश हैं।

30. (d) न्यासी प्रथा का प्रतिपादन गाँधीजी ने किया था।

31. (c) प्लासी की लड़ाई ईस्ट इंडिया कंपनी और बंगाल के नवाब सिराजुद्दौला के बीच 1757 ई. में हुई थी। इस युद्ध में नवाब की मृत्यु हो गयी थी।

32. (b) जून के महीने में मॉनसून के फटने से केरल और तमिलनाडु के दक्षिणी तट में वर्षा होती है।

33. (a) हिमालय में 3600 मीटर से ऊपर पायी जाने वाली एक विशिष्ट प्राकृतिक वनस्पति को 'अल्पाइन घास स्थल' कहते हैं। महत्वपूर्ण वृक्ष हैं– सिल्वर फर, पाइन बर्च आदि।

34. (d) दिल्ली में शीतकालीन वर्षा होने का कारण है पश्चिमी विक्षोभ।

35. (c) मोनाजाइट बालू में यूरेनियम पाया जाता है।

36. (c) अल नीनो प्रशांत महासागर के ऊपर आता है। यह एक दक्षिणी गर्म धारा है।

37. (c) आयोडीन घोल का प्रयोग स्टार्च की उपस्थिति की जाँच के लिए किया जाता है।

38. (a) फील पाँव वुचुरिया बोनाक्राफ्टी के द्वारा होता है।

39. (c) एक पीढ़ी से अगली पीढ़ी को आनुवंशिक गुणों का अंतरण डीएनए के द्वारा होता है।

40. (c) डॉग फिश (कुरंजन सुरा) एक वास्तविक मछली है।

भाग-III प्रारंभिक अंकगणित

41. (b) $2=x+\cfrac{1}{1+\cfrac{1}{3+\cfrac{1}{4}}}$

$2=x+\cfrac{1}{1+\cfrac{1}{\frac{13}{4}}}$

$\Rightarrow 2=x+\cfrac{1}{1+\frac{4}{13}}$

$\Rightarrow 2=x+\cfrac{1}{\frac{17}{13}}$

$\Rightarrow 2=x+\frac{13}{17}$

$\Rightarrow x=\frac{34-13}{17}=\frac{21}{17}$

42. (b)

5 मी०

$4\times$ एक भुजा $=40$

एक भुजा $=\frac{40}{4}=10$ मी०

समचतुर्भुज का क्षेत्रफल = आ० × ऊँ०

$=10\times 5=50$ मी०^2

43. (a) कुल लागत $=1200+200=$ ₹1400

वि०मू० = ₹ 1680

लाभ $=1680-1400=$ ₹ 280

लाभ % $=\frac{280}{1400}\times 100=20$

44. (b) व्यास d = चाप AB

क्योंकि चांद एवं पृथ्वी के बीच की दूरी बहुत अधिक है।

$\theta=30'$

$=\left(\frac{30}{60}\times\frac{\pi}{180}\right)^c=\left(\frac{\pi}{360}\right)^c$

$\therefore \theta=\frac{s}{r}\Rightarrow\frac{\pi}{360}=\frac{d}{360000}$

$\Rightarrow d=360000\times\frac{\pi}{360}$

$=1000\,\pi$ किमी.

45. (b) $\dfrac{\text{अनुप्रवाह में नाव की गति} - \text{उर्ध्वप्रवाह में नाव की गति}}{2}$

अनुप्रवाह में नाव की गति $=\frac{18}{4}$

उर्ध्वप्रवाह में नाव की गति $=\frac{18}{12}$

धारा की गति

$=\dfrac{\frac{18}{4}-\frac{18}{12}}{2}=\frac{54-18}{12}\times\frac{1}{2}=\frac{36}{12}\times\frac{1}{2}$

$=1.5$ किमी/घंटा

46. (b) कुल लं. $= 160 + 140 = 300$ मीटर

सापेक्षिक चाल $= 77 + 67$

$= 144$ किमी/घंटा

$= 144 \times 5 = 144 \times \frac{5}{18} = 40$ मी॰/से॰

लगा समय $= \frac{300}{40} = 7\frac{1}{2}$ सेकण्ड

47. (c) $a = 7 - 4\sqrt{3}$

$\therefore \quad \frac{1}{a} = \frac{1}{7-4\sqrt{3}} \times \frac{7+4\sqrt{3}}{7+4\sqrt{3}}$

$= \frac{7+4\sqrt{3}}{49-48} = 7 + 4\sqrt{3}$

$\therefore \quad \left(\sqrt{a} + \frac{1}{\sqrt{a}}\right)^2 = a + \frac{1}{a} + 2$

$= 7 - 4\sqrt{3} + 7 + 4\sqrt{3} + 2 = 16$

$\therefore \quad \sqrt{a} + \frac{1}{\sqrt{a}} = 4$

48. (a) $3x - \frac{3}{2x} = 12$

$\Rightarrow \quad \frac{3x}{3} - \frac{3}{2x \times 3} = \frac{12}{3}$

$\Rightarrow \quad x - \frac{1}{2x} = 4$

वर्ग करने पर,

$x^2 + \frac{1}{4x^2} - 2.x.\frac{1}{2x} = 16$

$\Rightarrow \quad x^2 + \frac{1}{4x^2} = 16 + 1 = 17$

49. (c) 24 विद्यार्थियों का कुल भार

$= 24 \times 35 = 840$ किग्रा

शिक्षक के सम्मिलित हो जाने पर कुल भार

$= 25 \times \frac{35400}{1000} = 885$ किग्रा.

शिक्षक का भार $= 885 - 840 = 45$ किग्रा.

50. (c) $x + y + z = 15$

वर्ग करने पर,

$x^2 + y^2 + z^2 + 2(xy + yz + zx) = 225$

$\Rightarrow \quad x^2 + y^2 + z^2 + 2(85) = 225$

$\Rightarrow \quad x^2 + y^2 + z^2 = 225 - 170 = 55$

51. (a) माना कि पुत्र की आयु $= x$ वर्ष

पिता की आयु $= 3x + 3$

तीन वर्ष बाद,

$(3x+3)+3 = (x+3)\times 2 + 10$

$3x + 6 = 2x + 16$

$x = 10$

पिता की वर्तमान आयु $= 3 \times 10 + 3$

$= 33$ वर्ष

52. (c) AS = 2, सेमी॰ BT = 4 सेमी॰

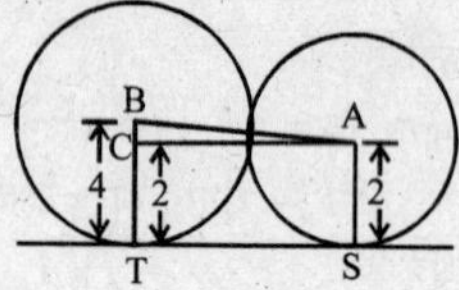

$\therefore \quad BC = BT - AS = 4 - 2 = 2$ सेमी॰

$AB = 2 + 4 = 6$ सेमी॰

$AC^2 = AB^2 - BC^2$

$\Rightarrow \quad ST^2 = 36 - 4 = 32$ सेमी॰

53. (a) ΔACQ में,

$(AQ)^2 = (AC)^2 + (CQ)^2$ ...(i)

ΔPCB में,

$(BP)^2 = (PC)^2 + (CB)^2$

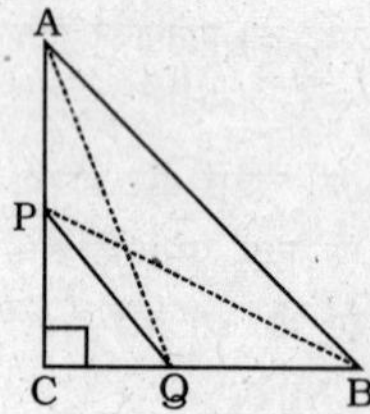

$\Rightarrow \quad (AQ)^2 + (BP)^2 = (AC)^2 + (CQ)^2 + (PC)^2 + (CB)^2$

$\Rightarrow \quad (AQ)^2 + (BP)^2 = [(AC)^2 + (BC)^2] + [(CQ)^2 + (PC)^2]$

$\Rightarrow \quad (AQ)^2 + (BP)^2 = (AB)^2 + (PQ)^2$

$\Rightarrow (AQ)^2 + (BP)^2 = (AB)^2 + \left(\frac{AB}{2}\right)^2$

$= \frac{4\,(AB)^2 + (AB)^2}{4}$

$\Rightarrow \quad 4\,[(AQ)^2 + (BP)^2] = 4\,(AB)^2 + (AB)^2$

$= 5(AB)^2$

54. (b) माना वर्ग के भुजा से षट्भुज बनाने वाले हिस्से को छोड़कर शेष प्रत्येक टुकड़ा $x - x$ का है।

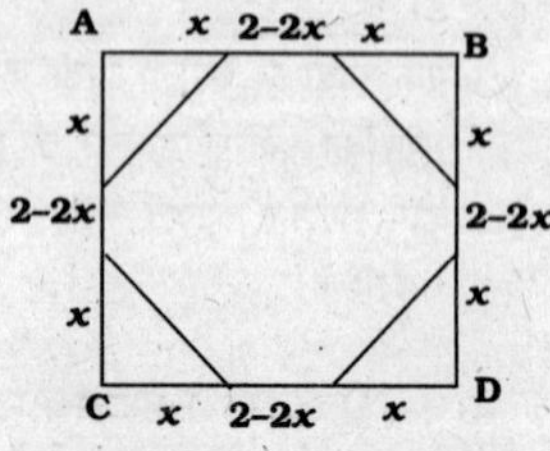

$\therefore$ षट्भुज की भुजा $= (2 - 2x)$

अब चित्र के किसी एक किनारे के त्रिभुज को लेने पर,

$\sqrt{x^2 + x^2} = 2 - 2x, \Rightarrow x\sqrt{2} = 2 - 2x$

$\Rightarrow \quad x\sqrt{2} + 2x = 2 \Rightarrow x(\sqrt{2} + 2) = 2,$

$\Rightarrow \quad x = \frac{2}{\sqrt{2}+2} = \frac{2\sqrt{2}}{\sqrt{2}+2\sqrt{2}} = \frac{\sqrt{2}}{1+\sqrt{2}}$

55. (a) $(x + a)$ दोनों पदों $x^2 + bx + c$ तथा $x^2 + mx + n$ का समापवर्त्तक है इसलिए $(x + a)$ से दोनों पदों में भाग देने पर शेषफल शून्य आएगा।

$\because \quad x + a = 0$ या, $x = -a$

पहले पद से, शेषफल $= (-a)^2 + b(-a) + c$

$O = a^2 - ab + c$

या, $a^2 = ab - c$ ....(i)

दूसरे पद से, शेषफल $= (-a)^2 + m(-a) + n$

$O = a^2 - ma + n$

या, $a^2 = ma - n$ ....(ii)

समीकरण (i) एवं (ii) से a^2 के मानों की तुलना करने पर

$ab - c = ma - n$

$\Rightarrow \quad ab - ma = c - n$

$\Rightarrow \quad a(b - m) = c - n$

$\Rightarrow \quad a = \frac{c-n}{b-m}$

56. (b) 20 दिन में A और B द्वारा किया गया काम

$= \frac{1}{30} \times 20 = \frac{2}{3}$ भाग

शेष काम $= 1 - \frac{2}{3} = \frac{1}{3}$ भाग

$\because$ पुन: $A, \frac{1}{3}$ भाग काम 20 दिन में करता है।

$\therefore$ A, पूरा काम $20 \times 3 = 60$ दिन में करेगा।

प्रश्न संख्या 71 से 75 उत्तर के लिए संकेत

संकाय	कुल छात्र	लड़का	लड़की
प्रबंधन	384	160	224
इंजीनियरिंग डिग्री	432	270	162
चिकित्सा	288	128	160
फार्मेसी	240	128	112
जैव प्रौद्योगिकी	312	144	168
जैव रसायन	336	120	216
इंजीनियरिंग डिप्लोमा	408	216	192

57. (c) इंजीनियरिंग डिप्लोमा में पढ़ने वाली लड़कियों की संख्या = 192 (सारणी से) तथा संस्थान में छात्रों की कुल संख्या = 2400

$\therefore$ अभीष्ट प्रतिशत $= \frac{192}{2400} \times 100 = 8$

58. (a) जैव रसायन में पढ़ने वाले छात्रों की कुल संख्या = 336

जैव प्रौद्योगिकी में पढ़ने वाले छात्रों की कुल संख्या = 312

$\therefore \frac{\text{जैव रसायन}}{\text{जैव प्रौद्योगिकी}} = \frac{336}{312} = \frac{14}{13}$

$\Rightarrow$ 14 : 13

59. (d) 224 (देखें सारणी)

60. (c) चिकित्सा में पढ़ने वाले लड़कों की संख्या = 128

फार्मेसी में पढ़ने वाली लड़कियों की संख्या = 112

$\because$ अभीष्ट अनुपात $= \frac{128}{112} = \frac{8}{7}$

$\Rightarrow$ 8 : 7

भाग-IV हिंदी

61. (b) ब्रजभाषा एक पश्चिमी हिंदी की बोली है। यह हिंदी भाषा समूह की बोलियों में से एक है, जो खड़ी बोली, हरियाणवी, कन्नौजी और बुंदेली के साथ पश्चिमी हिंदी के अंतर्गत आती है।

62. (b) अर्धकथानक हिंदी साहित्य की पहली आत्मकथा है। इसे बनारसीदास ने लिखा था। इसमें लेखक ने अपने जीवन से जुड़ी कहानियों और घटनाओं का वर्णन किया है। आत्मकथा का अर्थ है स्वयं के जीवन की कथा।

63. (d) अवहट्ट, लगभग 900 ई. से 1100 ई. के बीच अपभ्रंश और आधुनिक भारतीय आर्य भाषाओं (जैसे हिंदी) के बीच की संक्रमणकालीन या विकसित अवस्था थी। इसे पुरानी हिंदी भी कहा जाता है। विद्यापति ने अपनी रचना 'कीर्तिलता' में इस भाषा का प्रयोग किया है।

64. (b) मगही बिहार राज्य की प्रमुख बोली है। इसका क्षेत्र मगध है। यह भोजपुरी और मैथिली के साथ मिलकर बिहारी भाषा समूह बनाती है। मगही लोकगीत और लोककथाएँ विशेष रूप से प्रासंगिक हैं।

65. (a) भारत की प्राचीनतम लिपि ब्राह्मी है। इसके बाद गुप्त लिपि बनी, फिर कुटिल लिपि और अंततः देवनागरी लिपि का विकास हुआ। यह क्रम भारतीय लिपियों के ऐतिहासिक विकास को दर्शाता है।

66. (b) संस्कृत को हिंदी की आदि जननी कहा जाता है। हिंदी का मूल संस्कत से ही निकला है। संस्कृत से प्राकृत, फिर अपभ्रंश और अंततः आधुनिक हिंदी का विकास हुआ।

67. (a) सन्धि विच्छेद: विद्या + अर्थी

विद्या (पहला शब्द): अंतिम वर्ण है आ।

अर्थी (दूसरा शब्द): पहला वर्ण है अ।

नियम: दीर्घ सन्धि का नियम है कि जब समान ह्रस्व या दीर्घ स्वर एक-दूसरे से मिलते हैं, तो वे दीर्घ हो जाते हैं।

68. (b) 'संहार' शब्द 'सम् + हार' से बना है। यहां 'म' के बाद 'ह' आने पर उच्चारण में 'संहार' होता है। यह सन्धि का शुद्ध रूप है।

69. (a) 'ज्येष्ठ' का अर्थ है बड़ा या वयोवृद्ध। इसका विलोम शब्द 'कनिष्ठ' है, जिसका अर्थ है छोटा।

70. (d) क्ष, त्र और ज्ञ सभी संयुक्त व्यंजन हैं। दो व्यंजनों के मेल से बने व्यंजन को संयुक्त व्यंजन कहते हैं।

71. (b) हिंदी वर्णमाला में अन्तस्थ व्यंजन चार होते हैं - य, र, ल, व। ये स्वर और व्यंजन के बीच की ध्वनि देते हैं। दिए गए विकल्पों में 'य' अन्तस्थ व्यंजन है।

72. (a) 'कौन' का प्रयोग किसी व्यक्ति के बारे में प्रश्न पूछने के लिए किया जाता है। यह प्रश्नवाचक सर्वनाम है।

73. (b) इस वाक्य में 'सीता से' पद अपादान कारक का उदाहरण है। अपादान कारक का प्रयोग तुलना, पृथक्करण के लिए होता है। यहां राधा की चतुराई की तुलना सीता से की गई है।

74. (a) यमक अलंकार में एक ही शब्द का भिन्न अर्थ के साथ प्रयोग होता है। यहां 'कनक' शब्द दो बार आया है - पहली बार 'सोना' के अर्थ में और दूसरी बार 'धतूरा' के अर्थ में।

75. (d) 'ध्वन्यलोक' आचार्य आनंदवर्धन द्वारा रचित प्रसिद्ध ग्रंथ है। इसमें काव्य के 'ध्वनि सिद्धांत' का प्रतिपादन किया गया है। ध्वनि को काव्य का प्राण माना गया है।

76. (d) 'अधजल गगरी छलकत जाए' लोकोक्ति है, क्योंकि यह एक पूरी लोकोक्ति है जो लोक में प्रचलित है और एक पूरा अनुभव बताती है। विकल्प (a), (b) और (c) मुहावरे हैं, जो वाक्य के अंश होते हैं और जिनका प्रयोग वाक्य के अनुसार बदल सकता है।

77. (c) **समास विग्रह:** कमल के समान नयन (आँखें)।

कर्मधारय समास: इस समास में पहला पद विशेषण होता है और दूसरा पद विशेष्य होता है या एक पद उपमान (जिससे तुलना की जाए) होता है और दूसरा पद उपमेय (जिसकी तुलना की जाए) होता है।

यहाँ 'कमल' उपमान है (तुलना का आधार) और 'नयन' उपमेय है (जिसकी तुलना की जा रही है)। नयनों की विशेषता बताई जा रही है कि वे कमल के समान हैं। इसलिए, यह कर्मधारय समास का उदाहरण है।

78. (b) "संन्यास" शुद्ध शब्द है जिसका अर्थ है, संसार का त्याग।

79. (b) उन्होंने डायरी में 'वगैरह' शब्द का प्रयोग किया था, यह सही उत्तर है। गांधीजी ने मनु को समझाया कि डायरी में 'वगैरह' की जगह पर, उन्हें हर छोटी-बड़ी बात को विस्तार से लिखना चाहिए, जैसे कि उन्होंने क्या पढ़ा, कातने की गति का हिसाब और अपने मन में आए विचार।

80. (a) शब्द में कार्य और विचार की स्पष्टता नहीं है। "वगैरह" शब्द से कुछ स्पष्ट नहीं होता है और यह अधूरा और अनिश्चित संकेत देता है।

❑❑❑

2 प्रैक्टिस सेट

भाग-I सामान्य बुद्धिमत्ता एवं तर्कशक्ति

1. जनसांख्यिकी विशेषज्ञ : जनता :: टिकट संग्रही : ?
(a) जीवाश्म (b) टिकट
(c) फोटोग्राफी (d) संगीत

2. 91 : ? :: 64 : 54
(a) 63 (b) 101
(c) 32 (d) 70

3. निम्न में से विषम संख्या को चुनिए-
(a) 101 (b) 212
(c) 326 (d) 111

4. निम्नलिखित में से कौन-सा विकल्प नीचे दिए गए शब्दों के सार्थक क्रम को दर्शाता है?
1. अध्याय 2. विषय-सूची
3. संदर्भ-सूची 4. प्रस्तावना
5. भूमिका
(a) 2, 4, 1, 3, 5 (b) 4, 2, 5, 1, 3
(c) 5, 2, 4, 1, 3 (d) 5, 1, 4, 3, 2

निर्देश (5-6): निम्नलिखित प्रश्न में एक अनुक्रम दिया है, जिसमें एक पद लुप्त है। दिए गए विकल्पों में से वह सही विकल्प चुनिए जो अनुक्रम को पूरा करे-

5. TMJ, QNL, NON, KPP, ?
(a) JQR (b) HQR
(c) HQQ (d) IQS

6. A, CD, GHI, ?, UVWXYZ
(a) LMNP (b) MNOL
(c) NOPL (d) MNOP

7. निम्नलिखित प्रश्न में दी गई श्रृंखला में गलत संख्या ज्ञात कीजिए-
27, 81, 1331, 125
(a) 125 (b) 27
(c) 1331 (d) 81

8. एक शहर में लड़कियों और लड़कों की संख्या का अनुपात 90% है। यदि शहर में लड़कों और लड़कियों की कुल संख्या 190 है, तो शहर में कितनी लड़कियाँ हैं?
(a) 100 (b) 110
(c) 90 (d) 80

9. दो बसें एक समय में दिल्ली और आगरा से चलती हैं जो एक दूसरे से 300 किमी. दूर हैं। यदि उनकी गति 38 किमी प्रति घंटा और 37 किमी प्रति घंटा है, तो दोनों कितने समय बाद एक दूसरे को पार करेंगी?
(a) 4 घंटे (b) 3 घंटे
(c) 5 घंटे (d) 6 घंटे

10. एक कार्ड-बोर्ड बॉक्स में क्रिकेट में बल्लेबाजों द्वारा प्रयोग में लाए जाने वाले दस्तानों के तीन भिन्न-भिन्न प्रकार के 12 जोड़े हैं। दस्तानों को एकल यूनिटों में अलग-अलग करके मिला दिया जाता है। बाहर से आप दस्तानों को देख नहीं सकते लेकिन आप अपने हाथों को खानों में रख सकते हैं और एक बार में एक दस्ताना उठा सकते हैं। दस्तानों का एक पूरा जोड़ा बनाने के लिए उठाए जाने वाले दस्तानों की न्यूनतम संख्या कितनी होगी?
(a) 3 (b) 13
(c) 25 (d) 37

11. निम्नलिखित प्रश्न में विकल्पों में से वह शब्द चुनिए जो दिए गए शब्द के अक्षरों का प्रयोग करके नहीं बनाया जा सकता-
PROVINCIALISM
(a) SAILOR (b) NAIL
(c) MAN (d) INITIAL

12. एक भाषा में PROSE को PPOQE कोड में लिखा जाता है, तो LIGHT को किस कोड में लिखा जाएगा?
(a) LIGFT (b) LGGHT
(c) LLGFE (d) LGGFT

13. निम्नलिखित प्रश्न में, किन्हीं दो गणितीय संक्रियाओं को आपस में परस्पर बदलकर दिए गए समीकरण को सही कीजिए।
$4 \times 3 - 6 \div 2 + 7 = 8$
(a) − तथा + (b) × तथा −
(c) ÷ तथा × (d) × तथा +

14. नीचे कुछ कथन और उनके बाद उन कथनों पर आधारित कुछ निष्कर्ष दिए गए हैं, हालांकि उनमें सामान्य ज्ञात तथ्यों से भिन्नता हो सकती है। सभी निष्कर्ष पढ़ें और फिर निर्धारित करें कि दिए गए कौन-से निष्कर्ष दिए गए कथनों के आधार पर युक्तिसंगत हैं?
कथन : कुछ लड़के मेहनती हैं।
कोई बुद्धिमान लड़का नहीं है।
निष्कर्ष :
I. कुछ मेहनती बुद्धिमान नहीं हैं।
II. सभी मेहनती बुद्धिमान हैं।
III. कुछ बुद्धिमान मेहनती हैं।
(a) केवल निष्कर्ष I सही है
(b) निष्कर्ष I तथा III सही है
(c) सभी निष्कर्ष सही हैं
(d) कोई भी निष्कर्ष सही नहीं है।

15. 40 बच्चों की एक पंक्ति में R दाएँ से 5वाँ है। R और O के बीच 10 बच्चे हैं। पंक्ति के बाएँ से O का स्थान कौन-सा है?
(a) 26 वाँ (b) 23 वाँ
(c) 25 वाँ (d) 24 वाँ

16. दी गई आकृति में, कितने लोग केवल गणित विषय ही पढ़ते हैं?

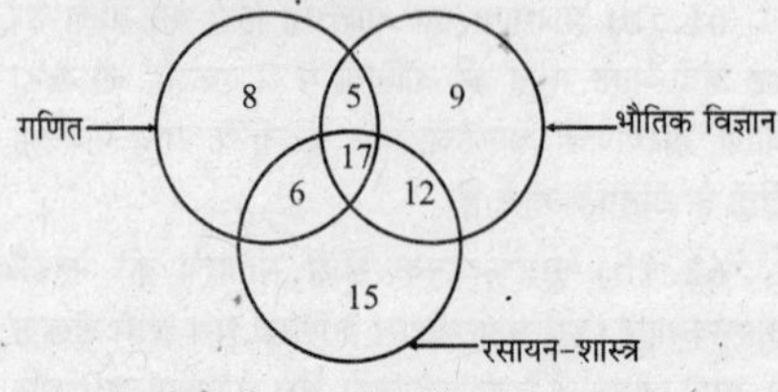

(a) 11 (b) 23
(c) 12 (d) 8

17. कौन-सी उत्तर आकृति प्रश्न आकृति के प्रतिरूप को पूरा करेगी?

प्रश्न आकृति:

उत्तर आकृतियां:

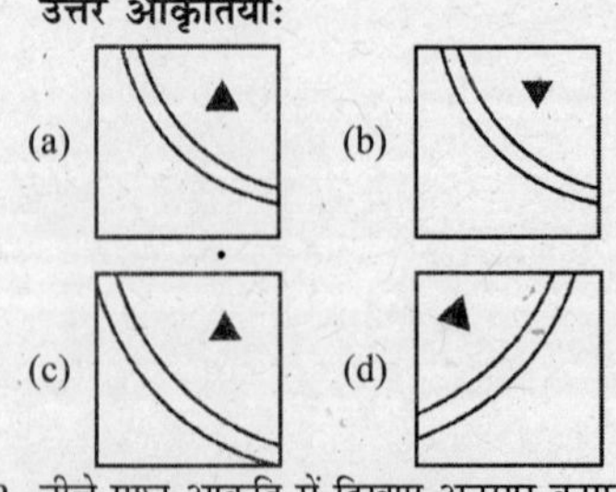

18. नीचे प्रश्न आकृति में दिखाए अनुसार कागज को मोड़कर छेदने तथा खोलने के बाद वह किस उत्तर आकृति जैसा दिखाई देगा?

प्रश्न आकृति:

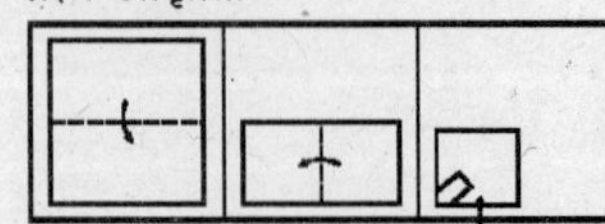

उत्तर आकृतियां:

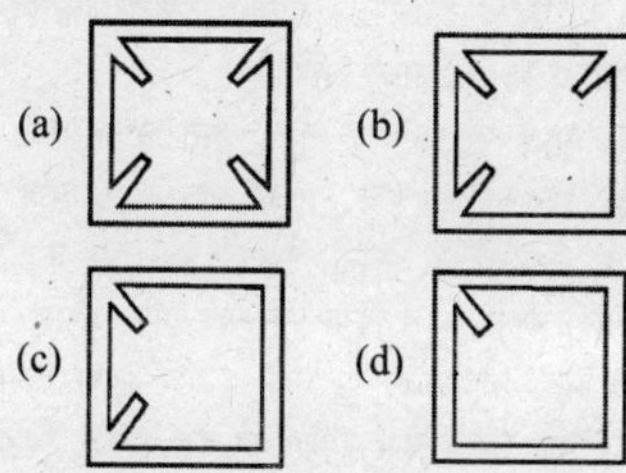

19. यदि एक दर्पण को AB रेखा पर रखा जाए, तो दी गई उत्तर आकृतियों में से कौन-सी आकृति प्रश्न आकृति की सही प्रतिबिम्ब होगी?

प्रश्न आकृति:

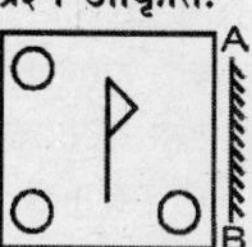

उत्तर आकृतियां :

(a) 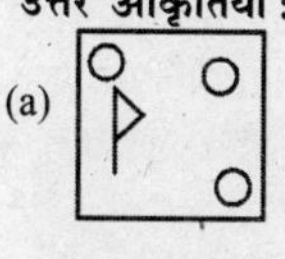 (b) 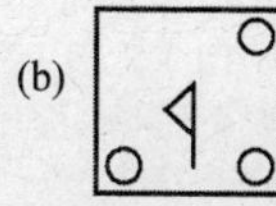

(c) 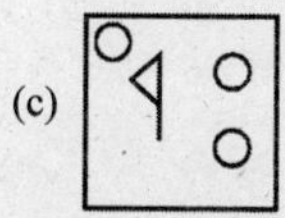 (d) 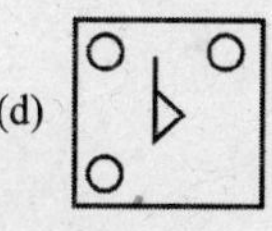

20. एक शब्द केवल एक संख्या-समूह द्वारा दर्शाया गया है, जैसाकि विकल्पों में से किसी एक में दिया गया है। विकल्पों में दिए गए संख्या-समूह अक्षरों के दो वर्गों द्वारा दर्शाए गए हैं, जैसा कि दिए गए दो आव्यूहों में है। आव्यूह-I के स्तम्भ और पंक्ति की संख्या 0 से 4 में दी गई है और आव्यूह-II की 5 से 9 में दी गई है। इन आव्यूहों से एक अक्षर को पहले उसकी पंक्ति और बाद में स्तम्भ संख्या द्वारा दर्शाया जा सकता है। उदाहरण के लिए 'U' को 10, 33 आदि द्वारा दर्शाया जा सकता है तथा 'N' को 75, 89 आदि द्वारा दर्शाया जा सकता है। इसी तरह से आपको प्रश्न में दिए शब्द 'BOARD' के लिए समूह को पहचानना है।

आव्यूह-I

	0	1	2	3	4
0	R	B	U	P	A
1	U	A	R	B	P
2	P	R	U	A	B
3	A	P	B	U	R
4	B	U	A	R	P

आव्यूह-II

	5	6	7	8	9
5	D	N	S	H	O
6	S	D	O	N	H
7	N	O	H	D	S
8	H	S	D	O	N
9	O	H	N	S	D

(a) 32, 76, 04, 21, 55
(b) 01, 66, 11, 43, 99
(c) 40, 59, 41, 00, 66
(d) 30, 67, 42, 34, 78

भाग-II सामान्य ज्ञान एवं सामान्य जानकारी

21. यह किसने कहा था कि "एडोल्फ हिटलर जर्मनी है और जर्मनी एडोल्फ हिटलर है। जो हिटलर के लिए वचनबद्ध है वह जर्मनी के लिए वचनबद्ध है"?
(a) आर. हेस (b) मुसोलिनी
(c) हिटलर (d) कम्युनिस्ट इन्टरनेशनल

22. किसने मंत्रिमंडलीय पद्धति को "राज्य रूपी जहाज का स्टीयरिंग व्हील" कहा है?
(a) लोवेल (b) म्यूर
(c) मैरियट (d) बैगहॉट

23. किसने प्रधानमंत्री को समकक्षों में प्रथम कहा है?
(a) मोरले (b) हरकोर्ट
(c) लास्की (d) लोवेल

24. पशुपालन के साथ खेती को क्या कहा जाता है?
(a) मिश्रित खेती (b) मिश्रित कृषि
(c) डेरी फार्मिंग (d) ट्रक कृषि

25. द्रवचालित क्रिया किस कारण से होने वाला एक प्रकार का अपरदन है?
(a) प्रवाही जल (b) पवन
(c) हिमनदी (d) इनमें से कोई नहीं

26. निम्नलिखित में से कौन-सा नवीनतम भू-वैज्ञानिक युग है?
(a) पर्मियन (b) ट्राइऐसिक
(c) क्रिटेसियस (d) जुरासिक

27. किस रूप के पौधे से कोको और चॉकलेट प्राप्त किया जाता है?
(a) शाक (b) झाड़ी
(c) छोटा वृक्ष (d) बहुत बड़ा वृक्ष

28. सबसे बड़ा एककोशीय जीव है-
(a) यीस्ट (b) एसीटेबुलेरिया
(c) एसीटोबैक्टर (d) अमीबा

29. क्रिस्कोग्राफ का आविष्कार किसने किया था?
(a) एस.एन. बोस (b) पी.सी. राय
(c) जे.सी. बोस (d) पी.सी. महालनोबिस

30. महारंध्र, जो एक द्वारक है, कहाँ होता है?
(a) कान (b) फेफड़े
(c) मेखला (d) कपाल

31. प्रकाशीय फाइबर किस सिद्धांत पर कार्य करता है?
(a) अपवर्तन
(b) प्रकीर्णन
(c) व्यतिकरण
(b) पूर्ण आंतरिक परावर्तन

32. प्रस्तुतीकरण तैयार करने के लिए माइक्रोसॉफ्ट ऑफिस का कौन-सा अनुप्रयोग उपयुक्त है?
(a) माइक्रोसॉफ्ट एक्सेल
(b) माइक्रोसॉफ्ट वर्ड
(c) माइक्रोसॉफ्ट पावर प्वाइंट
(d) माइक्रोसॉफ्ट पब्लिशर्स

33. इन्टरनेट प्रौद्योगिकी के आरंभ में इन्टरनेट पेज तैयार करने के लिए कौन-सी भाषा प्रयोग की जाती थी?
(a) XML (b) HTML
(c) DHTML (d) ASP

34. प्राणीविज्ञान की शाखा का नाम जिसमें पशु व्यवहार का वैज्ञानिक अध्ययन किया जाता है?
(a) पारिस्थितिकी
(b) शरीर विज्ञान
(c) जीव पारिस्थितिकी
(d) शरीर रचना-विज्ञान

35. "बर्र पिंड" किसमें पाया जाता है?
(a) शुक्राणु
(b) सर्टोली कोशिका
(c) मादा कायिक कोशिका
(d) नर कायिक कोशिका

36. तारों का रंग किस पर निर्भर करता है?
(a) तापमान (b) दूरी
(c) रेडियस (d) वायुमंडलीय दाब

37. ब्रायोस्टेटिन्स और डोलोस्टेटिन्स जैसे अपूर्व ट्यूमर रोधी एजेंटों का पता लगाने में कौन-सा स्रोत विशेष रूप से फलदायक रहा?
(a) समुद्री स्रोत
(b) पशु
(c) विष और टॉक्सिन
(d) संयोजी रसायन विज्ञान

38. ओजोन छिद्र के लिए कौन-सा प्रदूषक जिम्मेदार है?
(a) CO_2 (b) SO_2
(c) CO (d) CFC

39. अजैव निम्नीकरणीय अपशिष्ट से छुटकारा पाने का सर्वोत्तम हल है?
(a) जलाना (b) पाटना
(c) गाड़ना (d) पुनः चक्रण

40. वर्मी कम्पोस्टिंग किससे की जाती है?
(a) फंगस (b) बैक्टीरिया
(c) कृमि (d) पशु

भाग-III प्रारंभिक अंकगणित

41. n के किसी पूर्णांक मान के लिए $3^{2n} + 9n + 5$ को 3 से भाग दिए जाने पर क्या शेष रहेगा?
(a) 1 (b) 2
(c) 0 (d) 5

42. तीन आदमी A, B और C मिलकर काम करने पर एक कार्य को अकेले A से 6 घंटे कम में, अकेले B से 1 घंटे कम में और C के अकेले काम करने के लिए आवश्यक समय से आधे समय में पूरा कर सकते हैं। A और B मिलकर उस कार्य को कितने समय में कर सकते हैं?
(a) $\frac{2}{3}$ घंटा (b) $\frac{3}{4}$ घंटा
(c) $\frac{3}{2}$ घंटा (d) $\frac{4}{3}$ घंटा

43. एक तरण ताल तीन पाइपों से भरा जाता है। लगातार कार्य करने वाले पहले दो पाइप ताल

को उतने समय में भरते हैं जितने समय में तीसरा पाइप अकेले भरता है। दूसरा पाइप अकेले पहले पाइप से 5 घंटे तेजी से और तीसरे पाइप से 4 घंटे धीमे भरता है। दूसरे और तीसरे पाइप मिलकर ताल को कितने समय में भरेंगे?

(a) 3 घंटे (b) 3.75 घंटे
(c) 4 घंटे (d) 4.75 घंटे

44. निम्नलिखित को अवरोही क्रम में व्यवस्थित करने पर क्या प्राप्त होगा?

$\sqrt[3]{4}, \sqrt{2}, \sqrt[6]{3}, \sqrt[4]{5}$

(a) $\sqrt[3]{4} > \sqrt[4]{5} > \sqrt{2} > \sqrt[6]{3}$

(b) $\sqrt[4]{5} > \sqrt[3]{4} > \sqrt[6]{3} > \sqrt{2}$

(c) $\sqrt{2} > \sqrt[6]{3} > \sqrt[3]{4} > \sqrt[4]{5}$

(d) $\sqrt[6]{3} > \sqrt[4]{5} > \sqrt[3]{4} > \sqrt{2}$

45. एक समप्रिज्म का आधार चतुर्भुज ABCD है। माना कि AB = 9 सेमी, BC = 14 सेमी, CD = 13 सेमी, DA = 12 सेमी और $\angle DAB = 90°$ यदि प्रिज्म का आयतन 2070 घन सेमी हैं तो पार्श्विक सतह का क्षेत्रफल क्या होगा?

(a) 720 वर्ग सेमी (b) 810 वर्ग सेमी
(c) 1260 वर्ग सेमी (d) 2070 वर्ग सेमी

46. एक लंब वृत्तीय बेलन और एक गोले का आयतन बराबर है। बेलन की त्रिज्या और गोले का व्यास बराबर है। बेलन की ऊँचाई और त्रिज्या का अनुपात क्या है?

(a) 3 : 1 (b) 1 : 3
(c) 6 : 1 (d) 1 : 6

47. 44 सेमी लंबे तार को पहले वृत्त बनाने के लिए मोड़ा जाता है और फिर दोबारा वर्ग बनाने के लिए मोड़ा जाता है। दोनों के संवृत्त क्षेत्रों का अंतर क्या है?

(a) 44 वर्ग सेमी (b) 33 वर्ग सेमी
(c) 55 वर्ग सेमी (d) 66 वर्ग सेमी

48. एक दुकानदार ने सामान का मूल्य लागत मूल्य से 30% अधिक लिखा। वह आधा सामान इस मूल्य पर, एक चौथाई सामान 15% की छूट पर और शेष 30% की छूट पर बेचता है। उसे कुल कितना लाभ हुआ?

(a) $15\frac{3}{8}\%$ (b) 15%

(c) $15\frac{3}{5}\%$ (d) $15\frac{2}{3}\%$

49. B और C मिलकर एक काम को करने में जितना समय लेते हैं, A उससे तीन गुना अधिक समय लेता है। A और C मिलकर उसी काम को करने में जितना समय लेते हैं, B उससे चार गुना अधिक समय लेता है। यदि तीनों मिलकर उस काम को 24 दिन में पूरा कर सकते हैं, तो A के अकेले उस काम को करने में कितने दिन लगेंगे?

(a) 100 (b) 96
(c) 95 (d) 90

50. एक दुकानदार एक वस्तु के अंकित मूल्य पर 10% की छूट देता है लेकिन छूट दिए गए मूल्य पर 8% का बिक्री कर वसूल करता है। यदि ग्राहक बिक्री कर सहित मूल्य के रूप में ₹3,402 देता है, तो अंकित मूल्य क्या है?

(1) ₹ 3,400 (b) ₹ 3,500
(3) ₹ 3,600 (d) ₹ 3,800

51. A और B पात्रों में दूध और पानी क्रमशः 4 : 3 और 2 : 3 के अनुपात में है। पात्र C में आधा दूध और आधा पानी वाला नया मिश्रण प्राप्त करने के लिए दोनों पात्रों A और B में से द्रव किस अनुपात में मिलाया जाएगा?

(a) 7 : 5 (b) 5 : 2
(c) 3 : 11 (d) 1 : 2

52. दो संख्याएँ A और B ऐसी हैं कि A के 5% और B के 4% का योग A के 6% और B के 8% के योग का $\frac{2}{3}$ भाग है। A : B का अनुपात क्या है?

(a) 4 : 3 (b) 3 : 4
(c) 1 : 1 (d) 2 : 3

53. एक कक्षा के 40 छात्रों द्वारा प्राप्त अंकों का औसत 86 है। यदि 5 सर्वाधिक अंकों को निकाल दिया जाए तो औसत एक अंक कम हो जाता है। शीर्ष 5 छात्रों के औसत अंक बताइए।

(a) 92 (b) 96
(c) 93 (d) 97

54. एक छात्र 2 अंकों वाली 10 संख्याओं का औसत निकालता है। यदि एक संख्या के अंकों को परस्पर बदल दिया जाए तो औसत 3.6 बढ़ जाता है। 2 अंकों वाली संख्याओं के अंकों के बीच अंतर क्या होगा?

(a) 4 (b) 3
(c) 2 (d) 5

55. एक व्यापारी अंकित मूल्य पर 20% की छूट पर सामान खरीदता है। यदि वह 20% छूट देने के बाद 25% का लाभ कमाना चाहता है, तो उसका अंकित मूल्य मूल अंकित मूल्य से कितना अधिक होना चाहिए?

(a) 15% (b) 65%
(c) 25% (d) 20%

56. एक आदमी अपनी आय का 75% हिस्सा खर्च कर देता है। उसकी आय 20% बढ़ जाती है और व्यय भी 10% बढ़ जाता है। उसकी बचत में वृद्धि का प्रतिशत बताइए–

(a) 40% (b) 30%
(c) 50% (d) 25%

57. एक कार P से Q तक नियत गति पर चलती है। यदि उसकी गति 10 किमी./घंटा बढ़ा दी जाती है तो यह दूरी तय करने में एक घंटा कम समय लेती। यदि इसकी गति 10 किमी./घंटा और बढ़ा दी जाती तो यह 45 मिनट और कम समय लेती। दो शहरों के बीच की दूरी क्या है?

(a) 540 किमी (b) 420 किमी
(c) 600 किमी (d) 620 किमी

58. एक रेलगाड़ी स्टेशन A से प्रात: 7 बजे रवाना होती है और दूसरे स्टेशन B पर प्रात: 11 बजे पहुँच जाती है। एक दूसरी रेलगाड़ी स्टेशन B से प्रात: 8 बजे रवाना होती है और प्रात: 11:30 बजे स्टेशन A पर पहुँच जाती है। दोनों रेलगाड़ी कितने बजे एक दूसरे को पार करेंगी?

(a) प्रात: 8:36 बजे (b) प्रात: 8:56 बजे
(c) प्रात: 9:00 बजे (d) प्रात: 9:24 बजे

59. एक आदमी ने अपनी बचत ₹ 84,100 का 50% अपनी पत्नी को दे दिया और शेष राशि क्रमशः अपने 15 और 13 वर्ष के दो पुत्रों A और B में विभाजित कर दी। उसने उस राशि को इस प्रकार विभाजित किया कि उसके पुत्र 18 वर्ष की आयु के होने पर 5% प्रतिवर्ष की चक्रवृद्धि ब्याज पर एक समान राशियाँ प्राप्त करें। B का शेयर कितना था?

(a) ₹ 20,000 (b) ₹ 20,050
(c) ₹ 22,000 (d) ₹ 22,050

60. एक फल विक्रेता कुछ संतरे खरीदता है और उनमें से 40% बेचकर वह सभी संतरों का लागत मूल्य वसूल कर लेता है। जैसे संतरे अधिक पकने लगते हैं वह कीमत कम कर देता है और शेष में से 80% वह लाभ की पूर्व दर से आधे पर बेच देता है। शेष संतरे जब सड़ जाते हैं तो वह उन्हें फेंक देता है? लाभ का कुल प्रतिशत कितना रहा?

(a) 80 (b) 84
(c) 94 (d) 96

भाग–IV हिंदी

61. शुद्ध वर्तनी पहचानिए–

(a) आशीर्वाद (b) आर्शीवाद
(c) आशीवार्द (d) आर्शिवाद

62. पंचवटी में समास है–

(a) द्वन्द्व (b) कर्मधारय
(c) द्विगु (d) बहुव्रीहि

63. ब्रजभाषा का विकास किससे हुआ?

(a) मागधी (b) पैशाची
(c) शौरसेनी (d) अर्धमागधी

64. '**कुछ** लोग आए थे।' इस वाक्य में काला पद किस प्रकार का विशेषण है?

(a) संख्यावाचक (b) सार्वनामिक
(c) परिमाणबोधक (d) गुणवाचक

65. 'वह आ रहा है' वाक्य का काल निर्धारित कीजिए–

(a) तात्कालिक वर्तमान
(b) अपूर्ण भूत
(c) संदिग्ध वर्तमान
(d) पूर्ण वर्तमान

66. दशानन शब्द किस प्रकार का है?

(a) रूढ़ शब्द (b) योगरूढ़ शब्द
(c) यौगिक शब्द (d) इनमें से नहीं

67. 'चावल' को आप किस वर्ग में रखेंगे?

(a) रूढ़ शब्द (b) यौगिक शब्द
(c) योगरूढ़ शब्द (d) इनमें से नहीं

68. इनमें से कौन-सा शब्द चन्द्रमा का पर्यायवाची नहीं है?

(a) शशि (b) मयंक
(c) देवापगा (d) राकेश

69. 'स्वच्छ' का सही सन्धि-विच्छेद होगा-

(a) सु + अच्छ (b) सु + अचछ

(c) स्व + च्छ (d) सव + अच्छ

70. 'प्रतिदिन' में कौन-सा समास है?

(a) तत्पुरुष (b) कर्मधारय

(c) बहुब्रीहि (d) अव्ययीभाव

71. ''यह वही घर है जहाँ मेरा बचपन बीता था'' वाक्य है-

(a) मिश्र वाक्य (b) संयुक्त वाक्य

(c) सरल वाक्य (d) इनमें से कोई नहीं

72. उसको मैंने कहा कुछ और, उसने सुना कुछ और वाक्य है-

(a) सरल वाक्य (b) संयुक्त वाक्य

(c) मिश्र वाक्य (d) इनमें से कोई नहीं

73. 'कोल्हू का बैल होना' मुहावरे का अर्थ है-

(a) काम ना करना

(b) बुरी तरह काम में लगे रहना

(c) निर्धन होना

(d) मन लगाकर काम न करना

74. संविधान के अनुच्छेद 351 में किस विषय का वर्णन है?

(a) संघ की राजभाषा

(b) उच्चतम न्यायालय की भाषा

(c) पत्राचार की भाषा

(d) हिंदी भाषा के विकास से सम्बन्धित निर्देश

75. 'न नौ मन तेल होगा और न राधा नाचेगी' इसका अर्थ है-

(a) काम से जी चुराना

(b) मन लगाकर काम करना

(c) बुरा सोचना

(d) असंभव कार्य

76. निम्नलिखित में से कौन-सा छंद दोहा का विपरीत छंद है?

(a) रोला (b) छप्पय

(c) चौपाई (d) सोरठा

77. निम्नलिखित में से शुद्ध वाक्य को चुनिए-

(a) राम रोटी खाया है

(b) राम ने रोटी खाया है

(c) राम ने रोटी खाई है

(d) राम रोटी खा लिया है

निर्देश : गद्यांश को पढ़कर निम्नलिखित प्रश्नों (प्र. सं. 78 से 80) में सबसे उचित विकल्प चुनिए।

लोक कथाएँ हमारे आम जीवन में सदियों से रची-बसी हैं। इन्हें हम अपने बड़े-बूढ़ों से बचपन से ही सुनते आ रहे हैं। लोक कथाओं के बारे में यह भी कहा जाता है कि बचपन के शुरुआती वर्षों में बच्चों को अपने परिवेश की महक, सोच व कल्पना की उड़ान देने के लिए इनका उपयोग जरूरी है। हम यह भी सुनते हैं कि बच्चों के भाषा के विकास के संदर्भ में भी इन कथाओं की उपयोगिता महत्त्वपूर्ण है। ऐसा इसलिए कहा जाता है क्योंकि इन लोक कथाओं के विभिन्न रूपों में हमें लोक जीवन के तत्त्व मिलते हैं, जो बच्चों के भाषा विकास में उल्लेखनीय भूमिका निभाते हैं। अगर हम अपनी पढ़ी हुई लोक कथाओं को याद करें तो सहजता से हमें इनके कई उदाहरण मिल जाते हैं। जब हम कहानी सुना रहे होते हैं तो बच्चों से हमारी यह अपेक्षा रहती है कि वे पहली घटी घटनाओं को जरूर दोहराएँ। बच्चे भी घटना को याद रखते हुए साथ-साथ मजे से दोहराते हैं। इस तरह कथा सुनाने की इस प्रक्रिया में बच्चे इन घटनाओं को एक क्रम में रखकर देखते हैं। इन क्रमिक घटनाओं में एक तर्क होता है जो बच्चों के मनोभावों से मिलता-जुलता है।

78. लोक कथाओं में शामिल हैं-

(a) लोक कल्पना (b) लोक जीवन के रंग

(c) लोक की उड़ान (d) घटनाएं

79. लोक कथाओं में किस परिवेश की महक की बात की गई है?

(a) बच्चों के आस-पास मौजूद परिवेश की

(b) शहरी परिवेश की

(c) विद्यालयी परिवेश की

(d) ग्रामीण परिवेश की

80. बच्चों से हमारी क्या अपेक्षा रहती है?

(a) वे कहानी की घटनाओं को याद रखें ताकि आगे की कहानी से जुड़ा जा सके

(b) कहानी सुनना

(c) घटनाओं की भाषा को समझना

(d) वे कहानी में मजे लें

उत्तर (हल/संकेत)

भाग-I सामान्य बुद्धिमत्ता एवं तर्कशक्ति

1. (b) जनसांख्यिकी विशेषज्ञ जनता से संबंधित जन्म, मृत्यु, नागरिक सुविधाएँ, मकान आदि आंकड़े एकत्र करता हैं। उसी प्रकार टिकट संग्रही विभिन्न प्रकार के (डाक) टिकटों को एकत्र करता है।

2. (d) जिस प्रकार $8 \times 8 = 64$

$9 \times 6 = 54$

उसी प्रकार,

$13 \times 7 = 91$

$14 \times 5 = \boxed{70}$

3. (a) $1 \times 0 = 0$

$2 \times 1 = 2$

$3 \times 2 = 6$

$1 \times 1 = 1$

4. (c) शब्दों का सार्थक क्रम:

5. भूमिका

↓

2. विषय-सूची

↓

4. प्रस्तावना

↓

1. अध्याय

↓

3. संदर्भ सूची

5. (b) $T \xrightarrow{-3} Q \xrightarrow{-3} N \xrightarrow{-3} K \xrightarrow{-3} \boxed{H}$

$M \xrightarrow{+1} N \xrightarrow{+1} O \xrightarrow{+1} P \xrightarrow{+1} \boxed{Q}$

$J \xrightarrow{+2} L \xrightarrow{+2} N \xrightarrow{+2} P \xrightarrow{+2} \boxed{R}$

6. (d) $A \xrightarrow{+2} C \rightarrow CD$

$D \xrightarrow{+3} G \rightarrow GHI$

$I \xrightarrow{+4} M \rightarrow MNOP$

$P \xrightarrow{+5} U \rightarrow UVWXYZ$

7. (d) $3 \times 3 \times 3 = 27$

$11 \times 11 \times 11 = 1331$

$5 \times 5 \times 5 = 125$

संख्या 81 को छोड़कर अन्य सभी पूर्ण घन संख्याएँ हैं। 81 एक पूर्ण वर्ग संख्या है।

$9 \times 9 = 81$

8. (c) $\frac{\text{लड़कियाँ}}{\text{लड़के}} = \frac{90}{100}$

अत: शहर में लड़कियों की संख्या 90 है।

9. (a) दोनों बसें एक - दूसरे को 4 घंटे बाद पार करेंगी।

$38 \times 4 = 152$ किमी.

$37 \times 4 = 148$ किमी.

अभीष्ट समय $= 152 - 148 = 4$ घंटे

10. (c) कुल $12 \times 3 = 36$ जोड़े हैं। अत:, 25 जोड़े निकालने के बाद दस्तानों का एक पूरा जोड़ा अवश्य बन जाएगा।

11. (d) दिए गए शब्द में 'T' वर्ण नहीं है। अत:, शब्द INITIAL नहीं बनाया जा सकता।

P[RO]VINCI[ALIS]M
⇒ SAILOR

PROVI[N]CI[AL]ISM
⇒ NAIL

PROVI[N]CI[A]LIS[M]
⇒ MAN

12. (d) जिस प्रकार,

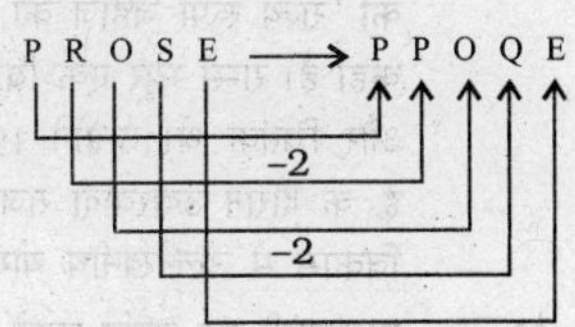

उसी प्रकार,

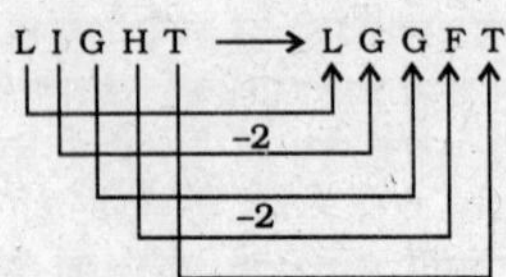

13. (a) $4 \times 3 - 6 \div 2 + 7 = 8$
विकल्प (a) से
$4 \times 3 + 6 \div 2 - 7 = 8$
$12 + 3 - 7 = 8$
$15 - 7 = 8$
$8 = 8$

14. (a) बुद्धिमान लड़के मेहनती
अत: केवल निष्कर्ष I सही है।

15. (c) O —10— R
25 वाँ → ← 5 वाँ

16. (d) स्पष्ट है, दी गई आकृति से केवल 8 लोग ही गणित पढ़ते हैं।

17. (a) उत्तर आकृति (a) को प्रश्न आकृति के रिक्त भाग में रखने पर उत्तर आकृति पूर्ण हो जाती है।

18. (a) कागज को मोड़कर, छेदने तथा खोलने के पश्चात् उत्तर आकृति (a) प्राप्त होती है।

19. (b) दी गई प्रश्न आकृति को दर्पण रेखा AB के सामने रखने पर उसका दर्पण प्रतिबिम्ब (b) से प्राप्त होता है।

20. (a) BOARD के लिए,
B = 01, 13, 24, 32 , 40
O = 59, 67, 76 , 88, 95
A = 04 , 11, 23, 30, 42
R = 0, 0, 12, 21 , 34, 43
D = 55, 66, 78, 87, 99
BOARD के लिए समूह 32, 76, 04, 21, 55, होगा।

भाग-II सामान्य ज्ञान एवं सामान्य जानकारी

21. (a) रुडोल्फ हेस ने 25 फरवरी, 1934 को कहा था, 'एडोल्फ हिटलर जर्मनी है और जर्मनी एडोल्फ हिटलर है, जो हिटलर के लिए वचनबद्ध है, वह जर्मनी के लिए वचनबद्ध है'। नाजी पार्टी के लगभग लाखों कार्यकर्ताओं ने 25 फरवरी, 1934 को जर्मनी में एकत्र होकर हिटलर के सामने यह शपथ ली थी।

22. (b) प्रोफेसर राम्से म्यूर ने मंत्रिमंडलीय पद्धति को 'राज्य रूपी जहाज का स्टीयरिंग व्हील' कहा है। राम्से म्यूर एक ब्रिटिश इतिहासकार और चिंतक थे। उन्होंने 1920 और 1930 ई. के दौरान उदारवादी राजनीतिक दर्शन के विकास में उल्लेखनीय योगदान दिया।

23. (a) प्रधानमंत्री का वर्णन करते हुए लॉर्ड मोरले ने कहा था, 'यद्यपि मंत्रिमंडल में इसके सभी सदस्य समान हैं, एक ही वाणी बोलते हैं और ऐसा अवसर विरले ही आता है जब इनमें अंतर आया हो, भ्रातृ सिद्धांत के एक व्यक्ति एक मत के रूप में इनकी गणना होती है, तथापि मंत्रिमंडल का प्रमुख प्रधानमंत्री है'।

24. (a) जब किसी कृषि क्षेत्र पर फसल उत्पादन के साथ-साथ कुछ अन्य कृषिगत गतिविधियाँ जैसे मुर्गीपालन, पशुपालन या मधुमक्खी पालन आदि भी अपनायी जाती हैं तो कृषि की यह प्रणाली मिश्रित खेती के नाम से जानी जाती है। भारत में कृषि की यह प्रक्रिया मान्य रूप से वहाँ देखने को मिलती है जहाँ अधिकांश कृषि वाली भूमि, खेत और चरागाहों का मिश्रण है।

25. (a) द्रवचालित क्रिया नदी अपरदन (अपरदन का उदाहरण प्रवाहित जल के कारण) का एक मुख्य प्रकार है जिसमें नदियों द्वारा उसके तटों के विरुद्ध लगाए गए बल के कारण उनमें दरारों और गड्डों का निर्माण हो जाता है जिनमें वायु निरुद्ध हो जाती है। प्रवाहित जल का दबाव नदी के तटों को कमजोर करता जाता है और धीरे-धीरे यह इसे वहाँ से बहा ले जाता है।

26. (c) भू-वैज्ञानिक युगों का सही कालानुक्रम निम्नलिखित है :
क्रिटेसियस : 72.1–145 (मिलियन वर्ष पूर्व)
जूरासिक : 152.1–201.3 (मिलियन वर्ष पूर्व)
त्रियासिक : 208.5–201.3 (मिलियन वर्ष पूर्व)
पर्मियन : 254.2–298.9 (मिलियन वर्ष पूर्व)

27. (b) वनों में उगने वाले कोका की फसल के साथ चॉकलेट उत्पादन की प्रक्रिया शुरू होती है। कोका उष्ण कटिबंधीय सदाबहार कोका के पेड़ों, जैसे थीओब्रोमा कोका जो एक छोटा पेड़ होता है, से कोका प्राप्त किया जाता है। ये पेड़; उष्ण कटिबंधीय वनों में पाए जाते हैं। इन्हें हवा और सूर्य की रोशनी से बचाव के लिए अपने से अधिक लम्बे पेड़ों के नीचे रहने की आवश्यकता पड़ती है।

28. (d) अक्टूबर 2011 में अनुसंधानकर्ताओं ने प्रशांत महासागर के मरियाना खाई की सतह के नीचे एक दैत्याकार अमीबा (Xenophyophores) की खोज की थी। इसकी लंबाई चार इंच से अधिक थी। यह पृथ्वी पर पाया गया सबसे बड़ा एक कोशिकीय जीव है जो विशेष रूप से गहरे समुद्र में पाया जाता है।

29. (c) क्रिस्कोग्राफ एक ऐसी युक्ति है जिससे पौधों के विकास का मापन किया जाता है। इसका आविष्कार 20वीं शताब्दी के शुरू में सर जगदीश चंद्र बोस ने किया था। जगदीश चंद्र बोस एक भारतीय बहुश्रुत (Polymath), भौतिक विज्ञानी, जीव विज्ञानी, वनस्पति शास्त्री और पुरातत्ववेत्ता थे।

30. (d) महारंध्र (Foramen magnum), पश्च कपाल अस्थि (Occipital bone) में एक बड़ा द्वारक (छिद्र) है। यह खोपड़ी के आधार (base) में स्थित एक गोलाकार छिद्र है जो नर्व्स, ब्लड वेसेल्स, सेरीब्रो स्पाइनल फ्ल्यूड और संयोजी ऊतक को मस्तिष्क में आने-जाने का मार्ग उपलब्ध कराता है।

31. (d) ऑप्टिकल फाइबर प्रकाश के पूर्ण आंतरिक परावर्तन के सिद्धांत पर कार्य करता है। इस सिद्धांत के अनुसार जब कोई प्रकाश की किरण किसी सघन माध्यम से विरल माध्यम में प्रवेश करती है, तो अपवर्तन के कारण अपवर्तित किरण अभिलंब से दूर हटती जाती है। जैसे-जैसे हम आपतन कोण का मान बढ़ाते जाते हैं, विरल माध्यम में अपवर्तित किरण अभिलंब से दूर हटती जाती है, अर्थात् अपवर्तन कोण का मान बढ़ता जाता है। ऐसी स्थिति में आपतित किरणें परावर्तन के नियमानुसार सघन माध्यम में ही परावर्तित हो जाती हैं। यह घटना पूर्ण आंतरिक परावर्तन कहलाती है। पूर्ण आंतरिक परावर्तन में प्रकाश का परावर्तन शत-प्रतिशत होता है, अर्थात् इसमें प्रकाश का अपवर्तन बिल्कुल नहीं होता।

32. (c) माइक्रोसॉफ्ट पॉवर प्वाइंट एक स्लाइड शो प्रेजेन्टेशन है जिसका विकास माइक्रोसॉफ्ट द्वारा किया गया है। यह माइक्रोसॉफ्ट ऑफिस सूट (suite) के एक भाग के रूप में 22 मई, 1990 को शुरू किया गया था।

33. (b) 1993 में शुरू की गई HTML या हाइपर टेक्स्ट मार्कअप लैन्गुएज एक स्टैण्डर्ड मार्कअप लैन्गुएज है जिसका प्रयोग वेब पेज को क्रिएट करने के लिए किया जाता है। HTML का प्रथम महत्वपूर्ण विस्तार डायनैमिक HTML (DHTML) है। ऐक्टिव सर्वर पेज (ASP) वर्ष 1996 में रिलीज किया गया था। इसी वर्ष XML भी शुरू किया गया था।

34. (c) जीव पारिस्थितिकी (Ethology) पशु व्यवहार का वैज्ञानिक अध्ययन है। यह अध्ययन प्राय: इस बात पर जोर देता है कि पशु व्यवहार का अध्ययन प्राकृतिक वातावरण में किया जाए। इस शब्द को प्रसिद्धि दिलाने का कार्य अमेरिकी माइर्मेकोलॉजिस्ट (चींटी का अध्ययन) विलियम मॉर्टन व्हीलर ने 1902 ई. में किया था।

35. (c) बर पिण्ड (Barr body) मादा सोमैटिक सेल में पाया जाने वाला एक निष्क्रिय X क्रोमोसोम है जो उन प्रजातियों मे पाया जाता है जिनमें X या Z के द्विगुणित (diploid) क्रोमोसोम से नहीं बल्कि Y या W क्रोमोसोम की उपस्थिति से लिंग निर्धारित होता है।

एक विशिष्ट (typical) महिला के प्रत्येक सोमैटिक सेल में मात्र एक बर पिण्ड पाया जाता है जबकि एक विशिष्ट पुरुष में कोई भी बर पिण्ड नहीं पाया जाता।

36. (a) किसी तारे का रंग उसके तापमान पर निर्भर करता है और तापमान तारे के द्रव्यमान के कुछ संयोजन और उसके उत्पत्ति काल पर निर्भर करता है।

37. (a) समुद्री स्रोत जैसे कोरल, मछली और स्पंज के अध्ययन से कुछ ऐसे यौगिकों की जानकारी मिली है जिनमें ट्यूमररोधी गुण हैं। ब्रायोस्टेटिन्स और डोलोस्टेटिन्स उनमें शामिल हैं।

38. (d) ओजोन छिद्र के लिए क्लोरोफ्लोरो कार्बन (CFCs) जिम्मेदार है। मॉन्ट्रियल प्रोटोकॉल के अंतर्गत क्लोरोफ्लोरो कार्बन के निर्माण एवं उपयोग को चरणबद्ध ढंग से समाप्त करने और इसके स्थान पर HFCs जैसे अन्य उत्पादों को अपनाने का प्रावधान किया गया है।

39. (d) अजैव निम्नीकरण अपशिष्ट, जैसे प्लास्टिक आदि से छुटकारा पाने का सर्वोत्तम हल उनका पुन: चक्रण है। क्योंकि इनको जलाने से वातावरण में विषैली गैसें फैलती हैं। जमीन के अंदर गाड़ना और कूड़े के ढेर के रूप में जमा करना भी इसका स्थायी निदान नहीं है।

40. (c) वर्मी कम्पोस्टिंग वह प्रक्रिया है जिसमें कृमि और सूक्ष्म-जीवों का उपयोग रसोईघर के अवशिष्ट को काला, स्वाभाविक गंध, पोषकता से भरपूर खाद में बदलने के लिए किया जाता है। वर्मी कम्पोस्ट पोषक तत्वों से भरपूर एक उत्तम खाद है जो मृदा के लिए सर्वथा अनुकूलित है।

भाग-III प्रारंभिक अंकगणित

41. (b) व्यंजक $= 3^{2n} + 9n + 5$

$= (3^{2n} + 9n + 3) + 2$

$= 3\,(3^{2n-1} + 3n + 1) + 2$

स्पष्टत:, शेषफल = 2

42. (d) माना, A, B एवं C मिलकर काम को x घंटे में पूरा करते हैं।

∴ A द्वारा लिया गया समय $= (x + 6)$ घंटे

B द्वारा लिया गया समय $= (x + 1)$ घंटे

C द्वारा लिया गया समय $= 2x$ घंटे

$\therefore \frac{1}{x+6} + \frac{1}{x+1} + \frac{1}{2x} = \frac{1}{x}$

$\Rightarrow \frac{1}{x+6} + \frac{1}{x+1} = \frac{1}{x} - \frac{1}{2x} = \frac{1}{2x}$

$\Rightarrow 2x^2 - 3x - 20 = x^2 + 5x$

$\Rightarrow \frac{1}{x+6} = \frac{1}{2x} - \frac{1}{x+1} = \frac{x+1-2x}{2x(x+1)}$

$\Rightarrow \frac{1}{x+6} = \frac{1-x}{2x^2+2x}$

$\Rightarrow 2x^2 + 2x = x + 6 - x^2 - 6x$

$\Rightarrow 3x^2 + 7x - 6 = 0$

$\Rightarrow 3x^2 + 9x - 2x - 6 = 0$

$\Rightarrow 3x\,(x + 3) - 2\,(x + 3) = 0$

$\Rightarrow (3x - 2)\,(x + 3) = 0$

$\Rightarrow 3x - 2 = 0$ क्योंकि $x + 3 \neq 0$

$\Rightarrow x = \frac{2}{3}$

∴ A द्वारा लिया गया समय $= 6 + \frac{2}{3}$

$= \frac{18+2}{3} = \frac{20}{3}$ घंटे

B द्वारा लिया गया समय $= 1 + \frac{2}{3}$

$= \frac{5}{3}$ घंटे

∴ (A + B) का 1 घंटे का काम

$= \frac{3}{20} + \frac{3}{5} = \frac{3+12}{20}$

$= \frac{15}{20} = \frac{3}{4}$

∴ अभीष्ट समय $= \frac{4}{3}$ घंटे

43. (b) तरण ताल भरने में,

दूसरे पाइप द्वारा लिया गया समय = x घंटे

∴ पहले पाइप द्वारा लिया गया समय

$= (x + 5)$ घंटे

तीसरे पाइप द्वारा लिया गया समय

$= (x - 4)$ घंटे

$\therefore \frac{1}{x} + \frac{1}{x+5} = \frac{1}{x-4}$

$\Rightarrow \frac{x+5+x}{x(x+5)} = \frac{1}{x-4}$

$\Rightarrow \frac{2x+5}{x^2+5x} = \frac{1}{x-4}$

$\Rightarrow 2x^2 - 8x + 5x - 20 = x^2 + 5x$

$\Rightarrow 2x^2 - 3x - 20 = x^2 + 5x$

$\Rightarrow x^2 - 8x - 20 = 0$

$\Rightarrow x^2 - 10x + 2x - 20 = 0$

$\Rightarrow x\,(x - 10) + 2\,(x - 10) = 0$

$\Rightarrow (x + 2)\,(x - 10) = 0 \Rightarrow x = 10$

∴ दूसरे एवं तीसरे पाइप द्वारा 1 घंटे में भरा गया भाग

$= \frac{1}{x} + \frac{1}{x-4} = \frac{1}{10} + \frac{1}{6}$

$= \frac{3+5}{30} = \frac{8}{30} = \frac{4}{15}$

∴ अभीष्ट समय $= \frac{15}{4} = 3.75$ घंटे

44. (a) करणी घातों का ल. स. = 3, 6, 4 एवं 2 का ल.स. = 12

$\therefore \sqrt[3]{4} = (4)^{\frac{1}{3}} = (4)^{\frac{1}{12}} = \sqrt[12]{4^4} = \sqrt[12]{256}$

$\sqrt{2} = (2)^{\frac{1}{2}} = \sqrt[12]{2^6} = \sqrt[12]{64}$

$\sqrt[6]{3} = \sqrt[12]{3^2} = \sqrt[12]{9}$

$\sqrt[4]{5} = \sqrt[12]{5^3} = \sqrt[12]{125}$

स्पष्टत: $\sqrt[3]{4} > \sqrt[4]{5} > \sqrt{2} > \sqrt[6]{3}$

45. (a) आधार का क्षेत्रफल = Δ ABD का क्षेत्रफल + Δ BCD का क्षेत्रफल

Δ ABD में,

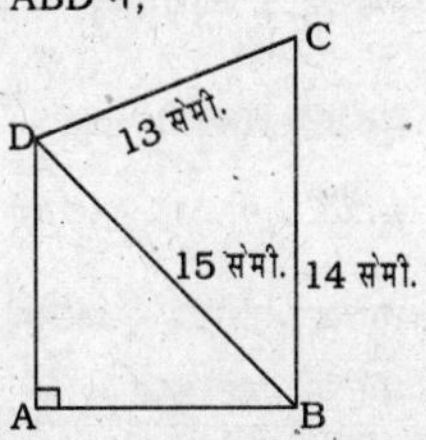

$BD = \sqrt{AB^2 + AD^2} = \sqrt{9^2 + 12^2}$

$= \sqrt{81+144} = \sqrt{225} = 15$ सेमी

Δ ABD का क्षेत्रफल

$= \frac{1}{2} \times AB \times AD = \frac{1}{2} \times 9 \times 12$

= 54 वर्ग सेमी.

Δ BCD के लिए

अर्द्धपरिमाप (&) $= \frac{13+14+15}{2}$

$= \frac{42}{2} = 21$

∴ Δ BCD का क्षेत्रफल

$= \sqrt{s(s-a)(s-b)(s-c)}$

$= \sqrt{21(21-13)(21-14)(21-15)}$

$= \sqrt{21 \times 8 \times 7 \times 6}$

$= 21 \times 4 = 84$ वर्ग सेमी

चतुर्भुज ABCD का क्षेत्रफल

$= 54 + 84 = 138$ वर्ग सेमी

∴ प्रिज्म की ऊँचाई $= \frac{\text{आयतन}}{\text{आधार का क्षेत्रफल}}$

$= \frac{2070}{138} = 15$ सेमी

आधार का परिमाप

$= (9 + 14 + 13 + 12)$ सेमी = 48 सेमी

∴ पार्श्व तल का क्षेत्रफल = परिमाप × ऊँचाई

$= 48 \times 15 = 720$ वर्ग सेमी

46. (d) बेलन की त्रिज्या = r इकाई

गोले की त्रिज्या $= \frac{r}{2}$ इकाई

∴ बेलन की ऊँचाई = h इकाई

∴ बेलन का आयतन = गोले का आयतन

$\Rightarrow \pi r^2 h = \frac{4}{3}\pi\left(\frac{r}{2}\right)^3$

$\Rightarrow \pi r^2 h = \frac{1}{6}\pi r^3$

$\Rightarrow h = \frac{1}{6}r$

$\Rightarrow \frac{h}{r} = \frac{1}{6}$

47. (b) वृत्त की परिधि $= 2\pi r = 44$

$\Rightarrow 2 \times \frac{22}{7} \times r = 44$

$\Rightarrow r = \frac{44 \times 7}{2 \times 22} = 7$ सेमी.

वृत्त का क्षेत्रफल $= \pi r^2$

$= \frac{22}{7} \times 7 \times 7 = 154$ वर्ग सेमी.

वर्ग का परिमाप = 44 सेमी.

वर्ग की एक भुजा $= \frac{44}{4} = 11$ सेमी.

वर्ग का क्षेत्रफल $= 11 \times 11 = 121$ वर्ग सेमी.

अंतर $= 154 - 121 = 33$ वर्ग सेमी.

48. (a) वस्तु का लागत मूल्य = ₹ 100 (माना)

वस्तु का अंकित मूल्य $= \frac{100 \times 130}{100}$ = ₹ 130

आधे सामान का विक्रय मूल्य

$= \frac{130}{2}$ = ₹ 65

15 % की छूट पर एक चौथाई सामान का विक्रय मूल्य

$= \frac{65}{2} \times \frac{85}{100}$ = ₹ 27 .625

शेष माल का विक्रय मूल्य

$= \frac{65}{2} \times \frac{70}{100}$ = ₹ 22.75

कुल विक्रय मूल्य

= ₹ (65 + 27.625 + 22.75) = ₹ 115.375

$\therefore$ लाभ % $= 15.375 = 15\frac{3}{8}\%$

49. (b) B एवं C द्वारा लिया गया समय

= x दिन (माना)

$\therefore$ A द्वारा लिया गया समय = 3x दिन

$\therefore$ A, B एवं C द्वारा 1 दिन में किया गया काम

$= \frac{1}{x} + \frac{1}{3x} = \frac{3+1}{3x} = \frac{4}{3x}$

$\frac{4}{3x} = \frac{1}{24}$

$\Rightarrow 3x = 4 \times 24 \Rightarrow x = \frac{4 \times 24}{3} = 32$ दिन

$\therefore$ A द्वारा लिया गया समय $= 32 \times 3 = 96$ दिन

50. (b) वस्तु का अंकित मूल्य = ₹ x (माना)

$\therefore$ वस्तु का विक्रय मूल्य

= ₹ $\left(x \times \frac{90}{100} \times \frac{108}{100}\right)$

$\therefore x \times \frac{90}{100} \times \frac{108}{100} = 3402$

$\Rightarrow x = \frac{3402 \times 100 \times 100}{90 \times 108}$ = ₹ 3500

51. (a) मिश्रण के नियम से,

पात्र A में दूध $= \frac{4}{7}$ लीटर   पात्र B में दूध $= \frac{2}{5}$ लीटर

$\frac{1}{2}$

$\frac{1}{2} - \frac{2}{5} = \frac{5-4}{10} = \frac{1}{10}$ $\frac{4}{7} - \frac{1}{2} = \frac{8-7}{14} = \frac{1}{14}$

$\therefore$ अभीष्ट अनुपात $= \frac{1}{10} : \frac{1}{14}$

$= 14 : 10 = 7 : 5$

52. (a) संख्याएं $\Rightarrow$ A एवं B

$\therefore \frac{A \times 5}{100} + \frac{B \times 4}{100}$

$= \frac{2}{3}\left(\frac{A \times 6}{100} + \frac{B \times 8}{100}\right)$

$\Rightarrow 5A + 4B = \frac{12A + 16B}{3}$

$\Rightarrow 15A + 12B = 12A + 16B$

$\Rightarrow 15A - 12A = 16B - 12B$

$\Rightarrow 3A = 4B$

$\Rightarrow \frac{A}{B} = \frac{4}{3}$

53. (c) पाँच सर्वाधिक अंकों का योग

$= 40 \times 86 - 35 \times 85$

$= 3440 - 2975 = 465$

$\therefore$ इनका औसत $= \frac{465}{5} = 93$

54. (a) कुल वृद्धि $= 3.6 \times 10 = 36$

$\therefore$ यदि संख्या = 10x + y हो तो

अंक पलटने पर प्राप्त अंक = 10y + x

$\therefore 10y + x - 10x - y = 36$

$\Rightarrow 9y - 9x = 36$

$\Rightarrow 9(y - x) = 36$

$\Rightarrow y - x = \frac{36}{9} = 4$

55. (c) वस्तु आरंभिक अंकित मूल्य = ₹100

क्रय मूल्य $= \frac{100 \times 80}{100}$ = ₹80

दूसरी स्थिति में,

यदि अंकित मूल्य = ₹x हो, तो

$x \times \frac{80}{100} = \frac{80 \times 125}{100}$

$\Rightarrow x = \frac{100 \times 25}{100}$ = ₹ 125

अभीष्ट मूल्य = 125 – 100 = 25%

56. (c) आदमी की आय = ₹100 (माना)

व्यय = ₹ 75

बचत = ₹ 25

नयी आय $= \frac{100 \times 120}{100}$ = ₹ 120

नया व्यय $= \frac{75 \times 110}{100}$ = ₹ 82.5

बचत = 120 – 82.5 = ₹ 37.5

बचत में वृद्धि = 37.5 – 25 = ₹ 12.5

$\therefore$ वृद्धि प्रतिशत $= \frac{12.5}{25} \times 100 = 50\%$

57. (b) नियत दूरी = x किमी एवं नियत चाल = y किमी/घंटा (माना)

स्थिति-I,

$\frac{x}{y+10} = \frac{x}{y} - 1$

$\Rightarrow \frac{x}{y+10} + 1 = \frac{x}{y}$ --- (i)

स्थिति II,

$\frac{x}{y+20} = \frac{x}{y} - 1 - \frac{3}{4} = \frac{x}{y} - \frac{4+3}{4}$

$\Rightarrow \frac{x}{y+20} + \frac{7}{4} = \frac{x}{y}$ --- (ii)

समीकरण (i) एवं (ii) से,

$\frac{x}{y+10} + 1 = \frac{x}{y+20} + \frac{7}{4}$

$\Rightarrow \frac{x}{y+10} - \frac{x}{y+20} = \frac{7}{4} - 1 = \frac{7}{4} - 1$

$\Rightarrow x\left(\frac{y + 20 - y - 10}{(y+10)(y+20)}\right) = \frac{7-4}{4} = \frac{3}{4}$

$\frac{x \times 10}{(y+10)(y+20)} = \frac{3}{4}$

$\Rightarrow 3(y+10)(y+20) = 40x$

$\Rightarrow \frac{3(y+10)(y+20)}{40} = x$ ---(iii)

समीकरण (i) से,

$\frac{3(y+10)(y+20)}{40(y+10)} + 1$

$= \frac{3(y+10)(y+20)}{40y}$

$\Rightarrow 3(y+20) + 40 = \frac{3(y+10)(y+20)}{y}$

$\Rightarrow 3y^2 + 60y + 40y = 3(y^2 + 30y + 200)$

$\Rightarrow 3y^2 + 100y = 3y^2 + 90y + 600$

$\Rightarrow 10y = 600$

$\Rightarrow y = 60$

पुन: समीकरण (i) से,

$\frac{x}{y+10} + 1 = \frac{x}{y}$

$\Rightarrow \frac{x}{60+10} + 1 = \frac{x}{60} \Rightarrow \frac{x}{70} + 1 = \frac{x}{60}$

$\Rightarrow \frac{x+70}{70} = \frac{x}{60} \Rightarrow 6x + 420 = 7x$

$\Rightarrow 7x - 6x = 420 \Rightarrow x = 420$ किमी.

58. (d) माना, दोनों रेलगाड़ियाँ 7 बजे के t घंटे बाद मिलती हैं।

स्टेशन A एवं B के मध्य दूरी = x किमी

$\therefore \frac{x}{4} \times t + \frac{x}{\frac{7}{2}} \times (t-1) = x\left(\text{चाल} = \frac{\text{दूरी}}{\text{समय}}\right)$

$\Rightarrow \frac{t}{4} + \frac{2(t-1)}{7} = 1 \quad \Rightarrow \frac{7t+8t-8}{28} = 1$

$\Rightarrow 15t - 8 = 28 \quad \Rightarrow 15t = 28 + 8 = 36$

$\Rightarrow t = \frac{36}{15} = \frac{12}{5}$ घंटे = 2 घंटे 24 मिनट

∴ अभीष्ट समय = 9 :24 बजे प्रात:

59. (a) पुत्रों को दी गई राशि

$= 84100 \times \frac{1}{2} = ₹\ 42050$

B को दी गई धनराशि = ₹ x (माना)

∴ A को दी गई धनराशि = ₹ (42050 – x)

$A = P\left(1 + \frac{R}{100}\right)^T$

$\Rightarrow (42050 - x)\left(1 + \frac{R}{100}\right)^3 = x\left(1 + \frac{R}{100}\right)^5$

$\Rightarrow (42050 - x) = x\left(1 + \frac{R}{100}\right)^2$

$\Rightarrow (42050 - x) = x\left(1 + \frac{5}{100}\right)^2$

$\Rightarrow (42050 - x) = x\left(1 + \frac{1}{20}\right)^2$

$\Rightarrow 42050 - x = x\left(\frac{21}{20}\right)^2$

$\Rightarrow 42050 - x = \frac{441x}{400}$

$\Rightarrow 42050 = \frac{441x}{400} + x$

$\Rightarrow 42050 = \frac{441x + 400x}{400}$

$\Rightarrow 42050 = \frac{841x}{400}$

$\Rightarrow 841x = 42050 \times 400$

$\Rightarrow x = \frac{42050 \times 400}{841} = ₹\ 20,000$

60. (b) खरीदे गए संतरे = 100 (माना)

क्रय मूल्य = ₹100 (माना)

40 संतरों का विक्रय मूल्य = ₹100

∴ लाभ प्रतिशत $= \frac{100 - 40}{40} \times 100 = 150\%$

शेष संतरे = 60

इनका 80 % $= \frac{60 \times 80}{100} = 48$

इनको 75 % लाभ पर बेचा जाता है।

∴ इनका विक्रय मूल्य $= \frac{48 \times 175}{100} = ₹\ 84$

∴ लाभ प्रतिशत = 84%

भाग-IV हिंदी

61. (a) शुद्ध वर्तनी "आशीर्वाद" है, जिसका अर्थ है शुभकामना या आशीष देना।

62. (c) द्विगु समास में पहला पद संख्यावाचक होता है। "पंचवटी" का अर्थ पाँच वृक्षों का समूह है। यहां "पंच" (संख्या) और "वटी" (वृक्षों) के समूह को दर्शाता है।

63. (c) ब्रजभाषा पश्चिमी हिंदी की एक प्रमुख बोली है। पश्चिमी हिंदी का विकास शौरसेनी अपभ्रंश से माना जाता है।

64. (a) इस वाक्य में 'कुछ' संख्यावाचक विशेषण है क्योंकि यह 'लोग' की अनिश्चित संख्या का बोध करा रहा है, इसलिए सही उत्तर (a) संख्यावाचक है।

जब विशेषण शब्द किसी संज्ञा या सर्वनाम की संख्या का बोध कराता है, तो वह संख्यावाचक विशेषण कहलाता है। "कुछ" यहाँ "लोगों" की अनिश्चित संख्या को बता रहा है।

65. (a) "वह आ रहा है" से स्पष्ट है कि क्रिया अभी भी इसी समय हो रही है। मूलत: यह तात्कालिक वर्तमान काल है।

66. (b) "दश" का अर्थ है दस और "आनन" का अर्थ है मुख। इन दोनों के योग से "दशानन" बना है जिसका सामान्य अर्थ दस मुख वाला है। लेकिन यह शब्द विशेष रूप से रावण के लिए रूढ़ हो गया है। मूलत: यह योगरूढ़ शब्द है।

67. (a) रूढ़ शब्द वे होते हैं जिनका अर्थ किसी विशेष अर्थ में स्थायी रूप में होता है। "चावल " शब्द का प्रयोग धान से बने अन्न के लिए होता है।

68. (c) "शशि", "मयंक" और "राकेश" सभी चन्द्रमा के पर्यायवाची शब्द हैं। "देवापगा" का अर्थ है देवताओं की नदी अर्थात गंगा। मूलत: यह चन्द्रमा का पर्यायवाची नहीं है।

69. (a) "स्वच्छ" शब्द "सु" (अच्छा) और "अच्छ" (शुद्ध) के मेल से बना है। सन्धि के मूल से "सु + अच्छा" → "स्वच्छ" बनता है। अन्य विकल्प सही नहीं हैं।

70. (d) अव्ययीभाव समास में अव्ययी शब्द प्रधान होता है और उसके साथ जुड़कर नया अर्थ देता है। "प्रति + दिन" का अर्थ है "हर दिन"। यहाँ "प्रति" अव्यय है, मूलत: यह अव्ययीभाव समास है।

71. (a) मिश्र वाक्य- इनमें दो उपवाक्य होते हैं और एक उपवाक्य दूसरे पर आश्रित होता है।

जैसे- यह वही घर है जहां मेरा बचपन बीता था।

72. (b) संयुक्त वाक्य में दो या अधिक स्वतंत्र वाक्य एक साथ जुड़ते हैं। यहां "उसको मैंने कहा कुछ और" और "उसने सुना कुछ और" दोनों स्वतंत्र वाक्य हैं। मूलत: यह संयुक्त वाक्य है।

73. (b) 'कोल्हू का बैल होना' का अर्थ है (b) बुरी तरह काम में लगे रहना। इस मुहावरे का मतलब है दिन-रात बहुत मेहनत और परिश्रम करना।

74. (d) भारतीय संविधान का अनुच्छेद 351 हिंदी भाषा के विकास और उनके प्रचार-प्रसार से संबंधित है। इसमें निर्देश दिया गया है कि हिंदी भाषा के प्रसार और विकास को बढ़ावा दिया जाए।

75. (d) इस कहावत का प्रयोग तब किया जाता है जब कोई कार्य असंभव हो। "नौ मन तेल" अप्रभावी है , इसलिए राधा का नाचना भी नहीं होगा। इसका अर्थ है - अप्रभावी कार्य कभी पूरा नहीं हो सकता।

76. (d) दोहा का विपरीत छंद सोरठा है। यह दोहे का ठीक उल्टा होता है; जहाँ दोहे में विषम चरणों (पहले और तीसरे) में 13-13 मात्राएँ होती हैं, वहीं सोरठा में विषम चरणों में 11-11 मात्राएँ और सम चरणों (दूसरे और चौथे) में 13-13 मात्राएँ होती हैं।

77. (c) हिंदी में कर्ता "राम" पुलिंग है, लेकिन "रोटी" स्त्रीलिंग है। क्रिया का रूप , कर्म , लिंग और वचन के अनुसार परिवर्तन होता रहता है। मूलत: "खाई है" सही रूप है।

78. (b) प्रश्न में दिए गए गद्यांश के अनुसार, लोक कथाओं में लोक जीवन के तत्त्वों का जिक्र है।

गद्यांश में कहा गया है: "...इन लोक कथाओं के विभिन्न रूपों में हमें लोक जीवन के तत्त्व मिलते हैं जो बच्चों के भाषा विकास में उल्लेखनीय भूमिका निभाते हैं।"

अत:, लोक कथाओं में शामिल हैं: (b) लोक जीवन के रंग

79. (a) गद्यांश के अनुसार, लोक कथाओं में बच्चों के आस-पास मौजूद परिवेश की महक की बात की गई है।

गद्यांश में यह पंक्ति दी गई है:

"...बचपन के शुरुआती वर्षों में बच्चों को अपने परिवेश की महक, सोच व कल्पना की उड़ान देने के लिए इनका उपयोग जरूरी है।"

यहाँ 'अपने परिवेश' से तात्पर्य बच्चों के आस-पास मौजूद वातावरण से है।

80. (a) गद्यांश के अंतिम भाग के अनुसार, कथा सुनाते समय बच्चों से हमारी अपेक्षा रहती है कि:

वे कहानी की घटनाओं को याद रखें ताकि आगे की कहानी से जुड़ा जा सके।

गद्यांश में यह बात स्पष्ट रूप से कही गई है:

"जब हम कहानी सुना रहे होते हैं तो बच्चों से हमारी यह अपेक्षा रहती है कि वे पहली घटी घटनाओं को जरूर दोहराएँ। बच्चे भी घटना को याद रखते हुए साथ-साथ मजे से दोहराते हैं। इस तरह कथा सुनाने की इस प्रक्रिया में बच्चे इन घटनाओं को एक क्रम में रखकर देखते हैं।"

इसका तात्पर्य है कि बच्चों से घटनाओं को याद रखने और उन्हें क्रम में दोहराने की अपेक्षा की जाती है ताकि कहानी का क्रम बना रहे।

□□□

3 प्रैक्टिस सेट

भाग-I सामान्य बुद्धिमत्ता एवं तर्कशक्ति

निर्देश (1-2) : निम्नलिखित प्रत्येक प्रश्न में दिए गए विकल्पों में से संबंधित शब्द/ अक्षर/ संख्या को चुनें-

1. BDFH : JLNP : : RTVX : ?

(a) BDHF (b) BDFZ
(c) ZBDF (d) YZAB

2. 400 : 20 : : 484 : ?

(a) 20 (b) 21
(c) 22 (d) 23

निर्देश (3-4) : दिए गए विकल्पों में से विषम संख्या/अक्षर/आकृति/संख्या युग्म चुनिए-

3.

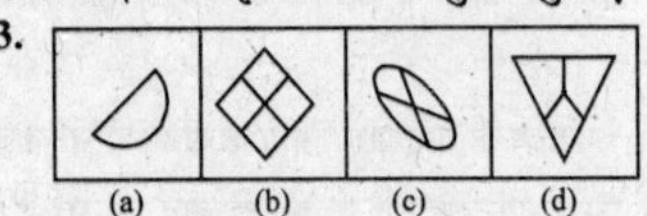

4. (a) 16 – 25 (b) 64 – 81
(c) 36 – 49 (d) 100 – 110

5. अक्षरों का कौन-सा समूह खाली स्थानों पर क्रमवार रखने से दी गई अक्षर शृंखला को पूरा करेगा?

w__xw__x__ax__a__wa__

(a) axawxa (b) aawaxx
(c) aawwxx (d) waawxx

निर्देश (6-8) : निम्नलिखित प्रश्नों में एक अनुक्रम दिया गया है जिसमें एक पद लुप्त है। दिए गए विकल्पों में से वह सही विकल्प चुनें जो अनुक्रम को पूरा करे-

6. प्रश्न आकृतियाँ:

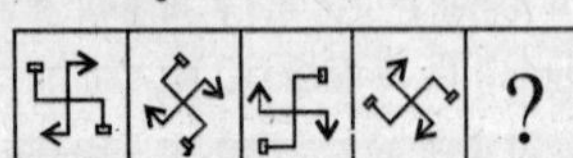

उत्तर आकृतियाँ:

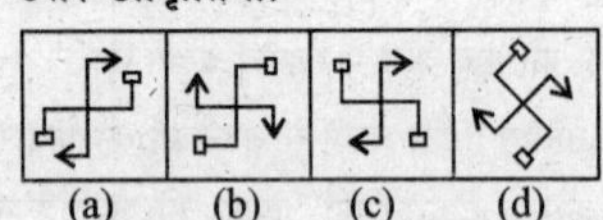

7. BDF, HJL, NPR, ?

(a) TRP (b) TVY
(c) TVX (d) UWX

8. 9, 17, 31, 57, ? , 205

(a) 102 (b) 104
(c) 107 (d) 109

9. तीन मित्रों A, B, C की औसत आयु 20 वर्ष है। A और B की औसत आयु 19 वर्ष है। C की आयु कितनी है?

(a) 20 वर्ष (b) 21 वर्ष
(c) 22 वर्ष (d) 24 वर्ष

10. अरुण, एलियास से तेज दौड़ता है, किन्तु दिनेश जितना तेज नहीं। दिनेश, चंदर से तेज दौड़ता है, किन्तु विक्रम जितना तेज नहीं। सबसे तेज कौन दौड़ता है?

(a) अरुण (b) विक्रम
(c) चंदर (d) दिनेश

11. मोहन 20 मीटर पश्चिम की ओर चला, दाईं ओर मुड़कर 30 मीटर चला। फिर वह दाईं ओर मुड़ा और 20 मीटर चला। अब उसका मुख किस दिशा की ओर है?

(a) उत्तर (b) दक्षिण
(c) पूर्व (d) उत्तर-पूर्व

12. एक निश्चित कूट भाषा में GOLD को 5124 लिखा जाता है तथा LIVE को 2983 लिखा जाता है। उसी कूट भाषा में VOID किस प्रकार लिखा जाएगा?

(a) 8194 (b) 8394
(c) 8154 (d) 8793

13. यदि '–' का अर्थ '+' है, '×' का अर्थ है '+' है, '÷' का अर्थ '×' है तथा '+' का अर्थ '–' है, तो $40 \div 20 - 4 + 8 \times 6 = ?$

(a) 202 (b) 198
(c) 120 (d) 40

14. यदि 'नीला' को 'सफेद' कहा जाए, 'सफेद' को 'हरा' कहा जाए, 'हरा' को 'लाल' कहा जाए, 'लाल' को 'भूरा' कहा जाए, 'भूरा' को 'काला' कहा जाए एवं 'काला' को 'पीला' कहा जाए, तो बताइए मनुष्य के रक्त का रंग कैसा होता है?

(a) लाल (b) भूरा
(c) काला (d) पीला

15. नीचे दिए गए प्रत्येक में कुछ कथन और उनके बाद उन कथनों पर आधारित कुछ निष्कर्ष दिए गए हैं, हालांकि उनमें सामान्य ज्ञात तथ्यों से भिन्नता हो सकती है। सभी निष्कर्ष पढ़े और फिर निर्धारित करें कि दिए गए कौन-से निष्कर्ष दिए गए कथनों के आधार पर युक्तिसंगत हैं?

कथन : कुछ पेन पेंसिल है।
सभी पेंसिल रबर हैं।

निष्कर्ष : I. कुछ पेंसिल पेन नहीं हैं।
II. कुछ रबर पेन नहीं हैं।

(a) केवल निष्कर्ष I सही है
(b) केवल निष्कर्ष II सही है
(c) न तो निष्कर्ष I और न ही II सही है।
(d) दोनों ही निष्कर्ष सही है

16. इस आरेख में 100 खिलाड़ी भिन्न-भिन्न खेल खेलते हैं।

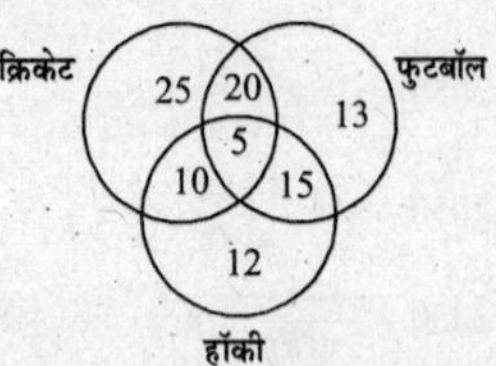

कितने खिलाड़ी फुटबॉल और हॉकी खेलते हैं लेकिन क्रिकेट नहीं?

(a) 20 (b) 25
(c) 15 (d) 5

17. दिए हुए विकल्प में से उस शब्द को चुनिए जो दिए गए शब्द में शामिल अक्षरों से नहीं बनाया जा सकता-

SIGNIFICANT

(a) SCANT (b) FIASCO
(c) GIANT (d) FACT

18. रामू की माता ने रामू से कहा, "मेरी माता का एक बेटा है जिसका पुत्र अच्युत है।" अच्युत का रामू के साथ क्या सम्बन्ध है?

(a) मामा (b) ममेरा भाई
(c) भाई (d) भतीजा

19. यदि एक दर्पण को AB रेखा पर रखा जाए, तो दी गई उत्तर आकृतियों में से कौन-सी आकृति प्रश्न आकृति की सही प्रतिबिंब होगी?

प्रश्न आकृतियां:

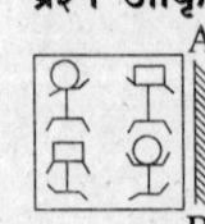

उत्तर आकृतियां:

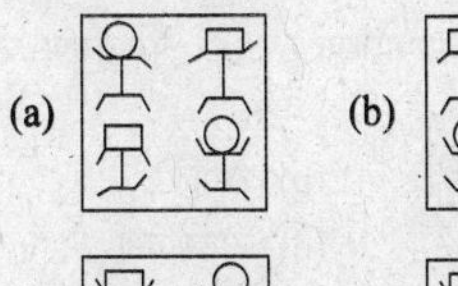

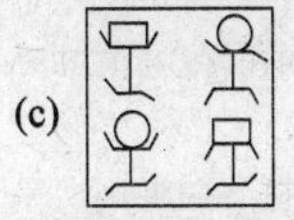

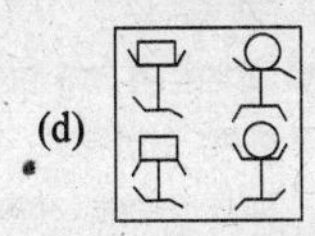

20. नीचे प्रश्न आकृतियों में दिखाए अनुसार कागज को मोड़कर छेदने तथा खोलने के बाद वह किस उत्तर आकृति जैसा दिखाई देगा?

प्रश्न आकृतियां:

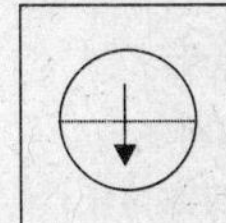

उत्तर आकृतियां:

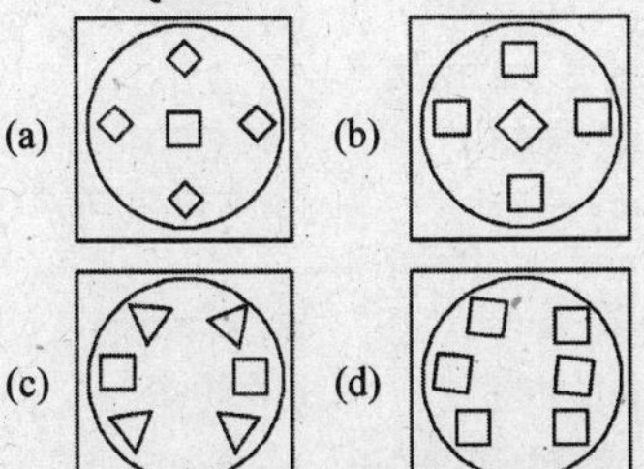

भाग-II सामान्य ज्ञान एवं सामान्य जानकारी

21. राजनीतिक स्वतंत्रता का अर्थ है-
(a) सरकार के ऊपर जनता का नियंत्रण
(b) लोगों की मुक्त राजनीतिक गतिविधियाँ
(c) राजनीति और लोकतंत्र के बीच सहयोग
(d) मतदाता अपनी सरकार बना सकते हैं और उसे अपदस्थ कर सकते हैं

22. यू.एन. चार्टर में कितने सिद्धांत हैं?
(a) 4 (b) 6
(c) 7 (d) 8

23. मार्क्सवादी भौतिकवाद किसके विचार से आया?
(a) हेगल (b) फ्यूअरबैच
(c) डार्विन (d) ऐन्जिल्स

24. भारतीय संविधान का अनुच्छेद (आर्टिकल) 1 भारत को क्या घोषित करता है?
(a) एक राज्य-संघ
(b) एक संघीय राज्य
(c) एक अर्द्ध-संघीय राज्य
(d) एक एकात्मक राज्य

25. माइक्रोवेव ओवन में जिस माइक्रोवेव ट्यूब का उपयोग होता है, वह है-
(a) क्लिस्ट्रॉन एवं मैग्नेट्रॉन ट्यूब्स
(b) क्लिस्ट्रॉन ट्यूब
(c) मैग्नेट्रॉन ट्यूब
(d) ट्रैवलिंग वेव ट्यूब

26. 'उपनिषद्' शब्द का शाब्दिक रूप से यह अर्थ होता है-
(a) ज्ञान (b) प्रज्ञता (बुद्धिमता)
(c) पास बैठना (d) सरस्वर पाठ (पठन)

27. जिस मनीषी (पंडित) ने दक्षिण भारत का आर्यीकरण किया, वे थे-
(a) याज्ञवल्क्य (b) वशिष्ठ
(c) अगस्त्य (d) विश्वामित्र

28. वैदिक आर्यों की ही भाँति, यज्ञीय-अग्नि की प्रथा का पालन इनके द्वारा भी किया गया-
(a) रोमवासी (b) यूनानी लोग
(c) ईरानी लोग (d) उपर्युक्त सभी

29. निम्नलिखित वैदिक संहिताओं में से भारतीय संगीत का उद्गम किसमें से खोजा जा सकता है?
(a) ऋग्वेद (b) सामवेद
(c) यजुर्वेद (d) अथर्ववेद

30. प्राचीन भारत में प्राचीनतम बौद्ध विश्वविद्यालय का नाम बताइए-
(a) तक्षशिला (b) नालन्दा
(c) ओडान्थापुरी (d) कांची

31. पृथ्वी पर सबसे अधिक तप्त (गर्म) स्थान कौन-सा है?
(a) डैथ वैली-कैलीफोर्निया
(b) अल-अजीजिया-लीबिया
(c) जकोबाबाद - पाकिस्तान
(d) अटाकामा - पेरू

32. भारत का संपूर्ण क्षेत्र कितना है?
(a) 8,511,965 वर्ग किलोमीटर
(b) 3,897,950 वर्ग किलोमीटर
(c) 5,926,780 वर्ग किलोमीटर
(d) 3,287,590 वर्ग किलोमीटर

33. 10 स्थानों पर फल और सब्जियों के रेल संचालन को प्रोत्साहित करने के लिए किसके साथ भागीदारी की जाएगी?
(a) फूड ऑर्गनाइजेशन ऑफ रेलवे
(b) सेंट्रल रेलसाइट वेयरहाऊसिंग कॉरपोरेशन
(c) फूड एंड कनेक्टिविटी फेडरेशन
(d) नॉर्थन फ्रूट एंड कमोडिटी हाऊसिंग एसोसिएशन

34. पृथ्वी की सबसे लंबी पर्वतमाला कौन-सी है?
(a) एन्डीज पर्वत
(b) मध्य-अटलांटिक कटक
(c) पश्चिमी कॉर्डिलेरा
(d) हिमालय पर्वतमाला

35. निम्नलिखित देशों में से किस देश में कोई भी खनिज निक्षेप **नहीं** है?
(a) स्विट्जरलैंड (b) ऑस्ट्रिया
(c) नॉर्वे (d) श्रीलंका

36. जल का स्थानान्तरण है-
(a) अपसुघटित
(b) संसुघटित
(c) (a) और (b) दोनों
(d) उपर्युक्त में से कोई नहीं

37. जीवाणुभोजी किसके द्वारा खोजा गया था?
(a) फेलिक्स डी हेरेल और फ्रेडरिक ट्वोर्ट
(b) क्लूयवेर और निएल
(c) पॉल ऐहर्लिच
(d) बुरिल और स्मिथ

38. जीन युग्मों में नहीं पाये जाते-
(a) शरीर की कोशिकाओं में
(b) निषेचन के पश्चात् अंडाशय में
(c) युग्मकों में
(d) युग्मनजों में

39. ऊतकजन, जिससे बाह्य त्वचा बनती है, वह है
(a) त्वचाजन (b) वल्कुटजन
(c) रंगभन (d) गोपकजन

40. रक्त समूहों की खोज किसके द्वारा की गई थी?
(a) लैंडस्टीनर (b) विलियम हार्वे
(c) वीजमैन (d) मॉर्गन

भाग-III प्रारंभिक अंकगणित

41. यदि ΔABC और $\Delta A'B'C'$ आपस में समरूप हैं। इसमें $\angle A = \angle B'$ तथा $\angle B = \angle C'$ है। यदि भुजा, AB = 4 सेमी, B'C' = 5 सेमी हो, तो BC और A'C' का अनुपात निम्न में से क्या होगा?
(a) 5 : 4 (b) 4 : 5
(c) 9 : 4 (d) 4 : 9

42. ब्याज की किसी वार्षिक दर से, किसी धन राशि का एक वर्ष का साधारण ब्याज ₹ 260 तथा उसी धन राशि का 2 वर्ष का चक्रवृद्धि ब्याज ₹ 540.80 है। ब्याज की वार्षिक दर है-
(a) 4% (b) 6%
(c) 8% (d) 3 वर्ष

43. त्रिभुज ABC में $\angle BAC$ का द्विभाजक AD है, यदि AB = 2.8 सेमी, AC = 4.9 सेमी तथा CD = 2.1 सेमी तब BD की लम्बाई क्या है?
(a) 0.8 सेमी (b) 1.0 सेमी
(c) 1.2 सेमी (d) 3.7 सेमी

44. किसी वस्तु का अंकित मूल्य ₹ 920 है। कोई ग्राहक दो क्रमवार कटौतियाँ लेकर उसे ₹ 742.90 में खरीदता है। यदि पहली कटौती की दर 15% है, तो दूसरी की दर होगी-
(a) 3% (b) 5%
(c) 8% (d) 12%

45. 5 घंटे प्रतिदिन काम करके A किसी कार्य को 8 दिन तथा 6 घंटे प्रतिदिन काम करके B उसी कार्य को 10 दिन में पूरा कर सकता है। 8 घंटे प्रतिदिन काम करके, वे दोनों मिलकर उसे कितने समय में पूरा करेंगे ?
(a) 3 दिन (b) 4 दिन
(c) 4.5 दिन (d) 5.4 दिन

46. x-अक्ष, रेखाएं $2x + y = 6$ एवं $2x - y + 2 = 0$ से बने क्षेत्र का क्षेत्रफल होगा-
(a) 8 वर्ग इकाई (b) 6 वर्ग इकाई
(c) 16 वर्ग इकाई (d) 20 वर्ग इकाई

47. एक टंकी की तली में एक छेद है जिसके कारण पानी से पूरी भरी टंकी 10 घंटे में खाली हो जाती है। यदि टंकी पानी से पूरी भरी हो, साथ ही 4 लीटर प्रति मिनट की रफ्तार में टंकी में पानी भरने वाला एक नल भी चालू रखा जाए, तो छेद द्वारा टंकी को खाली करने में 15 घंटे का समय लगता है। टंकी में कितने लीटर पानी भरा जा सकता है?
(a) 2400 (b) 4500
(c) 1200 (d) 7200

48. एक ही समय दो रेलगाड़ियों में से एक A से B के लिए तथा दूसरी B से A के लिए रवाना हुई। यदि वे परस्पर मिलने के बाद B तथा A पर क्रमश: 4 घंटे तथा 9 घंटे में पहुँची हों, तो रेलगाड़ियों की चालों का अनुपात था–
(a) 2 : 1 (b) 3 : 2
(c) 4 : 3 (d) 5 : 4

49. दिए गए चित्र में AB || PQ और BC || PR है। तथा PQ : AB = 3 : 5 है, तो BC : QR का मान बतायें?

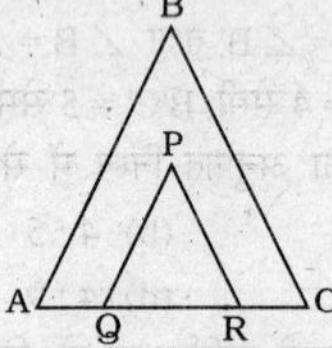

(a) 3 : 5 (b) 5 : 3
(c) 15 : 8 (d) 8 : 15

50. किसी व्यक्ति को नाव द्वारा किसी गन्तव्य पर धारा के अनुकूल जाने तथा धारा के प्रतिकूल प्रस्थान बिंदु पर लौटने में 5 घंटे लगते हैं। यदि शांत जल में नाव की चाल तथा धारा की चाल क्रमश: 10 किमी/घंटा तथा 4 किमी/घंटा हों, तो प्रस्थान बिंदु से गंतव्य की दूरी होगी–
(a) 16 किमी (b) 18 किमी
(c) 21 किमी (d) 25 किमी

51. a के किस मान के लिए $(x + a)$ बहुपद $f(x) = x^3 + ax^2 - 2x + a + 6$ का एक गुणनखण्ड है?
(a) 2 (b) 3
(c) – 2 (d) – 3

52. यदि किसी समद्विबाहु त्रिभुज के परिवृत्त तथा अंतर्वृत्त के क्षेत्रफलों में अंतर 44 सेमी^{2} हो, तो त्रिभुज का क्षेत्रफल होगा– $\left(\pi = \frac{22}{7} \text{ लीजिए}\right)$
(a) 28 सेमी^{2} (b) $7\sqrt{3}$ सेमी^{2}
(c) $14\sqrt{3}$ सेमी^{2} (d) 21 सेमी^{2}

53. एक तार को एक वर्ग के आकार में मोड़ने पर आवृत क्षेत्र का क्षेत्रफल 121 सेमी^{2} है। यदि उसी तार को एक वृत्त के आकार में मोड़ा जाए, तो वृत्त का क्षेत्रफल होगा $\left(\pi = \frac{22}{7} \text{ लीजिए}\right)$
(a) 144 सेमी^{2} (b) 180 सेमी^{2}
(c) 154 सेमी^{2} (d) 176 सेमी^{2}

54. यदि $x + \frac{1}{x} = 2$ तो $x^6 + \frac{1}{x^6} = ?$
(a) 1 (b) –1
(c) 9 (d) 2

55. यदि S एक ऊँचाई h तथा अर्द्ध शीर्ष कोण α वाले लम्ब वृत्तीय शंकु का वक्र पृष्ठीय क्षेत्रफल निरूपित करता है, तो S बराबर है–
(a) $\pi h^2 \tan^2 \alpha$
(b) $\frac{1}{3}\pi h^2 \tan^2 \alpha$
(c) $\pi h^2 \sec \alpha \tan \alpha$
(d) $\frac{1}{3}\pi h^2 \sec \alpha \tan \alpha$

56. व्यास 6 सेमी. वाली दो लोहे की गोलियाँ एक 6 सेमी. अर्द्ध व्यास वाले एक बेलनाकार बरतन में डाले गए पानी में डुबोई जाती हैं। बरतन में पानी का तल कितना ऊपर उठेगा?
(a) 1 सेमी. (b) 2 सेमी.
(c) 3 सेमी. (d) 6 सेमी.

57. 50 सेमी लंबाई वाले एक पेंडुलम द्वारा दोलन से बने कोण का अंश मान क्या होगा यदि इसका शीर्ष 10 सेमी. लंबाई का चाप बनाता है?
(a) 11°27' (b) $\left(11\frac{5}{11}\right)^\circ$
(c) $12\frac{5}{12}^\circ$ (d) $\left(12\frac{7}{12}\right)^\circ$

58. 4 सेमी त्रिज्या वाले वृत्त के बाहर परिधि को स्पर्श करने वाले खींचे गये वर्ग की भुजा होगी–
(a) 4 सेमी (2) 2 सेमी
(c) $4\sqrt{2}$ सेमी (4) 8 सेमी

59. एक देश की वायु सेना में $(3x^2 - 5x - 2)$ लड़ाकू विमान एवं $(x^2 - x - 2)$ मालवाहक विमान हैं। दोनों प्रकार के विमानों को अलग-अलग समूहों में इस प्रकार रखना है कि प्रत्येक समूह में विमानों की संख्या बराबर हो और प्रत्येक समूह की देखरेख के लिए अलग-अलग अधिकारी हो। ज्ञात कीजिए कि कम से कम कितने अधिकारियों की नियुक्ति करनी होगी, यदि प्रत्येक के लिए एक अधिकारी वांछित है?
(a) $4x + 2$ (b) $4x - 2$
(c) $3x + 2$ (d) $3x - 2$

60. $9x^2 + y^2 + z^2 = 6x + 2y + 4z - 6$ तो $3x + 2y + 2z$ का मान है–
(a) 3 (b) 5
(c) 6 (d) 7

भाग-IV हिंदी

61. निम्नलिखित में से पुल्लिंग शब्द है–
(a) घास (b) आय
(c) व्यय (d) नहर

62. गलत युग्म का चयन करें–
(a) जलज – कमल (b) जलद – बादल
(c) जलधि – समुद्र (d) पानी – उपल

63. रिक्त स्थान में उचित शब्द भरें–
व्यंग्य लेखक सामाजिक .... पर तीखा प्रहार करता है।
(a) अभिरामता (b) संगति
(c) विद्रूपता (d) अनुरूपता

64. 'आ' उपसर्ग से बना निम्नलिखित में से कौन-सा शब्द समूह सही है?
(a) आलू, आभा, आगमन, आसमान
(b) आजन्म, आमरण, आगमन, आकर्षण
(c) आरती, आमरण, आतुर, आकाश
(d) आज, आखिर, आनन्द, आधा

65. अभि, अति, अधि, अनु मूलत: किस भाषा के उपसर्ग हैं?
(a) उर्दू-फारसी (b) हिन्दी
(c) अपभ्रंश (d) संस्कृत

66. सत्य और अहिंसा का.........संबंध है।
(a) विकट (b) घनिष्ठ
(c) आपसी (d) निकट

67. कृतज्ञ का विलोम है—
(a) कृतज्ञता (b) कृतघ्नता
(c) कृतघ्न (d) इनमें से नहीं

68. गोचर का विलोम है—
(a) अगोचर (b) इन्द्रियातीत
(c) दैहिक (d) दैविक

69. उपर्युक्त–उपयुक्त—
(a) ऊपर कहा गया, ठीक
(b) ठीक, ऊपर कहा गया
(c) ऊपर लिख गया, ठीक
(d) ठीक, ऊपर लिख गया

70. अम्बुद–अम्बुधि—
(a) कमल, सागर (b) सागर, कमल
(c) बादल, सागर (d) सागर, बादल

71. गुण-दोष का विवेचन करने वाला—
(a) आलोचना (b) समीक्षा
(c) आलोचक (d) अध्यापक

72. जिसकी कोई उपमा न हो—
(a) उपमेय (b) उपमान
(c) अनुपम (d) इनमें से कोई नहीं

73. निम्नलिखित में से वर्तनी की दृष्टि से शुद्ध शब्द का चयन करें–
(a) पूज्यनिय (b) उज्जल
(c) परिपार्श्विक (d) जोत्यसना

74. कौन-सा शब्द 'गंगा' का पर्यायवाची नहीं है?
(a) जान्हवी (b) देवापगा
(c) सुरसरि (d) सरिता

75. 'हानि-लाभ' में कौन-सा समास है?
(a) द्विगु समास (b) तत्पुरुष समास
(c) बहुव्रीहि समास (d) द्वन्द्व समास

76. 'चौपाई' छंद में मात्राओं की संख्या होती है–
(a) 13 (b) 11
(c) 16 (d) 24

77. 'बाल्टी' कैसा शब्द है?
(a) तत्सम (b) तद्भव
(c) देशज (d) विदेशज

निर्देश : गद्यांश को पढ़कर निम्नलिखित प्रश्नों (प्र. सं. 78 से 80) में सबसे उचित विकल्प चुनिए।

गाँधीजी मानते थे कि सामाजिक या सामूहिक जीवन की ओर बढ़ने से पहले कौटुम्बिक जीवन का अनुभव प्राप्त करना आवश्यक है। इसलिए वे आश्रम-जीवन बिताते थे। वहाँ सभी एक भोजनालय में भोजन करते थे। इससे समय और धन तो बचता ही था, सामूहिक जीवन का अभ्यास भी होता था। लेकिन यह सब होना चाहिए, समय-पालन, सुव्यवस्था और शुचिता के साथ।

इस ओर लोगों को प्रोत्साहित करने के लिए गाँधीजी स्वयं भी सामूहिक रसोईघर में भोजन करते थे। भोजन के समय दो बार घंटी बजती थी। जो दूसरी घंटी बजने तक भोजनालय में नहीं पहुँच पाता था, उसे दूसरी पंक्ति के लिए बरामदे में इंतजार करना पड़ता था। दूसरी घंटी बजते ही रसोईघर का द्वार बंद कर दिया जाता था, जिससे बाद में आने वाले व्यक्ति अंदर न आने पाएँ।

एक दिन गाँधीजी पिछड़ गए। संयोग से उस दिन आश्रमवासी श्री हरिभाऊ उपाध्याय भी पिछड़ गए। जब वे वहाँ पहुँचे तो देखा कि बापू बरामदे में खड़े हैं। बैठने के लिए न बैंच है, न कुर्सी। हरिभाऊ ने विनोद करते हुए कहा, "बापूजी आज तो आप भी गुनहगारों के कठघरे में आ गए हैं।"

गाँधीजी खिलखिलाकर हँस पड़े। बोले "कानून के सामने तो सब बराबर होते हैं न?"

हरिभाऊ जी ने कहा, "बैठने के लिए कुर्सी लाऊँ बापू?" गाँधीजी बोले, "नहीं, इसकी जरूरत नहीं है। सजा पूरी भुगतनी चाहिए। उसी में सच्चा आनंद है।"

78. गांधीजी ने किस बात की पूरी सजा भुगतने की बात की?
(a) आश्रम-जीवन बिताने की
(b) गलत नियम बनाने की
(c) देर से रसोईघर में पहुँचने की
(d) सामूहिक जीवन की

79. सामूहिक जीवन बिताने के लिए सबसे महत्वपूर्ण है–
(a) समान विचारधारा होना
(b) समूह के सदस्यों की आपसी प्रतिस्पर्धा
(c) समूह के लिए बनाए गए नियमों का पालन
(d) सब समान स्तर के हों

80. "कानून के सामने तो सब बराबर होते हैं न?" गांधीजी का यह कथन इस ओर संकेत करता है कि–
(a) गांधीजी पूरी ईमानदारी से नियमों का पालन करने में विश्वास रखते थे
(b) कानून के हाथ लंबे होते हैं
(c) गांधीजी झेंप गए थे
(d) कानून किसी तरह का भेदभाव नहीं करता

उत्तर (हल/संकेत)

भाग-I सामान्य बुद्धिमत्ता एवं तर्कशक्ति

1. (c) जिस प्रकार
E D F H → J L N P
(+8, +8, +8, +8)
उसी प्रकार,
R T V X → Z B D F
(+8, +8, +8, +8)

2. (c) जिस प्रकार, $\sqrt{400} = 20$
उसी प्रकार, $\sqrt{484} = 22$

3. (a) आकृति (a) को छोड़कर अन्य सभी आकृतियों में डिजाइन चार भागों में विभक्त है।

4. (d) $16 - 25 \Rightarrow (4)^2 - (5)^2$
$64 - 81 \Rightarrow (8)^2 - (9)^2$
$36 - 49 \Rightarrow (6)^2 - (7)^2$
$100 - 110 = (10)^2 - (10.48)^2$

5. (c) w[a]x / w[a]x / [w] a x / [w] a[x] / w a[x]

6. (c) प्रत्येक अगली आकृति में डिजाइन 45° दक्षिणावर्त घूमती है।

7. (c) B —+6→ H —+6→ N —+6→ T
D —+6→ J —+6→ P —+6→ V
F —+6→ L —+6→ R —+6→ X

8. (c) 9 17 31 57 [107] 205
×2–1 ×2–3 ×2–5 ×2–7 ×2–9

9. (c) C की आयु $= (3 \times 20) - (2 \times 19)$
$= 60 - 38 = 22$ वर्ष

10. (b) विक्रम > दिनेश > अरुण > एलियास ↔ चंदर

11. (c)
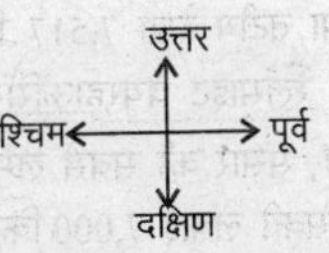

उत्तर
पश्चिम ← → पूर्व
दक्षिण

स्पष्ट है अब उसका मुख पूर्व की ओर है।

12. (a) जिस प्रकार, तथा
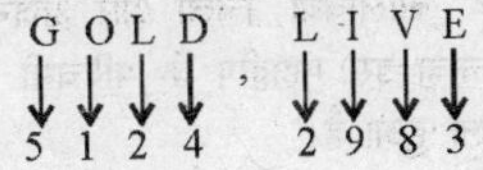

इसी प्रकार,
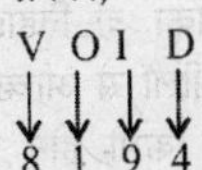

13. (b) $40 \div 20 - 4 + 8 \times 6 = ?$
प्रश्नानुसार, चिन्ह परिवर्तित करने पर,
$40 \times 20 \div 4 - 8 + 6 = ?$
$200 - 2 = ?$
$198 = ?$

14. (b) मनुष्य के शरीर का रंग लाल होता है और यहाँ लाल को भूरा कहा गया है। अतः रक्त का रंग भूरा होगा।

15. (c) अतः दोनों निष्कर्ष I व II सही हैं।
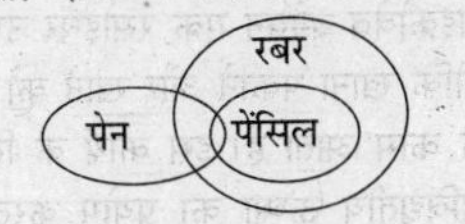

16. (c) ऐसे खिलाड़ियों की संख्या जो फुटबॉल और हॉकी खेलते हैं : 15

17. (b) मूल शब्द में 'O' अक्षर नहीं है।

18. (b) अच्युत रामू की माँ का भतीजा है। अतः, अच्युत रामू का ममेरा भाई है।

19. (b) दी गई प्रश्न आकृति को दर्पण रेखा AB के सामने रखने पर उसका प्रतिबिम्ब उत्तर आकृति (b) से प्राप्त होता है।

20. (d) कागज को मोड़कर, छेदने तथा खोलने के पश्चात् उत्तर आकृति (d) प्राप्त होती है।

भाग-II सामान्य ज्ञान एवं सामान्य जानकारी

21. (b) राजनीतिक स्वतंत्रता से तात्पर्य ऐसी अवस्था या शर्त से है जिसके अन्तर्गत व्यक्ति को राजनीतिक रूप से सरकार बनाने, संचालित करने, व्यवस्थित करने या गठित करने का अधिकार दिया जाता है। अन्य शब्दों में कहा जा सकता है कि व्यक्ति को राजनैतिक गतिविधियों में शामिल होने की स्वतंत्रता प्रदान की जाती है।

22. (c) संयुक्त राष्ट्र चार्टर के अनुसार, संयुक्त राष्ट्र संघ और इसके सदस्यों से संबंधित सभी क्रियाकलापों और उद्देश्यों को संयुक्त राष्ट्र संघ चार्टर की धारा I में समाहित किया गया है। जिसके अनुसार सभी सदस्य देश इसके सातों सिद्धांतों का पालन करेंगे। इस

चार्टर पर सेन फ्रांसिस्को, अमेरिका में 26 जून 1945 को हस्ताक्षर किए गए थे। यह चार्टर 24 अक्टूबर, 1945 से प्रभावी ढंग से लागू हो गया था।

23. (c) मार्क्सवाद भौतिकवाद एक ऐसी कार्यप्रणाली है जो समाज, अर्थव्यवस्था और इतिहास के अध्ययन से संबंधित दृष्टिकोण प्रस्तुत करता है। सर्वप्रथम भौतिकवाद को ऐतिहासिक अवधारणा के रूप में जोरदार तरीके से प्रस्तुत किया गया जिसके अन्तर्गत समाज और आर्थिक संगठनों में संसाधनों की उपलब्धता को महत्वपूर्ण माना गया। डार्विन ने प्रकृति से संबंधित भौतिकवादी दर्शन-शास्त्र का सिद्धांत लागू किया था जबकि मार्क्स-एंजल्स ने इतिहास से संबंधित भौतिकवादी दर्शन-शास्त्र सिद्धांत लागू किया था।

24. (a) भारतीय संविधान की धारा I देश के नाम, संघ के भू-क्षेत्र तथा भारत से संबंधित है जिसके अनुसार भारत, राज्यों का एक संघ होगा। इसमें यह भी कहा गया है कि भारतीय भू-क्षेत्र में सभी राज्यों के भू-क्षेत्र, संघ शासित राज्यों के भू-क्षेत्र और अन्य भू-क्षेत्र जो भारत में है, शामिल होंगे।

25. (c) माइक्रोवेव ओवन एक रसोइघर उपकरण है, जोकि खाना पकाने और खाने को गर्म करने के काम आता है। इस कार्य के लिए चूल्हा द्विविद्युतीय ऊष्मा का प्रयोग करता है। यह खाने के भीतर उपस्थित पानी और अन्य ध्रुवीय अणुओं को सूक्ष्म तरंग विकिरण का उपयोग करके गर्म करता है। मैग्नेट्रॉन ट्यूब इसका मुख्य अवयव है जो सूक्ष्म तरंगें पैदा करता है।

26. (c) उपनिषद् का शाब्दिक अर्थ है – 'समीप बैठना' अर्थात् ब्रह्म विद्या को प्राप्त करने के लिए गुरू के समीप बैठना। इस प्रकार उपनिषद् एक ऐसा रहस्य ज्ञान है जिसे हम गुरू के सहयोग से ही समझ सकते हैं। उपनिषद् वैदिक साहित्य के अंतिम भाग है इसलिए इन्हें 'वेदान्त' भी कहा जाता है।

27. (c) अगस्त्य मुनि को परंपरागत भारतीय चिकित्सा शास्त्र का जनक माना जाता है, वे दक्षिण भारत के आर्यों से भी संबंधित थे। दक्षिण भारत के यादवों को प्रथम आर्य कहा जाता है। अगस्त्य मुनि ने सर्वप्रथम तमिल भाषा में व्याकरण की रचना की थी जिसे अगथियम के नाम से जाना जाता है।

28. (d) आग की पूजा करके बलि देने की प्रथा या 'यजना' मुख्य रूप से आर्यों, ग्रीक, रोम और ईरानवासियों में प्रचलित थी। प्राचीनकाल में अग्नि को पवित्र मानकर श्रद्धापूर्वक पूजा करने की प्रथा मुख्य रूप से भूमध्यसागर, ईरानी पठार और भारतीय प्रायद्वीप के निवासियों में प्रचलित थी।

29. (b) भारतीय संगीत की उत्पत्ति मूल रूप से सामवेद से हुई है। सामवेद में साम का अर्थ 'गान' है। इसकी ऋचाओं का गान करने वाले बाह्मणों को उद्भातृ कहते हैं। सामवेद में कुल 1549 ऋचायें हैं। वेदों में सामवेद को 'भारतीय संगीत का जनक' माना जाता है। यह तीन शाखाओं में विभक्त है –
● कौथुम ● राणानीय ● जैमिनीय

30. **(a)** कुछ स्रोतों के अनुसार, तक्षशिला विश्वविद्यालय विश्व में सबसे प्राचीन विश्वविद्यालय है। स्रोतों के अनुसार, इसका निर्माण ईसा पूर्व **10**वीं शताब्दी में किया गया था जबकि इसका पतन ईसा पूर्व **5**वीं शताब्दी में हुआ था।

31. **(b)** विश्व में सबसे अधिक तापमान 1922 में अल-अजीजिया में 57.8°C रिकॉर्ड किया गया था जो अब तब पृथ्वी पर दर्ज सबसे अधिक तापमान माना जाता है। यद्यपि सितम्बर 2012 में विश्व मौसम-विज्ञान संगठन द्वारा की गई एक घोषणा के अनुसार, विश्व में सबसे अधिक गर्म तापमान 1913 में अमेरिका के कैलिफोर्निया में स्थित ग्रीनलैंड रैंच की डेथ वैली (Death Valley) में 56.7°C दर्ज किया गया था।

32. (d) भारत का कुल भौगोलिक क्षेत्रफल 32,87,590 किमी. है। आकार की दृष्टि से भारत विश्व का सातवां सबसे बड़ा देश है। भारत उत्तर से दक्षिण में 3,214 किमी. तथा पूर्व से पश्चिम में 2,933 किमी. तक फैला हुआ है। भारतीय सीमा-रेखा 15,200 किमी. लंबी है तथा तटीय रेखा 7,517 किमी. लंबी है।

33. (b) सेंट्रल रेलसाइट वेयरहाऊसिंग कॉरपोरेशन

34. (a) एंडीज, संसार की सबसे लम्बी पर्वत श्रृंखला है जिसकी लंबाई 7,000 किमी है। यह पर्वत श्रृंखला दक्षिणी अमेरिका के उत्तर से दक्षिण में सात देशों-वेनेजुएला, कोलंबिया, इक्वाडोर, पेरू, बोलिविया, चिली और अर्जेन्टीना के अलावा इस महाद्वीप के पश्चिमी तट तक फैला हुआ है।

35. (a) स्विट्जरलैंड ऐसा देश है जहाँ खनिज संसाधन नहीं पाए जाते। इसका दो-तिहाई हिस्सा जंगलों, पर्वतों और झीलों से आच्छादित है। खनिज संसाधनों की कमी होने के कारण स्विट्जरलैंड इनका आयात करता है, निर्माण-प्रक्रिया के पश्चात् वस्तुओं को उत्पाद के रूप में पुनः ग्राहकों को बेचता है।

36. (c) पौधे में घुलनशील जैविक पदार्थ को वहन करने की प्रक्रिया स्थानान्तरण **(translocation)** कहलाती है। कभी-कभी इसे आत्मसात करना भी कहते हैं। Symplast और apoplast को वहन करने का कार्य पौधों के उत्तकों और जैविकों द्वारा किया जाता है। पौधे के प्रस्तर-पट्ट में जल Symplastic route के माध्यम से पहुंचता है तथा जाइलम् (xylem) तक जल apoplastic route के माध्यम से पहुँचाया जाता है।

37. **(a)** जीवाणुभोजी (Bacteriophage) से तात्पर्य विषाणुओं के ऐसे समूह से है जो जीवाणु को संदूषित करते हैं। Bacteri-ophages (जीवाणुभोजी) की खोज फ्रेडरिक डब्ल्यू. टीवॉर्ट ने ग्रेट ब्रिटेन में सन् 1915 में की थी। फेलिक्स डीहेरेली ने यह खोज फ्रांस में 1917 में की थी। डी हेरेली ने अपने आविष्कार का नामकरण Bacteriophage (जीवाणुभोजी) के रूप में किया जिसका अर्थ है "जीवाणु को संदूषित या ग्रहण करने वाला"।

38. **(c)** जीन, गुणसूत्रों का एक भाग है जो कायिक कोशिकाओं में युग्मों में पाए जाते हैं। जीन युग्म (Pair) का एक सदस्य जीन से अलग होकर युग्मक (gamete) का निर्माण करता है, इस प्रकार प्रत्येक युग्मक (gamete) जीन युग्म (Pair) में से एक सदस्य का वहन करता है। युग्मकों का संयोजन यादृच्छिक होता है और इसमें अन्य निरपेक्ष जीन युग्मों (Pairs) को शामिल किया जाता है।

39. (a) पौधों में तीन विभज्योतिकी परतें (meristematic layers) पाई जाती हैं जो आरंभिक रूप में तीन समूहों में होते हैं जिसे उत्तक-लय/उत्लयन कहते हैं। Dermatogen (डरमैटोजेन) सबसे ऊपरी परत है, यह परत कोशिकाओं को anticlinally (अपनत) भागों में बांटती है जिससे बाह्य त्वचा उत्पन्न होती है। पेरिब्लेम और पलेरोम दो अन्य उत्लयन परतें हैं।

40. (a) ABO blood group (एबीओ रक्त समूह) प्रणाली की खोज करने का श्रेय आस्ट्रिन वैज्ञानिक कार्ल लैंडस्टेइनर को जाता है। जिन्होंने 1900 में ओ, ए और बी रक्त समूहों की खोज की थी। इस खोज के लिए उन्हें वर्ष **1930** में शरीर क्रिया विज्ञान या चिकित्सा शास्त्र के नोबेल पुरस्कार से सम्मानित किया गया।

भाग-III प्रारंभिक अंकगणित

41. (b)

A, B, C ~ A', B', C'

$\because \angle A = \angle B'$

तथा $\angle B = C'$

$\Delta ABC \sim \Delta A'B'C'$

$\because \frac{AB}{B'C'} = \frac{BC}{A'C'},$

$\Rightarrow \frac{4}{5} = \frac{BC}{A'C'} \Rightarrow \frac{BC}{A'C'} = 4:5$

42. (c) माना कि मूलधन = ₹ x एवं ब्याज की दर = r% प्रति वर्ष

प्रश्नानुसार,

ब्याज = $\frac{\text{मूलधन} \times \text{समय} \times \text{दर}}{100}$

$260 = \frac{x \times r}{100}$ ....(i)

चक्रवृद्धि ब्याज

$= \text{मूलधन}\left[\left(1+\frac{\text{दर}}{100}\right)^{\text{समय}} - 1\right]$

$540.80 = x\left[\left(1+\frac{r}{100}\right)^2 - 1\right]$

$\Rightarrow 540.80 = x\left[1+\frac{2r}{100}+\frac{r^2}{10000}-1\right]$

$\Rightarrow 540.80 = \frac{2xr}{100}+\frac{xr^2}{10000}$

$\Rightarrow 540.80 = 2 \times 260 + \frac{260.r}{100}$

$\Rightarrow 260r = 54080 - 52000$

$\Rightarrow 260r = 2080$

$\Rightarrow r = \frac{2080}{260} = 8$

43. (c)

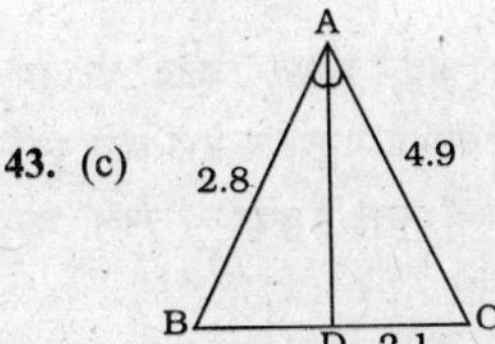

यहाँ Δ ABC में $\angle$BAD का द्विभाजक AD है।

$\therefore \angle BAD = \angle DAC$

प्रमेय से,

$\frac{AB}{AC} = \frac{BD}{DC} \Rightarrow \frac{2.8}{4.9} = \frac{BD}{2.1}$

$\Rightarrow BD = \frac{2.8 \times 2.1}{4.9} = 1.2$ सेमी

44. (b) कुल बट्टा = ₹ (920 – 742.90)= ₹ 177.10

पहली कटौती की दर = 15%

$\therefore$ कटौती = 920 का $\frac{15}{100}$

$= \frac{920 \times 15}{100}$ = ₹ 138

शेष मूल्य = 920 – 138 = ₹ 782

शेष बट्टा = 177.10 – 138 = ₹ 39.10

माना कि दूसरा बट्टा = x %

$\therefore \frac{782 \times x}{100} = 39.10$

$\Rightarrow x = \frac{39.10 \times 100}{782} = 5\%$

45. (a) A किसी कार्य को 5 घंटे प्रतिदिन कार्य करके 8 दिन में पूरा करता है।

अर्थात् A किसी कार्य को 40 घंटे में पूरा करता है।

इसी प्रकार,

B उसी कार्य को 60 घंटे में पूरा करता है।

$\therefore$ (A + B) द्वारा 1 घंटे में किया गया कार्य

$= \frac{1}{40}+\frac{1}{60} = \frac{3+2}{120} = \frac{5}{120} = \frac{1}{24}$

अर्थात् A एवं B दोनों मिलकर उस कार्य को 24 घंटे में पूरा करेंगे।

$\therefore$ 8 घंटे प्रतिदिन कार्य करने पर दोनों 3 दिन में कार्य पूरा करेंगे।

46. (a)

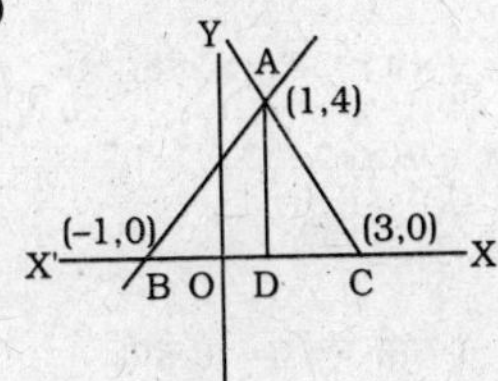

$2x + y = 6$

$2x - y = -2$

$4x = 4$

$\Rightarrow x = 1$

$x = 1$ का मान $2x + y = 6$ में रखने पर,

$y = 4$

$\therefore$ A के निर्देशांक = (1,4)

जब $y = 0, 2x + y = 6$

$\Rightarrow 2x = 6$

$\Rightarrow x = 3$

$\therefore$ C के निर्देशांक = (3,0)

अब $y = 0, 2x - y = -2$

$x = -1$

$\therefore$ B के निर्देशांक = (–1,0)

$\therefore$ BC = 3 + 1 = 4

AD = 4

$\therefore$ Δ ABC का क्षेत्रफल

$= \frac{1}{2} \times BC \times AD = \frac{1}{2} \times 4 \times 4$

= 8 वर्ग इकाई

47. (d) माना कि टंकी की क्षमता = x लीटर

प्रश्नानुसार,

छेद द्वारा 1 घंटे में खाली किया गया पानी

$= \frac{x}{10}$ लीटर

नल द्वारा 1 घंटे में भरा गया पानी = 240 लीटर

प्रश्नानुसार

$\frac{x}{10} - \frac{x}{15} = 240$

$\Rightarrow \frac{3x - 2x}{30} = 240$

$\Rightarrow \frac{x}{30} = 240$

$\Rightarrow x = 240 \times 30 = 7200$ लीटर

48. (b) रेलगाड़ियों की चालों का क्रमिक अनुपात

$= \frac{\sqrt{9}}{\sqrt{4}} = \frac{3}{2}$

49. (b)

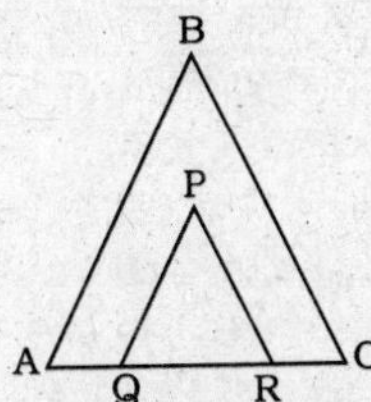

Δ ABC और Δ PQR से,

$\angle A = \angle PQR$ [$\because$ AB / /PQ] तथा

$\angle C = \angle PQR$ [$\because$ BC / /PR]

$\therefore \angle B = \angle P$

[$\because$ दो कोण समान होने पर दोनों त्रिभुज का तीसरा कोण भी समान होता है।]

$\therefore \Delta ABC \sim \Delta PQR$

$\therefore \frac{PQ}{AB} = \frac{QR}{BC}, \Rightarrow \frac{3}{5} = \frac{QR}{BC},$

$\Rightarrow \frac{BC}{QR} = \frac{5}{3}, \Rightarrow BC:QR = 5:3$

50. (c) माना कि प्रस्थान बिंदु से गंतव्य की दूरी = x किमी

अनुकूल प्रवाह में नाव की चाल

= (10 + 4) किमी/घंटा = 14 किमी/घंटा

प्रतिकूल प्रवाह में नाव की चाल

= (10 – 4) किमी/घंटा = 6 किमी/घंटा

प्रश्नानुसार,

$\frac{x}{14} + \frac{x}{6} = 5$

$\Rightarrow \frac{3x + 7x}{42} = 5$

$\Rightarrow 10x = 42 \times 5$

$\Rightarrow x = \frac{42 \times 5}{10} = 21$ किमी.

51. (c) यहाँ, $x + a = 0$

$\Rightarrow x = -a$

$\therefore f(-a) = 0$

$\Rightarrow (-a)^3 + a(-a)^2 - 2(-a) + a + 6 = 0$

$\Rightarrow 3a = -6 \Rightarrow a = -2$

52. (c) माना कि समबाहु त्रिभुज की एक भुजा = $2x$ सेमी

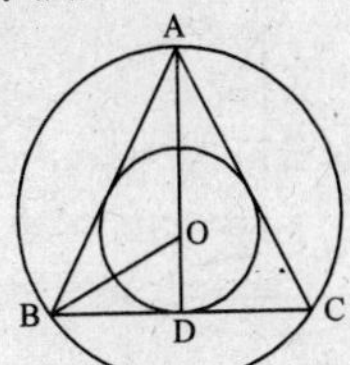

BD = x

अंतवृत्त की त्रिज्या = OD = $\frac{1}{3}$ AD

$= \frac{1}{3}\sqrt{(2x)^2 - x^2}$

$= \frac{\sqrt{3}x}{3} = \frac{x}{\sqrt{3}}$ सेमी.

परिवृत्त की त्रिज्या = BO = $\sqrt{BD^2 + OD^2}$

$= \sqrt{x^2 + \frac{x^2}{3}} = \frac{2x}{\sqrt{3}}$ सेमी.

प्रश्नानुसार,

$\pi\left(\frac{2x}{\sqrt{3}}\right)^2 - \pi\left(\frac{x}{\sqrt{3}}\right)^2 = 44$

$\Rightarrow \frac{4\pi x^2}{3} - \frac{\pi x^2}{3} = 44$

$\Rightarrow \pi x^2 = 44$

$\Rightarrow x^2 = \frac{44 \times 7}{22} = 14$

$\therefore$ समबाहु त्रिभुज का क्षेत्रफल = $\frac{\sqrt{3}}{4} \times$ भुजा^{2}

$= \frac{\sqrt{3}}{4} \times (2x)^2 = \sqrt{3}x^2$

$= 14\sqrt{3}$ वर्ग सेमी.

53. (c) वर्ग की एक भुजा = $\sqrt{121} = 11$ सेमी.

$\therefore$ तार की लम्बाई = 4 × भुजा

= 4 × 11 = 44 सेमी.

पुनः इस तार को एक वृत्त के आकार में मोड़ा जाता है। यदि वृत्त की त्रिज्या = r सेमी. हो तो,

$\therefore 2\pi r = 44$

$\Rightarrow r = \frac{44}{2\pi} = \frac{44 \times 7}{2 \times 22} = 7$ सेमी.

$\therefore$ वृत्त का क्षेत्रफल = πr^2

$= \frac{22}{7} \times 7 \times 7 = 154$ सेमी^{2}

54. (d) $x + \frac{1}{x} = 2$

घन करने पर, $x^3 + \frac{1}{x^3} + 3(x + \frac{1}{x}) = 8$

$\Rightarrow x^3 + \frac{1}{x^3} + 6 = 8$

$\Rightarrow x^3 + \frac{1}{x^3} = 2$

वर्ग करने पर, $x^6 + \frac{1}{x^6} + 2 = 4$

$\Rightarrow x^6 + \frac{1}{x^6} = 4 - 2 = 2$

55. (c)

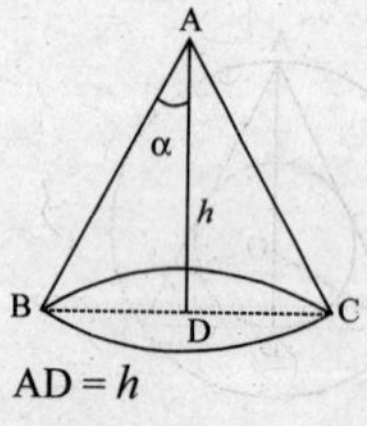

AD = h

$\tan\alpha = \frac{BD}{AD}$

$\Rightarrow$ BD = $h \tan\alpha$

$\therefore$ त्रिज्या (r) = h tan α

$\therefore l = \sqrt{h^2 + r^2}$

$= \sqrt{h^2 + h^2\tan^2\alpha}$

$= \sqrt{h^2(1 + \tan^2\alpha)}$

$= \sqrt{h^2\sec^2\alpha} = h\sec\alpha$

$\therefore$ वृत्तीय शंकु का आयतन = πrl

$= \pi \times h\tan\alpha \,.\, h\sec\alpha$

$= \pi h^2 \sec\alpha . \tan\alpha$

56. (b) लोहे की गोलियों के आयतन के बराबर पानी उपर उठेगा।

माना कि बरतन में पानी का तल x सेमी. उपर उठता है।

$\therefore 2 \times \frac{4}{3} \times \pi \times (3)^3 = \pi \times (6)^2 \times x$

$\Rightarrow 72\pi = 36\pi x$

$\Rightarrow x = \frac{72}{36} = 2$ सेमी.

57. (b) r = 50 सेमी एवं s = 10 सेमी

$\therefore \theta = \left(\frac{s}{r}\right)^c$

$\Rightarrow \theta = \frac{10}{50} = \left(\frac{1}{5}\right)^c$

$= \left(\frac{1}{5} \times \frac{180}{\pi}\right)^\circ = \left(\frac{36}{22} \times 7\right)^\circ = \left(\frac{126}{11}\right)^\circ$

$= \left(11\frac{5}{11}\right)^\circ$

58. (d) वृत्त के बाहर वृत्त के परिधि को स्पर्श करते हुए खींचे गए वर्ग की भुजा = वृत्त की त्रिज्या × 2 = 4 × 2 = 8 सेमी

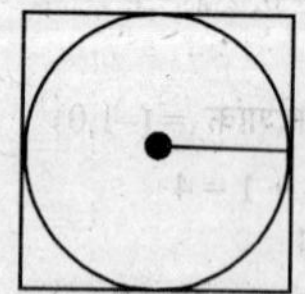

59. (a) $\because$ प्रत्येक समूह में विमानों की संख्या बराबर रखनी है।

$\therefore$ यह संख्या, दोनों प्रकार के विमानों की संख्या का महत्तम समापवर्तक होगी।

$3x - 5x - 2 = 3x^2 - 6x + x - 2$

$= 3x(x - 2) + (x - 2)$

$= (x - 2)(3x + 1)$

$x^2 - x - 2 = x^2 - 2x + x - 2$

$= x(x - 2) + 1(x - 2)$

$= (x - 2)(x + 1)$

$\therefore$ महत्तम समापवर्तक = $(x - 2)$

$\therefore$ प्रत्येक समूह में विमानों की संख्या = $(x - 2)$

$\therefore$ लड़ाकू विमानों के समूहों की संख्या

$= \frac{3x^2 - 5x - 2}{x - 2}$

$= \frac{(x-2)(3x+1)}{(x-2)} = (3x + 1)$

और मालवाहक विमानों के समूहों की संख्या

$= \frac{(x^2 - x - 2)}{x - 2}$

$= \frac{(x-2)(x+1)}{x-2} = (x + 1)$

$\therefore$ विमानों के कुल समूहों की संख्या

$= 3x + 1 + x + 1 = 4x + 2$

$\therefore$ अधिकारियों की संख्या = $(4x + 2)$

60. (d) $9x^2 + y^2 + z^2 - 6x - 2y - 4z + 6 = 0$

$\Rightarrow 9x^2 - 6x + 1 + y^2 - 2y + 1 + z^2 - 4z + 4 = 0$

$\Rightarrow (3x - 1)^2 + (y - 1)^2 + (z - 2)^2 = 0$

$\Rightarrow 3x - 1 = 0 \Rightarrow 3x = 1$

$\Rightarrow y - 1 = 0 \Rightarrow y = 1$

$\Rightarrow z - 2 = 0 \Rightarrow z = 2$

$\therefore 3x + 2y + 2z = 1 + 2 + 4 = 7$

भाग-IV हिंदी

61. (c) "घास", "आय" और "नहर" स्त्रीलिंग शब्द हैं, जबकि "व्यय" पुल्लिंग है, जिसका अर्थ है खर्च या ख़र्च करना।

62. (d) "जलज" का अर्थ है कमल, "जलद" का अर्थ है बादल, "जलधि" का अर्थ है समुद्र। ये सभी सही युग्म हैं। लेकिन "पानी - उपल" गलत है क्योंकि "उपल" का अर्थ है पत्थर, न कि पानी।

63. (c) व्यंग्य लेखक समाज की बुरी बातें और विद्रूपता पर प्रहार करता है। "विद्रूपता" का अर्थ है कुरूपता, वर्गीकरण या विकृति। मूलतः सही उत्तर "विद्रूपता" है।

64. (b) "आ" उपसर्ग का अर्थ कई शब्दों में होता है जैसे - आजन्म (जन्म से), आमरण (मृत्यु तक), आगमन (आना), आकर्षण (खींचना)।

65. (d) "अभि", "अति", "अधि", "अनु" संस्कृत भाषा के उपसर्ग हैं। ये उपसर्ग हिंदी में भी असंगत होते हैं, लेकिन मूल उत्पत्ति संस्कृत से हुई है।

66. (b) सत्य और अहिंसा दोनों एक ही भारतीय संस्कृति और दर्शन के मूल तत्व हैं। इनके बीच गहरा और अटूट संबंध है। "विकट" या "निकट" यहां उपयुक्त नहीं है, जबकि "घनिष्ठ" का अर्थ गहरा और मजबूत संबंध है।

67. (c) "कृतज्ञ" का अर्थ है एहसान मानने वाला। इसका विलोम शब्द "कृतघ्न" है जिसका अर्थ है उपकार न मानने वाला या एहसान फरामोश।

68. (a) "गोचर" का अर्थ इन्द्रियों द्वारा ग्रहण करने योग्य, प्रकट होने वाला है। इसका विलोम शब्द "अगोचर"

है जिसका अर्थ इंद्रियों से परे है, जो प्रकट न हो। अन्य विकल्प अर्थ की दृष्टि से उपयुक्त नहीं हैं।

69. (a) "उपर्युक्त" का अर्थ ऊपर कहा गया है या लिखा गया है, जबकि "उपयुक्त" का अर्थ ठीक है, या सही है। सही युग्म है "ऊपर कहा गया, ठीक"।

70. (c) "अम्बु" का अर्थ जल है। "अम्बुद" का अर्थ है जल ले जाने वाला अर्थात बादल। "अम्बुधि" का अर्थ जल का भंडार यानी सागर है। मूलत: सही युग्म है "बादल, सागर"।

71. (c) गुण-दोष का विवेचन करने वाला (c) आलोचक होता है, जो किसी कृति के गुण और दोषों का निष्पक्षता से मूल्यांकन करता है।

72. (c) "अनुपम" का अर्थ है जिसकी कोई तुलना या उपमा न हो , अर्थात अद्वितीय है। "उपमेय" और "उपमान" उपमा के अंग हैं।

73. (c) शुद्ध वर्तनी परिपार्श्विक का अर्थ है आस-पास या परिधि।

74. (d) "जाह्नवी", "देवापगा" और "सुरसरि" गंगा के पर्यायवाची शब्द हैं। "सरिता" का अर्थ सामान्य नदी है। मूलत: यह गंगा का विशेष पर्यायवाची नहीं है।

75. (d) द्वंद्व समास में दोनों पदों का महत्व रहता है। "हानि-लाभ" में हानि और लाभ दोनों का उल्लेख है। मूलत: यह द्वन्द्व समास है।

76. (c) चौपाई छंद हिंदी काव्य का अत्यंत लोकप्रिय छंद है। प्रत्येक चरण में 16-16 मात्राएँ होती हैं। तुलसीदास द्वारा रचित रामचरितमानस में वर्णित इस छंद का प्रयोग व्यापक रूप से किया गया है। सही उत्तर 16 मात्राएँ हैं।

77. (d) 'बाल्टी' शब्द विदेशज है।

विदेशज शब्द: वे शब्द जो मूल रूप से विदेशी भाषाओं (जैसे पुर्तगाली, अंग्रेजी, अरबी, फारसी आदि) से हिंदी भाषा में आ गए हैं और प्रचलित हो गए हैं।

78. (c) देर से रसोईघर पहुँचने के कारण गाँधीजी ने पूरी सजा भुगतने की बात की। आश्रम के नियमानुसार व्यक्तियों को रसोईघर समय से पहुँचना होता था। देर से आए व्यक्तियों को बाहर इंतजार करना पड़ता था। गाँधी जी एक दिन रसोईघर समय से नहीं पहुँच सके। अत: नियमानुसार उन्हें भी बाहर इंतजार करना पड़ा।

79. (c) सामूहिक जीवन बिताने के लिए सबसे महत्त्वपूर्ण है, समूह के लिए बनाए गए नियमों का पालन करना।

80. (d) गांधीजी के इस कथन का अर्थ है कि कानून किसी तरह का भेदभाव नहीं करता है। इसका मतलब है कि कानून सभी लोगों पर समान रूप से लागू होता है, चाहे उनकी आर्थिक स्थिति, धर्म, जाति या लिंग कुछ भी हो।

❑❑❑

4 प्रैक्टिस सेट

भाग-I सामान्य बुद्धिमत्ता एवं तर्कशक्ति

1. निम्नलिखित प्रश्न में दिए गए विकल्पों में से सम्बन्धित शब्द/अक्षर/ संख्या को चुनिए :
ACE : VXZ : : FHJ : ?
(a) VXZ (b) TVX
(c) PRT (d) QSU

निर्देश (2–3): निम्नलिखित प्रश्नों में दिए गए विकल्पों में से विषम शब्द/ संख्या/ अक्षर/संख्या युग्म चुनिए :

2. (a) इनाम (b) उपहार
(c) पुरस्कार (d) दान

3. (a) F (b) O
(c) P (d) U

निर्देश (4–5): निम्नलिखित प्रश्नों में, दिए गए विकल्पों में से लुप्त अंक ज्ञात कीजिए-

4.

4	8	20
9	3	15
6	6	?

(a) 22 (b) 18
(c) 16 (d) 20

5.

18	16	7
35	25	?
7	23	58
24	32	65

(a) 19 (b) 15
(c) 13 (d) 14

6. निम्नलिखित विकल्पों में से वह शब्द चुनिए जो दिए गए शब्द के अक्षरों का प्रयोग करके नहीं बनाया जा सकता?
MISUNDERSTAND
(a) TENT (b) SEND
(c) SENT (d) MEND

7. एक वर्ण A से Z तक एक-दूसरे को उलटे क्रम में दर्शाते हैं अर्थात् A = Z, B = Y, C = X आदि, तो 'HOUR' को कैसे लिखा जाएगा?
(a) SLIF (b) SLFI
(c) SLEI (d) इनमें से कोई नहीं

8. किसी कोड में BRIDGE को EULGJH के रूप में लिखा जाता है। FRUIT को उसी कोड में कैसे लिखा जाएगा ?
(a) IVLXW (b) IUWXL
(c) IUXLW (d) IUXWL

9. यदि '+' के लिए '÷', '×' के लिए '–', '÷' के लिए '+' और '–' के लिए '×' लिखा जाए तो निम्नलिखित में से कौन-सा सही है?
(a) $15 \times 12 \div 18 - 4 = 40$
(b) $72 + 9 - 13 \div 6 = 80$
(c) $36 + 4 - 3 \times 4 = 23$
(d) $56 \div 13 - 14 + 6 = 160$

10. सही चिह्न लगाइए और परिणाम ज्ञात कीजिए।
24 * 7 * 5 * 5 * 8 = 25
(a) +, ÷, ×, – (b) ÷, +, –, ×
(c) ×, –, +, ÷ (d) –, ×, ÷, +

11. P, Q, R और S कैरम खेल रहे हैं। P, R और S, Q साझीदार हैं। S, R के दाईं ओर बैठा है, जो पश्चिम की ओर मुख करके बैठा है, तो Q किस दिशा में मुख करके बैठा है?
(a) दक्षिण (b) पूर्व
(c) पश्चिम (d) उत्तर

12. राजा ने यात्रा का $\frac{2}{5}$ भाग पूरा करने में 1 घंटे का समय लिया। उसके बाद $\frac{1}{5}$ भाग पूरा करने में और 1 घंटे का समय लिया। शेष 220 किमी. की यात्रा करने में 45 मिनट का समय लिया। उसके द्वारा की गई पूरी यात्रा की दूरी बताइए-
(a) 550 किमी. (b) 220 किमी.
(c) 330 किमी. (d) 440 किमी.

13. आकृति ABCDEF में कितने त्रिभुज हैं?

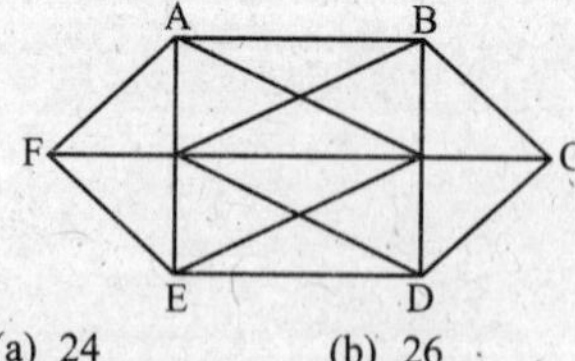

(a) 24 (b) 26
(c) 28 (d) 30

14. कौन-सी संख्या भारतीय अध्यापकों को दर्शाती है जो वकील भी हैं?

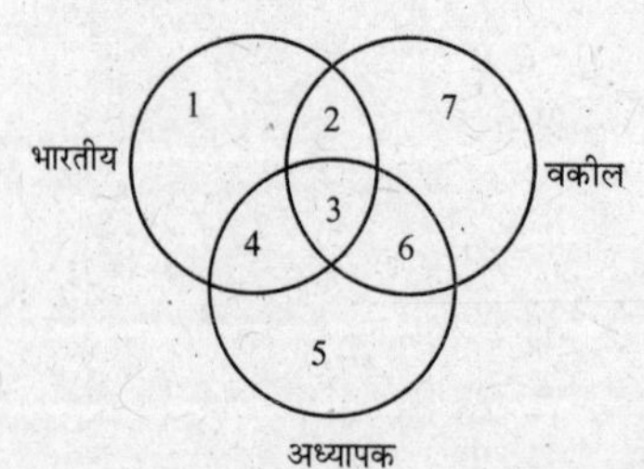

(a) 2 (b) 3
(c) 4 (d) 6

15. नीचे दिए गए प्रश्न में कुछ कथन और उनके बाद उन कथनों पर आधारित कुछ निष्कर्ष दिए गए हैं, हालांकि उनमें सामान्य ज्ञात तथ्यों से विभिन्नता हो सकती है। सभी निष्कर्ष पढ़े और फिर निर्धारित करें कि दिए गए कौन-से निष्कर्ष, दिए गए कथनों के आधार पर युक्तिसंगत है?
कथन : कुछ स्टेपलर पिनें है।
सभी पिनें मार्कर हैं।
निष्कर्ष : I. कुछ स्टेपलर मार्कर हैं।
II. सभी मार्कर पिनें हैं।
(a) केवल निष्कर्ष I सही है
(b) केवल निष्कर्ष II सही है
(c) न तो निष्कर्ष I और न ही, II सही है
(d) दोनों ही निष्कर्ष सही है

16. यदि 'जल' को 'भोजन' कहा जाए, 'भोजन' को 'वृक्ष' कहा जाए, 'वृक्ष' को 'आसमान' कहा जाए, 'आसमान' को 'कुआँ' कहा जाए और 'कुआँ' को 'तालाब' कहा जाए, तो 'फल' किस पर लगेंगे?
(a) भोजन (b) आसमान
(c) कुआँ (d) वृक्ष

17. वह आरेख चुनिए जो नीचे दिए गए वर्गों के बीच के संबंध का सही निरूपण करता है।
हरा, आम, फल

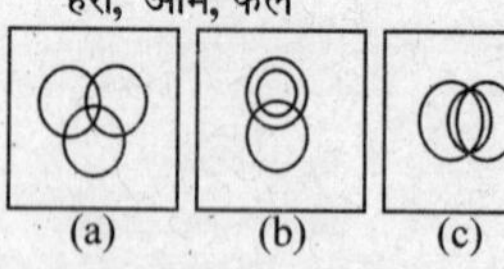

18. कौन-सी उत्तर आकृति प्रश्न आकृति के प्रतिरूप को पूरा करेगी?

प्रश्न आकृति:

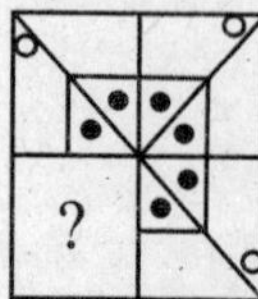

उत्तर आकृतियाँ:

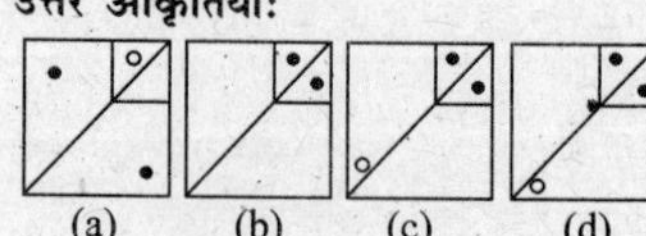

19. दी गयी उत्तर आकृतियों में से उस उत्तर आकृति को चुनिए जिसमें प्रश्न आकृति निहित है।

प्रश्न आकृतिः

उत्तर आकृतियाँः

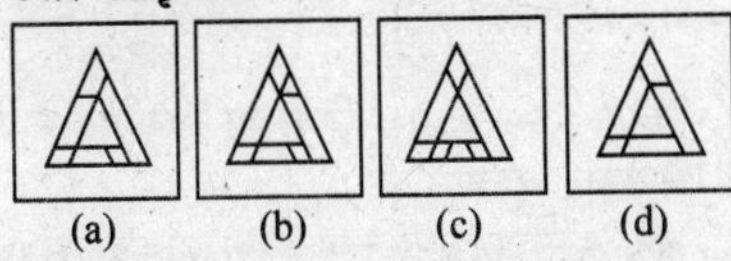

(a) (b) (c) (d)

20. निम्नलिखित प्रश्न में, दिए गए विकल्पों में से प्रश्नचिंह (?) के स्थान पर आने वाली संख्या को चुनिए।

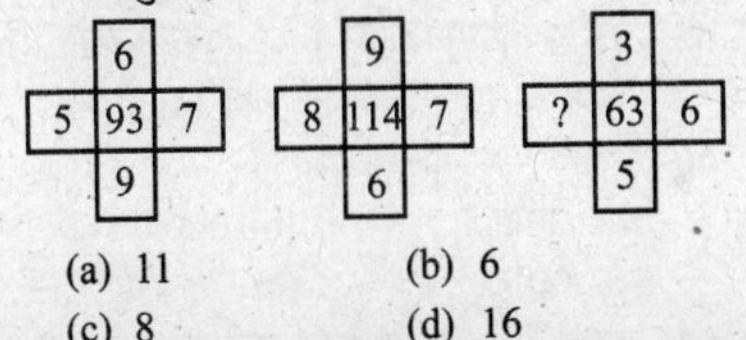

(a) 11 (b) 6
(c) 8 (d) 16

भाग-II सामान्य ज्ञान एवं सामान्य जानकारी

21. मौर्य वंश का संस्थापक था-
(a) बिन्दुसार (b) अशोक
(c) दशरथ (d) चन्द्रगुप्त

22. सुपर कंडक्टर ऐसे पदार्थ होते हैं-
(a) जो विद्युत करंट के प्रवाह को न्यूनतम रोधिता देते हैं।
(b) जो निम्न तापमान पर विद्युत का चालन करते हैं।
(c) जो उच्च तापमान पर विद्युत का चालन करते हैं।
(d) जो विद्युत करंट के प्रवाह को उच्च रोधिता देते हैं।

23. भारत के राजघरानों के राज्यों को विलयन करने का श्रेय ...... को जाता है।
(a) सरदार पटेल (b) राजेन्द्र प्रसाद
(c) महात्मा गाँधी (d) गोविन्द बल्लभ पन्त

24. वेगमापी (टेकोमीटर) का प्रयोग किसके मापन के लिए किया जाता है?
(a) गुरुत्वाकर्षण (b) घूर्णन गति
(c) पृष्ठीय तनाव (d) परिक्षेपण शक्ति

25. भारत-चीन पंचशील सन्धि-पत्र पर कब हस्ताक्षर किए गए?
(a) वर्ष 1951 (b) वर्ष 1947
(c) वर्ष 1954 (d) इनमें से कोई नहीं

26. सोनप्रयाग में सोनगंगा नदी का संगम .... नदी से होता है।
(a) यमुना (b) भागीरथी
(c) रामगंगा (d) मन्दाकिनी

27. सबसे बड़ा ग्रह है-
(a) मंगल (b) बृहस्पति
(c) शनि (d) यूरेनस

28. सल्फर का मुख्य प्रयोग किसके विनिर्माण में होता है?
(a) H_2SO_4
(b) H_2S
(c) SO_2
(d) कवकनाशी (फंगीसाइड)

29. पृथ्वी की परिधि की गणना करने के लिए प्रथम विख्यात विद्वान है-
(a) एनेक्सीमेण्डर (b) टॉलमी
(c) स्ट्रेबो (d) इराटास्थनीज

30. किस राज्य सरकार ने गिद्ध आबादी को बचाने के लिए कोटोप्रोफेन नॉनस्टेरॉइड दवा पर प्रतिबन्ध लगा दिया-
(a) केरल (b) सिक्किम
(c) उत्तराखण्ड (d) तमिलनाडु

31. कार्बनिक यौगिक किस प्रकार के होते हैं?
(a) सहसंयोजी यौगिक (b) आयनी यौगिक
(c) समन्वयी यौगिक (d) अंतराली यौगिक

32. किस घटना के बाद महात्मा गाँधी ने असहयोग आन्दोलन को अपनी 'हिमालय जैसी भूल' बताई थी?
(a) चौरी-चौरा (b) खेड़ा सत्याग्रह
(c) नागपुर सत्याग्रह (d) राजकोट सत्याग्रह

33. "ग्रीनहाउस प्रभाव" मुख्यतया वायुमंडल में किसकी वृद्धि के कारण होता है?
(a) ओजोन (b) नाइट्रोजन
(c) सल्फर डाइ-ऑक्साइड
(d) कार्बन डाइ-ऑक्साइड

34. पर्यावरण (संरक्षण) अधिनियम, 1986 की धारा 3(3) के अधीन निम्नलिखित में से किसका वर्णन नहीं है?
(a) जैव विविधता प्राधिकरण
(b) तटीय क्षेत्र प्रबंध प्राधिकरण
(c) अधिसूचित पारिस्थितिकीय संवेदनशील क्षेत्रों की स्थिति को मॉनीटर करने के लिए गठित प्राधिकरण
(d) पादप किस्म और किसान अधिकार संरक्षण प्राधिकरण

35. निम्नलिखित में से कौन-सा कथन सही है?
(a) प्राणी अपना परिवार बढ़ाने के बारे में चिंतित रहते हैं।
(b) प्राणी दिन में कई आहार फेरे लगाते हैं।
(c) प्राणी प्रायः संवेदनात्मक व्यवहार करते हैं।
(d) प्राणी भाई-चारे का अर्थ नहीं समझते।

36. हरित ब्लॉकों का संबंध किससे हैं?
(a) हरित आवरण
(b) हरित (ग्रीन) मंत्रालय
(c) जैव ईंटें
(d) प्रो-बायोटिक दही

37. भारत में सबसे अधिक गन्ने का उत्पादन कौन-सा राज्य करता है?
(a) उत्तरप्रदेश (b) महाराष्ट्र
(c) तमिलनाडु (d) बिहार

38. तेलंगाना राज्य किसका विभाजन है?
(a) तमिलनाडु
(b) आंध्र प्रदेश
(c) सीमांध्र
(d) ओडिशा एवं तमिलनाडु

39. निम्नलिखित में से क्या सही नहीं है?
(a) CISF – सेंट्रल इंडस्ट्रियल सिक्योरिटी फोर्स
(b) BSF – बॉर्डर सिक्योरिटी फोर्स
(c) UNDP – यूनाइटेड नेशंस डेवलपमेंट प्रोजेक्ट
(d) SIT – स्पेशल इन्वेस्टीगेशन टीम

40. "द हिंदूज : ऐन ऑल्टरनेटिव हिस्ट्री" नामक पुस्तक किसने लिखी है?
(a) शोभा डे (b) बी.आर. अंबेडकर
(c) वेंडी डोनिगर (d) सलमान रुश्दी

भाग-III प्रारंभिक अंकगणित

41. रवि ने ₹ 21,000 अंकित मूल्य की वस्तु 5% की छूट पर खरीदी। वस्तु पर बिक्री कर की दर 10% है। वस्तु को खरीदने के लिए रवि ने कितनी राशि भुगतान की?
(a) ₹ 19,845 (b) ₹ 19,950
(c) ₹ 23,100 (d) ₹ 21,945

42. $12\frac{1}{2}\%$ और 20% की दो क्रमिक छूट के बराबर एक एकल छूट कितनी होगी?
(a) 33% (b) $32\frac{1}{2}\%$
(c) 32% (d) 30%

43. एक काइनेटिक होंडा 140 किमी की दूरी 2 घंटे 20 मिनट में तय करती है जबकि एक कार उतनी ही दूरी 1 घंटे 40 मिनट में तय करती है। उनकी गति का अनुपात क्या है?
(a) 6 : 7 (b) 3 : 7
(c) 4 : 7 (d) 5 : 7

44. 35 लीटर मिश्रण में दूध और पानी का अनुपात 4 : 1 है। 2 : 3 का अनुपात बनाने के लिए कितने लीटर पानी मिलाना पड़ेगा?
(a) 70 (b) 28
(c) 40 (d) 35

45. $\frac{2}{5}, \frac{5}{6}, \frac{11}{12}$ और $\frac{7}{8}$ में सबसे बड़ा भिन्न क्या होगा?
(a) $\frac{2}{5}$ (b) $\frac{7}{8}$
(c) $\frac{5}{6}$ (d) $\frac{11}{12}$

46. 1, 5, 14, 30, 50, 55, 91 में विषम संख्या ज्ञात कीजिए-
(a) 91 (b) 5
(c) 50 (d) 55

47. यदि x व्यक्ति किसी कार्य को प्रतिदिन x घंटे काम करके x दिनों में पूरा कर सकते हैं, तो उसी कार्य को प्रतिदिन y घंटे काम करके y व्यक्ति कितने दिनों में पूरा कर सकते हैं?
(a) x^3y^2 (b) y
(c) $\frac{x^2}{y^3}$ (d) $\frac{x^3}{y^2}$

48. A और B मिलकर एक कार्य को 12 दिन में पूरा कर सकते हैं। A अकेले उसे 20 दिन में पूरा कर सकता है। अब यदि B प्रतिदिन केवल आधे दिन कार्य करता है, तो A और B को मिलकर कार्य पूरा करने में कितने दिन लगेंगे?
(a) 15 (b) 14
(c) 16 (d) 18

49. एक पम्प एक टंकी को 40 मिनट में भर सकता है और दूसरा पम्प भरी हुई टंकी को 1 घंटे में खाली कर सकता है। गलती से दूसरे पम्प को बंद किए बिना, पहला पम्प चालू कर दिया जाता है। खाली टंकी कितने समय में भरेगी?
(a) 4 घंटे (b) 1 घंटा
(c) 2 घंटे (d) 3 घंटे

50. एक रोलर का व्यास 84 सेमी है और उसकी लंबाई 120 सेमी है। खेल के एक मैदान को एक बार में समतल करने के लिए 500 पूरे चक्कर (आवर्तन) लगते हैं। खेल के मैदान का क्षेत्रफल वर्ग मीटर में ज्ञात कीजिए $\left(\pi = \frac{22}{7}\right)$
(a) 1594 वर्ग मी. (b) 1580 वर्ग मी.
(c) 1584 वर्ग मी. (d) 1590 वर्ग मी.

51. 2 सेमी त्रिज्या वाले लंबवृत्तीय बेलन का वक्रित पृष्ठीय क्षेत्रफल 264 वर्ग सेमी है। बेलन की सेमी में ऊँचाई कितनी है-
(a) 14 (b) 10.5
(c) 21 (d) 42

52. लंब पिरामिड का आधार वर्गाकार है। आधार के विकर्ण की लंबाई $12\sqrt{2}$ सेमी है। यदि पिरामिड की प्रत्येक पार्श्विक सतह समपार्श्विक (समबाहु) त्रिभुज है, तो उसका आयतन (घन सेमी में) क्या होगा?
(a) $208\sqrt{2}$ (b) $288\sqrt{2}$
(c) 288 (d) $288\sqrt{3}$

53. एक व्यापारी एक कलाई-घड़ी ₹ 450 में खरीदता है और उसका सूची-मूल्य इस प्रकार तय करता है कि 10% की छूट देने के बाद, वह 20% का लाभ कमाता है। कलाई-घड़ी का सूची-मूल्य ज्ञात कीजिए-
(a) ₹ 585 (b) ₹ 495
(c) ₹ 540 (d) ₹ 600

54. A अपने घर से B के घर के लिए 8 किमी/घंटा की गति से दोपहर 12 बजे चलता है। 1 घंटे के बाद, B अपने घर से A के घर के लिए 7 किमी/घंटा की गति से चलता है। यदि दोनों के घर के बीच की दूरी 68 किमी है, तो वे कितने बजे एक-दूसरे से मिलेंगे?
(a) सायं 6 बजे (b) सायं 3 बजे
(c) सायं 4 बजे (d) सायं 5 बजे

55. दो धावक क्रमशः 15 किमी और 16 किमी प्रति घंटा की दर पर समान दूरी तय करते हैं। यदि एक धावक दूसरे से 32 मिनट अधिक लेता है, तो तय की गई दूरी ज्ञात कीजिए-
(a) 128 किमी (b) 64 किमी
(c) 96 किमी (d) 108 किमी

56. मुंबई की यात्रा तय करने के लिए एक टैक्सी 70% दूरी के लिए 20 मीटर प्रति घंटा, 10% दूरी के लिए 25 मीटर प्रति घंटा तथा शेष दूरी के लिए 8 मीटर प्रति घंटा की औसत गति पर चलती है। तो पूरी यात्रा की औसत गति बताइए-
(a) 15.925 मीटर प्रति घंटा
(b) 15.25 मीटर प्रति घंटा
(c) 15 मीटर प्रति घंटा
(d) 15.625 मीटर प्रति घंटा

57. चार बहनों की औसत आयु 7 वर्ष है। यदि माँ की आयु शामिल कर दी जाए, तो औसत आयु 6 वर्ष बढ़ जाती है। तो माँ की आयु होगी।
(a) 37 वर्ष (b) 34 वर्ष
(c) 32 वर्ष (d) 40 वर्ष

58. A लोहे का एक संदूक B को 10% लाभ पर बेचता है। B उसे C को 20% लाभ पर बेचता है। यदि C ₹ 528 देता है, तो A की लागत कीमत क्या होगी?
(a) ₹ 508 (b) ₹ 500
(c) ₹ 498 (d) ₹ 400

59. किसी व्यक्ति के वेतन का 20% किराए पर खर्च होता है, 60% उसके निर्वाह खर्च पर होता है और 10% एल.आई.सी. (बीमा) में दिया जाता है। यदि शेष ₹ 3,000 बच्चों की शिक्षा पर खर्च होता है, तो उसका वेतन कितना है?
(a) ₹ 30,000 (b) ₹ 9,000
(c) ₹ 90,000 (d) ₹ 35,000

60. यदि $(x-2)^2 + \left(y - \frac{1}{2}\right)^2$ तो $\frac{x}{y}$ का मान क्या होगा?
(a) 2 (b) 1
(c) 4 (d) $\frac{1}{4}$

भाग-IV हिंदी

61. सर्वप्रथम 'रस' का वस्तुनिष्ठ शास्त्रीय विवेचन किसने किया?
(a) पंडित राज जगन्नाथ
(b) आचार्य भामह
(c) आचार्य विश्वनाथ
(d) भरतमुनि

निर्देश (62-63) : नीचे दिए गए चार शब्दों में से गलत वर्तनी वाला शब्द पहचानिए-

62. (a) आशान्वित (b) आधीन
(c) सिफारिश (d) आदरणीय

63. (a) अनुनासिक (b) लिपि
(c) तेजश्विनि (d) अनुस्वार

निर्देश (64-65) : दिए गए विकल्पों में से गलत विकल्प चुनिए-

64. दूरसंचार मंत्री ने कहा कि सरकार इस (a)/ साल के अंत तक 4 जी की मोबाइल सेवाओं (b)/ के लिए स्पेक्ट्रम की गुलामी करने (c)/ के लिए विचार कर रही है /(d)

65. मैंने सब्जी मण्डी से (a)/ शाक-सब्जी (b)/ ले लिया है। (c)/ कोई त्रुटि नहीं (d)

66. 'आलि' का पर्यायवाची है-
(a) सखि (b) सहेली
(c) भ्रमरी (d) ये सभी

67. 'ईश्वर' का पर्यायवाची नहीं है-
(a) विधान (b) अनंत
(c) परमात्मा (d) विधाता

68. 'रूदन का हँसना ही तो गान' पंक्ति में कौन-सा अलंकार है?
(a) विभावना (b) विरोधाभास
(c) उपमा (d) उत्प्रेक्षा

69. सूक्ष्म का विलोम है-
(a) स्थूल (b) बड़ा
(c) क्षीण (d) मोटा

70. 'सन्मार्ग' का सन्धि-विच्छेद होगा-
(a) सत् + मार्ग (b) सन + मार्ग
(c) सत्य + मार्ग (d) सनत् + मार्ग

71. 'प्राप्तांक' में समास है-
(a) अव्ययीभाव (b) द्विगु
(c) द्वन्द्व (d) तत्पुरुष

72. रिक्त स्थानों के लिए उपयुक्त विकल्प चुनिए। वृद्ध भिखारी दो रोटी खाकर .... हो गया।
(a) संतोष (b) तृप्त
(c) तप (d) तृप्ति

73. जो समान न हो-
(a) सम (b) विषम
(c) जटिल (d) बराबर

74. भरपेट में कौन-सा समास है?
(a) तत्पुरुष (b) अव्ययीभाव
(c) बहुब्रीहि (d) द्वन्द्व

75. 'देसिल बयना सब जन मिट्ठा' किसका कथन है?
(a) तुलसीदास (b) सुरदास
(c) कबीरदास (d) विद्यापति

76. 'अपने यहाँ संसद ऐसी घानी है जिसमें आधा तेल आधा पानी है' के कवि हैं-
(a) केदारनाथ सिंह (b) धूमिल
(c) लीलाधर जगूड़ी (d) राजेश जोशी

77. सुशील में उपसर्ग है-
(a) स (b) सु
(c) शील (d) ल

निर्देश : गद्यांश को पढ़कर निम्नलिखित प्रश्नों (प्र.सं. 78 से 80) में सबसे उचित विकल्प चुनिए।

मुझे मालूम नहीं था कि भारत में 'तिलोनिया' नाम की भी कोई जगह है जहाँ हमारे देश के समसामयिक इतिहास का एक विस्मयकारी पन्ना लिखा जा रहा है। उस वक्त तक तिलोनिया के बारे में मुझे इतनी ही जानकारी थी कि वहाँ पर एक स्वावलंबी विकास-केंद्र चल रहा है, जिसे स्थानीय ग्रामवासी, स्त्री-पुरुष मिलजुलकर चला रहे हैं। मुझे वहाँ जाने का अवसर मिला। बस्ती क्या थी, कुछ पुराने और कुछ नए छोटे-छोटे घरों का झुरमुट थी।

वहाँ एक सज्जन ने बताया कि एक सुशिक्षित तथा उसके दो साथियों टाइपिस्ट तथा फोटोग्राफर ने मिलकर 1972 में इस संस्थान की स्थापना की थी। संस्थान का नाम था - सामाजिक कार्य तथा शोध-संस्थान (एस. डब्ल्यू. आर. सी.)।

मेरे मन में संशय उठने लगे थे। आज के जमाने में वैज्ञानिक उपकरणों और जानकारी के बल पर ही तरक्की की जा सकती है। उससे कटकर और अवहेलना करते हुए नहीं की जा सकती। एक पिछड़े हुए गाँव के लोग अपनी समस्याएँ स्वयं सुलझा लेंगे, यह नामुमकिन था। वह सज्जन कहे जा रहे थे "हमारे गाँव आज नहीं बसे हैं। इन गाँवों में शताब्दियों से हमारे पूर्वज रहते आ रहे हैं।" पहले जमाने में भी हमारे लोग अपनी सूझ और पहलकदमी के बल पर ही अपनी दिक्कतें सुलझाते रहे होंगे। जरूरत इस बात की है कि हम शताब्दियों की इस परंपरागत जानकारी को नष्ट न होने दें। उसका उपयोग करें।" फिर मुझे समझाते हुए बोले "हम बाहर की जानकारी से भी पूरा-पूरा लाभ उठाते हैं, पर मूलत: स्वावलंबी बनना चाहते हैं, स्वावलंबी, आत्मनिर्भर।" मुझे बार-बार गाँधीजी के कथन याद आ रहे थे। मैंने गाँधीजी का जिक्र किया तो वह बड़े उत्साह से बोले – "आपने ठीक ही कहा है। यह संस्थान गाँधीजी की मान्यताओं के अनुरूप ही चलता है – सादापन, कर्मठता, अनुशासन, सहभागिता। यहाँ सभी निर्णय मिल-बैठकर किए जाते हैं। आत्मनिर्भरता ....।" आत्मनिर्भरता से मतलब कि ग्रामवासियों की छिपी क्षमताओं को काम में लाया जाए और गाँधीजी के अनुसार, ग्रामवासी अपनी अधिकांश बुनियादी जरूरत की वस्तुओं का उत्पादन स्वयं करें....।

78. सामाजिक कार्य तथा शोध-संस्थान की स्थापना का उद्देश्य था–
(a) ग्रामवासियों को देश-विदेश की जानकारी प्रदान करना
(b) उन्हें केवल अनुशासित करना
(c) उन्हें स्वावलंबी, आत्मनिर्भर बनाना
(d) उन्हें प्राचीन परंपराओं से परिचित कराना

79. लेखक का मानना था –
(a) आधुनिक समय में वैज्ञानिक उपकरणों ओर जानकारी के बल पर ही तरक्की नहीं की जा सकती है
(b) ग्रामवासी अपनी समस्याएं स्वयं सुलझा सकते हैं
(c) ग्रामवासियों को अपनी समस्याएं स्वयं सुलझाने की आदत है
(d) आधुनिक समय में वैज्ञानिक उपकरणों और जानकारी से कटकर या उसकी अवहेलना करके तरक्की नहीं की जा सकती है

80. संस्थान के निर्णय और संचालन में आधारभूत भूमिका इनमें से किसकी है?
(a) संस्थापक की
(b) केवल गरीब और दलित महिलाओं की
(c) उस गाँव में रहने वाले सभी लोगों की
(d) गांव-प्रधान की

उत्तर (हल/संकेत)

भाग-I सामान्य बुद्धिमत्ता एवं तर्कशक्ति

1. (d) जिस प्रकार,

A C E ⟶ V X Z

विपरीत अक्षरों के युग्म

उसी प्रकार,

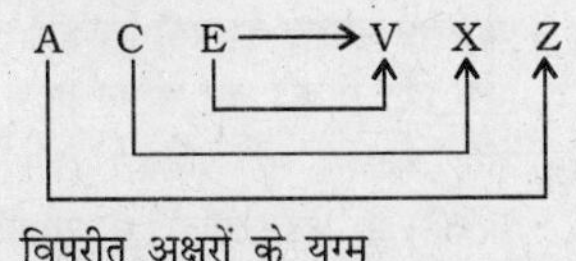

2. (d) दान का अर्थ है जरूरतमंद लोगों को सामान, धन आदि देना। इनाम, पुरस्कार तथा उपहार किसी विशेष अवसर पर तथा कुछ उपलब्धियों के लिए दिया जाता है।

3. (b) अक्षर **'O'** को छोड़कर अन्य सभी व्यंजन हैं।

4. (b) पहली पंक्ति $4 + (8 \times 2) = 20$

$\Rightarrow 4 + 16 = 20$

दूसरी पंक्ति $9 + (3 \times 2) = 15$

$\Rightarrow 9 + 6 = 15$

तीसरी पंक्ति $6 + (6 \times 2)$

$\Rightarrow 6 + 12 = \boxed{18}$

5. (d) प्रत्येक कॉलम में पहली तथा चौथी संख्याओं का योग दूसरी तथा तीसरी संख्याओं के योग के बराबर है।

पहला कॉलम $18 + 24 = 35 + 7$

दूसरा कॉलम $16 + 32 = 25 + 23$

तीसरा कॉलम $7 + 65 = ? + 58$

$\Rightarrow ? = 72 - 58 = \boxed{14}$

6. (a) दिए गए शब्द में केवल एक 'T' है। अत:, शब्द 'TENT' नहीं बनाया जा सकता।

MI [S] U [NDE] RSTAND

⇒ SEND

MI [S] U [N] D [E] RS [T]

AND ⇒ SENT

[M] ISU [NDE] RSTAND

⇒ MEND

7. (b) विपरीत अक्षरों के युग्म

A	B	C	D	E	F	G	H	I	J	K	L	M
Z	Y	X	W	V	U	T	S	R	Q	P	O	N

H → S, O → L, U → F, R → I

8. (c) जिस प्रकार,

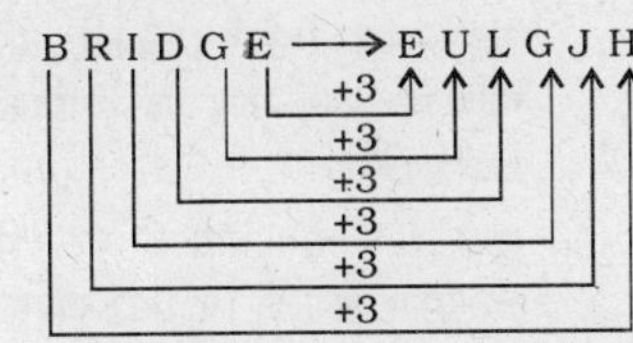

उसी प्रकार,

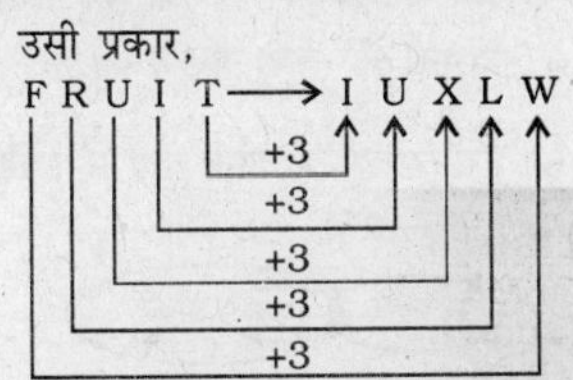

9. (c)

+ ⇒ ÷	× ⇒ –
÷ ⇒ +	– ⇒ ×

विकल्प (a)

$15 \times 12 \div 18 - 4 = 40$

$\Rightarrow 15 - 12 + 18 \times 4 = 40$

$\Rightarrow 15 - 12 + 72 = 40$

$\Rightarrow 87 - 12 \neq 40$

विकल्प (b)

$72 + 9 - 13 \div 6 = 80$

$\Rightarrow 72 \div 9 \times 13 + 6 = 80$

$\Rightarrow 8 \times 13 + 6 = 80$

$\Rightarrow 104 + 6 \neq 80$

विकल्प (c)

$36 + 4 - 3 \times 4 = 23$

$\Rightarrow 36 \div 4 \times 3 - 4 = 23$

$\Rightarrow 9 \times 3 - 4 = 23$

$\Rightarrow 27 - 4 = 23$

विकल्प (d)

$56 \div 13 - 14 + 6 = 160$

$\Rightarrow\ 56 + 13 \times 14 \div 6 = 160$

$\Rightarrow\ 56 + \frac{91}{3} \neq 160$

10. (d) $24 * 7 * 5 * 5 * 8 = 25$

$\Rightarrow\ 24 - 7 \times 5 \div 5 + 8 = 25$

$\Rightarrow\ 24 - 7 \times 1 + 8 = 25$

$\Rightarrow\ 32 - 7 = 25$

11. (d)

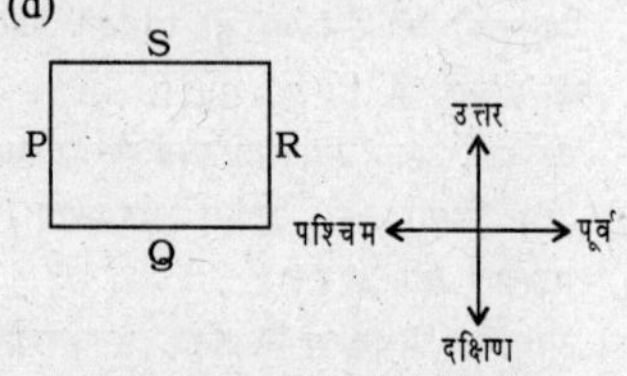

Q का मुख उत्तर की ओर है।

12. (a) शेष यात्रा का भाग

$= 1 - \frac{2}{5} + \frac{1}{5} = \frac{5-2+1}{5} = \frac{2}{5}$

$\frac{2}{5} \Rightarrow 220$

$\therefore$ पूरी यात्रा की दूरी

$= \frac{220 \times 5}{2} = 550$ किमी.

13. (c) एक घटक वाले त्रिभुजों की संख्या = 12

दो घटक वाले त्रिभुजों की संख्या = 10

तीन घटक वाले त्रिभुजों की संख्या = 4

चार घटक वाले त्रिभुजों की संख्या = 2

त्रिभुजों की कुल संख्या = (12 + 10 + 4 + 2) = 28

14. (b) ऐसी संख्या जो तीनों वृत्तों में उभयनिष्ठ हो।

$\therefore$ ऐसी संख्या = 3 है।

15. (a) स्टेपलर पिन मार्कर

अत: केवल निष्कर्ष 1 सही है।

16. (b) हम जानते हैं, कि 'फल' वृक्ष में उगते है तथा यहाँ वृक्ष को 'आसमान' कहा गया है। अत: 'फल' आसमान में लगेगें।

17. (b) फल आम हरा

सबसे उचित संबंध प्रदर्शित करते हैं।

18. (d) उत्तर आकृति (d) को प्रश्न आकृति के रिक्त भाग में रखने पर प्रश्न आकृति का पैटर्न पूर्ण हो जाता है।

19. (b) उत्तर आकृति (b) में दी गई प्रश्न आकृति पूर्णत: निहित है।

20. (a) पहली आकृति में,

$6 \times 5 + 7 \times 9 = (30 + 63) = 93$

दूसरी आकृति में,

$9 \times 8 + 7 \times 6 = (72 + 42) = 114$

तीसरी आकृति में,

$3 \times ? + 6 \times 5 = 63$

$3 \times ? + 30 = 63$

$3 \times ? = 33$

$\Rightarrow ? = 11$

भाग-II सामान्य ज्ञान एवं सामान्य जानकारी

21. (d) मौर्य वंश की स्थापना चन्द्रगुप्त मौर्य ने नंद शासक धनानंद को मारकर की थी।

22. (a) अतिचालक **(Super conductor)** एक पदार्थ है जो विद्युत को चालित करता है या बिना किसी प्रतिरोध के इलेक्ट्रॉनों को एक अणु से दूसरे अणु में वहन करता है। जब यह उस तापमान पर पहुँचता है जहाँ यह अति चालक पदार्थ बन जाए तो ऐसे पदार्थों से आवाज, ऊष्मा या ऊर्जा का कोई और रूप उत्सर्जित नहीं होता है।

23. (a) स्वतन्त्रता प्राप्ति के समय भारत में 562 रियासते थीं, जिनका भारत में विलय कराने का श्रेय सरदार वल्लभभाई पटेल को जाता है।

24. (b) टेकोमीटर या वेगमापी एक उपकरण है जिसका प्रयोग मोटर या दूसरे मशीनों के सैफ्ट या डिस्क की घूर्णन गति को मापने में किया जाता है। यह युक्ति सामान्यत: प्रतिमिनट घूर्णन (RPM) को दर्शाती है।

25. (c) 29 अप्रैल, 1954 में भारत एवं चीन के बीच पंचशील समझौता हुआ था।

26. (d) केदारनाथ धाम मार्ग पर सोनगंगा नदी का संगम मन्दाकिनी नदी से होता है।

27. (b) सौरमण्डल का सबसे बड़ा व भारी ग्रह बृहस्पति है। यह एक गैसीय ग्रह है। इसके वायुमण्डल में मीथेन एवं कार्बन-डाई-ऑक्साइड जैसी गैसें पायी जाती है। यह हमारी पृथ्वी से बहुत बड़ा ग्रह है।

28. (a) सल्फर का मुख्य उपयोग सल्फ्यूरिक अम्ल (H_2SO_4) के निर्माण में किया जाता है। यह एक महत्वपूर्ण यौगिक है जो रासायनिक उद्योगों में बनाए जाते हैं। इसका प्रयोग लगभग सभी उद्योगों में सैकड़ों यौगिकों के निर्माण में किया जाता है।

29. (d) ग्रीक भूगोलवेत्ता इराटास्थनीज (276 ई.पू.) ने सर्वप्रथम पृथ्वी की परिधि की गणना।

30. (d) तमिलनाडु ने कोटोप्रोफेन नॉनस्टेराइड दवा पर प्रतिबन्ध लगाया है, जिससे की गिद्धो को बचाया जा सके।

31. (a) कार्बनिक यौगिक हमेशा सह-संयोजक यौगिक होते हैं क्योंकि यह कार्बन को सह-संयोजक बंध बनाने में अधिक ऊर्जा के साथ सहायक होते हैं। कार्बनिक यौगिक जैसे- कार्बोहाइड्रेट, लिपिड (Lipids), प्रोटीन तथा न्यूक्लिक अम्ल आदि सह-संयोजक बंध के उदाहरण हैं।

32. (a) गाँधी जी ने चौरा-चौरी की घटना के कारण असहयोग आंदोलन 1921-22 वापस ले लिया था, चौरा-चौरी की घटना में प्रदर्शनकारियों ने एक पुलिस थाने में आग लगा दी थी जिसमें 22 सिपाहियों की मौत हो गई थी। इस संदर्भ में गाँधी जी का कहना था कि बिना किसी संघटनात्मक और सैद्धान्तिक नियंत्रण के व्यापक स्तर पर आंदोलन का आयोजन करना एक 'हिमालय जैसी भूल' थी।

33. (d) कार्बन डाइ-ऑक्साइड (CO_2) मुख्य रूप से ग्रीन हाऊस को प्रभावित करने वाली गैसों में शामिल है जिसका योगदान जलवायु परिवर्तन में सबसे अधिक है। ग्रीन हाऊस गैसों में सबसे ज्यादा कार्बन डाइ-ऑक्साइड (CO_2) का लगभग 72%, 18% मीथेन तथा 9% नाइट्रसऑक्साइड (NO_x) का उत्सर्जन होता है। अत: कार्बन डाइ-ऑक्साइड (CO_2) का उत्सर्जन वैश्विक तापन का मुख्य कारण है।

34. (d) पौधों की प्रजातियों की सुरक्षा तथा किसान अधिकार अधिनियम, 2001 पौधो की प्रजातियों तथा किसानों के अधिकारों को संरक्षण प्रदान करता है। इस अधिनिमय की स्थापना विशेषकर पौधों के किस्मों की सुरक्षा के लिए प्रभावशाली तंत्र की स्थापना करने, पौधा जनन के लिए किसानों को अधिकार देने तथा पौधों के नयी किस्मों की वृद्धि तथा विकास को प्रोत्साहन देने के लिए की गई थी।

35. (b) जन्तु जगत प्राय: एक दिन में खाने की प्रक्रिया कई बार अपनाते हैं। बड़ी चिड़ियाँ तथा हिरण एक दिन में कई बार भोजन ग्रहण करते हैं।

36. (c) ग्रीन ब्लॉक्स पूरे प्रतिवेश (Neighbourhood) में कई खण्डों में समाहित हरित खण्ड (Green Blocks) के निवासी अपने आस-पास की सुंदरता, जीवन की गुणवत्ता और स्वच्छता में वृद्धि के लिए हरितिमा बनाए रखने का प्रण लेते हैं। इन्हें बायो-ब्रिक्स (Bio-bricks) के नाम से भी जाना जाता है।

37. (a) भारत में सबसे अधिक गन्ना उत्तर प्रदेश में पैदा किया जाता है। महाराष्ट्र अन्य प्रमुख गन्ना उत्पादक राज्य है। उत्तर प्रदेश गेहूँ के उत्पादन में भी भारत में प्रथम स्थान रखता है।

38. (b) भारतीय संसद द्वारा फरवरी-2014 में, आंध्र प्रदेश पुर्नसंगठन अधिनियम तेलंगाना के निर्माण के लिए पारित किया गया। आंध्र प्रदेश के उत्तर-पश्चिम से दस जिले तेलंगाना के अंदर आते हैं। 2 जून, 2014 को यह भारत के 29वें राज्य के रूप में अस्तित्व में आया।

39. (c) UNDP का पूर्ण रूप संयुक्त राष्ट्र विकास कार्यक्रम (United Nations Development Programme) है। यह संयुक्त राष्ट्र का वैश्विक विकास तंत्र है जो लोगों का जीवन

बेहतर बनाने के लिए संसाधन, अनुभव तथा ज्ञान बाँटने का समर्थन करता है।

40. (c) 'द हिन्दूज' : 'ऐन ऑल्टरनेटिव हिस्ट्री' एक अमेरिकन भारतीयविद् (Indologist) वेन्डी डोनीगर (Wendy Doniger) द्वारा लिखी गई पुस्तक है। इस पुस्तक में हिन्दू इतिहास का विवरण जैसा सुना गया है, उसी रूप में दिया गया है। यह मार्च 2009 में प्रकाशित हुई थी।

भाग-III प्रारंभिक अंकगणित

41. (d) छूट के बाद वस्तु का मूल्य

$= ₹\left(\frac{21000 \times 95}{100}\right) = ₹19950$

बिक्री कर के पश्चात् वस्तु का विक्रय मूल्य $= ₹\left(\frac{19950 \times 110}{100}\right) = ₹\,21945$

42. (d) समतुल्य एकल छूट

$= \left(x + y - \frac{xy}{100}\right)\%$

$= \left(\frac{25}{2} + 20 - \frac{25 \times 20}{200}\right)\%$

$= (12.5 + 20 - 2.5)\,\% = 30\%$

43. (d) चाल $= \frac{\text{दूरी}}{\text{समय}}$

∴ अभीष्ट अनुपात

$= \frac{140 \text{ किमी}}{140 \text{ मिनट}} : \frac{140 \text{ किमी}}{100 \text{ मिनट}}$

$= 100 : 140$

$= 5 : 7$

44. (d) 35 लीटर मिश्रण में,

दूध $= \frac{4}{5} \times 35 = 28$ लीटर

पानी = 7 लीटर

यदि x लीटर पानी मिलाया जाए, तो

$\frac{28}{x+7} = \frac{2}{3}$

$\Rightarrow 2x + 14 = 28 \times 3 = 84$

$\Rightarrow 2x = 84 - 14 = 70$

$\Rightarrow x = \frac{70}{2} = 35$ लीटर

45. (d) दशमलव समतुल्य :

$\frac{2}{5} = 0.4\,;\; \frac{5}{6} = 0.83$

$\frac{7}{8} = 0.875\,;\; \frac{11}{12} = 0.917$

46. (a) संख्या श्रृंखला का पैटर्न है :

$1 + 2^2 = 1 + 4 = 5$

$5 + 3^2 = 5 + 9 = 14$

$14 + 4^2 = 14 + 16 = 30$

$30 + 5^2 = 30 + 25 = 55$

$55 + 6^2 = 55 + 36 = 91$

47. (d) $M_1D_1T_1 = M_2D_2T_2$

$\Rightarrow x \times x \times x = y \times y \times D_2$

$\Rightarrow D_2 = \frac{x^3}{y^2}$

48. (a) B का 1 दिन का काम $= \frac{1}{12} - \frac{1}{20}$

$= \frac{5-3}{60} = \frac{2}{60} = \frac{1}{30}$

अत: B अकेले वह काम 30 दिन में करेगा। आधे दिन काम करने पर B द्वारा लिया गया समय = 60 दिन

∴ (A + B) का 1 दिन का काम

$= \frac{1}{20} + \frac{1}{60}$

$= \frac{3+1}{60} = \frac{4}{60} = \frac{1}{15}$

∴ अभीष्ट समय = 15 दिन

49. (c) दोनों पम्पों को एक साथ खोलने पर 1 घंटे में टंकी का भरा गया भाग

$= \frac{1}{\frac{40}{60}} - 1 = \frac{60}{40} - 1 = \frac{3}{2} - 1 = \frac{1}{2}$

∴ अभीष्ट समय = 2 घंटे

50. (c) एक चक्कर में समतल किया गया क्षेत्रफल

$= 2\pi r \times$ लंबाई

$= 2 \times \frac{22}{7} \times 42 \times 120$

= 31680 वर्ग सेमी

∴ मैदान का क्षेत्रफल

= (500 × 31680) वर्ग सेमी

= 15840000 वर्ग सेमी

= 1584 वर्ग मीटर

51. (c) बेलन का वक्र पृष्ठीय क्षेत्रफल $= 2\pi rh$

∴ $2\pi rh = 264$

$\Rightarrow 2 \times \frac{22}{7} \times 2 \times h = 264$

$\Rightarrow h = \frac{264 \times 7}{2 \times 22 \times 2} = 21$ सेमी

52. (b)

आधार का क्षेत्रफल

$= \frac{1}{2} \times (\text{विकर्ण})^2$

$= \frac{1}{2} \times \left(12\sqrt{2}\right)^2$

$= \frac{144 \times 2}{2} = 144$ वर्ग सेमी

त्रिभुज की भुजा $= 12\sqrt{2} \times \frac{1}{\sqrt{2}}$

= 12 सेमी

पिरामिड की तिर्यक ऊँचाई

$= \sqrt{OB^2 - BF^2}$

$= \sqrt{12^2 - 6^2}\;\; \sqrt{(12+6)(12-6)}$

$= \sqrt{18 \times 6}$

$= \sqrt{108}$ सेमी

∴ पिरामिड की ऊँचाई

$= \sqrt{OF^2 - FE^2}$

$= \sqrt{\left(\sqrt{108}\right)^2 - 6^2} = \sqrt{108 - 36}$

$= \sqrt{72} = 6\sqrt{2}$ सेमी

∴ पिरामिड का आयतन $= \frac{1}{3} \times$ आधार का क्षेत्रफल × ऊँचाई

$= \frac{1}{3} \times 144 \times 6\sqrt{2}$

$= 288\sqrt{2}$ घन सेमी

53. (d) वस्तु का सूची-मूल्य = ₹ x

∴ $x \times \frac{90}{100} = \frac{450 \times 120}{100}$

$\Rightarrow x = \frac{450 \times 120}{90} = ₹\,600$

54. (d) माना t घंटे बाद दोनों मिलते हैं।

∴ A द्वारा t घंटे में तय की गयी दूरी + B द्वारा (t − 1) घंटे में तय की गयी दूरी = 68 किमी

∴ $8t + 7(t-1) = 68$

$\Rightarrow 8t + 7t - 7 = 68$

$\Rightarrow 15t = 68 + 7 = 75$

$\Rightarrow t = \frac{75}{15} = 5$ घंटे यानी सायं 5 बजे

55. (a) तय की गई दूरी = x किमी

∴ $\frac{x}{15} - \frac{x}{16} = \frac{32}{60} = \frac{8}{15}$

$\Rightarrow x\left(\frac{16-15}{15 \times 16}\right) = \frac{8}{15}$

$\Rightarrow \frac{x}{15 \times 16} = \frac{8}{15}$

$\Rightarrow x = 16 \times 8 = 128$ किमी

56. (d) कुल दूरी = 100 मीटर (माना)

कुल समय $= \left(\frac{70}{20} + \frac{10}{25} + \frac{20}{8}\right)$ घंटे

$= \frac{700 + 80 + 500}{200}$

$= \frac{1280}{200} = \frac{32}{5}$ घंटे

∴ औसत गति $= \frac{100}{\frac{32}{5}} = \frac{500}{32} = \frac{125}{8}$

= 15.625 मीटर/घंटा

57. (a) चार बहनों की आयु का योग

$= 7 \times 4 = 28$ वर्ष

चार बहनें एवं माँ की आयु का योग

$= 5 \times 13 = 65$ वर्ष

$\therefore$ माँ की आयु $= 65 - 28 = 37$ वर्ष

58. (d) A के लिए संदूक की लागत = ₹ x

$\therefore \quad x \times \frac{110}{100} \times \frac{120}{100} = 528$

$\Rightarrow \quad x = \frac{528 \times 10 \times 10}{11 \times 12}$ = ₹ 400

59. (a) किराया + निर्वाह + बीमा पर खर्च प्रतिशत = 90%

शेष राशि = 10%

यदि कुल वेतन = ₹ x हो, तो

$x \times \frac{10}{100} = 3000$

$\Rightarrow$ x = 3000 × 10 = ₹ 30000

60. (c) $(x-2)^2 + \left(y - \frac{1}{2}\right)^2 = 0$

$\Rightarrow (x-2)^2 = 0$ एवं $\left(y - \frac{1}{2}\right)^2 = 0$

$\Rightarrow x - 2 = 0$ एवं $y - \frac{1}{2} = 0$

$\Rightarrow x = 2$ एवं $y = \frac{1}{2}$

$\therefore \quad \frac{x}{y} = \frac{2}{\frac{1}{2}} = 2 \times 2 = 4$

भाग-IV हिंदी

61. (d) रस का शास्त्रीय विवेचन सर्वप्रथम भरतमुनि ने अपने ग्रंथ नाट्यशास्त्र में किया। उन्होंने रस को काव्य और नाट्य का प्राण बताया। बाद में आचार्य भामह, विश्वनाथ और पंडित राजजगन्नाथ ने भी रस पर विचार किया, लेकिन वस्तुनिष्ठ विवेचन का श्रेय भरतमुनि को ही दिया जाता है।

62. (b) दिए गए विकल्पों में से गलत वर्तनी वाला शब्द है: आधीन

(b) आधीन की शुद्ध वर्तनी है: अधीन (अर्थ: किसी के नियंत्रण में)।

(a) आशान्वित: शुद्ध (अर्थ: आशा से भरा हुआ)।

(c) सिफारिश: शुद्ध (अर्थ: खुशामद)।

(d) आदरणीय: शुद्ध (अर्थ: आदर करने योग्य)।

63. (c) दिए गए विकल्पों में विकल्प (c) 'तेजश्विनि' गलत वर्तनी वाला शब्द है। सही वर्णक्रम "तेजस्विनी" का अर्थ तेज से युक्त स्त्री है। अन्य शब्द "अनुनासिक", "लिपि" और "अनुस्वार" शुद्ध शब्द हैं।

64. (c) यहां "गुलामी" शब्द का गलत अर्थ है। सही प्रयोग "स्पेक्ट्रम उपलब्ध कराना" होना चाहिए। "गुलामी करने" का अर्थ दृष्टि से त्रुटिपूर्ण है।

65. (c) दिए गए वाक्य में गलत विकल्प (त्रुटिपूर्ण भाग) है: (c) ले लिया है।

भाग (c) में क्रिया पद का प्रयोग कर्ता और कर्म (सब्जी) के लिंग के अनुसार अशुद्ध है।

कर्म: वाक्य में कर्म है शाक-सब्जी (या सब्जी)। हिन्दी में 'सब्जी' शब्द स्त्रीलिंग होता है।

क्रिया: कर्म (सब्जी) स्त्रीलिंग होने के कारण, क्रिया भी स्त्रीलिंग रूप में आनी चाहिए। 'ले लिया है' पुल्लिंग क्रिया है।

शुद्ध वाक्य में भाग (c) को इस प्रकार होना चाहिए: शाक-सब्जी ले ली है।

66. (d) 'आलि' शब्द का अर्थ 'सखी', 'सहेली' और 'भ्रमरी' (भौंरा) के लिए किया जाता है। मूलत: सही उत्तर है "ये सभी"।

67. (a) ईश्वर के पर्यायवाची शब्द हैं - ईश्वर, विधाता, अनंत आदि। "विधान" का अर्थ है प्रबंध, व्यवस्था आदि। यह ईश्वर का पर्याय नहीं है।

68. (b) विरोधाभास अलंकार में विपरीत भावों को एक साथ दिखाया जाता है। यहां "रूदन" और "हँसना" दोनों विपरीत भाव हैं। मूलत: यह विरोधाभासी अलंकार है।

69. (a) "सूक्ष्म" का अर्थ है बहुत छोटा। इसका विलोम शब्द "स्थूल" है जिसका अर्थ है बड़ा। अन्य विकल्प अर्थ की दृष्टि से उपयुक्त नहीं हैं।

70. (a) "सन्मार्ग" शब्द "सत्" (अच्छा, सत्य) और "मार्ग" (पथ) से बना है। इसका अर्थ है - सही मार्ग या उत्तम मार्ग। मूलत: सही सन्धि-विच्छेद "सत् + मार्ग" है।

71. (d) "प्राप्तांक" शब्द "प्राप्त" + "अंक" से बना है। समास विग्रह होगा-प्राप्त किए गए अंक। यह संबंध तत्पुरुष समास का है।

72. (b) "तृप्त" का अर्थ है पेट भर जाने पर प्रसन्न होना। यहाँ सन्दर्भ है कि भिखारी ने भोजन किया। मूलत: सही उत्तर "तृप्त" है।

73. (b) "सम" का अर्थ है समान, समान। इसका विलोम शब्द "विषम" है जिसका अर्थ है असम्बद्ध या भिन्न। अन्य विकल्प जैसे "जटिल" या "बराबर" इस संदर्भ में उपयुक्त नहीं हैं।

74. (b) यह एक अव्ययीभाव समास है क्योंकि इसका पहला पद ('भर') अव्यय है और प्रधान है, जिसका अर्थ 'पेट भरकर' होता है।

उदाहरण: 'भरपेट' (पेट भरकर), 'प्रतिदिन' (दिन-दिन), 'यथाशक्ति' (शक्ति के अनुसार) अव्ययीभाव समास के उदाहरण हैं।

75. (d) यह प्रसिद्ध कथन विद्यापति का है। इसका अर्थ यह है कि अपनी मातृभाषा में बोला गया वचन सर्वसाधारण मधुर लगता है। यह भाषा और संस्कृति की महत्ता को अलग करता है।

76. (b) यह पंक्ति आधुनिक हिंदी कविता के प्रखर कवि धूमिल की है।

77. (b) "सु" उपसर्ग का अर्थ होता है अच्छा, श्रेष्ठ। "शील" का अर्थ आचरण या स्वभाव है। "सु" + "शील" = "सुशील" अर्थात अच्छा आचरण वाला। मूलत: उपसर्ग "सु" है।

78. (c) गद्यांश में बताया गया है कि संस्थान का उद्देश्य ग्रामवासियों को आत्मनिर्भर और स्वावलंबी बनाना था। केवल जानकारी देना या निर्देशात्मक विनियमन उद्देश्य नहीं था , बल्कि उन्हें अपने लक्ष्य पर खड़ा करना था।

79. (d) लेखक ने स्पष्ट किया कि ग्रामवासियों को नौकरी के लिए वैज्ञानिक उपकरण और जानकारी का उपयोग करना आवश्यक है। केवल सिद्धांत या निर्देश से विकास संभव नहीं है। आधुनिक समय में विज्ञान एवं प्रौद्योगिकी की भूमिका अनिवार्य है।

80. (c) गद्यांश में बताया गया है कि संस्थान के संचालन और निर्णय में गांव के सभी लोग भाग लेते हैं। यह सामूहिकता और लोकतांत्रिक शैली का उदाहरण है।

❑❑❑

5 प्रैक्टिस सेट

भाग-I सामान्य बुद्धिमत्ता एवं तर्कशक्ति

1. एक घन की, जिसके फलकों पर 1 से 6 अंक अंकित किए हुए हैं, नीचे दी गई चार अलग-अलग अवस्थाओं का अध्ययन कीजिए। ज्ञात कीजिए कि 3 अंक वाली साइड के सामने कौन-सा अंक है?

प्रश्न आकृतियाँ :

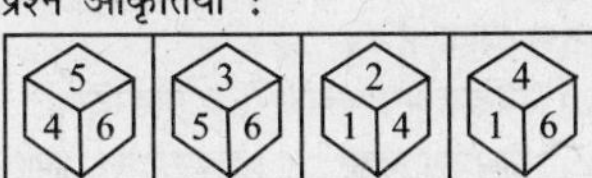

(a) 5 (b) 4
(c) 2 (d) 6

2. रामू 2 किमी उत्तर की ओर चलता है, फिर अपनी दाईं ओर घूमकर 4 किमी चलता है। वह फिर अपनी दाईं ओर घूमता है और 4 किमी चलता और फिर अपनी दाईं ओर घूमकर 4 किमी चलता है, अब रामू किस दिशा में अभिमुख है?

(a) पूर्व (b) उत्तर
(c) दक्षिण (d) पश्चिम

3. निम्नलिखित में से कौन-सा वेन आरेख गाजर, खाद्य, वनस्पतियों के बीच सही सम्बन्ध को दर्शाता है?

(a)  (b) 

(c)  (d)

4. यदि कूट भाषा में DELHI को 73541 लिखा जाए और CALCUTTA को 82589662, तो CALICUT को कैसे लिखा जाएगा?

(a) 5978213 (b) 5279431
(c) 8251896 (d) 8543691

5. निम्नलिखित वेन आरेख में शहरी लोगों में से राजनीतिज्ञों की पहचान कीजिए जो भ्रष्ट हैं-

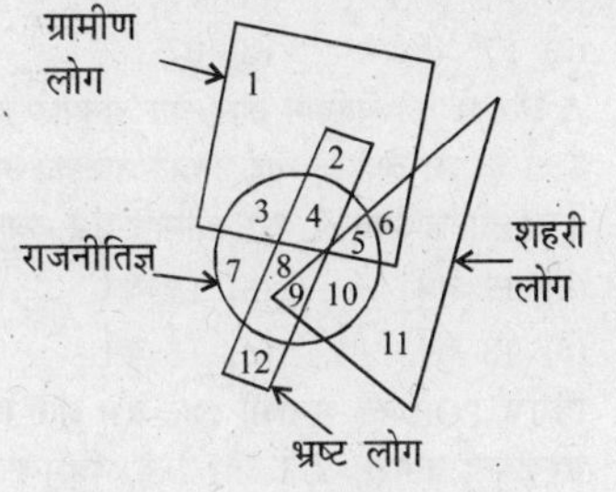

(a) 4 (b) 5
(c) 9 (d) 10

6. निम्नलिखित शब्द के अक्षरों से कौन-सा शब्द नहीं बनाया जा सकता?
THERMOLYSIS

(a) SISTER (b) LOTUS
(c) LORIS (d) THESIS

7. यदि " + " का अर्थ "गुणा है, " + " का अर्थ "घटाव है, "–" का अर्थ "जोड़" है तथा "×" का अर्थ "भाग" है, तो निम्नलिखित में से कौन-सा समीकरण सही है?

(a) $16 + 19 \times 21 - 5 = 201$
(b) $5 \times 6 + 4 \div 3 = \frac{37}{6}$
(c) $6 \times 3 + 12 \div 3 = 21$
(d) $18 \times 6 \div 8 - 12 = 36$

8. दी गई अंक श्रृंखला के खाली स्थानों पर क्रम से रखने पर निम्नलिखित में से कौन-सा अंक समूह उसे पूरा करेगा?
2002–020–20–0

(a) 20002 (b) 20220
(c) 02222 (d) 22200

9. दिए गए समीकरण एक ही नियम के अनुसार हैं। उसी नियम के अनुसार छूटी हुई संख्या बताइए-
836 (316) 112
213 (?) 420

(a) 368 (b) 220
(c) 211 (d) 468

10. कमल अपनी बहन गीता से 5 गुना बड़ी है, जो अपने भाई राम से 2 वर्ष छोटी है। यदि राम 8 वर्ष का है, तो कमल की आयु क्या होगी?

(a) 30 वर्ष (b) 24 वर्ष
(c) 40 वर्ष (d) 28 वर्ष

11. A, B का भाई है। C, A का पिता है। D, C की बहन है और E, D की माता है। B का E के साथ क्या सम्बन्ध है?

(a) नातिन (b) परनातिन
(c) बुआ की मौसी (d) पुत्री

निर्देश (12–13): निम्नलिखित में दिए हुए विकल्प में से लुप्त संख्या ज्ञात कीजिए-

12.

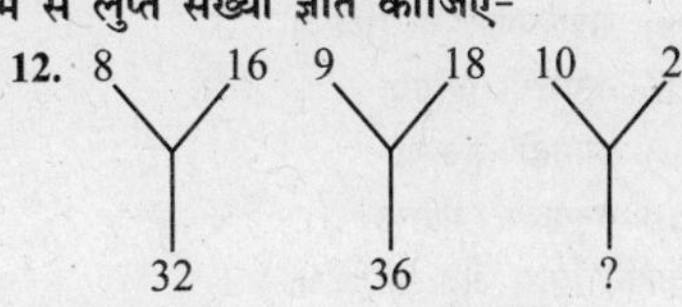

(a) 30 (b) 40
(c) 24 (d) 32

13.

18	15	11
6	5	8
3	4	?
324	300	528

(a) 7 (b) 5
(c) 6 (d) 4

निर्देश (14–17): निम्नलिखित प्रश्नों में प्रत्येक श्रेणी में लुप्त संख्या/अक्षर/आकृति ज्ञात कीजिए-

14. DFI, KMP, ?, YAD

(a) QSV (b) RTW
(c) SUX (d) RTV

15. 1, 2, 4, 3, 9, 4, 16, 5, ?, ?

(a) 6, 22 (b) 21, 9
(c) 25, 6 (d) 30, 8

16. प्रश्न आकृतियाँ :

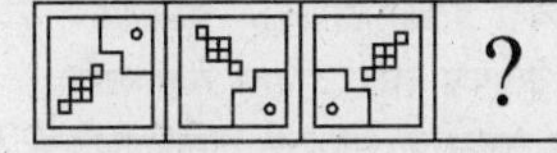

उत्तर आकृतियाँ :

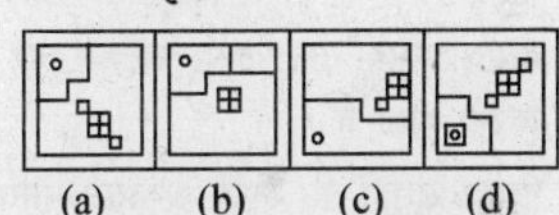

17. प्रश्न आकृतियाँ :

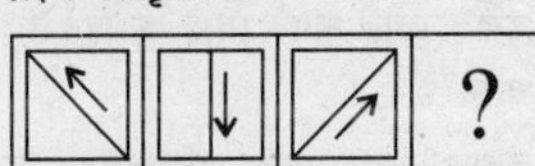

उत्तर आकृतियाँ :

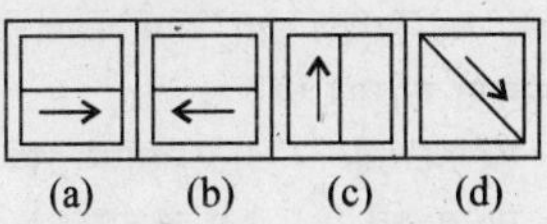

18. उत्तर विकल्पों में चार संख्या समुच्चय दिए गए हैं, इनमें से उस संख्या-समुच्चय को पहचानें जो प्रश्न में दिए गए समुच्चय से अधिकतम मेल खाता हो-
दिया गया सेट : (2, 10, 58)

(a) (4, 20, 56) (b) (7, 42, 49)
(c) (12, 24, 47) (d) (9, 27, 81)

19. निम्नलिखित प्रश्न में दिए गए विकल्पों में से विषम शब्द/अक्षर/संख्या युग्म/ आकृति ज्ञात कीजिए-

(a) 55×5 (b) 15×15
(c) 5×45 (d) 25×9

20. नीचे दिए गए प्रश्न में कुछ कथन और उनके बाद उन कथनों पर आधारित कुछ निष्कर्ष दिए गए हैं, हालांकि उनमें सामान्य ज्ञात तथ्यों से भिन्नता हो सकती है। सभी निष्कर्ष पढ़े और फिर निर्धारित करें कि दिए गए कौन-से निष्कर्ष, दिए गए कथनों के आधार पर युक्तिसंगत हैं?

कथन : सभी तारे सफेद हैं।
सभी सफेद चाँद हैं।
कोई चाँद नीला नहीं है।

निष्कर्ष : I. कुछ तारे सफेद हैं।
II. कोई नीला तारा नहीं है।
III. कुछ सफेद तारे हैं।
IV. कुछ नीला सफेद हैं।

(a) निष्कर्ष I, II तथा III सही हैं
(b) निष्कर्ष III तथा IV सही हैं
(c) निष्कर्ष I, II तथा IV सही हैं
(d) निष्कर्ष II, III तथा IV सही हैं।

भाग-II सामान्य ज्ञान एवं सामान्य जानकारी

21. किसी व्यक्ति के अवैध निरोध के मामले में न्यायालय द्वारा निम्नलिखित में से क्या जारी किया जाता है?
(a) बंदी प्रत्यक्षीकरण (b) परमादेश
(c) उत्प्रेषण लेख (d) क्वो वारंट

22. दबाव समूहों के संबंध में निम्नलिखित में से क्या सही नहीं है?
(a) दबाव समूहों का लक्ष्य सरकार पर कब्जा करना होता है
(b) दबाव समूहों का लक्ष्य सरकारी नीतियों को प्रभावित करना होता है
(c) दबाव समूह अपने समूह के हित को उजागर करते हैं
(d) दबाव समूह का अभिलक्षण हितों की समरूपता है

23. पेशवा प्रथा ब्रिटिश द्वारा किस पेशवा के काल में समाप्त की गई थी?
(a) रघुनाथ राव (b) नारायण राव
(c) माधव राव II (d) बाजीराव II

24. राजा खरवेल किस चेदि वंश के महानतम शासक थे?
(a) चोलमंडलम (b) कलिंग
(c) कन्नौज (d) पुरुषपुर

25. मुखिया स्वहस्ताक्षरित आवेदन देकर अपने पद से परित्याग कर सकता है। बिहार पंचायती राज अधिनियम, 2006 के अन्तर्गत उसे अपना आवेदन किसे प्रेषित करना होगा?
(a) प्रखण्ड विकास पदाधिकारी
(b) उप विकास आयुक्त
(c) जिलाधिकारी
(d) जिला पंचायती राज पदाधिकारी

26. किस चार्टर एक्ट से चीन के साथ ईस्ट इंडिया कंपनी का व्यापार एकाधिकार समाप्त हुआ?
(a) चार्टर एक्ट, 1793 (b) चार्टर एक्ट, 1813
(c) चार्टर एक्ट, 1833 (d) चार्टर एक्ट, 1853

27. परिसंघ बनाने का विचार सर्वप्रथम किसने प्रस्तावित किया था?
(a) भारतीय परिषद् अधिनियम, 1892
(b) मॉर्ले-मिंटो सुधार
(c) मांटेग्यू-चेम्सफोर्ड सुधार
(d) नेहरू रिपोर्ट, 1928

28. 'वलयाकार' रूप में नदियाँ किस दिशा में बहती हैं?
(a) पश्चिम से पूर्व की ओर
(b) उत्तर से दक्षिण की ओर
(c) वलय के समान
(d) अनुप्रस्थ दिशा में

29. बाल्टिक सागर के बंदरगाह व्यापार के लिए सर्दियों में भी क्यों खुले रहते हैं?
(a) यह उष्णकटिबंधीय पट्टी में है
(b) उत्तरी अटलांटिक प्रवाह, गर्म सागर धारा उस क्षेत्र में बहती है
(c) स्थानीय रक्षक इसे गर्म रखते हैं
(d) पश्चिमी विक्षोभ तापमान में काफी वृद्धि कर देते हैं

30. जलवायु आधारित क्षेत्रों का वर्गीकरण किसके आधार पर किया जाता है?
(a) भूमध्य रेखा से दूरी
(b) ऊँचाई
(c) वर्षा
(d) समुद्र से दूरी

31. प्रमुख दक्षिण-पश्चिम एशियाई तेल क्षेत्र कहाँ स्थित है?
(a) फारस की खाड़ी के तटीय क्षेत्र
(b) यूफ्रेटिस-टाइग्रिस बेसिन
(c) अरब मरुस्थल
(d) रब-अल-खली मरुस्थल

32. निम्नलिखित में से, किसके भीतर बृहस्पति का गैलिलियन उपग्रह नहीं है?
(a) यूरोपा (b) गैनीमेड
(c) कैलिस्टो (d) डीमोस

33. शीत संवेदी पादपों की झिल्ली लिपिड में क्या होता है?
(a) कम अनुपात में संतृप्त वसा अम्ल
(b) कम अनुपात में असंतृप्त वसा अम्ल
(c) समानुपात में संतृप्त एवं असंतृप्त वसा अम्ल
(d) उच्च अनुपात में असंतृप्त वसा अम्ल

34. श्वसन कैसी प्रक्रिया मानी जाती है?
(a) संश्लेषणात्मक प्रक्रिया
(b) अपचयी प्रक्रिया
(c) आरोही प्रक्रिया
(d) तनुकरण प्रक्रिया

35. कॉफी किस क्षेत्र का पौधा है?
(a) उष्ण कटिबन्धीय
(b) शीतोष्ण कटिबन्धीय
(c) (a) और (b) दोनों
(d) उपरोक्त में से कोई नहीं

36. आधुनिक ओलम्पिक खेलों की शुरुआत किस सदी के अन्त में हुई?
(a) 19वीं (b) 18वीं
(c) 16वीं (d) 17वीं

37. प्रतिरोध रंग कोड में चौथा बैंड किसका द्योतक है?
(a) सह्यता स्तर
(b) दस की शक्ति
(c) प्रतिरोध का कुल मान
(d) प्रतिरोधक का पदार्थ

38. खगोल-भौतिकी में बाह्य अंतरिक्ष में परिकल्पित होल को जहाँ से तारे और ऊर्जा निकलती है, क्या नाम दिया गया है?
(a) ब्लैक होल (b) ओजोन होल
(c) एस्टिरॉयड ब्रेल्ट (d) व्हाइट होल

39. न्यूक्लियर रिएक्टर में न्यूट्रॉन को किससे अवमंदित किया जाता है?
(a) विखंडनीय पदार्थ (b) मॉडरेटर
(c) नियंत्रण छड़ (d) शीतल प्रणाली

40. अंगुलिलेखन विज्ञान को सामान्यत: किस नाम से जानते हैं?
(a) कार्बन काल निर्धारण
(b) जल छाप
(c) अंगुलि छाप
(d) इलेक्ट्रो कार्डियोग्राम

भाग-III प्रारंभिक अंकगणित

41. जब बहुपद $f(x) = x^4 + 2x^3 - 3x^2 + x - 1$ को $(x-2)$ से विभाजित किया जाए तो शेषफल क्या होगा?
(a) 21 (b) 22
(c) 23 (d) 29

42. 5° 37' 30" का संगत रेडियन माप होगा-
(a) $\left(\frac{\pi}{8}\right)^c$ (b) $\left(\frac{\pi}{12}\right)^c$
(c) $\left(\frac{\pi}{18}\right)^c$ (d) $\left(\frac{\pi}{32}\right)^c$

43. त्रिभुज PQR में भुजाएं PQ तथा PR क्रमश: S और T तक बढ़ाई गई हैं। $\angle SQR$ तथा $\angle QRT$ के द्विभाजक बिन्दु O पर मिलते हैं। यदि $\angle P = 66°$, तब $\angle QOR$ का मान क्या है?
(a) 47° (b) 50°
(c) 57° (d) 67°

44. A और B की वर्तमान आयु का अनुपात क्रमश: 3 : 2 है। छ: वर्षों के बाद उनकी उम्र का अनुपात 3 : 4 हो जायेगा। A की वर्तमान उम्र क्या है?
(a) 12 वर्ष (b) 15 वर्ष
(c) 18 वर्ष (d) 11 वर्ष

45. त्रिभुज PQR की भुजाओं QR, RP और PQ के मध्यबिन्दु क्रमश: S, T और U हैं। त्रिभुज PQR का क्षेत्रफल 36 वर्ग सेमी है। त्रिभुज STU का क्षेत्रफल कितना है?

(a) 24 वर्ग सेमी (b) 18 वर्ग सेमी
(c) 12 वर्ग सेमी (d) 9 वर्ग सेमी

46. यदि $x+y+z=0$ तो $\frac{x^2}{yz}+\frac{y^2}{zx}+\frac{z^2}{xy}$?
(a) 1 (b) 2
(c) 0 (d) 3

47. जायसवाल ने एक वस्तु को ₹1,190 में बेचा और उस पर 40% का लाभ कमाया। यदि उसे अंकित मूल्य पर 10% छूट दिया होता तो उसका लाभ प्रतिशत बतायें?
(a) 24% (b) 26%
(c) 28% (d) 22%

48. किसी राज्य की जनसंख्या में प्रति वर्ष 20% की वृद्धि होती है। यदि उस राज्य की जनसंख्या वर्ष 2008 में 72000 थी; तो 2006 में उस राज्य की जनसंख्या कितनी रही होगी?
(a) 55,000 (b) 43,000
(c) 45,000 (d) 50,000

49. एक मीनार के आधार-स्थल से क्षैतिज दिशा के दो बिंदुओं A तथा B से मीनार के शीर्ष के उन्नयन कोण क्रमश: 15° तथा 30° हैं। तदनुसार यदि A तथा B मीनार के एक ही दिशा में हों और AB = 48 मीटर हो, तो मीनार की ऊँचाई कितनी होगी?
(a) $24\sqrt{3}$ मीटर (b) 24 मीटर
(c) $24\sqrt{2}$ मीटर (d) 96 मीटर

50. ₹ 250 की राशि पहले वर्ष में 4% और दूसरे वर्ष में 8% की चक्रवृद्धि ब्याज पर कितनी हो जाएगी?
(a) ₹ 280 (b) ₹ 280.80
(c) ₹ 468 (d) ₹ 290.80

51. त्रिभुज PQR में PS बिन्दु P से QR पर लम्ब है और QR को बिन्दु S पर मिलता है। यदि PS : QS:RS = 2:4 : 1 है तब निम्नलिखित में से कौन-सा एक सही है?
(a) PQR एक समबाहु त्रिभुज है।
(b) PQR बिन्दु P पर समकोणिक है।
(c) PQR एक समद्विबाहु त्रिभुज है।
(d) PQ = 3 PR

52. दो द्विघाती व्यंजकों का ल.स. और म.स. क्रमश: x^3-7x+6 और $x-1$ है तो व्यंजकों को ज्ञात करें-
(a) $(x^2-3x+2), (x^2+2x+3)$
(b) $(x^2+3x-2), (x^2-2x+3)$
(c) $(x^2-3x+2), (x^2+2x-3)$
(d) $(x^2+3x+2), (x^2+2x+3)$

53. एक ट्रेन पहले 10 मिनट में 35 किमी/घण्टा की गति पर और दूसरे 5 मिनट में 20 किमी/घण्टा की गति पर चली। कुल 15 मिनट में ट्रेन की औसत गति कितनी रही?
(a) 30 किमी/घण्टा (b) 23 किमी/घण्टा
(c) 31 किमी/घण्टा (d) 29 किमी/घण्टा

54. एक कारखाने में श्रमिकों को काम पर बुलाने के लिए तीन घंटियाँ लगी हुई हैं। प्रत्येक घंटी एक बार एक ही साथ बजती है, इसके बाद 12, 18, 16 मिनट के अंतराल पर बजती है, तो ऐसी कब स्थिति बनेगी कि ये तीनों घंटियाँ पुन: एक बार एक साथ बजेंगी?
(a) 2 घंटा 20 मिनट (b) 2 घंटा 24 मिनट
(c) 2 घंटा 28 मिनट (d) 2 घंटा 8 मिनट

55. A (6, 4), B (5, – 2) एवं C (7, – 2) किस प्रकार के त्रिभुज के शीर्ष बिन्दु हैं?
(a) समबाहु (b) समद्विबाहु
(c) विषमबाहु (d) समकोण

56. मान ज्ञात करें-
$\frac{\sin 36^\circ}{\cos 54^\circ}-\frac{\sin 54^\circ}{\cos 36^\circ}$
(a) 1 (b) 0
(c) – 1 (d) 2

57. 100 लीटर दूध और पानी के मिश्रण में 25% दूध है। मिश्रण में और कितना पानी मिला दिया जाए जिससे दूध की मात्रा 20% हो जाए?
(a) 30 लीटर (b) 40 लीटर
(c) 20 लीटर (d) 25 लीटर

58. एक बल्लेबाज अपनी 51वीं पूर्ण पारी में कुछ रन बनाता है, जिससे उसका औसत 59.6 से बढ़कर 60 हो जाता है। उस बल्लेबाज ने 51वीं पारी में कितने रन बनाए?
(a) 80 (b) 70
(c) 90 (d) 75

59. अर्चना ने अपनी राशि का 35% अपने बेटे रवि को और 25% अपनी बेटी मोहिनी को दिया। शेष का आधी अपने भाई राहुल को दिया और शेष ₹ 21000 को बैंक में जमा किया, तो अर्चना के पास कुल कितनी राशि थी?
(a) ₹103000 (b) ₹106000
(c) ₹105000 (d) ₹102000

60. सिपाहियों के एक दल में कुल 194581 सिपाही हैं, उसका अधिकारी चाहता है कि उतनी ही कतारें बनाई जाएँ जितनी एक कतार में सिपाही हैं, इसके बावजूद भी 100 सिपाही शेष बच जाते हैं। तो, प्रत्येक कतार में सिपाहियों की संख्या बतायें-
(a) 451 (b) 444
(c) 442 (d) 441

भाग-IV हिंदी

निर्देश: निम्न पद में कौन-सा रस उपयोग किया गया है, दिए गए चार विकल्पों में से सही विकल्प चुनें-

61. इक कर सौ भुज गहि गाढै इक कर लीन्हों साँटी।
मारति हौं तोहि अबहि कन्हैया बेगिहि उगलो माटी।।
(a) वीर (b) करुण
(c) संयोग वात्सल्य (d) वियोग वात्सल्य

निर्देश (62–63): निम्न दिए गए विकल्पों में से अर्थ के आधार पर वाक्य प्रकार का सही विकल्प का चयन कीजिए-

62. उसे कोई उपाय नहीं सूझा-
(a) आज्ञावाचक (b) प्रश्नवाचक
(c) निषेधवाचक (d) इच्छावाचक

63. आपका जीवन प्रकाशमय हो-
(a) विधिवाचक (b) इच्छावाचक
(c) संकेतवाचक (d) संदेहवाचक

64. 'त्रिफला' में समास बताइए-
(a) द्वन्द्व (b) द्विगु
(c) तत्पुरुष (d) कर्मधारय

65. 'पाप-पुण्य' में कौन-सा समास है?
(a) कर्मधारय (b) बहुब्रीहि
(c) तत्पुरुष (d) द्वन्द्व

66. 'अभ्युदय' का सन्धि-विच्छेद क्या होगा?
(a) अभि + दय
(b) अभि + उदय
(c) अभि: + उदय
(d) अभि + दय

67. 'पवन' में कौन-सी सन्धि है?
(a) दीर्घ सन्धि (b) गुण सन्धि
(c) यण सन्धि (d) अयादि सन्धि

निर्देश (68–69): प्रश्नों में दी गई पंक्तियों में कौन-सा अलंकार है, दिए गए विकल्पों में से सही विकल्प चुनें-

68. 'तरनि तनुजा तट तमाल तरूवर बहु छाये' में कौन-सा अलंकार है?
(a) अनुप्रास (b) दृष्टान्त
(c) निदर्शना (d) यमक

69. या अनुरागी चित्त की गति समुझै नहिं कोय।
ज्यों-ज्यों बूड़े स्याम रंग त्यों-त्यों उज्जवल होय।
में अलंकार है-
(a) संदेह (b) निदर्शना
(c) प्रतीप (d) विरोधाभास

70. 'ऊहापोह' का पर्यायवाची है-
(a) निश्चित (b) असमंजस
(c) अभिभूत (d) व्यग्रता

71. 'ऊँट' का पर्यायवाची है-
(a) उष्ट्र (b) महाग्रीव
(c) लम्बोष्ठ (d) ये सभी

72. धनहीन में कौन-सा समास है?
(a) तत्पुरुष (b) कर्मधारय
(c) बहुब्रीहि (d) द्वंद्व

73. उपन्यास सम्राट किसे कहा जाता है?
(a) मुंशी प्रेमचन्द (b) जयशंकर प्रसाद
(c) वृन्दावन लाल वर्मा (d) श्याम सुन्दर दास

74. 'गिल्लू' कहानी की लेखिका हैं-
(a) मन्नू भण्डारी (b) महादेवी वर्मा
(c) शिवानी (d) मधु कांकरिया

75. निम्न में से आंचलिक लेखक का नाम बताइए-
(a) श्यामसुन्दर (b) हजारीप्रसाद द्विवेदी
(c) महादेवी वर्मा (d) फणीश्वरनाथ रेणु

76. पीतांबर में समास है-
(a) अव्ययीभाव (b) कर्मधारय
(c) बहुव्रीहि (d) द्विगु

77. आजन्म, प्रत्येक, बेअसर, सस्नेह में .... समास है।
(a) कर्मधारय (b) द्वन्द्व
(c) अव्ययीभाव (d) द्विगु

निर्देश : गद्यांश को पढ़कर निम्नलिखित प्रश्नों (प्र.सं. 78 से 80) में सबसे उचित विकल्प चुनिए।

विद्यार्थी जीवन को मानव जीवन की रीढ़ की हड्डी कहें तो कोई अतिशयोक्ति नहीं होगी। विद्यार्थी काल में बालक में जो संस्कार पड़ जाते हैं जीवन-भर वही संस्कार अमिट रहते हैं। इसीलिए यही काल आधारशिला कहा गया है। यदि यह नींव दृढ़ बन जाती है, तो जीवन सुदृढ़ और सुखी बन जाता है। यदि इस काल में बालक कष्ट सहन कर लेता है तो उसका स्वास्थ्य सुंदर बनता है। यदि मन लगाकर अध्ययन कर लेता है तो उसे ज्ञान मिलता है, उसका मानसिक विकास होता है। जिस वृक्ष को प्रारंभ से सुंदर सिंचन और खाद मिल जाती है, वह पुष्पित एवं पल्लवित होकर संसार को सौरभ देने लगता है। इसी प्रकार विद्यार्थी काल में जो बालक श्रम, अनुशासन, समय एवं नियमन के साँचे में ढल जाता है, वह आदर्श विद्यार्थी बनकर सभ्य नागरिक बन जाता है। सभ्य नागरिक के लिए जिन-जिन गुणों की आवश्यकता है उन गुणों के लिए विद्यार्थी काल ही तो सुन्दर पाठशाला है। यहाँ पर अपने साथियों के बीच रह कर वे सभी गुण आ जाने आवश्यक हैं, जिनकी कि विद्यार्थी को अपने जीवन में आवश्यकता होती है।

78. मानव जीवन की रीढ़ की हड्डी विद्यार्थी जीवन को क्यों माना जाता है?
(a) पूरा जीवन विद्यार्थी जीवन पर चलता है
(b) जो संस्कार विद्यार्थी जीवन में पड़ जाते हैं वे संस्कार स्थायी हो जाते हैं
(c) विद्यार्थी जीवन सुखी जीवन होता है
(d) विद्यार्थी जीवन में ज्ञान मिलता है

79. गद्यांश में वृक्ष किसे कहा गया है?
(a) पेड़ को (b) विद्यार्थी को
(c) जीवन को (d) समय को

80. गद्यांश के आधार पर कहा जा सकता है कि-
(a) विद्यार्थी जीवन में व्यक्ति अनेक गुणों को धारण कर लेता है
(b) विद्यार्थी जीवन के लिए सुंदर पाठशाला की आवश्यकता होती है
(c) कष्ट सहन करने से सेहत बनती है
(d) वृक्षों को सींचना पर्यावरण के लिए आवश्यक है

उत्तर (हल/संकेत)

भाग-I सामान्य बुद्धिमत्ता एवं तर्कशक्ति

1. (b) संख्या 1, 2, 5 एवं 6 संख्या 4 के विपरीत सतह पर नहीं हो सकते।
अतः संख्या 3 के विपरीत सतह पर 4 है।

2. (d) रामू पश्चिम दिशा में अभिमुख हैं।

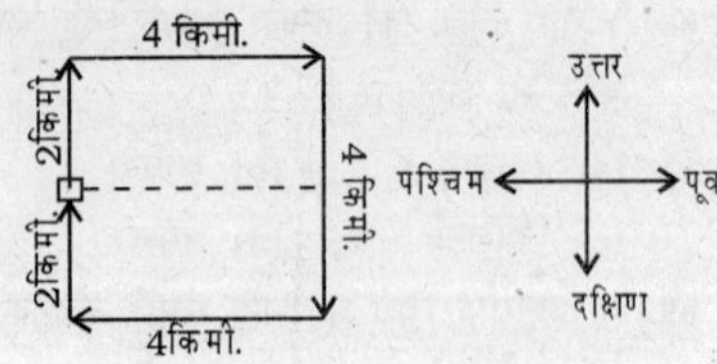

3. (a) गाजर साग-सब्जी के अंतर्गत आता है। साग-सब्जी खाद्य पदार्थ के अंतर्गत आती है।

4. (c)

C	A	L	I	C	U	T
↓	↓	↓	↓	↓	↓	↓
8	2	5	1	8	9	6

5. (c) अभीष्ट संख्या वृत्त, आयत एवं त्रिभुज में उभयनिष्ठ होना चाहिए एवं वर्ग के बाहर होना चाहिए। ऐसी संख्या 9 है।

6. (b) दिए गए शब्द में 'U' अक्षर नहीं है।

7. (d) विकल्प (d) से $18 \times 6 \div 8 - 12 = 36$
प्रश्नानुसार चिह्नों को परिवर्तित करने पर,
$18 \div 6 \times 8 + 12 = 36$
$3 \times 8 + 12 = 36$
$24 + 12 = 36$
$36 = 36$

8. (b) 200/2 [2] 0/20 [0] / [2] 20/ [2] 0 [0]

9. (c) जिसप्रकार, $836 + 112 = 948, \frac{948}{3} = 316$
उसी प्रकार, $213 + 420 = 633, \frac{633}{3} = 211$

10. (a) राम की उम्र = 8 वर्ष
गीता की उम्र = 8 – 2 = 6 वर्ष
∴ कमल की उम्र = 6 × 5 = 30 वर्ष

11. (a) C, A एवं B का पिता है।
D, A एवं B की आंट है।
E, A एवं B की दादी है।
अतः B, E की ग्रैंडडॉटर है या ग्रैंडसन।
विकल्पों को देखते हुए उत्तर (a) होगा।

12. (b) जिस प्रकार, $8 \times 2 = 16$ एवं $8 \times 4 = 32$
$9 \times 2 = 18$ एवं $9 \times 4 = 36$
उसी प्रकार, $10 \times 2 = 20$ एवं $10 \times 4 = 40$

13. (c) जिस प्रकार, $18 \times 6 \times 3 = 324$
$15 \times 5 \times 4 = 300$
उसी प्रकार, $11 \times 8 \times ? = 528$
$? = \frac{528}{11 \times 8} = 6$

14. (b)
D $\xrightarrow{+7}$ K $\xrightarrow{+7}$ [R] $\xrightarrow{+7}$ Y
F $\xrightarrow{+7}$ M $\xrightarrow{+7}$ [T] $\xrightarrow{+7}$ A
I $\xrightarrow{+7}$ P $\xrightarrow{+7}$ [W] $\xrightarrow{+7}$ D

15. (c) यहाँ दो क्रम एकांतर रूप से दिए गए हैं।
$(1)^2 = 1, (b)^2 = (d), (c)^2 = 9,$
$(4)^2 = 16, (5)^2 =$ [25]
$2 \to 3 \to 4 \to 5 \to$ [6]

16. (a) प्रत्येक अगली आकृति में दोनों डिजाइनें दक्षिणावर्त दिशा में एक चरण बढ़ती है।

17. (b) प्रत्येक अगली आकृति में रेखाखंड एवं तीर 45° दक्षिणावर्त घूमते हैं तथा तीर पलट जाता है।

18. (a) जिस प्रकार, $2 \times 5 = 10$
$10 \times 6 = 60, 60 - 2 = 58$
उसी प्रकार, $4 \times 5 = 20$
$20 \times 3 = 60, 60 - 4 = 56$

19. (a) $55 \times 5 = 275,$
$15 \times 15 = 225$
$5 \times 45 = 225$
$25 \times 9 = 225$

20. (a)

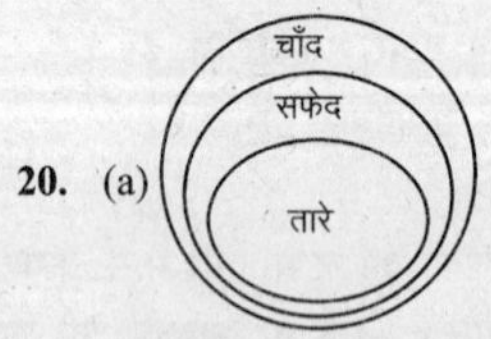

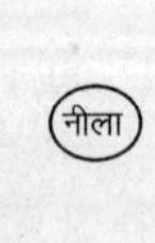

अतः निष्कर्ष I, II व III निकलते हैं।

भाग-II सामान्य ज्ञान एवं सामान्य जानकारी

21. (a) बंदी प्रत्यक्षीकरण एक प्रकार का कानूनी आज्ञा-पत्र होता है जिसके द्वारा किसी गैर-कानूनी कारणों से गिरफ्तार व्यक्ति को रिहाई मिल सकती है। बंदी प्रत्यक्षीकरण आज्ञा-पत्र अदालत द्वारा पुलिस या अन्य गिरफ्तार करने वाली राजकीय संस्था को यह आदेश जारी करता है कि बंदी को अदालत में पेश किया जाए और इसके विरुद्ध लगे हुए आरोपों को अदालत को बताया जाए। यह आज्ञापत्र गिरफ्तार हुआ

व्यक्ति स्वयं या उसका कोई सहयोगी (जैसे कि उसका वकील) न्यायालय से याचना करके प्राप्त कर सकता है।

22. (a) दबाव समूह वे समूह होते हैं जो किसी विशेष हित की प्राप्ति के लिए बनाए जाते हैं। ऐसे समूहों की स्थापना, उनका अस्तित्व, उनकी कार्यशैली विशिष्ट हितों के साथ जुड़ी रहती है। इन समूहों के लक्ष्य विशिष्ट होते हुए भी सामान्य हो सकते हैं। ये लोक निर्णयन प्रक्रिया को प्रभावित करने का प्रयास करते हैं जिससे यह अपने सदस्यों के हितों की पूर्ति कर सकें। इनके लक्ष्यों में सरकार पर कब्जा शामिल नहीं होता। ऐसे समूह सरकार पर किसी मुद्दे पर दबाव बना सकते हैं, मगर सरकार का विस्थापन उनके लक्ष्यों में नहीं होता है।

23. (d) बाजीराव द्वितीय (1796-1818) मराठा महासंघ के अंतिम पेशवा थे। उनके काल ही में अंग्रेजों द्वारा पेशवा पद को समाप्त कर दिया गया और इसके बदले उन्हें एक मोटी पेंशन दी गयी। उसकी धोखेबाजी और बेइमानी के कारण अंग्रेजों ने उसे बंदी बनाकर बिठूर भेज दिया, जहां 1853 ई. में उनकी मृत्यु हो गई।

24. (b) खारवेल कलिंग के तीसरे राजवंश चेदि वंश का था। खारवेल को ऐरा, महाराज, महामेघवाहन एवं कलिंगाधिपति कहा गया है। खारवेल ने अपने शासनकाल के दूसरे वर्ष में शातकर्णी (सातवाहन) की उपेक्षा करते हुए कश्यप क्षत्रियों के सहयोग से 'यूषिक' राजाओं की राजधानी को पूर्ण रूप से नष्ट कर दिया।

25. (d) बिहार पंचायत अधिनियम 2006 के अनुसार मुखिया/उप-मुखिया अपने हाथों से पत्र लिखकर अपना त्याग-पत्र जिला पंचायत राज अधिकारी को सौंप सकते हैं। उप-धारा (a) के अंतर्गत जिला पंचायत राज अधिकारी द्वारा त्याग-पत्र प्राप्त होने के सात दिनों की निश्चित समय-अवधिके अंदर यदि जिला पंचायत राज अधिकारीको अपने हाथ से लिखकर त्याग-पत्र वापसलेने की कोई सूचना नहीं दी जाती तो त्याग-पत्र को सात दिन की अवधि के बाद तत्काल प्रभाव से लागू माना जाएगा।

26. (c) 1833 के चार्टर अधिनियम द्वारा ईस्ट इंडिया कंपनी का चीन के साथ व्यापारिक एकाधिकार समाप्त कर दिया गया। अब कम्पनी एक राजनैतिक संस्था भर रह गयी। कम्पनी को आने वाले 20 वर्षों के लिए क्राउन व उसके उत्तराधिकारियों के न्यास के रूप में भारत पर प्रशासन का अधिकार दे दिया गया।

27. (d) 1928 में प्रस्तुत नेहरू रिपोर्ट में सर्वप्रथम परिसंघ बनाने का विचार प्रस्तावित किया गया। इस प्रस्ताव के अनुसार केंद्र में एक द्विसदनीय विधायिका होगी और मंत्रालय विधायिका के प्रति जिम्मेदार होगा। इस प्रस्ताव को तदनुपरान्त विभिन्न दलों ने अपनाया।

28. (c) वलयाकार प्रतिरूप एक प्रमुख अपवाह तन्त्र है जो नदी तथा उसकी सहायक धाराओं द्वारा निर्मित जल प्रवाह की विशेष व्यवस्था है। इस प्रकार के अपवाह प्रतिरूप में, परवर्ती नदियां अनुव्रती नदी से जुड़ने से पहले वक्र अथवा चापाकार मार्ग से होकर गुजरती हैं। यह आंशिक रूप से भूमिगत वृत्ताकार संरचना के अनुकूलन का परिणाम होता है।

29. (b) यह उत्तरी अटलांटिक प्रवाह, (जो एक गर्म सागर धारा है, के कारण होता है। यह ब्रिटिश उपमहाद्वीप और उत्तरी यूरोप के किनारों को गर्म करता है। मैक्सिको की खाड़ी के बाद उत्तर पूर्व की ओर 'गर्म खाड़ी प्रवाह' के रूप में आगे बढ़ता है।

30. (c) विश्व के विभिन्न भागों में विभिन्न प्रकार की जलवायु पाई जाती है। ये भिन्नताएं तापमान, वर्षा तथा जलवायु के अन्य तत्वों में पाई जाती हैं। विश्व जलवायु वर्गीकरण औसत वार्षिक एवं मासिक तापमान तथा वृष्टि पर आधारित है: उदाहरणस्वरूप कोपेन का वर्गीकरण जिसमें वर्षा की प्रभावशीलता पर बल दिया गया।

31. (a) फारस की खाड़ी और उसके तटीय क्षेत्र दुनिया के कच्चे तेल के सबसे बड़े स्रोत हैं। फारस की खाड़ी, मध्य पूर्व एशिया क्षेत्र में हिन्द महासागर का एक विस्तार है, जो ईरान और अरब प्रायद्वीप के बीच तक गया हुआ है। जिन तेल समृद्ध राष्ट्रों के तट फारस की खाड़ी पर हैं, उन्हें फारस की खाड़ी राज्यों के रूप में भी जाना जाता है।

32. (d) मंगल ग्रह के 2 प्राकृतिक उपग्रह हैं फोबस और डाइमस। इन उपग्रहों को मंगल के द्वारा पकड़े हुए क्षुद्रग्रह माना जाता है। हमारे सौर मण्डल के पांचवें ग्रह बृहस्पति के 63 ज्ञात उपग्रह हैं जिनकी परिक्रमा की कक्षाएँ परखी जा चुकी हैं और स्थाई पायी गयी हैं। इन उपग्रहों में गैनिमीड, कैलिस्टो, आयो और यूरोपा शामिल हैं।

33. (d) शीत संवेदी पादपों के झिल्ली लिपिड में संतृप्त और असंतृप्त फैटी एसिड 1:2 के अनुपात में पाए जाते हैं। जब शीत संवेदी पादप के निम्न तापमान का सामना करना होता है तब उनके असंतृप्त फैटी एसिड का अनुपात और भी बढ़ जाता है जिससे क्रिटिकल तापमान में कमी हो जाती है।

34. (b) श्वसन एक अपचयी प्रक्रिया है क्योंकि यह ग्लूकोज को तोड़कर उसे एटीपी स्वरूप में बदल देती है। एक उपचय प्रक्रिया चीजों को बनाने मे मदद करती है जैसे प्रकाश संश्लेषण। श्वसन और प्रकाश संश्लेषण एक दूसरे की विपरीत क्रियाएँ हैं।

35. (a) कॉफी के लिए 125 से 300 सेमी वर्षा तथा 12-36°C तापक्रम उपयुक्त माना जाता है। इसके लिए उदासीन अथवा अम्लीय मिट्टी उपयुक्त होती है। यह उष्ण कटिबन्धीय फसल है, अत: इसके लिए आर्द्र एवं गर्म मौसम की आवश्यकता होती है।

36. (a) प्राचीन ओलम्पिक खेल यूनान के ओलम्पिया शहर में 776 ई. पू. में आरम्भ हुए थे। प्रत्येक चार वर्षों पर आयोजित होने वाले इस खेल पर 393 ई. में रोमन सम्राट थियोडोसियस ने प्रतिबन्ध लगा दिया था। पुन: आधुनिक ओलम्पिक खेलों की शुरुआत 1896 ई. में एथेन्स में हुई।

37. (a) पहले और दूसरे बैंड अवरोध के संख्यात्मक मूल्य का प्रतिनिधित्व करते हैं, और तीसरे बैंड का रंग शक्ति के दस गुणक निर्दिष्ट करते हैं। अवरोधक को बाएँ से दाएँ पढ़ने पर, चौथा बैंड सह्यता स्तर का द्योतक होता है।

38. (d) बाह्य अंतरक्षि में एक व्हाइट होल एक काल्पनिक छेद होता है जिसमें से ऊर्जा, सितारे और अन्य खगोलीय पदार्थ उभरते हैं या विस्फोटित होते हैं। यह एक सैद्धांतिक खगोलीय वस्तु है जिसमें ब्लैक होल से पदार्थ का संचलन होता है।

39. (b) विखंडन, परमाणु को गतिज ऊर्जा (विखंडन उत्पादों के रूप में ज्ञात) के साथ दो या दो से अधिक छोटे नाभिक में विभाजित करता है और गामा विकिरण और मुक्त न्यूट्रॉन को भी छोड़ता है। इस परमाणु शृंखला अभिक्रिया को नियंत्रित करने के लिए न्यूट्रॉन मंदक का प्रयोग किया जा सकता है, जो न्यूट्रॉन के उस भाग को परिवर्तित कर देता है जो विखंडन को आगे बढ़ाता है।

40. (c) मनुष्य के हाथों तथा पैरों के तलवों में उभरी तथा गहरी महीन रेखाएं दृष्टिगत होती हैं। वैसे तो रेखाएँ इतनी सूक्ष्म होती हैं कि सामान्यत: इनकी ओर ध्यान भी नहीं जाता, किंतु इनके विशेष अध्ययन ने एक विज्ञान को जन्म दिया है जिसे अंगुलि-छाप-विज्ञान कहते हैं। इस विज्ञान में अंगुलियों के ऊपरी पोरों की उन्नत रेखाओं का विशेष महत्व है।

भाग-III प्रारंभिक अंकगणित

41. (a) यहाँ $x - 2 = 0 \Rightarrow x = 2$

शेषफल प्रमेय से, जब $f(x)$ (बहुपद) को $(x-2)$ से विभाजित किया जाए, तो शेषफल $= f(2)$

$\therefore$ $f(b) = 2^4 + 2 \times 2^3 - 3 \times 2^2 + 2 - 1$

[ध्याद दें : x के स्थान पर 2 रख दिया गया है]

$= 16 + 16 - 12 + 2 - 1 = 21$

$\therefore$ शेषफल $= 21$

42. (d) $30'' = \left(\frac{30}{60}\right)' = \frac{1}{2}'$

$\therefore$ 37 ' 30 "

$= \left(37\frac{1}{2}\right)' = \left(\frac{75}{2}\right)' = \left(\frac{75}{2} \times \frac{1}{60}\right)^\circ = \left(\frac{5}{8}\right)^\circ$

$\therefore$ 5° 37 ' 30 "

$= \left(5\frac{5}{8}\right)^\circ = \left(\frac{45}{8}\right)^\circ = \left(\frac{45}{8} \times \frac{\pi}{180}\right)^c$

$= \left(\frac{\pi}{32}\right)^c$

43. (c)

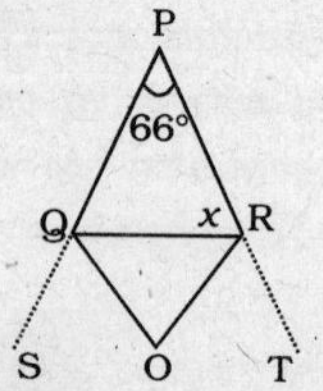

यहाँ Δ PQR है जिसकी भुजा PQ को S तक तथा भुजा PR को T तक बढ़ाया गया है तथा कोण SQR और कोण TRQ के अर्द्धक को O पर मिलाया गया है।

अब माना $\angle PRQ = x°$

$\therefore$ $\angle PQR = 180 - (66° + x) = (114 - x)°$

$\therefore$ $\angle PQO = \frac{180 - (114 - x)}{2} = \frac{66 + x}{2}$

$\angle QRO = \frac{180 - x}{2}$

अब Δ OQR से, $\angle POR$

$= 180 - \left[\left(\frac{180 - x}{2}\right) + \left(\frac{66 + x}{2}\right)\right]$

$= 180 - \left[\frac{180 - x + 66 + x}{2}\right]$

$= 180 - 123 = 57°$

44. (a) $\frac{A}{B} = \frac{2}{3}$ or, $3A - 2B = 0$ ...(i)

पुन: छ: वर्ष बाद

$\Rightarrow$ $\frac{A+6}{B+6} = \frac{3}{4}$

$\Rightarrow$ $3B + 18 = 4A + 24$

$3B - 4A = 6$ ...(ii)

अब समीकरण (i) और (ii) से समीकरण (i) में (ब) से तथा समीकरण (ii) में 2 से गुणाकर जोड़ने पर,

$9A - 6B = 0$

$6B - 8A = 12$

$A = 12$

$A = 12$ वर्ष

45. (d)

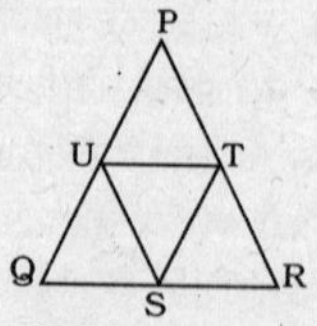

प्रमेय से,

Δ STU का क्षेत्रफल

$= \frac{1}{4} \Delta \times$ PQR का क्षेत्रफल

$= \frac{1}{4} \times 36 = 9$ वर्ग सेमी

46. (d) $\frac{x^2}{yz} + \frac{y^2}{zx} + \frac{z^2}{xy} = \frac{x^3 + y^3 + z^3}{xyz} = \frac{3xyz}{xyz} = 3$

[जब $x + y + z = 0, x^3 + y^3 + z^3 = 3xyz$]

47. (b) जायसवाल का क्रय मूल्य $= \frac{100 \times 1190}{140}$

$\Rightarrow$ ₹850

$\therefore$ 10% छूट देने के बाद जायसवाल का विक्रय मूल्य

$= 1190 - 1190 \times \frac{10}{100}$

$= 1190 - 119 =$ ₹ 1071

अत: लाभ %

$= \frac{(1071 - 850) \times 100}{850}$

$= \frac{221 \times 100}{850} = 26\%$

48. (d) 2006 में राज्य की जनसंख्या

$= \frac{72000}{\left(1 + \frac{20}{100}\right)^2} = \frac{72000 \times 5 \times 5}{6 \times 6} = 50{,}000$

49. (b)

मीनार = PQ = h मीटर

QB = x मीटर

Δ APQ से

$\tan 15° = \frac{h}{x + 48}$

$2 - \sqrt{3} = \frac{h}{x + 48}$ ..... (i)

Δ PQB से,

$\tan 30° = \frac{h}{x}$

$\Rightarrow$ $\frac{1}{\sqrt{3}} = \frac{h}{x}$ $\sqrt{3}h = x$ .... (ii)

समीकरण (i) व (ii) से,

$\therefore$ $2 - \sqrt{3} = \frac{h}{\sqrt{3}h + 48}$

$\Rightarrow$ $2\sqrt{3}h - 3h + (2 - \sqrt{3})48 = h$

$\Rightarrow$ $h + 3h - 2\sqrt{3}h = (2 - \sqrt{3}) \times 48$

$\Rightarrow$ $2h(2 - \sqrt{3}) = 48 \times (2 - \sqrt{3})$

$\Rightarrow$ $h = \frac{48}{2} = 24$ मीटर

50. (b) चक्रवृद्धि मिश्रधन

$=$ मूलधन $\left(1 + \frac{r_1}{100}\right)^{n_1}\left(1 + \frac{r_2}{100}\right)^{n_2}$

$= 250\left(1 + \frac{4}{100}\right)\left(1 + \frac{8}{100}\right)$

$= 250 \times \frac{104}{100} \times \frac{108}{100}$

$=$ ₹ 280.80

51. (b)

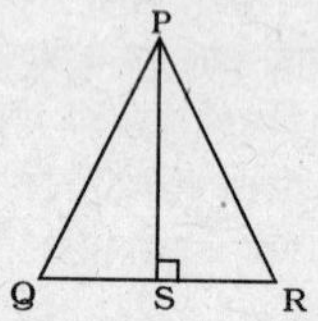

$\because$ PS : QS : RS = 2 : 4 : 1

माना आनुपातिक राशि x है।

$\therefore$ PS $= 2x$, QS $= 4x$, RS $= x$

$\therefore$ PR

$= \sqrt{x^2 + (2x)^2} = \sqrt{5x^2} = \sqrt{5}x$

PQ $= \sqrt{(4x)^2 + (2x)^2} = \sqrt{20x^2}$

$= 2\sqrt{5}x$

QR $= 4x + x = 5x$

अब विकल्प से,

(a) PQ ≠ QR ≠ RP → अत: त्रिभुज समबाहु नहीं है।

(d) PQ ≠ 3PR, (c) तथा कोई दो भुजा भी समान नहीं है।

(b) P पर समकोण बनने के लिए

$(QR)^2 = (PR)^2 + (PQ)^2$,

$\Rightarrow$ $(5x)^2 = (x\sqrt{5})^2 + (2x\sqrt{5})^2$

$\Rightarrow$ $25x^2 = 5x^2 + 20x^2$

$\Rightarrow$ $25x^2 = 25x^2$

52. (c) $x^3 - 7x + 6$ में $x - 1 = 0$ या $x = 1$ रखने पर शेषफल $= (+1)^3 - 7(a) + 6 = 1 - 7 + 6 = 0$

$\therefore$ $(x - 1)$ व्यंजक $x^3 - 7x + 6$ का एक खण्ड है। अब $x^3 - 7x + 6 = x^2(x - 1) + x(x - 1) - 6(x - 1) = (x - 1)(x^2 + x - 6)$

$= (x - 1)[x^2 + 3x - 2x - 6]$

$= (x - 1)[x(x + 3) - 2(x + 3)]$

$= (x - 1)(x - 2)(x + 3)$

दोनों द्विघाती व्यंजकों का ल.स.प. $= x^3 - 7x + 6 = (x - 1)(x - 2)(x + 3)$ और द्विघाती व्यंजकों का म.स.प. $= (x - 1)$

∵ $(x-1)$ दोनों में उभयनिष्ठ है। इसलिए $(x-1)$ दोनों द्विघाती व्यंजक में होगा।

∴ पहला द्विघाती व्यंजक $=(x-1)(x-2)$

$=x^2-3x+2$

और दूसरा द्विघाती व्यंजक $=(x-1)(x+3)$

$=x^2+2x-3$

53. (a) कुल दूरी $=\left(35\times\frac{10}{60}+20\times\frac{5}{60}\right)=\frac{45}{6}$ किमी

कुल समय = 15 मिनट $=\frac{1}{4}$ घण्टे

∴ अभीष्ट औसत चाल

$=\frac{45}{6}\times 4=30$ किमी/घण्टा

54. (b) **नोट :** ऐसी स्थिति में दिए गए समय अंतरालों का ल०स० निकाला जाता है।

अतः, 12, 18, 16 का ल० स० = 144

वह तीनों घंटियाँ 2 घंटा 24 मिनट बाद बजेंगी

55. (b) A (6,4), B (5, –2), C (7, –2)

$AB=\sqrt{(6-5)^2+(4+2)^2}$

$=\sqrt{1+36}=\sqrt{37}$

$AC=\sqrt{(6-7)^2+(4+2)^2}=\sqrt{37}$

$AB=AC$

∴ ΔABC एक समद्विबाहु त्रिभुज है।

56. (b) $\frac{\sin 36°}{\cos 54°}-\frac{\sin 54°}{\cos 36°}$

$=\frac{\sin(90°-54°)}{\cos 54°}-\frac{\sin(90°-36°)}{\cos 36°}$

$=\frac{\cos 54°}{\cos 54°}-\frac{\cos 36°}{\cos 36°}=1-1=0$

$(\because \sin(90°-\theta)=\cos\theta;\ \cos(90°-\theta)=\sin\theta)$

57. (d) मिश्रण में दूध की प्रारंभिक मात्रा

$=100\times\frac{25}{100}=25$ लीटर

∴ पानी $=100-25=75$ लीटर

माना कि मिश्रण में x लीटर और पानी मिला देने से दूध 20% हो जाता है

$75+x=(100+x)\times\frac{80}{100}$

$\Rightarrow 5(75+x)=(100+x)4$

$\Rightarrow 375+5x=400+4x$

$\Rightarrow 5x-4x=400-375$

$x=25$ लीटर

58. (a) माना कि 51वीं पारी में बल्लेबाज द्वारा बनाया गया रन x है।

∴ $50\times 59.6+x=51\times 60$

$\Rightarrow 2980+x=3060$

$\Rightarrow x=3060-2980=80$

59. (c) प्रश्नानुसार

$\Rightarrow \left\{\frac{100-(35+25)}{2}\right\}\%=21000$

$\Rightarrow \frac{40}{2}\%=21000$

$\Rightarrow 20\%=21000$

∴ $100\%=\frac{21000\times 100}{20}$

$=21000\times 5=₹\ 105000$

60. (d) कुल सिपाहियों की संख्या 194581 है, 100 सिपाहियों के बाहर निकलने के बाद सिपाहियों की संख्या

$=194581-100=194481$

अतः, प्रत्येक कतार में सिपाहियों की संख्या

$=\sqrt{194481}\Rightarrow 441$

भाग-IV हिंदी

61. (c) दिए गए पद में संयोग वात्सल्य रस उपयोग किया गया है।

रस की पहचान: यह पद माता (यशोदा) और पुत्र (कृष्ण) के बीच के प्रेम को दर्शाता है। माता का पुत्र के प्रति प्रेम वात्सल्य रस कहलाता है। चूँकि माता और पुत्र एक-दूसरे के सामने उपस्थित हैं और प्रेम का भाव क्रोध, भय और स्नेह के मिश्रण के रूप में व्यक्त हो रहा है, यह संयोग वात्सल्य (मिलन का वात्सल्य) का उदाहरण है।

वात्सल्य रस: जहाँ बालक के प्रति स्नेह, दुलार, क्रोध आदि का भाव हो।

62. (c) इस वाक्य में किसी क्रिया या स्थिति के न होने का बोध कराया गया है। अत: यह निषेधवाचक वाक्य है।

63. (b) इस वाक्य में इच्छा व्यक्त की गई है कि जीवन प्रकाशमय हो। मूलत: यह इच्छावाचक वाक्य है।

64. (b) 'त्रिफला' में द्विगु समास है, क्योंकि इसका पहला पद 'त्रि' (तीन) एक संख्यावाचक विशेषण है और यह "तीन फलों का समूह" को दर्शाता है। द्विगु समास में पहला पद संख्यावाचक होता है और वह एक समूह का बोध कराता है, जैसे 'सतसई' (सात सौ का समूह) या 'सप्ताह' (सात दिनों का समूह)।

65. (d) "पाप" और "पुण्य" दोनों शब्द समान महत्वपूर्ण हैं। जब दो विपरीतार्थक शब्द एक साथ होते हैं और दोनों का महत्व बना रहता है, तो वह द्वन्द्व समास होता है। मूलत: "पाप-पुण्य" द्वन्द्व समास है।

66. (b) 'अभ्युदय' का सही संधि विच्छेद है- अभि + उदय। "अभ्युदय" शब्द "अभि" उपसर्ग और "उदय" शब्द से बना है। जिसका अर्थ "उत्थान" या "उन्नति" है।

67. (d) 'पवन' में (d) अयादि सन्धि है, इसका संधि विच्छेद है- 'पो + अन'। स्वर सन्धि के पांच भेदों में से 'अयादि सन्धि' एक है।

68. (a) अनुप्रास अलंकार में एक ही वर्ण या ध्वनि की झलक होती है। इस पंक्ति में "त" ध्वनि का बार-बार प्रयोग हुआ है - "तरनि तनुजा तट तमाल तरुवर"। मूलत: यहाँ अनुप्रास अलंकार है।

69. (d) विरोधाभास अलंकार में विपरीत भावों का अर्थ होता है। यहां "बूढ़े" और "उज्ज्वल" विपरीत भाव हैं। जैसे-जैसे अनुरागी चित्त स्याम रंग में डूबता है, वैसे-वैसे वह बिखरता है। मूलत: यह विरोधाभासी अलंकार है।

70. (b) "ऊहापोह" का अर्थ किसी भी विषय पर बार-बार विचार करना और निर्णय न कर पाना है। इसका पर्यायवाची "असमंजस" है। अन्य विकल्प जैसे "निश्चित", "अभिभूत" और "व्यग्रता" अर्थ की दृष्टि से उपयुक्त नहीं हैं।

71. (d) ऊंट के कई पर्यायवाची शब्द हैं जैसे- उष्ट्र, महाग्रीव और लम्बोष्ठ। मूलत: सही उत्तर "ये सभी" है।

72. (a) धनहीन में (a) तत्पुरुष समास है। इसका विग्रह "धन से हीन" होता है, जहाँ "से" विभक्ति का लोप होने के कारण यह अपादान तत्पुरुष समास है।

73. (a) हिंदी साहित्य में मुंशी प्रेमचंद को "उपन्यास सम्राट" कहा जाता है। उन्होंने गोदान, सेवासदन, गबन जैसे साहित्यिक उपन्यास लिखे। उनके उपन्यासों में समाज की सच्चाई और वास्तविकता का चित्रण है।

74. (b) "गिल्लू" महादेवी वर्मा की प्रसिद्ध कहानी है। उन्होंने इसमें एक छोटी सी गिलहरी के माध्यम से करुणा और वात्सल्य का भाव व्यक्त किया है।

75. (d) फणीश्वरनाथ रेणु को आलौकिक उपन्यासकार कहा जाता है। उनका उपन्यास मैला आँचल में ग्रामीण जीवन, संस्कृति और सांस्कृतिकता का सजीव चित्रण है।

76. (c) 'पीतांबर' का समास विग्रह करने पर 'पीत है अम्बर जिसका अर्थात् 'कृष्ण'' होगा। इसमें सांकेतिक अर्थ (कृष्ण) को इंगित किए जाने के कारण 'बहुव्रीहि समास' है।

दशानन: दस हैं मुख जिसके (अर्थात् रावण)।

बहुव्रीहि समास: यह वह समास है जिसमें समस्त पद के दोनों ही पद प्रधान न होकर एक अन्य पद प्रधान होता है।

77. (c) अव्ययीभाव समास में अव्ययी प्रधान होता है और उसके साथ जुड़कर नये अर्थ मिलते हैं। "आजन्म" (जन्म से अंत तक), "प्रत्येक" (हर एक), "बेअसर" (बिना असर के), "सस्नेह" (स्नेह सहित) सभी अव्ययीभाव समास के उदाहरण हैं।

78. (b) विद्यार्थी जीवन को मानव जीवन की रीढ़ की हड्डी इसलिए माना जाता है क्योंकि इस दौरान पड़े हुए संस्कार जीवन भर अमिट रहते हैं। यह वह समय है जब चरित्र, ज्ञान और व्यक्तित्व की नींव रखी जाती है, जो व्यक्ति के पूरे भविष्य को आकार देती है।

79. (b) गद्यांश में लेखक ने विद्यार्थी जीवन की तुलना वृक्ष के प्रारंभिक सिंचन से की है।

वृक्ष (उपमान): जिस प्रकार एक वृक्ष को शुरुआत में सिंचन और खाद मिलती है, तो वह बाद में पुष्पित और पल्लवित होकर संसार को सुगंध (सौरभ) देता है।

विद्यार्थी (उपमेय): उसी प्रकार, विद्यार्थी काल में बालक को संस्कार, श्रम, अनुशासन (सिंचन और खाद) मिलते हैं, तो वह बड़ा होकर सभ्य नागरिक बनता है।

अतः, यहाँ वृक्ष का सांकेतिक अर्थ विद्यार्थी से है।

80. (a) गद्यांश के आधार पर यह कहा जा सकता है कि (a) विद्यार्थी जीवन में व्यक्ति अनेक गुणों को धारण कर लेता है। गद्यांश में यह बताया गया है कि विद्यार्थी काल में व्यक्ति श्रम, अनुशासन और समय-नियमन जैसे अनेक गुणों को सीखता है, जो उसके चरित्र का निर्माण करते हैं और उसे एक सभ्य नागरिक बनाते हैं।

❑❑❑

6 प्रैक्टिस सेट

भाग-I सामान्य बुद्धिमत्ता एवं तर्कशक्ति

1. दक्षिण दिशा से चलने वाली एक कार 8 किमी. दूर जाती है और दाईं ओर मुड़कर पुन: 9 किमी. चलती है और फिर से दाईं ओर मुड़कर रुक जाती है। अब वह किस दिशा की ओर अभिमुख है?

(a) दक्षिण (b) उत्तर
(c) पश्चिम (d) पूर्व

निर्देश (2-3) : नीचे दिये गये विकल्पों में से संबंधित अक्षरों/शब्द/संख्या/ आकृति को चुनिए–

2. प्रश्न-आकृतियां :

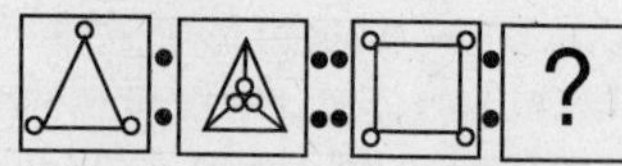

उत्तर आकृतियां:

(a) (b) (c) (d)

3. प्रश्न-आकृतियां:

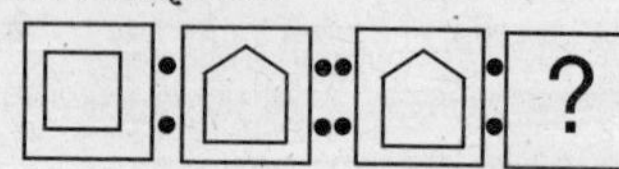

उत्तर आकृतियां:

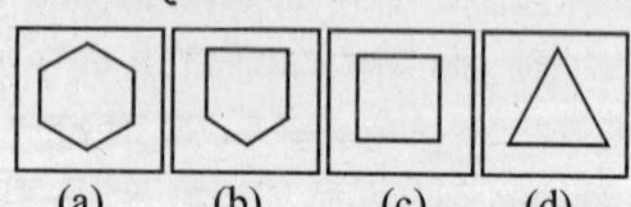

(a) (b) (c) (d)

4. यदि "–" का अर्थ "भाग" है, "+" का अर्थ "गुणा" है, "÷" का अर्थ "जोड़ है," "×" का अर्थ "घटाव" है, तो

$11 \div 6 - 2 + 5 \times 3 = ?$

(a) 71 (b) 21
(c) 23 (d) 26

5. वह आरेख चुनिए जो नीचे दिए गए वर्गों के बीच के संबंध का सही निरूपण करता है।

बैल, जानवर, माँसाहारी

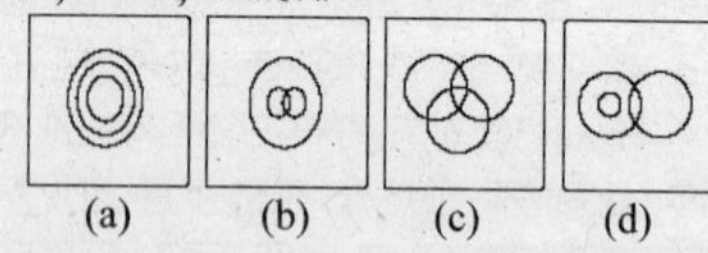

(a) (b) (c) (d)

6. नीचे दिए गए प्रश्न में कुछ कथन और उनके बाद उन कथनों पर आधारित कुछ निष्कर्ष दिए गए हैं, हालांकि उनमें सामान्य ज्ञात तथ्यों से भिन्नता हो सकती है। सभी निष्कर्ष पढ़े और फिर निर्धारित करें कि दिए गए कौन–से निष्कर्ष, दिए गए कथनों के आधार पर युक्तिसंगत है?

कथन : सभी बस्ते मेज हैं।
कोई मेज लाल नहीं है।

निष्कर्ष : कुछ बस्ते लाल हैं।
सभी बस्ते लाल हैं।

(a) केवल निष्कर्ष I सही है।
(b) केवल निष्कर्ष II सही है।
(c) न तो निष्कर्ष I और न ही II सही है
(d) दोनों ही निष्कर्ष सही हैं

7. नीचे प्रश्न में एक अनुक्रम दिया गया है। जिसमें एक पद लुप्त है। चार दिये गये विकल्पों में से वह विकल्प चुनिए जो अनुक्रम को पूरा करे-

6, 17, 39, 72, ?

(a) 94 (b) 127
(c) 83 (d) 116

निर्देश (8-11) : नीचे दिये गये प्रश्नों में उसे चुनिये जो अन्य तीन विकल्पों से भिन्न है–

8. (a) किलोमीटर (b) किलोग्राम
(c) फर्लांग (d) गज

9. (a) ACEG (b) RTVX
(c) JLNP (d) BDFG

10. (a) 143 (b) 171
(c) 117 (d) 195

11.

(a) (b) (c) (d)

12. निम्नलिखित को एक क्रमबद्ध व्यवस्था में अनुक्रमित करें-

1. फल 2. जड़ें
3. तना 4. पत्तियां
5. फूल 6. शाखाएं

(a) 2, 3, 6, 4, 5, 1
(b) 3, 2, 5, 1, 6, 4
(c) 1, 3, 6, 4, 2 5
(d) 2, 3, 6, 1, 4, 5

13. नीचे A से Z तक अक्षर दिए गए हैं। प्रत्येक बड़े अक्षर के नीचे एक छोटा अक्षर दिया गया है जिसको बड़े अक्षर के कूट के रूप में प्रयोग करना है-

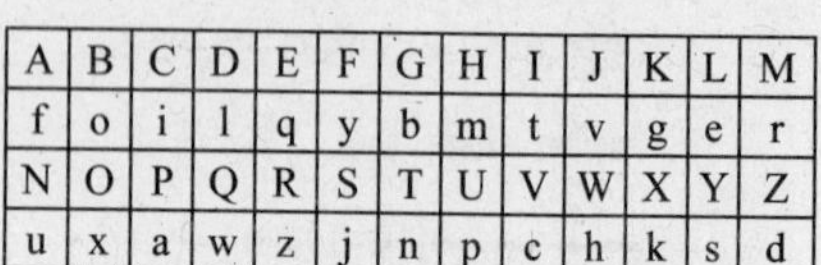

A	B	C	D	E	F	G	H	I	J	K	L	M
f	o	i	l	q	y	b	m	t	v	g	e	r
N	O	P	Q	R	S	T	U	V	W	X	Y	Z
u	x	a	w	z	j	n	p	c	h	k	s	d

दिये हुए कूटों (छोटे अक्षरों) की सहायता से निम्नलिखित प्रश्नों के लिये बड़े अक्षरों का समतुल्य विकल्प छांटिए–

e f s o g c

(a) LZIOVK (b) TABKVY
(c) LAYBKV (d) TPCPVK

14. प्रीति का अरुण नामक पुत्र है। राम, प्रीति का भाई है। नीता की भी रीमा नामक पुत्री है। नीता, राम की बहन है। अरुण का रीमा के साथ क्या संबंध है?

(a) भाई (b) भतीजा
(c) मौसेरा भाई (d) मामा

15. चार लड़कियां (G_1, G_2, G_3, G_4) और तीन लड़कों (B_1, B_2, B_3) को एक रात्रि-भोज में इस प्रकार बैठना है जिससे कोई भी दो लड़के या दो लड़कियां एक साथ न बैटें। यदि वे सब लगातार एक के बाद एक बैठते हैं तो B_2 और G_3 की बैठने की स्थिति क्या होगी?

(a) तृतीय और चतुर्थ (b) चतुर्थ और पंचम
(c) पंचम और पष्ठ (d) द्वितीय और तृतीय

निर्देश (16-17) : नीचे दिये गये विकल्पों में से उस उत्तर-आकृति को चुनिए जिसमें प्रश्न-आकृति निहित है–

16. प्रश्न आकृति:

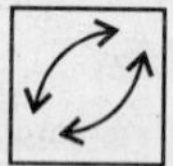

उत्तर आकृतियां:

(a) (b) (c) (d)

17. प्रश्न आकृति:

उत्तर आकृतियां:

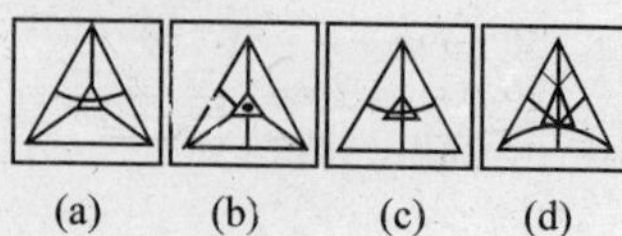

(a) (b) (c) (d)

18. नीचे दिए गए चार विकल्पों में से उस विकल्प को चुनिए जो दिये गये शब्द के अक्षरों के प्रयोग द्वारा नहीं बनाया जा सकता है–

BEAUTIFUL

(a) LIFT (b) FULL
(c) BEAT (d) FUTILE

19. यदि किसी संकेत भाषा में HARA को IBSB लिखा जाता है, तब ARAH को कैसे लिखा जाएगा?

(a) BSIB (b) SBIB
(c) IBSB (d) BSBI

20. यदि SIR को PSPIPR लिखा जाता है तब MAN को कैसे लिखा जाएगा?

(a) PMANP (b) PMPAPN
(c) NANP (d) MPANP

भाग-II सामान्य ज्ञान एवं सामान्य जानकारी

21. 1937 में, देशी भाषा के माध्यम से 'बुनियादी शिक्षा' देने के गाँधी जी के प्रस्ताव का समर्थन करने के लिए शिक्षा सम्मेलन कहाँ आयोजित किया गया था?

(a) सूरत (b) बॉम्बे (मुम्बई)
(c) अहमदाबाद (d) वर्धा

22. फ्रांसीसी क्रांति से संबद्ध पम्फलेट – "वॉट इज द थर्ड इस्टेट?" किसने लिखा था?

(a) मार्किस लफायेट्ट
(b) एडमंड बर्क
(c) जोसफ फाउलन
(d) अब्बे सियेस

23. किसी देश का भुगतान शेष साम्यावस्था में कब होता है?

(a) जब घरेलू मुद्रा की माँग और आपूर्ति भी सर्वाधिक होती है
(b) जब घरेलू मुद्रा की माँग उसकी आपूर्ति के बराबर होती है
(c) जब घरेलू मुद्रा की माँग सर्वाधिक होती है
(d) जब घरेलू मुद्रा की माँग सबसे कम होती है

24. मूल्य-वर्धित का अर्थ किसके मूल्य से है?

(a) कारक लागत पर उत्पादन
(b) बाजार कीमतों पर उत्पादन
(c) माल और सेवाओं एवं मूल्य ह्रास का अंतर
(d) माल और सेवाओं एवं मध्यवर्ती माल और सेवाओं की लागत का अंतर

25. जी.एन.पी. और एन.एन.पी. के बीच अंतर किसके बराबर होता है?

(a) कॉर्पोरेट लाभ (b) व्यक्तिगत कर
(c) अंतरण भुगतान (d) मूल्य ह्रास

26. यह कौन निर्णय करता है कि अमुक विधेयक धन विधेयक है?

(a) प्रधानमंत्री
(b) लोक सभा अध्यक्ष
(c) राज्य सभा के सभापति
(d) राष्ट्रपति

27. निम्नलिखित में से किस देश को 'फेबियन समाजवाद' का घर माना जाता है?

(a) रूस (b) इंग्लैंड
(c) फ्रांस (d) इटली

28. प्रतिजन क्या होता है?

(a) प्रतिरक्षी का परिणाम
(b) प्रतिरक्षी के विपरीत
(c) प्रतिरक्षी निर्माण के लिए उद्दीपन
(d) प्रतिरक्षी का अवशेष

29. किसकी मौजूदगी के कारण शरीर के भीतर रक्त जमता नहीं है?

(a) प्लाज्मा (b) हीमोग्लोबिन
(c) हेपरिन (d) फाइब्रिन

30. पृथ्वी की सतह से सबसे दूर वातावरणीय परत को क्या कहते हैं?

(a) समताप मंडल (b) बहिर्मंडल
(c) आयनिक मंडल (d) मध्य मंडल

31. दक्षिण अमेरिका के शीतोष्ण चरागाहों (घासस्थल) को क्या कहते हैं?

(a) प्रेयरीज (b) पम्पास
(c) डाउन्स (d) स्टेपीज

32. समोच्च रेखाएँ कैसे स्थानों को मिलाते हुए खीचीं जाती हैं?

(a) मध्य समुद्र तल से सम ऊँचाई वाले
(b) सम वर्षा वाले
(c) सम वायुदाब वाले
(d) सम तापमान वाले

33. निक्षालन और ऑक्सीकरण द्वारा निर्मित मृदा कौन-सी होती है?

(a) काली मिट्टी
(b) मखरला (लैटेराइट) मिट्टी
(c) लाल मिट्टी
(d) पहाड़ी मिट्टी

34. कौन-सा जलडमरूमध्य (स्ट्रेट) ऑस्ट्रेलिया और तस्मानिया को अलग करता है?

(a) बास (b) बाब-अल-मंदेब
(c) पाक (d) बेरिंग

35. फोटॉन किसकी मूलभूत यूनिट/मात्रा है?

(a) गुरुत्वाकर्षण (b) विद्युत
(c) चुंबकत्व (d) प्रकाश

36. विलोडन द्वारा हिलाया गया द्रव किसके कारण स्थिर हो जाता है?

(a) घनत्व (b) सतही तनाव
(c) श्यानता (d) अभिकेंद्री बल

37. किस न्यूक्लियर कण में कोई द्रव्यमान और कोई आवेश नहीं होता, किंतु प्रचक्रण होता है?

(a) प्रोटॉन (b) न्यूट्रीनो
(c) मेसॉन (d) इलेक्ट्रॉन

38. बेतार नेटवर्किंग स्थापित करने के लिए किस प्रौद्योगिकी का प्रयोग किया जाता है?

(a) टी.सी.पी/आई.पी (b) J2ME
(c) मैटलैब (d) ब्लूटूथ

39. USB क्या है?

(a) अल्टीमेट सर्विस बिट
(b) यूनिवर्सल सेंट बिट
(c) यूनिवर्सल सीरियल बस
(d) अर्जेंट सेंट बिट

40. एक आवर्त में Li से F तक आयनन विभव-

(a) का अनुमान नहीं लगाया जा सकता
(b) बढ़ जाता है
(c) घट जाता है
(d) उतना ही रहता है

भाग-III प्रारंभिक अंकगणित

41. 1 से 100 तक की संख्याएँ लिखते समय 2 का प्रयोग कितनी बार किया जाता है?

(a) 21 (b) 20
(c) 19 (d) 18

42. यदि $0.38 \times 7.2 = 2.736$, तो 38×0.0072 बराबर है-

(a) 2736 (b) 0.2736
(c) 27.36 (d) 273.6

43. यदि दो संख्याओं का गुणनफल 2160 है और महत्तम समापवर्तक (HCF) 6 है, तो महत्तम समापवर्तक (HCF) और लघुत्तम समापवर्तक (LCM) का अनुपात है-

(a) 21 : 60 (b) 60 : 21
(c) 1 : 60 (d) 60 : 1

44. अनुक्रम 3, 14, 39, ... का अगला पद क्या होगा?

(a) 42 (b) 53
(c) 65 (d) 84

45. $\dfrac{\sqrt{0.2304}+\sqrt{0.1764}}{\sqrt{0.2304}\quad\sqrt{0.1764}}$ का मान है-

(a) 6 (b) 28
(c) 18 (d) 15

46. P और Q एक काम को क्रमशः 15 तथा 10 दिन में समाप्त कर सकते हैं। Q काम शुरू करता है और पाँच दिन बाद छोड़ देता है। P उसे कितने दिन में पूरा कर सकता है?

(a) $6\frac{1}{2}$ दिन (b) $7\frac{1}{2}$ दिन
(c) 8 दिन (d) 9 दिन

47. पाइप A द्वारा एक टंकी 2 घंटे में भरी जा सकती है और पाइप B द्वारा 3 घंटे में। एक निकास नली C टंकी को 6 घंटे में खाली कर सकती है। यदि तीनों को एक-साथ खोल दिया जाए, तो टंकी कितने घंटों में भरेगी?

(a) 1 घंटा (b) $1\frac{1}{2}$ घंटे
(c) 2 घंटे (d) $1\frac{1}{3}$ घंटे

48. ₹ 1,000 पर 8% की दो उत्तरोत्तर कटौतियों और 16% की एकल कटौती के बीच अंतर (रुपयों में) है-
(a) 64 (b) 6.40
(c) 4.60 (d) 46

49. यदि कोई दुकानदार वस्तुओं पर क्रय मूल्य से 50% अधिक कीमत अंकित करता है और 40% की छूट देता है, तो उसका लाभ या हानि प्रतिशत कितना है?
(a) लाभ 10% (b) लाभ 15%
(c) हानि 15% (d) हानि 10%

50. दो संख्याएँ 9 : 16 के अनुपात में हैं। यदि प्रत्येक संख्या में 15 की वृद्धि कर दी जाए, तो अनुपात 2 : 3 हो जाता है। संख्याएँ हैं -
(a) 18 और 32 (b) 24 और 36
(c) 36 और 48 (d) 27 और 48

51. एक मिश्रधातु में जिंक, कॉपर तथा एल्युमिनियम का भार 2 : 3 : 7 के अनुपात में है। 48 kg भार के मिश्रधातु में जिंक तथा एल्युमिनियम के भार में अंतर है-
(a) 5 kg (b) 16 kg
(c) 20 kg (d) 4 kg

52. एक क्रिकेटर ने पहले टेस्ट में 180 रन बनाए और दूसरे टेस्ट में 258 रन। उसे तीसरे टेस्ट में कितने रन बनाने चाहिए जिससे तीनों टेस्टों में उसके रनों का औसत 230 हो जाए?
(a) 210 (b) 245
(c) 270 (d) 252

53. 8 व्यक्तियों के औसत भार में 2.5 kg की वृद्धि हो जाती है जब उनमें से 56 kg भार वाले एक व्यक्ति के स्थान पर नया आदमी आ जाता है। नए आदमी का भार है-
(a) 20 kg (b) 64 kg
(c) 58.5 kg (d) 76 kg

54. A ने एक कम्प्यूटर सिस्टम ₹ 40,000 में खरीदा और उसे B को 4% हानि पर बेच दिया। यदि B ने वह ₹ 40,320 में C को बेच दिया, तो B का लाभ प्रतिशत है -
(a) 4 (b) 5
(c) 3 (d) 6

55. यदि किसी समबाहु त्रिभुज के भीतर किसी बिन्दु से त्रिभुज की भुजाओं पर लंबों की लंबाई क्रमशः 5 सेमी, 10 सेमी और 15 सेमी है, तो त्रिभुज की ऊँचाई है-
(a) 10 सेमी (b) 30 सेमी
(c) 40 सेमी (d) 20 सेमी

56. बराबर परिमाप वाले एक वर्ग तथा एक आयत के क्षेत्रफलों को क्रमशः S और R से व्यक्त किया गया है। निम्न में से कौन-सा एक सही है?
(a) $S = R$ (b) $S > R$
(c) $S < R$ (d) $S = 2R$

57. यदि किसी वृत्त की त्रिज्या में 10% की वृद्धि की जाए, तो उसके क्षेत्रफल में वृद्धि का प्रतिशत है-
(a) 12 (b) 15
(c) 17 (d) 21

58. किसी लंब वृत्तीय शंकु का अर्ध-शीर्ष कोण 30° है। यदि आयतन और तिर्यक पृष्ठीय क्षेत्रफल के संख्यात्मक मान का अनुपात 1 : 3 है, तो आधार की त्रिज्या है-
(a) 1 एकक (b) 2 एकक
(c) $\frac{2}{\sqrt{3}}$ एकक (d) 3 एकक

59. यदि किसी गोलार्द्ध तथा लंबवृत्तीय बेलन की ऊँचाई तथा त्रिज्या क्रमशः बराबर हैं, तो गोलार्द्ध तथा बेलन के आयतन का अनुपात है-
(a) 2 : 3 (b) 3 : 2
(c) 1 : 2 (d) 1 : 1

60. एक बहुभुज के पाँच कोणों में से प्रत्येक 172° है और अन्य कोणों में से प्रत्येक 160° है। बहुभुज की भुजाओं की संख्या क्या है?
(a) 20 (b) 21
(c) 22 (d) 23

भाग-IV हिंदी

61. 'मनचाहा' में कौन-सा समास है?
(a) द्वन्द्व (b) द्विगु
(c) कर्मधारय (d) तत्पुरुष

62. किस समास में पहला पद प्रधान होता है?
(a) अव्ययीभाव (b) कर्मधारय
(c) द्विगु (d) बहुव्रीहि

63. खतरनाक में प्रत्यय है–
(a) आनक (b) अक
(c) आक (d) नाक

64. 'ऐश्वर्य' का पर्यायवाची है–
(a) धनवान (b) वैभव
(c) दरिद्रता (d) विकास

65. 'मकरन्द' किसका पर्यायवाची है?
(a) कंगाल (b) वारि
(c) कमल (d) कल्पवृक्ष

66. फूल हँसे कलियाँ मुस्काई में अलंकार है–
(a) संदेह (b) अर्थान्तरन्यास
(c) दृष्टान्त (d) मानवीकरण

67. चंदन विष व्यापत नहीं लिपटे रहत भुजंग-
(a) विभावना (b) विशेषोक्ति
(b) अर्थान्तरन्यास (d) दृष्टान्त

निर्देश (68-73) : नीचे दिए गए परिच्छेद में कुछ रिक्त स्थान छोड़ दिए गए हैं तथा उन्हें प्रश्न संख्या से दर्शाया गया है, ये संख्याएँ परिच्छेद के नीचे मुद्रित हैं और प्रत्येक के सामने (a), (b), (c), (d) विकल्प दिए गए हैं, इन चारों में से कोई एक इस रिक्त स्थान को पूरे परिच्छेद के संदर्भ में उपयुक्त ढंग से पूरा कर देता है, आपको दिए गए विकल्पों में से सबसे उपयुक्त का चयन करना है।

एक बार ...68... दार्शनिक सुकरात अपने ...69 ... से घिरे ...70... थे तभी उनका एक पुराना अनुयायी सूदन वहाँ ...71... और पीछे की ओर चुपचाप बैठ गया, सुकरात की नजर उस पर ...72... तो वह आश्चर्यचकित होकर बोले-अरे सूदन तुम ...73... कमजोर और सुस्त क्यों दिख रहे हो? सूदन तनिक आवेश में बोला-गुरुदेव मेरा प्रतिद्वंद्वी हर क्षेत्र में प्रगति कर रहा है, वह हर स्तर पर मुझसे आगे निकल रहा है, मैं इसे बर्दाश्त नहीं कर पा रहा, उसके प्रति नफरत की आग मुझे झुलसा रही है, आप ही बताएँ मैं क्या करूँ?

68. (a) कुख्यात (b) आबाद
(c) बर्बाद (d) प्रख्यात

69. (a) नौकरों (b) पड़ोसियों
(c) पशुओं (d) प्रशंसकों

70. (a) बैठे (b) गड़े
(c) सोए (d) रोते

71. (a) दिखा (b) आया
(c) रहा (d) खाया

72. (a) झुकी (b) रही
(c) पड़ी (d) बिछी

73. (a) क्रोधित (b) बाधित
(c) रूठे (d) इतने

74. अधुनातन का विलोम है–
(a) प्राचीन (b) आधुनिक
(c) पुरातन (d) प्राचीनतम

75. कामायनी के रचनाकार हैं-
(a) महादेवी वर्मा
(b) सूर्यकांत त्रिपाठी
(c) सुमित्रानंदन पंत
(d) जयशंकर प्रसाद

76. 'अखरोट' शब्द का तत्सम रूप है–
(a) अक्षवाट
(b) अक्षोट
(c) अक्षरोट
(d) अषरोट

77. नीचे दिए गए शब्दों में से किसकी वर्तनी शुद्ध है?
(a) जाग्रति
(b) कवयित्री
(c) अत्तर्ध्यान
(d) अभ्यारण्य

78. 'सत्कर्म' का संधि विच्छेद है–
(a) सत + कर्म
(b) सतत् + कर्म
(c) सत् + कर्म
(d) सम + कर्म

79. 'दहीबड़ा' में कौन-सा समास है?
(a) तत्पुरुष (b) द्विगु
(c) बहुव्रीहि (d) द्वन्द्व

80. 'घड़ों पानी पड़ना' मुहावरे का सही अर्थ है–
(a) भयभीत होना
(b) लज्जित होना
(c) कीचड़ होना
(d) हार मान लेना

उत्तर (हल/संकेत)

भाग-I सामान्य बुद्धिमत्ता एवं तर्कशक्ति

1. (b)

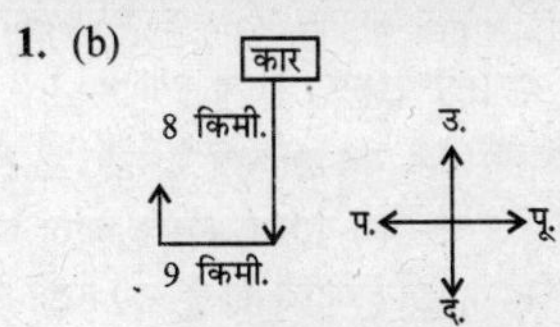

अत: वह उत्तर दिशा की ओर अभिमुख है।

2. (c) प्रश्नाकृतियों में जिस प्रकार तीन गोले त्रिभुज के तीनों शीर्षों से हटकर केन्द्र में आ जाते हैं एवं एक-एक डंडा उन गोलों को तीनों कोणों को सहारा देता है, ठीक उसी प्रकार उत्तर-आकृति में चारों शीर्षों पर अवस्थित चार गोले केन्द्र में चले आयेंगे एवं एक-एक डंडा उनको चारों कोणों से केन्द्र में सहारा देता है। अत: इस प्रकार सही विकल्प (c) होगा।

3. (a) प्रश्नाकृति प्रथम से द्वितीय में चतुर्भुज बदलकर पंचभुज बन जाता है। अत: उत्तराकृतियों में पंचभुज बदलकर षट्भुज में बदल जाएगा एवं सही विकल्प (a) होगा।

4. (c) $? = 11 \div 6 - 2 + 5 \times 3$

प्रश्नानुसार चिन्हों को परिवर्तित करने पर,

$? = 11 + 6 \div 2 \times 5 - 3$

$? = 11 + 3 \times 5 - 3$

$? = 11 + 15 - 3$

$? = 26 - 3 = 23$

5. (d)

जानवर
बैल
माँसाहारी

6. (c)

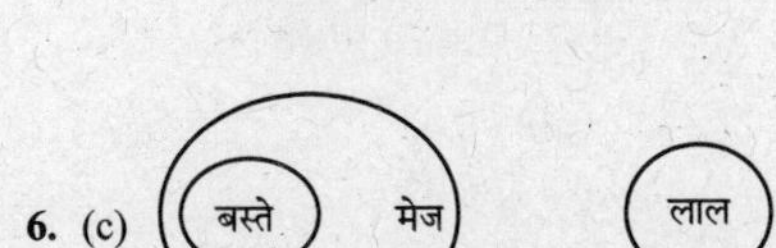

अत: न तो निष्कर्ष-I न ही II अनुसरण करता है।

7. (d)

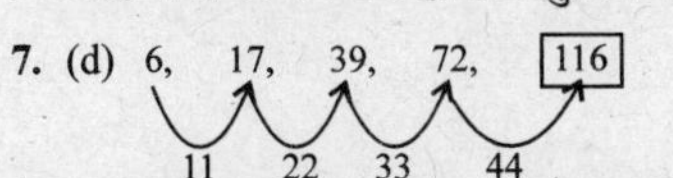

8. (b) किलोग्राम को छोड़कर अन्य सभी लंबाई (दूरी) के मात्रक हैं। किलोग्राम द्रव्यमान का मात्रक है।

9. (d)

1 3 5 7
A — C — E — G
+2 +2 +2

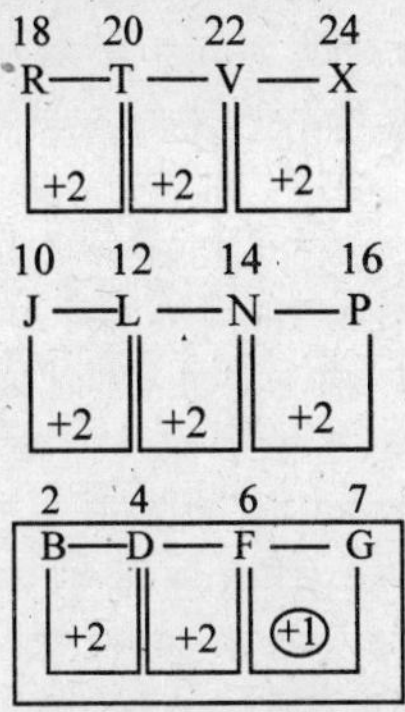

अत: विकल्प (d) अन्य सभी से भिन्न है जो कि सही उत्तर होगा।

10. (a) $143 \to 1 + 4 + 3 = 8$

$171 \to 1 + 7 + 1 = 9$

$117 \to 1 + 1 + 7 = 9$

$195 \to 1 + 9 + 5 = 15$

यहां 143 में अंकों का योग एक सम संख्या है एवं अन्य संख्याओं के अंकों का योग विषम संख्याएं हैं। अत: सही विकल्प (a) होगा।

11. (c) सिर्फ प्रश्नाकृति (c) में तिरछी रेखाएं खींची गई हैं, जबकि अन्य में सीधी रेखाएं चतुर्भुज के एक भाग को काटती हैं। अत: सही विकल्प (c) होगा।

12. (a) सार्थक क्रम : 2. जड़ें → 3. तना → 6. शाखाएँ → 4. पत्तियाँ → 5. फूल → 1. फल

13. (c) efsogc — LAYBKV

14. (c)

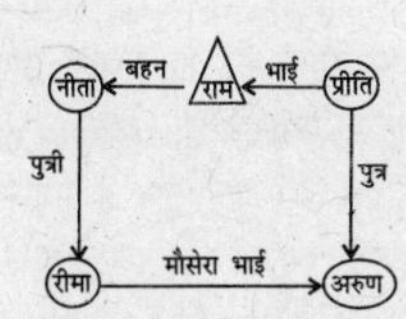

अत: स्पष्ट है कि अरुण रीमा का मौसेरा भाई है।

15. (b) चतुर्थ और पंचम

$G_1 B_1 G_2$ (B_2) (G_3) $B_3 G_4$

16. (c)

17. (c)

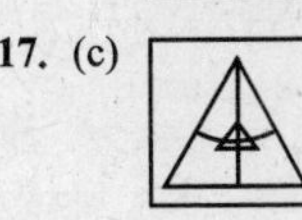

18. (b) मूल शब्द में केवल एक 'L' है।

19. (d) जिस प्रकार,

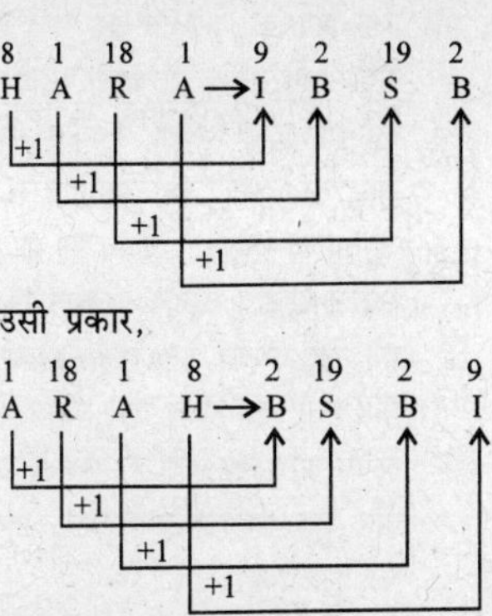

20. (b) जिस प्रकार,

SIR → P S P I P R

उसी प्रकार,

MAN → P M P A P N

भाग-II सामान्य ज्ञान एवं सामान्य जानकारी

21. (d) **31** जुलाई, **1937** को गांधीजी ने हरिजन में एक लेख लिखा जिसके आधार पर अक्टूबर **1937** में एक अखिल भारतीय राष्ट्रीय शिक्षा सम्मेलन का आयोजन किया गया। इस सम्मेलन को वर्धा शिक्षा सम्मेलन के नाम से जाना जाता है।

22. (d) 'वॉट इज द थर्ड इस्टेट' एक राजनैतिक पम्फलेट है जिसे फ्रांसीसी क्रांति के फैलने से पहले, फ्रांसीसी विचारक और पादरी अब्बे इमैनुएल जोसेफ सियेस ने जनवरी **1789** में लिखा था। इस पम्फलेट में सियेस ने यह कहा कि फ्रांस का थर्ड इस्टेट - फ्रांस की सामान्य जनता - एक राष्ट्र है।

23. (b) जब किसी देश का भुगतान शेष साम्यावस्था में हो तब अधिशेष या घाटे को भुगतान संतुलन से समाप्त कर दिया जाता है। जब किसी देश का भुगतान शेष साम्यावस्था में हो तब घरेलू मुद्रा की मांग और आपूर्ति बराबर होती है। मांग और आपूर्ति की यह स्थिति इस प्रकार न तो अनुकूल होती है और न ही प्रतिकूल।

24. (d) माल की कीमत और उसके उत्पादन में इस्तेमाल की गई सामग्री या आपूर्ति की लागत के बीच अंतर को व्यक्त करने के लिए अर्थशास्त्र में मूल्यवर्धित का इस्तेमाल किया जाता है। यह उस आर्थिक गतिविधि का द्योतक है जो कुछ प्रतिष्ठानों के उत्पादों का दूसरे प्रतिष्ठानों द्वारा माल या सेवाओं के रूप में इस्तेमाल किए जाने से उत्पन्न बिक्री मूल्य आंकड़े में निहित दोहराव को समाप्त करता है। इस

प्रकार यह मूलत: वस्तुओं और सेवाओं व मध्यवर्ती वस्तुओं और सेवाओं के अंतर को दर्शाता है।

25. (d) एक वर्ष के दौरान तैयार सभी उत्पादों और सेवाओं के सम्मिलित बाजार मूल्य तथा स्थानीय नागरिकों द्वारा विदेशों में किए गए निवेश के जोड़ को, विदेशी नागरिकों द्वारा स्थानीय बाजार से अर्जित लाभ में घटाने से प्राप्त रकम को सकल राष्ट्रीय उत्पाद (जीएनपी) कहा जाता है। शुद्ध राष्ट्रीय उत्पाद (एनएनपी) एक वर्ष की.अवधि के दौरान एक अर्थव्यवस्था में शुद्ध निर्गम का मूल्य होता है। सकल राष्ट्रीय उत्पाद और शुद्ध राष्ट्रीय उत्पाद का अंतर पूंजी ह्रास को दर्शाता है।

26. (b) लोकसभा का अध्यक्ष यह प्रमाणित करता है कि एक वित्त विधेयक धन विधेयक है या नहीं। वह यह प्रमाण संविधान के अनुच्छेद **110** के अंतर्गत करता है।

27. (b) ब्रिटेन में फेबियन सोसायटी की स्थापना सन् **1883-84** ई. में हुई। रॉबर्ट ऑवेन तथा चार्टिस्ट आंदोलन के प्रभाव से यहाँ स्वतंत्र मजदूर आंदोलन की नींव पड़ चुकी थी, फेबियन सोसायटी ने इस आंदोलन को दर्शन दिया। इस सभा का नाम फेबियस कंटेटर फेबियन के नाम से लिया गया है। फेबियन समाजवादियों का विचार है कि पूंजीवाद को केवल एक मुठभेड़ में क्रांतिकारी मार्ग द्वारा परास्त नहीं किया जा सकता। इसके लिए पर्याप्त काल तक सोच-विचार और तैयारी की आवश्यकता है।

28. (c) प्रतिपिंड (एंटीबॉडी) गामा रक्तगोलिका **(globulin)** प्रोटीन हैं, जो मेरुदण्डीय प्राणियों के रक्त या अन्य शारीरिक तरल पदार्थों में पाए जाते हैं, तथा इनका प्रयोग प्रतिरक्षा प्रणाली द्वारा बैक्टीरिया तथा वायरस (विषाणु) जैसे बाह्य पदार्थों को पहचानने तथा उन्हें बेअसर करने में किया जाता है। एंटीजन वैसे पदार्थ होते हैं जिन्हें शरीर बाहरी तत्व की तरह देखता है जिसका सामना करने के लिए एंटीबॉडी का उत्पादन करता है। एंटीबॉडी एक प्रतिजन के परिणाम के रूप में लिम्फोसाइटों द्वारा उत्पादित प्रोटीन होते हैं।

29. (c) हेपरिन एक थक्का रोधक होता है जो खून जमने से रोकता है। यह रक्त वाहिकाओं की दीवारों में मौजूद होता है जो खून को जमने की अनुमति नहीं देता है।

30. (b) वायुमंडल के निचले भाग को क्षोभमंडल **(Troposphere)**, उसके ऊपर के भाग को समतापमंडल **(Stratosphere)** और उसके और ऊपर के भाग को आयनमंडल **(Ionosphere)** कहते हैं। पृथ्वी से सबसे अधिक दूरी पर बहिर्मंडल होता है जिसमें काफी कम वायुमंडलीय अणु होते हैं।

31. (b) पम्पास दक्षिण अमेरिका की उपजाऊ निचली भूमि है जिसका विस्तार अर्जेंटीना के प्रांतों ब्यूनस आयर्स, ला पम्पा, सांता फे और कोरडोबा, उरुग्वे के अधिकांश और ब्राजील के दक्षिणी भाग, रियो ग्रान्डे दो सुल तक है। यह एक शीतोष्ण चारागाह है।

32. (a) मानचित्र पर खींची गई एक रेखा जो समुद्र स्तर से ऊपर एक ही ऊँचाई पर स्थित सभी जगहों को शामिल करती हो उसे समोच्च रेखा कहा जाता है। समोच्च रेखा समुद्र तल से एक ही ऊँचाई वाले स्थानों को जोड़ती है।

33. (b) लैटेराइट मृदा का निर्माण निक्षालन और ऑक्सीकरण से होता है। इसका निर्माण ऐसे भागों में होता है जहाँ शुष्क व नमीयुक्त मौसम बारी-बारी से होता है। यह लैटेराइट चट्टानों की टूट-फूट से बनती है। गहरी लैटेराइट मिट्टी में लौह ऑक्साइड और पोटाश की मात्रा अधिक होती है।

34. (a) बास स्ट्रेट ऑस्ट्रेलियाई महाद्वीप के दक्षिण में विक्टोरिया राज्य को विशेष तौर से तस्मानिया से अलग करने वाला एक समुद्री स्ट्रेट है। इसकी अधिकतम चौड़ाई **240** किलोमीटर है, इसकी गहराई **50-70** मीटर है।

35. (d) भौतिक में फोटॉन प्रकाश और अन्य विद्युत चुंबकीय विकिरण (इलेक्ट्रोमैग्नेटिक रेडिएशन) के मूलभूत कण को बोला जाता है। फोटॉन का द्रव्यमान और भार शून्य होता है। सारे मूलभूत कणों की तरह फोटॉन भी तरंग-कण द्विरूप दर्शाते हैं, यानी उनमें तरंग और कण दोनों की ही प्रवृत्ति होती है।

36. (c) इसकी वजह श्यानता है। श्यानता **(Viscosity)** किसी तरल का वह गुण है जिसके कारण वह किसी बाहरी प्रतिबल (स्ट्रेस) या अपरूपक प्रतिबल (शीयर स्ट्रेस) के कारण अपने को विकृत **(deform)** करने का विरोध करता है। सामान्य शब्दों में, यह उस तरह के गाढ़ेपन या उसके बहने का प्रतिरोध करने की क्षमता का परिचायक है।

37. (b) न्यूट्रीनो में विद्युत आवेग नहीं होता है और उनका द्रव्यमान शून्य से थोड़ा ही कम होता है परन्तु उनमें आधा पूर्णांक स्पिन अवश्य होता है।

38. (d) ब्लूटूथ बेतार (वायरलेस) संचार के लिए एक प्रोटोकॉल है। मोबाइल फोन, लैपटॉप, संगणक, प्रिंटर, अंकीय (डिजिटल) कैमरा और वीडियो गेम जैसे उपकरण इसके माध्यम से एक-दूसरे से जुड़ कर जानकारी विनिमय कर सकते हैं। जुड़ने के लिए उपकरण रेडियो तरंगों का उपयोग करते हैं।

39. (c) यूएसबी यानी यूनिवर्सल सीरियल बस को इंटेल और कुछ टेक्नोलॉजी कंपनियों ने मिलकर बनाया था। यूएसबी को पर्सनल कंप्यूटर तथा कंप्यूटर अमुख्य के साथ संबंध को मानकीकृत करने के लिए डिजाइन किया गया था।

40. (b) आवर्त सारणी में जब हम बाएँ से दाएँ (Li से F तक) चलते हैं तो परमाणु क्रमांक बढ़ता है। नाभिकीय आवेश (प्रोटॉनों की संख्या) बढ़ने से इलेक्ट्रॉनों को अधिक कसकर पकड़ा जाता है। साथ ही परमाणु का आकार घटता है। इसलिए इलेक्ट्रॉन को हटाना कठिन होता है और आयनन विभव क्रमशः बढ़ता जाता है।

भाग-III प्रारंभिक अंकगणित

41. (b) अभीष्ट उत्तर = 20

42. (b) $0.38 \times 7.2 = 2.736$

$\therefore\ 38 \times 0.0072 = 0.2736$

43. (c) संख्याएँ = $6x$ एवं $6y$ हैं जहाँ x एवं y परस्पर अभाज्य हैं।

गुणनफल $= 36\,xy$

$\therefore$ लघुत्तम समापवर्त्य $= 6\,xy$

$$\therefore\ \frac{\text{महत्तम समापवर्तक}}{\text{लघुत्तम समापवर्त्य}} = \frac{6}{6xy}$$

$$= \frac{36}{36xy} = \frac{36}{2160} = \frac{1}{60}$$

44. (d) अनुक्रम का पैटर्न है :

$1 \times 3 = 3$

$2 \times 7 = 14$

$3 \times 13 = 39$

$4 \times 21 = \boxed{84}$

45. (d) $$\frac{\sqrt{0.2304}+\sqrt{0.1764}}{\sqrt{0.2304}-\sqrt{0.1764}}$$

$$= \frac{0.48+0.42}{0.48-0.42}$$

$$= \frac{0.9}{0.06} = \frac{9\times10}{6} = 15$$

46. (b) Q द्वारा 5 दिन में किया गया काम

$$= \frac{5}{10} = \frac{1}{2}$$

शेष काम $= 1-\frac{1}{2} = \frac{1}{2}$

P द्वारा काम करने में लगा समय = 15 दिन

$\therefore$ अभीष्ट समय $= 15\times\frac{1}{2} = 7\frac{1}{2}$ दिन

47. (b) 1 घंटे में टंकी का भरा गया भाग

$$= \frac{1}{2}+\frac{1}{3}-\frac{1}{6}$$

$= \frac{3+2-1}{6} = \frac{4}{6} = \frac{2}{3}$

अत: टंकी $\frac{3}{2} = 1\frac{1}{2}$ घंटे में भरी जाएगी।

48. (b) 8% की उत्तरोत्तर कटौतियों की समतुल्य एकल कटौती

$= \left(8+8-\frac{8\times8}{100}\right)\% = 15.36\%$

प्रतिशत का अंतर = 16 − 15.36 = 0.64%

$\therefore$ अभीष्ट अंतर $= 1000 \times \frac{0.64}{100} =$ ₹ 6.4

49. (d) क्रय मूल्य = ₹ 100

अंकित मूल्य = ₹ 150

विक्रय मूल्य $= \frac{150\times60}{100} =$ ₹ 90

हानि = 10%

अथवा

लाभ/हानि प्रतिशत

$= \left(50-40-\frac{50\times40}{100}\right) = -10\%$

ऋणात्मक चिह्न हानि दर्शाता है।

50. (d) $\frac{9x+15}{16x+15} = \frac{2}{3}$

$\Rightarrow 32x + 30 = 27x + 45$

$\Rightarrow 5x = 45 - 30 = 15$

$\therefore x = 3$

$\therefore$ संख्याएँ = 9 × 3 = 27

एवं 16 × 3 = 48

51. (c) आनुपातिक योग = 2 + 3 + 7 = 12

अभीष्ट अंतर $= \frac{7-2}{12} \times 48 = 20$ किलोग्राम

52. (d) अभीष्ट उत्तर

= 230 × 3 − 180 − 258 = 252 रन

53. (d) नए आदमी का भार

= 56 + 8 × 2.5 = 76 किलोग्राम

54. (b) B के लिए क्रय मूल्य

$= \frac{40000\times96}{100} =$ ₹ 38400

लाभ = 40320 − 38400 = ₹ 1920

$\therefore$ लाभ प्रतिशत $= \frac{1920}{38400} \times 100 = 5\%$

55. (b)

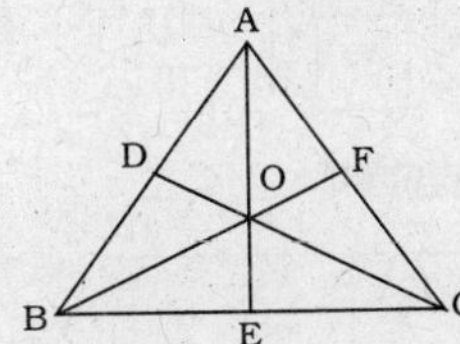

AB = BC = AC.

यदि ΔABC की BC से ऊँचाई = x हो, तो

$\Delta AOB + \Delta OBC + \Delta AOC = \Delta ABC$

$\Rightarrow \frac{1}{2} AB \times OD + \frac{1}{2} \times BC \times OE + \frac{1}{2} \times AC \times OF = \frac{1}{2} \times BC \times x$

$\Rightarrow \frac{1}{2} \times 5 + \frac{1}{2} \times 10 + \frac{1}{2} \times 15 = \frac{1}{2} x$

$\Rightarrow x = 30$ सेमी.

56. (b) **57.** (d)

58. (c)

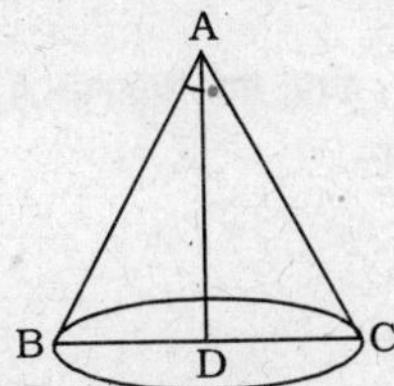

$\angle BAD = 30°$

यदि BD = r इकाई हो

$AD = h = BD \cot 30°$

$= \sqrt{3}r$ इकाई

$AB = l = \frac{BD}{\sin 30°} = 2r$ इकाई

$\therefore \frac{\frac{1}{3}\pi r^2 h}{\pi r l} = \frac{1}{3}$

$\Rightarrow \frac{rh}{3l} = \frac{1}{3}$

$\Rightarrow rh = l$

$\Rightarrow r \times \sqrt{3} r = 2r$

$\Rightarrow r = \frac{2}{\sqrt{3}}$

59. (a) अभीष्ट अनुपात $= \frac{2}{3}\pi r^3 : \pi r^3 = 2 : 3$

60. (d) $\frac{2n_1 - 4}{n_1} \times 90° = 160$

$\Rightarrow 180n_1 - 360 = 160n_1$

$\Rightarrow 20n_1 = 360$

$\Rightarrow n_1 = 18$

$\therefore$ भुजाओं की संख्या = 18 + 5 = 23

भाग-IV हिंदी

61. (d) 'मनचाहा' शब्द 'मन का चाहा' से बना है। यहाँ 'मन' और 'चाहा' दो पद हैं। 'का' संबंध सूचक है, अत: यह तत्पुरुष समास है। इसमें दूसरा पद प्रधान होता है और पहला पद उसका विशेषण रूप में प्रयुक्त होता है।

62. (a) अव्ययीभाव समास में अव्यय (जैसे- उपसर्ग, क्रियाविशेषण) प्रधान होता है। उदाहरण: 'यथाशक्ति' = शक्ति के अनुसार। यहाँ 'यथा' अव्यय प्रधान है। अन्य समासों में सामान्यत: दूसरा पद प्रधान होता है।

63. (d) 'खतरा' + 'नाक' = 'खतरनाक'। यहाँ 'नाक' प्रत्यय जुड़कर विशेषण रूप बनाता है जिसका अर्थ है - 'खतरे से युक्त'।

64. (b) 'ऐश्वर्य' का अर्थ है धन, वैभव, प्रभुत्व। इसका पर्यायवाची 'वैभव' है। 'धनवान' व्यक्ति विशेष है, 'दरिद्रता' विपरीतार्थक है और 'विकास' अलग अर्थ वाला शब्द है।

65. (c) 'मकरन्द' का अर्थ है पुष्प का मधु या रस। विशेषत: यह शब्द 'कमल' के संदर्भ में प्रयुक्त होता है। संस्कृत में 'मकरन्द' = पुष्परस।

66. (d) जब निर्जीव या प्रकृति के तत्वों को मनुष्य के गुण दिए जाते हैं, तो उसे मानवीकरण अलंकार कहते हैं। यहाँ फूल और कलियों को हँसना-मुस्कराना जैसे मानवीय गुण दिए गए हैं।

67. (b) विशेषोक्ति अलंकार में किसी वस्तु या स्थिति को बढ़ा-चढ़ाकर प्रस्तुत किया जाता है। यहाँ कहा गया है कि चंदन विष से प्रभावित नहीं होता, चाहे उस पर भुंगे (कीट) ही क्यों न लिपटे रहें। यह अतिशयोक्ति का रूप है, अत: विशेषोक्ति अलंकार है।

68. (d) सुकरात एक महान दार्शनिक थे, अत: 'प्रख्यात दार्शनिक' उपयुक्त है।

69. (d) सुकरात अपने प्रशंसकों से घिरे रहते थे, यह संदर्भ सबसे उपयुक्त है।

70. (a) सुकरात अपने प्रशंसकों से घिरे बैठे थे, यह वाक्य संरचना सही बैठती है।

71. (b) अनुयायी सूदन वहाँ आया और पीछे बैठ गया।

72. (c) सुकरात की नजर उस पर पड़ी तो वे आश्चर्यचकित हुए।

73. (d) सुकरात बोले - "तुम इतने कमजोर और सुस्त क्यों दिख रहे हो?"

74. (c) अधुनातन का विलोम (c) पुरातन है। 'अधुनातन' का अर्थ है 'आज से संबंधित' या 'नवीनतम', जबकि 'पुरातन' का अर्थ है 'प्राचीन' या 'बहुत पुराना'।

अधुनातन: आज से संबंधित, नवीनतम।

पुरातन: प्राचीन, बहुत पुराना।

75. (d) कामायनी के रचनाकार जयशंकर प्रसाद हैं। यह महाकाव्य छायावाद युग का एक प्रतिनिधि महाकाव्य है, जिसे 1936 में प्रकाशित किया गया था।

76. (b) 'अखरोट' शब्द का तत्सम रूप (b) अक्षोट है। यह संस्कृत से आया हुआ शब्द है जो बिना किसी बदलाव के हिंदी में इस्तेमाल होता है।

77. (b) 'कवयित्री' का अर्थ है महिला कवि। अन्य विकल्पों में 'जाग्रति' की शुद्ध वर्तनी 'जागृति' है, 'अत्तर्ध्यान' की शुद्ध वर्तनी 'अंतरध्यान' है, और 'अभ्यारण्य' की शुद्ध वर्तनी 'अभयारण्य' है। अत: सही उत्तर 'कवयित्री' है।

78. (c) 'सत्कर्म' का अर्थ है अच्छे कर्म। यहाँ 'सत्' (अच्छा) और 'कर्म' (कार्य) के मेल से यह शब्द बना है। संधि में 'सत्' का 'त्' ध्वनि लुप्त होकर 'सत्कर्म' बनता है।

79. (a) 'दहीबड़ा' का अर्थ है दही में रखा बड़ा। यहाँ 'दही का बड़ा' भाव है। तत्पुरुष समास में दूसरा पद प्रधान होता है और पहला पद उसका विशेषण रूप में प्रयुक्त होता है।

80. (b) इस मुहावरे का प्रयोग तब होता है, जब कोई व्यक्ति अत्यधिक शर्मिंदा या लज्जित हो। जैसे- परीक्षा में असफल होने पर उसे घड़ों पानी पड़ गया।

❑❑❑

7 प्रैक्टिस सेट

भाग-I सामान्य बुद्धिमत्ता एवं तर्कशक्ति

1. दी गई अक्षर श्रृंखला के खाली स्थानों पर क्रम से रखने पर निम्नलिखित में से कौन-सा अक्षर समूह उसे पूरा करेगा?

a _ n _ b _ _ n c b _ _ n c b

(a) b c a b a b (b) b a c b a b
(c) a b c b c b (d) a b b b c c

निर्देश (2–4) : एक अनुक्रम दिया है जिस में एक पद/आकृति लुप्त है। चार दिए गए विकल्पों में से वह विकल्प चुनिए जो अनुक्रम को पूरा करे–

2. 3, 28, 4, 65, 5, 126, 6, ?

(a) 215 (b) 216
(c) 217 (d) 218

3. प्रश्न आकृतियाँ:

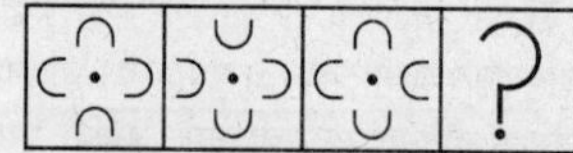

उत्तर आकृतियाँ:

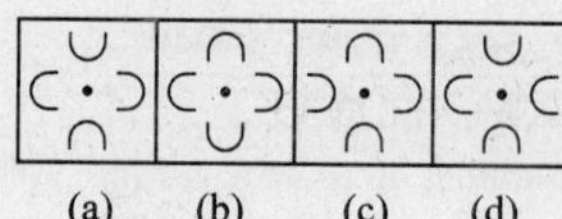

(a) (b) (c) (d)

4. प्रश्न आकृतियाँ:

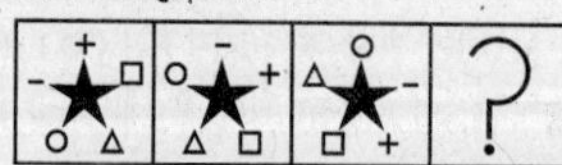

उत्तर आकृतियाँ:

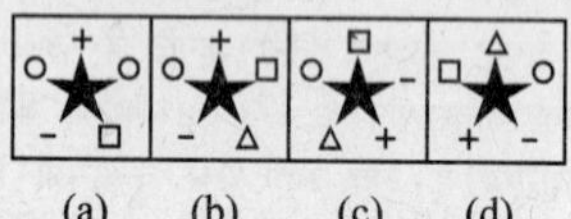

(a) (b) (c) (d)

निर्देश (5–6) : दिए गए विकल्पों में से संबंधित अक्षर/शब्द/संख्या/आकृति को चुनिए–

5. 3 : 20 : : 7 : ?

(a) 98 (b) 96
(c) 105 (d) 100

6. मेनू : भोजन : : कैटलॉग : ?

(a) पुस्तकें (b) पुस्तकालय
(c) अखबार (d) रैक

निर्देश (7–8) : दिए गए विकल्पों में से लुप्त अंक ज्ञात कीजिए–

7.

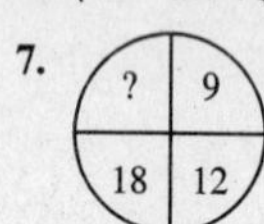

(a) 11 (b) 25
(c) 10 (d) 27

8.

5	5	2
2	4	1
8	3	10
40	30	?

(a) 10 (b) 12
(c) 13 (d) 20

9. एक कूट भाषा में PEN को NZO लिखा जाता है और BARK को CTSL तब उस भाषा में PRANK को किस प्रकार लिखेंगे?

(a) N Z T O L (b) C S T Z N
(c) N S T O L (d) N T S L O

निर्देश (10) : निम्नलिखित प्रश्न में आपको निम्नलिखित प्रतीकों के अनुसार दिए गए विकल्पों में से सही उत्तर चुनना है–

10. यदि → जोड़ का चिन्ह हो, ← घटाने का चिन्ह, ↑ भाग का, ↓ गुणा का, ↗ बराबर का, तब निम्न में से कौन-सा विकल्प सही है ?

(a) 2 ↓ 5 ← 6 → 2 ↗ 6
(b) 5 → 7 ← 3 ↑ 2 ↗ 4
(c) 3 ↓ 6 ↑ 2 → 3 ← 6 ↗ 5
(d) 7 ← 43 ↑ 6 ↓ 1 ↗ 4

11. बड़े अक्षरों में एक शब्द दिया गया है। इसके पश्चात् चार शब्द उत्तर के रूप में दिए गए हैं। दिए गए अक्षरों को मिलाकर इनमें से केवल एक शब्द को ही बना सकते हैं, उसे चुनिए–

ENVIRONMENT

(a) EMINENT (b) ENTRANCE
(c) ENTERTAIN (d) MOVEMENT

12. एक महिला ने एक फोटोग्राफ की ओर इशारा करते हुए कहा "इस व्यक्ति के पुत्र की बहन मेरी सास है" फोटोग्राफ में दिखाए गए व्यक्ति का उस महिला के पति से क्या संबंध है?

(a) धेवता (b) पुत्र
(c) दामाद (d) भतीजा

13. A, B, C, D और E एक बेंच पर बैठे हैं। उनमें A, B के बराबर में बैठा है तथा C, D के बराबर में। पर D, E के पास नहीं बैठा है, क्योंकि E बेंच के बाएं किनारे पर बैठा है। C का स्थान दाईं ओर से दूसरा है और A, B और E के दाईं ओर है। पर A और C साथ बैठे हैं, तब A किस स्थान पर बैठा है?

(a) B और D के बीच में
(b) B और C के बीच में
(c) E और D के बीच में
(d) C और E के बीच में

14. A और B बहनें हैं। R और S भाई हैं। A की बेटी R की बहन है। B का S से क्या संबंध है?

(a) माँ (b) दादी
(c) बहन (d) आंटी

15. संध्या सीधे A से B तक चलती है, जो 2 किमी दूर है। फिर वह 90° पर बायीं ओर मुड़कर 8 किमी C तक चलती है। वहाँ से वह फिर 90° बायीं ओर मुड़कर D तक 5 किमी चलती है। फिर वहाँ से 90° पर बाएँ मुड़कर 8 किमी E तक चलती है। तो A से E कितनी दूरी पर है?

(a) 2 (b) 3
(c) 5 (d) 8

16. PQRS वाली आकृति में कितने त्रिभुज हैं?

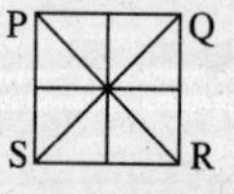

(a) 16 (b) 12
(c) 10 (d) 8

17. एक पासे की दो स्थितियाँ दी गयी हैं जब 'एक' ऊपर है तो नीचे कौन-सी संख्या होगी?

प्रश्न आकृतियाँ:

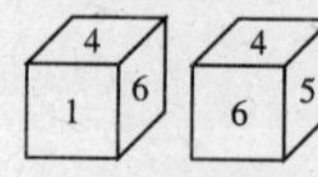

उत्तर आकृतियाँ :

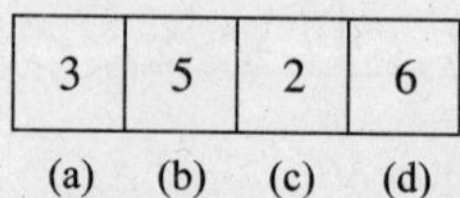

(a) (b) (c) (d)

18. निम्नलिखित प्रश्न में, दिए गए विकल्पों में से किन गणितीय संक्रियाओं का प्रयोग

करने से दिया गया समीकरण सही हो जाएगा ?

30 * 6 * 4 * 5 * 4

(a) –, =, × तथा + (b) +, =, × तथा –
(c) =, ×, + तथा – (d) –, +, = तथा ×

19. दी गई आकृति में, कितने काले बटन कमीज हैं?

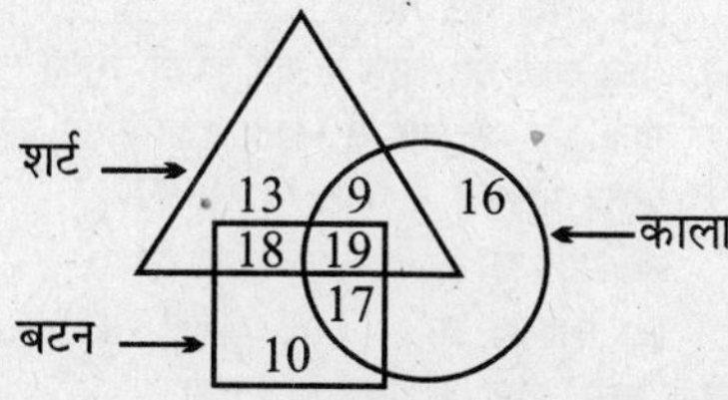

(a) 37 (b) 19
(c) 36 (d) 27

20. नीचे दिए गए प्रश्न में कुछ कथन और उनके बाद उन कथनों पर आधारित कुछ निष्कर्ष दिए गए हैं, हालांकि उनमें सामान्य ज्ञात तथ्यों से भिन्नता हो सकती है। सभी निष्कर्ष पढ़ें और फिर निर्धारित करें कि दिए गए कौन-से निष्कर्ष, दिए गए कथनों के आधार पर युक्तिसंगत हैं?

कथन : सभी पुस्तकें रबर हैं।
सभी शार्पनर पुस्तकें हैं।

निष्कर्ष : I. सभी शार्पनर रबर हैं।
II. कुछ पुस्तकें शार्पनर हैं।

(a) केवल निष्कर्ष I सही है।
(b) केवल निष्कर्ष II सही है।
(c) न तो निष्कर्ष I और न ही II सही है
(d) दोनों ही निष्कर्ष सही हैं

भाग-II सामान्य ज्ञान एवं सामान्य जानकारी

21. पीतल किसकी मौजूदगी में निरंतर रहने से वायु में रंगहीन हो जाता है?
(a) एल्युमिनियम फॉस्फाइड
(b) हाइड्रोजन सल्फाइड
(c) हाइड्रोजनित वेफर
(d) एल्युमिनियम सल्फाइड

22. "नॉट " गेट किसके द्वारा क्रियान्वित किया जा सकता है?
(a) एकल डायोड
(b) दो डायोड
(c) एकल विद्युत रोधक
(d) एकल ट्रांजिस्टर

23. भारतीय संविधान के अनुच्छेद में यह घोषणा की गई है कि "इंडिया अर्थात् भारत".....है।
(a) राज्यों का संघ
(b) एकात्मक विशिष्टताओं वाला संघीय राज्य
(c) संघीय विशिष्टताओं वाला संघीय राज्य
(d) संघीय राज्य

24. मृदा के कटाव को रोकने के लिए बड़े पैमाने पर वृक्ष लगाने को क्या कहते हैं?
(a) आश्रय पट्टी
(b) समोच्च जुताई
(c) पट्टी-फसल उगाना
(d) वनीकरण

25. दृष्टि के स्थायित्व का सिद्धांत किसके पीछे का सिद्धांत है?
(a) दूरबीन (b) सिनेमा
(c) परिदर्शी (d) कैमरा

26. वायु की क्वालिटी को बिगाड़ने के लिए जिम्मेदार कण जिनके कारण महत्वपूर्ण शरीर के अंगों को क्षति पहुँचती है उनका वर्णन किस रूप में किया जाता है?
(a) 15.5 (b) 10.5
(c) 2.5 (d) 20.5

27. मिलिंदपन्हो क्या है?
(a) बौद्ध स्थल
(b) बौद्ध का एक नाम
(c) कला का बौद्ध
(d) बौद्ध पाठ

28. निम्नलिखित में से किस लड़ाई में नेपोलियन फ्रांस की अंतिम हार हुई?
(a) ट्रॉफलगर की लड़ाई
(b) वागराम की लड़ाई
(c) पिरामिड की लड़ाई
(d) ऑस्टरलिट्ज की लड़ाई

29. हार्मोन के रूप में कार्य करने वाले प्रोटीन का उदाहरण बताइए-
(a) ट्रिप्सिन (b) ऑक्सीटोसिन
(c) किरेटिन (d) केसीन

30. सामान्य शंबु (मसल) का वसा एक लिसलिसे पदार्थ का स्राव करता है जिसका हृदय प्रत्यारोपण में प्रयोग किया जा सकता है। इस पदार्थ में मौजूद यह विलक्षण रासायनिक यौगिक क्या है?
(a) एमिनो फिनाइल एलैनिन
(b) हाइड्रॉक्सी फिनाइल एलैनिन
(c) फिनाइल एलैनिन
(d) डाइ-हाइड्रॉक्सी फिनाइल एलैनिन

31. वायुमंडल में ट्रोपोस्फेयर के ऊपर कौन-सी परत पाई जाती है?
(a) स्ट्रेटोस्फेयर (b) मेसोस्फेयर
(c) थर्मोस्फेयर (d) एक्सोस्फेयर

32. कैल्शियम की आवश्यकता निम्नलिखित में किस में निमित्त है?
(a) माँसपेशियों के कार्य करने
(b) खून जमने
(c) हड्डियों के विकास
(d) उपरोक्त सभी

33. जनसंख्या के अध्ययन को क्या कहते हैं?
(a) मानचित्र कला (b) मानव विज्ञान
(c) जनसांख्यिकी (d) जीवनी

34. जुरासिक काल का माना गया पूरी तरह तैयार वृक्षीय फॉसिल कहाँ पाया गया?
(a) पिथौरागढ़ (b) छत्तीसगढ़
(c) रामगढ़ (d) बहादुरगढ़

35. पारिस्थितिकी प्रणाली में प्राथमिक उत्पादक कौन होते हैं?
(a) महिलाएँ (b) पुरुष
(c) पादप (d) जीवाणु

36. राजीव गांधी अंतर्राष्ट्रीय विमानपत्तन कहाँ स्थित है?
(a) जम्मू और कश्मीर (b) नई दिल्ली
(c) मंगलूर (d) हैदराबाद

37. वर्ष 1914 में भारतीय राष्ट्रीय दल की बर्लिन में स्थापना किसने की थी?
(a) सुभाष चंद्र बोस (b) डब्ल्यू. सी. बनर्जी
(c) सुरेन्द्रनाथ बनर्जी (d) चम्पक रमन पिल्लई

38. मलेरिया किसके द्वारा एक व्यक्ति से दूसरे व्यक्ति तक अंतरित किया जाता है?
(a) एडीस मच्छर (b) क्यूलेक्स मच्छर
(c) एनोफिलेज मच्छर (d) उपर्युक्त सभी

39. भारत विश्व की कौन-सी अर्थव्यवस्था है।
(a) दूसरी (b) तीसरी
(c) चौथी (d) पांचवी

40. भारत में विशेष आर्थिक क्षेत्र (सेज) क्या बढ़ाने के लिए स्थापित किए गए थे?
(a) मुक्त व्यापार (b) विदेशी निवेश
(c) रोजगार (d) प्रौद्योगिकी विकास

भाग-III प्रारंभिक अंकगणित

41. यदि $x+y+z=0$ तो $\frac{x^2}{yz}+\frac{y^2}{zx}+\frac{z^2}{xy}$ का मान ज्ञात करें-
(a) 3 (b) 5
(c) 8 (d) 10

42. यदि $x=\sqrt{\frac{\sqrt{5}+1}{\sqrt{5}-1}}$ हो, तो
$5x^2-5x-1$ कितना होगा?
(a) 0 (b) 3
(c) 4 (d) 5

43. यदि 2^{33} को 10 से विभाजित किया जाए, तो शेषफल कितना होगा?
(a) 2 (b) 3
(c) 4 (d) 8

44. यदि $a^{\frac{1}{3}}$ हो , तो a^2-331a का मान कितना होगा?
(a) 1331331 (b) 1331000
(c) 1334331 (d) 1330030

45. मान ज्ञात करें-
$\frac{\cos\theta}{1-\sin\theta}+\frac{\cos\theta}{1+\sin\theta}$
(a) $2\sec\theta$ (b) $2\cos\theta$
(c) $\sec\theta$ (d) $\cos\theta$

46. यदि a तथा b विषम संख्याएँ हों, तो निम्न में से कौन एक सम संख्या है?
(a) $a+b+ab$ (b) $a+b-1$
(c) $a+b+1$ (d) $a+b+2ab$

47. चतुर्भुज के परिमाप का आधा विकर्ण से छोटा होता है कथन है-
(a) सत्य (b) असत्य
(c) अर्द्धसत्य (d) प्रश्न अपूर्ण है

48. $\frac{a^2}{(a-b)(a-c)}+\frac{b^2}{(b-c)(b-a)}+\frac{c^2}{(c-a)(c-b)}=?$
(a) 1 (b) –1
(c) $-x+a$ (d) 2

49. निम्न में वह सबसे छोटी संख्या कौन-सी है, जिसे 5, 6, 7, 8 से विभाजित करने पर शेषफल 3 प्राप्त होता है, लेकिन वह 9 द्वारा विभाज्य भी है?
(a) 1463 (b) 1573
(c) 1683 (d) 1793

50. तीन संख्याएँ 3 : 4 : 5 के अनुपात में हैं। उनमें सबसे बड़ी और सबसे छोटी संख्याओं का योग दूसरी संख्या तथा 52 के योग के बराबर है। तदनुसार सबसे छोटी संख्या कौन-सी है?
(a) 20 (b) 27
(c) 39 (d) 52

51. यदि किसी वृत्त की त्रिज्या में 50% की वृद्धि कर दी जाए तो उसके क्षेत्रफल में कितनी वृद्धि होगी?
(a) 125% (b) 100%
(c) 75% (d) 50%

52. A तथा B अलग-अलग काम करते हुए एक कार्य क्रमशः 9 तथा 12 दिनों में पूरा कर सकते हैं। यदि A काम आरंभ करे और उसके बाद दोनों बारी-बारी से एक-एक दिन काम करते रहें, तो वह कार्य कितने दिनों में पूरा हो जाएगा?
(a) $10\frac{2}{3}$ दिन (b) $10\frac{1}{2}$ दिन
(c) $10\frac{1}{4}$ दिन (d) $10\frac{1}{3}$ दिन

53. यदि $\tan^2\theta = 1-a^2$, तब $\sec\theta + \tan^3\theta \operatorname{cosec}\theta = ?$
(a) $(2-a)^{\frac{3}{2}}$ (b) $(2-a^2)^{\frac{3}{2}}$
(c) $(2-a^2)^{\frac{2}{3}}$ (d) 1

54. A, B के तीन-चौथाई समय की तुलना में आधा काम कर पाता है। यदि वे दोनों एक साथ उस कार्य को 18 दिनों में पूरा कर लें, तो अकेला B उसे कितने दिनों में कर पाएगा?
(a) 30 दिन (b) 35 दिन
(c) 40 दिन (d) 45 दिन

55. यदि एक तार को वर्गाकार मोड़ दिया जाए, तो उस वर्ग का क्षेत्रफल 81 वर्ग सेमी हो जाता है। तदनुसार यदि उसी तार को अर्धवृत्ताकार मोड़ दिया जाए, तो ($\pi = \frac{22}{7}$ मानकर) उस अर्धवृत्त का क्षेत्रफल कितने वर्ग सेंटीमीटर हो जाएगा?
(a) 22 (b) 44
(c) 77 (d) 154

56. एक बेलनाकार बीकर में, जिसमें थोड़ा पानी भी है, 1.4 सेंटीमीटर व्यास के गोले डाले जाते हैं जो पूरी तरह डूब जाते हैं। यदि बीकर का व्यास 7 सेंटीमीटर हो, तो कितने गोले डालने पर बीकर के पानी का तल 5.6 सेंटीमीटर बढ़ जाएगा?
(a) 50 (b) 150
(c) 250 (d) 350

57. 20 सेंटीमीटर आंतरिक व्यास वाली एक वृत्ताकार नली से 3 किमी/घंटा की गति से पानी को 10 मीटर व्यास वाली और 2 मीटर गहरी एक वृत्ताकार टंकी में डाला जा रहा है। तदनुसार उस टंकी को पूरा भरने में कितना समय लगेगा?
(a) एक घण्टा
(b) एक घण्टा 40 मिनट
(c) एक घण्टा 20 मिनट
(d) दो घण्टे 40 मिनट

58. एक साइकिल का पहिया 5000 चक्कर पूरे करके 11 किलोमीटर चलता है। तदनुसार उस पहिए का व्यास कितने सेंटीमीटर होगा?
(a) 35 (b) 55
(c) 65 (d) 70

59. एक त्रिभुजाकार खेत, जिसकी भुजाएँ 26 मीटर, 28 मीटर तथा 30 मीटर हैं, के प्रत्येक कोने पर एक गाय 7 मीटर लम्बी रस्सी से बांधी गई है। तदनुसार उन तीनों गायों के चरने से बचे हुए खेत का क्षेत्रफल कितने वर्गमीटर होगा?
(a) 336 (b) 259
(c) 154 (d) 77

60. एक दुकानदार अपनी विज्ञापित कीमत पर 23% छूट देकर भी 10% लाभ कमा लेता है। यदि एक वस्तु पर उसका लाभ ₹ 56 रहा हो, तो उस वस्तु की विज्ञापित कीमत कितने रुपए रही होगी?
(a) 820 (b) 780
(c) 790 (d) 800

भाग-IV हिंदी

61. आजन्म में समास हैं-
(a) तत्पुरुष समास (b) अव्ययीभाव समास
(c) कर्मधारय समास (d) द्वन्द्व समास

62. रसीला, जहरीला, बर्फीला शब्दों में किस प्रत्यय का प्रयोग हुआ है?
(a) ला (b) इला
(c) आ (d) ईला

63. 'सज्जन' का सन्धि विच्छेद होगा-
(a) सज् + जन (b) सद् + जन
(c) सत् + जन (d) स + ज् + जन

64. भिन्न अर्थ को व्यक्त करने वाले शब्द को ज्ञात कीजिए-
(a) इन्द्र (b) सुरेश
(c) धनाधिप (d) सुरेन्द्र

65. 'आगे नाथ न पीछे पगहा' लोकोक्ति का अर्थ है-
(a) पूर्ण स्वतंत्र
(b) मन की करना
(c) बंधनरहित होना
(d) इधर-उधर भागना

66. 'उस काल मारे क्रोध के तन काँपने उसका लगा। मानो हवा के जोर से, सोता हुआ सागर जगा।' प्रस्तुत पंक्तियों में कौन-सा रस है?
(a) वीर रस (b) रौद्र रस
(c) अद्भुत रस (d) करुण रस

67. 'ध्वंस' शब्द का विलोम बताइए -
(a) विनाश (b) निर्माण
(c) विध्वंस (d) उत्कर्ष

68. निम्नलिखित में 'पुत्री' शब्द के पर्यायवाची शब्द-समूह कौन हैं?
(a) भार्या, कान्ता, अबला, वनिता
(b) लकड़ी, बेटी, अचला, वसुधा
(c) सुता, धराध, वसुमती, अचला
(d) तनया, आत्मजा, दुहिता, तनुजा

69. 'उंगलियों पर नचाना' मुहावरे का सही अर्थ क्या है?
(a) संकेत करके नृत्य कराना
(b) संकेतों से नृत्य सिखाना
(c) इच्छा के अनुसार कार्य कराना
(d) व्यर्थ परेशान करना

70. इनमें से कौन-सा शब्द शुद्ध है?
(a) प्रत्योत्तर (b) प्रत्युत्तर
(c) प्रत्यूत्तर (d) प्रत्यौतेर

71. "दु:ख ही जीवन की कथा रही क्या कहूँ आज जो नहीं कही।" पंक्तियों के रचयिता का नाम है-
(a) महादेवी वर्मा
(b) सुमित्रानंदन पंत
(c) जयशंकर प्रसाद
(d) सूर्यकांत त्रिपाठी 'निराला'

72. 'अंधायुग' किसकी रचना है?
(a) धर्मवीर भारती
(b) महादेवी वर्मा
(c) उदयशंकर भट्ट
(d) मोहन राकेश

73. 'पदावली' किसके द्वारा रचित है?
(a) विद्यापति (b) जगनिक
(c) चंदबरदाई (d) अब्दुल रहमान

74. 'पुस्तक जल्हण हाथ दै चलि गज्जन नृप काज' किसकी पंक्ति है?
(a) सरहपा (b) चंदबरदाई
(c) विद्यापति (d) हेमचन्द्र

75. 'साहित्य समाज का दर्पण है' किसकी उक्ति है?
(a) मैथिलीशरण गुप्त
(b) महावीर प्रसाद द्विवेदी

(c) श्रीधर पाठक
(d) हरिऔध

76. कान खड़े होना का अर्थ क्या है?
(a) सतर्क हो जाना
(b) अनुभवी होना
(c) मूर्ख बनना
(d) उपर्युक्त में से कोई नहीं

77. मूर्ख के लिए कौन-सा मुहावरा प्रयुक्त नहीं होता?
(a) काठ का उल्लू (b) अक्ल का दुश्मन
(c) औंधी खोपड़ी का (d) आँखों का तारा

निर्देश: गद्यांश को पढ़कर निम्नलिखित प्रश्नों (प्र.सं. 78-80) में सबसे उचित विकल्प चुनिए।

समस्याओं का हल ढूँढ़ने की क्षमता पर एक अध्ययन किया गया। इसमें भारत में तीन तरह के बच्चों के बीच तुलना की गई — एक तरफ वे बच्चे जो दुकानदारी करते हैं पर स्कूल नहीं जाते हैं, ऐसे बच्चे जो दुकान सँभालते हैं और स्कूल भी जाते हैं और तीसरा समूह उन बच्चों का था जो स्कूल जाते हैं पर दुकान पर कोई मदद नहीं करते।

उनसे गणना के व इबारती सवाल पूछे गए। दोनों ही तरह के सवालों में उन स्कूली बच्चों ने जो दुकानदार नहीं हैं, मौखिक गणना या मनगणित का प्रयोग बहुत कम किया, बनिस्बत उनके जो दुकानदार थे। स्कूली बच्चों ने ऐसी गलतियाँ भी कीं, जिनका कारण नहीं समझा जा सका। इससे यह साबित होता है कि दुकानदारी से जुड़े हुए बच्चे हिसाब लगाने में गलती नहीं कर सकते क्योंकि इसका सीधा असर उनके काम पर पड़ता है, जबकि स्कूलों के बच्चे वही हिसाब लगाने में अक्सर भयंकर गलतियाँ कर देते हैं।

इससे यह स्पष्ट होता है कि जिन बच्चों को रोजमर्रा की जिंदगी में इस तरह के सवालों से जूझना पड़ता है, वे अपने लिए जरूरी गणितीय क्षमता हासिल कर लेते हैं।

लेकिन साथ ही इस बात पर भी गौर करना महत्वपूर्ण है कि इस तरह की दक्षताएँ एक स्तर तक और एक कार्य-क्षेत्र तक सीमित होकर रह जाती हैं। इसलिए वे सामाजिक व सांस्कृतिक परिवेश जो कि ज्ञान को बनाने व बढ़ाने में मदद करते हैं, वह उस ज्ञान को संकुचित और सीमित भी कर सकते हैं।

78. समस्याओं का हल खोजने पर आधारित अध्ययन किस विषय से जुड़ा हुआ था?
(a) गणित (b) भाषा
(c) दुकानदारी (d) सामाजिक विज्ञान

79. किन बच्चों ने सवाल हल करने में मौखिक गणना का ज्यादा प्रयोग किया?
(a) जो बच्चे न तो दुकानदारी करते हैं और न ही स्कूल जाते हैं
(b) जो स्कूली बच्चे दुकानदारी नहीं करते
(c) जो दुकानदारी करते हैं
(d) जो सिर्फ स्कूल जाते हैं

80. अनुच्छेद के आधार पर कहा जा सकता है कि–
(a) सिर्फ दुकानदार बच्चे ही गणित सीख सकते हैं
(b) बच्चों को गणित सीखना चाहिए
(c) बच्चों को गणित सीखने के लिए दुकानदारी करनी चाहिए
(d) बच्चे रोजमर्रा के जीवन में काम आने वाली दक्षताओं को स्वत: ही हल कर लेते हैं

उत्तर (हल/संकेत)

भाग-I सामान्य बुद्धिमत्ता एवं तर्कशक्ति

1. (a) a [b] n [c] b/ [ab] ncb/ [ab] ncb

2. (c) 3, 28, 4, 65, 5, 126, 6, ?
$28 = 3^3 + 1$
$65 = 4^3 + 1$
$126 = 5^3 + 1$
$\therefore \; ? = 6^3 + 1 = 217$

3. (a) प्रत्येक अगली आकृति में तीन कर्व पलट जाते हैं।

4. (d) प्रत्येक अगली आकृति में छोटी डिजाइनें तारे के गिर्द दक्षिणावर्त्त दिशा में आगे बढ़ती हैं।

5. (d) जिस प्रकार,
$3 : 20 \Rightarrow (3)^2 \times 2 + 2$
$= 9 \times 2 + 2 = 20$
उसी प्रकार,
$7 : ? = (7)^2 \times 2 + 2$
$= 49 \times 2 + 2$
$= 98 + 2 = 100$

6. (a) जिस प्रकार भोजन की सूची को मेनू कहते हैं, उसी प्रकार पुस्तकों की सूची को कैटलॉग कहते हैं।

7. (d)

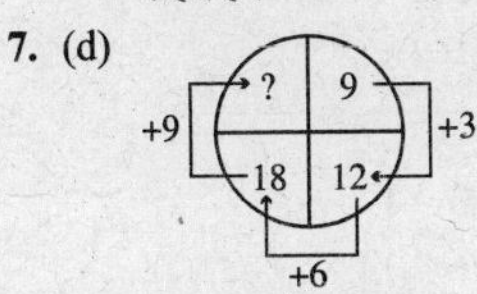

$\therefore \; ? = 18 + 9 = 27$

8. (a)

5	5	2
2	4	1
8	3	10
40	30	?

$40 = \frac{8 \times 5 \times 2}{2}$, $30 = \frac{5 \times 4 \times 3}{2}$

$\therefore \; ? = \frac{10 \times 2 \times 1}{2} = 10$

9. (c) P E N तथा B A R K
↓ ↓ ↓ ↓ ↓ ↓ ↓
N Z O C T S L

अतः, P R A N K
↓ ↓ ↓ ↓ ↓
N S T O L

10. (a) $2 \downarrow 5 \leftarrow 6 \rightarrow 2 \nearrow 6$
$2 \times 5 - 6 + 2 = 6$

11. (a) ENVIRONMENT से दिए गए विकल्पों में से केवल EMINENT बन सकता है।

12. (a)

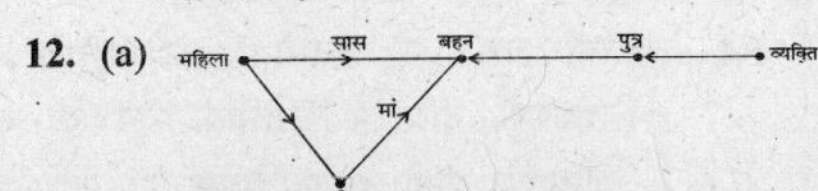

अत: महिला का पति उस व्यक्ति का धेवता है।

13. (b) क्रम इस तरह है— EBACD

14. (d) A^-, B^- मौसी (आँटी)
बेटी, R^+, S^+

15. (b)

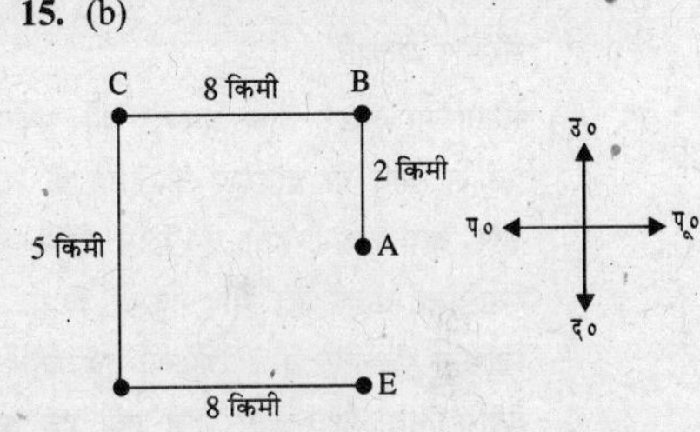

∴ A से E की दूरी = 5 − 2 = 3 किमी

16. (a)

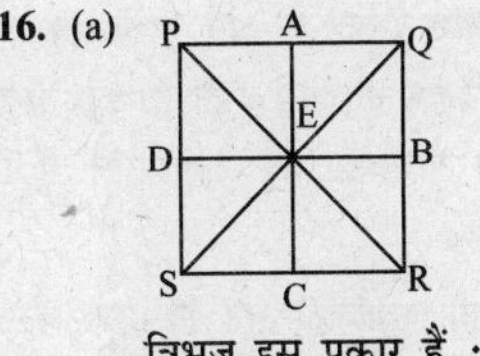

त्रिभुज इस प्रकार हैं :
Δ PSQ ; Δ PSR ; Δ PQR ; Δ QRS ;
Δ EPQ ; Δ ERQ ; Δ ESR ; Δ EPS ;
Δ PAE ; Δ PDE ; Δ DES ; Δ ESC ;
Δ ECR ; Δ EBR ; Δ EAQ ; ΔEBQ.

17. (b) पासे की दोनों स्थितियों से स्पष्ट है कि 1 के नीचे 5 होगा।

18. (a) व्यंजक = 30 * 6 * 4 * 5 * 4
विकल्प (a) से,
$30 - 6 = 4 \times 5 + 4$
$24 = 20 + 4$
$24 = 24$

19. (b) हमें ऐसे उभयनिष्ठ भाग का पता लगाना होगा, जो तीनों में उपस्थित हो अत: ऐसे भाग की संख्या = 19

20. (d)

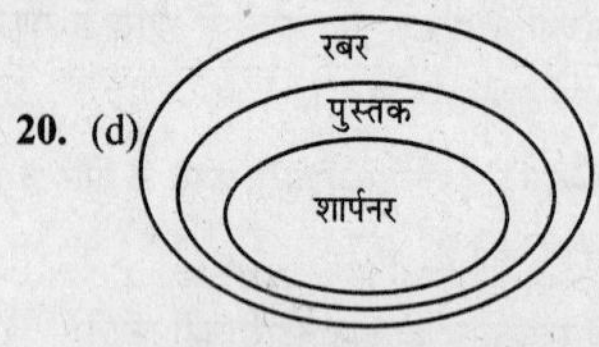

अत: दोनों निष्कर्ष I व II निकलते हैं।

भाग-II सामान्य ज्ञान एवं सामान्य जानकारी

21. (b) हाइड्रोजन सल्फाइड की उपस्थिति में हवा में पीतल रंगहीन हो जाता है। हाइड्रोजन सल्फाइड एक अकार्बनिक यौगिक है।

22. (d) इसे सरल रूप में एकल ट्रांजिस्टर की मदद से क्रियान्वित किया जाता है।

23. (a) भारतीय संविधान के प्रथम भाग में अनुच्छेद 1-4 का संबंध भारत के नए क्षेत्र, नए राज्यों के प्रदेशों अथवा स्थापना, नए राज्यों के निर्माण, उनके क्षेत्र, सीमाओं व नाम में परिवर्तन से है। अनुच्छेद 1 के अनुसार "भारत, अर्थात् इंडिया, राज्यों का संघ होगा।"

24. (d) वृक्षविहीन क्षेत्र में वृक्षारोपण करने की प्रक्रिया को वनीकरण कहते हैं। वनीकरण के विभिन्न उद्देश्य होते हैं, उदाहरणस्वरूप लकड़ियों की प्राप्ति, मृदा संरक्षण, बाढ़ नियंत्रण, पर्यावरण संरक्षण, इत्यादि।

25. (b) रेटिना पर पड़ने वाले प्रकाश की संवेदना प्रकाश स्रोत या प्रतिरूप के हटने के कुछ क्षण बाद तक रहती है जिसे दृष्टि का स्थायित्व कहते हैं। यदि किसी क्रिया के विभिन्न पहलुओं के चित्रों को एक क्रम में तैयार किया जाए और उन्हें एक द्रुत क्रम में देखा जाए तो आँखें चित्रों को जोड़ने की प्रवृत्ति रखती हैं और परिणामत: चलते हुए प्रतिरूप का भ्रम होता है। इस तथ्य का उपयोग प्रोजेक्टर एवं टेलीविज़न में किया जाता है।

26. (c) वायु की क्वालिटी को बिगाड़ने के लिए जिम्मेदार इन कणों को पार्टिकुलेट मैटर 2.5 कहते हैं जिनकी चौड़ाई ढाई माइक्रोन या इससे कम होती है। इस प्रकार के कण श्वसन तंत्र में प्रवेश पाकर फेफड़ों तक पहुँच सकते हैं। इन महीन कणों के संपर्क के कारण कई अल्पकालिक स्वास्थ्य प्रभाव पैदा हो सकते हैं। जैसे: आंख, नाक, गले और फेफड़ों की जलन, खाँसी, छींक, श्वास की तकलीफ इत्यादि।

27. (d) मिलिंदपन्हो (मिलिंद के प्रश्न) 100 ई.पू. का एक बौद्ध काव्य है जिसमें भारतीय-यूनानी राजा मेनांडर I के प्रश्नों का उत्तर बौद्ध विद्वान नागसेन द्वारा दिया गया है।

28. (a) वागराम की लड़ाई, पिरामिड की लड़ाई और ऑस्टरलिट्ज़ की लड़ाई में नेपोलियन को जीत मिली थी। ट्रॉफलगर का युद्ध ब्रिटिश नौसेना का फ्रांसिसी और स्पेनी मिली-जुली नौसेना के एक आक्रामक बेड़े के साथ 21 अक्टूबर 1805 में लड़ा गया एक समुद्री युद्ध था। इसमें ब्रिटेन की भारी जीत हुई।

29. (b) हार्मोनल प्रोटीन मूलत: संदेशवाहक प्रोटीन होते हैं जो शारीरिक गतिविधियों के समन्वय में मदद करते हैं। इंसुलिन, ऑक्सीटोसिन और सोमेटोट्रोपीन इसके उदाहरण हैं। ऑक्सीटोसिन प्रसव के दौरान महिलाओं में संकुचन को उत्तेजित करता है।

30. (d) एक प्रोटीन की वजह से सामान्य मसल एक चिपचिपे गोंद का उत्पादन करता है जिसमें डीओपीए नामक एमिनो एसिड की प्रचुरता होती है जो अद्भुत शक्ति से गीले सतह पर कायम रह सकता है। हृदय प्रत्यारोपण के अलावा इस लिसलिसे पदार्थ का इस्तेमाल दांत कोटिंग के रूप में किया जा सकता है।

31. (a) समतापमंडल पृथ्वी के वायुमण्डल की दूसरी सबसे बड़ी परत है जो मध्यमंडल के नीचे और क्षोभमंडल के ऊपर स्थित है। यह परत तापमान का निर्धारण करती है।परत के गर्म होने पर तापमान अधिक और परत के ठंडा होने पर तापमान कम हो जाता है।

32. (d) मजबूत हड्डियों के लिए शरीर को कैल्शियम की आवश्यकता होती है। मांसपेशियों को गति कराने और मस्तिष्क का संकेत शरीर के अन्य भागों में पहुँचाने के लिए भी शरीर को कैल्शियम की आवश्यकता होती है। मांसपेशियों के संकुचन और हृदय की मांसपेशियों के संकुचन की दर को नियंत्रित करने के लिए कैल्शियम सहायक होता है। रक्त के थक्के की निर्माण प्रक्रिया में भी कैल्शियम मुख्य भूमिका निभाता है।

33. (c) जनसांख्यिकी, मानव जनसंख्या का सांख्यिकीय अध्ययन है। इसमें जनसंख्या के आकार, संरचना, वितरण और जन्म, प्रवास, वय वृद्धि व मृत्यु के सन्दर्भ में स्थानिक और/या कालिक परिवर्तन का अध्ययन शामिल होता है।

34. (b) वर्ष 2012 में छत्तीसगढ़ के सरगुजा के शंकरपुर गांव में जुरासिक युग के वृक्ष जीवाश्म यानी ट्री फॉसिल्स पाए गए। इस इलाके में छह फॉसिल्स मिले हैं। इनमें सबसे बड़ा 18 फीट लंबा और 10 फीट चौड़ा है। इसका तना अब तक सही है। जीवाश्म लगभग 25 करोड़ साल पुराना है।

35. (c) पादप या उद्भिद (plant) जीवजगत की एक बड़ी श्रेणी है जिसके अधिकांश सदस्य प्रकाश संश्लेषण द्वारा शर्कराजातीय खाद्य बनाने में समर्थ होते हैं। पौधों को स्वपोषित या प्राथमिक उत्पादक कहा जाता है। हरे पादप ही धरती पर अधिकांश जीवन के आधार हैं।

36. (d) तेलंगाना की राजधानी हैदराबाद में राजीव गांधी अंतर्राष्ट्रीय हवाई अड्डा स्थित है। यह भारतीय हवाई अड्डों में दूसरी सार्वजनिक निजी साझेदारी उपक्रम है।

37. (d) डॉ. चम्पक रमन पिल्लई ने 1914 में बर्लिन में भारतीय राष्ट्रीय पार्टी की स्थापना की। इस पार्टी के सदस्य लाला हरदयाल, तारक नाथ दास, मोहम्मद बरकतुल्लाह, राजा महेंद्र प्रताप और वीरेन्द्रनाथ चट्टोपाध्याय थे।

38. (c) मलेरिया एक वाहक-जनित संक्रामक रोग है जो प्रोटोज़ोआ परजीवी द्वारा फैलता है। मलेरिया के परजीवी का वाहक मादा एनोफिलेज़ (Anopheles) मच्छर है। इसके काटने पर मलेरिया के परजीवी लाल रक्त कोशिकाओं में प्रवेश कर बहुगुणित होते हैं। जिससे रक्तहीनता (एनीमिया) के लक्षण उभरते हैं (चक्कर आना, साँस फूलना, द्रुतनाड़ी इत्यादि)।

39. (d) वर्तमान में भारत विश्व की पाँचवीं बड़ी अर्थव्यवस्था बन चुका है। 2030 तक भारत विश्व की तीसरी सबसे बड़ी अर्थव्यवस्था बनने की ओर अग्रसर है।

40. (b) भारत में विशेष आर्थिक क्षेत्रों की स्थापना मुख्यत: मुक्त व्यापार एवं विदेशी निवेश को बढ़ावा देने के उद्देश्य से की गई थी। एसईजेड नीति का उद्देश्य प्रतिस्पर्धा का सृजन, विश्व स्तर की अवसंरचना उपलब्ध कराते हुए सुविधाजनक एवं समेकित क्षेत्रों की स्थापना करना और वैश्विक स्तर के व्यापार के लिए उपयुक्त सेवाएं प्रदान करना है।

भाग-III प्रारंभिक अंकगणित

41. (a) $\because x+y+z=0$

$\therefore x^3+y^3+z^3=3xyz$ .... (सूत्र)

$\therefore \frac{x^3}{xyz}+\frac{y^3}{xyz}+\frac{z^3}{xyz}=3$

($x\,y\,z$ से प्रत्येक पद को भाग देने पर)

$\Rightarrow \frac{x^2}{yz}+\frac{y^2}{xz}+\frac{z^2}{xy}=3$

42. (c) $x=\sqrt{\frac{\sqrt{5}+1}{\sqrt{5}-1}\times\frac{\sqrt{5}+1}{\sqrt{5}+1}}=\sqrt{\frac{(\sqrt{5}+1)^2}{5-1}}$

$=\sqrt{\frac{(\sqrt{5}+1)^2}{4}}=\frac{\sqrt{5}+1}{2}$

$\therefore 5x^2-5x-1$

$=\left(\frac{(\sqrt{5}+1)}{2}\right)^2-5\frac{(\sqrt{5}+1)}{2}-1$

$= 5\left(\frac{5+1+2\sqrt{5}}{4}\right) - \frac{5\sqrt{5+5}}{2} - 1$

$= 5\left(\frac{3+\sqrt{5}}{2}\right) - \frac{5\sqrt{5+5}}{2} - 1$

$= \frac{15+5\sqrt{5}-5\sqrt{5}-5-2}{2}$

$= \frac{8}{2} = 4$

43. (a) $2^1 = 2; 2^2 = 4; 2^3 = 8;$
$2^4 = 16; 2^5 = 32$

अर्थात् घात 4 के पश्चात् इकाई के अंक की पुनरावृत्ति होती है।

33 में 4 से भाग देने पर शेषफल = 1

∴ 2^{33} के गुणनफल में इकाई का अंक = 2

∴ 10 से भाग देने पर शेषफल = 2

44. (b) $a^{\frac{1}{3}} = 11 \Rightarrow a = 11^3 = 1331$

∴ $a^2 - 331a = a(a - 331)$
$= 1331\,(1331 - 331)$
$= 1331 \times 1000 = 1331000$

45. (a) $\frac{\cos\theta}{1-\sin\theta} + \frac{\cos\theta}{1+\sin\theta}$

$= \frac{\cos\theta\,(1+\sin\theta) + \cos\theta\,(1-\sin\theta)}{(1-\sin\theta)\,(1+\sin\theta)}$

$= \frac{\cos\theta + \cos\theta\sin\theta + \cos\theta - \cos\theta\sin\theta}{1-\sin^2\theta}$

$= \frac{2\cos\theta}{\cos^2\theta}$ $[\because 1-\sin^2\theta = \cos^2\theta]$

$= \frac{2}{\cos\theta} = 2\sec\theta$

46. (d) दो विषम संख्याओं का योग एवं दोनों संख्याओं के गुणनफल का दुगुना सम संख्या होती है।

∴ $a + b + 2ab =$ सम संख्या

47. (b) किसी भी चतुर्भुज का परिमाप चारों भुजाओं का योग होता है।

उसका आधा परिमाप सामान्यत: किसी एक विकर्ण से छोटा नहीं होता।

वास्तव में, विकर्ण की लंबाई परिमाप से संबंधित नहीं है; यह चतुर्भुज के आकार और भुजाओं पर निर्भर करती है।

उदाहरण के लिए, वर्ग में यदि भुजा a है, तो परिमाप $4a$ होगा और उसका आधा $2a$। विकर्ण $\sqrt{2}\,a$ होता है। यहाँ $2a > \sqrt{2}\,a$। यानी आधा परिमाप विकर्ण से बड़ा है, छोटा नहीं।

इसलिए कथन कि "चतुर्भुज के परिमाप का आधा विकर्ण से छोटा होता है" गलत है।

48. (a) $\frac{a^2}{(a-b)(a-c)} + \frac{b^2}{(b-c)(b-a)} + \frac{c^2}{(c-a)(c-b)}$

$= -\frac{a^2}{(a-b)(c-a)} - \frac{b^2}{(b-c)(a-b)} - \frac{c^2}{(c-a)(b-c)}$

(चक्रीय क्रम में लिखने पर)

$= \frac{-a^2(b-c) - b^2(c-a) - c^2(a-b)}{(a-b)(b-c)(c-a)}$

$= \frac{-a^2b + a^2c - b^2c + b^2a - c^2a + c^2b}{(a-b)(b-c)(c-a)}$

$= \frac{-a^2b + b^2a + a^2c - b^2c - c^2a + c^2b}{(a-b)(b-c)(c-a)}$

$= \frac{-ab(a-b) + c(a^2-b^2) - c^2(a-b)}{(a-b)(b-c)(c-a)}$

$= \frac{-ab(a-b) + c(a-b)(a+b) - c^2(a-b)}{(a-b)(b-c)(c-a)}$

$= \frac{(a-b)[-ab + c(a+b) - c^2]}{(a-b)(b-c)(c-a)}$

$= \frac{(a-b)[-ab + ca + cb - c^2]}{(a-b)(b-c)(b-a)}$

$= \frac{(a-b)(b-c)(-a+c)}{(a-b)(b-c)(c-a)}$

$= \frac{(a-b)(b-c)(-a+c)}{(a-b)(b-c)(c-a)}$

$= \frac{(a-b)(b-c)(c-a)}{(a-b)(b-c)(c-a)} = 1$

49. (c) 5, 6, 7, 8 का ल.स. = 35 × 24 = 840

∴ अभीष्ट संख्या = 840 k + 3 जो 9 से विभाज्य है।

k = 2 के लिए संख्या 9 से विभाज्य है।

∴ अभीष्ट संख्या = 840 k + 3
= 840 × 2 + 3 = 1683

50. (c) माना कि संख्याएं $3x$, $4x$ एवं $5x$ हैं।

∴ $5x + 3x = 4x + 52$

⇒ $4x = 52 \Rightarrow x = 13$

∴ सबसे छोटी संख्या
$= 3x = 3 \times 13 = 39$

51. (c) क्षेत्रफल में प्रतिशत वृद्धि

$= \left(50 + 50 - \frac{50\times 50}{100}\right)\% = 75\%$

52. (c) पहले दो दिनों में A एवं B द्वारा किया गया काम

$= \frac{1}{9} + \frac{1}{12} = \frac{4+3}{36} = \frac{7}{36}$

प्रथम दस दिनों में दोनों द्वारा किया गया काम $= \frac{35}{36}$

शेष काम $= 1 - \frac{35}{36} = \frac{1}{36}$

अब A की बारी है।

∴ A द्वारा लिया गया समय

$= \frac{1}{36} \times 9 = \frac{1}{4}$ दिन

∴ कुल समय $= 10 + \frac{1}{4} = 10\frac{1}{4}$ दिन

53. (b) $\sec\theta + \tan^3\theta\,\text{cosec}\theta$

$= \sec\theta\left\{\frac{\sec\theta + \tan^3\theta\,\text{cosec}\theta}{\sec\theta}\right\}$

[secθ से गुणा एवं भाग देने पर]

$= \sec\theta\left\{1 + \tan^3\theta\frac{\cos\theta}{\sin\theta}\right\}$

$= \sec\theta\,\{1 + \tan^3\theta \times \cot\theta\}$

$= \sqrt{1+\tan^2\theta}\{1+\tan^2\theta\}$

$= \{1+\tan^2\theta\}^{\frac{3}{2}}$

$= \{1+(1-a^2)\}^{\frac{3}{2}} = (2-a^2)^{\frac{3}{2}}$

$[\because \tan^2\theta = 1 - a^2]$

54. (a) माना B, x दिन में कार्य को पूरा करता है।

∴ A द्वारा $\frac{3x}{4}$ दिन में सम्पन्न कार्य $= \frac{1}{2}$

∴ A द्वारा काम को पूरा करने में लगा समय

$= 2 \times \frac{3x}{4} = \frac{3x}{2}$ दिन

∴ (A + B) द्वारा 1 दिन में किया गया काम

$= \frac{1}{x} + \frac{2}{3x} = \frac{3+2}{3x} = \frac{5}{3x}$

∴ $\frac{5}{3x} = \frac{1}{18} \Rightarrow 3x = 90 \Rightarrow x = 30$

∴ B को कार्य पूरा करने में लगा समय = 30 दिन

55. (c) वर्ग की भुजा $= \sqrt{81} = 9$ सेमी

∴ तार की कुल लंबाई = 4 × 9 = 36 सेमी

अब, अर्द्धवृत्त का परिमाप $= \pi r + 2r$

⇒ $r(\pi + 2) = 36$

⇒ $r = \frac{36}{\pi+2} = \frac{36}{\frac{22}{7}+2}$

$= \frac{36}{\frac{36}{7}} = \frac{36}{36} \times 7 = 7$ सेमी

∴ अर्द्धवृत्त का क्षेत्रफल $= \frac{\pi r^2}{2} = \frac{22}{7\times 2} \times 7 \times 7$

= 77 वर्ग सेमी

56. (b) बेलनाकार बीकर में बढ़े तल का आयतन

$= \pi r^2 h = \frac{22}{7} \times \frac{7}{2} \times \frac{7}{2} \times 5.6$

= 215.6 घन सेमी

एक गोले का आयतन $= \frac{4}{3}\pi r^3$

$= \frac{4}{3} \times \frac{22}{7} \times (0.7)^3$

$= \frac{4.312}{3}$ घन सेमी

∴ गोलों की संख्या $= \frac{215.6}{\frac{4.312}{3}} = \frac{215.6 \times 3}{4.312}$

= 150

57. (b) नली द्वारा 1 घंटे में निकला पानी

$= \frac{22}{7} \times \frac{10\times 10\times 3000}{10000}$ घन मीटर

$= \frac{660}{7}$ घन मीटर

वृत्ताकार टंकी का आयतन

$= \frac{22}{7} \times 5 \times 5 \times 2 = \frac{1100}{7}$ घन मीटर

∴ अभीष्ट समय = $\dfrac{\frac{1100}{7}}{\frac{660}{7}} = \dfrac{5}{3}$ घंटा

$= 1$ घंटा $\dfrac{2}{3} \times 60$ मिनट

$= 1$ घंटा 40 मिनट

58. (d) पहिए द्वारा 1 चक्कर में तय की गई दूरी $= 2\pi r$

$\therefore\ 5000 \times 2\pi r = 11 \times 1000$

$\Rightarrow\ 5000 \times 2 \times \dfrac{22}{7} \times r = 11000$

$\Rightarrow\ r = \dfrac{11000 \times 7}{5000 \times 2 \times 22} = 0.35$ मीटर

$= 35$ सेमी

∴ व्यास = 2 × त्रिज्या = 2 × 35 = 70 सेमी

59. (b) गायों द्वारा चरा गया क्षेत्र

$= \dfrac{180°}{360°}\pi r^2 = \dfrac{\pi r^2}{2}$

$= \dfrac{1}{2} \times \dfrac{22}{7} \times 7 \times 7 = 77$ वर्ग मीटर

त्रिभुजाकार खेत का अर्द्धपरिमाप (s)

$= \dfrac{26+28+30}{2} = 42$ मीटर

∴ खेत का क्षेत्रफल

$= \sqrt{s(s-a)(s-b)(s-c)}$

$= \sqrt{42(42-26)(42-28)(42-30)}$

$= \sqrt{42 \times 16 \times 14 \times 12}$

$= 336$ वर्ग मीटर

∴ शेष खेत का क्षेत्रफल $= 336 - 77 = 259$ वर्ग मीटर

60. (d) माना कि वस्तु का अंकित मूल्य = ₹ x

∴ विक्रय मूल्य = ₹ $\dfrac{77x}{100}$

∴ क्रय मूल्य = ₹ $\dfrac{77x}{100} - 56$

$\therefore\ \dfrac{77x - 5600}{100} \times \dfrac{110}{100} = \dfrac{77x}{100}$

$\Rightarrow\ \dfrac{77x - 5600}{100} = \dfrac{77x}{110} = \dfrac{7x}{10}$

$\Rightarrow\ 77x - 5600 = 70x$

$\Rightarrow\ 7x = 5600$

$\Rightarrow\ x =$ ₹ 800

भाग-IV हिंदी

61. (b) 'आजन्म' का अर्थ है जन्म से लेकर जीवनभर। यहाँ 'आ' उपसर्ग और 'जन्म' शब्द मिलकर अव्ययीभाव समास बनाते हैं क्योंकि इसमें पहला पद (अव्यय) प्रधान होता है।

62. (d) रसीला, जहरीला, बर्फीला शब्दों में (d) इला प्रत्यय का प्रयोग हुआ है। ये सभी शब्द मूल शब्द (रस, जहर, बर्फ़) के अंत में 'ईला' प्रत्यय जुड़ने से बने हैं।

63. (c) 'सज्जन' का सही संधि विच्छेद (c) सत् + जन होगा। यह व्यंजन संधि का एक उदाहरण है, जहाँ 'त्' का 'ज्' में परिवर्तन हो जाता है जब 'ज्' वर्ण से मेल होता है।

64. (c) 'इन्द्र', 'सुरेश', 'सुरेन्द्र' सभी देवताओं के नाम हैं और समानार्थी हैं, जबकि 'धनाधिप' का अर्थ है धन का स्वामी, जो अलग अर्थ व्यक्त करता है।

65. (c) इस लोकोक्ति का प्रयोग उस स्थिति में होता है जब कोई व्यक्ति किसी भी प्रकार के बंधन या नियंत्रण से मुक्त हो।

66. (b) दी गई पंक्तियाँ – 'उस काल मारे क्रोध के तन काँपने उसका लगा। मानो हवा के जोर से, सोता हुआ सागर जगा।' – यहाँ कवि ने क्रोध की तीव्रता और उसके प्रभाव का चित्रण किया है। तन काँपना और सोते हुए सागर का जागना, यह सब उग्रता और हिंसात्मक भाव को व्यक्त करता है। यह भाव रौद्र रस का है।

67. (b) 'ध्वंस' का अर्थ है विनाश या नाश करना। इसका विलोम होगा 'निर्माण', क्योंकि निर्माण का अर्थ है सृजन करना, बनाना।

68. (d) 'पुत्री' शब्द के पर्यायवाची शब्द हैं – तनया, आत्मजा, दुहिता, तनुजा। ये सभी संस्कृतनिष्ठ शब्द पुत्री के लिए प्रयुक्त होते हैं।

69. (c) 'उंगलियों पर नचाना' मुहावरे का अर्थ है किसी को अपनी इच्छा के अनुसार कार्य कराना। अर्थात् व्यक्ति को पूरी तरह अपने नियंत्रण में रखना।

70. (b) 'प्रत्युत्तर' शब्द शुद्ध है। इसका अर्थ है उत्तर देना या प्रतिक्रिया करना। अन्य विकल्प गलत रूप हैं।

71. (d) पंक्ति "दुख ही जीवन की कथा रही क्या कहूँ आज जो नहीं कही।" महादेवी वर्मा की रचना है। महादेवी वर्मा को 'आधुनिक मीरा' कहा जाता है। उनकी कविताओं में करुणा, वेदना और जीवन की पीड़ा का गहन चित्रण मिलता है। यह पंक्ति उनके काव्य-संसार की संवेदनशीलता को दर्शाती है।

72. (a) 'अंधायुग' प्रसिद्ध नाटककार धर्मवीर भारती की रचना है। यह नाटक महाभारत के युद्ध के बाद की स्थिति को आधुनिक दृष्टिकोण से प्रस्तुत करता है। इसमें युद्ध की विभीषिका और मानवता के संकट का चित्रण है।

73. (a) 'पदावली' विद्यापति द्वारा रचित है। विद्यापति मैथिली भाषा के महान कवि थे। उनकी पदावलियाँ मुख्यत: भक्ति और श्रृंगार रस से परिपूर्ण हैं। विशेषकर राधा-कृष्ण के प्रेम का सुंदर चित्रण उनकी पदावलियों में मिलता है।

74. (b) पंक्ति 'पुस्तक जल्हण हाथ दै चलि गज्जन नृप काज' चंदबरदाई की है। चंदबरदाई पृथ्वीराज चौहान के राजकवि थे और उन्होंने 'पृथ्वीराज रासो' की रचना की। यह पंक्ति उसी ग्रंथ से ली गई है।

75. (b) 'साहित्य समाज का दर्पण है' यह प्रसिद्ध उक्ति महावीर प्रसाद द्विवेदी की है। उन्होंने हिंदी साहित्य को आधुनिक रूप देने में महत्वपूर्ण योगदान दिया। उनके अनुसार साहित्य समाज की वास्तविकता और उसकी स्थिति को प्रतिबिंबित करता है।

76. (a) 'कान खड़े होना' का अर्थ है (a) सतर्क हो जाना। यह एक मुहावरा है जिसका मतलब है चौकन्ना और सावधान रहना।

जब कोई व्यक्ति किसी खतरे या किसी महत्वपूर्ण बात को भांप लेता है, तो वह सतर्क हो जाता है, जैसे जानवर खतरे को सूंघने पर अपने कान खड़े कर लेते हैं।

77. (d) मूर्ख के लिए आँखों का तारा मुहावरा प्रयुक्त नहीं होता है।

78. (a) समस्याओं का हल खोजने पर आधारित अध्ययन गणित विषय से जुड़ा हुआ था। गणित ही वह विषय है जिसमें समस्याओं को हल करने, तर्क करने और समाधान निकालने की क्षमता विकसित होती है।

79. (c) सवाल हल करने में मौखिक गणना का अधिक उपयोग वे बच्चे करते हैं जो दुकानदारी करते हैं। क्योंकि वे रोज़मर्रा के लेन-देन में मानसिक गणना का अभ्यास करते हैं और संख्याओं को तुरंत जोड़-घटाकर परिणाम निकाल लेते हैं।

80. (d) अनुच्छेद के आधार पर कहा जा सकता है कि बच्चे रोजमर्रा के जीवन में काम आने वाली दक्षताओं को स्वत: ही हल कर लेते हैं। अर्थात् व्यावहारिक परिस्थितियों में वे बिना औपचारिक शिक्षा के भी गणना और समस्या समाधान कर लेते हैं।

❑❑❑

8 प्रैक्टिस सेट

भाग-I सामान्य बुद्धिमत्ता एवं तर्कशक्ति

निर्देश (1–3) : निम्नलिखित प्रत्येक प्रश्न में उसे चुनिए जो अन्य तीनों विकल्पों से भिन्न है–

1. (a) SNINET (b) SCHAMOT
(c) LABLOTOF (d) CEKTRIC

2. (a) लॉकेट (b) बाजूबंद
(c) चूड़ियाँ (d) कंगन

3. (a) 63 (b) 55
(c) 49 (d) 50

4. निम्नलिखित शब्दों को अंग्रेजी शब्दकोश में दिए गए क्रम के अनुसार लिखें-
1. Transfixed 2. Tranquilizer
3. Transaction 4. Transparency
5. Trampoline
(a) 5, 2, 3, 4, 1 (b) 2, 5, 1, 3, 4
(c) 5, 2, 3, 1, 4 (d) 3, 5, 1, 4, 2

5. अक्षरों का कौन-सा समूह खाली स्थानों पर क्रमवार रखने से दी गई अक्षर शृंखला को पूरा करेगा?
bdd _d_ebd_e_dd
(a) eebddb (b) eebdbd
(c) edebdb (d) ebdedb

निर्देश (6–8) : निम्नलिखित प्रत्येक प्रश्न में एक अनुक्रम दिया है, जिसमें एक पद लुप्त है। दिए गए विकल्पों में से वह सही विकल्प चुनिए जो अनुक्रम को पूरा करे–

6. 91, 273, 455, 637, ?, 9911
(a) 1011 (b) 899
(c) 10011 (d) 819

7. AGMS, TNHB, CIOU, ?
(a) MNOP (b) XRLF
(c) WQKE (d) VPJD

8. 4, 7, 12, 21, ?
(a) 42 (b) 30
(c) 38 (d) 39

9. विकास जमीन से उठकर खड़े होने में 15 सेकण्ड और जमीन पर बैठने में 11 सेकण्ड का समय लेता है। वह इस प्रक्रिया को कुछ समय तक जारी रखता है। 93 सेकण्ड में वह कितनी बार खड़ा होगा?
(a) 4 बार (b) 3 बार
(c) 6 बार (d) 5 बार

10. माँ की आयु उसकी पुत्री की आयु से तीन गुना है। छह वर्ष पहले, माँ की आयु पुत्री की आयु से पाँच गुना थी। 6 वर्ष पहले पुत्री की आयु क्या थी?
(a) 36 वर्ष (b) 6 वर्ष
(c) 12 वर्ष (d) 30 वर्ष

11. एक व्यक्ति ने एक महिला की तरफ इशारा करके कहा, "वह मेरे एकमात्र चाचा के भाई के पुत्र की विधवा है।" उस महिला का उस व्यक्ति से क्या संबंध है?
(a) भाभी (b) चाची
(c) बहन (d) भतीजी

12. यदि 'SWTFP' को '15467' कोड में और 'KSLFF' को '21366' कोड में लिखा जाता है, तो 'KTLFP' को किस कोड में लिखा जाएगा?
(a) 22637 (b) 24367
(c) 21342 (d) 21675

13. निम्नलिखित विकल्पों में से वह शब्द चुनिए जो दिए गए शब्द के अक्षरों का प्रयोग करके **नहीं** बनाया जा सकता-
RAPPROCHEMENT
(a) CEMENT (b) REPRESENT
(c) REPROACH (d) PHANTOM

14. * चिन्हों को बदलने और निम्नलिखित समीकरण को संतुलित करने के लिए गणितीय चिन्हों का सही संयोजन चुनिए-
9 * 3 * 3 * 3 * 6
(a) ÷ × − = (b) + − × =
(c) − + + = (d) × + − =

15. यदि अप्रैल माह की 8 तारीख सोमवार को पड़ती है, तो उस माह की 30 तारीख किस वार को पड़ेगी?
(a) रविवार (b) सोमवार
(c) मंगलवार (d) बुधवार

16. नीचे दिए गए प्रश्न में कुछ कथन और उनके बाद उन कथनों पर आधारित कुछ निष्कर्ष दिए गए हैं, हालाँकि उनमें सामान्य ज्ञात तथ्यों से भिन्नता हो सकती है। सभी निष्कर्ष पढ़ें और फिर निर्धारित करें कि दिए गए कौन-से निष्कर्ष, दिए गए कथनों के आधार पर युक्तिसंगत हैं?

कथन:
सभी गुफाएं सर्पिलाकार हैं।
कुछ सर्पिलाकार कार्ड हैं।

निष्कर्ष:
I. कुछ सर्पिलाकार कार्ड नहीं हैं।
II. कुछ गुफाएं कार्ड नहीं हैं।
III. कुछ कार्ड गुफाएं हैं।
(a) निष्कर्ष I और II सही हैं
(b) निष्कर्ष II सही है।
(c) सभी निष्कर्ष सही हैं
(d) कोई भी निष्कर्ष सही नहीं है

17. वह आरेख चुनिए जो नीचे दिए गए वर्गों के बीच के संबंध का सही निरूपण है।
व्यावसायिक, प्रामाणिक सरकारी लेखाधिकारी, महिला

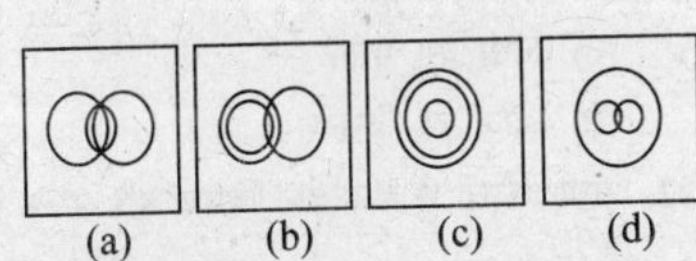
(a) (b) (c) (d)

18. कौन-सी उत्तर आकृति प्रश्न आकृति के प्रतिरूप को पूरा करेगी?

प्रश्न आकृति:

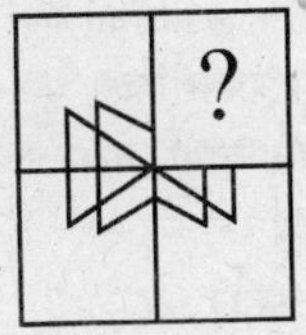

उत्तर आकृतियां:

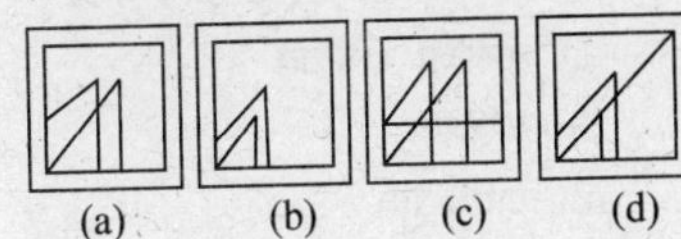
(a) (b) (c) (d)

19. नीचे प्रश्न आकृतियों में दिखाए, अनुसार कागज को मोड़कर छेदने तथा खोलने के बाद वह किस उत्तर आकृति जैसा दिखेगा?

प्रश्न आकृतियां:

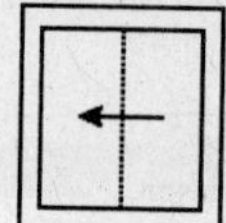
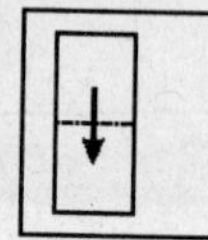

उत्तर आकृतियां:

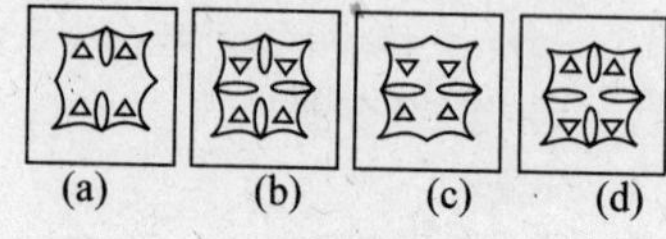

(a) (b) (c) (d)

20. दी गई आकृति में कितने त्रिभुज हैं?

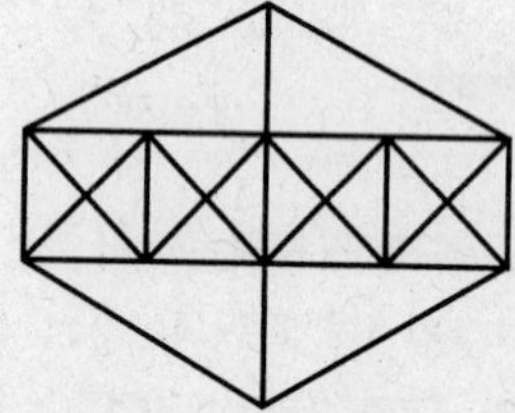

(a) 38 (b) 44
(c) 46 (d) 54

भाग-II सामान्य ज्ञान एवं सामान्य जानकारी

21. समष्टि-अर्थशास्त्र में किस मूल समस्या का अध्ययन किया जाता है?
(a) आय का उत्पादन
(b) आय का प्रयोग
(c) आय का प्रवाह
(d) आय का वितरण

22. संघीय सूची में समाविष्ट विषयों की संख्या कितनी है?
(a) 97 (b) 102
(c) 82 (d) 89

23. पांडिचेरी का वह फ्रांसीसी राज्यपाल कौन था जिसने फ्रेंच कंपनी को एक शक्तिशाली कंपनी बनाने का प्रयास किया था?
(a) थॉमस आर्थर, कॉम्ट द लैली
(b) गौडेह्यू
(c) ला बूरदौने
(d) जोसेफ फ्रैंकोइस डुप्ले

24. सर्वाधिक सशक्त पेशवा कौन था?
(a) बालाजी बाजीराव
(b) बाजीराव
(c) माधव राव
(d) बालाजी विश्वनाथ

25. लोकतंत्रीय समाजवाद का लक्ष्य है-
(a) शांतिपूर्ण तरीकों से समाजवाद लाना
(b) हिंसक और शांतिपूर्ण तरीकों से समाजवाद लाना
(c) हिंसक तरीकों से समाजवाद लाना
(d) लोकतंत्रीय तरीकों से समाजवाद लाना

26. यदि गति में रहते हुए घूर्णन की धुरी किसी वस्तु में से होकर गुजरती है, तो उस गति को .... कहा जाता है।
(a) कक्षीय गति (b) वृत्तीय गति
(c) घुमाव गति (d) दोलन गति

27. निम्नलिखित मृदा में से सर्वाधिक अनुर्वर कौन-सी है?
(a) काली कपास मृदा (b) जलोढ़ मृदा
(c) लैटेराइट मृदा (d) पीटमय मृदा

28. निम्नलिखित में से विषम पद का पता लगाएँ-
(a) स्लेटी पत्थर (b) संगमरमर
(c) चूना पत्थर (d) बलुआ पत्थर

29. निम्नलिखित में से किस कारण से मरुस्थल में वनस्पति की कमी होती है?
(a) बालू की भारी मात्रा
(b) मृदा में B संस्तर का न होना
(c) उच्च तापमान
(d) वर्षा की कमी

30. निम्नलिखित तत्वों के बीच सबसे ज्यादा विद्युत ऋणात्मकता किसकी है?
(a) F (b) Cl
(c) Br (d) I

31. क्वाण्टम सिद्धात की नींव की स्थापना किसने की थी?
(a) मैक्स प्लांक (b) मार्क निकोलस
(c) अल्बर्ट आइन्स्टीन (d) अल्फ्रेड हिचकॉक

32. निम्नलिखित में से कौन-सा एक अजैव कारक है?
(a) बरुथी (b) नमी
(c) कीट (d) कृंतक (रोडेन्ट)

33. बहुत-से तृणों की पत्तियाँ वलित और अनवलित होने में समर्थ होती हैं क्योंकि-
(a) उनके मध्यरागी (पर्णमध्योतक) घेरे और स्पंजी पेरेन्काइमा में विभेदित नहीं होते हैं
(b) उनमें पत्तियों की दोनों तरफ स्टोमेटा होता है
(c) उनमें उच्च स्तर का सिलिका होता है
(d) उनमें विशेष आवर्ध त्वक्कोशिकाएँ होती हैं

34. प्लूरा किसका आवरण है?
(a) फेफड़ा (b) यकृत
(c) वृक्क (d) हृदय

35. निम्नलिखित में से कौन-सा एक अंडद स्तनी है?
(a) स्लॉथ
(b) बतखचोंच (डक-बिल्ड) प्लेटीपस
(c) कंगारू
(d) घूस (पंदिकोकु)

36. न्यूक्लीय रिएक्टर में प्रयोग किया जाने वाला विमंदक है-
(a) यूरेनियम (b) रेडियम
(c) साधारण जल (d) ग्रेफाइट

37. सूर्य-ग्रहण उस समय होता है जब-
(a) सूर्य और पृथ्वी को जोड़ने वाली रेखा पर चन्द्रमा स्थित नहीं होता है ।
(b) सूर्य और पृथ्वी के बीच चन्द्रमा आ जाता है ।
(c) चन्द्रमा और पृथ्वी के बीच सूर्य आ जाता है ।
(d) चन्द्रमा और सूर्य के बीच पृथ्वी आ जाती है ।

38. विश्व की सबसे लम्बी भूमीय सीमा किन दो देशों के बीच है?
(a) ऑस्ट्रेलिया एवं न्यूजीलैण्ड
(b) भारत एवं चीन
(c) स्विट्जरलैण्ड एवं इटली
(d) कनाडा एवं यूएसए

39. BIOS का विस्तृत रूप क्या है?
(a) बेसिक इन्टरनल आउटपुट सिस्टम
(b) बेसिक इन्ट्रा ऑपरेटिंग सिस्टम
(c) बेसिक इन्टरनल ऑर्गन सिस्टम
(d) बेसिक इनपुट आउटपुट सिस्टम

40. सौर ऊर्जा को बिजली में परिवर्तित करने के लिए कौन-सी युक्ति प्रयुक्त की जाती है?
(a) प्रकाश-वोल्टीय सेल
(b) डेन्यल सेल
(c) इलेक्ट्रोकेमिकल सेल
(d) गैल्वैनी सेल

भाग-III प्रारंभिक अंकगणित

41. A एक काम को 16 दिन में कर सकता है और B 24 दिन में। वे C की सहायता लेते हैं और तीनों मिलकर काम 6 दिन में पूरा कर देते हैं। यदि काम के लिए कुल पारिश्रमिक ₹ 400 है, तो काम के अनुपात में हर व्यक्ति को मिलने वाली राशि (रुपयों में) है-
(a) A : 150, B : 100, C : 150
(b) A : 100, B : 150, C : 150
(c) A : 150, B : 150, C : 100
(d) A : 100, B : 150, C : 100

42. जब किसी संख्या के 75% में 75 जोड़े जाएँ तो प्राप्त उत्तर ही संख्या है। संख्या का 40% ज्ञात करें-
(a) 100 (b) 80
(c) 120 (d) 160

43. 50 मीटर लंबी एक गाड़ी 100 मीटर लंबे एक प्लेटफॉर्म को 10 सेकंड में पार करती है। गाड़ी की गति, मीटर/सेकंड में है-
(a) 50 (b) 10
(c) 15 (d) 20

44. शृंखला में प्रश्न चिह्न (?) के स्थान पर क्या आएगा?
3, 8, 27, 112, (?), 3396
(a) 565 (b) 452
(c) 560 (d) 678

45. किसी राशि पर चक्रवृद्धि ब्याज और साधारण ब्याज के बीच 10% प्रतिवर्ष दर पर 2 वर्ष के लिए अंतर ₹ 300 है। राशि ज्ञात करें-
(a) ₹ 31,000 (b) ₹ 31,500
(c) ₹ 30,000 (d) ₹ 30,500

46. अनुपात 11 : 15 की दोनों मदों से कौन-सी संख्या घटाई जाए ताकि यह 2 : 3 बन जाए?
(a) 2 (b) 3
(c) 4 (d) 5

47. $\begin{pmatrix} \sin^2 7\frac{1^\circ}{2} + \sin^2 82\frac{1^\circ}{2} \\ + \tan^2 2^\circ . \tan^2 88^\circ \end{pmatrix}$ का मान है-
(a) 1 (b) 2
(c) 0 (d) 4

48. $1 - 2\sin^2\theta + \sin^4\theta$ का मान ज्ञात करें-
(a) $\sin^4\theta$ (b) $\cos^4\theta$
(c) $\text{cosec}^4\theta$ (d) $\sec^4\theta$

49. जैस्मिन अपनी वस्तुओं के अंकित मूल्य पर 4% छूट देती है और फिर भी 20% लाभ अर्जित करती है। उस कमीज की लागत कीमत क्या है जिसका अंकित मूल्य ₹ 850 है?
(a) ₹ 650 (b) ₹ 720
(c) ₹ 700 (d) ₹ 680

50. 10% की छूट पर एक वस्तु को ₹ 1800 में बेच कर एक दुकानदार ने ₹ 200 का लाभ प्राप्त किया। यदि उसने उसे बिना किसी छूट के बेचा होता तो लाभ का प्रतिशत होता-
(a) 10% (b) 20%
(c) 25% (d) 30%

51. अंकित मूल्य ₹ 1200 वाली एक मेज एक ग्राहक को ₹ 1100 में बेची गई। मेज पर दी गई छूट की दर ज्ञात करें-
(a) 9% (b) $8\frac{1}{3}$%
(c) $9\frac{1}{3}$% (d) 10%

52. A तथा B केंद्रों वाले समान त्रिज्याओं के दो वृत्तों में से प्रत्येक एक-दूसरे के केंद्र से गुजरता है। यदि वे C और D पर काटें तो ∠DBC का मान है -
(a) 60° (b) 100°
(c) 120° (d) 140°

53. एक आदमी, एक औरत और एक लड़का मिलकर एक काम को 6 दिन में पूरा करते हैं। यदि एक आदमी और एक औरत उस काम को क्रमश: 10 और 24 दिन में पूरा कर सकते हैं तो एक लड़के को वह काम पूरा करने में कितने दिन लगेंगे?
(a) 30 (b) 35
(c) 40 (d) 45

54. 11 संख्याओं का औसत 63 है। यदि पहली छह संख्याओं का औसत 60 है और अंतिम छह संख्याओं का औसत 65 है, तो छठी संख्या है-
(a) 57 (b) 60
(c) 62 (d) 64

55. यदि $x^2 + \frac{1}{x^2} = 66$, तो,
$\frac{x^2 - 1 + 2x}{x}$ का मान = ?
(a) ± 8 (b) 10, – 6
(c) 6, –10 (d) ± 4

56. यदि बिन्दु I, Δ ABC का अंत:केंद्र हो और ∠B = 70° और ∠C = 50°, तो ∠BIC का परिमाण है -
(a) 130° (b) 60°
(c) 120° (d) 105°

57. एक त्रिभुज ABC के लिए, D, E, F उसकी भुजाओं के मध्य बिंदु हैं। यदि ΔABC = 24 वर्ग यूनिट तो Δ DEF है-
(a) 4 वर्ग यूनिट (b) 6 वर्ग यूनिट
(c) 8 वर्ग यूनिट (d) 12 वर्ग यूनिट

58. यदि $a^2 + a + 1 = 0$, तो a^9 का मान है-
(a) 2 (b) 3
(c) 1 (d) 0

59. एक त्रिभुज के लिए परिकेंद्र उसकी एक भुजा पर स्थित है। त्रिभुज है-
(a) समकोण (b) अधिक कोण
(c) समद्विबाहु (d) समबाहु

60. A एक काम को 12 दिन में कर सकता है और B 15 दिन में। वे मिलकर 5 दिन काम करते हैं और फिर B छोड़ देता है। A द्वारा शेष काम पूरा करने के लिए कितने दिन लिए गए?
(a) 3 (b) 5
(c) 10 (d) 12

भाग-IV हिंदी

61. सही वर्तनी का चयन कीजिए-
(a) व्यावसायिक (b) व्यवसायीक
(c) व्यावसयिक (d) व्यवसयिक

62. 'रहिमन मोहि न सुहाय, अमिय पियावत मान बिनु। वरन विषदेय बुलाय, मान सहित मरिबा भला' में छंद है-
(a) दोहा (b) सोरठा
(c) चौपाई (d) मालिनी

63. किस समास में पहला पद संख्यावाचक होता है?
(a) अव्ययीभाव (b) द्विगु
(c) द्वन्द्व (d) कर्मधारय

64. 'सूर्योदय' में समास बताइए-
(a) द्विगु (b) द्वन्द्व
(c) अव्ययीभाव (d) तत्पुरुष

65. निम्नलिखित में से कौन-सा मैथिलीशरण गुप्त की रचना नहीं है?
(a) साकेत (b) द्वापर
(c) मौर्यविजय (d) पंचवटी

66. 'अत्याधुनिक' शब्द में कौन-सा उपसर्ग है?
(a) अ (b) अति
(c) अप (d) अव

67. 'पिटाई' में प्रयुक्त प्रत्यय बताइए-
(a) आव (b) आई
(c) आप (d) आका

68. 'अक्ल के घोड़े दौड़ाना' मुहावरे का सही अर्थ है-
(a) बुद्धि का प्रयोग करना
(b) बुद्धिमान होना
(c) बुद्धिहीन होना
(d) बुद्धि का प्रयोग न करना

69. 'आलोचना' का पर्यायवाची है-
(a) सुलोचना (b) विवाद
(c) समीक्षा (d) बाध्यता

70. 'स्वच्छता' का विपरीतार्थक शब्द होगा-
(a) स्वच्छ (b) अस्वच्छ
(c) अस्वच्छता (d) शुद्ध

71. 'जिसे मापा न जा सकता हो' कहलाता है-
(a) अमापित (b) नमक
(c) अपर (d) अपरिमेय

72. इच्छा का पर्याय नहीं है-
(a) रूक्ष (b) स्पृहा
(c) चाह (d) ईहा

73. 'दुर्जन' का सन्धि-विच्छेद होगा-
(a) दुर + जन (b) दु + जन
(c) दुः + जन (d) दु + रजन

74. 'नमस्ते' शब्द का सन्धि-विच्छेद है-
(a) नम + स्ते (b) नमस् + ते
(c) नमः + ते (d) नमः + त

75. निम्नलिखित में से तत्पुरुष समास किसमें है?
(a) नीलगाय (b) राजकुमार
(c) त्रिलोचन (d) दशानन

76. जो, सो किस प्रकार के सर्वनाम हैं?
(a) निश्चयवाचक
(b) सम्बन्धवाचक
(c) निजवाचक
(d) प्रश्नवाचक

77. 'प्रेमचंद का गोदान श्रेष्ठ उपन्यास है'। 'का' शब्द में कौन-सा कारक है?
(a) कर्ता (b) कर्म
(c) सम्बन्ध (d) करण

निर्देश : गद्यांश को पढ़कर निम्नलिखित प्रश्नों (प्र. सं. 78 से 80) में सबसे उचित विकल्प चुनिए।

जहाँ तक मैं समझता हूँ, मेरी आत्मिक शक्तियों के विकास में बार्सिलोना और उसके निवासियों का सबसे सुंदर चित्रण भी सहायक नहीं हो सकता था। स्योम्का और फेद्का को पीटर्सबर्ग के जलमार्गों को जानने की क्या जरूरत है, अगर जैसी कि संभावना है, वे वहाँ कभी नहीं जा पाएँगे? अगर स्योम्का का वहाँ कभी जाना होगा भी, तो उसे इससे कोई फर्क नहीं पड़ेगा कि उसने यह स्कूल में पढ़ा था या नहीं, क्योंकि तब इन जलमार्गों को वह व्यवहार में जान ही जाएगा और अच्छी तरह जान जाएगा। मैं नहीं समझ सकता कि उसकी आत्मिक शक्तियों के विकास में इस बात की जानकारी से कोई मदद मिल सकती है कि वोल्गा में सन से लदे जहाज नीचे की ओर जाते हैं और अलकतरे से लदे जहाज ऊपर की ओर; कि दुबोव्का नाम का एक बंदरगाह है; कि फलाँ भूमिगत परत फलाँ जगह तक जाती है; कि सामोयेद लोग बारहसिंगा गाड़ियों पर सफर करते हैं, वगैरह-वगैरह।

78. स्योम्का और फेद्का हैं –
(a) कर्मचारियों के नाम
(b) शहरों के नाम
(c) शिक्षकों के नाम
(d) विद्यार्थियों के नाम

79. लेखक के अनुसार वह पढ़ाई निरर्थक है–
(a) जिसका उपयोग बच्चे अपने रोजमर्रा के जीवन में न करते हों
(b) जिसमें जलमार्गों के बारे में नहीं पढ़ाया जाता
(c) जानकारी नहीं दी जाती
(d) जो बंदरगाहों के बारे में न बताए

80. बच्चे ढेर सारी जानकारी प्राप्त करके –
(a) कक्षा में अव्वल आ सकते हैं
(b) बहुत कुछ सीख सकते हैं
(c) विद्वान् बन सकते हैं
(d) आत्मिक विकास नहीं कर सकते

उत्तर (हल/संकेत)

भाग-I सामान्य बुद्धिमत्ता एवं तर्कशक्ति

1. (b) विकल्प (b) को छोड़कर अन्य सभी विकल्पों के अक्षरों को व्यवस्थित करने पर खेलों के नाम मिलते हैं।
SNINET ⇒ TENNIS
LABLOTOF ⇒ FOOTBALL
CEKTRIC ⇒ CRICKET
परंतु,
SCHAMOT ⇒ STOMACH

2. (a) लॉकेट को छोड़कर अन्य सभी बाजू या कलाई पर पहनी जाती हैं। लॉकेट को गले में पहना जाता है।

3. (d) संख्या 50 को छोड़कर अन्य सभी विषम संख्याएँ हैं।

4. (c) शब्दकोश के अनुसार शब्दों का क्रम:
5. Trampoline
↓
2. Tranquilizer
↓
3. Transaction
↓
1. Transfixed
↓
4. Transparency

5. (a) [e] b d d / [e] [b] d [d] /e b d [d] /e [b] d d

6. (d) $91 \times 3 \Rightarrow 9 \times 3 : 1 \times 3 \Rightarrow 273$
$91 \times 5 \Rightarrow 9 \times 5 : 1 \times 5 \Rightarrow 455$
$91 \times 7 \Rightarrow 9 \times 7 : 1 \times 7 \Rightarrow 637$
$91 \times 9 \Rightarrow 9 \times 9 : 1 \times 9 \Rightarrow 819$
$91 \times 11 \Rightarrow 9 \times 11 : 1 \times 11$
$\Rightarrow 9911$

7. (d) जिस प्रकार,
$A \xrightarrow{+2} C$
$G \xrightarrow{+2} I$
$M \xrightarrow{+2} O$
$S \xrightarrow{+2} U$

उसी प्रकार,
$T \xrightarrow{+2} V$
$N \xrightarrow{+2} P$
$H \xrightarrow{+2} J$
$B \xrightarrow{+2} D$

8. (c) $4 \times 2 - 1 = 8 - 1 = 7$
$7 \times 2 - 2 = 14 - 2 = 12$
$12 \times 2 - 3 = 24 - 3 = 21$
$21 \times 2 - 4 = 42 - 4 = \boxed{38}$

9. (a) 15 + 11 = 26 सेकंड में वह एक बार खड़ा होगा तथा एक बार बैठेगा।
अत: 26 × 3 = 78 सेकंड में वह तीन बार खड़ा होगा तथा तीन बार बैठेगा।
अत: 93 सेकंड में वह चार बार खड़ा होगा।

10. (b) माना कि पुत्री की वर्तमान आयु = x वर्ष
माता की वर्तमान आयु = $3x$ वर्ष
प्रश्नानुसार, $5(x-6) = 3x - 6$
$\Rightarrow 5x - 30 = 3x - 6$
$\Rightarrow 5x - 3x = 30 - 6$
$\Rightarrow 2x = 24$
$\therefore x = 12$ वर्ष
अब, छह वर्ष पहले पुत्री की आयु = 12 – 6 = 6 वर्ष

11. (a) व्यक्ति के एकमात्र चाचा के भाई के पुत्र की विधवा का अर्थ हुआ उस व्यक्ति की भाभी।

12. (b)
S W T F P
↓ ↓ ↓ ↓ ↓
1 5 4 6 7

K S L F F
↓ ↓ ↓ ↓ ↓
2 1 3 6 6

अत:
K T L F P
↓ ↓ ↓ ↓ ↓
2 4 3 6 7

13. (b) दिए गए शब्द में 'S' अक्षर नहीं है। अत: शब्द REPRESENT नहीं बनाया जा सकता है।
RAPPRO [C] H [EMENT]
⇒ CEMENT
[RAPPROCHE] MENT
⇒ REPPROACH
R [AP] PR [O] C [H] E [M] E
⇒ PHANTOM

14. (a) व्यंजक = 9 * 3 * 3 * 3 * 6
विकल्प (a) से,
$9 \div 3 \times 3 - 3 = 6$
$\Rightarrow 3 \times 3 - 3 = 6$
$\Rightarrow 9 - 3 = 6$
$\Rightarrow 6 = 6$

15. (c) सोमवार को उस महीने की तारीख = 8, 15, 22 और 29
इसलिए, 30 को दिन = (सोमवार + 1) मंगलवार होगा।

16. (d)

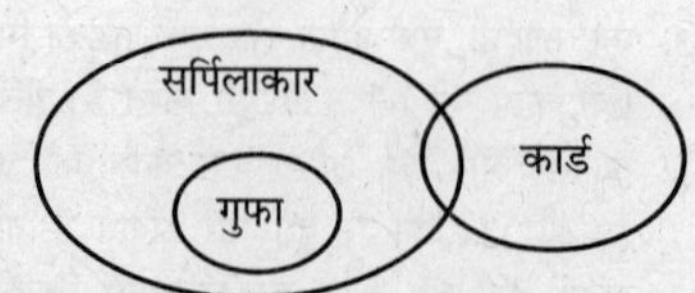

अत: कोई भी निष्कर्ष अनुसरण नहीं करता है।

17. (b) सर्वाधिक उचित सम्बन्ध निम्नलिखित है।

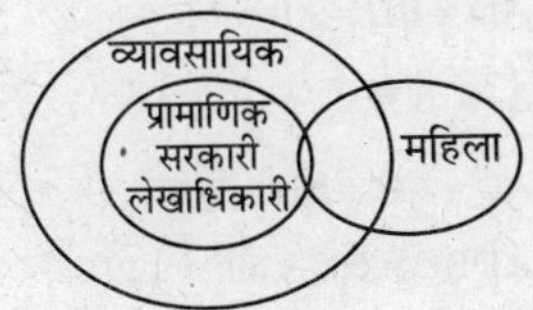

18. (a) उत्तर आकृति (a) है जिसे दी गई प्रश्न आकृति के रिक्त भाग में रखने पर प्रश्न आकृति का पैटर्न पूर्ण हो जाता है।

19. (c) कागज को मोड़कर छेदने तथा खोलने के पश्चात्-उत्तर आकृति (c) प्राप्त होती है।

20. (b) एक घटक वाले त्रिभुजों की संख्या = 20
दो घटक वाले त्रिभुजों की संख्या = 18
चार घटक वाले त्रिभुजों की संख्या = 6
कुल त्रिभुजों की संख्या = (20 + 18 + 6) = 44

भाग-II सामान्य ज्ञान एवं सामान्य जानकारी

21. (a) समष्टि अर्थशास्त्र के अंतर्गत सभी आर्थिक गतिविधियों, राष्ट्रीय आय, विकास, मुद्रास्फीति और बेरोजगारी से संबंधित तथ्यों का अध्ययन किया जाता है। यह राष्ट्रीय आय और राष्ट्रीय विकास को उच्चतम सीमा तक बढ़ाने के संबंध में बताता है।

22. (a) संघीय सूची या सूची-1 में 100 विषय (item) शामिल हैं। (यद्यपि अंतिम रूप से इनकी संख्या 97 है।) भारतीय संविधान के भाग-XI में दिए गए इस सूची में अंकित सभी विषय राष्ट्रीय महत्त्व के हैं और इन विषयों पर केवल संघीय संसद ही कानून बना सकती है। यह सूची सातवीं अनुसूची के अनुच्छेद 246 में दी गई है।

23. (d) पॉन्डिचेरी के प्रथम फांसीसी गवर्नर जोसेफ फ्रैंकोइस डुप्ले ने फ्रेंच कंपनी को एक शक्तिशाली कंपनी बनाने का प्रयास किया था। डुप्ले को 12 अक्टूबर, 1754 को फ्रांस वापस जाने के लिए जहाज पर चढ़ने को विवश किया गया था।

24. (b) बाजीराव प्रथम को नौ मराठा पेशवाओं में से सबसे प्रभावशाली माना जाता है। उन्होंने मध्य भारत (मालवा) और राजपूताना को जीतकर उत्तर-पश्चिम में गुजरात और दक्षिण में दक्कन तक अपने साम्राज्य का विस्तार किया था। बाजीराव ने दिल्ली पर 1738 में धावा बोला था।

25. (d) लोकतांत्रिक समाजवाद एक राजनीतिक विचारधारा है जो प्रजातान्त्रिक राजनीतिक प्रणाली के साथ-साथ एक समाजवादी आर्थिक तंत्र का समर्थन करता है। यह प्रजातांत्रिक विधि और राजनीतिक तंत्र की केंद्रीय भूमिका पर जोर देता है। यह प्राय: अप्रजातांत्रिक राजनीतिक आंदोलनों जो समाजवाद का समर्थन करता है, से विषमता प्रकट करता है।

26. (c) घुमाव गति एक रोटेशन के केन्द्र के चारों ओर ऑब्जेक्ट का एक परिपत्र आन्दोलन है एक त्रि-आयामी आब्जेक्ट हमेशा एक काल्पनिक रेखा के चारों ओर घूमता है। जिसे एक रोटेशन अक्ष कहा जाता है। यदि अक्ष शरीर के केन्द्र के माध्यम से गुजरता है, तो शरीर को स्वयं पर घुमाया जाता है।

27. (c) सभी प्रकार की मृदाओं में लैटेराइट मृदा सर्वाधिक अपक्षीण (weathered) और अनुर्वर (infertile) होती है। तीव्र निक्षालन (intensive leaching) और न्यून क्षारक विनिमय क्षमता के कारण लैटेराइट मृदा सामान्यत: अनुर्वर होती है। फसल उत्पादन की दृष्टि से इस मृदा का महत्त्व कम है।

28. (b) सेल, बलुआ पत्थर और चूना पत्थर अवसादी चट्टान के उदाहरण हैं, संगमरमर कायान्तरित चट्टान का एक प्रकार है। यह एक अपत्राभिकृत (non-foliated) रूपांतरित चट्टान है जो पुन: क्रिस्टलीय कार्बोनेट खनिज से बना होता है। इसका सर्वसाधारण उदाहरण है कैलसाइट या डोलोमाइट।

29. (d) रेगिस्तान एक बंजर भूमि होती है जहाँ अत्यल्प मात्रा में वर्षा होती है जिसके कारण वहाँ का वातावरण पेड़-पौधों एवं जीव-जंतुओं के प्रतिकूल होता है। वर्षा की कमी या अपर्याप्त वर्षा रेगिस्तान के वनस्पतिहीन होने का मुख्य कारण है।

30. (a) आवर्तसारणी में फ्लोरीन सबसे अधिक विद्युत ऋणात्मक तत्व है। विकल्प में दिए गए सभी तत्व आवर्त सारणी के समूह 17 से संबंधित हैं।

31. (a) क्वाण्टम थ्योरी आधुनिक भौतिकी का सैद्धान्तिक आधार है जो परमाणु और उप-परमाण्विक स्तर पर पदार्थ और ऊर्जा के प्रकृति व्यवहार की व्याख्या करता है। उस स्तर पर पदार्थ और ऊर्जा का प्रकृति और व्यवहार कभी-कभी क्वाण्टम भौतिकी और क्वाण्टम यान्त्रिकी के रूप में सन्दर्भित होता है। 1900 में भौतिक विज्ञानी मैक्स प्लांक ने जर्मन क्वालिटी सोसायटी को अपनी क्वाण्टम थ्योरी को प्रस्तुत किया।

32. (b) अजैव कारक (Abiotic factor) पर्यावरण के वे अजीवित रासायनिक और भौतिक भाग हैं जो जीवित प्राणियों और पारिस्थितिक तंत्र पर प्रभाव डालते हैं। अजैव कारकों को 'SWATS' (मृदा, जल, वायु, तापमान, सूर्य का प्रकाश) में वर्गीकृत किया जाता है।

33. (d) बुलिफॉर्म कोशिकाएँ एक बड़ी और बुलबुला आकार की अधिचर्मीय कोशिका है जो कई प्रकार के तृणों की ऊपरी सतह के पत्तों पर पायी जाती है। इन कोशिकाओं के स्फीति (turgor) परिवर्तन से पत्तियाँ वलित (rolling) और अनवलित (non-rolling) होती हैं। इस प्रकार यह जल हानि को नियमित करते हैं।

34. (a) प्लूरा (Pleura) ऊतक का एक बड़ा और पतला शीट है जो फेफड़े के बाहरी भाग को चारों तरफ से लपेटे रहता है। यह एक अत्यंत कोमल सीरमी (serous) झिल्ली है जो एक बंद अन्तर्वलित कोश के रूप में व्यवस्थित रहती है। प्लूरा केवल तभी दिखाई देती है जब उसमें कोई असामान्यता (abnormality) होती है।

35. (b) प्लेटीपस जिसे 'डक-बिल्ड प्लेटीपस' भी कहा जाता है, एक अर्ध जलीय, अंडा देने वाला स्तनधारी है जो ऑस्ट्रेलिया में पाया जाता है। यह मोनोट्रीम्स प्रजाति के पाँच प्रजातियों में से एक है। यह ऐसा स्तनधारी है जो बच्चा जनन के स्थान पर अंडे देता है।

36. (c) लाइट वाटर (साधारण जल) का प्रयोग संयुक्त राज्य अमेरिका में मोडरेटर के रूप में कूलिंग एजेंट की तरह किया जाता है। यह इस प्रकार से कार्य करता है जिससे कि भाप उत्पन्न करने के लिए ऊष्मा को हटाया जाता है। इससे इलेक्ट्रिक जेनरेटर का टरबाइन घूमता है।

37. (b) सूर्य ग्रहण की घटना उस समय घटित होती है जब चंद्रमा, सूर्य और पृथ्वी के बीच आ जाता है। इस स्थिति में चंद्रमा सूर्य को अंशत: या पूर्णत: ढक लेता है। यह घटना सिर्फ अमावस्या के दिन होती है, जब सूर्य और चन्द्रमा कन्जंक्शन में होते हैं।

38. (d) विश्व की सबसे लम्बी भूमीय सीमा कनाडा एवं यूएसए के बीच है। यह कनाडा और संयुक्त राज्य अमेरिका के बीच क्रमश: दूसरे और चौथे सबसे बड़े देशों के बीच साझा किया गया है। स्थलीय सीमा 8891 किमी लम्बी है, जिसमें से 2475 किमी कनाडा की सीमा अलास्का के साथ है। कनाडा के

आठ तथा अमेरिका के तेरह राज्य सीमा पर स्थित है।

39. (d) IBM PC में कॉम्पैटिबल कम्प्यूटर्स, द बेसिक इनपुट/आउटपुट सिस्टम (BIOS) वस्तुत: एक फर्मवेयर इन्टरफेस है। इस नाम की उत्पत्ति बेसिक इनपुट/आउटपुट सिस्टम से हुई है जो वर्ष 1975 में (CP/M) ऑपरेटिंग सिस्टम में प्रयुक्त किया जाता था।

40. (a) प्रकाश-वोल्टीय सेल (PV) का उपयोग कर सूर्य के प्रकाश को विद्युत में बदला जा सकता है। एक प्रकाश-वोल्टीय प्रणाली में सोलर पैनल का प्रयोग किया जाता है, जिनमें बहुत से सोलर सेल्स का प्रयोग उपयोगी सौर ऊर्जा की आपूर्ति के लिए किया जाता है।

भाग-III प्रारंभिक अंकगणित

41. (a) यदि C अकेले उस काम को x दिन में पूरा करे, तो

$$\frac{1}{16}+\frac{1}{24}+\frac{1}{x}=\frac{1}{6}$$

$$\Rightarrow \frac{1}{x}=\frac{1}{6}-\frac{1}{16}-\frac{1}{24}=\frac{8-3-2}{48}=\frac{1}{16}$$

$\Rightarrow x = 16$ दिन

$\therefore$ पारिश्रमिक का अनुपात

$$=\frac{1}{16}:\frac{1}{24}:\frac{1}{16}=3:2:3$$

$\therefore$ A की पारिश्रमिक $=\frac{3}{8}\times 400=$ ₹ 150

B की पारिश्रमिक $=\frac{2}{8}\times 400=$ ₹ 100

C की पारिश्रमिक $=\frac{3}{8}\times 400=$ ₹ 150

42. (c) यदि संख्या $=x$ हो, तो $x\times\frac{75}{100}+75=x$

$$\Rightarrow \frac{3x}{4}+75=x$$

$$\Rightarrow x-\frac{3x}{4}=75$$

$$\Rightarrow \frac{x}{4}=75$$

$$\Rightarrow x=4\times 75=300$$

$\therefore$ 300 का 40% $=\frac{300\times 40}{100}=120$

43. (c) गाड़ी की चाल

$=\dfrac{\text{(रेलगाड़ी + प्लेटफॉर्म) की लंबाई}}{\text{पार करने में लगा समय}}$

$=\frac{(50+100)}{10}$ मीटर

$=\frac{150}{10}=15$ मी./सेकण्ड

44. (a) शृंखला का पैटर्न है :

$3\times 2+2=6+2=8$

$8\times 3+3=24+3=27$

$27\times 4+4=108+4=112$

$112\times 5+5=560+5=\boxed{565}$

45. (c) अंतर $=\frac{PR^2}{10000}$

$$\Rightarrow 300=\frac{P\times 10\times 10}{10000}$$

$\Rightarrow P=300\times 100=$ ₹ 30000

46. (b) अभीष्ट संख्या $=x$

$$\therefore \frac{11-x}{15-x}=\frac{2}{3}$$

$$\Rightarrow 33-3x=30-2x$$

$$\Rightarrow 3x-2x=33-30$$

$$\Rightarrow x=3$$

47. (b) $\sin^2 7\frac{1}{2}^\circ+\sin^2 82\frac{1}{2}^\circ+\tan^2 2^\circ.\tan^2 88^\circ$

$$=\sin^2 7\frac{1}{2}^\circ+\sin^2\left(90^\circ-7\frac{1}{2}^\circ\right)+\tan^2 2^\circ.\tan^2(90^\circ-2^\circ)$$

$$=\sin^2 7\frac{1}{2}^\circ+\cos^2 7\frac{1}{2}^\circ+\tan^2 2^\circ.\cot^2 2^\circ$$

$[\because \sin(90^\circ-\theta)=\cos\theta;\ \tan(90^\circ-\theta)=\cot\theta]$

$=1+1=2$

48. (b) $1-2\sin^2\theta+\sin^4\theta$

$=(1-\sin^2\theta)^2=(\cos^2\theta)^2=\cos^4\theta$

49. (d) कमीज की लागत कीमत = ₹ x

$$\therefore x\times\frac{120}{100}=\frac{850\times 96}{100}$$

$$\Rightarrow x\times 120=850\times 96$$

$\Rightarrow x=\frac{850\times 96}{120}=$ ₹ 680

50. (c) वस्तु का अंकित मूल्य = ₹ x

$$\therefore x\times\frac{90}{100}=1800$$

$\Rightarrow x=\frac{1800\times 100}{90}=$ ₹ 2000

वस्तु का क्रय मूल्य $=1800-200$

= ₹ 1600

$\therefore$ अभीष्ट लाभ प्रतिशत

$$=\frac{2000-1600}{1600}\times 100$$

$$=\frac{400}{1600}\times 100=25\%$$

51. (b) छूट की दर $=x\%$

$$\therefore 1200\times\frac{x}{100}=1200-1100$$

$$\Rightarrow 12x=100$$

$$\Rightarrow x=\frac{100}{12}=\frac{25}{3}=8\frac{1}{3}\%$$

52. (c)

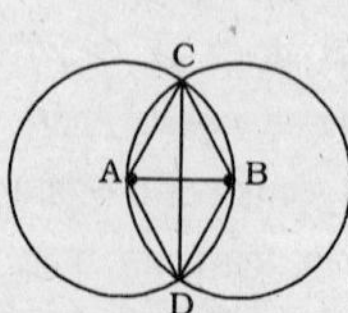

Δ ABD में,

AD = BD = AB = त्रिज्या

Δ ACB में,

AC = CB = AB = त्रिज्या

$\therefore \angle DBC=60^\circ+60^\circ=120^\circ$

53. (c) एक लड़के द्वारा लिया गया समय $=x$ दिन

$$\therefore \frac{1}{10}+\frac{1}{24}+\frac{1}{x}=\frac{1}{6}$$

$$\Rightarrow \frac{1}{x}=\frac{1}{6}-\frac{1}{10}-\frac{1}{24}$$

$$=\frac{20-12-5}{120}=\frac{3}{120}=\frac{1}{40}$$

$\Rightarrow x=40$ दिन

54. (a) छठी संख्या $=6\times 60+6\times 65-11\times 63$
$=360+390-693=57$

55. (b) $x^2+\frac{1}{x^2}=66$

$$\Rightarrow \left(x-\frac{1}{x}\right)^2+2=66$$

$$\Rightarrow \left(x-\frac{1}{x}\right)^2=66-2=64$$

$$\Rightarrow x-\frac{1}{x}=\pm 8$$

$\therefore$ व्यंजक $=\frac{x^2-1+2x}{x}$

$$=\frac{x^2}{x}-\frac{1}{x}+2=x-\frac{1}{x}+2$$

$x-\frac{1}{x}$ का मान रखने पर,

$=8+2$ या $-8+2=10$ या -6

56. (c)

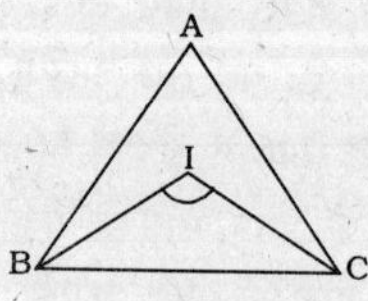

$\angle IBC=\frac{70^\circ}{2}=35^\circ;$

$\angle ICB=\frac{50^\circ}{2}=25^\circ;$

$\therefore \angle BIC=180^\circ-35^\circ-25^\circ$

$=180^\circ-60^\circ=120^\circ$

57. (b)

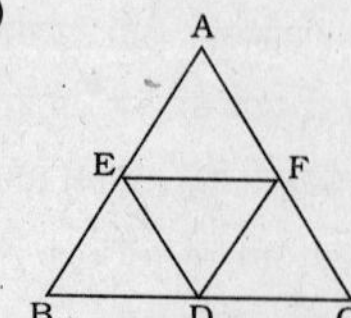

$\Delta DEF = \frac{1}{4}\Delta ABC$

$= \frac{1}{4} \times 24 = 6$ वर्ग यूनिट

58. (c) $a^2 + a + 1 = 0$

$\Rightarrow (a-1)(a^2 + a + 1) = 0$

$\Rightarrow a^3 - 1 = 0$

$\Rightarrow a^3 = 1 \Rightarrow a = 1$

$\therefore a^9 = 1$

59. (a)

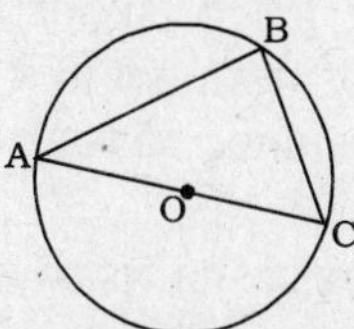

$\angle ABC = 90°$

$\angle ABC$ एक समकोण त्रिभुज है एवं 'O' परिकेन्द्र है।

60. (a) A एवं B द्वारा 5 दिन में किया गया काम

$= 5\left(\frac{1}{12} + \frac{1}{15}\right) = 5\left(\frac{5+4}{60}\right)$

$= 5 \times \frac{9}{60} = \frac{9}{12} = \frac{3}{4}$

शेष काम $= 1 - \frac{3}{4} = \frac{1}{4}$

$\therefore$ A द्वारा लिया गया समय

$= \frac{1}{4} \times 12 = 3$ दिन

भाग-IV हिंदी

61. (a) सही वर्तनी है - व्यावसायिक। यह शब्द 'व्यवसाय' से बना है और इसका अर्थ है व्यवसाय से संबंधित। अन्य विकल्प गलत वर्तनी हैं।

62. (a) इस छंद में (a) दोहा छंद है। यह एक प्रसिद्ध दोहा है जो बताता है कि बिना मान-सम्मान के अमृत पीने से अच्छा है कि मान के साथ ज़हर पीकर मरना।

दोहा: यह एक मात्रिक छंद है जिसके पहले और तीसरे चरण में मात्राएँ और दूसरे और चौथे चरण में मात्राएँ होती हैं।

63. (b) जिस समास में पहला पद संख्यावाचक होता है, उसे द्विगु समास कहते हैं। उदाहरण: त्रिलोकी, पंचवटी आदि।

64. (d) 'सूर्योदय' शब्द में 'सूर्य का उदय' अर्थ निहित है। यहाँ 'सूर्य' और 'उदय' के बीच संबंध कारक का है, इसलिए यह तत्पुरुष समास है।

65. (c) मैथिलीशरण गुप्त की रचना (c) मौर्यविजय नहीं है। साकेत, द्वापर और पंचवटी सभी मैथिलीशरण गुप्त द्वारा लिखी गई रचनाएँ हैं, जबकि मौर्यविजय किसी और लेखक की रचना है, जो दिए गए विकल्पों में से एकमात्र विकल्प है। साकेत, द्वापर, रंग में भंग, पंचवटी, भारत-भारती मैथिलीशरण गुप्त की प्रसिद्ध रचनाएं हैं।

66. (b) 'अत्याधुनिक' शब्द में उपसर्ग अति है। यहाँ 'अति' का अर्थ है 'बहुत अधिक' या 'अत्यधिक'। 'अत्याधुनिक' का अर्थ हुआ - बहुत अधिक आधुनिक।

67. (b) 'पिटाई' शब्द में प्रयुक्त प्रत्यय आई है। 'पिट' धातु से 'पिटाई' बना है, जिसमें 'आई' प्रत्यय जुड़कर क्रिया से संज्ञा का रूप बनाता है।

68. (a) 'अक्ल के घोड़े दौड़ाना' मुहावरे का अर्थ है बुद्धि का प्रयोग करना। यह मुहावरा उस स्थिति में प्रयुक्त होता है जब कोई व्यक्ति किसी समस्या का समाधान खोजने के लिए अपनी बुद्धि का अधिक प्रयोग करता है।

69. (c) 'आलोचना' का पर्यायवाची शब्द है समीक्षा। आलोचना का अर्थ है किसी विषय, रचना या विचार का विश्लेषण करना और उसकी अच्छाइयों व कमियों को उजागर करना।

70. (c) 'स्वच्छता' का विपरीतार्थक शब्द है अस्वच्छता। स्वच्छता का अर्थ है साफ-सफाई, जबकि अस्वच्छता का अर्थ है गंदगी या अशुद्ध अवस्था।

71. (d) 'जिसे मापा न जा सकता हो' के लिए सही शब्द है अपरिमेय। 'अपरिमेय' का अर्थ है जिसे किसी सीमा या परिमाण में बाँधा न जा सके।

72. (a) 'इच्छा' का पर्यायवाची शब्द स्पृहा, चाह और ईहा हैं, लेकिन रूक्ष का अर्थ है कठोर या शुष्क, जो इच्छा का पर्याय नहीं है।

73. (a) 'दुर्जन' का सही संधि-विच्छेद (a) दुः + जन होगा, जो विसर्ग संधि का उदाहरण है।

दुर्जन = दुः + जन

यह एक विसर्ग संधि है, क्योंकि इसमें विसर्ग (:) का 'र' में परिवर्तन होता है।

74. (c) 'नमस्ते' का सन्धि-विच्छेद है नमः + ते। 'नमः' का अर्थ है नमस्कार और 'ते' का अर्थ है 'तुम्हें'।

75. (b) तत्पुरुष समास वह होता है जिसमें एक पद दूसरे पर आश्रित होता है। दिए गए विकल्पों में राजकुमार तत्पुरुष समास है, जिसका अर्थ है 'राजा का कुमार'।

76. (b) 'जो, सो' सर्वनाम सम्बन्धवाचक सर्वनाम हैं। ये शब्द वाक्य में दो खंडों को जोड़ते हैं और एक संबंध स्थापित करते हैं। उदाहरण: जो मेहनत करता है, सो फल पाता है।

77. (c) 'प्रेमचंद का गोदान' में 'सम्बन्ध' कारक है, क्योंकि यहाँ पर 'प्रेमचंद' और 'गोदान' के बीच का संबंध ('का') दिखाया गया है, जो स्वामित्व या संबंध को दर्शाता है।

78. (a) स्योम्का और फेदका कर्मचारियों के नाम हैं।

79. (a) लेखक के अनुसार, वह पढ़ाई निरर्थक है जिसका उपयोग बच्चे अपने रोजमर्रा के जीवन में नहीं करते। शिक्षा तभी सार्थक है जब उसका व्यावहारिक जीवन में प्रयोग हो सके।

80. (b) बच्चे बहुत सारी जानकारी प्राप्त करके बहुत कुछ सीख सकते हैं।

❑❑❑

9 प्रैक्टिस सेट

भाग-I सामान्य बुद्धिमत्ता एवं तर्कशक्ति

निर्देश (1–4) : निम्नलिखित प्रश्नों में दिए गए विकल्पों में से संबंधित शब्द/अक्षरों/संख्या को चुनिए-

1. स्मृति-लोप : स्मृति :: लकवा : ?

(a) टाँगें (b) गति
(c) अंग (अवयव) (d) विकलांग

2. AFKP : BGLQ :: CHMR : ?

(a) DINS (b) DFKP
(c) DNIS (d) EJOT

3. PREMONITION : MONITIONERP :: LINSEEDOIL : ?

(a) SEEDOILNLI (b) SEEDOILLIN
(c) SEEDOILNIL (d) SEEDOILILN

4. 18 : 162 :: 36 : ?

(a) 984 (b) 1296
(c) 72 (d) 648

5. निम्नलिखित शब्दों को सार्थक क्रम में व्यवस्थित कीजिए-

1. भाई 2. पति
3. पिता 4. पुत्र
5. दामाद

(a) 3, 2, 1, 5, 4 (b) 4, 1, 2, 5, 3
(c) 4, 1, 5, 2, 3 (d) 3, 1, 4, 2, 5

6. अक्षरों का कौन-सा समूह खाली स्थानों पर क्रमवार रखने से दी गई अक्षर श्रृंखला को पूरा करेगा?

a_c_baab_cb_

(a) abbc (b) abab
(c) aabb (d) bcca

7. अनुक्रम में निकटतम अक्षरों के बीच में छोड़े हुए अक्षरों की संख्या एक बढ़ती जाती है। निम्नलिखित में से कौन-सी श्रृंखला इस नियम का पालन करती है?

(a) WBKQXYF (b) WYBFKQX
(c) YBQQFHN (d) WZCHJMQ

निर्देश (8–9) : निम्नलिखित प्रत्येक प्रश्न में एक अनुक्रम दिया गया है, जिसमें एक पद लुप्त है। दिए गए विकल्पों में से वह सही विकल्प चुनिए जो अनुक्रम को पूरा करे-

8. 12, 27, 85, 345, ?

(a) 1737 (b) 1380
(c) 1725 (d) 1731

9. ADGJ, YVSP, KNQT, ?

(a) SVZB (b) QTWZ
(c) OLIF (d) LORU

10. फोटोग्राफ में एक पुरुष की ओर इशारा करते हुए, एक महिला ने कहा, "इसके भाई के पिता मेरे दादाजी के इकलौते पुत्र हैं।" महिला फोटोग्राफ वाले पुरुष से किस प्रकार सम्बन्धित है?

(a) पुत्री (b) माता
(c) चाची (d) बहन

11. माधवी और शालिनी नाट्य-कला और कम्प्यूटर विज्ञान में उत्तम हैं। अंजना और माधवी कम्प्यूटर विज्ञान और भौतिकी में उत्तम हैं। अंजना, पूर्णिमा और निर्मला भौतिकी और इतिहास में उत्तम हैं। निर्मला और अंजना भौतिकी और गणित में उत्तम हैं। पूर्णिमा और शालिनी इतिहास और नाट्य-कला में उत्तम हैं। भौतिकी, नाट्य-कला और कम्प्यूटर विज्ञान में कौन उत्तम है?

(a) निर्मला (b) माधवी
(c) शालिनी (d) अंजना

12. श्रीमती लता 8 वर्ष पूर्व अपने पुत्र से आयु में तिगुनी बड़ी थी। अब उन दोनों की कुल आयु 64 वर्ष है। श्रीमती लता की आयु अब कितने वर्ष है?

(a) 48 (b) 12
(c) 36 (d) 44

13. दिए गए विकल्पों में से उस शब्द को चुनिए जिसे दिए गए शब्द के अक्षरों के प्रयोग द्वारा नहीं बनाया जा सकता-

INQUISITIVENESS

(a) QUITS (b) QUIETNESS
(c) INVENTIVE (d) QUININE

14. यदि अंग्रेजी वर्णमाला के अक्षरों को क्रमानुसार अंक प्रदान किए जाएँ, तो नीचे दिए उत्तरों में से किसी एक में एक सार्थक शब्द निहित है। उस उत्तर को पहचानिए-

(a) 13, 8, 9, 17, 14, 22
(b) 1, 12, 7, 5, 2, 18, 1
(c) 1, 7, 5, 12, 18, 1
(d) 4, 21, 7, 18, 13, 1

15. यदि एक कूट भाषा में "SEQUENCE" को "HVJFVMXV" लिखा जाता है, तो उसी कूट भाषा में "CHILDREN" को किस प्रकार लिखा जाएगा?

(a) MVIWORSX (b) XSRMWIVM
(c) XSROWIVM (d) DSROWIUN

16. निम्नलिखित प्रश्न में, दिए गए विकल्पों में से किन प्रतीक चिन्हों का प्रयोग करने से दिया गया समीकरण सही हो जाएगा?

15 _ 3 _ 4 _ 20

(a) ×, ÷ और > (b) ÷, × और <
(c) ÷, × और = (d) +, × और =

17. नीचे दिए गए प्रश्न में कुछ कथन और उनके बाद उन कथनों पर आधारित कुछ निष्कर्ष दिए गए हैं, हालाँकि उनमें सामान्य ज्ञात तथ्यों से भिन्नता हो सकती है। सभी निष्कर्ष पढ़ें और फिर निर्धारित करें कि दिए गए कौन-से निष्कर्ष, दिए गए कथनों के आधार पर युक्तिसंगत हैं?

कथन:

सभी सितारे टिमटिमाते हैं।
सभी उपग्रह टिमटिमाते हैं।

निष्कर्ष:

I. कुछ सितारे उपग्रह है।
II. कुछ सितारे टिमटिमाते हैं।

(a) केवल निष्कर्ष I सही है।
(b) केवल निष्कर्ष II सही है।
(c) न तो निष्कर्ष I और न ही II सही है।
(d) दोनों ही निष्कर्ष सही है।

18. पुनीत बिंदु R से पश्चिम दिशा में 10 किमी सीधा चला, फिर वह दाएँ मुड़कर 12 किमी चला तथा पुनः दाएँ मुड़कर 7 किमी सीधा चला। वह बिंदु R से किस दिशा में हैं?

(a) उत्तर-पूर्व (b) उत्तर-पश्चिम
(c) दक्षिण-पूर्व (d) दक्षिण-पश्चिम

19. वह आरेख चुनिए जो नीचे दिए गए वर्गों के बीच के संबंध का सही निरूपण करता है।

देश, राज्य, शहर

(a) 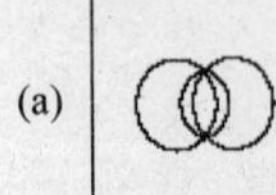 (b) 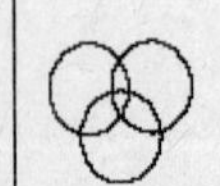

(c) 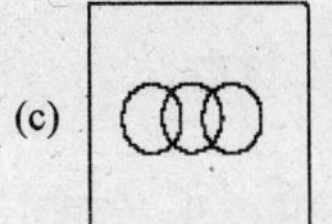 (d) 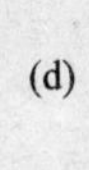 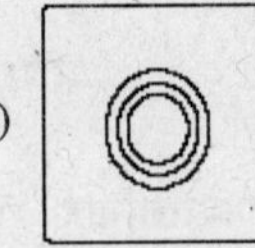

20. नीचे प्रश्न आकृतियों में दिखाए अनुसार कागज को मोड़कर तथा खोलने के बाद वह किस प्रकार उत्तर आकृति जैसा दिखाई देगा?

प्रश्न आकृतियाँ:

 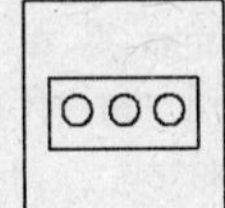

उत्तर आकृतियाँ:

(a) 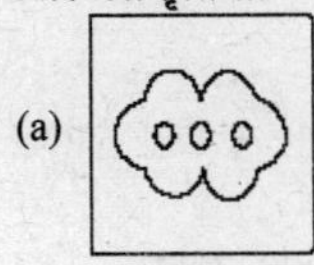 (b) 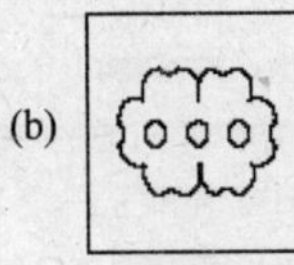

(c) 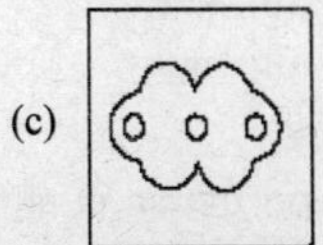 (d) 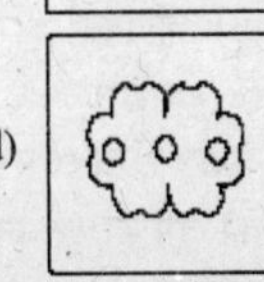

भाग-II सामान्य ज्ञान एवं सामान्य जानकारी

21. निम्नलिखित में से कौन प्रतिनिधिक सरकार उपबंधित करता है ?
(a) सरकार का अध्यक्षात्मक रूप
(b) अप्रत्यक्ष लोकतंत्र
(c) प्रत्यक्ष लोकतंत्र
(d) लोकतंत्र

22. विधानमंडल का प्रमुख कर्तव्य क्या है?
(a) केंद्रीय प्रशासन
(b) नियमों (कानूनों) को अधिनियमित करना
(c) न्यायिक मामलों को कार्यान्वित करना
(d) कानूनों को कार्यान्वित करना

23. चंद्रगुप्त मौर्य ने अपने अंतिम दिन कहाँ गुजारे?
(a) काशी (b) पाटलिपुत्र
(c) उज्जैन (d) श्रवणबेलगोला

24. यदि किसी फर्म (कम्पनी) द्वारा नियुक्त श्रमिक शक्ति का केवल कुछ भाग किसी भी समय और बिना वेतन के बर्खास्त किया जा सकता है, तो फर्म द्वारा भुगतान किए जाने वाली कुल मजदूरी और वेतनों को क्या माना जाना चाहिए?
(a) न तो नियत लागत और न ही परिवर्ती लागत
(b) परिवर्ती लागत
(c) नियत लागत
(d) अंशत: नियत और अंशत: परिवर्ती लागत

25. संघ लोक सेवा आयोग के सदस्यों की नियुक्ति किसके द्वारा की जाती है?
(a) विधि (कानून) मंत्री
(b) राष्ट्रपति
(c) प्रधानमंत्री
(d) मुख्य न्यायाधीश

26. "कोई राज्य उन अधिकारों द्वारा जाना जाता है जिन्हें यह बनाए रखता है" यह किसका कथन है?
(a) मेकियावेली (b) लॉस्की
(c) मेकाईवर (d) जे.एस. मिल

27. लिलिएसी का वह सदस्य जो जालिकारूपी शिराविन्यास दर्शाता है, यह है–
(a) एलियम (b) सिला
(c) स्माइलेक्स (d) एलो

28. बर्मा का नया नाम म्याँमार है और इसकी राजधानी है–
(a) नेपाईडौ (b) अराकान
(c) रंगून (d) आवा

29. दक्षिण भारत में प्रसिद्ध जैन केन्द्र कहाँ स्थित है?
(a) रामेश्वरम् (b) काँची
(c) मदुरई (d) श्रवणबेलगोला

30. अशोक के शिलालेख किस लिपि में खुदे हुए हैं?
(a) मगधी (b) ब्राह्मी
(c) पाली (d) देवनागरी लिपि

31. निम्नलिखित में से कौन-सी झील 'हनीमून लेक' कहलाती है?
(a) न्यासा (b) चैड
(c) टिटिकाका (d) टोबा

32. सहारा रेगिस्तान में शुष्क पवन (हरमट्टन) उड़ती है–
(a) दक्षिण से उत्तर की ओर
(b) पूर्व से पश्चिम की ओर
(c) पश्चिम से पूर्व की ओर
(d) उत्तर से दक्षिण की ओर

33. व्यापार की दृष्टि से सर्वाधिक व्यस्त महासागर है–
(a) आर्कटिक (उत्तरध्रुवीय) महासागर
(b) प्रशान्त महासागर
(c) हिन्द महासागर
(d) अटलांटिक (अंध) महासागर

34. केरल की नीरव घाटी में स्थित वन किस प्रकार के वन का एक उदाहरण है?
(a) मैंग्रोव वन (गरान)
(b) पर्णपाती वन
(c) उष्णकटिबंधीय वर्षावन
(d) एल्पाइन शंकुधारी वन

35. अन्नाईमुडी शिखर कहाँ स्थित है?
(a) सह्याद्री
(b) पूर्वी घाट
(c) नीलगिरी पहाड़ियाँ
(d) पालनी पहाड़ियाँ

36. व्यापारिक रूप से महत्त्वपूर्ण सूती रेशे हैं–
(a) स्तंभों के वल्कल रेशे
(b) बीजों के अधिचर्मी रोग
(c) जड़ों के काष्ठीय रेशे
(d) जड़ों के फ्लोएम रेशे

37. हर्मन होलेरिथ ने अपनी टेबुलेटिंग सिस्टम में पूर्णता प्राप्त की और यह मशीन विकसित की–
(a) ऐनालिटिकल इंजन
(b) सेंसस टेबुलेटर
(c) टेबुलेशन इंजन
(d) इनमें से कोई नहीं

38. कम्प्यूटर एप्लीकेशंस को बनाने के लिए प्रयुक्त डी.बी.एम.एस. किसको कहते हैं?
(a) डाटाबेस माइक्रो सिस्टम
(b) डाटाबेस मशीन सिस्टम
(c) डाटाबेस मेन्टिनेंस सिस्टम
(d) डाटाबेस मैनेजमेंट सिस्टम

39. एक परमाणु के अंदर एक इलेक्ट्रॉन की संपूर्ण ऊर्जा है–
(a) अनंत (b) शून्य
(c) शून्य से अधिक (d) शून्य से कम

40. प्रकाश का वेग है–
(a) 3×10^8 मी./सेकंड
(b) 3×10^8 किमी./सेकंड
(c) 3×10^8 मील/सेकंड
(d) 3×10^8 सेमी./सेकंड

भाग-III प्रारंभिक अंकगणित

41. एक प्लेट क्रमवार $12\frac{1}{2}\%$ और 10% की छूट देने के बाद ₹ 6,300 में बेची गई। अंकित मूल्य ज्ञात कीजिए–
(a) ₹ 7,300 (b) ₹ 7,700
(c) ₹ 8,000 (d) ₹ 7,250

42. अधिक आगंतुकों को आकर्षित करने के लिए, प्राणी उद्यान प्राधिकरण ने 25 पैसे की प्रत्येक टिकट पर 20% छूट देने की घोषणा की। इसके कारण टिकटों की बिक्री 28% बढ़ गई। आगंतुकों की संख्या में वृद्धि का प्रतिशत ज्ञात कीजिए–
(a) 40% (b) 50%
(c) 60% (d) कोई परिवर्तन नहीं

43. निम्नलिखित में से क्या सही अनुपात को दर्शाता है?
(a) 12 : 9 = 16 : 12
(b) 13 : 11 = 5 : 4
(c) 30 : 45 = 13 : 24
(d) 3 : 5 = 2 : 5

44. एक गोला दो गोलार्धों में कटा हुआ है। उनमें से एक का उपयोग कटोरे के रूप में किया जाता है। 12 सेमी ऊँचाई और 6 सेमी त्रिज्या वाले एक शंक्वाकार बर्तन को भरने के लिए इसके 8 कटोरे लगते हैं। गोले की त्रिज्या (सेंटीमीटर) में कितनी होगी?

(a) 3 (b) 2
(c) 4 (d) 6

45. एक वृत्त, वर्ग तथा समबाहु त्रिभुज की परिधि समान है तथा उसका क्षेत्रफल 'C', 'S' तथा 'T' है। इसमें से कौन- सा कथन सही है?

(a) C = S = T (b) C > S > T
(c) C < S < T (d) S < C < T

46. एक कमीज का सूची मूल्य ₹ 440 है और एक ग्राहक उसके लिए ₹ 396 देता है। छूट की दर क्या है?

(a) 10% (b) $10\frac{1}{2}$%
(c) 20% (d) 12%

47. निशा ने एक रुपए में 2 के हिसाब से कुछ संतरे खरीदे और उतने ही संतरे एक रुपए में 3 के हिसाब से खरीदे। 20% का लाभ कमाने के लिए उसे एक दर्जन संतरे कितने रुपए में बेचने चाहिए?

(a) ₹ 6 (b) ₹ 8
(c) ₹ 10 (d) ₹ 12

48. यदि A का वेतन B से 50% अधिक है तो B का वेतन A से कितने प्रतिशत कम है?

(a) 33% (b) $40\frac{1}{3}$%
(c) $45\frac{1}{3}$% (d) $33\frac{1}{3}$%

49. A और B 20 किमी दूरी पर हैं। A 4 किमी/घंटा और B 6 किमी/घंटा की गति से चल सकता है। यदि वे प्रात: 7 बजे एक दूसरे की ओर चलना शुरू करते हैं, तो वे कब मिलेंगे?

(a) प्रात: 8 :00 बजे
(b) प्रात: 8 :30 बजे
(c) प्रात: 9 :00 बजे
(d) प्रात: 10 :00 बजे

50. एक सिपाही चोर का पीछा करना शुरू करता है। जब चोर 10 कदम चलता है तो सिपाही 8 कदम चलता है। सिपाही के 5 कदम चोर के 7 कदमों के बराबर हैं। सिपाही और चोर की गति का अनुपात क्या है?

(a) 25 : 28 (b) 25 : 56
(c) 28 : 25 (d) 56 : 25

51. गणित की एक परीक्षा में 5 उम्मीदवारों द्वारा प्राप्त अंक लगातार 5 विषम पूर्णांकों में हैं। यदि उनके कुल अंक 185 हैं, तो उच्चतम अंक कितने हैं?

(a) 39 (b) 43
(c) 41 (d) 37

52. एक स्कूल के 80 और 60 छात्र लगातार दो वर्ष अंतिम परीक्षा में बैठे, जिनमें से क्रमश: 60% और 80% पास हुए। पास हुए छात्रों की औसत दर (प्रतिशत में) कितनी है?

(a) 68% (b) $68\frac{4}{7}$%
(c) 70% (d) $72\frac{3}{7}$%

53. $\frac{(941+149)^2+(941-149)^2}{(941\times941+149\times149)}$ का मान क्या है?

(a) 10 (b) 2
(c) 1 (d) 100

54. एक नाव 6 घंटे में 24 किमी ऊपर (धारा-प्रतिकूल) और 28 किमी निचले प्रवाह (अनुप्रवाह) में जाती है। वह 6 घंटे 30 मिनट में 30 किमी ऊपर और 21 किमी निचले प्रवाह में जाती है। नाव की शांत जल में गति क्या है?

(a) 8 किमी/घंटा (b) 9 किमी/घंटा
(c) 12 किमी/घंटा (d) 10 किमी/घंटा

55. किसी राशि पर 5% प्रति वर्ष की दर पर 2 वर्ष का चक्रवृद्धि ब्याज ₹ 410 है। उसी राशि पर उसी दर पर उसी अवधि का साधारण ब्याज क्या होगा?

(a) ₹ 400 (b) ₹ 300
(c) ₹ 350 (d) ₹ 405

56. $x = a$ और $y = b$ के ग्राफ किस बिन्दु पर परस्पर कटेंगे?

(a) (a, b) (b) (b, a)
(c) $(-a, b)$ (d) $(a, -b)$

57. बिन्दु 'O' वृत्त का केंद्र है , AB वृत्त की जीवा है। OM ⊥ AB . यदि AB = 20 सेमी, OM = $2\sqrt{11}$ सेमी, तो वृत्त की त्रिज्या कितनी है?

(a) 15 सेमी (b) 12 सेमी
(c) 10 सेमी (d) 11 सेमी

58. यदि त्रिभुज ABC के कोण 2 : 3 : 1 के अनुपात में हैं, तो कोण ∠A, ∠B, ∠C क्या होंगे?

(a) ∠A = 60°, ∠B = 90°, ∠C = 30°
(b) ∠A = 40°, ∠B = 120°, ∠C = 20°
(c) ∠A = 20°, ∠B = 60°, ∠C = 60°
(d) ∠A = 45°, ∠B = 90°, ∠C = 45°

59. Δ ABC में ∠ABC = 70°, ∠BCA = 40°, O भुजाओं के लम्ब द्विभाजक का अनुप्रस्थ काट का बिंदु है, तो कोण ∠BOC कितनी डिग्री का होगा?

(a) 100° (b) 120°
(c) 130° (d) 140°

60. यदि त्रिभुज की भुजाओं का माप (x^2-1), (x^2+1) और $2x$ सेमी है तो त्रिभुज कैसा होगा?

(a) समभुज (b) न्यूनकोण
(c) समद्विभुज (d) समकोण

भाग-IV हिंदी

61. निम्नलिखित शब्द-समूह में 'बिजली' के पर्यायवाची कौन हैं?

(a) ज्योति, रोशनी, चमक, प्रभा
(b) विद्युत, तड़ित, चपला, दामिनी
(c) उजाला, प्रभंजन, विहग, निशापति
(d) मंदाकिनी, अश्म, प्रस्तर, प्रभा

62. निम्नलिखित में से कौन-सा शब्द 'चाँद' का समानार्थी शब्द नहीं है?

(a) आदित्य
(b) मयंक
(c) हिमांशु
(d) निशानाथ

63. 'सब कुछ जानने वाला' के लिए उपयुक्त एक शब्द बताएं-

(a) जानकार (b) सर्वज्ञ
(c) बुद्धिमान (d) अज्ञेय

64. अलंकार का नाम बताइए:

को तुम हो इत आये कहां धनस्याम हो तो कितहूं बरसो।
चितचोर कहावत हैं हम तो तहां जाऊं धन है सरसों।।

(a) अन्योक्ति अलंकार
(b) उपमा अलंकार
(c) वक्रोक्ति अलंकार
(d) रूपक अलंकार

65. वीर रस का स्थायी भाव क्या है?

(a) विस्मय (b) क्रोध
(c) उत्साह (d) जिज्ञासा

66. जो धन को व्यर्थ व्यय करता हो-

(a) कृपण (b) अपव्ययी
(c) मितव्ययी (d) अल्पव्ययी

67. 'वज्रायुध' में कौन-सा समास है?

(a) द्विगु (b) द्वन्द्व
(c) कर्मधारय (d) बहुव्रीहि

68. निम्नलिखित वाक्य का सन्देहवाचक वाक्य में रूपान्तरण क्या होगा?

'मनीषा दसवीं में पढ़ती है'

(a) मनीषा दसवीं में नहीं पढ़ती है
(b) मनीषा दसवीं में पढ़ती होगी
(c) क्या मनीषा दसवीं में पढ़ती है?
(d) काश! मनीषा दसवीं में पढ़ती

69. निम्नलिखित मुहावरे का अर्थ बताइए-

'सिर से पानी गुजर जाना'

(a) अच्छी चीज का और अच्छा हो जाना
(b) अपमान सहन कर लेना
(c) सहनशीलता की सीमा टूट जाना
(d) बाढ़ आ जाना

70. जायसी ने 'पद्मावत' को हिन्दी की किस बोली में लिखा है?

(a) ब्रज (b) अवधी
(c) भोजपुरी (d) मैथिली

71. 'अन्तर्निहित' शब्द का सही संधि-विच्छेद होगा-

(a) अन्त: + निहित (b) अन्तर + निहित
(c) अन्तनि + हित (d) अंत + निहित

72. 'वाक्यं रसात्मक काव्यम्' किस आचार्य ने कहा है?

(a) मम्मट (b) आचार्य विश्वनाथ
(c) आचार्य भामह (d) आचार्य कुन्तक

73. सही वर्तनी वाला शब्द पहचानिए-

(a) अनुछेद (b) अन्युछेद
(c) अनुच्छेद (d) अनुछदेद

74. निम्न में से कौन-सा मात्रिक छन्द है?

(a) दोहा (b) चौपाई
(c) रोला (d) ये सभी

75. 'आँखें खुलना' का अर्थ है-

(a) सजग होना (b) सवेरा होना
(c) भाग जाना (d) नींद खुलना

76. 'उनींदा' का पर्यायवाची शब्द है-

(a) जाग्रत (b) नतमस्तक
(c) उपयोगी (d) निद्रालु

77. 'उजाला' का पर्यायवाची है-

(a) मुनासिब (b) अँधेरा
(c) आलोक (d) एकान्त

निर्देश : निम्नांकित अवतरण को ध्यान से पढ़िए और प्रश्न-संख्या 78 से 80 तक के सही उत्तर प्रत्येक प्रश्न के नीचे दिए गए सम्भावित उत्तरों में से चुनकर दीजिए।

मनु और नाना साहब के बीच घुड़सवारी का मुकाबला शुरू हो गया। नाना साहब अपना घोड़ा तेजी से दौड़ा रहा था। वह सुबह की हार का बदला लेना चाहता था। मनु समझ गई। उसने अपने घोड़े को जोर की एड़ लगाई। उसका घोड़ा हवा से बातें करने लगा। उसने पलक झपकते ही नाना साहब के घोड़े को पीछे छोड़ दिया। मनु फिर जीत गई। उसकी खुशी का ठिकाना न रहा। बड़ी होकर मनु रानी लक्ष्मीबाई बनी। उसे सब लोग झाँसी की रानी के नाम से भी जानते हैं। उसके पिता का नाम मोरोपंत ताँबे था। बचपन में ही उसकी माँ का देहान्त हो गया था। पिता उसे बिठुर ले आए थे। मनु का लालन-पालन पेशवा बाजीराव के यहाँ हुआ। वह बहुत सुन्दर थी। पेशवा उसे छबीली कहा करते थे। मनु ने बचपन में ही घुड़सवारी, तलवारबाजी, भाला चलाना, बन्दूक चलाना, कुश्ती लड़ना सीख लिया था। वह जन्मजात वीरांगना थी।

मनु का विवाह झाँसी के राजा गंगाधार राव के साथ हुआ था। राजा की मृत्यु के बाद लक्ष्मीबाई ने झाँसी का शासन सम्भाला। सन् 1857 में स्वाधीनता संग्राम फूट पड़ा। अंग्रेजों ने झाँसी पर हमला कर दिया। लक्ष्मीबाई ने अपने दत्तक पुत्र दामोदर राव गंगाधर राव को पीठ पर बाँध लिया। उन्होंने आजादी की रक्षा के लिए कमर कस ली। उन्होंने बहादुरी के साथ अंग्रेजों की विशाल सेना का मुकाबला किया। उनका साहस देख सबने दाँतों तले अंगुलियाँ दबा लीं।

78. मनु की खुशी का क्या कारण था?

(a) मनु का घोड़ा तेज दौड़ता था।
(b) मनु घुड़सवारी में जीत गई।
(c) नाना साहब ने मनु को जिता दिया।
(d) नाना साहब मनु को नहीं जीता सका।

79. मनु का लालन-पालन पेशवा बाजीराव के यहां क्यों हुआ?

(a) मनु का पिता उसे नहीं पाल सका।
(b) मनु जन्मजात वीरांगना थी।
(c) बचपन में मनु की मां मर गई थी।
(d) पेशवा बाजीराव की कोई सन्तान न थी।

80. सन् 1857 के स्वाधीनता-संग्राम को भारत के इतिहास में किस नाम से जाना जाता है?

(a) प्रथम स्वाधीनता-संग्राम
(b) झांसी का युद्ध
(c) अंग्रेज-विद्रोह-संग्राम
(d) द्वितीय स्वाधीनता संग्राम

उत्तर (हल/संकेत)

भाग-I सामान्य बुद्धिमत्ता एवं तर्कशक्ति

1. (b) स्मृति चले जाने की अवस्था को स्मृति लोप कहते हैं। उसी प्रकार, गति में व्यवधान लकवा से उत्पन्न होता है।

2. (a) जिस प्रकार,

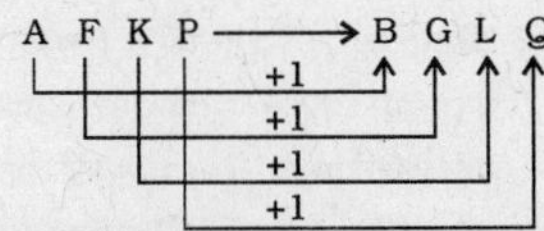

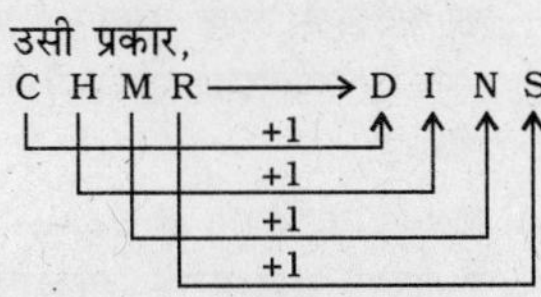

3. (c) जिस प्रकार,

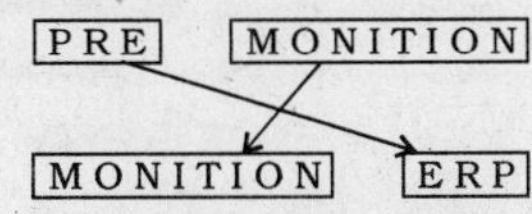

उसी प्रकार,

LIN | SEEDOIL → SEEDOIL | NIL

4. (d) जिस प्रकार, $\frac{18 \times 18}{2} = \frac{324}{2} = 162$

उसी प्रकार, $\frac{36 \times 36}{2} = \frac{1296}{2} = 648$

5. (b) शब्दों का सार्थक क्रम :

4. पुत्र
↓
1. भाई
↓
2. पति
↓
5. दामाद
↓
3. पिता

6. (d) a[b]c / [c]b a / a b[c] / c b[a]

7. (b)

W $\xrightarrow{+5}$ B $\xrightarrow{+9}$ K $\xrightarrow{+6}$ Q $\xrightarrow{+7}$ X $\xrightarrow{+1}$ Y $\xrightarrow{+7}$ F

W $\xrightarrow{+2}$ Y $\xrightarrow{+3}$ B $\xrightarrow{+4}$ F $\xrightarrow{+5}$ K $\xrightarrow{+6}$ Q $\xrightarrow{+7}$ X

Y $\xrightarrow{+3}$ B $\xrightarrow{+15}$ Q $\xrightarrow{+0}$ Q $\xrightarrow{-11}$ F $\xrightarrow{+2}$ H $\xrightarrow{+6}$ N

W $\xrightarrow{+3}$ Z $\xrightarrow{+3}$ C $\xrightarrow{+5}$ H $\xrightarrow{+2}$ J $\xrightarrow{+3}$ M $\xrightarrow{+4}$ Q

8. (d) $12 \times 2 + 3 = 27$

$27 \times 3 + 4 = 85$

$85 \times 4 + 5 = 345$

$345 \times 5 + 6 = \boxed{1731}$

9. (c) जिस प्रकार,

A $\xrightarrow{+3}$ D $\xrightarrow{+3}$ G $\xrightarrow{+3}$ J

Y $\xrightarrow{-3}$ V $\xrightarrow{-3}$ S $\xrightarrow{-3}$ P

K $\xrightarrow{+3}$ N $\xrightarrow{+3}$ Q $\xrightarrow{+3}$ T

उसी प्रकार,

O $\xrightarrow{-3}$ L $\xrightarrow{-3}$ I $\xrightarrow{-3}$ F

10. (d) महिला के दादाजी के इकलौते पुत्र का अर्थ हुआ महिला के पिता। महिला के पिता उस व्यक्ति के भाई के पिता हैं, अत: वह उस व्यक्ति के भी पिता हुए।

इस प्रकार, वह महिला उस व्यक्ति की बहन है।

11. (b)

व्यक्ति	विषय				
	नाट्य-कला	कंप्यूटर विज्ञान	भौतिकी	इतिहास	गणित
माधवी	✓	✓	✓	×	×
शालिनी	✓	✓	×	✓	×
अंजना	×	✓	✓	✓	✓
पूर्णिमा	✓	×	✓	✓	×
निर्मला	×	×	✓	✓	✓

भौतिकी, नाट्य-कला तथा कंप्यूटर विज्ञान में माधवी उत्तम है।

12. (d) माना श्रीमती लता की वर्तमान आयु $= x$ वर्ष

पुत्र की वर्तमान आयु $= y$ वर्ष

$x + y = 64$ .... (i)

प्रश्नानुसार,

$x - 8 = 3(y - 8)$

$\Rightarrow x - 8 = 3y - 24$

$\Rightarrow x - 3y = -16$ ......(ii)

समीकरण (i) एवं (ii) से $y = 20$

$\therefore$ श्रीमती लता की आयु $= 64 - 20 = 44$ वर्ष

13. (c) दिए गए शब्द में केवल एक 'V' है। अत: शब्द INVENTIVE नहीं बनाया जा सकता।

IN [QUIS] I [T] IVENESS [IM]

⇒ QUITSIN [QUI] SI [T] IV [ENESS]

⇒ QUIETNESS [INQUI] SITIV [NE] SS

⇒ QUININE

14. (b)

```
13 8 9 17 14 22
↓  ↓ ↓ ↓  ↓  ↓
M  H I Q  N  V
1 12 7 5 2 18 1
↓ ↓  ↓ ↓ ↓ ↓  ↓
A L  G E B R  A
1 7 5 12 18 1
↓ ↓ ↓ ↓  ↓  ↓
A G E L  R  A
4 21 7 18 13 1
↓ ↓  ↓ ↓  ↓  ↓
D U  G R  M  A
```

15. (c) जिस प्रकार,

```
S E Q U E N C E
↓ ↓ ↓ ↓ ↓ ↓ ↓ ↓
H V J F V M X V
```

विपरीत अक्षर

उसी प्रकार,

```
C H I L D R E N
↓ ↓ ↓ ↓ ↓ ↓ ↓ ↓
X S R O W I V M
```

16. (c) 15 _ 3 _ 4 _ 20

विकल्प (c) से,

$5 \div 3 \times 4 = 20$

$5 \times 4 = 20$

$20 = 20$

17. (c)

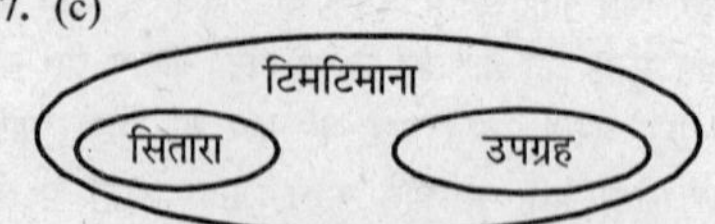

अत: न तो निष्कर्ष I न ही II अनुसरण करता है।

18. (b)

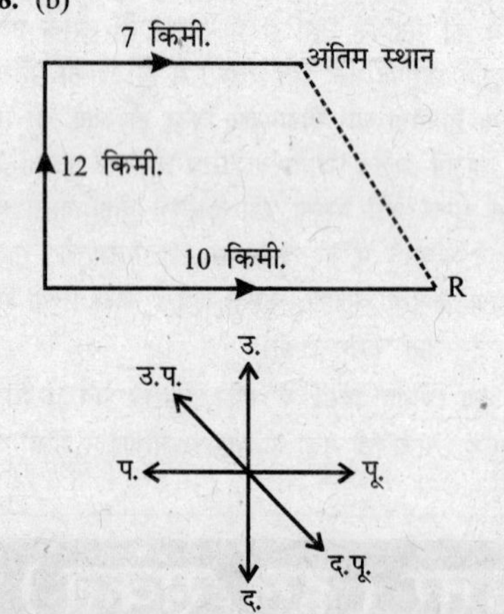

अत: पुनीत बिन्दु R से, उत्तर-पश्चिम दिशा में है।

19. (d) सर्वाधिक उचित सम्बन्ध निम्नलिखित है।

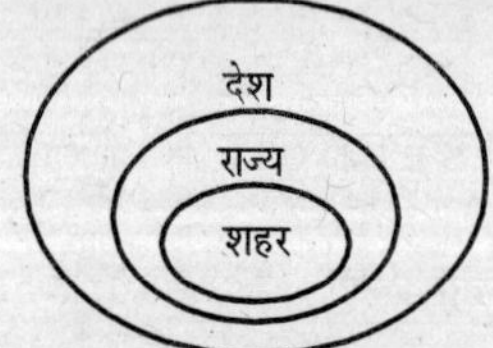

20. (b) कागज को मोड़कर खोलने के पश्चात् वह उत्तर आकृति (b) के समान दिखाई देता है।

भाग-II सामान्य ज्ञान एवं सामान्य जानकारी

21. (b) प्रतिनिधिक लोकतंत्र (इसे अप्रत्यक्ष लोकतंत्र भी कहते हैं) विभिन्न सिद्धांतों पर आधारित है जिसके अन्तर्गत लोगों के एक समूह द्वारा अधिकृत रूप से अपने प्रतिनिधियों का चुनाव किया जाता है, इसे प्रत्यक्ष लोकतंत्र के विरोध के रूप में भी जाना जाता है। सभी आधुनिक पाश्चात्य शैली पर आधारित लोकतंत्र प्रतिनिधिक और अप्रत्यक्ष लोकतंत्रों का ही प्रकार है।

22. (b) विधानमण्डल निर्णय लेने में समर्थ एक संगठन है जो मुख्य रूप से राष्ट्रीय सरकार से संबंधित है, जिसके पास कानून बनाने, संशोधन करने और कानून को निरस्त करने का अधिकार होता है। यह संवैधानिक दायरे में रहकर नियमों का निर्माण करते हुए अपनी नीतियों का निर्धारण करने के प्रति उत्तरदायी होता है।

23. (d) अपने जीवन के अंतिम दिनों में चन्द्रगुप्त ने शरूटकेवलि भद्रबाहु (Shrutakevali Bhadrabahu) से जैनेश्वरी दीक्षा प्राप्त की और मुनि बन गए। उन्होंने अपने पुत्र बिंदुसार को सिंहासन सौंप दिया और स्वयं एक संन्यासी की तरह जीवन-यापन करने लगे। उन्होंने कर्नाटक में श्रवणबेलगोला (Sravenbelagola) नामक स्थान पर स्वयं को भूखा/निराहार (Self-Starvation) रखकर अपने जीवन की अंतिम सांस ली।

24. (b) परिवर्तनशील लागत (Variable cost) से तात्पर्य श्रम बल को मजदूरी के रूप में प्रदान किए जाने वाले उस भुगतान से है जिसे किसी भी समय बिना भुगतान किए स्थगित किया जा सकता है। लेकिन श्रम-अनुबंध के कारण श्रम बल के प्रतिनिधियों को अनुबंध के समाप्त (expiration) होने से पूर्व एक निश्चित लागत का भुगतान किए बिना श्रम-अनुबंध खारिज नहीं किया जा सकता।

25. (b) यूपीएससी (संघ लोक सेवा आयोग या Union Public Service Commission-UPSC) के अध्यक्ष और अन्य सदस्यों की नियुक्ति भारत के राष्ट्रपति द्वारा की जाती है। इस आयोग के कम से कम आधे सदस्य सेवानिवृत या कार्यरत लोक-सेवक (Civil Servants) होते हैं जिन्हें केन्द्र या राज्य सरकार के अन्तर्गत अपने पद पर कार्य करते हुए न्यूनतम 10 वर्षों का अनुभव होना चाहिए।

26. (b) लॉस्की के अनुसार, "अधिकार सामाजिक जीवन की वे स्थितियाँ है जिसके अभाव में कोई भी मनुष्य सामान्यत: अपना विकास नहीं कर सकता"। वे मानते हैं कि अधिकार प्रदान करना और उनकी व्यवस्था करना राज्य का कर्तव्य है। उनके अनुसार, "प्रत्येक राज्य अपने द्वारा व्यवस्थित अधिकारों के द्वारा जाना जाता है।

27. (c) जालमय शिराविन्यास (Reticulate Venation) से तात्पर्य शिराओं के अनियमित नेटवर्क से है। समान्तर शिराविन्यास एकबीजपत्री (monocot leaves) का उदाहरण है और जालमय शिराविन्यास द्विबीजपत्री (dicot leaves) का उदाहरण है। हालांकि स्माइलैक्स (Smilax) और कोलेकेसिया (Colocasia)

जैसे एकबीजपत्री जालमय शिराविन्यास के लक्षण दर्शाते हैं।

28. (a) नेपाईडौ (Naypyidaw) वर्तमान में बर्मा की राजधानी है, जिसे म्यांमार के नाम से भी जाना जाता है। सेना ने 6 नवम्बर, 2005 को नई राजधानी नेपाइडा (Naypyidaw) में सरकार का तख्ता पलट कर दिया था। नेपाइडा से तात्पर्य बर्मावासियों की शाही राजधानी से है।

29. (d) श्रवणबेलगोला, कर्नाटक में हासन जिले के चन्नरायापटना (Channarayapatna) के निकट स्थित है। यह 2000 वर्षों से अधिक समय से जैन धर्म और जैन संस्कृति का प्रमुख केन्द्र है। यहाँ स्थित गोमतेश्वरा बाहुबली (Gommateshvara Bahubali) की प्रतिमा जैन तीर्थयात्रियों के आकर्षण का प्रमुख केन्द्र है।

30. (b) अशोक अभिलेख की प्राप्ति भारत के पूर्वी भाग से हुई है जिस पर मगधी भाषा में ब्राह्मी लिपि का प्रयोग किया गया है। भारत के पश्चिमी भाग में संस्कृत की निकट भाषा के रूप में खरोष्ठी लिपि का प्रयोग किया गया है।

31. (c) टिटिकाका झील (Lake Titicaca) वैश्विक स्तर पर हनीमून मनाने वालों के लिए विश्व प्रसिद्ध स्थल है। यह झील एंडीज (Andes) में पेरू और बोलिविया की सीमा पर स्थित है। जल घनत्व की दृष्टि से यह दक्षिण अमेरिका की सबसे बड़ी झील है। यह झील समुद्र तल से लगभग 3800 मीटर से अधिक ऊँचाई पर स्थित है।

32. (b) सहारा रेगिस्तान के पूर्वी भागों में उत्तर-पूर्व और पूर्व से पश्चिम की ओर बहने वाली गर्म और शुष्क हवाएँ हरमट्टन (harmatten) कहलाती हैं। ये हवाएँ बड़ी मात्रा में धूल उड़ाती हैं। नवम्बर के अंत और मार्च (सर्दी) के मध्य में ये हवाएँ सहारा रेगिस्तान से गुयाना (Guinea) की खाड़ी की ओर बहती हैं।

33. (d) संसार का सबसे व्यस्त महासागर अटलांटिक महासागर है। यह महासागर अमेरिका को यूरोप और अफ्रीका से जोड़ता है। ये देश मिलकर विकसित देशों के बहुमत का निर्माण करते हैं और सर्वाधिक वस्तुओं की मांग करते हैं। अटलांटिक महासागर 32 मिलियन वर्ग मील से अधिक क्षेत्र में फैला हुआ है।

34. (c) साइलेन्ट वैली (Silent Valley) नेशनल पार्क केरल के पलक्कड़ (Palakkad) जिले में स्थित है। यह प्राचीन पारिस्थितिक तंत्र की गरिमा बनाए हुए उष्णकटिबंधीय वर्षा वनों का एक विशिष्ट सुरक्षित स्थल है। भारत में यह दक्षिणी पश्चिमी घाटों के वर्षा वाले वनों और उष्णकटिबंधीय सदाबहार वनों की वर्षा से अबाधित क्षेत्रों में से एक है।

35. (a) केरल में स्थित अन्नाईमुडी, दक्षिण भारत और पश्चिमी घाटों में स्थित सबसे ऊँची चोटी है, जिसकी ऊँचाई लगभग 2,695 मीटर और स्थलाकृतिक उत्कर्ष 2, 476 मीटर है। यह भारत में स्थित हिमालय-कराकोरम पर्वत-शृंखला में भी सबसे ऊँची चोटी है।

36. (b) कपास के रेशे एककोशिकीय होते हैं, जो गॉसिपियम जीनस (Gossypium genus) की विभिन्न प्रजातियों के फली के बीजकोष (Pod of boll) के बाहरी सिरे पर पाए जाते हैं। बीजकोष (boll) के पकने पर रेशे भी विकसित होने लगते हैं। बीजकोष स्वतः ही खुल जाता है, रेशे निर्जल (डिहाइड्रेट) होते हैं और रेशे के चारों ओर फैली अवकाशिका (ल्यूमेन) रेशे को रॉड (Rod) के समान कठोर दीवार प्रदान करते हुए विकसित होने में सहायता करती है और रेशे की लंबाई को ऐंठने का कार्य करती है।

37. (c) अमेरिकी सांख्यिकीविद् और आविष्कारक हरमैन हॉलेरिथ (Herman Hollerith) ने लाखों की संख्या में डाटा को शीघ्र गति से सारणीबद्ध करने के लिए पंच कार्ड (Punch card) पर आधारित सारणीयन्त्र (tabulator) का विकास किया था। उनके सारणीयन्त्र नामक मशीन ने कम्प्यूटर्स के आगमन का मार्ग प्रशस्त किया। वे टैब्यूलेटिंग (Tabulating) मशीन कम्पनी के संस्थापक थे, बाद में यह कम्पनी विलय के द्वारा आईबीएस (IBS) बन गई।

38. (d) डाटाबेस मैनेजेंट सिस्टम या डीबी एमएस (DBMS) से तात्पर्य यूजर्स डाटा को अत्यधिक कार्यकुशलता से ध्यानपूर्वक और सुरक्षित ढंग से स्टोर (store) करने और पुनः प्राप्त करने की तकनीक से है। डीबीएमएस (DBMS) यूजर्स को स्वयं अपना डाटाबेस क्रिएट करने की अनुमति प्रदान करता है। यह उनके कार्य करने की प्रकृति पर निर्भर करता है कि वे किस प्रकार का कार्य करना चाहते हैं।

39. (d) परमाणु के अन्दर इलेक्ट्रॉन की कुल एनर्जी शून्य से कम होती है क्योंकि इसकी एनर्जी निगेटिव होती है। जब इलेक्ट्रॉन परमाणु से सम्बद्ध होता है तो इसकी एनर्जी शून्य से कम होती है। इलेक्ट्रॉन को परमाणु से अलग करने के लिए आवश्यक है कि इसमें पर्याप्त एनर्जी मिला दी जाए जिससे कुल एनर्जी शून्य से अधिक हो जाए।

40. (a) प्रकाश का वेग 3×10^8 मीटर/सेकेण्ड है। सामान्यतः प्रकाश का वेग भौतिक रूप से एक सार्वभौमिक (यूनिवर्सल) स्थिर इकाई है जिसका प्रयोग भौतिक विज्ञान के कई महत्वपूर्ण क्षेत्रों में किया जाता है। यह न्यूनतम गति है जिसके अन्तर्गत ब्रह्माण्ड में सभी पदार्थ और सूचना गति कर सकते हैं।

भाग-III प्रारंभिक अंकगणित

41. (c) दो क्रमागत बट्टों का एकल समतुल्य बट्टा

$= (x + y - \frac{xy}{100})\%$

$= \left(\frac{25}{2} + 10 - \frac{25 \times 10}{200}\right)\%$

$= (12.5 + 10 - 1.25)\%$

$= 21.25\%$

यदि प्लेट का अंकित मूल्य = ₹ x हो, तो

$= x$ का $(100 - 21.25)\% = 6300$

$\Rightarrow \quad x \times \frac{78.75}{100} = 6300$

$\Rightarrow \quad x = \frac{6300 \times 100}{78.75}$ = ₹ 8000

42. (c) आगंतुकों की आरंभिक संख्या = 100

कुल राजस्व = 100 × 25

= 2500 पैसे = ₹ 25

स्थिति II,

प्रति टिकट का मूल्य = $\frac{25 \times 80}{100}$

= 20 पैसे = ₹ 0.2

प्राप्त राजस्व = $\frac{25 \times 128}{100}$ = ₹ 32

यदि आगंतुकों की संख्या = x हो, तो

$x \times 0.2 = 32$

$\Rightarrow \quad x = \frac{32}{0.2} = \frac{320}{2} = 160$

वृद्धि = 160 − 100 = 60

∴ अभीष्ट प्रतिशत = 60

43. (a) $\frac{12}{9} = \frac{16}{12}$

$\Rightarrow \quad 12 \times 12 = 9 \times 16$

$\Rightarrow \quad 144 = 144$

44. (a) शंक्वाकार बर्तन का आयतन

$= \frac{1}{3}\pi r^2 h$

$= \frac{1}{3} \times \pi \times 6 \times 6 \times 12$

$= 144\pi$ घन सेमी

यदि गोले की त्रिज्या = R सेमी हो, तो

$8 \times \frac{2}{3}\pi R^3 = 144\pi$

$\Rightarrow \quad R^3 = \frac{144 \times 3}{8 \times 2} = 9 \times 3 = 3 \times 3 \times 3$

$\therefore \quad R = \sqrt[3]{3 \times 3 \times 3} = 3$ सेमी

45. (b) वृत्त की त्रिज्या = x सेमी

वर्ग की भुजा = y सेमी

समबाहु त्रिभुज की भुजा = z सेमी

वृत्त की परिधि = वर्ग का परिमाप

= समबाहु त्रिभुज का परिमाप

$\Rightarrow 2\pi x = 4y = 3z$

$\Rightarrow x = \frac{4y}{2\pi} = \frac{2y}{\pi}\ z = \frac{4}{3}y$

वृत्त का क्षेत्रफल 'C' = πx^2

$= \pi \times \frac{4}{\pi^2}y^2 = \frac{4}{\pi}y^2 > y^2$

वर्ग का क्षेत्रफल 'S' = y^2

त्रिभुज का क्षेत्रफल 'T' = $\frac{\sqrt{3}}{4}z^2$

$= \frac{\sqrt{3}}{4} \times \frac{4\times4}{3\times3}y^2 = \frac{4}{3\sqrt{3}}\ y^2 < y^2$

$\therefore$ C > S > T

46. (a) छूट = ₹ (440 – 396) = ₹ 44

यदि छूट की दर = x % हो, तो

$\frac{440\times x}{100} = 44$

$\Rightarrow x = \frac{44\times100}{440} = 10\%$

47. (a) कुल खरीदे गए संतरे = 12 (माना)

$\therefore$ इनका क्रय मूल्य = 3 + 2 = ₹ 5

20% लाभ के लिए,

विक्रय मूल्य = $\frac{5\times120}{100}$ = ₹ 6

48. (d) अभीष्ट प्रतिशत

$= \frac{R}{100+R} \times 100$

$= \frac{50}{100+50} \times 100$

$= \frac{50}{150} \times 100$

$= \frac{100}{3} = 33\frac{1}{3}\%$

49. (c) यदि A और B, t घंटे बाद मिलते हैं, तो

$4t + 6t = 20$

$\Rightarrow 10t = 20$

$\Rightarrow t = \frac{20}{10} = 2$ घंटे

अतः, दोनों 9 बजे प्रातः एक-दूसरे से मिलेंगे।

50. (c) सिपाही के 5 कदम ≡ चार के 7 कदम

$\therefore$ सिपाही के 8 कदम ≡ चोर के $\frac{7}{5}\times 8 = \frac{56}{5}$ कदम

$\therefore$ अभीष्ट अनुपात = $\frac{56}{5} : 10$

= 56 : 50 = 28 : 25

51. (c) पांचों उम्मीदवारों के प्राप्तांक = $x, x+2, x+4, x+6$ एवं $x+8$

$\therefore\ x + x + 2 + x + 4 + x + 6 + x + 8 = 185$

$\Rightarrow 5x + 20 = 185$

$\Rightarrow 5x = 185 - 20 = 165$

$\Rightarrow x = \frac{165}{5} = 33$

$\therefore$ उच्चतम अंक = $x + 8 = 33 + 8 = 41$

52. (b) कुल परीक्षार्थी = 80 + 60 = 140

कुल उत्तीर्ण परीक्षार्थी

$= \frac{80\times60}{100} + \frac{60\times80}{100} = 48 + 48 = 96$

$\therefore$ अभीष्ट प्रतिशत

$= \frac{96}{140}\times100 = \frac{480}{7} = 68\frac{4}{7}\%$

53. (b) माना कि $941 = a$ एवं $149 = b$

$\therefore$ व्यंजक

$= \frac{(a+b)^2 + (a-b)^2}{a^2+b^2}$

$= \frac{2(a^2+b^2)}{a^2+b^2} = 2$

54. (d) नाव की शांत जल में चाल = x किमी/घंटा

धारा की चाल = y किमी/घंटा

$\therefore$ ऊर्ध्व प्रवाह चाल = $(x - y)$ किमी/घंटा

अनुप्रवाह चाल = $(x + y)$ किमी/घंटा

स्थिति I,

$\frac{24}{x-y} + \frac{28}{x+y} = 6$

$\Rightarrow \frac{24(x+y)+28(x-y)}{(x+y)(x-y)} = 6$

$\Rightarrow 52x - 4y = 6(x^2 - y^2)$

$\Rightarrow 26x - 2y = 3(x^2 - y^2)$ ... (i)

स्थिति II,

$\frac{30}{x-y} + \frac{21}{x+y} = \frac{13}{2}$

$\Rightarrow \frac{30(x+y)+21(x-y)}{(x+y)(x-y)} = \frac{13}{2}$

$\Rightarrow \frac{30x+30y+21x-21y}{x^2-y^2} = \frac{13}{2}$

$\Rightarrow 51x + 9y = \frac{13}{2}(x^2 - y^2)$ ... (ii)

समीकरण (i) समीकरण (ii) से, भाग करने पर

$\frac{26x-2y}{51x+9y} = \frac{3}{\frac{13}{2}} = \frac{6}{13}$

$\Rightarrow 338x - 26y = 306x + 54y$

$\Rightarrow 338x - 306x = 26y + 54y$

$\Rightarrow 32x = 80y$

$\Rightarrow 2x = 5y$

$\Rightarrow y = \frac{2x}{5}$ .... (iii)

समीकरण (i) से,

$26x - \frac{2\times2x}{5} = 3\left(x^2 - \frac{4x^2}{25}\right)$

$\Rightarrow \frac{130x-4x}{5} = 3\left(\frac{25x^2-4x^2}{25}\right)$

$\Rightarrow \frac{126x}{5} = \frac{3\times21x^2}{25}$

$\Rightarrow 3\times21x = 126\times5$

$\Rightarrow x = \frac{126\times5}{3\times21} = 10$ किमी/घंटा

55. (a) चक्रवृद्धि ब्याज = $P\left[\left(1+\frac{R}{100}\right)^T - 1\right]$

$\Rightarrow 410 = P\left[\left(1+\frac{5}{100}\right)^2 - 1\right]$

$\Rightarrow 410 = P\left[\left(1+\frac{1}{20}\right)^2 - 1\right]$

$\Rightarrow 410 = P\left[\left(\frac{21}{20}\right)^2 - 1\right]$

$\Rightarrow 410 = P\left(\frac{441}{400} - 1\right)$

$\Rightarrow 410 = P\left(\frac{41}{400}\right)$

$\Rightarrow P = \frac{410\times400}{41}$ = ₹ 4000

$\therefore$ साधारण ब्याज

$= \frac{\text{मूलधन} \times \text{समय} \times \text{दर}}{100}$

$= \frac{4000\times2\times5}{100}$ = ₹ 400

56. (a) कटान बिन्दु = (a, b)

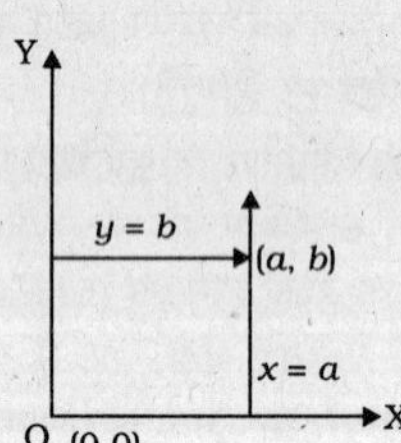

57. (b)

O
A M B

AB = 20 सेमी

AM = MB = 10 सेमी

OM = $2\sqrt{11}$ सेमी

$\therefore$ त्रिज्या OA = $\sqrt{OM^2 + AM^2}$

$= \sqrt{(2\sqrt{11})^2 + 10^2}$

$= \sqrt{4\times11+100}$

$= \sqrt{44+100}$

$= \sqrt{144}$ = 12 सेमी

58. (a) त्रिभुज के तीनों कोणों का योग = 180°

$\angle A = 2x°$

$\angle B = 3x°$

$\angle C = x°$

$\Rightarrow 2x° + 3x° + x° = 180°$

$\Rightarrow 6x° = 180°$

$\Rightarrow x = \frac{180}{6} = 30°$

$\therefore \angle A = 2 \times 30° = 60°$

$\angle B = 3x = 3 \times 30 = 90°$

$\angle C = x = 30°$

59. (d)

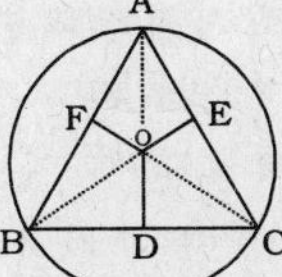

OA = OB = OC = परिवृत्त की त्रिज्या

Δ ABC में, $\angle A = 180° - 70° - 40°$

$= 180° - 110° = 70°$

किसी चाप द्वारा केन्द्र पर कोण परिधि पर के कोण का दुगुना होता है।

$\therefore \angle BOC = 2 \times \angle BAC = 2 \times 70 = 140°$

60. (d) $(2x)^2 + (x^2 - 1)^2$

$= 4x^2 + x^4 - 2x^2 + 1$

$= x^4 + 2x^2 + 1 = (x^2 + 1)^2$

अत: यह एक समकोण त्रिभुज है।

भाग-IV हिंदी

61. (b) 'बिजली' के पर्यायवाची शब्द हैं - विद्युत, तड़ित, चपला, दामिनी। ये सभी संस्कृतनिष्ठ शब्द हैं और बिजली की चमक या शक्ति को व्यक्त करते हैं।

62. (a) 'चाँद' के समानार्थी शब्द हैं - मयंक, हिमांशु, निशानाथ। लेकिन आदित्य सूर्य का पर्यायवाची है, चाँद का नहीं।

63. (b) 'सब कुछ जानने वाला' के लिए उपयुक्त एक शब्द है सर्वज्ञ। इसका अर्थ है वह जो सभी विषयों का ज्ञान रखता हो।

64. (c) उपरोक्त पंक्तियों में वक्रोक्ति अलंकार है। उपरोक्त पंक्ति में राधा 'घनश्याम' का अर्थ बादल लगाकर उत्तर देती है 'कहीं और जाकर बरसो'। पुन: कृष्ण द्वारा 'चितचोर' नाम बताने पर वह कहती है 'चोर हो तो वहाँ जाओ जहाँ धन हैं'। इस तरह घनश्याम और चितचोर का दूसरा अर्थ श्लेष से लिया गया है यहाँ वक्ता के कथन को श्रोता ने चमत्कार पूर्ण भिन्न अर्थ श्लेष से ग्रहण किया है इसलिए श्लेष वक्रोक्ति है।

65. (c) वीर रस का स्थायी भाव है उत्साह। वीर रस में साहस, पराक्रम और जोश का चित्रण होता है। उत्साह ही वह भाव है जो वीरता को जन्म देता है।

66. (b) जो व्यक्ति धन को व्यर्थ खर्च करता है उसे अपव्ययी कहा जाता है। 'अपव्ययी' का अर्थ है धन का अनुचित या अनावश्यक व्यय करने वाला।

67. (d) 'वज्रायुध' में (d) बहुव्रीहि समास है, क्योंकि इसमें 'वज्र है जिसका आयुध' (अर्थात् इंद्र) का अर्थ प्रधान है। यह ऐसा समास है जिसमें समस्त पद किसी अन्य तीसरे व्यक्ति या वस्तु का बोध कराता है। यह इंद्र को संदर्भित करता है न कि केवल वज्र को या आयुध को।

68. (b) सन्देहवाचक वाक्य वह होता है जिसमें निश्चितता न होकर अनुमान या संदेह व्यक्त किया जाता है। "पढ़ती होगी" में यह भाव स्पष्ट है कि वक्ता को पूरी तरह विश्वास नहीं है, केवल संभावना या अनुमान है।

69. (c) मुहावरा "सर से पानी गुजर जाना" का अर्थ है सहनशीलता की सीमा टूट जाना। जब किसी व्यक्ति की सहनशक्ति समाप्त हो जाती है और वह स्थिति को और नहीं झेल सकता, तब यह मुहावरा प्रयुक्त होता है।

70. (b) मलिक मोहम्मद जायसी ने 'पद्मावत' की रचना अवधी बोली में की थी। यह हिंदी साहित्य की एक महान कृति है, जिसमें पद्मावती और अलाउद्दीन खिलजी की कथा को काव्यात्मक रूप में प्रस्तुत किया गया है।

71. (a) 'अन्तर्निहित' का सही संधि विच्छेद 'अन्त: + निहित' होगा। शेष विकल्प त्रुटिपूर्ण हैं। अत: विकल्प 1 'अन्त: + निहित' सही है।

72. (b) 'वाक्यं रसात्मक काव्यम्' यह परिभाषा आचार्य विश्वनाथ ने दी है। उन्होंने काव्य को रसात्मक वाक्य माना है, अर्थात् वह वाक्य जिसमें रस की अभिव्यक्ति हो वही काव्य है।

73. (c) सही वर्तनी है अनुच्छेद। इसका अर्थ है किसी लेख या पाठ का छोटा भाग। अन्य विकल्प गलत वर्तनी हैं।

74. (d) मात्रिक छन्द वे होते हैं जिनमें वर्णों की संख्या और मात्रा का ध्यान रखा जाता है। दोहा, चौपाई और रोला सभी मात्रिक छन्द हैं।

75. (a) मुहावरा "आँखें खुलना" का अर्थ है सजग होना। जब किसी व्यक्ति को वास्तविकता का ज्ञान होता है या वह सतर्क हो जाता है, तब यह मुहावरा प्रयुक्त होता है।

76. (d) 'उनींदा' का अर्थ है आधी नींद में होना या नींद से भरा हुआ। इसका पर्यायवाची शब्द है निद्रालु।

77. (c) 'उजाला' का पर्यायवाची है आलोक। आलोक का अर्थ है प्रकाश या रोशनी।

78. (b) मनु की खुशी का कारण था कि वह घुड़सवारी में जीत गई। नाना साहब को पीछे छोड़कर उसने विजय प्राप्त की और उसकी प्रसन्नता का ठिकाना न रहा।

79. (c) मनु का लालन-पालन पेशवा बाजीराव के यहां इसलिए हुआ क्योंकि बचपन में उनकी मां का निधन हो गया था, और उसके पिता उसे नहीं पाल सके।

80. (a) सन् 1857 के स्वाधीनता-संग्राम को (a) प्रथम स्वाधीनता-संग्राम के नाम से जाना जाता है, हालांकि इसे सिपाही-विद्रोह भी कहा जाता है। इसे 1857 का भारतीय विद्रोह या महान विद्रोह के नाम से भी जाना जाता है।

यह नाम वी.डी. सावरकर जैसे भारतीय इतिहासकारों द्वारा दिया गया था, जिन्होंने इसे ब्रिटिश शासन को समाप्त करने के लिए भारतीयों के पहले संगठित प्रयास के रूप में वर्णित किया था।

❑❑❑

10 प्रैक्टिस सेट

भाग-I सामान्य बुद्धिमत्ता एवं तर्कशक्ति

निर्देश (1–4) : निम्नलिखित प्रश्नों में दिए गए विकल्पों में से संबंधित शब्द/अक्षर/संख्या को चुनिए-

1. 80 : 06 : : 76 : __? .
(a) 15 (b) 01
(c) 12 (d) 24

2. BED : GJI : : LON : __? .
(a) QTS (b) PTS
(c) QST (d) KNH

3. संदर्भ सामग्री : शब्दकोश : : पत्रिका : ____?
(a) पुस्तक (b) एटलस
(c) जीवनी (d) समाचार पत्र

4. 23 : 527 : : 19 : __ ?
(a) 359 (b) 363
(c) 325 (d) 402

5. निम्नलिखित विकल्पों में से कौन-सा विकल्प नीचे दिये हुए शब्दों का सार्थक क्रम दर्शाता है?
1. पदार्थ 2. परमाणु
3. अणु 4. प्रोटान
(a) (4), (2), (3), (1)
(b) (1), (2), (3), (4)
(c) (2), (1), (4), (1)
(d) (4), (3), (2), (1)

निर्देश (6–8) : निम्नलिखित प्रत्येक प्रश्न में एक अनुक्रम दिया है, जिसमें एक पद लुप्त है। दिए गए विकल्पों में से वह सही विकल्प चुनिए जो अनुक्रम को पूरा करे-

6. 2, 20, 56, 100, ? .
(a) 132 (b) 144
(c) 182 (d) 115

7. M E N I P O ? . ? .
(a) QI (b) PA
(c) QU (d) QO

8. LMN, MNOP, NOPQR, ? .
(a) OPQRST (b) RSTUVW
(c) QRSTUV (d) PQRSTU

9. A, B की पत्नी के पति का भाई है। C और D, B की बहनें हैं। A का C से क्या संबंध है?
(a) भाई (b) भाभी
(c) पत्नी (d) बहन

10. निम्नलिखित विकल्पों में से वह शब्द चुनिए जो दिए गए शब्द के अक्षरों का प्रयोग करके **नहीं** बनाया जा सकता-
PRESUMPTION
(a) TIER (b) POMPOUS
(c) PUMP (d) RUIN

11. एक कोड भाषा में 'TEMPORARY' को 'EPRSAYOYM' और 'EXCUSE' को 'PGNVXP' कोड में लिखा जाता है तो उस कोड में 'ASSURE' को कैसे लिखा जाएगा?
(a) OPPVYP (b) OXXVYP
(c) OPPVXP (d) OXXYVP

12. RECOVERED शब्द में वर्णों के ऐसे कितने जोड़े हैं जिनमें शब्द में उनके बीच उतने ही वर्ण हैं जितने अंग्रेजी वर्णक्रम में होते हैं?
(a) तीन (b) चार
(c) छह (d) पाँच

13. एक रेलगाड़ी 40 किमी/घंटा की गति से 2 घंटे तक चलती है फिर वह $4\frac{1}{2}$ घंटे 60 घंटे किमी/घंटा की गति से चली और फिर $3\frac{1}{2}$ घंटे 70 किमी/घंटा की दर से चली। रेलगाड़ी की औसत गति ज्ञात कीजिए-
(a) 59.5 किमी/घंटा (b) 80 किमी/घंटा
(c) 56.87 किमी/घंटा (d) 57.1 किमी/घंटा

14. पेड़ों की एक पंक्ति में एक पेड़ बाएँ छोर से 7वाँ है और दाएँ छोर से 14वाँ है। पंक्ति में कुल कितने पेड़ हैं?
(a) 18 (b) 19
(c) 20 (d) 21

15. If 9 * 2 * 5 = 23 and 1 * 4 * 8 = 12, then 1 * 6 * 3 = ?
(a) 9 (b) 21
(c) 31 (d) 39

16. नीचे दिए गए प्रश्न में कुछ कथन और उसके बाद उन कथनों पर आधारित कुछ निष्कर्ष दिए गए हैं, हालाँकि उनमें सामान्य ज्ञात तथ्यों से भिन्नता हो सकती है। सभी निष्कर्ष पढ़ें और फिर निर्धारित करें कि दिए गए कौन-से निष्कर्ष दिए गए कथनों के आधार पर युक्तिसंगत हैं?

कथन: सभी एल.ई.डी. बल्ब हैं।
कुछ बल्ब टयूब लाईट नहीं हैं।

निष्कर्ष:
I. कुछ ट्यूब लाईट एल.ई.डी. हैं।
II. सभी एल.ई.डी. ट्यूब लाईट हैं।
(a) केवल निष्कर्ष I सही है।
(b) केवल निष्कर्ष II सही है।
(c) न तो निष्कर्ष I तथा न ही II सही है।
(d) दोनों ही निष्कर्ष सही हैं।

17. वह आरेख चुनिए जो नीचे दिए गए वर्गों के बीच के सम्बन्ध का सही निरूपण करता है।
पालतू जानवर, कुत्ता, बिल्ली

(a)  (b) 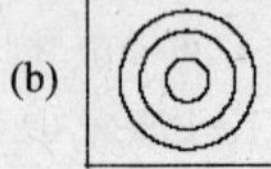
(c) 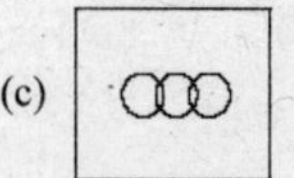 (d) 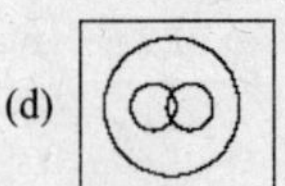

18. कौन-सी उत्तर आकृति प्रश्न आकृति के प्रतिरूप को पूरा करेगी?

प्रश्न आकृति:

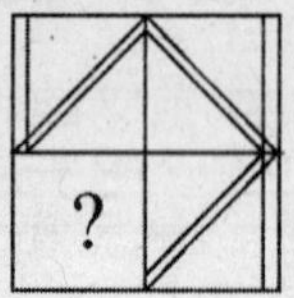

उत्तर आकृतियाँ:

(a) 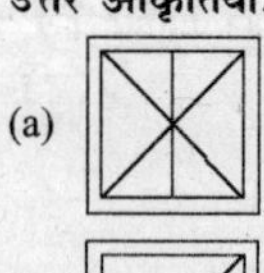 (b) 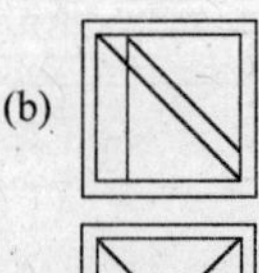
(c) (d)

19. निम्नलिखित प्रश्न में, दिए गए विकल्पों में से प्रश्नचिह्न (?) के स्थान पर आने वाली संख्या को चुनिए।

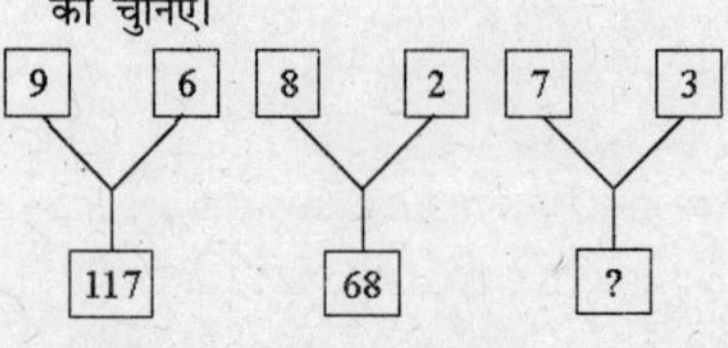

(a) 48 (b) 52
(c) 55 (d) 58

20. नीचे प्रश्न आकृतियों में दिखाए अनुसार कागज को मोड़कर छेदने तथा खोलने के बाद वह किस उत्तर आकृति जैसा दिखाई देगा?

प्रश्न आकृतियाँ:

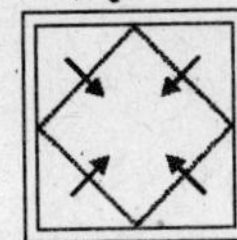
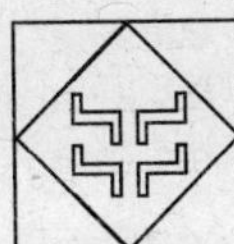

उत्तर आकृतियाँ:

(a) 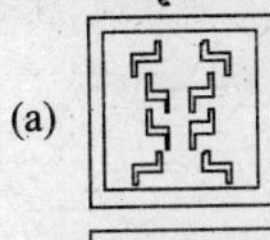
(b) 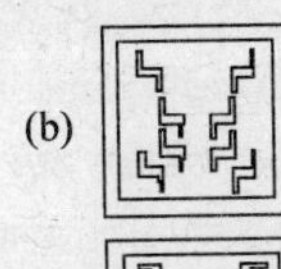
(c) 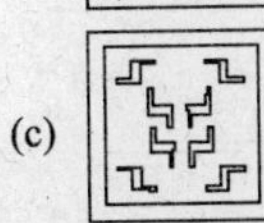
(d) 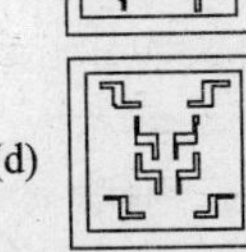

भाग-II सामान्य ज्ञान एवं सामान्य जानकारी

21. किसी अर्थव्यवस्था की आर्थिक गतिविधि का स्तर मुख्यत: इस पर निर्भर करता है-
(a) अर्थव्यवस्था में समस्त बचत
(b) अर्थव्यवस्था में समस्त माँग
(c) अर्थव्यवस्था में समस्त पूर्ति
(d) अर्थव्यवस्था में कुल निवेश

22. संविधान के किस भाग में भारतीय संविधान के लक्ष्य समाविष्ट किए गए थे?
(a) मौलिक अधिकार अर्थात् भाग III
(b) उद्देशिका (प्रस्तावना)
(c) निदेशक सिद्धांत अर्थात् भाग IV
(d) इनमें से कोई नहीं

23. विषाणु के कारण उत्पन्न होने वाले रोग हैं-
(a) खसरा, चेचक, गलसुआ (मम्प्स), रैबीज़
(b) खसरा, उपदंश (सिफ़िलिस), रैबीज़, हैजा
(c) पोलियो, उपदंश (सिफ़िलिस), छोटी माता, गलसुआ (मम्प्स)
(d) हैजा, यक्ष्मा (टीबी), तानिकाशोथ, उपदंश (सिफ़िलिस)

24. निम्नलिखित संयोजनों में से कौन-सा सही है?
(a) ब्रैसिका - लिलिएसी
(b) ऐलियम सीपा-क्रूसिफेरी
(c) ऐकेशिया-सेज़ैलपिनियासी
(d) पाइरेथ्रम-कम्पोज़िटी

25. महावीर ने किस भाषा में उपदेश दिए?
(a) अपभ्रंश (b) मगधी
(c) अर्ध-मगधी (d) शौरसेनी

26. बुद्ध (भगवान) का सर्वोत्तम वर्णन किस रूप में किया जा सकता है?
(a) अज्ञेयतावादी (b) अनीश्वरवादी
(c) ईश्वरवादी (d) भौतिकतावादी

27. पंचायत समिति किसके प्रति अपने कार्यों के लिए जवाबदेही होती है?
(a) जनपद पंचायतें
(b) आंचल पंचायतें
(c) ग्राम पंचायतें और ग्राम सभाएं
(d) जिला परिषदें

28. प्रसाधन सामग्रियों के विनिर्माण में प्रयुक्त होने वाला एक चर्बीयुक्त (वसीय) पदार्थ लेनोलिन, किससे प्राप्त होता है?
(a) घोड़ा (b) भेड़
(c) पशु (मवेशी) (d) सूअर

29. अनन्य आर्थिक जोन की विधि किससे संबंधित है?
(a) डेरी उद्योग (b) कृषि
(c) उद्योग (d) मछली पालन

30. कौन-सी वायुमंडलीय परत पराबैंगनी विकिरण की बृहत् मात्राओं के वेधन को रोकती है?
(a) क्षोभमंडल (b) आयनमंडल
(c) ओजोनमंडल (d) समतापमंडल

31. निम्नलिखित में से कौन-सी नदी पर बैंकॉक स्थित है?
(a) मेकाँग
(b) छाओ (चाओ) फ्राया
(c) छिंडविन
(d) सालवीन

32. निम्नलिखित में से कौन-सी एक सबसे आधुनिक सर्वेक्षण तकनीक है?
(a) भूगणितीय सर्वेक्षण प्रणाली
(b) वायव फोटोग्राफी
(c) भौगोलिक सूचना प्रणाली (जी.आई.एस.)
(d) उपग्रह सुदूर संवेदन (सुग्राही)

33. प्रतिरक्षी, प्रतिजनों के साथ संयुक्त होते हैं-
(a) केवल यदि वृहत्भक्षकाणु अनुपस्थित हों
(b) परिवर्ती क्षेत्रों में
(c) अपरिवर्ती क्षेत्रों में
(d) केवल यदि वृहत्भक्षकाणु उपस्थित हों

34. कणित्र किसके सिद्धांत पर कार्य करता है?
(a) एवोगाड्रो की परिकल्पना
(b) पास्कल नियम
(c) बर्नोली प्रमेय (सिद्धांत)
(d) आदर्श गैस समीकरण

35. रेखित स्पेक्ट्रम किसके द्वारा उत्पादित किया जाता है?
(a) O_2-ऑक्सीजन अणु
(b) H_2-हाइड्रोजन अणु
(c) H-परमाणु हाइड्रोजन
(d) N_2-नाइट्रोजन अणु

36. जब कोई वस्तु सरल हार्मोनिक (प्रसंवादी) गति निष्पादित कर रही है और मध्य स्थिति से गुजरती है, तो इसमें-
(a) अधिकतम गतिज ऊर्जा और न्यूनतम विभव ऊर्जा होती हैं
(b) गतिज ऊर्जा और विभव ऊर्जा दोनों न्यूनतम होती हैं
(c) गतिज ऊर्जा और विभव ऊर्जा दोनों अधिकतम होती हैं
(d) न्यूनतम गतिज ऊर्जा और अधिकतम विभव ऊर्जा होती हैं

37. प्रतिजैविक पेनिसिलीन इनके द्वारा खोजी गई थी-
(a) बॉयल
(b) जॉर्ज स्टीवेंसन
(c) अलेक्जेन्डर फ्लेमिंग
(d) टॉमस अल्वा एडीसन

38. जीवाणुओं का समूह जो मृदा उर्वरता को कम करता है वह है-
(a) निराविषकारी
(b) नाइट्रीकारक
(c) विनाइट्रीकारक
(d) अमोनीकारक

39. तंबाकू के धुएँ में यह अंतर्विष्ट होता है-
(a) CO_2, CO, हाइड्रोकार्बन और टार (तारकोल)
(b) CO_2, CO और टार (तारकोल)
(c) CO_2 और टार (तारकोल)
(d) CO, बहुचक्री एरोमैटिक हाइड्रोकार्बन और टार (तारकोल)

40. निम्नलिखित में से कौन-सा एक सर्च इंजन नहीं है?
(a) इन्टेल.कॉम (intel.com)
(b) अल्टाविस्टा.कॉम (altavista.com)
(c) एक्साइट.कॉम (excite.com)
(d) इन्फोसीक.कॉम (infoseek.com)

भाग-III प्रारंभिक अंकगणित

41. एक लंब-वृत्तीय शंकु के आधार और ऊँचाई को दुगुना कर दिया गया है। शंकु का आयतन क्या होगा?
(a) पूर्व आयतन का 8 गुना
(b) पूर्व आयतन का 3 गुना
(c) पूर्व आयतन का $3\sqrt{2}$ गुना
(d) पूर्व आयतन का 6 गुना

42. भिन्न-भिन्न सामग्रियों के दो गोलों के वजनों का अनुपात 8 : 17 है और प्रत्येक की सामग्री के प्रति घन सेमी वजन का अनुपात 289 : 64 है। दोनों गोलों की त्रिज्याओं का अनुपात क्या होगा ?
(a) 8 : 17 (b) 4 : 17
(c) 17 : 4 (d) 17 : 8

43. एक दुकानदार एक वस्तु ₹ 360 में खरीदता है। वह उस पर 10% की छूट देने के बाद 25% का अधिक लाभ कमाना चाहता है। वस्तु का अंकित मूल्य कितना है?

(a) ₹ 486 (b) ₹ 450
(c) ₹ 500 (d) ₹ 460

44. शृंखला में प्रश्न चिह्न (?) के स्थान पर क्या आएगा?
3, 8, 27, 112, (?), 3396
(a) 565 (b) 452
(c) 560 (d) 678

45. एक दुकानदार ने एक वस्तु $24\frac{1}{2}$% की छूट देने के बाद ₹ 1,510 में बेची और उसमें उसे 10% की हानि हुई। यदि उसने उस वस्तु को बिना छूट दिए बेचा होता, तो उसे कितना निबल लाभ हुआ होता?
(a) ₹ 641 (b) ₹ $322\frac{1}{9}$
(c) ₹ $422\frac{2}{9}$ (d) ₹ $322\frac{2}{9}$

46. A, B और C में ₹ 3,000 इस प्रकार वितरित किए जाते हैं कि A को B और C दोनों को मिला कर प्राप्त राशि का $\frac{1}{3}$ हिस्सा मिलता है और B को A और C दोनों को मिला कर प्राप्त राशि का $\frac{2}{3}$ हिस्सा मिलता है। C को कितना हिस्सा (शेयर) मिलेगा?
(a) ₹ 600 (b) ₹ 525
(c) ₹ 1,625 (d) ₹ 1,050

47. $4^{61} + 4^{62} + 4^{63} + 4^{64}$ किस संख्या से विभाज्य होगा?
(a) 17 (b) 3
(c) 11 (d) 13

48. $1 - 2\sin^2\theta + \sin^4\theta$ का मान ज्ञात करें-
(a) $\sin^4\theta$ (b) $\cos^4\theta$
(c) $\operatorname{cosec}^4\theta$ (d) $\sec^4\theta$

49. एक टंकी में दो पाइप A और B लगे हैं। A उसे 20 मिनट में भर सकता है और B उसे 30 मिनट में खाली कर सकता है। यदि A और B को एकांतर रूप से एक-एक मिनट के लिए खुला रखा जाए, तो टंकी कितनी देर में भरेगी?
(a) 121 मिनट (b) 110 मिनट
(c) 115 मिनट (d) 120 मिनट

50. यदि 40 पुरुष या 60 महिलाएँ या 80 बच्चे किसी कार्य को 6 माह में कर सकते हैं, तो 10 पुरुष, 10 महिलाएँ और 10 बच्चे मिलकर आधे कार्य को कितने माह में पूरा करेंगे?
(a) $5\frac{6}{13}$ माह (b) 6 माह
(c) $5\frac{7}{13}$ माह (d) $11\frac{1}{13}$ माह

51. यदि किसी मशीन में प्रत्येक t घंटे में $\frac{k}{5}$ किलोवाट बिजली की खपत होती है, तो ऐसी तीन मशीनों में 10 घंटों में कितने किलोवाट बिजली की खपत होगी?
(a) $\frac{k}{t}$ (b) $\frac{6t}{k}$
(c) $\frac{6k}{t}$ (d) $\frac{t}{k}$

52. 6 सेमी, 8 सेमी और 1 सेमी भुजाओं वाले तीन घनों को गलाकर एक नया घन बनाया जाता है। नए घन का पृष्ठीय क्षेत्रफल क्या होगा ?
(a) 486 सेमी² (b) 496 सेमी²
(c) 586 सेमी² (d) 658 सेमी²

53. मैं कुछ दूरी तक पैदल चलता हूँ और वापस सवारी से आने में कुल 37 मिनट लगते हैं। दोनों ओर से पैदल चलने में मुझे 55 मिनट लगते हैं। दोनों ओर से सवारी से आने-जाने में कुल कितना समय लगेगा?
(a) 30 मिनट (b) 19 मिनट
(c) 37 मिनट (d) 20 मिनट

54. किसी धनराशि पर एक निश्चित दर प्रति वर्ष पर दो वर्ष का चक्रवृद्धि ब्याज ₹ 2,050 है और उतनी ही धनराशि पर उतनी ही दर पर 3 वर्ष का साधारण ब्याज ₹ 3, 000 है तो कुल धनराशि कितनी है?
(a) ₹ 20,000 (b) ₹ 18,000
(c) ₹ 21,000 (d) ₹ 25, 000

55. एक स्कूल में लड़कों और लड़कियों की संख्या का अनुपात 2 : 3 है। यदि 25% लड़कों और 30% लड़कियों को छात्रवृत्ति मिलती है, तो स्कूल के जिन छात्रों को छात्रवृत्ति नहीं मिलती है, उनका प्रतिशत क्या होगा?
(a) 72 (b) 36
(c) 54 (d) 60

56. 20 मदों का माध्य (mean) 55 है। यदि दो मदें 45 और 30 निकाल दी जाएँ, तो शेष मदों का नया माध्य क्या होगा?
(a) 65.1 (b) 65.3
(c) 56.9 (d) 56

57. 11 खिलाड़ियों की क्रिकेट टीम की औसत आयु उतनी है जितनी 3 वर्ष पहले थी क्योंकि जिन 3 खिलाड़ियों की वर्तमान औसत आयु 33 वर्ष है उनके स्थान पर 3 युवाओं को शामिल किया गया था। नए खिलाड़ियों की औसत आयु कितनी है?
(a) 23 वर्ष (b) 21 वर्ष
(c) 22 वर्ष (d) 20 वर्ष

58. यदि लागत मूल्य पर 20% का लाभ होता है, तो बिक्री मूल्य पर लाभ का प्रतिशत क्या होगा ?
(a) $16\frac{2}{3}$% (b) 12 %
(c) $15\frac{1}{3}$% (d) 16 %

59. 120 का 25% + 380 का 40% = 637 का ?
(a) $\frac{2}{7}$ (b) $\frac{1}{7}$
(c) $\frac{4}{7}$ (d) $\frac{3}{7}$

60. एक चोर दोपहर 1 : 30 बजे एक कार चुराता है और उसे 40 किमी/घंटा की गति से चलाकर ले जाता है। चोरी का पता दोपहर 2 बजे चल जाता है और कार मालिक एक दूसरी कार में 50 किमी/घंटा की गति पर चलाकर जाता है। वह चोर को कितने बजे पकड़ लेगा?
(a) सायं 5 बजे
(b) सायं 4 बजे
(c) सायं 4 : 30 बजे
(d) सायं 6 बजे

भाग-IV हिंदी

61. 'छूमन्तर हो जाना' का अर्थ क्या है?
(a) सम्मोहित होना
(b) गायब हो जाना
(c) लाभ होना
(d) मंदबुद्धि होना

62. 'डोरे डालना' का अर्थ क्या है?
(a) प्रेम में फँसाना
(b) दु:खी करना
(c) बाँधना
(d) फन्दे में डालना

63. 'उद्भव' में उपसर्ग है-
(a) उत् (b) उ
(c) उद् (d) अव

निर्देश : (प्र.सं. 64-65) शुद्ध शब्द छांटिए-

64. (a) वैदेही (b) परिक्षा
(c) स्वयवरं (d) उज्ज्वल

65. (a) व्यंथा (b) आशीर्वाद
(c) व्यथीत (d) अद्भूत

निर्देश : निम्नलिखित वाक्य में से अशुद्ध वाक्य चुनिए।

66. (a) ताजमहल में अनेको खूबियाँ हैं।
(b) मेरा कुत्ता आपसे अच्छा है।
(c) कामायनी सर्वोत्तम महाकाव्य है।
(d) मैंने नौकर से पेड़ को कटवा दिया

67. 'हरि रस पीया जानिए' जे कबहु न जाय खुमार ।
मैमता घूमत फिरै, नाहीं तन की सार।।
इन काव्य पंक्तियों के कवि हैं-
(a) सूरदास
(b) कबीरदास
(c) रसखान
(d) नन्ददास

68. 'विनयपत्रिका' के रचनाकार का नाम है-
(a) सूरदास (b) रहीमदास
(c) तुलसीदास (d) केशवदास

69. 'मानस के हंस' के लेखक का नाम है-
(a) जयशंकर प्रसाद
(b) प्रेमचन्द
(c) अमृतलाल नागर
(d) महावीर प्रसाद द्विवेदी

निर्देश (70–72) : नीचे दिए गए शब्दों का सन्धि विच्छेद कीजिए।

70. जो आँख के समक्ष न हो, उसे क्या कहते हैं?
(a) अनदेखा (b) परोक्ष
(c) अपरोक्ष (d) अज्ञात

71. राजा का विलोम है–
(a) प्रजा
(b) रंक
(c) a व b दोनों
(d) इनमें से कोई नहीं

72. 'निष्फल' में उपसर्ग है–
(a) नि (b) निस्
(c) निष (d) फल

73. 'भगवत् गीता' में से कौन-सा प्रश्न हिन्दी भाषा शिक्षण के अंतर्गत बच्चों के मूल्यांकन हेतु सर्वाधिक उपयुक्त है?
(a) यदि तुम हिन्दी के अध्यापक होते तो 'गीता' कैसे पढ़ाते
(b) श्री कृष्ण ने अर्जुन को 'गीता' का उपदेश क्यों दिया
(c) 'संसार में मनुष्य न तो कुछ लाता है और न ही कुछ ले जाता है।' इस तथ्य के विषय में आप क्या समझते हैं
(d) उपरोक्त सभी

74. आषाढ़ का एक दिन, आधे-अधूरे नाटक के लेखक कौन हैं?
(a) जयशंकर प्रसाद
(b) मोहन राकेश
(c) जैनेन्द्र कुमार
(d) निर्मल वर्मा

75. 'झूठा सच' उपन्यास के रचनाकार कौन हैं?
(a) यशपाल (b) अज्ञेय
(c) निर्मल वर्मा (d) जैनेन्द्र कुमार

76. 'क्या भूलूँ, क्या याद करूँ' किसकी आत्मकथा है?
(a) बनारसीदास जैन
(b) हरिवंश राय बच्चन
(c) अखिलेश
(d) इनमें से कोई नहीं

77. गुरु के समीप या साथ रहने वाले छात्र को .... कहते हैं–
(a) अन्तेवासी (b) समीपस्थ
(c) सन्निकट (d) निकटस्थ

निर्देश : निम्नांकित अवतरण को ध्यान से पढ़िए और प्रश्न-संख्या 78 से 80 तक के सही उत्तर प्रत्येक प्रश्न के नीचे दिए गए सम्भावित उत्तरों में से चुनकर दीजिए।

प्राचीन काल में भारत में वर्ण-व्यवस्था प्रचलित थी। मनुष्यों को चार वर्णों में बाँटा गया था– ब्राह्मण, क्षत्रिय, वैश्य और शूद्र। वर्णों का आधार कर्म था। व्यक्ति का वर्ण उसके कर्म के आधार पर निर्धारित होता था। ब्राह्मण का पुत्र कभी-कभी शूद्र जैसे कार्य करता था। उसे शूद्र वर्ण में गिना जाता था। शूद्र का पुत्र क्षत्रिय जैसे कर्म करता था। उसे क्षत्रिय वर्ण का माना जाता था। यही बात अन्य सब वर्णों के लिए भी सही थी। कुछ काल बाद यह व्यवस्था बदल गई। अब वर्ण का निर्धारण कर्म के आधार पर न होकर जन्म के आधार पर होने लगा। जन्म मुख्य हो गया और कर्म गौण। ब्राह्मण का पुत्र अज्ञानी होने पर भी ब्राह्मण ही माना जाने लगा। शूद्र का पुत्र विद्वान होकर भी ब्राह्मण वर्ण में शामिल होने योग्य नहीं माना गया। इसी तरह क्षत्रिय का पुत्र क्षत्रिय और वैश्य का पुत्र वैश्य कहा जाने लगा। इससे जाति-प्रथा का उदय हुआ। इन जातियों के अन्दर अनेक उप-जातियाँ बन गईं। लोग अपनी-अपनी जातियों और उपजातियों के कटघरे में बन्द हो गए। वे दूसरी जातियों से दूरी बनाए रखने में ही शान समझने लगे। इससे जातिवाद की भावना ने जन्म लिया।

78. वर्ण-व्यवस्था का प्रचलन कहां था?
(a) विश्वभर में (b) भारत में
(c) पूर्वांचल में (d) मणिपुर में

79. प्राचीन काल में वर्णों का आधार क्या था?
(a) कर्म
(b) जाति
(c) धर्म
(d) जन्म

80. जाति-प्रथा के उदय का कारण क्या था?
(a) जन्म (b) चरित्र
(c) धर्म (d) पिछड़ेपन

उत्तर (हल/संकेत)

भाग-I सामान्य बुद्धिमत्ता एवं तर्कशक्ति

1. (b) जिस प्रकार, $82 \Rightarrow 8 - 2 = 06$
उसी प्रकार, $76 \Rightarrow 7 - 6 = 01$

2. (a) जिस प्रकार,

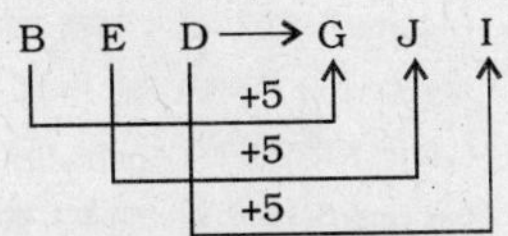

उसी प्रकार,

L O N → Q T S
+5
+5
+5

3. (d) शब्दकोश एक संदर्भ सामग्री है। उसी प्रकार, समाचार पत्र, एक निश्चित अवधि (Periodical) पर प्रकाशित होने वाली सामग्री है।

4. (a) जिस प्रकार,
$23 \Rightarrow 23^2 - 2 = 527$
उसी प्रकार,
$19 \Rightarrow 19^2 - 2 = 359$

5. (a) शब्दों का सार्थक क्रम:
(d) प्रोटोन
↓
(b) परमाणु
↓
(c) अणु
↓
(a) पदार्थ

6. (c) 2 20 56 110 182
+18 +36 +54 +72
+18 +18 +18

7. (c) M —+1→ N —+2→ P —+1→ Q
E —+4→ I —+6→ O —+6→ U
यहाँ दो एकांतर श्रृंखलाएँ हैं। एक श्रृंखला क्रमिक स्वरों से बना हुआ है।

8. (a) प्रत्येक अगले पद में अक्षरों की संख्या में एक की वृद्धि हो रही है तथा अगले पद में पहले अक्षर को छोड़ दिया जाता है।

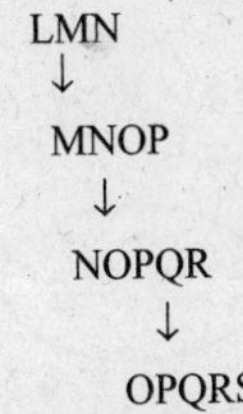

9. (a) B की पत्नी के पति का अर्थ हुआ B स्वयं। A, B का भाई है। अतः, A, C का भाई है।

10. (b) दिए गए शब्द में केवल एक 'O' है। अतः शब्द POMPOUS नहीं बनाया जा सकता।
P [RE] S U M P [TI] O N ⇒ TIER
[P] R E S [UMP] T I O N ⇒ PUMP
P [R] E S [U] M P T [I] O [N] ⇒ RUIN

11. (b) T E M P O R A R Y
↓ ↓ ↓ ↓ ↓ ↓ ↓ ↓ ↓
E P R S A Y O Y M
अतः

E X C U S E
↓ ↓ ↓ ↓ ↓ ↓
P G N V X P

अत:
A S S U R E
↓ ↓ ↓ ↓ ↓ ↓
O X X V Y P

12. (b)
18 5 3 15 22 5 18 5 4
R E C O V E R E D

13. (a) $\text{औसत गति} = \frac{\text{तय की गयी कुल दूरी}}{\text{कुल समय}}$

$= (2 \times 40) + \left(\frac{9}{2} \times 60\right) + \left(\frac{7}{2} \times 70\right)$ किमी

$= (80 + 270 + 245)$ किमी

$= 595$ किमी लिया गया समय $= 2 + \frac{9}{2} + \frac{7}{2}$

$= \frac{4 + 9 + 7}{2} = \frac{20}{2} = 10$ घंटे

$\therefore$ औसत गति $= \frac{595}{10}$

$= 59.5$ किमी प्रति घंटा

14. (c) पंक्ति में पेड़ों की कुल संख्या
$= (14 + 7) - 1 = 20$

15. (a) जिस प्रकार,
$9 * 2 * 5 = (9 \times 2 + 5) = (18 + 5) = 23$
तथा
$1 * 4 * 8 = (1 \times 4 + 8) = (4 + 8) = 12$
उसी प्रकार,
$1 * 6 * 3 = (1 \times 6 + 3) = (6 + 3) = \boxed{9}$

16. (c)

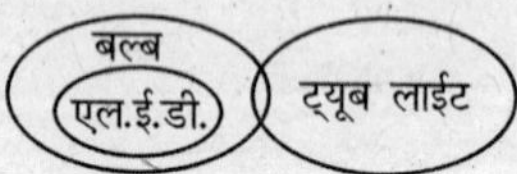

अत:, न ही निष्कर्ष I सही है न ही निष्कर्ष II

17. (c) सर्वाधिक उचित संबंध निम्नलिखित है।

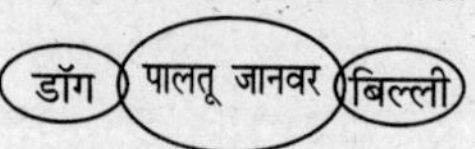

18. (b) उत्तर आकृति (b) को प्रश्न आकृति के रिक्त भाग में रखने पर उत्तर आकृति पूर्ण हो जाती है।

19. (d) जिस प्रकार,
$9^2 + 6^2 = 81 + 36 = 117$
तथा
$8^2 + 2^2 = 64 + 4 = 68$
उसी प्रकार,
$7^2 + 3^2 = 49 + 9 = 58$

20. (d) कागज को मोड़कर छेदने व खोलने के पश्चात् उत्तर आकृति (d) प्राप्त होती है।

भाग-II सामान्य ज्ञान एवं सामान्य जानकारी

21. (b) अर्थव्यवस्था में आर्थिक गतिविधि का स्तर बड़े पैमाने पर कुल मांग पर निर्भर रहता है, जो अर्थव्यवस्था में एक निश्चित समय के दौरान औसत कीमत स्तर और वस्तुओं और सेवाओं की कुल मांग का निर्धारण करती है। कुल मांग वक्र अर्थव्यवस्था के विभिन्न क्षेत्रों के मांग वक्रों का योग है।

22. (b) भारत के संविधान की प्रस्तावना में संक्षेप में संविधान का परिचय और उसमें दिए गए सिंद्धातों, मार्गदर्शनों और उद्देश्यों का वर्णन किया गया है। पारिभाषित किए गए उद्देश्यों में–(i) भारत को प्रभुत्व सम्पन्न समाजवादी धर्मनिरपेक्ष लोकतान्त्रिक गणराज्य बनाना और (ii) सभी में समान रूप से न्याय, स्वतंत्रता, समानता और भाई-चारे की भावना विकसित करना शामिल है।

23. (a) खसरा (measles) जीनस मॉरबिलिवायरस वंश (genus) के पैरामीक्सोवायरस के कारण होता है, चेचक (small pox) की बीमारी दो वायरसों या तो वेरिऑला मेजर (variola major) या वेरिऑला माइनर (variola minor) के कारण होती है।
गलसुआ (mumps) की बीमारी मम्प्स् वायरस के कारण और रेबीज (Rabies) की बीमारी रेबीज वायरस के कारण होती है।

24. (d) पाइरेथ्रम (Pyrethrum) का संबंध एस्टरैसी (asteraceae)/कम्पोजिटी (compositae) वर्ग से है। इसका प्रयोग कीटनाशी के रूप में, विशेष रूप से सिर की जूँ, केकड़े की जूँ (क्रेवलिस) और उनकी लीखों (निट्स) तथा खुजली नाशक एजेंट के रूप में किया जाता है।

25. (c) वर्धमान महावीर ने अर्धमगधी भाषा में उपदेश दिया था। उन्होंने लोगों को पांच महान प्रतिज्ञाएँ (पंच महाव्रत) और त्रि-रत्न (तीन आभूषण) अपनाने का संदेश दिया था। जैन धर्मग्रंथों का विस्तार से वर्णन करने के लिए इसका प्रयोग किया गया था। यह माना जाता है कि इसे प्राकृत भाषा में लिखा गया था।

26. (a) बुद्ध को प्राय: नास्तिक/निरीश्वरवादी (atheistic) नहीं माना जाता बल्कि उन्हें अज्ञेयवादी (agnostic) माना जाता है। स्वयं उन्होंने भगवान के अस्तित्व को अस्वीकार नहीं किया। अज्ञेयवाद (अग्नॉस्टीसिज्म) वह दार्शनिक स्थिति है जिसके अंतर्गत भगवान के बारे में किसी भी प्रकार का निश्चित ज्ञान प्राप्त करना असंभव है।

27. (d) पंचायती राज व्यवस्था में पंचायत समिति (जनपद पंचायत) मध्य स्तर की इकाई होती है। यह अपने कार्यों और योजनाओं के लिए जिला परिषद के प्रति जवाबदेह होती है।

28. (b) लेनोलिन (Lanolin) को वुल वैक्स या वुल ग्रीस भी कहा जाता है, ऊन प्रदान करने वाले जन्तुओं की वसामय (Sebaceous) ग्रन्थियों से उत्सर्जित वैक्सी (मोम) पीले रंग की होती है। मनुष्यों द्वारा प्रयोग की जाने वाली अधिकांश लेनोलिन (Lanolin), ऊन के लिए पाले जाने वाले पालतू भेड़ों से प्राप्त की जाती है। लेनोलिन एक मोम है।

29. (d) संयुक्त राष्ट्र सम्मेलन में दिए गए समुद्री नियमों से संबंधित दिशा-निर्देशों के अनुसार एक्सक्लूसिव इकोनॉमी जोन (EEZ) वह समुद्री क्षेत्र है जिस पर अनुसंधान और समुद्री संसाधन का उपयोग किसी राज्य विशेष के पास सुरक्षित है। ई ई जैड (EEZ) के नियमों के अन्तर्गत फिशिंग को जीवित संसाधन (लिविंग रिसोर्स) के अंतर्गत शामिल किया गया है।

30. (c) ओजोन परत (ओजोनमंडल) से तात्पर्य पृथ्वी के समतापमंडल के उस क्षेत्र से है जो सूर्य की अधिकांश अल्ट्रावॉयलेट (UV) विकिरणों का अवशोषण करती है। वायुमंडल के अन्य भागों की तुलना में इसमें ओजोन (O_3) की अत्यधिक मात्रा पाई जाती है।

31. (b) थाईलैंड के सेंट्रल मैदानों के चाओ फ्राया (Chao Phraya) नदी के डेल्टा में बैंकॉक अवस्थित है। यह नदी टेढ़ी-मेढ़ी घूमती हुई शहर के दक्षिणी दिशा से होते हुए थाईलैंड की खाड़ी में मिल जाती है।

32. (c) रिमोट सेंसिंग फोटोग्रामेट्री और ज्योग्राफिक पॉजिशनिंग सिस्टम-सर्वे करने की अत्याधुनिक तकनीकों में शामिल है। सैटेलाइट रिमोट सेंसिंग मल्टी-स्पेक्ट्रल और मल्टी टेम्पोरल डाटा उपलब्ध कराता है जो संसाधनों की खोज करने, निरीक्षण करने और प्रबंध करने में उपयोगी भूमिका निभाता है।

33. (b) किसी प्रतिरक्षी (Antibody) का प्रतिजन (Antigen) ग्राही/बाँधने वाला भाग (binding portion) से मिलकर बड़े पैमाने पर परिवर्ती (varies) प्रतिरक्षियों (Antibodies) को स्रावित (secreted) करते हैं। अनुक्रम की यह लंबाई परिवर्ती क्षेत्र (Variable region) के नाम से जानी जाती है। B सेल में प्रतिरक्षी बनने के दौरान परिवर्ती क्षेत्र का निर्माण इसे प्रतिजन के असीमित प्रकारों के विरुद्ध प्रतिरक्षियों के उत्पन्न होने में समर्थ बनाता है।

34. (c) एटोमाइजर (atomizer) एक ऐसा यंत्र है जो तरल पदार्थ (लिक्विड) को स्प्रे करने के लिए उपयोग में लाया जाता है, जैसे भट्ठी में तेल डालने के लिए नोजल (टोंटी) का प्रयोग किया जाता है या दवाईयों और परफ्यूम का स्प्रे करने के लिए आउटलेट वाली बंद बोतल का प्रयोग किया जाता है।

यह सिद्धांत बर्नौली की प्रमेय (Bernoulli's Theorem) पर आधारित है।

35. (c) नील्स बोर (Niels Bohr) ने हाइड्रोजन के परमाणु से सम्बन्धित एक ऐसा मॉडल प्रस्तुत किया जिसने हाइड्रोजन परमाणु के स्पेक्ट्रम (वर्णक्रम) को भली-भाँति स्पष्ट कर दिया। स्पेक्ट्रम (वर्ण क्रमों) लाइनों में तीन प्रकार के रंग-डार्क ब्लू, स्यान और रेड उत्पादित होते हैं। खगोल विज्ञान में हाइड्रोजन के स्पेक्ट्रम का महत्वपूर्ण स्थान है, क्योंकि ब्रह्मांड (यूनिवर्स) का अधिकांश भाग हाइड्रोजन से बना है।

36. (a) सरल आवर्त गति में, जैसे ही शरीर माध्य (mean) स्थान से दूर जाता है, इसकी गतिज ऊर्जा (Kinetic energy) कम हो जाती है और स्थितिज ऊर्जा (Potential energy) बढ़ जाती है और यह विपरीत (vice-versa) प्रक्रिया इसी प्रकार चलती रहती है। हालांकि प्रत्येक बिन्दु पर कुल ऊर्जा स्थिर रहती है।

37. (c) अलेक्जेंडर फ्लेमिंग (Alexander Fleming) ने 1928 में फफूँदी (मोल्ड) पेनिसिलीन नॉटेम से ऐंटीबायोटिक पदार्थ पेनिसिलीन (Penicillin) की खोज की थी। इसी खोज के लिए उन्हें 1945 में संयुक्त रूप से चिकित्साशास्त्र का नोबेल पुरस्कार प्रदान किया गया।

38. (c) विनाइट्रीकारी (डिनाइट्रिफाइंग) बैक्टीरिया ऐसे सूक्ष्म जीव हैं जो अपने क्रियाकलापों द्वारा मृदा/वायु में पाई जाने वाली नाइट्रेट की मात्रा को कम करते हैं, इससे मृदा की उर्वरा शक्ति और कृषि की पैदावार कम हो रही है।

थायोबैसिलस विनाइट्रीकारक, माइक्रोकॉकस विनाइट्रीकारक और सेराटिया की कुछ प्रजातियाँ स्यूडोमोनास तथा एक्रोमोबैक्टर जैसे विनाइट्रीकारक, विनाइट्रीकरण में मुख्य भूमिका निभाते हैं।

39. (d) तम्बाकू के धुएँ में टार और अन्य जहरीली गैसें जैसे कार्बन मोनोऑक्साईड और नाइट्रोजन ऑक्साईड पाई जाती हैं। इसमें पॉलीसाइक्लिक ऐरॉमेटिक हाइड्रोकार्बन भी पाए जाते हैं जो खतरनाक रसायनों का एक समूह है, यह डी एन ए को नुकसान पहुँचाता है।

40. (a) Intel.com इन्टेल की ऑफिशियल वेबसाइट है जो विश्व की सबसे बड़ी सेमीकंडक्टर चिप बनाने वाली और सबसे ज्यादा राजस्व प्राप्त करने वाली कंपनियों में से एक है। इस कंपनी ने x 86 सीरीज के माइक्रोप्रोसेसर का आविष्कार किया है। इस प्रोसेसर को अधिकांश पर्सनल कम्प्यूटरों में प्रयोग किया जाता है।

भाग-III प्रारंभिक अंकगणित

41. (a) शंकु का आयतन $= \frac{1}{3}\pi r^2 h$

पुनः $r_1 = 2r, h_1 = 2h$

$\therefore$ दूसरे शंकु का आयतन $= \frac{1}{3}\pi r_1^2 h_1$

$= \frac{1}{3}\pi (2r)^2 \times 2h$

$= \frac{1}{3}\pi r^2 h \times 8$

= पूर्व आयतन का आठ गुना

42. (a) गोलों के आयतन का अनुपात

$= \frac{8 \times 64}{289 \times 17}$

$\Rightarrow \frac{\frac{4}{3}\pi r_1^3}{\frac{4}{3}\pi r_2^3} = \frac{8 \times 8 \times 8}{17 \times 17 \times 17}$

$\Rightarrow \frac{r_1^3}{r_2^3} = \left(\frac{8}{17}\right)^3$

$\Rightarrow \frac{r_1}{r_2} = \frac{8}{17}$

43. (c) वस्तु का अंकित मूल्य = ₹ x

$\therefore \frac{x \times 90}{100} = \frac{360 \times 125}{100}$

$\Rightarrow \frac{9x}{10} = 90 \times 5$

$\Rightarrow x = \frac{90 \times 5 \times 10}{9} =$ ₹ 500

44. (a) श्रृंखला का पैटर्न है :

$3 \times 2 + 2 = 6 + 2 = 8$

$8 \times 3 + 3 = 24 + 3 = 27$

$27 \times 4 + 4 = 108 + 4 = 112$

$112 \times 5 + 5 = 560 + 5 = \boxed{565}$

$565 \times 6 + 6 = 3390 + 6 = 3396$

45. (d) वस्तु का अंकित मूल्य = ₹ x

छूट $= 24\frac{1}{2}\% = \frac{49}{2}\%$

$\therefore$ x का $\left(100 - \frac{49}{2}\right)\% = 1510$

$\Rightarrow x \times \left(\frac{200 - 49}{200}\right) = 1510$

$\Rightarrow x \times \frac{151}{200} = 1510$

$\Rightarrow x = \frac{1510 \times 200}{151} =$ ₹ 2000

$\therefore$ वस्तु का क्रय मूल्य $= \frac{1510 \times 100}{90}$

= ₹ $\frac{15100}{9}$

$\therefore$ लाभ $= 2000 - \frac{15100}{9}$

$= \frac{18000 - 15100}{9} = \frac{2900}{9} =$ ₹ $322\frac{2}{9}$

46. (d) $A = \frac{1}{3}(B + C)$

$\Rightarrow 3A = B + C \quad ...(i)$

$B = \frac{2}{3}(A + C)$

$\Rightarrow 3B = 2A + 2C \quad ...(ii)$

समीकरण (i) से, $3A = B + C$

$\Rightarrow 9A = 3B + 3C$

$\Rightarrow 9A = 2A + 2C + 3C$

$\Rightarrow 7A = 5C \quad ...(iii)$

समीकरण (ii) से, $3B = 2\left(\frac{5C}{7}\right) + 2C$

$\Rightarrow 21B = 10C + 14C$

$\Rightarrow 21B = 24C$

$\Rightarrow 7B = 8C \quad ...(iv)$

समीकरण (iii) एवं (iv) से, $C = \frac{7A}{5} = \frac{7B}{8}$

$\therefore \frac{A}{5} = \frac{B}{8} = \frac{C}{7}$

C's का हिस्सा $= \frac{7}{(5 + 8 + 7)} \times 3000$

= ₹ $\left(\frac{7}{20} \times 3000\right) =$ ₹ 1050

47. (a) $4^{61} + 4^{62} + 4^{63} + 4^{64}$

$= 4^{61}(1 + 4 + 4^2 + 4^3)$

$= 4^{61}(1 + 4 + 16 + 64)$

$= 4^{61} \times 85$ जो 17 से विभाज्य है।

48. (b) $1 - 2\sin^2\theta + \sin^4\theta$

$= (1 - \sin^2\theta)^2 = (\cos^2\theta)^2 = \cos^4\theta$

49. (c) पहले दो मिनट में टंकी का भरा गया भाग

$= \frac{1}{20} - \frac{1}{30} = \frac{3 - 2}{60} = \frac{1}{60}$

$\therefore$ 114 मिनट में भरा गया भाग

$= \frac{57}{60} = \frac{19}{20}$

= शेष भाग 115वें मिनट में भरेगा।

50. (c) 40 पुरुष = 60 महिलाएँ = 80 बच्चे

$\therefore$ 10 पुरुष $= \frac{80}{40} \times 10 = 20$ बच्चे

$\therefore$ 10 महिलाएँ $= \frac{80}{60} \times 10 = \frac{40}{3}$ बच्चे

$\therefore$ 10 पुरुष + 10 महिलाएँ + 10 बच्चे

$= \left(20 + \frac{40}{3} + 10\right)$ बच्चे

$= \left(\frac{60 + 40 + 30}{3}\right)$ बच्चे

$= \frac{130}{3}$ बच्चे

$\therefore \frac{M_1 D_1}{W_1} = \frac{M_2 D_2}{W_2}$

$\Rightarrow 80 \times 6 = 2 \times \frac{130}{3} \times D_2$

$\Rightarrow D_2 = \frac{80 \times 6 \times 3}{2 \times 130} = \frac{72}{13} = 5\frac{7}{13}$ माह

51. (c) प्रत्येक मशीन द्वारा 10 घंटे में बिजली खपत $= \frac{k \times 10}{5 \times t} = \frac{2k}{t}$ किलोवाट

$\therefore$ तीनों मशीनों द्वारा बिजली खपत

$= 3 \times \frac{2k}{t} = \frac{6k}{t}$ किलोवाट

52. (a) नए घन का आयतन $= [(6)^3 + (8)^3 + (a)^3]$ घन सेमी
$= (216 + 512 + 1)$ घन सेमी
$= 729$ घन सेमी
नए घन का किनारा $= \sqrt[3]{729} = 9$ सेमी
इसका पृष्ठीय क्षेत्रफल $= 6 \times$ (किनारा)^2
$= 6 \times 9 \times 9 = 486$ वर्ग सेमी

53. (b) पैदल + सवारी ≡ 37 मिनट ...(i)
2 × पैदल ≡ 55 मिनट ...(ii)
समीकरण (i) × 2 – समीकरण (ii),
2 × सवारी = 2 × 37 – 55
= 74 – 55 = 19 मिनट

54. (a) तीन वर्ष का साधारण ब्याज = ₹ 3000
दो वर्ष का साधारण ब्याज $= \frac{3000}{3} \times 2$
= ₹ 2000
चक्रवृद्धि ब्याज – साधारण ब्याज
= 2050 – 2000 = ₹ 50
साधारण ब्याज $= \frac{PR \times 3}{100}$
$\Rightarrow PR = \frac{3000 \times 100}{3} =$ ₹ 100000
$\therefore$ अंतर $= \frac{P \times R^2}{10000}$
$\Rightarrow 50 = \frac{P \times (100000)^2}{10000 \times P^2}$
$\Rightarrow P = \frac{1000000}{50} =$ ₹ 20000

55. (a) स्कूल में लड़के $= 2x$
लड़कियाँ $= 3x$
छात्रवृत्ति नहीं पाने वाले लड़के
$\Rightarrow \frac{2x \times 75}{100} = \frac{6x}{4}$
तथा लड़कियाँ
$\Rightarrow \frac{3x \times 70}{100} = \frac{21x}{10}$
इनका कुल योग $= \frac{6x}{4} + \frac{21x}{10}$
$= \frac{30x + 42x}{20} = \frac{72x}{20} = \frac{18x}{5}$
$\therefore$ अभीष्ट प्रतिशत $= \frac{\frac{18x}{5}}{5x} \times 100 = 72\%$

56. (c) 18 मदों का योगफल
= 55 × 20 – 45 – 30
= 1100 – 75 = 1025
$\therefore$ अभीष्ट औसत $= \frac{1025}{18} = 56.9$

57. (c) तीन युवा खिलाड़ियों की कुल आयु
= 33 × 3 – 11 × 3 = 99 – 33 = 66 वर्ष
$\therefore$ अभीष्ट औसत $= \frac{66}{3} = 22$ वर्ष

58. (a) लागत मूल्य = ₹ x
विक्रय मूल्य = ₹ $\frac{120x}{100} = \frac{6x}{5}$
लाभ = ₹ $\frac{x}{5}$
$\therefore$ अभीष्ट लाभ प्रतिशत $= \frac{\frac{x}{5}}{\frac{6x}{5}} \times 100$
$= \frac{100}{6} = \frac{50}{3} = 16\frac{2}{3}\%$

59. (a) $\frac{120 \times 25}{100} + \frac{380 \times 40}{100} = 637 \times ?$
$\Rightarrow 30 + 152 = 637 \times ?$
$\Rightarrow 182 = 637 \times ?$
$\Rightarrow ? = \frac{182}{637} = \frac{2}{7}$

60. (b) $\frac{1}{2}$ घंटा में चोर द्वारा तय की गयी दूरी $=$
$\frac{1}{2} \times 40 = 20$ किलोमीटर
कार मालिक की सापेक्ष चाल = 50 – 40
= 10 किमी/घंटा
$\therefore$ अभीष्ट समय $= \frac{\text{दूरी का अंतर}}{\text{सापेक्ष चाल}}$
$= \frac{20}{10} = 2$ घंटे
यानी 4 बजे सायं
अतः कार मालिक चोर को सायं 4 बजे पकड़ लेगा।

भाग-IV हिंदी

61. (b) मुहावरा "छूमन्तर हो जाना" का अर्थ है गायब हो जाना। जब कोई वस्तु या व्यक्ति अचानक दृष्टि से ओझल हो जाए, तो इस मुहावरे का प्रयोग किया जाता है।

62. (a) मुहावरा "डोरे डालना" का अर्थ है प्रेम में फँसाना। यह मुहावरा उस स्थिति में प्रयुक्त होता है जब कोई व्यक्ति किसी को आकर्षित करने या प्रेम जाल में बाँधने का प्रयास करता है।

63. (c) 'उद्भव' में उपसर्ग (c) उद् है, क्योंकि 'उद्भव' शब्द को 'उद्' और 'भव' में तोड़ा जा सकता है, जहाँ 'उद्' उपसर्ग है।

64. (d) दिए गए विकल्पों में शुद्ध शब्द है उज्ज्वल। अन्य शब्दों में अशुद्धियाँ हैं- 'परिक्षा' का सही रूप 'परीक्षा', 'स्वयवरं' का सही रूप 'स्वयंवर', और 'वैदैही' का प्रयोग भी सामान्यतः अशुद्ध माना जाता है।

65. (b) दिए गए विकल्पों में शुद्ध शब्द हैं - आशीर्वाद, व्यथीत और अद्भूत, लेकिन सबसे उपयुक्त और शुद्ध शब्द है आशीर्वाद।

66. (a) सही वाक्य होगा: ताजमहल में अनेक खूबियाँ हैं।

67. (b) "हरि रस पीया जानिए जे कबहु न जाय खुमार। मैमता घूमत फिरै, नाहीं तन की सार।।" ये पंक्तियाँ कबीरदास की हैं। कबीर ने भक्ति को मदिरा के खुमार से तुलना करते हुए कहा कि हरि रस पीने के बाद उसका प्रभाव कभी समाप्त नहीं होता।

68. (c) 'विनयपत्रिका' के रचनाकार तुलसीदास हैं। यह ग्रंथ भगवान राम के प्रति विनय और भक्ति का अद्भुत संकलन है। तुलसीदास ने इसमें भक्त की विनम्रता और समर्पण को व्यक्त किया है।

69. (c) 'मानस के हंस' के लेखक अमृतलाल नागर हैं। यह कृति तुलसीदास और उनके ग्रंथ 'रामचरितमानस' पर आधारित है। इसमें तुलसीदास के जीवन और उनके साहित्यिक योगदान का सुंदर चित्रण मिलता है।

70. (b) जो आँख के सामने न हो, उसे परोक्ष कहते हैं। 'परोक्ष' का अर्थ है प्रत्यक्ष न होकर अप्रत्यक्ष। इसका सन्धि-विच्छेद है - पर + अक्ष। यहाँ 'अक्ष' का अर्थ है आँख।

71. (b) 'राजा' शब्द का विलोम शब्द 'रंक' होगा।
'राजा' का अर्थ- शासक, अधिपति या सम्राट।
'रंक' का अर्थ- गरीब, दरिद्र या कंगाल।
विलोम - जो शब्द किसी एक शब्द के विपरीत अर्थ को व्यक्त करते हैं, वे विलोम शब्द कहलाते हैं।

72. (b) 'निष्फल' में उपसर्ग (b) निस् है। इसे इस तरह तोड़ा जा सकता है: निस् + फल = निष्फल।
उपसर्ग: किसी शब्द के पहले जुड़कर उसके अर्थ में परिवर्तन करने वाला शब्दांश उपसर्ग कहलाता है।

73. (c) हिन्दी भाषा शिक्षण के अंतर्गत बच्चों के मूल्यांकन के लिए प्रश्न (c) 'संसार में मनुष्य न तो कुछ लाता है और न ही कुछ ले जाता है। इस तथ्य के विषय में आप क्या समझते हैं' सबसे उपयुक्त है। यह प्रश्न बच्चों की समझ, विश्लेषण और अपनी भाषा में विचारों को व्यक्त करने की क्षमता का मूल्यांकन करता है।

74. (b) 'आषाढ़ का एक दिन' और 'आधे-अधूरे' नाटक के लेखक मोहन राकेश हैं। वे हिंदी के नाटककारों में आधुनिक यथार्थवादी प्रवृत्ति के प्रतिनिधि माने जाते हैं।

75. (a) 'झूठा सच' उपन्यास के रचनाकार यशपाल हैं। यह उपन्यास भारत के विभाजन और उसके सामाजिक-राजनीतिक प्रभावों पर आधारित है।

76. (b) 'क्या भूलूँ, क्या याद करूँ' प्रसिद्ध कवि हरिवंश राय बच्चन की आत्मकथा है। इसमें उनके जीवन के अनुभव, संघर्ष और साहित्यिक यात्रा का वर्णन है।

77. (a) गुरु के समीप या साथ रहने वाले छात्र को अन्तेवासी कहते हैं। प्राचीन गुरुकुल परंपरा में छात्र गुरु के आश्रम में रहकर शिक्षा प्राप्त करते थे।

78. (b) वर्ण-व्यवस्था का प्रचलन भारत में था। यह व्यवस्था समाज को चार वर्गों में बाँटती थी।

79. (a) प्राचीन काल में वर्णों का आधार कर्म था। व्यक्ति का वर्ण उसके कार्य और आचरण से निर्धारित होता था।

80. (a) जाति-प्रथा के उदय का कारण जन्म था। समय के साथ कर्म गौण हो गया और जन्म को ही प्रमुख मान लिया गया।

❑❑❑

11 प्रैक्टिस सेट

भाग-I सामान्य बुद्धिमत्ता एवं तर्कशक्ति

1. दी गई शृंखला में प्रश्न चिन्ह '?' के स्थान पर क्या आना चाहिए?

14 85 511 3067 18403 ?

(a) 110119 (b) 110279
(c) 110581 (d) 110419

2. अली के पास ₹ 320 थे। उसने उसका $\frac{3}{4}$ भाग एक घड़ी खरीदने में खर्च कर दिया। शेष रुपयों में से $\frac{1}{8}$ भाग उसने एक पेन खरीदने में खर्च कर दिया। उसके पास कितनी राशि शेष बची?

(a) ₹ 70 (b) ₹ 90
(c) ₹ 100 (d) ₹ 120

3. यदि ARMS 1234 के बराबर है तो MARS किसके बराबर होगा?

(a) 4321 (b) 1243
(c) 4213 (d) 3124

निर्देश (4-6): निम्नलिखित प्रत्येक प्रश्न में दिए गए विकल्पों में से सम्बन्धित अक्षर/ शब्द/ संख्या को चुनिए-

4. $\sqrt{AFI}$: 13 : : $\sqrt{DDA}$: ?

(a) 12 (b) 22
(c) 21 (d) 24

5. 414 : 636 : : 325 : ?

(a) 547 (b) 414
(c) 222 (d) 636

6. SNAKE : VQDNH : : CRADLE : : ?

(a) FUDGOH (b) FVDGPH
(c) EUDGOH (d) EVFGOF

निर्देश (7-11): निम्नलिखित प्रत्येक प्रश्न में दिए गए विकल्पों में से विषम शब्द/अक्षरों/संख्या को चुनिए-

7. (a) DCBA (b) HGFE
(c) PONM (d) IJKL

8. (a) मोटा (b) थाह
(c) गोल-मटोल (d) ठोस

9. (a) 12 (b) 17
(c) 15 (d) 6

10. (a) ggijkk (b) aacdff
(c) mmopqq (d) qqstuu

11. (a) 853 (b) 532
(c) 734 (d) 751

12. निम्न विकल्पों में से कौन-सा विकल्प नीचे दिए हुए शब्दों का आरोही क्रम में सार्थक क्रम दर्शाता है?

1. परमाणु 2. पदार्थ
3. अणु 4. इलेक्ट्रॉन

(a) 4 1 3 2 (b) 3 1 4 2
(c) 3 4 1 2 (d) 1 2 3 4

13. एक पुरुष ने एक महिला से कहा–"तुम्हारी माँ के पति की बहन मेरी बुआ है।" तदनुसार उस महिला का उस पुरुष से क्या रिश्ता है ?

(a) बहन (b) माँ
(c) पुत्री (d) पौत्री

14. A, P, R, X, S और Z एक लाइन में बैठे हैं। S और Z बीच में हैं तथा A और P आखिरी छोरों पर हैं। A के बाईं ओर R बैठा है। तब P के दाईं ओर कौन है?

(a) A (b) X
(c) S (d) Z

15. नीचे दिए गए प्रश्न में कुछ कथन और उनके बाद उन कथनों पर आधारित कुछ निष्कर्ष दिए गए हैं, हालांकि उनमें सामान्य ज्ञात तथ्यों से भिन्नता हो सकती है। सभी निष्कर्ष पढ़ें और फिर निर्धारित करें कि दिए गए कौन-से निष्कर्ष दिए गए कथनों के आधार पर युक्तिसंगत हैं?

कथन : कुछ लड़कियाँ चालाक हैं।
सभी चालाक मेहनती हैं।

निष्कर्ष : I. कुछ लड़कियाँ मेहनती नहीं हैं।
II. कुछ लड़कियाँ मेहनती हैं।
III. कुछ मेहनती लड़कियाँ नहीं हैं।

(a) निष्कर्ष I तथा II सही हैं
(b) केवल निष्कर्ष II सही है
(c) निष्कर्ष I तथा III सही हैं
(d) सभी निष्कर्ष सही हैं

16. दी गई आकृति में, कितनी बोतलें भूरी नहीं हैं ?

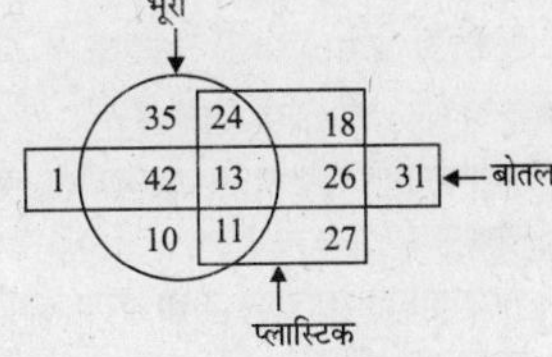

(a) 58 (b) 62
(c) 102 (d) 106

17. कौन-सी उत्तर आकृति प्रश्न आकृति के प्रतिरूप को पूरा करेगी ?

प्रश्न आकृति :

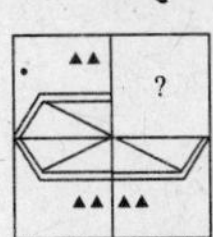

उत्तर आकृतियाँ :

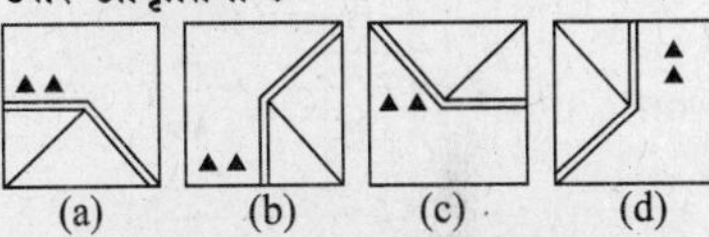

18. नीचे प्रश्न आकृतियों में दिखाए अनुसार कागज को मोड़कर छेदने तथा खोलने के बाद किस उत्तर आकृति जैसा दिखाई देगा ?

प्रश्न आकृतियाँ :

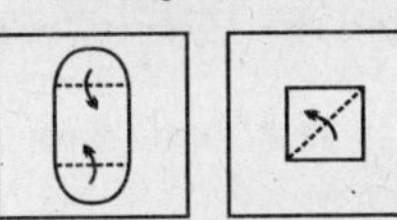

उत्तर आकृतियाँ :

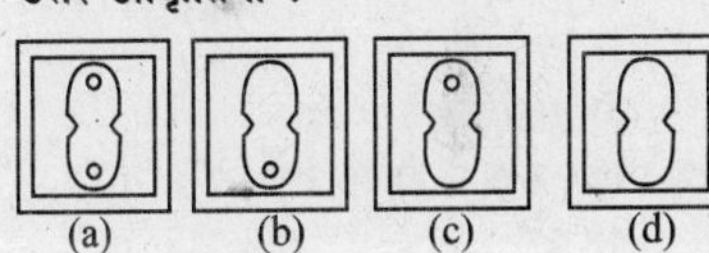

19. दी गई उत्तर आकृतियों में से उस उत्तर आकृति को चुनिए जिसमें प्रश्न आकृति निहित है ।

प्रश्न आकृति :

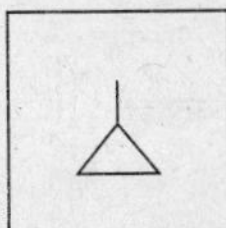

उत्तर आकृतियाँ :

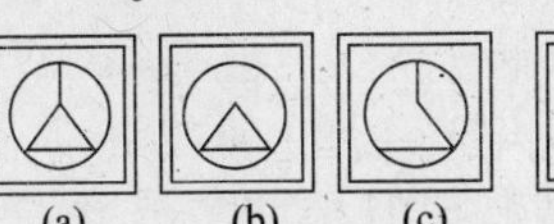

20. एक शब्द केवल एक संख्या समूह द्वारा दर्शाया गया है, जैसा कि विकल्पों में से किसी एक में दिया गया है। विकल्पों में दिए गए संख्या समूह अक्षरों के दो वर्गों द्वारा दर्शाए गए हैं, जैसा कि दिए गए दो आव्यूहों में है। आव्यूह-I के स्तम्भ और पक्ति की संख्या 0 से 4 आव्यूह-II की 5

से 9 है। इन आव्यूहों से एक अक्षर को पहले उसकी पंक्ति और बाद में स्तम्भ संख्या द्वारा दर्शाया जा सकता है। उदाहरण के लिए पृष्ठ को 21, 67 आदि द्वारा दर्शाया जा सकता है तथा पृष्ठ को 66, 57 आदि द्वारा दर्शाया जा सकता है। इसी तरह से आपको प्रश्न में दिए शब्द 'PIZZA' के लिए समूह को पहचानना है।

आव्यूह-I

	0	1	2	3	4
0	I	P	I	M	R
1	D	I	W	R	W
2	S	H	R	B	E
3	F	R	E	P	R
4	R	E	P	C	F

आव्यूह-II

	5	6	7	8	9
5	A	E	Z	A	Z
6	E	G	A	D	Y
7	K	A	X	G	M
8	A	B	C	A	W
9	Z	V	M	H	N

(a) 33, 40, 85, 19, 20
(b) 01, 02, 95, 66, 85
(c) 42, 02, 57, 57, 10
(d) 33, 11, 57, 95, 58

भाग-II सामान्य ज्ञान एवं सामान्य जानकारी

21. प्रसिद्ध उपन्यास 'द गाइड' किसने लिखा था?
(a) आर. के. नारायण
(b) चेतन भगत
(c) अरुंधती रॉय
(d) सत्यजीत रे

22. भारत संघ में कितने राज्य हैं?
(a) 27 (b) 28
(c) 30 (d) 29

23. प्लासी की लड़ाई किसके बीच लड़ी गई थी?
(a) सिराजुद्दौला और रॉबर्ट क्लाइव
(b) मीर कासिम और रॉबर्ट क्लाइव
(c) मीर जफर और रॉबर्ट क्लाइव
(d) दिए गए विकल्पों में से कोई नहीं

24. प्रथम विश्व पर्यावरण दिवस किस वर्ष मनाया गया था?
(a) 1972 (b) 1980
(c) 1973 (d) 1974

25. वायु के तापमान में परिवर्तन से ध्वनि का निम्न. लिखित में से कौन-सा गुण प्रभावित होता है?
(a) आवृत्ति (b) तीव्रता
(c) विस्तार (d) तरंगदैर्ध्य

26. द्रव्यमान 'm' और वेग 'a' की एक गोली द्रव्यमान 'M' के लकड़ी के बड़े ब्लॉक में दागी जाती है। सिस्टम का अंतिम वेग क्या होगा?
(a) $\frac{M}{m+M}a$ (b) $\frac{m}{m+M}a$
(c) $\frac{m+M}{m}a$ (d) $\frac{m+M}{M}a$

27. मृदारहित कृषि को क्या कहते हैं?
(a) जल संवर्धन (b) आर्द्रता संवर्धन
(c) रेशम उत्पादन (d) अंतराल फसलन

28. सरकार के संसदीय रूप का विचार कहाँ से लिया गया है?
(a) अमेरिका (b) ब्रिटेन
(c) आयरलैंड (d) रूस

29. प्रतिवर्ष कितने नोबल पुरस्कार प्रदान किए जाते हैं?
(a) 10 (b) 6
(c) 5 (d) 8

30. वस्तु x की 9 यूनिटों से कुल उपयोगिता 20 है और 10 यूनिटों से 15 है। 10वीं यूनिट से सीमांत उपयोगिता का परिकलन कीजिए-
(a) 0.5 (b) –0.5
(c) 5 (d) –5

31. शैवाल विज्ञान किसका अध्ययन है?
(a) जीवाणु (b) शैवाल
(c) कवक (d) लाइकेन

32. सेफ्टी रेजर का आविष्कार किसने किया?
(a) जिलेट (b) स्टीव चेर
(c) स्टीव जोब (d) लार स्ट्रॉस

33. भारत में बनी प्रथम बोलने वाली फिल्म कौन-सी थी?
(a) किसान कन्या (b) राजा हरिश्चंद्र
(c) मदर इंडिया (d) आलम आरा

34. वस्तु-विनिमय संव्यवहार का क्या अर्थ है?
(a) वस्तुओं का विनिमय सोने के साथ किया जाता है।
(b) वस्तुओं के बदले सिक्कों का विनिमय किया जाता है।
(c) मुद्रा विनिमय के माध्यम के रूप में कार्य करती है।
(d) वस्तुओं का विनिमय वस्तुओं के साथ किया जाता है।

35. एडी रेडमेन ने किस फिल्म के लिए सर्वश्रेष्ठ अभिनेता का ऑस्कर (2015) जीता?
(a) बर्डमेन
(b) द थ्योरी ऑफ एवरीथिंग
(c) स्टिल एलाइस
(d) दिए गए विकल्पों में से कोई नहीं

36. एक परमाणु के अन्दर एक इलेक्ट्रॉन की सम्पूर्ण ऊर्जा है-
(a) शून्य (b) शून्य से अधिक
(c) शून्य से कम (d) अनन्त

37. 'बादल फटने' का क्या अर्थ है?
(a) मेघाच्छादित मौसम में फसल के बीजों का बोना
(b) भारी तूफान के साथ असाधारण रूप से भारी बरसात
(c) कृत्रिम वर्षा का निर्माण
(d) आकाश में बादलों के बिखरे हुए टुकड़ों की मौजूदगी

38. किस दिन विश्व एड्स दिवस मनाया जाता है?
(a) 20 मार्च (b) 20 दिसम्बर
(c) 1 मार्च (d) 1 दिसम्बर

39. भारतीय औद्योगिक विकास बैंक की स्थापना कब की गई थी?
(a) जुलाई 1968 (b) जुलाई 1966
(c) जुलाई 1964 (d) जुलाई 1962

40. तरंगों का तीव्रता अनुपात 25 : 9 है। उनके विस्तार का अनुपात क्या होगा?
(a) 50 : 18 (b) 25 : 9
(c) 3 : 5 (d) 5 : 3

भाग-III प्रारंभिक अंकगणित

निर्देश (41–43) : इस पाई चार्ट में दर्शाया गया है कि एक स्कूल में विभिन्न शीर्षों के अंतर्गत स्कूल की निधियों को कैसे खर्च किया जाता है। पाई चार्ट का प्रयोग करते हुए प्रश्नों का उत्तर दें-

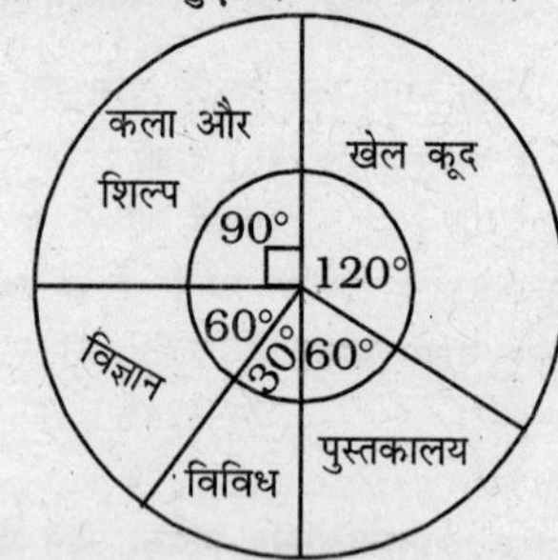

41. कुल खर्च का कितना प्रतिशत पुस्तकालय पर खर्च किया गया है?
(a) 24.3 (b) 24
(c) 20 (d) 16.6

42. किस शीर्ष पर 25% निधियों को खर्च किया गया है?
(a) खेलकूद (b) विविध
(c) पुस्तकालय (d) कला और शिल्प

43. किन शीर्षों के खर्च की राशि समान है?
(a) पुस्तकालय और विज्ञान
(b) खेलकूद और विज्ञान
(c) विज्ञान और विविध
(d) विविध और पुस्तकालय

44. यदि $\sin\theta + \cos\theta = \sqrt{2}\,\sin(90° - \theta)$ है, तो $\cot\theta$ किसके बराबर है?
(a) $\sqrt{2}$ (b) 0
(c) $\sqrt{2}-1$ (d) $\sqrt{2}+1$

45. वास्तविक संख्याएं a, b एवं c के लिए यदि $a^2 + b^2 + c^2 = ab + bc + ca$, है तो $\frac{a+c}{b}$ का मान है-

(a) 3 (b) 1
(c) 2 (d) 0

46. सायमन ने एक साइकिल ₹6810 में खरीदी। उसने 13.5% वैट अदा किया। साइकिल की सूचीबद्ध कीमत कितनी थी?
(a) ₹ 6000 (b) ₹ 6140
(c) ₹ 6696.50 (d) ₹ 5970.50

47. निम्नलिखित का मान है-
$\frac{(\tan 20°)^2}{(\text{cosec } 70°)^2} + \frac{(\cot 20°)^2}{(\sec 70°)^2} + 2\tan 15°.\tan 45°.\tan 75°$
(a) 1 (b) 4
(c) 3 (d) 2

48. एक विद्यार्थी $2\frac{1}{2}$ किमी. प्रति घंटा की गति से स्कूल जाता है और 6 मिनट विलंब से स्कूल पहुँचता है। यदि वह 3 किमी प्रति घंटा की गति से यात्रा करता है तो 10 मिनट पहले स्कूल पहुँच जाता है। स्कूल की दूरी कितनी है?
(a) 4 किमी. (b) $3\frac{1}{2}$ किमी.
(c) 1 किमी. (d) $3\frac{1}{4}$ किमी.

निर्देश (49–52) : निम्नलिखित तालिका में वर्ष 1920 से 1927 तक विश्व में इस्पात का उत्पादन दर्शाया गया है 1920–1927 तक तालिका का अध्ययन करें और प्रश्नों का उत्तर दें।

वर्ष उत्पादन	1920	1921	1922	1923	1924	1925	1926	1927
(मिलियन टन में)	71.30	43.51	67.66	76.23	77.23	88.93	91.75	100.17

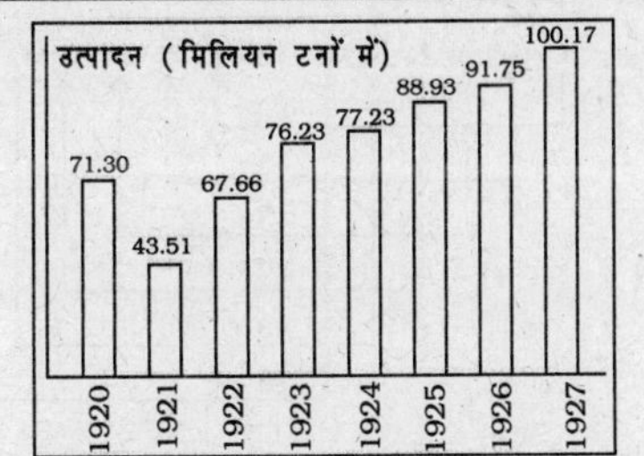

49. वर्ष 1923 और 1924 में इस्पात के उत्पादन का अंतर 1927 के उत्पादन का x% है। x का मान लगभग कितना है?
(a) 0.01 (b) 0.1
(c) 0.001 (d) 1

50. वर्ष 1924 और 1925 में इस्पात के उत्पादन का वर्ष 1923 और 1927 के उत्पादन से अनुपात कितना है?
(a) 2005 : 2077 (b) 2077 : 2205
(c) 2205 : 2007 (d) 2205 : 2077

51. उन वर्षों की संख्या लगभग कितनी है जिनके दौरान कंपनी का उत्पादन वर्ष 1920–1927 के औसत उत्पादन से कम है?
(a) 6 (b) 4
(c) 3 (d) 2

52. इस्पात का औसत उत्पादन है (मिलियन टन में)-
(a) 76.09 (b) 74.07
(c) 77.10 (d) 75.13

53. 5% प्रतिवर्ष के साधारण ब्याज पर अब से 4 वर्षों में देय ₹ 2400 के साधारण ब्याज और वास्तविक छूट (true discount) में अंतर है-
(a) ₹ 30 (b) ₹ 70
(c) ₹ 80 (d) ₹ 50

54. यदि एक वस्तु को ₹ 270 में बेचा जाता है तो 10% की हानि होती है। उस वस्तु का लागत मूल्य है-
(a) ₹ 300 (b) ₹ 270
(c) ₹ 320 (d) ₹ 250

55. एक अधिकोणीय त्रिभुज के परिकेन्द्र की अवस्थिति क्या है?
(a) यह त्रिभुज के अंदर होता है।
(b) यह त्रिभुज के बाहर होता है।
(c) यह सबसे लंबे पार्श्व का मध्य बिंदु है।
(d) यह सबसे बड़े पार्श्व के विपरीत शीर्ष है।

56. किसी निश्चित समय के बाद ₹ 1860 पर 5% पर मिलने वाली कुल छूट 60 रुपए है। ज्ञात करें कि यह छूट कितने समय के बाद मिलेगी?
(a) 9 महीने (b) 8 महीने
(c) 7 महीने (d) 10 महीने

57. कितनी धन राशि पर 5% प्रति वर्ष की दर पर दो वर्ष के साधारण ब्याज और चक्रवृद्धि ब्याज के बीच अंतर ₹ 63 के बराबर होगा?
(a) ₹ 24,600 (b) ₹ 24,800
(c) ₹ 25,200 (d) ₹ 25,500

58. एक वृत्त चतुर्भुज ABCD की चार भुजाओं को स्पर्श करता है। $\frac{(AB+CD)}{CB+DA}$ का मान किसके बराबर है?
(a) $\frac{1}{4}$ (b) $\frac{1}{2}$
(c) 1 (d) $\frac{1}{3}$

59. 120 और 300 के बीच के पूर्ण वर्गों का योग है-
(a) 1400 (b) 1296
(c) 1024 (d) 1204

60. एक रेलगाड़ी एक बिजली के खंभे के सामने से 20 सेकंड में गुजरती है और 250 मीटर लंबे प्लेटफार्म से 45 सेकंड में गुजरती है। रेलगाड़ी की लंबाई ज्ञात करें-
(a) 400 मीटर (b) 200 मीटर
(c) 300 मीटर (d) 250 मीटर

भाग-IV हिंदी

61. निम्नलिखित में से कौन-सा शब्द पुल्लिंग है?
(a) कपट (b) सुन्दरता
(c) मूर्खता (d) निद्रा

62. गीदड़ का स्त्रीलिंग क्या होगा?
(a) गीदड़िन (b) गीदड़नी
(c) गीदड़ी (d) गिदड़िया

63. विज्ञान शब्द में प्रयुक्त उपसर्ग है-
(a) वि (b) विज्ञा
(c) अन (d) विज्ञ

64. 'परिवार' शब्द में कौन-सी संज्ञा है?
(a) व्यक्तिवाचक (b) समूहवाचक
(c) भाववाचक (d) द्रव्यवाचक

निर्देश (प्रश्न संख्या 65 से 67): नीचे दिए वाक्यों में रिक्त-स्थानों की उपयुक्त शब्द द्वारा पूर्ति करने के लिए चार विकल्प दिए गए हैं, उपयुक्त विकल्प चुनकर उत्तर दीजिए-

65. जो जन्मा है, उसकी मृत्यु निश्चित है, यही विधि का .... है।
(a) अनुदेश (b) प्रावधान
(c) विधान (d) चलन

66. अमृत एक धैर्यवान व्यक्ति है, वह विपत्ति में भी .... नहीं होता है।
(a) विचलित (b) दुःखी
(c) अधीर (d) चलायमान

67. प्रतिमा अपनी प्रतिभा और परिश्रम के बल पर ही प्रगति के .... पर पहुंची है।
(a) सर्वोच्च (b) शिखर
(c) शिविर (d) इनमें से कोई नहीं

निर्देश (प्रश्न संख्या 68 से 70): निम्नलिखित शब्दों के विलोम के चयन के लिए चार विकल्प दिए गए हैं, उचित विकल्प का चयन कीजिए-

68. कपूत
(a) सुपुत्र (b) सुयोग्य
(c) सपूत (d) आज्ञाकारी

69. क्रोध
(a) क्षमा (b) शांत
(c) गंभीर (d) निरपराध

70. उधार
(a) पैसा (b) रुपया
(c) नकद (d) सूद

71. 'जिसका जन्म पहले हुआ हो' के लिए एक शब्द होगा-
(a) प्रथम (b) नवजन्म
(c) अग्रज (d) अनुज

72. तत्सम शब्द है-
(a) जग (b) चर्म
(c) चाक (d) चन्दा

73. 'दामन' शब्द का समानार्थी होगा-
(a) आँचल (b) अंक
(c) गोद (d) पल्ला

74. 'हाथ ऊँचा होना' का अर्थ होगा-
(a) प्रतिष्ठित होना
(b) दान आदि के लिए मन में उदारता का भाव
(c) किसी को मारने के लिए हाथ उठाना
(d) युद्ध में विजय प्राप्त करना

75. 'गधा खाए खेत जुलाहा पीटा जाए' का अर्थ है-
(a) बिना किसी कारण दोषारोपण करना

(b) खेती में नुकसान होना

(c) किसी के कर्म की सजा अन्य को मिलना

(d) किसी अपने द्वारा हानि होना

निर्देश (प्रश्न संख्या 76): निम्नलिखित शब्द के पर्याय के लिए चार विकल्प दिए गए हैं। सही विकल्प चुनकर उत्तर दीजिए।

76. तलवार-

(a) चन्द्रहास (b) सरसिज

(c) कीर (d) रदन

निर्देश (प्रश्न संख्या 77): निम्नलिखित शब्द के विलोम के चयन के लिए चार विकल्प दिए गए हैं, उपयुक्त विकल्प का चयन कीजिए–

77. निरक्षर-

(a) पढ़ा-लिखा (b) साक्षर

(c) समझकर (d) इनमें कोई नहीं

निर्देश : निम्नांकित अवतरण को ध्यान से पढ़िए और प्रश्न-संख्या 78 से 80 तक के सही उत्तर प्रत्येक प्रश्न के नीचे दिए गए सम्भावित उत्तरों में से चुनकर दीजिए।

मणिपुर की आजादी की लड़ाई में अनेक वीर शहीद हुए। पाओना ब्रजवासी उनमें से एक थे। उनका असली नाम था, पाओनम नवल सिंह। वे अपनी युवावस्था में कई वर्षों तक वृंदावन में रहे। वृंदावन ब्रज-क्षेत्र का एक तीर्थ है। इस कारण नवल सिंह को ब्रजवासी नाम से पुकारा जाने लगा। ब्रजवासी के वंश का नाम पाओनम था। पाओनम वंश के लोगों को पाओना भी कहा जाता है। इससे पाओनम नवल सिंह, पाओना ब्रजवासी के रूप में प्रसिद्ध हुए।

मणिपुर के महाराज चन्द्रकीर्ति ने उन्हें अपना अंगरक्षक बनाया। पाओना ब्रजवासी एक योद्धा थे। उनकी वीरता को देखकर महाराज ने उन्हें सूबेदार के पद पर नियुक्त किया। महाराज चन्द्रकीर्ति के बाद उनके ज्येष्ठ पुत्र सुरचन्द्र को राजगद्दी मिली। चन्द्रकीर्ति के चचेरे भाई बोराचाओबा यह नहीं चाहते थे। इसलिए उन्होंने सुरचन्द्र के विरुद्ध लड़ाई की घोषणा कर दी। इस लड़ाई में पाओना ब्रजवासी को पकड़ लिया गया। उन्हें जेल में डाल दिया गया।

सन् 1891 में अंग्रेजों ने मणिपुर पर हमला कर दिया। वे इस राज्य को हड़पना चाहते थे। उनके पास विशाल सेना थी। संख्या कम होते हुए भी मणिपुरी सैनिकों ने साहस के साथ अंग्रेजों का सामना किया। वे वीरता के साथ लड़े। लड़ाई ने बड़ा भयंकर रूप धारण कर लिया। मणिपुर के बहुत-से योद्धा मारे गए। मणिपुर की स्वाधीनता का प्रश्न सामने था। इसलिए राजा कुलचन्द्र ने पाओना को कैद से छोड़ने की आज्ञा दी। उन्हें मेजर का पद दिया गया और मणिपुर की रक्षा का भार सौंपा गया।

खोङ्जोम नदी के किनारे युद्ध हुआ। अनेक योद्धाओं ने वीरगति पाई। अंग्रेज सेना आधुनिक साधनों से सम्पन्न थी। मणिपुरी सैनिक बहुत कम रह गए। उनमें से भी अनेक घायल हो गए। मणिपुर की जीत की सम्भावना नहीं रही। लेकिन पाओना ने युद्ध-भूमि नहीं छोड़ी। वे युद्ध-भूमि में अन्तिम साँस तक मातृभूमि मणिपुर के लिए लड़ते रहे। उन्होंने खोङ्जोम नदी के किनारे वीरगति प्राप्त की।

78. 'शहीद' का क्या अर्थ है?

(a) किसी के द्वारा मारा गया व्यक्ति

(b) आन्दोलन में मरनेवाला व्यक्ति

(c) आत्म-बलिदान करनेवाला वीर

(d) आत्महत्या करनेवाला व्यक्ति

79. पाओना का विशेष गुण क्या था?

(a) राजा का अंगरक्षक बनना

(b) वीर योद्धा होना

(c) युद्ध-कला में निपुण होना

(d) अंग्रेजो का सामना करना

80. अंग्रेजों ने मणिपुर पर हमला क्यों किया?

(a) सुरचन्द्र की मदद करने के लिए

(b) अपनी बहादुरी दिखाने के लिए

(c) मणिपुर को हड़पने के लिए

(d) बदला लेने के लिए

उत्तर (हल/संकेत)

भाग-I सामान्य बुद्धिमत्ता एवं तर्कशक्ति

1. (d) 14 85 511 3067 18403 ?

$14 \times 6 = 84 + 1 = 85$

$85 \times 6 = 510 + 1 = 511$

$511 \times 6 = 3066 + 1 = 3067$

$3067 \times 6 = 18402 + 1 = 18403$

$18403 \times 6 = 110418 + 1 = \boxed{110419}$

$\therefore$ 110419

2. (a) अली के पास ₹ 320 थे।

उसने घड़ी खरीदी

$₹\left(320 \times \frac{3}{4}\right) = ₹\,240$ में

अली के पास शेष राशि

$= ₹(320 - 240) = ₹\,80$

उसने पेन खरीदी $₹\left(80 \times \frac{1}{8}\right) = ₹10$ में

अली के पास शेष राशि

$= ₹(80 - 10) = ₹70$

3. (d)

A	R	M	S
↓	↓	↓	↓
1	2	3	4

अत:,

M	A	R	S
↓	↓	↓	↓
3	1	2	4

4. (c) $\sqrt{AFI} = 13$

$\Rightarrow \sqrt{169} = 13$

उसी प्रकार, $\sqrt{DDA} = \sqrt{441} = 21$

5. (a) जिस प्रकार, $414 + 222 = 636$

उसी प्रकार, $325 + 222 = \boxed{547}$

6. (a) जिस प्रकार,

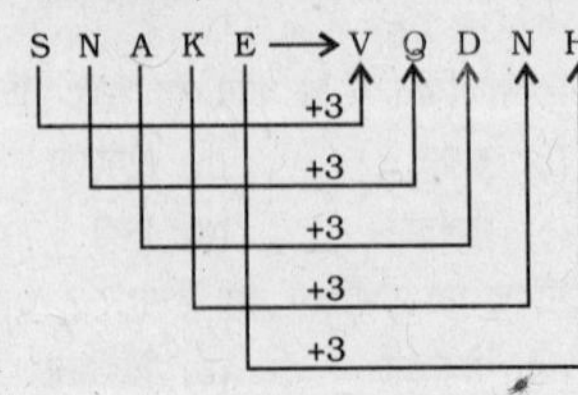

उसी प्रकार,

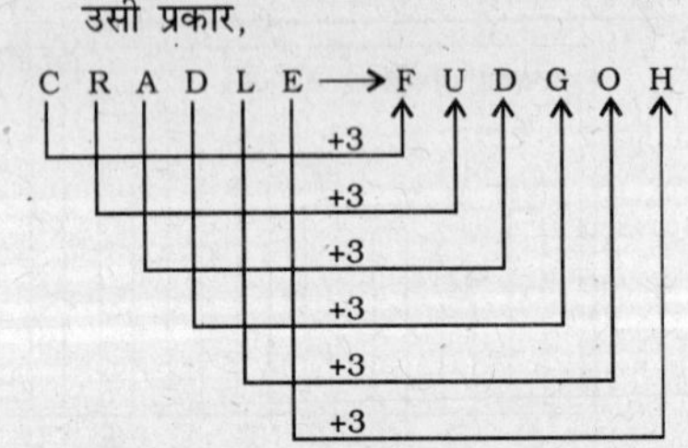

7. (d) $D \xrightarrow{-1} C \xrightarrow{-1} B \xrightarrow{-1} A$

$H \xrightarrow{-1} G \xrightarrow{-1} F \xrightarrow{-1} E$

$P \xrightarrow{-1} O \xrightarrow{-1} N \xrightarrow{-1} M$

परंतु,

$I \xrightarrow{+1} J \xrightarrow{+1} K \xrightarrow{+1} L$

8. (b) फैदम (थाह) को छोड़कर अन्य सभी शब्द आकार एवं आकृति से संबंधित हैं। फैदम गहराई से संबंधित है।

9. (b) संख्या 17 को छोड़कर अन्य सभी संख्याएँ 3 से विभाज्य हैं। 17 एक अविभाज्य संख्या है।

10. (b)

$g \quad g \xrightarrow{+2} i \xrightarrow{+1} j \xrightarrow{+1} k \quad k$

$a \quad a \xrightarrow{+2} c \xrightarrow{+1} d \xrightarrow{+2} f \quad f$

$m \quad m \xrightarrow{+2} o \xrightarrow{+1} p \xrightarrow{+1} q \quad q$

$q \quad q \xrightarrow{+2} s \xrightarrow{+1} t \xrightarrow{+1} u \quad u$

11. (d) $853 \Rightarrow 8 = 5 + 3$

$532 \Rightarrow 5 = 3 + 2$

$734 \Rightarrow 7 = 3 + 4$

परंतु,

$751 \Rightarrow 7 \neq 5 + 1$

12. (a) सार्थक आरोही क्रम:

4. इलेक्ट्रॉन
↓
1. परमाणु
↓
3. अणु
↓
2. पदार्थ

13. (a)

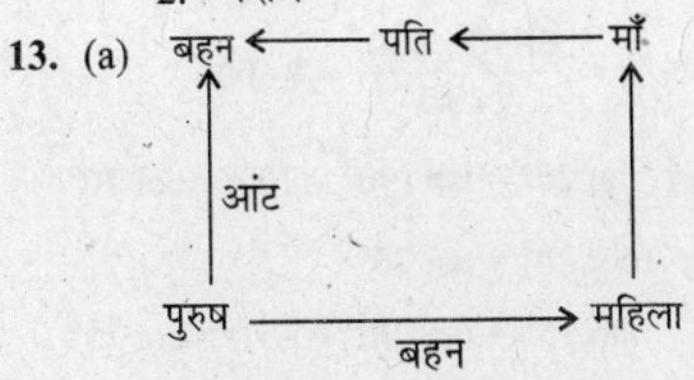

14. (b) प्रश्नानुसार, बैठने का क्रम निम्न है–

बायाँ ⟶ P X S Z R A ⟵ दायाँ

अत: P के दाईं ओर X बैठा है।

15. (b) लड़की चालाक मेहनती

अत:, केवल निष्कर्ष II सही है

16. (a) बोतलों की अभीष्ट संख्या $= (1 + 26 + 31)$
$= 58$

17. (a) उत्तर आकृति (a) प्रश्न आकृति के प्रतिरूप को पूरा करेगी

18. (a) कागज को मोड़कर छेदने तथा खोलने के पश्चात्, उत्तर आकृति (a) प्राप्त होती है।

19. (a) दी गई प्रश्न आकृति, उत्तर आकृति (a) में पूर्णत: निहित है।

20. (d) P = 01, (33), 42

I = 00, 02, (11)

Z = (57), 59, 95

Z = 57, 59, (95)

A = 55, (58), 67, 76, 85, 88

अत: PIZZA के लिए समूह 33, 11, 57, 95, 58 होगा।

भाग-II सामान्य ज्ञान एवं सामान्य जानकारी

21. (a) आर.के. नारायन द्वारा 1958 में लिखित 'द गाइड' एक अंग्रेजी उपन्यास है। यह उपन्यास दक्षिण भारत में स्थित एक काल्पनिक शहर मालगुड़ी पर आधारित है। यह उपन्यास मुख्य पात्र राजू का पर्यटक मार्गदर्शक से आध्यात्मिक मार्गदर्शक बनने और उसके बाद भारत के महान संतों में से एक बनने का वर्णन करता है। इस अंग्रेजी उपन्यास के लिए आर.के.नारायन को 1960 में अंग्रेजी के लिए साहित्य अकादमी पुरस्कार से सम्मानित किया गया था।

22. (b) भारत राज्यों का एक संघ है जिसमें 28 राज्य और 8 केन्द्र शासित प्रदेश शामिल हैं। 2 जून, 2014 को तेलंगाना को आंध्र प्रदेश से अलग करते हुए भारत के 29वें राज्य के रूप में तेलंगाना की स्थापना की गई थी।

23. (a) प्लासी का युद्ध 23 जून, 1757 को बंगाल के अंतिम स्वतंत्र नवाब सिराजुद्दौला और रॉबर्ट क्लाइव के नेतृत्व में ब्रिटिश ईस्ट इंडिया कंपनी के मध्य लड़ा गया था। इस युद्ध में नवाब और उसके फ्रांसीसी सहयोगियों पर ब्रिटिश ईस्ट इंडिया कंपनी की निर्णायक जीत हुई। इस प्रकार बंगाल में ईस्ट इंडिया कंपनी का परोक्ष शासन स्थापित हो गया।

24. (c) विश्व पर्यावरण दिवस (WED) की स्थापना संयुक्त राष्ट्र महासभा (UNGA) द्वारा 5 जून, 1972 को स्वीडन के स्टॉकहोम में मानव पर्यावरण पर आयोजित संयुक्त राष्ट्र सम्मेलन में की गई थी। प्रथम विश्व पर्यावरण दिवस 1973 में मनाया गया था। तब से प्रतिवर्ष 5 जून को विश्व पर्यावरण दिवस मनाया जाता है।

25. (d) ध्वनि की तरंगदैर्ध्य तापमान के साथ परिवर्तित होती है। इसका कारण यह है कि ध्वनि की गति तापमान के साथ परिवर्तित होती रहती है। चूंकि ध्वनि की गति विभिन्न तापमान पर भिन्न-भिन्न होती है, इसका अर्थ यह है कि एक दी गई आवृत्ति पर ध्वनि की तरंगदैर्ध्यता परिवर्तनशील होती है, जोकि ध्वनि की गति पर निर्भर करती है। उदाहरण के लिए, वायु में 68° F पर 100 साइकिल टन की तरंगदैर्ध्यता 11.27 फीट होगी जबकि ताजे जल में 68° F पर 100 साइकिल टन की तरंगदैर्ध्यता 48.05 फीट होगी।

26. (b) यदि v अंतिम वेग है, तो संवेग के संरक्षण के सिद्धांत के अनुसार,

$m_1v_1 + m_2 v_2 = (m_1 + m_2) v,$

या, $v = m_1v_1 + m_2v_2 (m_1+m_2)$

प्रश्न में दिए गए मानों का प्रयोग करते हुए,

$v = m \times a + 0/(m+M) = ma/(m+M)$

27. (a) हाइड्रोपोनिक्स जल-विज्ञान की एक उप-शाखा और बिना मृदा के खनिज- पोषक तत्त्व विलयनों के प्रयोग से जल में पौधे उगाने की एक विधि है। स्थलीय पौधों को जड़ सहित केवल खनिज पोषक तत्वयुक्त विलयनों या किसी निष्क्रिय माध्यम जैसे परलाइट (Perlite) या बजरी में उगाया जा सकता है। हाइड्रोपोनिक्स मृदारहित प्रविधि की एक उप-शाखा है।

28. (b) भारत के संविधान में केन्द्र और राज्य दोनों स्तरों पर सरकार के संसदीय रूप का प्रावधान किया गया है, जिसे ग्रेट ब्रिटेन के संविधान से लिया गया है। संसदीय सरकार को ब्रिटिश संसदीय सरकार का मॉडल, उत्तरदायी सरकार या केन्द्रीय सरकार के रूप में जाना जाता है जो कि जापान, कनाडा और अन्य देशों में प्रचलित है।

29. (b) नोबेल पुरस्कार प्रतिवर्ष साहित्य, चिकित्सा, भौतिकी, रसायन, शांति और अर्थशास्त्र सहित छ: क्षेत्रों में प्रदान किया जाता है। स्वीडिश वैज्ञानिक अल्फ्रेड नोबेल की इच्छानुसार 1895 में इस पुरस्कार की स्थापना की गई थी। अर्थशास्त्र को छोड़कर शेष पाँच क्षेत्रों में सर्वप्रथम 1901 में नोबेल पुरस्कार प्रदान किए गए थे। अल्फ्रेड नोबेल की याद में प्रदान किए जाने वाले पुरस्कारों की शृंखला में अर्थशास्त्र के नोबेल पुरस्कार की शुरुआत स्वीडन के केन्द्रीय बैंक द्वारा 1968 में की गई थी।

30. (d) सीमांत उपयोगिता = कुल उपयोगिता में परिवर्तन/उपभोग की गई इकाइयों की संख्या में परिवर्तन। इस सूत्र का पहला घटक कुल उपयोगिता में परिवर्तन की गणना करता है। सीमांत उपयोगिता के सूत्र का दूसरा घटक उपभोग की गई इकाइयों की संख्या में परिवर्तन की गणना करता है। पूर्व में उपभोग की गई मात्रा में से वर्तमान में उपभोग की गई इकाइयों की संख्या को घटाकर सीमांत उपयोगिता की गणना की जाती है।

इस प्रकार 10वीं इकाई की सीमांत उपयोगिता $(MU) = TU_{10} - TU_9 = 15 - 20 = -5$

31. (b) शैवाल-विज्ञान (Phycology) शैवालों का वैज्ञानिक अध्ययन है। शैवाल-विज्ञान जीव विज्ञान की एक शाखा है। इसे प्राय: वनस्पति विज्ञान की एक उप-शाखा माना जाता है। इसके अंतर्गत प्रोकैरियोटिक जीवों का अध्ययन किया जाता है जिसे नीले-हरे शैवाल या नीले जीवाणु (Cyanobacteria) के रूप में जाना जाता है।

32. (a) अमेरिकी व्यवसायी किंग कैम्प जिलेट ने 1901 में सर्वाधिक बिकने वाले सेफ्टी रेजर के प्रारूप का आविष्कार किया था। जिलेट के वास्तविक डिजाइन से पूर्व कई मॉडल अस्तित्व में आए। जिलेट का नया रेजर पतला, कम खर्चीला, सस्ता एवं स्टैम्प्ड स्टील युक्त ब्लेड का बना था, जिसका निस्तारण किया जा सकता था। रेजर और ब्लेड के व्यावसायिक मॉडल के आविष्कार का पूरा श्रेय जिलेट को दिया जाता है।

33. (d) भारत की पहली बोलती फिल्म आलमआरा (द ऑर्नामेंट ऑफ द वर्ल्ड) थी। यह फिल्म मुंबई के मैजेस्टिक सिनेमा हॉल में प्रदर्शित की गई थी। यह फिल्म साम्राज्यिक (इम्पेरिअल) मूवीटॉन के बैनर तले बनाई गई थी। यह फिल्म अर्देशिर ईरानी द्वारा निर्मित और निर्देशित की गई थी।

34. (d) बार्टर वस्तु-विनिमय की वह प्रणाली है जिसमें विनिमय के किसी अन्य माध्यम (जैसे धन) का प्रयोग किए बिना वस्तुओं या सेवाओं को प्रत्यक्षतः दूसरी वस्तुओं या सेवाओं से बदला जाता है। विनिमय के माध्यम और मुद्रा के स्थानापन्न के रूप में वस्तु-विनिमय प्रणाली का प्रयोग मुद्रा संकट के समय विशेष रूप से उन परिस्थितियों में किया जाता है जब मुद्रा अस्थायी हो या सामान्यतः व्यापारिक गतिविधियों के लिए उपलब्ध न हो।

35. (b) फिल्म 'द थ्योरी ऑफ एवरिथिंग' में स्टीफन हॉकिंग की बेहतर भूमिका निभाने के लिए इंग्लिश अभिनेता एडी रेडमेन को वर्ष 2015 का सर्वश्रेष्ठ अभिनेता के लिए अकादमी अवॉर्ड प्रदान किया गया। द थ्योरी ऑफ एवरिथिंग वर्ष 2014 में निर्मित तथा जेम्स मार्श द्वारा निर्देशित ब्रिटिश जीवन चरित पर आधारित रोमांटिक ड्रामा फिल्म है। इस फिल्म की कहानी सैद्धान्तिक भौतिकवादी स्टीफन की पूर्व पत्नी जैनी विल्डे हॉकिंग द्वारा लिखित जीवनवृत्त 'ट्रैवलिंग टू इनफिनिटी: मांइ लाइफ विद स्टीफन' से ली गई है।

36. (a) परमाणु के नाभिक में पाया जाने वाला एक कण इलेक्ट्रॉन होता है जिस पर इकाई ऋण आवेश रहता है तथा जिसका द्रव्यमान शून्य होता है इसलिए इसकी ऊर्जा भी शून्य होती है। इलेक्ट्रॉन की खोज जे.जे. टॉमसन ने की थी।

37. (b) अवक्षेपण की अत्यधिक मात्रा के कारण बादल फटने की घटना होती है, कभी-कभी ओलावृष्टि और जोर से बादल गरजने के बाद बादल फट जाता है। प्रायः बादल फटने की अवधि अधिक देर तक घटित नहीं होती, लेकिन इस घटना में कुछ मिनटों के दौरान ही इतनी अधिक मात्रा में वृष्टि हो जाती है कि बाढ़ और जल प्रलय की स्थिति उत्पन्न हो जाती है। बादल फटने से अत्यधिक मात्रा में पानी जमा हो सकता है। हालांकि बादल फटने की घटना कभी-कभार ही होती है क्योंकि बादल फटने की घटना प्रायः ऊँचे पर्वतीय क्षेत्रों या अचानक संघनीकरण वाले क्षेत्रों में होती है।

38. (d) विश्व एड्स दिवस प्रतिवर्ष 1 दिसम्बर को मनाया जाता है। एचआईवी संक्रमण से होने वाले एड्स के प्रति लोगों को जागरूक करने और इस रोग के कारण मरने वालों की याद में वर्ष 1988 से यह दिवस मनाया जाता है। जेम्स डब्ल्यू बुन और थॉमस नेट्टर ने सर्वप्रथम अगस्त 1987 में विश्व एड्स दिवस आयोजित किया था।

39. (c) अनुभवहीन भारतीय उद्योगों के विकास के लिए ऋण और अन्य वित्तीय सेवाएँ प्रदान करने के लिए संसद अधिनियम द्वारा 1 जुलाई, 1964 को आईडीबीआई बैंक की स्थापना की गई थी। पूर्व में इस बैंक को भारतीय औद्योगिक विकास बैंक के नाम से जाना जाता था। इसका मुख्यालय मुंबई (महाराष्ट्र) में स्थित है। यह भारत सरकार के स्वामित्व वाले 27 वाणिज्यिक बैंकों में से एक है।

40. (d) तरंग की प्रबलता (तीव्रता) सामान्यतः इसकी आयाम के वर्ग के अनुपात में होती है। इसका आशय यह है कि सापेक्षिक आयाम के वर्ग द्वारा सापेक्षिक प्रबलता (तीव्रता) को प्राप्त किया जा सकता है।

$I \propto a^2$

$\therefore \quad \frac{a_2}{a_2} = \sqrt{\frac{I_1}{I_2}} = \sqrt{\frac{25}{9}} = \frac{5}{3}$

अर्थात्, $a_1 : a_2 = 5:3$

इस प्रकार, यदि प्रबलता अनुपात 25: 9 है तो आयाम अनुपात 5: 3 होगा।

भाग-III प्रारंभिक अंकगणित

41. (d) पुस्तकालय पर व्यय का संगत कोण = 60°

$\therefore$ अभीष्ट प्रतिशत

$= \frac{60}{360} \times 100 = \frac{50}{3} = 16.67$

42. (d) $\because$ 100% ≡ 360°

$\therefore \quad 1\% \equiv \frac{360}{100}$

$\therefore \quad 25\% \equiv \frac{360}{100} \times 25 = 90°$

$\Rightarrow$ कला एवं शिल्प

43. (a) पुस्तकालय पर व्यय का संगत कोण = 60°

विज्ञान पर व्यय का संगत कोण = 60°

44. (d) $\sin\theta + \cos\theta = \sqrt{2}\sin(90° - \theta)$

$\Rightarrow \sin\theta + \cos\theta = \sqrt{2}\cos\theta$

$\Rightarrow \sqrt{2}\cos\theta - \cos\theta = \sin\theta$

$\Rightarrow \cos\theta\left(\sqrt{2}-1\right) = \sin\theta$

$\Rightarrow \frac{\cos\theta}{\sin\theta} = \frac{1}{\sqrt{2}-1}$

$\Rightarrow \cot\theta = \frac{1}{\sqrt{2}-1} \times \frac{\sqrt{2}+1}{\sqrt{2}+1}$

$= \frac{\sqrt{2}+1}{2-1} = \sqrt{2}+1$

45. (c) $a^2 + b^2 + c^2 = ab + bc + ca$

$\Rightarrow 2a^2 + 2b^2 + 2c^2 - 2ab - 2bc - 2ca = 0$

$\Rightarrow a^2 + b^2 - 2ab + b^2 + c^2 - 2bc + c^2 + a^2 - 2ca = 0$

$\Rightarrow (a-b)^2 + (b-c)^2 + (c-a)^2 = 0$

$\therefore \quad a-b = 0 \Rightarrow a = b$

$b-c = 0 \Rightarrow b = c$

$c-a = 0 \Rightarrow c = a$

$\therefore \quad a = b = c$

$\therefore \quad \frac{a+c}{b} = \frac{2a}{a} = 2$

46. (a) साइकिल का सूचीबद्ध मूल्य = ₹x (माना)

प्रश्नानुसार, $x \times 113.5\% = 6810$

$\Rightarrow \frac{x \times 113.5}{100} = 6810$

$\Rightarrow x = \frac{6810 \times 100}{113.5} = ₹\ 6000$

47. (c) $\tan 20° = \tan(90° - 70°) = \cot 70°$

$\therefore \quad \cot 20° = \tan 70°$

$\tan 15° = \tan(90° - 75°) = \cot 75°$

$\therefore$ व्यंजक $= \cot^2 70°.\ \sin^2 70° + \tan^2 70°.\ \cos^2 70° + 2\cot 75°.\ \tan 75°.\ \tan 45°$

$= \frac{\cos^2 70°}{\sin^2 70°}.\ \sin^2 70° + \frac{\sin^2 70°}{\cos^2 70°}.\ \cos^2 70° + 2 \times 1 \times 1$

$= \cos^2 70° + \sin^2 70° + 2 = 1 + 2 = 3$

[$\because \sin\theta . \operatorname{cosec}\theta = 1$; $\cos\theta . \sec\theta = 1$; $\tan\theta . \cot\theta = 1$]

48. (a) माना, स्कूल की दूरी = x किमी

समयांतर = 6 + 10 = 16 मिनट = $\frac{16}{60}$ घंटा

$= \frac{4}{15}$ घंटा समय = $\frac{\text{दूरी}}{\text{चाल}}$

$\therefore \quad \frac{x}{\frac{5}{2}} - \frac{x}{3} = \frac{4}{15}$

$\Rightarrow \frac{2x}{5} - \frac{x}{3} = \frac{4}{15}$

$\Rightarrow \frac{6x - 5x}{15} = \frac{4}{15}$

$\Rightarrow x = 4$ किमी.

49. (d) प्रश्नानुसार, $\frac{x \times 100.17}{100} = 77.23 - 76.23$

$\Rightarrow \frac{x \times 100.17}{100} = 1$

$\Rightarrow x = \frac{100}{100.7} = 0.99$

$x = 1$ (लगभग)

50. (b) अभीष्ट अनुपात $= (77.23 + 88.93) : (76.23 + 100.17)$

$= 166.16 : 176.40$

$= 16616 : 17640 = 2077 : 2205$

51. (b) वर्ष 1920 – 1927 के दौरान औसत उत्पादन

$$= \left(\frac{71.30+43.51+67.66+76.23+77.23+88.93+91.75+100.17}{8}\right)$$

$$= \frac{616.78}{8} = 77.1 \text{ मिलियन टन}$$

∴ अभीष्ट वर्ष

⇒ 1920, 1921, 1922 एवं 1923

52. (c) इस्पात का औसत उत्पादन

= 77.1 मिलियन टन

53. (c) वास्तविक छूट

$$= \frac{\text{धनराशि} \times \text{दर} \times \text{समय}}{100 + (\text{दर} \times \text{समय})}$$

$$= \frac{2400 \times 5 \times 4}{100 + (5 \times 4)}$$

$$= \frac{2400 \times 5 \times 4}{120} = ₹\, 400$$

साधारण ब्याज $= \frac{2400 \times 5 \times 4}{100} = ₹480$

अभीष्ट अंतर $= 480 - 400 = ₹\, 80$

54. (a) वस्तु का लागत मूल्य $= ₹\, x$ (माना)

प्रश्नानुसार, $\frac{x \times 90}{100} = 270$

$\Rightarrow x = \frac{270 \times 100}{90} = ₹\, 300$

55. (b)

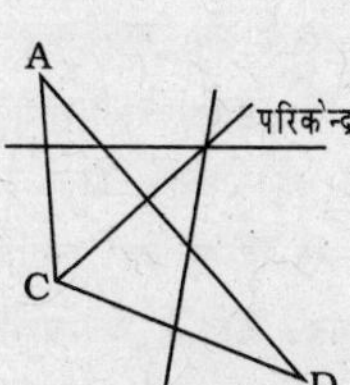

56. (b) अभीष्ट समय $= \frac{60 \times 100}{1800 \times 5} = \frac{2}{3}$ वर्ष

$= \left(\frac{2}{3} \times 12\right)$ माह $= 8$ माह

57. (c) अंतर $= \frac{PR^2}{10000}$

$\Rightarrow 63 = \frac{P \times 5 \times 5}{10000}$

$\Rightarrow P = 400 \times 63 = ₹25200$

58. (c)

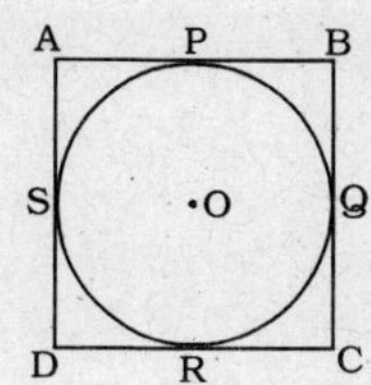

किसी बाह्य बिन्दु से किसी वृत्त पर खींचीं गई स्पर्श रेखाएं समान होती हैं।

∴ $AP = AS$

$BP = BQ$

$CR = CQ$

$DR = DS$

∴ $AP + BP + CR + DR = AS + DS + BQ + CQ$

$\Rightarrow AB + CD = AD + BC$

∴ $\frac{AB + CD}{CB + DA} = \frac{AB + CD}{AB + CD} = 1$

59. (a) अभीष्ट योगफल $= 121 + 144 + 169 + 196 + 225 + 256 + 289 = 1400$

60. (b) यदि रेलगाड़ी की लंबाई $= x$ मीटर हो, तो

रेलगाड़ी की चाल $= \frac{x}{20} = \frac{x + 250}{45}$

$\Rightarrow \frac{x}{4} = \frac{x + 250}{9}$

$\Rightarrow 9x = 4x + 1000$

$\Rightarrow 9x - 4x = 1000$

$\Rightarrow 5x = 1000$

$\Rightarrow x = \frac{1000}{5} = 200$ मीटर

भाग-IV हिंदी

61. (a) दिए गए विकल्पों में 'कपट' पुल्लिंग शब्द हैं। 'सुन्दरता', 'मूर्खता' और 'निद्रा' सभी स्त्रीलिंग शब्द हैं। 'कपट' का प्रयोग पुल्लिंग रूप में होता है और यह छल या धोखे का भाव व्यक्त करता है।

62. (c) गीदड़ का स्त्रीलिंग गीदड़ी होगा। स्त्रीलिंग शब्द वे होते हैं जो स्त्री जाति का बोध कराते हैं और 'गीदड़' शब्द में 'ई' प्रत्यय जोड़ने से स्त्रीलिंग 'गीदड़ी' बनता है।

63. (a) 'विज्ञान' शब्द में प्रयुक्त उपसर्ग है 'वि'। 'ज्ञान' मूल शब्द है और 'वि' उपसर्ग जुड़कर 'विज्ञान' बनता है, जिसका अर्थ है विशेष ज्ञान या व्यवस्थित ज्ञान।

64. (b) 'परिवार' शब्द समूहवाचक संज्ञा है। समूहवाचक संज्ञा वह होती है जो एक साथ कई व्यक्तियों या वस्तुओं के समूह को दर्शाती है। परिवार में अनेक सदस्य होते हैं, इसलिए यह समूहवाचक संज्ञा है।

65. (c) जो जन्मा है, उसकी मृत्यु निश्चित है, यही विधि का विधान है। इसलिए, सही विकल्प (c) है। यह एक अटल नियम है जो जीवन की प्रकृति को बताता है।

66. (a) अमृत एक धैर्यवान व्यक्ति है, वह विपत्ति में भी विचलित नहीं होता है। धैर्यवान व्यक्ति कठिन परिस्थितियों में स्थिर रहता है और अशांत या व्याकुल नहीं होता।

67. (b) सही उत्तर (b) शिखर है। वाक्य "प्रतिमा अपनी प्रतिभा और परिश्रम के बल पर ही प्रगति के शिखर पर पहुंची है।" सबसे उपयुक्त है क्योंकि यह प्रगति के उच्चतम बिंदु को दर्शाता है।

68. (c) 'कपूत' का विलोम है सपूत। 'कपूत' का अर्थ है बुरा पुत्र, जबकि 'सपूत' का अर्थ है अच्छा पुत्र।

69. (b) क्रोध का सही विलोम शब्द (b) शांत है। क्रोध एक आक्रामक भावनात्मक अवस्था है, जबकि शांत होना उस अवस्था के विपरीत है।

70. (c) 'उधार' का विलोम है नकद। उधार का अर्थ है बिना तत्काल भुगतान के, जबकि नकद का अर्थ है तुरंत भुगतान।

71. (c) 'जिसका जन्म पहले हुआ हो' के लिए एक शब्द है अग्रज। 'अग्रज' का अर्थ है बड़ा भाई या बहन, अर्थात् जो पहले जन्मा हो।

72. (b) दिए गए विकल्पों में चर्म तत्सम शब्द है। तत्सम वे शब्द होते हैं जो संस्कृत से बिना परिवर्तन के हिंदी में प्रयुक्त होते हैं। 'चर्म' संस्कृत से लिया गया है।

73. (a) 'दामन' शब्द का समानार्थी है आँचल। दामन वस्त्र का वह भाग है जो स्त्रियों के परिधान में आगे की ओर होता है और इसका पर्याय आँचल या पल्ला है।

74. (b) 'हाथ ऊँचा होना' का अर्थ दान आदि के लिए मन में उदारता का भाव होना है। इसका मतलब है कि कोई व्यक्ति दान या खर्च करने के लिए आर्थिक रूप से संपन्न और इच्छुक है। अन्य विकल्प सही नहीं हैं।

75. (c) मुहावरा "गधा खाए खेत जुलाहा पीटा जाए" का अर्थ है किसी के कर्म की सजा अन्य को मिलना। अर्थात् दोषी कोई और होता है, लेकिन दंड किसी और को दिया जाता है।

76. (a) 'तलवार' का पर्यायवाची शब्द है चन्द्रहास। संस्कृत और हिंदी साहित्य में 'चन्द्रहास' का प्रयोग तलवार के लिए किया जाता है। अन्य विकल्प जैसे 'सरसिज' (कमल), 'कीर' (पक्षी), 'रदन' (दाँत) तलवार के पर्याय नहीं हैं।

77. (b) 'निरक्षर' का विलोम है साक्षर। 'निरक्षर' का अर्थ है अशिक्षित या अनपढ़, जबकि 'साक्षर' का अर्थ है पढ़ा-लिखा।

78. (c) 'शहीद' का अर्थ है आत्म-बलिदान करनेवाला वीर। शहीद वह होता है जो अपने देश, धर्म या कर्तव्य की रक्षा करते हुए प्राणों का बलिदान करता है।

79. (c) पाओना के विशेष गुण में युद्ध-कला में उसकी निपुणता शामिल थी, जो एक वीर योद्धा होने और राजा का अंगरक्षक बनने के उसके अन्य गुणों को और भी महत्वपूर्ण बनाती है। इसलिए, सही विकल्प (c) युद्ध-कला में निपुण होना है।

80. (c) अंग्रेजों ने मणिपुर पर हमला इसलिए किया क्योंकि वे इस राज्य को हड़पना चाहते थे। उनकी विशाल सेना और आधुनिक साधनों का उद्देश्य मणिपुर को अपने अधीन करना था।

❑❑❑

12 प्रैक्टिस सेट

भाग-I सामान्य बुद्धिमत्ता एवं तर्कशक्ति

1. निम्नलिखित शब्दों को उनके शब्दकोश के क्रम में लिखें-

1. Cinnabar
2. Cinder
3. Cinema
4. Cinnamon
5. Cinchona

(a) 5, 2, 1, 4, 3 (b) 2, 3, 5, 4, 1
(c) 4, 1, 5, 2, 3 (d) 5, 2, 3, 1, 4

2. अक्षरों का कौन-सा समूह खाली स्थानों पर क्रमवार रखने से दी गई अक्षर शृंखला को पूरा करेगा?

__aabb__a__ab__b

(a) *a b b b* (b) *a b a b*
(c) *b b a a* (d) *b a b a*

3. परमाणु युग, धात्विक युग, प्रस्तर (पाषाण) युग और मिश्रधातु युग को (सबसे प्रारंभ से शुरू करते हुए) यदि सार्थक क्रम में रखा जाए, तो तीसरे स्थान पर कौन-सा युग होगा?

(a) मिश्रधातु युग (b) प्रस्तर युग
(c) धात्विक युग (d) परमाणु युग

निर्देश (4–6) : निम्नलिखित प्रत्येक प्रश्न में दिए गए विकल्पों में से सम्बन्धित शब्द/अक्षरों/संख्या को चुनिए-

4. व्यायाम : जिम : : खाना : ?

(a) रेस्टोरेन्ट (b) भोजन
(c) डायटिंग (d) स्वस्थता

5. 49 : 343 : : 64 : ?

(a) 514 (b) 634
(c) 512 (d) 486

6. JKPO : LMNM : : ? : PQJI

(a) KOLN (b) LKNO
(c) NOLK (d) NOKL

निर्देश (7–9) : निम्नलिखित प्रत्येक प्रश्न में एक अनुक्रम दिया गया है, जिसमें एक पद लुप्त है। दिए गए विकल्पों में से वह सही विकल्प चुनिए जो अनुक्रम को पूरा करें-

7. 7, 18, 40, 73, 117, ?

(a) 183 (b) 150
(c) 161 (d) 172

8. OTE, PUF, QVG, RWH, ?

(a) SXI (b) SYJ
(c) TXI (d) SXJ

9. 3, 5, 9, 15, 23, 33, 45, 59, ?

(a) 81 (b) 60
(c) 75 (d) 72

10. A और B बच्चे हैं C के, यदि C माता है B की किन्तु A पुत्री नहीं है C की, तो C और A में क्या सम्बन्ध है?

(a) भतीजा और चाची (b) भाई और बहिन
(c) माता और पुत्र (d) भतीजी और चाची

11. दिए गए समीकरण को सन्तुलित करने तथा * चिह्नों को प्रतिस्थापित करने के लिए गणितीय चिह्नों का सही क्रम समूह चुनिए:

6 * 15 * 10 * 3 * 12

(a) + = × (b) + × =
(c) × + = (d) + — =

12. दिए हुए विकल्पों में से उस शब्द को चुनिए, जो दिए गए शब्द के अक्षरों का प्रयोग करके नहीं बनाया जा सकता–

LAUGHTER

(a) GATE (b) RATE
(c) HATE (d) GRUNT

13. बच्चों की एक पंक्ति में मीना बाएँ छोर से दसवें स्थान पर है और कान्ता दाएँ छोर से ग्यारहवें स्थान पर है, विनीता दाएँ छोर से बीसवें स्थान पर है और मीना के दाएँ से तीसरे स्थान पर है। मीना और कान्ता के बीच में कितने बच्चे हैं?

(a) 10 (b) 9
(c) 11 (d) 12

14. राघव अपने घर से कार्यालय के लिए कार से चला। वह सीधे 15 किमी. उत्तर की ओर चला और फिर वह पूर्व की ओर मुड़कर 8 किमी. चला। फिर वह बाएँ मुड़ा और 1 किमी. चला। पुन: बाएँ मुड़कर 20 किमी. चला और कार्यालय पहुँच गया। उसके घर से उसका कार्यालय कितनी दूर और किस दिशा में है?

(a) 20 किमी. उत्तर-पश्चिम
(b) 15 किमी. उत्तर-पूर्व
(c) 20 किमी. उत्तर-पूर्व
(d) 15 किमी. उत्तर-पश्चिम

15. दो कथनों के आगे चार निष्कर्ष I, II, III और IV दिए गए हैं। आपको कथनों को सत्य मानकर विचार करना है चाहे वे सामान्यत: ज्ञात तथ्यों से भिन्न प्रतीत होते हों। आपको निर्णय करना है कि दिए गए निष्कर्षों में से कौन-सा, यदि कोई हो, निश्चित रूप से दिये गये कथनों के आधार पर निकाला जा सकता है अपना उत्तर निर्दिष्ट करें।

कथन:

सभी क्लर्क टाइपिस्ट हैं।
कुछ टाइपिस्ट स्टेनो हैं।

निष्कर्ष:

I. कुछ स्टेनों क्लर्क है
II. कोई स्टेनो क्लर्क नहीं है
III. सभी टाइपिस्ट क्लर्क है।
IV. सभी क्लर्क स्टनो हैं।

(a) सभी निष्कर्ष लागू होते हैं
(b) कोई भी निष्कर्ष लागू नहीं होता है
(c) निष्कर्ष I या II कोई भी लागू हो सकता है
(d) केवल निष्कर्ष IV लागू होता है

16. दिए गए भिन्न में, त्रिभुज लड़कियों के महाविद्यालय जिसमें केवल लड़कियां अध्ययन करती हैं, को प्रदर्शित करता है और जिसमें केवल लड़के अध्ययन करते हैं और वृत्त विश्वविद्यालय में पढ़ने वाले विद्यार्थियों को प्रदर्शित करता है। विश्वविद्यालय का कौन-सा हिस्सा जहाँ लड़कियां और लड़के दोनों अध्ययन करते हैं, को प्रदर्शित करता है।

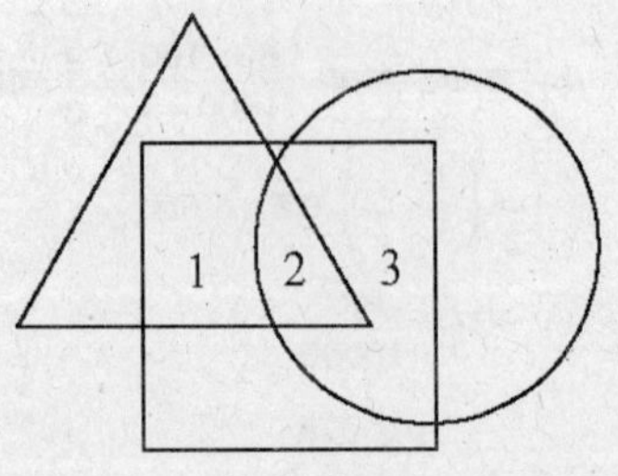

(a) 1 (b) 2
(c) 3 (d) अपर्याप्त आँकड़े

17. नीचे दिये गए विकल्पों में से एक संख्या चुनकर लुप्त संख्या भरें।

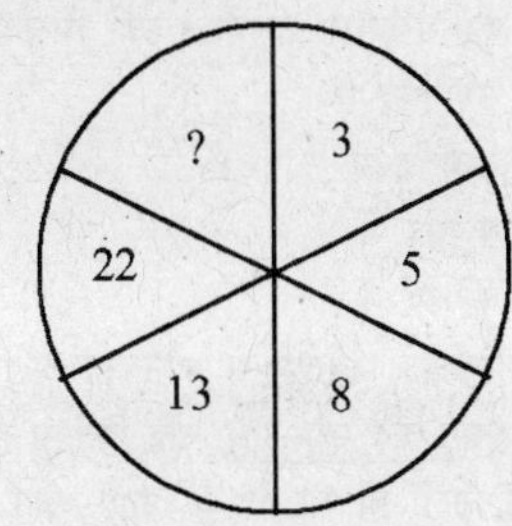

(a) 38 (b) 39
(c) 37 (d) 36

18. कौन-सा आरेख राजनीतिज्ञों, कवियों और महिलाओं के बीच संबंध का सही निरूपण करता है?

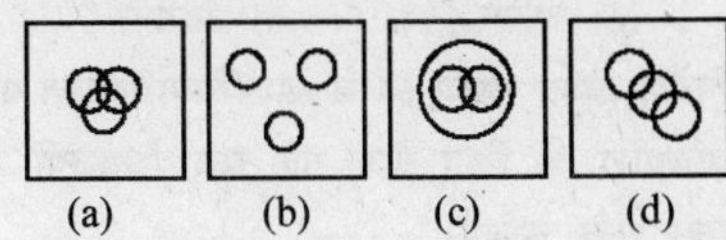

(a) (b) (c) (d)

19. यदि एक दर्पण को AB रेख पर रखा जाए तो दी गई उत्तर आकृतियों में से कौन-सी आकृति प्रश्न आकृति का सही प्रतिबिंब होगी?

प्रश्न आकृति:

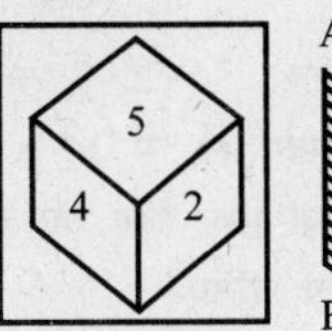

उत्तर आकृतियाँ:

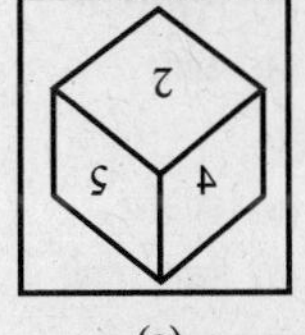

(a)

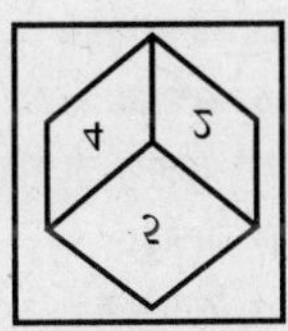

(b)

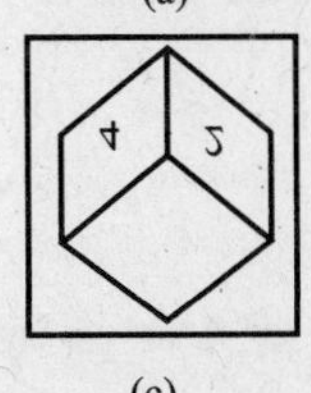

(c)

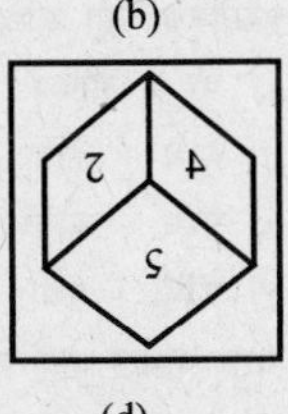

(d)

20. दी गई आकृति में कितने चतुर्भुज हैं?

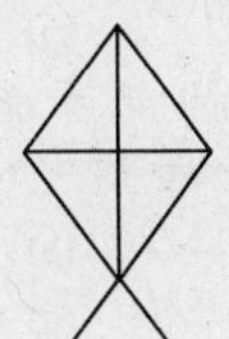

(a) 3 (b) 4
(c) 9 (d) 6

भाग-II सामान्य ज्ञान एवं सामान्य जानकारी

21. निम्नलिखित में से कौन-सा स्मारक सबसे पुराना है?
(a) कुतुब मीनार (b) खजुराहो
(c) अजंता गुफाएँ (d) ताजमहल

22. किस रोग का पूरी तरह उन्मूलन कर दिया गया है?
(a) कंठमाला (b) खसरा
(c) चेचक (d) छोटी माता

23. पानीपत की पहली लड़ाई किस वर्ष लड़ी गई थी?
(a) 1761 (b) 1516
(c) 1526 (d) 1556

24. गोवा के महत्वपूर्ण किले को बहमनियों से छीनने वाला प्रथम विजयनगर शासक कौन था?
(a) रेव राय II (b) हरिहर I
(c) हरिहर II (d) बुक्का I

25. कस्टर्ड पाउडर तैयार करने में निम्नलिखित में से किसका सामान्यतया प्रयोग किया जाता है?
(a) रागी (b) गेहूँ
(c) मक्का (d) चावल

26. उच्च न्यायालय का न्यायाधीश बनने के लिए कम से कम कितने वर्ष की उच्च न्यायालय के अधिवक्ता के रूप में वकालत का अनुभव होना चाहिए?
(a) 20 वर्ष (b) 5 वर्ष
(c) 10 वर्ष (d) 15 वर्ष

27. रवांडा की राजधानी क्या है?
(a) लिब्रेविले (b) बोगोटा
(c) किगाली (d) कोपेनहेगन

28. हेमीकॉर्डाटा में उत्सर्जन किसके द्वारा होता है?
(a) कोशिका गुच्छ (b) प्राक्वृक्क
(c) मध्यवृक्क (d) पश्च वृक्क

29. लोक चित्रकला की 'मधुबनी' शैली भारत में निम्नलिखित से किस राज्य में प्रचलित है?
(a) बिहार (b) मध्य प्रदेश
(c) उत्तर प्रदेश (d) पश्चिम बंगाल

30. अंटार्कटिक में अनुसंधान करने के लिए भारत सरकार द्वारा स्थापित अनुसंधान केन्द्र का नाम क्या है?
(a) दक्षिणी गंगोत्री
(b) यमुनोत्री
(c) उत्तरी गंगोत्री
(d) उपर्युक्त में से कोई नहीं

31. मृग मरीचिका बनाने वाली प्रघटना को क्या कहते हैं?
(a) व्यतिकरण (b) विवर्तन
(c) ध्रुवीकरण (d) पूर्ण आंतरिक परावर्तन

32. मूंगे की चट्टानों के संरक्षण के लिए भारत सरकार ने निम्नलिखित में से किसे समुद्री पार्क घोषित किया?
(a) अंडमान द्वीपसमूह (b) कच्छ की खाड़ी
(c) लक्षद्वीप द्वीपसमूह (d) मन्नार की खाड़ी

33. भारत में सबसे योजनाबद्ध बसा शहर कौन-सा है?
(a) सेलेम (b) चंडीगढ़
(c) कोयंबतूर (d) नई दिल्ली

34. विविध जलवायु एवं मौसम दशाओं को बदलने वाली सभी महत्वपूर्ण वायुमंडलीय प्रक्रियाएँ कहाँ घटित होती हैं?
(a) समतापमंडल (b) क्षोभमंडल
(c) आयनमंडल (d) बहिर्मंडल

35. कंप्यूटर सिस्टम हार्डवेयर द्वारा व्यवस्थित द्रुततर, महँगा और अपेक्षाकृत छोटा संग्रह रूप क्या है?
(a) डिस्क (b) फ्लैश मेमोरी
(c) मेन मेमोरी (d) कैच

36. संविधान के किस संशोधन द्वारा मतदान की आयु 21 वर्ष से घटाकर 18 वर्ष की गई?
(a) 64वें संशोधन (b) 60वें संशोधन
(c) 61वें संशोधन (d) 63वें संशोधन

37. डाउन सिन्ड्रोम वाले व्यक्ति अपरिहार्य रूप से किससे ग्रस्त हो जाते हैं?
(a) हंटिंग्टन रोग (b) अल्जाइमर रोग
(c) तानिका शोथ (d) मस्तिष्काघात

38. प्रोटॉन की समान संख्या किंतु न्यूट्रॉन की भिन्न-भिन्न संख्या वाले परमाणुओं को क्या कहते हैं?
(a) समस्थानिक (b) धनायन
(c) हिग्स बोसन (d) ऋणायन

39. पौध का आर्द्र पतन रोग किसके कारण होता है?
(a) पेरोनोस्पोला पैरासाइटिका
(b) एलबुगो कैंडिडा
(c) फाइटोफ्थोरा इंफेस्टन्स
(d) पाइथियम डिबेरियानम

40. 15 जनवरी को किस रूप में मनाया जाता है?
(a) श्रम दिवस (b) सेना दिवस
(c) गणतंत्र दिवस (d) मकर संक्रांति

भाग-III प्रारंभिक अंकगणित

41. यदि सूर्य का उन्नयन कोण 45° से बढ़कर 60° हो जाता है, तो स्तंभ की छाया की लंबाई 10 मीटर कम हो जाती है। स्तंभ की लंबाई कितनी है?
(a) $5(3-\sqrt{3})$ मीटर
(b) $5(\sqrt{3}+1)$ मीटर
(c) $15(\sqrt{3}+1)$ मीटर
(d) $5(3+\sqrt{3})$ मीटर

42. एक स्कूल के 10 शिक्षकों में से एक शिक्षक सेवानिवृत्त हो जाता है और उसके स्थान पर एक नया 25 वर्षीय शिक्षक सेवा ग्रहण कर लेता है। परिणामस्वरूप शिक्षकों की औसत आयु 3 वर्ष कम हो जाती है। सेवानिवृत्त शिक्षक की आयु कितनी (वर्षों में) है?
(a) 55 (b) 60
(c) 58 (d) 56

43. X किसी काम को 24 दिन में पूरा कर सकता है। जब उसने 4 दिन काम कर लिया तब Y भी उसके साथ शामिल हो गया। यदि समस्त काम 16 दिन में पूरा हो गया, तो Y अकेले उस काम को कितने दिन में पूरा कर सकता था?
(a) 18 दिन (b) 27 दिन
(c) 36 दिन (d) 42 दिन

44. बिजली बिल का भुगतान यदि नियत तारीख से पहले किया जाए तो राज्य बिजली बोर्ड 15% की छूट देता है। यदि एक व्यक्ति को ₹ 54 की छूट मिलती है, तो वास्तविक बिल की राशि कितनी थी?
(a) ₹ 362 (b) ₹ 359
(c) ₹ 360 (d) ₹ 361

45. A, B और C किसी काम को क्रमशः 10, 12 और 15 दिन में पूरा कर सकते हैं। A ने काम पूरा होने से 5 दिन पहले काम छोड़ दिया और B ने A के काम छोड़ने के 2 दिन बाद काम छोड़ दिया। समस्त काम पूरा करने के लिए कितने दिनों की आवश्यकता होगी?
(a) $8\frac{2}{3}$ (b) $6\frac{2}{3}$
(c) 7 (d) 6

46. यदि $0° < \theta < 90°$ और $\operatorname{cosec}\theta = \cot^2\theta$ है, तो व्यंजक $\operatorname{cosec}^4\theta - 2\operatorname{cosec}^3\theta + \cot^2\theta$ का मान किसके बराबर होगा?
(a) 2 (b) 0
(c) 1 (d) 3

47. ऐसे वृत्त का क्षेत्रफल क्या होगा जिसकी त्रिज्या 4 वर्ग इकाई क्षेत्रफल वाले वर्ग का विकर्ण है? (वर्ग इकाई में)
(a) 16π (b) 4π
(c) 6π (d) 8π

48. ABCD एक चक्रीय समलंब है जिसकी भुजाएँ AD और BC एक-दूसरे के समांतर हैं। यदि $\angle ABC = 75°$ है, तो $\angle BCD$ का माप क्या होगा?
(a) 75° (b) 95°
(c) 45° (d) 105°

49. ΔABC में, कोण $\angle B$ और $\angle C$ के बाह्य द्विभाजक बिंदु O पर मिलते हैं। यदि $\angle A = 70°$ है, तो $\angle BOC$ का माप क्या होगा?
(a) 55° (b) 75°
(c) 60° (d) 50°

50. E, ΔABC के माध्यक AD का मध्य बिंदु है। AC को F पर मिलने के लिए BE को मिलाकर बढ़ाया गया है। F किस अनुपात में AC को विभाजित करता है?
(a) 2 : 3 (b) 2 : 1
(c) 1 : 3 (d) 3 : 2

51. यदि एक रुपए में 4 की दर से केले खरीदे जाएं तो एक रुपए में कितने केले बेचे जाएं कि $33\frac{1}{3}$% का लाभ हो?
(a) 2.5 (b) 2
(c) 3 (d) 4

52. टॉवर के आधार से 70 मीटर दूरी पर स्थित बिंदु का अवनति कोण 60° है। टॉवर की ऊँचाई कितनी है?
(a) $35\sqrt{3}$ मीटर (b) $70\sqrt{3}$ मीटर
(c) $\frac{70\sqrt{3}}{3}$ मीटर (d) 70 मीटर

53. एक लंब वृत्तीय बेलन के आधार की त्रिज्या और वक्र सतह क्षेत्रफल क्रमशः 'r' यूनिट और $4\pi rh$ वर्ग यूनिट है, तो बेलन की ऊँचाई क्या है?
(a) $\frac{h}{2}$ यूनिट (b) h यूनिट
(c) $2h$ यूनिट (d) $4h$ यूनिट

54. $\sqrt{\sqrt{2} \times \sqrt{3}}$ का घातांक रूप क्या है?
(a) 6 (b) $6^{\frac{1}{2}}$
(c) $6^{-\frac{1}{2}}$ (d) $6^{\frac{1}{4}}$

55. दो संख्याओं का योग 37 है और उनके वर्गों का अंतर 185 है। दोनों संख्याओं का अंतर क्या होगा?
(a) 10 (b) 4
(c) 5 (d) 3

56. कोई धन राशि जब 18% प्रति वर्ष की चक्रवृद्धि ब्याज दर पर दी जाए तो दो वर्षों में चक्रवृद्धि ब्याज वार्षिक देय होने पर प्राप्त ब्याज से छमाही ब्याज देय होने पर ₹ 960 अधिक मिलेंगे। वह धनराशि क्या है?
(a) ₹ 60,000 (b) ₹ 30,000
(c) ₹ 40,000 (d) ₹ 50,000

57. ₹ 25,000 पर वार्षिक चक्रवृद्धि ब्याज पर 2 वर्ष में राशि, यदि उत्तरोत्तर वर्षों के लिए दर क्रमशः 4% और 5% वार्षिक हो, तो कितने रुपए हो जाएगी?
(a) ₹ 30,000 (b) ₹ 26,800
(c) ₹ 27,300 (d) ₹ 28,500

58. एक वृत्त की परिधि और व्यास का अनुपात 22 : 7 है। यदि परिधि $1\frac{4}{7}$ मीटर हो, तो वृत्त की त्रिज्या क्या होगी?
(a) $\frac{1}{3}$ मीटर (b) $\frac{1}{2}$ मीटर
(c) $\frac{1}{4}$ मीटर (d) 1 मीटर

59. एक आदमी ने कुछ अंडे खरीदे जिनमें से 10% सड़ गए। शेष में से 80% वह पड़ोसी को दे देता है। अब उसके पास 36 अंडे बच जाते हैं। उसने कितने अंडे खरीदे थे?
(a) 40 (b) 100
(c) 200 (d) 72

60. एक अर्द्ध-गोलाकार कटोरे की त्रिज्या 3.5 सेमी. है। इसे भीतर और बाहर से रंगा जाना है। ₹ 5 प्रति 10 वर्ग सेमी. की दर पर इसकी रंगाई की लागत क्या आएगी?
(a) ₹ 77 (b) ₹ 100
(c) ₹ 175 (d) ₹ 50

भाग-IV हिंदी

61. छंद का सर्वप्रथम उल्लेख कहाँ मिलता है?
(a) उपनिषद् में
(b) सामवेद में
(c) यजुर्वेद में
(d) ऋग्वेद में

62. निम्नलिखित पंक्तियों में कौन-सा अलंकार है?
नहिं पराग नहि मधुर मधु, नहि विकास इहि काल।
अली कली ही सी विध्यों, आगे कौन हवाल।।
(a) दृष्टान्त (b) विशेषोक्ति
(c) यमक (d) अन्योक्ति

63. 'जो बूढ़ा ना हो' के लिए शब्द-संक्षेप होगा-
(a) अजर (b) अमर
(c) अजिर (d) आजन्म

निर्देश (प्रश्न संख्या 64 से 65): निम्नलिखित प्रत्येक वाक्यांश के लिए दिए गए चार विकल्पों में से सही शब्द चुनिए।

64. जिसका संबंध इस लोक से हो-
(a) लोकवासी (b) ऐहिक
(c) अनुगामी (d) चिरस्थायी

65. जो कहा ना जा सके-
(a) अवशित (b) शांत
(c) अकथनीय (d) चुपचाप

निर्देश (प्रश्न संख्या 66 से 67): निम्नलिखित प्रत्येक वाक्यांश के लिए दिए गए चार विकल्पों में से सही विकल्प चुनिए-

66. जिसका वर्णन वाणी द्वारा न हो सके–
(a) अनिर्वचनीय (b) मूकसन्देश
(c) अवर्णन (d) अनंत

67. जिसे बुलाया ना गया हो–
(a) अनाहूत (b) अतिथि
(c) आगन्तुक (d) स्वतः गामी

68. 'परमौषध' का संधि-विच्छेद क्या है?
(a) पर + औषध
(b) परम + ओषध
(c) परम + औषध
(d) परमौ + पध

69. 'चरण कमल बन्दौ हरि राई' में कौन-सा अलंकार है?
(a) रूपक (b) श्लेष
(c) उपमा (d) अतिशयोक्ति

70. 'तीन बेर खाती थी वे तीन बेर खाती हैं' में कौन-सा अलंकार है?
(a) अनुप्रास (b) श्लेष
(c) यमक (d) अन्योक्ति

71. विद्वान का स्त्रीलिंग है -
(a) विदुषी (b) ज्ञात्री
(c) विद्वानी (d) ज्ञानी

72. निम्नलिखित में से कौन-सा शब्द नित्य एकवचन के रूप में होता है?
(a) जनता (b) दर्शन
(c) कवि (d) नेता

73. 'कहत, नटत, रिझत, खिझत, मिलत, खिलत लजियात'।
भरे भुवन मैं करत हैं, नैननु ही सो बात।।
उपर्युक्त पक्तियों में कौन-सा रस है?
(a) करुण रस
(b) श्रृंगार रस
(c) शांत रस
(d) वात्सल्य रस

74. श्रृंगार रस का स्थायी भाव क्या है?
(a) उत्साह (b) शोक
(c) हास (d) रति

75. शिल्पगत आधार पर दोहे से उल्टा छंद है-
(a) रोला (b) चौपाई
(c) सोरठा (d) बरवै

निर्देश (प्रश्न संख्या 76 से 77): निम्नलिखित शब्दों के विलोम के चयन के लिए चार विकल्प दिए गए हैं, उपयुक्त विकल्प का चयन कीजिए–

76. राजतंत्र-
(a) समातंत्र (b) राष्ट्रतंत्र
(c) प्रजातंत्र (d) इनमें से कोई नहीं

77. शीत-
(a) गर्म (b) गर्मी
(c) उष्ण (d) बसन्त

निर्देश : निम्नांकित अवतरण को ध्यान से पढ़िए और प्रश्न-संख्या 78 से 80 तक के सही उत्तर प्रत्येक प्रश्न के नीचे दिए गए सम्भावित उत्तरों में से चुनकर दीजिए।

हम अपने दैनिक जीवन में अपने चारों तरफ हजारों चीजें देखते हैं। इनमें पेड़-पौधे, नदियाँ, पहाड़, खेत, पशु-पक्षी, दुकानें, कारें, बसें आदि हैं। इन सभी जीवित और जड़ चीजों से निर्मित वातावरण में हम रहते हैं। इसको कहते हैं- पर्यावरण। हमारे पर्यावरण को दो भागों में विभाजित किया जा सकता है – जैविक पर्यावरण और अजैविक पर्यावरण। जमीन, पानी और हवा इन सब को हम अजैविक पर्यावरण कहते हैं। इसको भौतिक पर्यावरण कहकर भी जाना जाता है। जैविक पर्यावरण के अन्तर्गत सभी प्राणी आते हैं। हम इस जमीन पर घर बनाकर रहते हैं, पानी पीते हैं, भोजन करते हैं, हवा में साँस लेते हैं। इससे सभी प्राणियों का जीवन सम्भव होता है।

मनुष्य ही नहीं, समस्त प्राणियों के जीवित रहने के लिए जैविक और अजैविक पर्यावरण का शुद्ध रहना अनिवार्य है। प्रदूषित वातावरण से घिर कर हम मौत की तरफ बढ़ते हैं। आज कुछ कारणों से जंगल कटते जा रहे हैं। वनों की संख्या कम होती जा रही है। इससे गर्मी बढ़ती जा रही है। पीने योग्य पानी कम होता जा रहा है। मोटरों के धुएँ से हवा प्रदूषित हो रही है। शोर भी लगातार बढ़ रहा है। इन सब कारणों से हमारा पर्यावरण बिगड़ रहा है। यह चिन्ता का विषय है।

78. अजैविक पर्यावरण का एक उदाहरण है –
(a) मनुष्य (b) पक्षी
(c) जमीन (d) जानवर

79. सभी प्राणी जैविक पर्यावरण के अन्तर्गत क्यों आते हैं?
(a) वे चल-फिर सकते हैं
(b) उनका अपना अस्तित्व है
(c) उनका जीवन है
(d) उनका अपना रंग-रूप होता है

80. आजकल गर्मी बढ़ते जाने का क्या कारण है?
(a) हवा का प्रदूषण
(b) पानी की मात्रा कम होना
(c) वनों की संख्या अधिक होना
(d) बारिश न होना

उत्तर (हल/संकेत)

भाग-I सामान्य बुद्धिमत्ता एवं तर्कशक्ति

1. (d) शब्दकोश के अनुसार शब्दों का क्रम:
(5) Cinchona
↓
(2) Cinder
↓
(3) Cinema
↓
(1) Cinnabar
↓
(4) Cinnamon

2. (b) [a] aa/bb [b] /a [a] a/b [b] b

3. (a) प्रस्तर युग
↓
धात्विक युग
↓
मिश्रधातु युग
↓
परमाणु युग

4. (a) पहले के लिए दूसरे का उपयोग किया जाता है। जिम (जिमखाना) एक कमरा या हॉल है जहाँ व्यायाम के लिए उपकरण रखे जाते हैं। उसी प्रकार रेस्टोरेन्ट में खाना पकाया, परोसा एवं खाया जाता है।

5. (c) जिस प्रकार, $7 \times 7 = 49$
$7 \times 7 \times 7 = 343$
उसी प्रकार, $8 \times 8 = 64$
$8 \times 8 \times 8 = 512$

6. (c) जिस प्रकार,

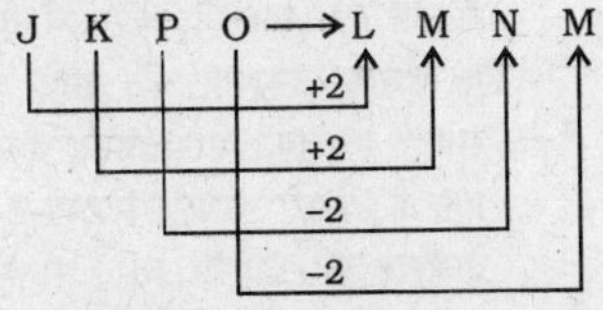

उसी प्रकार,

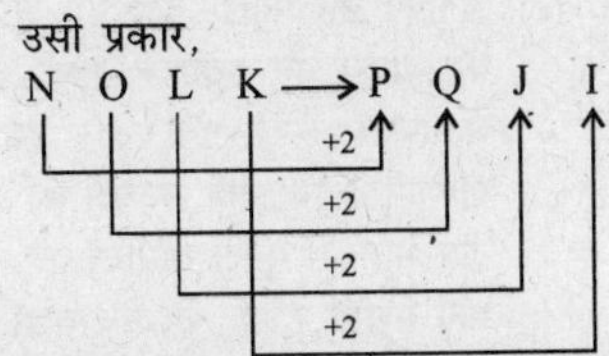

7. (d) $7 + 11 = 18$
$18 + 22 = 40$
$40 + 33 = 73$
$73 + 44 = 117$
$117 + 55 = \boxed{172}$

8. (a)
$O \xrightarrow{+1} P \xrightarrow{+1} Q \xrightarrow{+1} R \xrightarrow{+1} S$
$T \xrightarrow{+1} U \xrightarrow{+1} V \xrightarrow{+1} W \xrightarrow{+1} X$
$E \xrightarrow{+1} F \xrightarrow{+1} G \xrightarrow{+1} H \xrightarrow{+1} I$

9. (c) $3 + 2 = 5$
$5 + 4 = 9$
$9 + 6 = 15$
$15 + 8 = 23$
$23 + 10 = 33$
$33 + 12 = 45$
$45 + 14 = 59$
$59 + 16 = \boxed{75}$

10. (c) C
पुत्र ↙ ↘ माता
बच्चे
A B
अत: C और A माता व पुत्र हैं।

11. (c) 6 * 15 * 10 * 3 * 12
प्रश्नानुसार, चिन्हों को रखने पर,
$6 \times 15 \div 10 + 3 = 12$
$6 \times 1 \cdot 5 + = 12$
$12 = 12$

12. (d) दिए गए शब्द में अक्षर N नहीं है। अत: शब्द GRUNT नहीं बनाया जा सकता है।

13. (c)

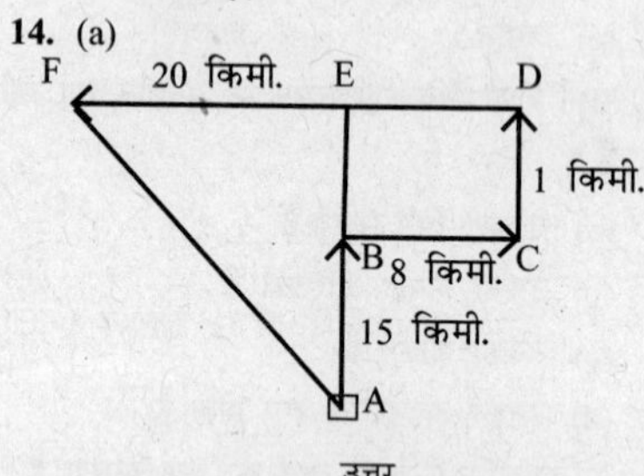

पंक्ति में कुल बच्चों की कुल संख्या

= 20 + 13 — 1 = 32

बाएँ छोर से कांता का स्थान

= 32 — 11 + 1 = 22

इस प्रकार, मीना और कांता के बीच 11 बच्चे हैं।

14. (a)

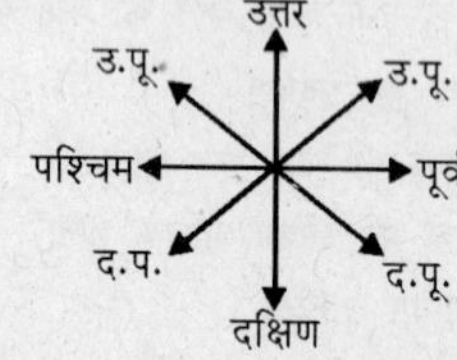

उत्तर

उ.प.　　उ.पू.

पश्चिम　　पूर्व

द.प.　　द.पू.

दक्षिण

$AE = AB + BE = 15 + 1$

$= 16$ किमी.

अभीष्ट दूरी $= AF = \sqrt{(AE)^2 + (EF)^2}$

$= \sqrt{(16)^2 + (12)^2}$

$= \sqrt{256 + 144}$

$= \sqrt{400} = 20$ किमी

दिशा ⇒ उत्तर-पश्चिम

15. (c)

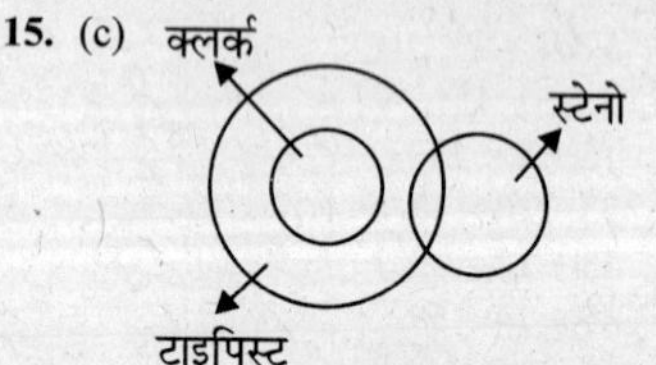

या

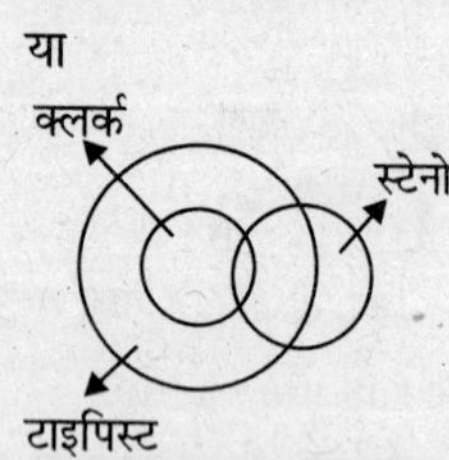

अत: स्पष्टत: या तो निष्कर्ष I या II अनुसरण करता है।

16. (b) अभीष्ट क्षेत्र तीनों ज्यामितिक आकृतियों में विद्यमान होना चाहिए। ऐसे क्षेत्र को '2' द्वारा दर्शाया गया है।

17. (b) 3 + 2 = 5

5 + 3 = 8

8 + 5 = 13

13 + 9 = 22

22 + 17 = 39

18. (d) कुछ राजनीतिज्ञ कवि हो सकते हैं। कुछ कवि राजनीतिज्ञ हो सकते हैं। कुछ राजनीतिज्ञ महिलाएँ भी हो सकती हैं। कुछ महिलाएँ राजनीतिज्ञ भी हो सकती हैं।

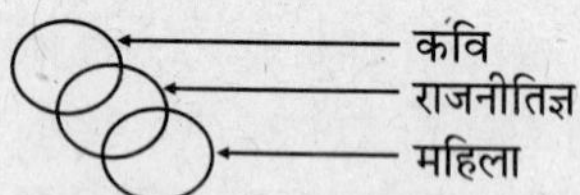

19. (a) दी गई आकृति को दर्पण रेखा AB के सामने रखने पर उसका दर्पण प्रतिबिम्ब उत्तर आकृति (a) से प्राप्त होता है।

20. (c) एक घटक वाले त्रिभुजों की संख्या = 5

दो घटक वाले त्रिभुजों की संख्या = 4

कुल त्रिभुजों की संख्या = (5 + 4) = 9

भाग-II सामान्य ज्ञान एवं सामान्य जानकारी

21. (c) महाराष्ट्र के औरंगाबाद जिले में स्थित अज़ंता की गुफाओं का निर्माण दूसरी शताब्दी ईसा पूर्व से लेकर लगभग 480 या 650 ई. के मध्य कराया गया था। 30 बौद्ध चट्टानों को काटकर इन गुफाओं का निर्माण किया गया था। खजुराहो के अधिकांश मंदिरों का निर्माण राजपूत चन्देल वंश द्वारा 950 और 1050 ई. के मध्य कराया गया था। कुतुब मीनार का निर्माण 13वीं शताब्दी में, जबकि ताजमहल का निर्माण 17वीं शताब्दी में कराया गया था।

22. (c) चेचक वेरिऑला मेजर और वेरिऑला माइनर नामक दो भिन्न विषाणुओं में से किसी एक के द्वारा होने वाला एक संक्रमित रोग था। 19वीं और 20वीं शताब्दी में चलाए गए टीकाकरण अभियानों के बाद विश्व स्वास्थ्य संगठन (WHO) ने 1979 में वैश्विक स्तर पर इसके उन्मूलन की पुष्टि की। चेचक समाप्त हो चुकी दो संक्रमित बीमारियों में से एक है, दूसरी बीमारी रिंडरपेस्ट है जिसके उन्मूलन की घोषणा 2011 में की गई।

23. (c) पानीपत का पहला युद्ध 21 अप्रैल, 1526 को बाबर और इब्राहिम लोदी की सेनाओं के मध्य लड़ा गया था। इस युद्ध के परिणामस्वरूप लोदी राजवंश का अंत हो गया और भारत में मुगल साम्राज्य की स्थापना का मार्ग प्रशस्त हुआ। यह उन युद्धों में से एक था जिसमें बारूद, अग्निशस्त्रों और मैदानी तोपों का प्रयोग किया गया।

24. (c) हरिहर II (1377-1406) ने बहमनी-वारंगल की संयुक्त सेनाओं को सफलतापूर्वक परास्त कर दिया और 1380 में बहमनी साम्राज्य के आधिपत्य वाले दो पश्चिमी भागों-बेलगाम और गोवा को छीन लिया। उसने बहमनियों से कोंकण का क्षेत्र भी छीन लिया और पश्चिम में दक्कन तट एवं उत्तर में चोल (Chaul) तक अपना नियंत्रण स्थापित कर लिया। ये दोनों क्षेत्र व्यापार की दृष्टि से अधिक भू-राजस्व के स्रोत थे।

25. (c) कस्टर्ड चूर्ण मुख्यत: थिकनर्स से बनता है जो इसकी संरचना को रूप प्रदान करता है। यह मुख्यत: खाद्य योग्य मक्के के स्टार्च या मक्के के आटे से बनता है। मक्के का स्टार्च गाढ़े द्रवों के लिए लाभदायक है और यह स्पष्ट आसानी से घुल जाता है। इस चूर्ण में वैनिला जैसी सुगन्धित वस्तुएँ भी सम्मिलित होती हैं।

26. (c) भारतीय संविधान के अनुच्छेद 217 के अनुसार, कोई भी व्यक्ति तब तक उच्च न्यायालय के न्यायाधीश के रूप में नियुक्त होने के योग्य नहीं माना जाएगा जब तक कि वह भारत का नागरिक न बन जाए या भारतीय नागरिकता ग्रहण न कर ले, और

- कम से कम दस वर्ष तक न्यायिक पद धारण कर चुका हो, अथवा
- किसी उच्च न्यायालय में या एक से अधिक उच्च न्यायालयों में लगातार 10 वर्षों तक अधिवक्ता रहा हो।

27. (c) किगाली रवांडा की राजधानी और सबसे बड़ा शहर है। 1962 में स्वतंत्रता के समय रवांडा की राजधानी बनने के बाद से यह रवांडा के आर्थिक, सांस्कृतिक और यातायात केन्द्र के रूप में विकसित हो चुका है। यह देश के भौगोलिक केन्द्र के निकट स्थित है।

28. (a) ग्लोमेरूलस (glomerulus) हेमिकॉरडेट्स में उत्सर्जन अंग के रूप में कार्य करता है। शुण्डिका गुहिका के अंदर स्थित ग्लोमेरूलस घुलनशील अपशिष्ट पदार्थों को रक्त से अलग करता है और उस गुहिका के पृष्ठीय छिद्र (ऊपर की ओर खुलने वाला छिद्र) के माध्यम से अपशिष्ट पदार्थों को बाहर की ओर निष्कासित करता है।

29. (a) मधुबनी चित्रकला बिहार के मिथिला क्षेत्र की प्राचीन चित्रकलाओं में से एक है। इसे मिथिला चित्रकारी के रूप में भी जाना जाता है। यह चित्रकला उँगलियों, टहनियों, ब्रुशों, निब-पेनों, माचिस की तीलियों, प्राकृतिक रंगों, रंजकों और आँखों को लुभाने वाली ज्यामितीय पद्धतियों द्वारा बनायी जाती है।

30. (a) दक्षिण गंगोत्री भारत के अंटार्कटिक कार्यक्रम के एक भाग के रूप में अंटार्कटिका में स्थित भारत का प्रथम वैज्ञानिक केन्द्र था। यह केन्द्र दक्षिणी ध्रुव से लगभग 2,500 किमी. की दूरी पर स्थित था। 1988-89 में पूर्णत: बर्फ में जलमग्न होने के कारण इसे बंद कर दिया गया था। मैत्री ने इस केन्द्र का स्थान ग्रहण किया।

31. (d) गर्मी के मौसम में रेगिस्तान का रेत गर्म होता है, तो उसे छूकर पृथ्वी के पास की वायु अधिक गर्म हो जाती है, जिससे वायु का घनत्व कम हो जाता है। ऊपर की वायु परत ठंडी और सघन होती है। अतः जैसे-जैसे हम ऊपर से नीचे आते हैं, वायु की परत विरल होती जाती है। जब पेड़ से प्रकाश की किरणें पृथ्वी की ओर आती हैं, तो उन्हें अधिकाधिक विरल पर्तों से होकर जाना पड़ता है, इसीलिए प्रत्येक परत पर अपवर्तित किरण अभिलंब से दूर हटती जाती है। अतः प्रत्येक अगली परत पर आपतन कोण बढ़ता जाता है तथा किसी विशेष परत पर क्रांतिक कोण से बड़ा हो जाता है। इस परत पर किरण पूर्ण परावर्तित होकर ऊपर की ओर उठने लगती है। चूँकि ऊपर वाली परतें अधिक सघन हैं, अतः ऊपर उठती हुई किरण अभिलंब की ओर झुकती जाती है। जब यह किरण यात्री की आँख में प्रवेश करती है, तो उसे पृथ्वी के नीचे से आती हुई प्रतीत होती है तथा यात्री को पेड़ उल्टा प्रतिबिम्ब दिखायी देता है। यात्री को उल्टा प्रतिबिम्ब दिखलायी पड़ने के कारण उसे पानी का भ्रम होने लगता है।

32. (b) भारत सरकार ने 1982 में, प्रवाल-भित्तियों के संरक्षण के लिए कच्छ की खाड़ी में स्थित 110 किमी² के क्षेत्र को मैरीन राष्ट्रीय उद्यान के रूप में विकसित करने की घोषणा की। यह राष्ट्रीय उद्यान गुजरात के जामनगर जिले में कच्छ की खाड़ी के दक्षिणी तट पर स्थित है। मैरीन राष्ट्रीय उद्यान में जामनगर तट पर 42 द्वीप स्थित हैं जो अधिकांशतः भित्तियों से घिरे हुए हैं। कच्छ की खाड़ी के प्रवाल शैल-समूह हिन्द महासागर में प्रवालों की उत्तरी सीमा का प्रतिनिधित्व करते हैं।

33. (b) चंडीगढ़ 1947 में भारत के स्वतंत्र होने के बाद निर्मित प्रथम सुनियोजित शहर था। इस शहर को अंतर्राष्ट्रीय स्तर पर इसकी वास्तुकला और शहरी डिजाइन के लिए जाना जाता है। यह सुव्यवस्थित रूप से योजनाबद्ध और कई क्षेत्रों में विभाजित है जो आकर्षक रूप से एक-दूसरे को जोड़ते हैं। प्रत्येक क्षेत्र में एक पार्क और एक शॉपिंग स्ट्रीट है जो चारों ओर से बागानों से घिरे हुए हैं।

34. (b) क्षोभमण्डल पृथ्वी की सतह से औसतन 12 किमी. की ऊँचाई तक फैला हुआ है। यह सभी महत्त्वपूर्ण वायुमण्डलीय प्रक्रियाओं का घटनास्थल है जो पृथ्वी की सतह पर जलवायवीय और मौसम की विभिन्न अवस्थाओं का निर्माण करता है। सम्पूर्ण वायुमण्डल में समाहित वायु के द्रव्यमान की लगभग आधी संकेन्द्रता इसी क्षेत्र में पाई जाती है। यह वायुमण्डल की सबसे निचली परत है।

35. (d) कैच (cache) मेमोरी को सीपीयू मेमोरी भी कहते हैं। यह रैंडम एक्सेस मेमोरी (RAM) है जिसे कम्प्यूटर माइक्रोप्रोसेसर रेगुलर रैम को एक्सेस करने की तुलना में अधिक तेजी से एक्सेस कर सकता है। कैच स्टोरेज का सबसे तीव्र और अधिक महँगा रूप है। उदाहरण के लिए, लेवल 1 (L1) कैच की स्पीड बहुत तेज है लेकिन यह अपेक्षाकृत छोटी है और यह सामान्यतः प्रोसेसर चिप (सीपीयू) में सन्निहित होता है। कैच मेमोरी वॉलैटाइल मेमोरी है जिसे कम्प्यूटर सिस्टम हार्डवेयर द्वारा मैनेज किया जाता है।

36. (c) 61वें संविधान संशोधन अधिनियम, 1988 के द्वारा लोक सभा और राज्यों की विधान सभा के चुनावों में मतदान की आयु 21 से घटाकर 18 वर्ष कर दी गई। भारतीय संविधान के अनुच्छेद 326 में संशोधन द्वारा ऐसा किया गया। यह अनुच्छेद लोक सभा और विधान सभा के चुनावों से संबंधित है।

37. (b) डाउंस सिन्ड्रोम सर्वाधिक प्रसिद्ध और मनुष्यों में पाया जाने वाला सर्वाधिक अस्वाभाविक गुणसूत्र है। यह स्थिति अतिरिक्त 21 गुणसूत्रों से संबंधित है। डाउंस सिन्ड्रोम अधिकांशतः स्थायी रूप से लोगों में विकसित होने वाला अल्जाइमर रोग है। यह पागलपन का रूप है जो सामान्यतः प्रौढ़ व्यक्तियों को हो जाता है। डाउंस सिन्ड्रोम अन्य लोगों की तुलना में अपने जीवन के चौथे या पाँचवें दशक में प्रवेश करने वाले लोगों में विकसित होता है।

38. (a) ऐसे परमाणु जिनमें प्रोटोनों की संख्या समान होती है लेकिन न्यूट्रॉनों की संख्या भिन्न होती है, आइसोटोप कहलाते हैं। उदाहरण के लिए, कार्बन-12, कार्बन-13 और कार्बन-14 कार्बन तत्त्व की द्रव्यमान संख्या क्रमशः 12, 13 और 14 के तीन आइसोटोप हैं। कार्बन की परमाणु संख्या, 6 है, जिसका अर्थ यह है कि प्रत्येक कार्बन के परमाणु के 6 प्रोटोन हैं। इस प्रकार इन आइसोटोपों के न्यूट्रॉनों की संख्या क्रमशः 6,7 और 8 है।

39. (d) अवमन्दन (डम्पिंग) बागवानी से संबंधित एक विकार या वह स्थिति है जो विभिन्न प्रकार के रोगजनकों के द्वारा उत्पन्न होता है। ये रोगजनक बीजों या नवोद्भिदों को अंकुरित होने से पहले या बाद में कमजोर कर देते हैं या नष्ट कर देते हैं। पाइथियम, ओमिसीट परजीवी की प्रजाति का वर्ग है जिसे अवमन्दन के लिए उत्तरदायी माना जाता है। पाइथियम के साथ राइजोक्टोनिआ सोलानी को भी मृत नवोद्भिदों के लिए उत्तरदायी माना जाता है।

40. (b) भारत में सेना दिवस प्रतिवर्ष 15 जनवरी को मनाया जाता है। यह दिवस 15 जनवरी, 1949 को लेफ्टिनेंट जनरल (बाद में फील्ड मार्शल) के.एम. करियप्पा के भारतीय सेना के प्रथम कमांडर- इन-चीफ बनने की स्मृति में मनाया जाता है। उन्होंने अंतिम ब्रिटिश कमांडर-इन-चीफ जनरल सर फ्रांसिस बुचर से कमांडर- इन-चीफ का पद ग्रहण किया था।

भाग-III प्रारंभिक अंकगणित

41. (d)

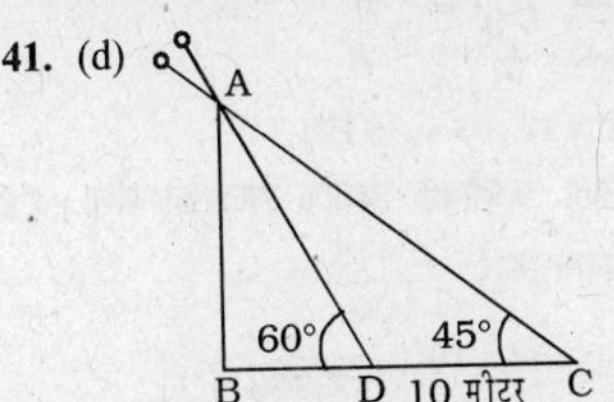

AB = स्तंभ की ऊँचाई $= h$ मीटर (माना)

CD = 10 मीटर

$\angle ACB = 45°$

$\angle ADB = 60°$

BD = x मीटर (माना)

ΔABC से,

$$\tan 45° = \frac{AB}{BC}$$

$$\Rightarrow 1 = \frac{h}{x+10}$$

$$\Rightarrow h = (x+10) \text{ मीटर} \quad .....(i)$$

ΔABD से,

$$\tan 60° = \frac{AB}{BD}$$

$$\Rightarrow \sqrt{3} = \frac{h}{x}$$

$$\Rightarrow x = \frac{h}{\sqrt{3}} \text{ मीटर} \quad (ii)$$

समीकरण (i) से,

$$h = \frac{h}{\sqrt{3}} + 10$$

$$\Rightarrow h - \frac{h}{\sqrt{3}} = 10$$

$$\Rightarrow \frac{\sqrt{3}h - h}{\sqrt{3}} = 10$$

$$\Rightarrow h\left(\sqrt{3}-1\right) = 10\sqrt{3}$$

$$\Rightarrow h = \frac{10\sqrt{3}}{\sqrt{3}-1}$$

$$= \frac{10\sqrt{3}\left(\sqrt{3}+1\right)}{\left(\sqrt{3}-1\right)\left(\sqrt{3}+1\right)}$$

$$= \frac{10\sqrt{3}(\sqrt{3}+1)}{3-1}$$

$$= 5\sqrt{3}\left(\sqrt{3}+1\right)$$

$$= 5\left(3+\sqrt{3}\right) \text{ मीटर}$$

42. (a) सेवानिवृत शिक्षक की उम्र

$= (25 + 3 \times 10)$ वर्ष $= 55$ वर्ष

43. (c) माना, Y अकेले उस काम को x दिन में पूरा सकता है।

प्रश्नानुसार,

X का 16 दिन का काम + Y का 12 दिन का काम = 1

$\Rightarrow \frac{16}{24} + \frac{12}{x} = 1$

$\Rightarrow \frac{2}{3} + \frac{12}{x} = 1$

$\Rightarrow \frac{12}{x} = 1 - \frac{2}{3} = \frac{1}{3}$

$\Rightarrow x = 12 \times 3 = 36$ दिन

44. (c) माना, वास्तविक बिजली बिल की राशि = ₹ x

प्रश्नानुसार, $\frac{x \times 15}{100} = 54$

$\Rightarrow x = \frac{54 \times 100}{15} =$ ₹ 360

45. (c) माना, समस्त कार्य समाप्त होने में लगा समय = x दिन

A का 1 दिन का काम $= \frac{1}{10}$

B का 1 दिन का काम $= \frac{1}{12}$

C का 1 दिन का काम $= \frac{1}{15}$

प्रश्नानुसार,

A का $(x-5)$ दिन का काम + B का $(x-3)$ दिन का काम + C का x दिन का काम = 1

$\Rightarrow \frac{x-5}{10} + \frac{x-3}{12} + \frac{x}{15} = 1$

$\Rightarrow \frac{6(x-5)+5(x-3)+4x}{60} = 1$

$\Rightarrow 6x - 30 + 5x - 15 + 4x = 60$

$\Rightarrow 15x - 45 = 60$

$\Rightarrow 15x = 60 + 45 = 105$

$\Rightarrow x = \frac{105}{15} = 7$ दिन

46. (b) $\text{cosec}\theta = \cot^2\theta$

(b) $\text{cosec}\theta = \text{cosec}^2\theta - 1$

$\Rightarrow \text{cosec}^2\theta - \text{cosec}\theta = 1$ .....(i)

व्यंजक

$= \text{cosec}^4\theta - 2\text{cosec}^3\theta + \cot^2\theta$

$= \text{cosec}^4\theta - \text{cosec}^3\theta - \text{cosec}^3\theta + \text{cosec}\theta$

$= \text{cosec}^2\theta(\text{cosec}^2\theta - \text{cosec}\theta) - \text{cosec}\theta(\text{cosec}^2\theta - 1)$

$= \text{cosec}^2\theta - \text{cosec}^2\theta = 0$

47. (d) वर्ग की एक भुजा $= \sqrt{4} = 2$ इकाई

वर्ग का विकर्ण $= 2\sqrt{2}$ इकाई

= वृत्त की त्रिज्या

$\therefore$ वृत्त का क्षेत्रफल $= \pi r^2$

$= \pi \times (2\sqrt{2})^2$

$= 8\pi$ वर्ग इकाई

48. (a)

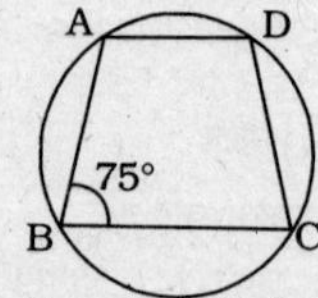

ABCD एक चक्रीय चतुर्भुज है।

AD || BC

$\therefore \angle DAB + \angle ABC = 180°$

$\Rightarrow \angle DAB = 180° - 75° = 105°$

चक्रीय चतुर्भुज के आमने-सामने के कोणों का योग = 180°

$\therefore \angle BAD + \angle BCD = 180°$

$\Rightarrow 105° + \angle BCD = 180°$

$\Rightarrow \angle BCD = 180° - 105° = 75°$

49. (a)

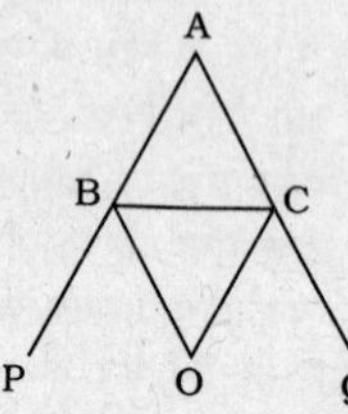

ΔABC की भुजाएं AB एवं AC को क्रमशः P तथा Q तक बढ़ाया जाता है। यदि ∠PBC एवं ∠QCB के अर्द्धक बिन्दु O पर प्रतिच्छेद करते हैं, तो

$\angle BOC = 90° - \frac{1}{2}\angle A$

यहाँ, $\angle A = 70°$

$\therefore \angle BOC = 90° - \frac{70°}{2} = 90° - 35° = 55°$

50. (b)

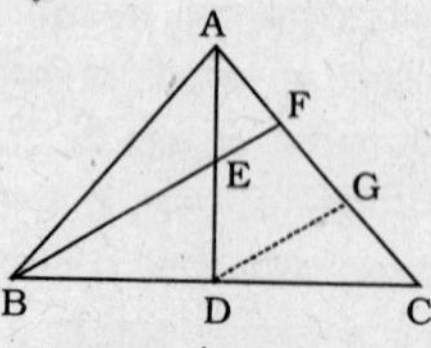

AD माध्यक है।

E, AD का मध्य बिंदु है।

DG || BF

ΔBCF में,

D, BC का मध्य बिंदु है एवं

DG || BF.

$\therefore$ G, CF का मध्य बिंदु है।

$\therefore$ FG = GC

ΔADG में,

EF || DG

E, AD का मध्य बिंदु है।

$\therefore$ AF = FG

$\therefore$ AF = FG = GC

$AF = \frac{1}{3}AC$

$FC = \frac{2}{3}AC$

$\therefore$ FC : AF = 2 : 1

51. (c) 4 केले का विक्रय मूल्य = ₹ 1 का

$\left(100 + \frac{100}{3}\right)\% =$ ₹ $\frac{400}{300} =$ ₹ $\frac{4}{3}$

$\because$ ₹ $\frac{4}{3}$ में बेचे गए केले = 4

$\therefore$ ₹ 1 में बेचे गए केले $= \frac{4}{4} \times 3 = 3$

52. (b)

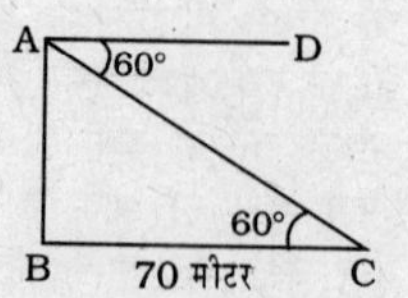

AB = टॉवर = h मीटर (माना)

$\angle DAC = \angle ACB = 60°$

BC = 70 मीटर

ΔABC से,

$\tan 60° = \frac{AB}{BC} \Rightarrow \sqrt{3} = \frac{h}{70}$

$\Rightarrow h = 70\sqrt{3}$ मीटर

53. (c) बेलन के वक्र सतह का क्षेत्रफल $= 2\pi rH$

$\therefore$ प्रश्नानुसार, $2\pi rH = 4\pi rh$

$\Rightarrow H = 2h$ इकाई

54. (d) व्यंजक $= \sqrt{\sqrt{2} \times \sqrt{3}}$

$= (\sqrt{2} \times \sqrt{3})^{\frac{1}{2}} = \left(2^{\frac{1}{2}} \times 3^{\frac{1}{2}}\right)^{\frac{1}{2}}$

$= (6)^{\frac{1}{2} \times \frac{1}{2}} = (6)^{\frac{1}{4}}$

55. (c) माना संख्याएं = x एवं y जहाँ $x > y$

प्रश्नानुसार, $x + y = 37$

एवं $x^2 - y^2 = 185$

$\Rightarrow (x+y)(x-y) = 185$

$\Rightarrow 37(x-y) = 185$

$\Rightarrow x - y = \frac{185}{37} = 5$

56. (d) जब ब्याज छमाही देय हो, तो

दर = 9% प्रति अर्द्ध वर्ष

समय = 4 अर्द्ध वर्ष

माना, मूलधन = ₹ P

$\therefore$ चक्रवृद्धि ब्याज

$= P\left[\left(1 + \frac{R}{100}\right)^T - 1\right]$

$= P\left[\left(1 + \frac{9}{100}\right)^4 - 1\right] = P\left[(1.09)^4 - 1\right]$

= P [1.4116 − 1] = ₹ 0.4116 P

जब ब्याज वार्षिक देय हो,

चक्रवृद्धि ब्याज

$= P\left[\left(1 + \frac{18}{100}\right)^2 - 1\right] = P\left[(1.18)^2 - 1\right]$

= P (1.3924 − 1) = ₹ 0.3924 P

प्रश्नानुसार, 0.4116P − 0.3924P = 960

$\Rightarrow 0.0192P = 960$

$\Rightarrow P = \frac{960}{0.0192} = \frac{960 \times 10000}{192} =$ ₹ 50000

57. (c) मिश्रधन

$= P\left(1 + \frac{R_1}{100}\right)\left(1 + \frac{R_2}{100}\right)$

$= 25000\left(1+\frac{4}{100}\right)\left(1+\frac{5}{100}\right)$

$= 25000 \times \frac{104}{100} \times \frac{105}{100}$

= ₹ 27300

58. (c) $\frac{\text{परिधि}}{\text{व्यास}} = \frac{22}{7}$

$\Rightarrow \frac{\frac{11}{7}}{2r} = \frac{22}{7}$

$\Rightarrow \frac{11}{14r} = \frac{22}{7}$

$\Rightarrow 14r \times 22 = 11 \times 7$

$\Rightarrow r = \frac{11\times 7}{14\times 22} = \frac{1}{4}$ मीटर

59. (c) माना, खरीदे गए कुल अंडे $= x$

10% अंडे सड़ गए।

$\therefore$ शेष अंडे $= \frac{90x}{100} = \frac{9x}{10}$

पड़ोसी को 80% अंडे देने के बाद,

शेष अंडे $= \frac{9x\times 20}{10\times 100} = \frac{9x}{50}$

प्रश्नानुसार, $\frac{9x}{50} = 36$

$\Rightarrow 9x = 36 \times 50$

$\Rightarrow x = \frac{36\times 50}{9} = 200$

60. (a) कटोरे का बाह्य एवं आंतरिक पृष्ठीय क्षेत्रफल $= 4\pi r^2$

$= 4 \times \frac{22}{7} \times 3.5 \times 3.5$

= 154 वर्ग सेमी

$\therefore$ रंगाई की लागत $= 154 \times \frac{5}{10}$ = ₹ 77

भाग-IV हिंदी

61. (d) छंद का सर्वप्रथम उल्लेख ऋग्वेद में मिलता है। ऋग्वेद में मंत्रों और सूक्तों की रचना छंदों में की गई है। यह वेद साहित्य का सबसे प्राचीन ग्रंथ है और इसमें छंदों का व्यवस्थित प्रयोग मिलता है।

62. (d) "नहिं पराग नहि मधुर मधु, नहि विकास इहि काल। अली कली ही सी विध्यों, आगे कौन हवाल।। इनमें विशेषोक्ति अलंकार है। इसमें किसी वस्तु या स्थिति का विशेष रूप से वर्णन किया गया है, जिससे उसकी विशेषता स्पष्ट होती है।

63. (a) 'जो बूढ़ा ना हो' के लिए शब्द-संक्षेप है अजर। 'अ' का अर्थ है 'न' और 'जर' का अर्थ है 'बुढ़ापा'। इस प्रकार 'अजर' का अर्थ हुआ - जो कभी बूढ़ा न हो।

64. (b) 'जिसका संबंध इस लोक से हो' के लिए उपयुक्त शब्द है ऐहिक। 'ऐहिक' का अर्थ है सांसारिक या इस लोक से संबंधित।

65. (c) 'जो कहा ना जा सके' के लिए उपयुक्त शब्द है अकथनीय। इसका अर्थ है ऐसा जिसे व्यक्त करना संभव न हो।

66. (a) 'जिसका वर्णन वाणी द्वारा न हो सके' के लिए उपयुक्त शब्द है अनिर्वचनीय। इसका अर्थ है ऐसा जिसे शब्दों में व्यक्त न किया जा सके।

67. (a) 'जिसे बुलाया न गया हो' के लिए उपयुक्त शब्द है अनाहूत। 'अनाहूत' का अर्थ है बिना बुलाए आया हुआ।

68. (c) 'परमौषध' का संधि-विच्छेद है परम + औषध। यहाँ 'परम' और 'औषध' के मेल से यह शब्द बना है।

69. (a) पंक्ति "चरण कमल बन्दौ हरि राई" में रूपक अलंकार है। यहाँ भगवान के चरणों को कमल के रूप में रूपकात्मक ढंग से प्रस्तुत किया गया है।

70. (c) वाक्य "तीन बेर खाती थी वे तीन बेर खाती हैं" में यमक अलंकार है। इसमें 'बेर' शब्द का दो बार प्रयोग हुआ है, लेकिन दोनों बार उसका अर्थ अलग है—पहली बार 'फल' के रूप में और दूसरी बार 'बार/समय' के रूप में।

71. (a) 'विद्वान' का स्त्रीलिंग रूप है विदुषी। संस्कृत और हिंदी में 'विद्वान' का अर्थ है ज्ञानी पुरुष, जबकि स्त्रीलिंग रूप 'विदुषी' होता है।

72. (a) "जनता" शब्द नित्य एकवचन है, जो हमेशा एक समूह को दर्शाता है भले ही यह एक समूह का प्रतिनिधित्व करता हो। यह शब्द हमेशा एकवचन में प्रयुक्त होता है, भले ही यह एक समूह को दर्शाए।

73. (b) "कहत, नटत, रिझत, खिझत, मिलत, खिलत लजियात। भरे भुवन मैं करत हैं, नैननु ही सो बात।।" इनमें श्रृंगार रस है। यहाँ नायिका-नायक के बीच प्रेम और लज्जा का भाव व्यक्त किया गया है।

74. (d) श्रृंगार रस का स्थायी भाव है रति। रति का अर्थ है प्रेम या आकर्षण। यही भाव श्रृंगार रस की नींव है।

75. (c) शिल्पगत आधार पर दोहे से उल्टा छंद है सोरठा। दोहा और सोरठा में मात्रा-गणना समान होती है, लेकिन उनकी व्यवस्था उलटी होती है।

76. (c) 'राजतंत्र' का विलोम है प्रजातंत्र। राजतंत्र में शासन राजा या शासक वर्ग के हाथ में होता है, जबकि प्रजातंत्र में शासन जनता द्वारा चुने गए प्रतिनिधियों के हाथ में होता है।

77. (c) 'शीत' का विलोम है उष्ण। 'शीत' का अर्थ है ठंड, जबकि 'उष्ण' का अर्थ है गर्म। दोनों शब्द परस्पर विपरीत भाव व्यक्त करते हैं।

78. (c) अजैविक पर्यावरण का एक उदाहरण (c) जमीन है। मनुष्य, पक्षी और जानवर जैविक घटक हैं, जो जीवित जीव हैं, जबकि जमीन निर्जीव (अजैविक) घटकों में आती है, जैसे कि मिट्टी, पानी और वायु।

79. (c) सभी प्राणी जैविक पर्यावरण के अन्तर्गत आते हैं क्योंकि वे सजीव हैं। जैविक पर्यावरण में वे सभी जीवित घटक शामिल होते हैं जो किसी पारिस्थितिकी तंत्र में मौजूद होते हैं, जैसे पौधे, जानवर, और सूक्ष्मजीव। जीवन की उपस्थिति ही उन्हें निर्जीव घटकों (जैसे हवा, पानी, मिट्टी) से अलग करती है, जो कि अजैविक पर्यावरण का हिस्सा हैं।

80. (a) आजकल गर्मी बढ़ने का मुख्य कारण (a) हवा का प्रदूषण है, जो मुख्य रूप से जीवाश्म ईंधन के जलने और वनों की कटाई जैसी मानवीय गतिविधियों के कारण होता है। यह ग्रीनहाउस गैसों की मात्रा को बढ़ाता है, जो सूर्य की गर्मी को वायुमंडल में रोक लेती हैं और ग्लोबल वार्मिंग का कारण बनती हैं।

□□□

13 प्रैक्टिस सेट

भाग-I सामान्य बुद्धिमत्ता एवं तर्कशक्ति

निर्देश (1–2) : निम्नलिखित प्रत्येक प्रश्न में दिए गए विकल्पों में से सम्बन्धित शब्द/अक्षरों/संख्या को चुनिए-

1. 4845 : 45^2 :: 5964 : ?
(a) 59^2 (b) 94^2
(c) 96^2 (d) 54^2

2. RORRIM : MIRROR :: TNESERP : ?
(a) TNERESP (b) PRESENT
(c) CRESENT (d) STNERPE

3. किसी भाषा में, PRAYER को MOXVBO के रूप में कोडित किया जाता है, तो उसी भाषा में SALUTE को कैसे लिखा जाएगा?
(a) PXIRQB (b) PXIQRB
(c) PIXQRB (d) PIXRQB

4. यदि '×' का अर्थ '+' है, '÷' का अर्थ '×' है '+' का अर्थ '–' है और '–' का अर्थ '÷' है तो (30 + 20) – 5(7 × 3) + 25 का मान क्या होगा?
(a) 100 (b) 10
(c) 20 (d) 15

निर्देश (5–8) : निम्नलिखित प्रत्येक प्रश्न में दिए गए विकल्पों में से विषम शब्द/अक्षर/संख्या चुनिए-

5. (a) 51530 (b) 41220
(c) 2610 (d) 3915

6. (a) गुजरात (b) महाराष्ट्र
(c) कर्नाटक (d) अरुणाचल प्रदेश

7. (a) 65 (b) 126
(c) 28 (d) 215

8. (a) CGFJ (b) EIHL
(c) GKIN (d) IMNR

9. चार सड़कें हैं। मैं पश्चिम दिशा से आया हूँ और बस स्टैण्ड जाना चाहता हूँ बाईं ओर की सड़क नदी की ओर जाती है, सीधे सामने की ओर की सड़क मार्केट सेन्टर जाती है बस स्टैण्ड किस दिशा में है?
(a) उत्तर (b) दक्षिण
(c) पूरब (d) पश्चिम

10. चार लड़कों के एक समूह में से प्रत्येक एक वर्ग के कोनों पर बैठे हैं, चार लड़कियाँ प्रत्येक वर्ग की भुजाओं के बीच में बैठी हैं। सभी का मुख केन्द्र की ओर है मधुर, बोस के विकर्णतः सम्मुख बैठा है, जो गीता के दाईं ओर है रॉय गीता के बगल में और गोपी के सम्मुख बैठा है, जो ऊषा के बाईं ओर है, सूमा मधुर के दाईं ओर नहीं है, किन्तु प्रेमा के सामने है, ऊषा के सामने कौन है?
(a) रॉय (b) सूमा
(c) गीता (d) गोपी

11. यदि 'कुत्ता' 'बिल्ली' है, 'बिल्ली' 'चूहा' है, 'चूहा' 'चटाई' है, 'चटाई' 'गाय' है, तो निम्नलिखित में से कौन-सा एक जानवर नहीं है?
(a) चटाई (b) कुत्ता
(c) चूहा (d) गाय

12. K कहता है 'O एवं M मेरे भाई हैं', K कहता है 'Q, 'M' का पिता है', K कहता है 'T मेरे पिता का भाई है'। T का M की माता से क्या संबंध है?
(a) भाई (b) पिता
(c) देवर (d) पति

13. दी गई शृंखला में गलत संख्या दिए गए विकल्पों में ज्ञात कीजिए-
196, 169, 144, 121, 101
(a) 101 (b) 121
(c) 169 (d) 196

निर्देश (प्रश्न 14): दिए गए विकल्पों में से लुप्त संख्या/अक्षर ज्ञात कीजिए-

14.
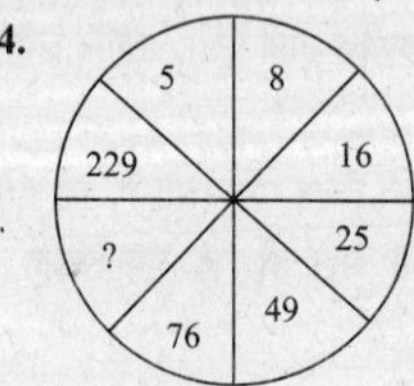

(a) 148 (b) 150
(c) 125 (d) 53

15. वह वेन-आरेख चुनिए, जो सूर्य, पृथ्वी और तारा के बीच सम्बन्ध का सही निरूपण करता है–

(a)
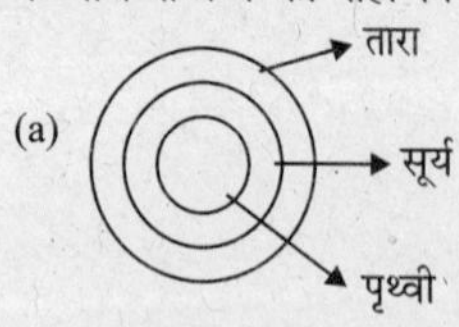

(b)
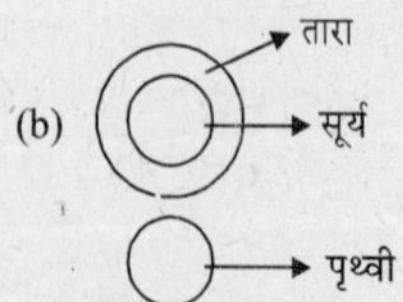

(c)
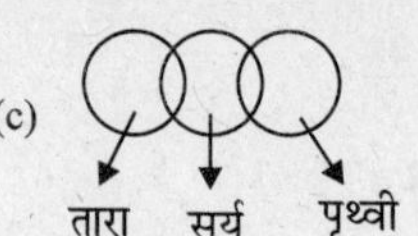

(d)
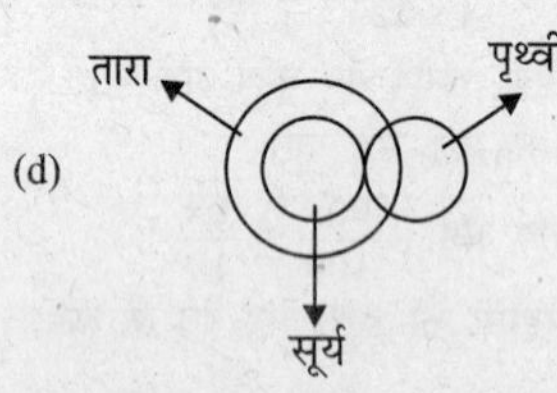

16. निम्नलिखित वेन-आरेख में कौन-सी संख्या उन शिक्षकों को दर्शाती है, जो व्यावसायिक संस्थाओं और रोटरी क्लब के भी सदस्य है?

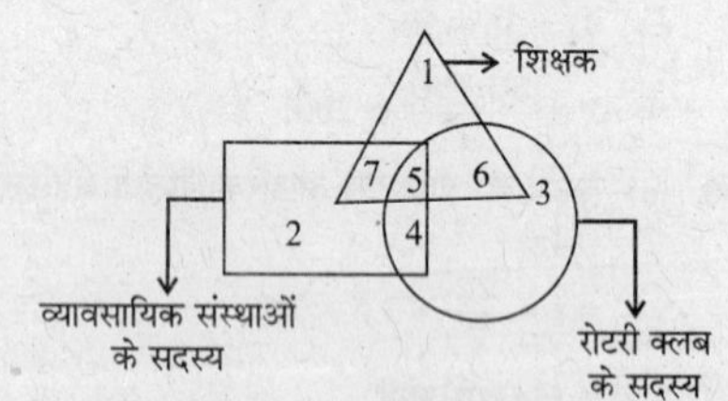

(a) 7 (b) 5
(c) 6 (d) 4

17. चार उत्तर आकृतियों में से कौन-सी नीचे प्रश्न आकृति में दिए गए कटे हुए टुकड़ों से बन सकती है?

प्रश्न आकृति:

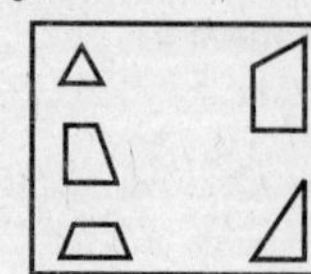

उत्तर आकृतियाँ:

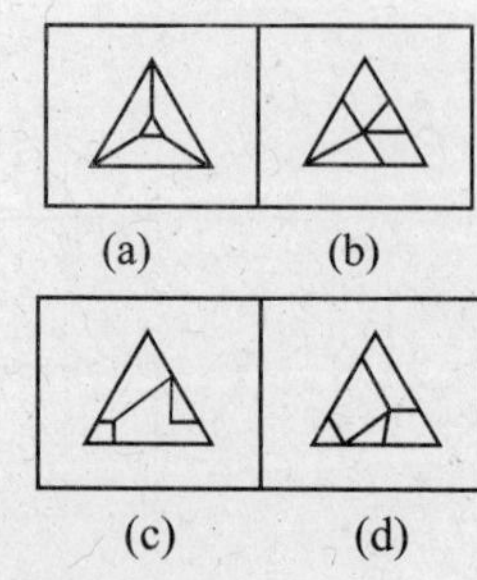

18. निम्नांकित आकृति में कितने त्रिभुज हैं?

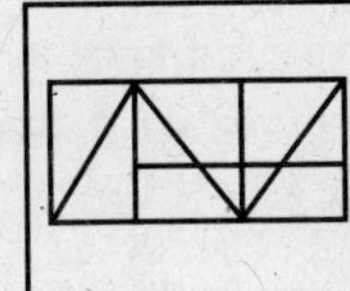

(a) 13 (b) 14
(c) 15 (d) 16

19. दी गई उत्तर आकृति में से उस एक को चुनिए, जिसमें प्रश्न आकृति निहित है–

प्रश्न आकृतिः

उत्तर आकृतियाँ:

(a) (b) (c) (d)

20. एक शब्द केवल एक संख्या समूह द्वारा दर्शाया गया है, जैसा कि विकल्पों में से किसी एक में दिया गया है। विकल्पों में दिए गए संख्या समूह अक्षरों के दो वर्गों द्वारा दर्शाए गए हैं, जैसा कि दिए गए दो आव्यूहों में है। आव्यूह-I के स्तम्भ और पंक्ति की संख्या 0 से 4 एवं आव्यूह-II की 5 से 9 है। इन आव्यूहों से एक अक्षर को पहले उसकी पंक्ति और बाद में स्तम्भ संख्या द्वारा दर्शाया जा सकता है। उदाहरण के लिए 'F' को 32, 42 आदि द्वारा दर्शाया जा सकता है तथा 'M' को 88, 68 आदि द्वारा दर्शाया जा सकता है। इसी तरह से आपको प्रश्न में दिए शब्द 'MOVE' के लिए समूह को पहचानना है।

आव्यूह-I

	0	1	2	3	4
0	I	N	U	H	E
1	U	I	E	L	L
2	V	G	I	N	E
3	V	W	F	I	U
4	V	V	F	N	E

आव्यूह-II

	5	6	7	8	9
5	1	S	D	R	O
6	O	I	I	M	S
7	O	S	G	I	O
8	D	M	T	M	I
9	S	D	D	M	S

(a) 98, 59, 42, 44 (b) 86, 79, 40, 43
(c) 88, 65, 20, 24 (d) 68, 75, 30, 13

भाग-II सामान्य ज्ञान एवं सामान्य जानकारी

21. जलियांवाला बाग हादसे से कौन-सा ब्रिगेडियर संबद्ध था?
(a) जनरल डायर (b) ऑर्थर वेलेजली
(c) जनरल हैरिस (d) कर्नल वेलेजली

22. राज्यपाल को पद की शपथ किसके द्वारा दिलाई जाती है?
(a) भारत के मुख्य न्यायाधीश
(b) विधान सभा के अध्यक्ष
(c) राष्ट्रपति
(d) उच्च न्यायालय के मुख्य न्यायाधीश

23. किस नियम में यह कहा गया है कि लगातार स्वाद एवं वरियताओं के साथ-साथ जैसे-जैसे आय बढ़ती है, भोज्य पदार्थों पर खर्च आय का अनुपात कम होता जाता है?
(a) से का नियम (b) ग्रिफिन का नियम
(c) ग्रेशम का नियम (d) एंजिल का नियम

24. BOD किसका संक्षिप्त रूप है?
(a) बायोलॉजिकल ऑक्सीडेशन डिमांड
(b) बायोलॉजिकल ऑक्सीजन डिमांड
(c) बायोकेमिकल ऑक्सीजन डिमांड
(d) बायोटिक ऑक्सीडेशन डिमांड

25. भारत में नृत्य, नाटक और संगीत के विकास को बढ़ावा देने की जिम्मेदारी निम्नलिखित में से किसकी है?
(a) ललित कला अकादमी
(b) संगीत नाटक अकादमी
(c) नेशनल स्कूल ऑफ ड्रामा
(d) साहित्य अकादमी

26. चिली शीरा (saltpeter) किसका सामान्य नाम है?
(a) सोडियम नाइट्रेट (b) पोटैशियम नाइट्राइट
(c) पोटैशियम नाइट्रेट (d) सोडियम नाइट्राइट

27. 'महाभारत' का फारसी में अनुवाद किसने किया था?
(a) इब्नबतूता (b) अबुल फजल
(c) बाबर (d) बदायूंनी

28. 'अत्यधिक किण्वन' से आप क्या समझते हैं?
(a) यह न्यूक्लियर अपशिष्ट का निस्तारण करने की पद्धति है।
(b) यह कार्बनिक अपशिष्ट से मीथेन उत्पन्न करने की पद्धति है।
(c) यह वायुमंडल में सीओडी कम करने की पद्धति है।
(d) यह अपशिष्ट जल में ईंधन के रूप में हाइड्रोजन उत्पन्न करने की पद्धति है।

29. हमारे देश में वन महोत्सव दिवस कब मनाया जाता है?
(a) 10 अगस्त (b) 1 दिसंबर
(c) 1 जुलाई (d) 5 अक्टूबर

30. भारत में निम्नलिखित में से किस राज्य की सबसे लंबी तटरेखा है?
(a) आंध्र प्रदेश (b) महाराष्ट्र
(c) तमिलनाडु (d) गुजरात

31. क्षेत्रमापी (planimeter) का प्रयोग किसके मापन के लिए किया जाता है?
(a) क्षेत्र की ऊँचाई (b) दिशा
(c) सड़क की दूरी (d) क्षेत्रफल

32. "यूनाइटेड नेशन्स" शब्द किसने गढ़ा था?
(a) रूजवेल्ट (b) स्टालिन
(c) चर्चिल (d) लेनिन

33. इंटरनेट में किस टाइप के स्विचन का प्रयोग किया जाता है?
(a) परिपथ (सर्किट) (b) टेलीफोन
(c) पैकेट (d) टेलेक्स

34. वैट (VAT) किस पर लगाया जाता है?
(a) सीधे उपभोक्ता पर
(b) उत्पादन के प्रथम चरण में
(c) उत्पादन के अंतिम चरण में
(d) उत्पादन और बिक्री के सभी चरणों में

35. अजमेर में ढाई दिन का झोपड़ा किसने बनवाया था?
(a) कुतुबुद्दीन ऐबक
(b) बलबन
(c) अलाउद्दीन खिलजी
(d) मुहम्मद-बिन-तुगलक

36. कंकाल की मांसपेशियों की अनुमानित संख्या बताइए?
(a) 500 (b) 700
(c) 200 (d) 206

37. ओजोन परत हमारी किससे रक्षा करती है?
(a) अंतरिक्ष किरणें (b) पराबैंगनी किरणें
(c) दृश्य किरणें (d) अवरक्त किरणें

38. अंतर्राष्ट्रीय महिला दिवस कब मनाया जाता है?
(a) 8 मार्च (b) 3 मार्च
(c) 27 जनवरी (d) 15 अक्टूबर

39. पारिस्थितिकी तंत्र शब्दावली किसने प्रस्तुत की थी?
(a) वर्नाद्सकी (b) एस.ए. फोर्ब्स
(c) ए.जी. टैन्सले (d) थिनेमैन

40. नीली क्रांति का संबंध किससे है?
(a) अंतरिक्ष अनुसंधान (b) मुर्गी पालन
(c) पेयजल (d) मत्स्य पालन

भाग-III प्रारंभिक अंकगणित

41. एक समभुज त्रिभुज ABC का केंद्रक G है और AB = 10 सेमी हो, तो AG की लंबाई (सेमी में) कितनी होगी?
(a) $3\frac{1}{3}$ (b) $\frac{10}{\sqrt{3}}$
(c) $\frac{10\sqrt{3}}{3}$ (d) $\frac{\sqrt{3}}{3}$

निर्देश (42–45) : निम्नलिखित पाई-चार्ट में किसी पुस्तक के प्रकाशन में हुए खर्च का प्रतिशत वितरण दर्शाया गया है। पाई-चार्ट का अध्ययन कीजिए और प्रश्नों का उत्तर दें-

पुस्तक के प्रकाशन में हुए विविध खर्च (प्रतिशत में)

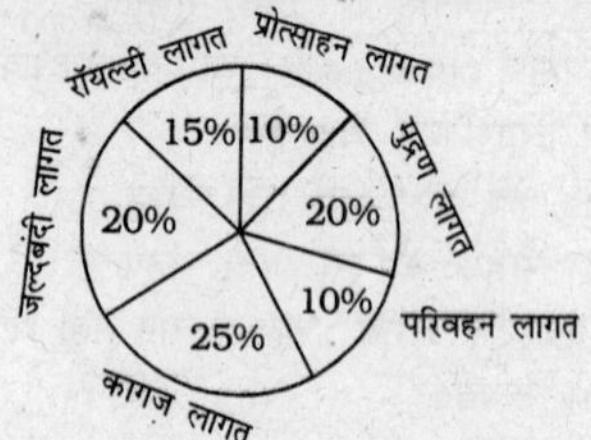

42. पुस्तक पर रॉयल्टी, मुद्रण लागत से कितनी कम है?
(a) 20% (b) 5%
(c) 25% (d) $33\frac{1}{3}\%$

43. रॉयल्टी पर हुए खर्च के अनुरूप सेक्टर का केंद्रीय कोण क्या होगा?
(a) 15° (b) 48°
(c) 54° (d) 24°

44. यदि 5500 प्रतियां प्रकाशित की जाती हैं और उन पर परिवहन लागत ₹ 82500 आती है, तो पुस्तक का बिक्री मूल्य क्या होना चाहिए ताकि प्रकाशक 25% का लाभ कमा सके?
(a) ₹ 191.50 (b) ₹ 187.50
(c) ₹ 180 (d) ₹ 175

45. यदि पुस्तकों की कुछ संख्या के लिए प्रकाशक को मुद्रण लागत के रूप में ₹ 30600 का भुगतान करना पड़ता है तो इन पुस्तकों के लिए रॉयल्टी लागत की कितनी राशि का भुगतान करना होगा?
(a) ₹ 21200 (b) ₹ 19450
(c) ₹ 22950 (d) ₹ 26150

46. 9 सेमी, 12 सेमी और 15 सेमी लंबी भुजाओं वाले समकोण त्रिभुज को यदि 9 सेमी भुजा के परित: घुमाया जाता है ताकि एक शंकु बन सके। इस प्रकार बने शंकु का आयतन कितना होगा?
(a) 327π घन सेमी (b) 330π घन सेमी
(c) 334π घन सेमी (d) 324π घन सेमी

47. माना किसी समभुज त्रिभुज ABC में $AX \perp BC$, तो त्रिभुज के अंदर किसी बिंदु से ΔABC की भुजाओं की लम्बात्मक दूरियों का योग क्या होगा?
(a) BC के बराबर (b) AX के बराबर
(c) AX से कम (d) AX से अधिक

48. सरल रेखा $y = 3x$ को किस बिंदु से अवश्य गुजरेगी?
(a) (0, 0) (b) (0, 1)
(c) (1, 2) (d) (2, 0)

49. दो संख्याओं का अनुपात 3 : 4 है और उनका महत्तम समापवर्तक 15 है। तो दोनों संख्याओं को योग क्या होगा?
(a) 105 (b) 115
(c) 120 (d) 110

50. मां और उसके 6 बच्चों की औसत आयु 12 वर्ष है जो मां की आयु को शामिल न करने पर 5 वर्ष कम हो जाती है। मां की आयु कितनी (वर्षों में) है?
(a) 50 (b) 40
(c) 48 (d) 42

51. दो द्रव X और Y क्रमश: 3 : 2 के अनुपात में मिश्रित किए जाते हैं और मिश्रण को 10% के लाभ पर ₹ 11 प्रति लीटर की दर से बेचा जाता है। यदि द्रव X की लागत Y की तुलना में ₹ 2 प्रति लीटर अधिक है तो X की लागत प्रति लीटर कितनी (₹ में) है?
(a) 10.80 (b) 11.75
(c) 9.50 (d) 11

52. 21 सेमी ऊंचे और 5 सेमी आधार की त्रिज्या वाले लंब वृत्तीय बेलन का आयतन कितना होगा?
(a) 1255 घन सेमी (b) 1050 घन सेमी
(c) 1175 घन सेमी (d) 1650 घन सेमी

53. 8 संख्याओं का औसत 21 है। यदि प्रत्येक संख्या को 8 से गुणा किया जाए तो संख्याओं के नये समूह का औसत क्या होगा?
(a) 21 (b) 29
(c) 8 (d) 168

54. 2 और 22 के बीच सभी विषम पूर्णांकों का औसत क्या होगा?
(a) 14 (b) 12
(c) 13 (d) 11

55. एक रेलगाड़ी 250 मीटर लंबी है। यदि वह रेलवे लाइन के बगल में स्थित एक वृक्ष को पार करने में 50 सेकंड लेती है तो उसकी गति कितने किमी/घंटा है?
(a) 10 (b) 9
(c) 5 (d) 18

56. एक सीडी का अंकित मूल्य ₹ 250 है। यह ₹ 225 में बेच दी जाती है। छूट की दर कितनी है?
(a) 2.5% (b) 10%
(c) 25% (d) $11\frac{1}{9}\%$

57. यदि 25 कुर्सियों का लागत मूल्य 30 कुर्सियों के बिक्री मूल्य के बराबर है, तो हानि प्रतिशत कितना है?
(a) 25% (b) 20%
(c) 5% (d) $16\frac{2}{3}\%$

58. श्रीमान् दत्ता अपने 3 लाख रुपए के सेवानिवृत्ति लाभ को अंशत: डाकघर में और अंशत: बैंक में क्रमश: 10% और 6% के ब्याज दर पर जमा किए। यदि उनकी मासिक ब्याज से प्राप्त आय ₹ 2000 हो, तो डाकघर और बैंक में उनकी जमा राशि में कितना अंतर था?
(a) ₹ 50,000 (b) ₹ 40,000
(c) शून्य (d) ₹ 1,00,000

59. राम बाबू ने अपनी आय का 3% धर्मार्थ दान दे दिया और शेष का 12% बैंक में जमा कर दिया। यदि अभी उसके पास ₹ 12804 हैं तो उसकी आय कितनी थी?
(a) ₹ 17460 (b) ₹ 15000
(c) ₹ 7500 (d) ₹ 14550

60. एक मिश्रण में दूध और पानी का अनुपात क्रमश: 5 : 1 है। 5 लीटर पानी मिलाने पर दूध और पानी का अनुपात 5 : 2 हो जाता है। मिश्रण में दूध की मात्रा कितनी है?
(a) 25 लीटर (b) 32.5 लीटर
(c) 16 लीटर (d) 22.75 लीटर

भाग-IV हिंदी

61. 'वृक्ष पर पक्षी बैठे हैं'–इस वाक्य में 'पर कौन-सा कारक है?'
(a) कर्म (b) सम्प्रदान
(c) अपादान (d) अधिकरण

62. ससुर शब्द का तत्सम रूप है–
(a) स्वर् (b) स्वश्रु
(c) श्वसुर (d) सुसुर

63. निम्नलिखित में से विशेषण शब्द कौन-सा है?
(a) भलाई (b) मिठास
(c) थोड़ा (d) स्वयं

64. 'आलस्य' शब्द का विशेषण क्या होगा?
(a) आलस (b) अलस
(c) आलसी (d) आलसीपन

65. ओंठ किस श्रेणी का शब्द है-
(a) तद्भव (b) तत्सम
(c) देशज (d) विदेशी

66. बहिर्मुख का सन्धि-विच्छेद क्या होगा?
(a) बहिर + मुख
(b) बहि + रमुख
(c) बहि + र्मुख
(d) बहि: + मुख

67. 'प्रतिमान' में कौन-सा समास है?
(a) कर्मधारय
(b) अव्ययीभाव
(c) बहुव्रीहि
(d) तत्पुरुष

68. वीर-पुरुष में समास है–
(a) बहुव्रीहि (b) तत्पुरुष
(c) अव्ययीभाव (d) द्वन्द्व

69. रात्रि का पर्यायवाची निम्नलिखित में से क्या है?
(a) क्षमा (b) तमीचर
(c) अमा (d) विभावरी

70. भगीरथी का पर्यायवाची है–
(a) सरिता (b) गंगा
(c) यमुना (d) नर्झरिणी

71. पराक्रम का विलोम निम्नलिखित में से क्या होगा?
(a) भीरूता (b) दुविधा
(c) आलस्य (d) दुर्बलता

72. 'वायु' किस प्रकार का शब्द है?
(a) तत्सम (b) तद्भव
(c) देशज/देशी (d) विदेशी

73. रचना/बनावट के आधार पर घर किस प्रकार का शब्द है?
(a) यौगिक
(b) योगरूढ़
(c) रूढ़
(d) इनमें से कोई नहीं

74. 'वह पहुंचा ही होगा' वाक्य में क्रिया का काल है-
(a) भविष्य
(b) हेतुहेतुमद्भूत
(c) वर्तमान
(d) आसन्नभूत

75. द्विज के अनेकार्थी शब्दों में से निम्नलिखित में से कौन-सा एक शब्द नहीं आता है?
(a) ब्राह्मण (b) पक्षी
(c) दाँत (d) विदेह

76. 'ज्यों-ज्यों बूड़े स्याम रंग त्यौ-त्यौ उज्ज्वल होय' पंक्ति में कौन-सा अलंकार है?
(a) विरोधाभास
(b) यमक
(c) उत्प्रेक्षा
(d) उपमा

77. सज्जन का उपसर्ग है-
(a) सज् (b) सज्ज
(c) सत् (d) सज

निर्देश : कविता की पंक्तियाँ पढ़कर निम्नलिखित प्रश्नों (प्र. सं. 78 से 80) में सबसे उचित विकल्प चुनिए।

अब न गहरी नींद में तुम सो सकोगे,
गीत गाकर मैं जगाने आ रहा हूँ।
अतल अस्ताचल तुम्हें जाने न दूँगा,
अरुण उदयाचल सजाने आ रहा हूँ।
कल्पना में आज तक उड़ते रहे तुम,
साधना से "हरकर मुड़ते रहे तुम।
अब तुम्हें आकाश में उड़ने न दूँगा,
आज धरती पर बसाने आ रहा हूँ।

78. गहरी नींद में सोने का अर्थ है –
(a) बेखबर होना
(b) खचतायुक्त होना
(c) मृत्यु को प्राप्त होना
(d) परिश्रमी होना

79. कवि लोगों को कहाँ नहीं जाने देगा?
(a) जहां सूर्य अस्त होता है
(b) पतन की राह पर
(c) पाताल में
(d) अतल गहराई में

80. कवि किस तरह के व्यक्तियों को संबोधित कर रहा है?
(a) जो जीवन की कठोर वास्तविकताओं से बेखबर हैं
(b) जो आकाश की ऊँचाइयों को छूना चाहते हैं
(c) जो अत्यधिक प्रेरित हैं
(d) जो बहुत परिश्रमी हैं

उत्तर (हल/संकेत)

भाग-I सामान्य बुद्धिमत्ता एवं तर्कशक्ति

1. (d) जिस प्रकार,

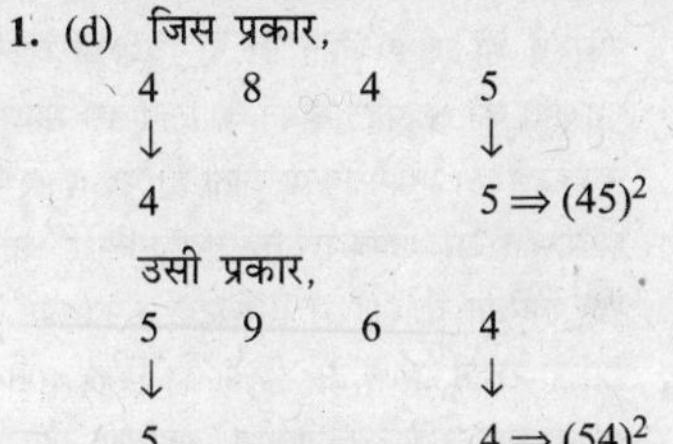

2. (b) जिस प्रकार,

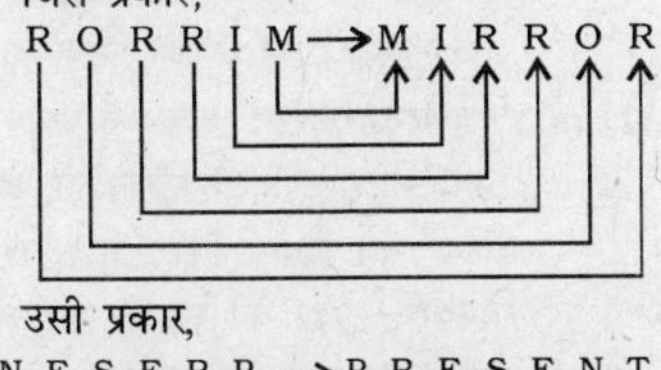

उसी प्रकार,

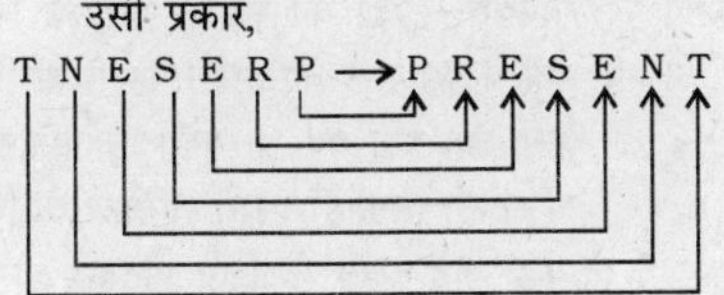

3. (a) जिस प्रकार,

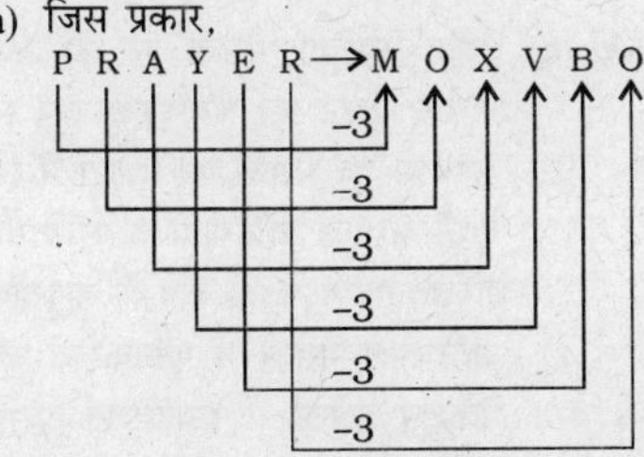

उसी प्रकार,

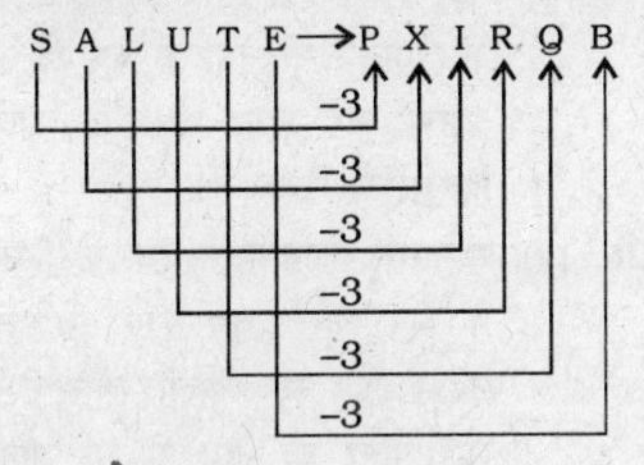

4. (c)

+ ⇒ ÷	÷ ⇒ +
× ⇒ –	– ⇒ ×

$(30 + 20) - 5\ (7 \div 3) \times 25 = ?$

$\Rightarrow\ ? = (30 - 20) \times 5\ (7 + 3) \div 25$

$\Rightarrow\ ? = 10 \times 5 \times 10 \div 25 = 20$

5. (d) संख्या 3915 को छोड़कर अन्य सभी सम संख्याएँ हैं।

6. (d) अरुणाचल प्रदेश भारत का उत्तर-पूर्वी राज्य है।

7. (d) संख्या 215 को छोड़कर अन्य सभी संख्याएँ निम्न सूत्र पर आधारित हैं : $x^3 + 1$

$65 = (4)^3 + 1$

$126 = (5)^3 + 1$

$28 = (3)^3 + 1$

परन्तु, $215 = (6)^3 - 1$

8. (c)

9. (b)

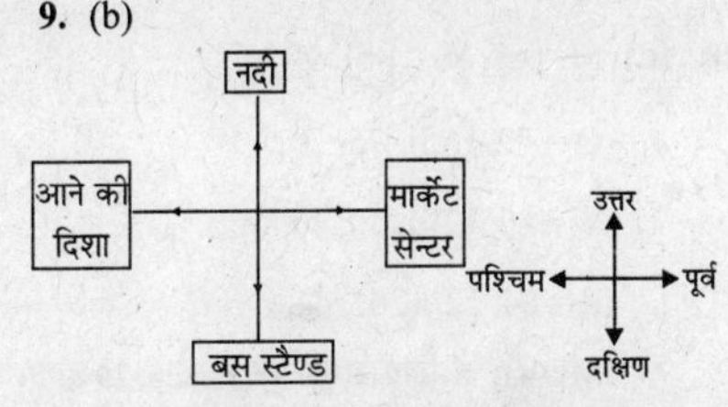

अत: बस स्टैण्ड दक्षिण दिशा में है

10. (c)

गोपी सुमा बोस
दाएँ ऊषा गीता दाएँ
मधुर प्रेमा रॉय

अत: ऊषा के सामने गीता है

11. (d) चटाई एक जानवर नहीं है। परंतु यहाँ चटाई को गाय कहा गया है।

12. (c) O तथा M भाई हैं K के।
Q पिता है K, M तथा O का।
T, Q का भाई है।
अत: T, M की माता का देवर है।

13. (a) 196 169 144 121 100
↑ ↑ ↑ ↑ ↑
$(14)^2$ $(13)^2$ $(12)^2$ $(11)^2$ $(10)^2$

14. (a)

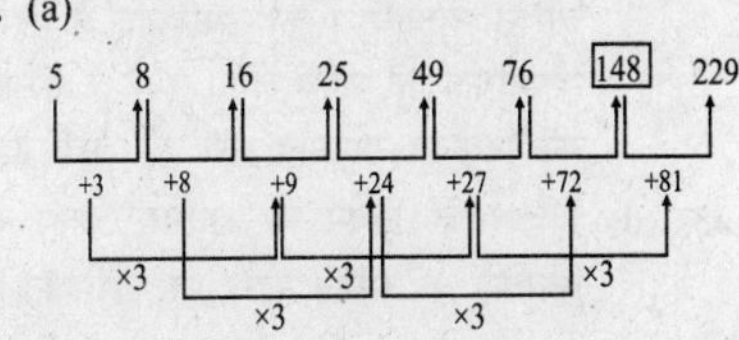

15. (b) वेन आरेख 

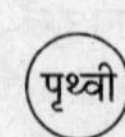

के बीच सर्वाधिक उचित सबंध प्रदर्शित करता है।

16. (b) हम ऐसी संख्या ज्ञात करेंगे, जोकि तीनों में उभयनिष्ठ हो।
अत: ऐसी संख्या = 5

17. (d) प्रश्न आकृति में दिए गए कागज के टुकड़ों को जोड़ने पर उत्तर आकृति (d) प्राप्त होती है।

18. (a) B E F G C / N / M L K H / J / A O I D

निम्नलिखित त्रिभुज हैं:

Δ ABE Δ EFN Δ MNL
Δ LKI Δ KJI Δ CJH
Δ IDC Δ IGC Δ ECI
Δ EGI Δ NOI Δ AEI
Δ LJI

19. (a) दी गई प्रश्न आकृति उत्तर आकृति (a) में पूर्णत: निहित है।

20. (c) M = 68, 86, (88), 98
O = 59, (65), 75, 79
V = 10, (20), 30, 40, 41
E = 04, 12, (24), 44
MOVE के लिए समूह 88, 65, 20, 24 होगा।

भाग-II सामान्य ज्ञान एवं सामान्य जानकारी

21. (a) 13 अप्रैल, 1919 को जब अहिंसक प्रदर्शनकारियों की भीड़ पंजाब के अमृतसर स्थित जलियांवाला बाग में एकत्र हुई तो कर्नल रेजिनाल्ड डायर के आदेश पर ब्रिटिश भारतीय सैनिकों की टुकड़ी ने निहत्थे लोगों पर गोलियाँ चलाना आरंभ कर दिया। यह घटना जलियांवाला बाग हत्याकाण्ड के नाम से जानी जाती है। घटना के बाद जनरल डायर को ड्यूटी से हटा दिया गया, लेकिन जनरल डायर ब्रिटेन के प्रख्यात नायक बन गए।

22. (d) भारतीय संविधान के अनुच्छेद 159 के अनुसार, राज्य का राज्यपाल संबंधित राज्य के उच्च न्यायालय के मुख्य न्यायाधीश या उनकी अनुपस्थिति में, न्यायालय के सर्वाधिक वरिष्ठ न्यायाधीश की उपस्थिति में पद एवं गोपनीयता की शपथ लेगा। राज्य के राज्यपाल की नियुक्ति राष्ट्रपति द्वारा की जाती है।

23. (d) एंजिल के नियम के अनुसार, अन्य सभी कारकों के समान रहने पर उपभोक्ता की निस्तारणीय आय में वृद्धि होने पर भोजन पर व्यय की जाने वाली आय के प्रतिशत में कमी आती है। भोजन पर होने वाले वास्तविक व्यय में वृद्धि होने पर भी ऐसा होता है। भोजन की मांग की आय प्रत्यास्थता 1 से कम है। एंजिल का निचला गुणांक जीवनस्तर के उच्च मानदण्ड का सूचक है।

24. (c) बीओडी (BOD) से तात्पर्य बायोकेमिकल ऑक्सीजन डिमांड से है। यह वायुजीवी जैव अवयवों को एक निर्दिष्ट समय-अवधि में एक निश्चित तापमान पर दिए गए जल के नमूने में उपस्थित कार्बनिक पदार्थों को विघटित करने के लिए आवश्यक ऑक्सीजन की मात्रा है। बीओडी का मान सामान्यत: 20° सेल्सियस तापमान पर उद्भवन (इन्क्यूबेशन) के पाँच दिनों के दौरान प्रति लीटर नमूने द्वारा उपभोग की गई ऑक्सीजन की मात्रा को मिलिग्राम में व्यक्त किया जाता है।

25. (b) संगीत नाटक अकादमी पूरे देश में भारतीय सांस्कृतिक धरोहर के प्रमुख रूपों संगीत-नृत्य और नाटक-को संरक्षण और प्रोत्साहन देने वाला शीर्ष और स्वायत्त निकाय है। शिक्षा मंत्रालय, भारत सरकार द्वारा 31 मई, 1952 को इसकी स्थापना की गई थी और अकादमी ने उसी वर्ष से अपना काम आरंभ कर दिया था। यह अकादमी नई दिल्ली में स्थित है।

26. (a) सामान्य साल्टपीटर एवं पोटैशियम नाइट्रेट में भेद करने के लिए सोडियम नाइट्रेट ($NaNO_3$) को चिली साल्टपीटर या पेरू साल्टपीटर के नाम से भी जाना जाता है क्योंकि इन देशों में विशेष रूप से अटाकामा मरुस्थल में यह प्रचुर मात्रा में पाया जाता है। इसे सोडा नाइटर के नाम से भी जाना जाता है, उर्वरकों, आतिशबाजियों, धुआँ बमों, काँच, मीनाकारी बर्तन, खाद्य परिरक्षकों और ठोस रॉकेट प्रणोदक में इसका प्रयोग किया जाता है।

27. (d) अकबर के आदेश पर फैजी और अब्दुल -कादिर बदायूंनी ने महाभारत को पारसी भाषा में रूपान्तरित किया था जिसे रज्मनामा नाम दिया गया। रज्मनामा महाभारत का सटीक अनुवाद नहीं है, लेकिन बदायूंनी के अनुसार यह मुक्त पारसी भाषा के अनुकूल है। बदायूंनी ने 18 पुस्तकों में से 2 पुस्तकों का अनुवाद किया। बदायूंनी ने रामायण का भी अनुवाद किया।

28. (d) अत्यधिक किण्वन वह किण्वक है जो कार्बनिक पदार्थों के जैव-हाइड्रोजन में परिवर्तित होने के परिणामस्वरूप उत्पन्न होता है। यह जीवाणुओं के विभिन्न समूहों द्वारा निष्पादित होने वाली एक जटिल प्रक्रिया है, जिसमें अवायुजीवी परिवर्तन के समान तीन चरणों वाली जैवरसायन अभिक्रियाओं की श्रृंखला शामिल है। अत्यधिक किण्वन प्रक्रिया में जैव-हाइड्रोजन का उत्पादन करने के लिए अपशिष्ट जल के रूप में संभावित पदार्थ का प्रयोग किया जाता है।

29. (c) वन महोत्सव या वृक्षों का उत्सव भारत में जुलाई के प्रथम सप्ताह में मनाया जाता है। इस उत्सव की शुरुआत वर्ष 1950 में भारत के तत्कालीन कृषि मंत्री डॉ. के.एम. मुंशी द्वारा की गई थी। वन महोत्सव सप्ताह के दौरान पूरे देश में सभी आयु वर्ग के व्यक्तियों द्वारा करोड़ों पौधे लगाए जाते हैं।

30. (d) भारत के उत्तर-पश्चिमी क्षेत्र में स्थित गुजरात की तट रेखा सबसे लम्बी है, जो 1600 किमी. से अधिक क्षेत्र में फैली हुई है। यह देश की कुल तट रेखा का 22% है। गुजरात की तट रेखा अरब सागर, खम्भात और कच्छ की खाड़ियों की सीमा से घिरी हुई है। गुजरात की तट रेखा विविध प्राकृतिक आवासों विशेष रूप से मैंग्रोव, लवणकच्छ (या कच्छ भूमि), प्रवालभित्तियों, नमभूमियों और समुद्री घासों का पोषण करती है।

31. (d) क्षेत्रमापी (प्लेनिमीटर) को प्लेटोमीटर के रूप में भी जाना जाता है। दो विमाओं वाली आकृति का क्षेत्रफल मापने के लिए इस मापक उपकरण का प्रयोग किया जाता है। पूर्व काल में सामान्यत: इस उपकरण का प्रयोग किया जाता था, लेकिन वर्तमान में डिजिटल उपकरणों ने इसका स्थान ग्रहण कर लिया है। स्विट्जरलैंड के प्रसिद्ध गणितज्ञ जैकॉब अम्सलर-लैफॉन ने सर्वप्रथम 1854 में आधुनिक क्षेत्रमापी (प्लेनिमीटर) का निर्माण किया था।

32. (a) "यूनाइटेड नेशंस" शब्द का प्रयोग सर्वप्रथम अमेरिकी राष्ट्रपति फ्रैंकलिन डी. रूजवेल्ट ने किया था। द्वितीय विश्व युद्ध के दौरान 1 जनवरी, 1942 को संयुक्त राष्ट्र के घोषणा पत्र में इस शब्द का प्रयोग पहली बार किया गया था। इसी वर्ष 26 राष्ट्रों के प्रतिनिधियों ने अपनी सरकारों से धुरी शक्तियों के विरुद्ध युद्ध जारी रखने के लिए प्रतिबद्ध होने की अपील की थी।

33. (c) पैकेट स्विचिंग, मैसेजों को सेंड करने और प्रत्येक पैकेट को वैयक्तिक रूप से प्रेषित करने से पूर्व मैसेजों को पैकेटों में विभाजित करने की एक प्रक्रिया है जो सभी मैसेजों के इच्छित गंतव्य से आ जाने के बाद पैकेटों को ऑरिजनल मैसेजों में पुर्नएकत्रित करती है। पैकेट्स इंटरनेट में इन्फॉर्मेशन ट्रांसपोर्ट की

मौलिक इकाई है जो डाटाग्राम पैकेट स्विचिंग विधि का प्रयोग करती है। अत्याधुनिक वाइड एरिया नेटवर्क प्रोटोकॉल्स (जिसमें TCP/IP शामिल हैं) पैकेट स्विचिंग टेक्नोलॉजी पर आधारित है।

34. (d) मूल्य वर्धित कर (VAT)- यह कर उत्पादन और वितरण के सभी चरणों के दौरान फर्म द्वारा प्रत्येक वस्तु के मूल्य में जोड़ दिया जाता है। साधारण शब्दों में, यह उत्पादन और वितरण प्रक्रिया के प्रत्येक स्तर पर व्यवसाय होने पर, प्राय: वस्तु की पुनर्बिक्री या इसमें मूल्य जोड़े जाने पर इसके मूल्य का निर्धारण करता है। भारत में अप्रत्यक्ष मूल्य वर्धित कर (VAT) के रूप में मूल्य वर्धित कर प्रणाली की शुरुआत 1 अप्रैल, 2005 को हुई थी।

35. (a) अढ़ाई दिन का झोंपड़ा एक प्राचीन वैष्णव हिन्दू मन्दिर है जिसका निर्माण 1153 ई. के दौरान किया गया था और बाद में कुतुब-उद-दीन ऐबक द्वारा वर्ष 1193 में इसे एक मस्जिद के रूप में परिवर्तित करवा दिया गया। यह राजस्थान के अजमेर में स्थित तारागढ़ पहाड़ी की ढालों पर स्थित है।

36. (b) विशिष्ट मानव में लगभग 640 कंकाल मांसपेशियाँ होती हैं और प्रत्येक मांसपेशी दोनों तरफ पाई जाने वाली एकसमान द्विपक्षी मांसपेशियों के एक युग्म के एक भाग की रचना करती है, परिणामस्वरूप मांसपेशियों के लगभग 320 युग्म होते हैं। फिर भी मांसपेशियों की सटीक संख्या को परिभाषित करना कठिन है क्योंकि विभिन्न स्रोत विभिन्न संख्या बताते हैं, उदाहरणार्थ, एक मांसपेशी या कई मांसपेशियों के विभिन्न भागों के रूप में इन्हें परिभाषित करना कठिन है। विभिन्न स्रोतों में 640 से 850 कंकाल मांस- पेशियों के उदाहरण मिलते हैं।

37. (b) ओजोन परत से तात्पर्य पृथ्वी के समतापमंडल वाले क्षेत्र से है जो सूर्य की अधिकांश पराबैंगनी (UV) विकिरणों को अवशोषित करता है। यह सूर्य की मध्यम- आवृत्ति वाले पराबैंगनी प्रकाश (जिसकी तरंगदैर्ध्य लगभग 200nm से 315nm होती है) का लगभग 97-99% भाग अवशोषित करता है। समतापमंडल द्वारा पराबैंगनी विकिरणों का अवशोषण न होने पर ये किरणें पृथ्वी सतह पर जीवन के विभिन्न रूपों को हानि पहुँचा सकती हैं।

38. (a) अंतर्राष्ट्रीय महिला दिवस प्रतिवर्ष 8 मार्च को मनाया जाता है। यद्यपि संयुक्त राष्ट्र के तत्त्वावधान में पहला अंतर्राष्ट्रीय महिला दिवस 19 मार्च, 1911 को मनाया गया था। वर्ष 1975 से यह दिवस प्रतिवर्ष 8 मार्च को मनाया जाने लगा। अंतर्राष्ट्रीय महिला दिवस 2015 के लिए संयुक्त राष्ट्र की आधिकारिक थीम है ''महिला सशक्तिकरण-मानवता सशक्तिकरण: साकार करो''।

39. (c) ''पारिस्थितिकी तंत्र'' नामक शब्द का प्रयोग सर्वप्रथम रॉय क्लैफम द्वारा 1930 में किया गया था, लेकिन पारिस्थितिक विज्ञानी आर्थर टांस्ले ने पारिस्थितिक तंत्र की अवधारणा को पूर्णत: पारिभाषित किया। 1935 के अपने क्लासिकल लेख में टांस्ले ने पारिस्थितिक तंत्र को ''समूची प्रणाली, ... जिसमें न केवल जटिल जीव शामिल हैं, बल्कि पर्यावरण का निर्माण करने वाले भौतिक कारकों की सारी जटिलता भी शामिल है'' के रूप में पारिभाषित किया है।

40. (d) नीली क्रांति से तात्पर्य समुद्रीय उत्पादों और मत्स्य उत्पादन को बढ़ावा देने वाले कार्यक्रमों को लागू करने से है। वर्ष 1970 में पाँचवीं पंचवर्षीय योजना के दौरान केन्द्र सरकार द्वारा मत्स्यपालन विकास एजेंसी (एफएफडीए) की स्थापना करने के साथ ही भारत में नीली क्रांति की शुरुआत हुई। यह एजेंसी मत्स्य प्रजनन, मत्स्य पालन, मत्स्य विपणन और मछलियों के निर्यात से संबंधित है।

भाग-III प्रारंभिक अंकगणित

41. (c)

$BD = DC = 5$ सेमी

$\angle ADB = 90°$

$\therefore\ AB^2 = BD^2 + AD^2$

$\Rightarrow\ 10^2 = 5^2 + AD^2$

$\Rightarrow\ 100 = 25 + AD^2$

$\Rightarrow\ AD^2 = 100 - 25 = 75$

$\therefore\ AD = \sqrt{75} = 5\sqrt{3}$

$\therefore\ AG = \frac{2}{3} AD = \frac{2}{3} \times 5\sqrt{3} = \frac{10\sqrt{3}}{3}$ सेमी.

42. (c) अभीष्ट प्रतिशत

$= \left(\frac{20-15}{20} \times 100\right)\%$

$= \left(\frac{5}{20} \times 100\right)\% = 25\%$

43. (c) रॉयल्टी पर खर्च प्रतिशत = 15%

$\because\ 100\% \equiv 360°$

$\therefore\ 15\% \equiv \frac{360}{100} \times 15 = 54°$

44. (b) परिवहन लागत = 10%

$\because$ 10% = ₹ 82500

$\therefore$ 100% = ₹ 825000

$\therefore$ एक पुस्तक की प्रकाशन लागत

$= \frac{825000}{5500}$ = ₹ 150

25% लाभ के लिए,

$\therefore$ अभीष्ट विक्रय मूल्य $= \frac{150 \times 125}{100}$

= ₹ 187.50

45. (c) मुद्रण लागत का प्रतिशत = 20%

रॉयल्टी लागत का प्रतिशत = 15%

$\because$ 20% = ₹ 30600

$\therefore$ 15% $= \frac{30600}{20} \times 15$ = ₹ 22950

46. (d) निर्मित शंकु की त्रिज्या = 9 सेमी.

इसकी ऊंचाई = 12 सेमी.

$\therefore$ शंकु का आयतन $= \frac{1}{3}\pi r^2 h$

$= \frac{1}{3} \times \pi \times 9 \times 9 \times 12$

$= 324\,\pi$ घन सेमी.

47. (b)

त्रिभुज के अंदर O कोई बिन्दु है।

$OD \perp BC,\ OE \perp AC$

एवं $OF \perp AB$

$AB = BC = CA$

$(\Delta OAB + \Delta OBC + \Delta OAC)$ का क्षेत्रफल

$= \Delta ABC$ का क्षेत्रफल

$\Rightarrow\ \frac{1}{2} AB \times OF + \frac{1}{2} BC \times OD + \frac{1}{2} \times AC \times OE$

$= \frac{1}{2} \times BC \times AX$

$\Rightarrow\ OF + OD + OE = AX$

48. (a) $y = 3x$, मूल बिन्दु (0, 0) से गुजरती है।

49. (a) संख्याएँ = $3x$ एवं $4x$ (माना)

इनका भ. स. $= x = 15$

$\therefore$ संख्याओं का योगफल $= 3x + 4x = 7x$

$= 15 \times 7 = 105$

50. (d) मां + 6 बच्चे $\Rightarrow 12 \times 7 = 84$ वर्ष

6 बच्चे $\Rightarrow 6 \times 7 = 42$ वर्ष

$\therefore$ मां की उम्र $\Rightarrow 84 - 42 = 42$ वर्ष

51. (a) माना, द्रव X का 3 लीटर एवं द्रव Y का 2 लीटर मिलाया जाता है।

द्रव Y की लागत $= x$ रुपए/लीटर

द्रव X की लागत $= (x + 2)$रुपए/लीटर

प्रश्नानुसार,

मिश्रण की लागत

$= (3x + 6 + 2x)$ = ₹ $(5x + 6)$

$\therefore\ (5x + 6) \times \frac{110}{100} = 11 \times 5$

$\Rightarrow\ 5x + 6 = \frac{11 \times 5 \times 10}{11} = 50$

$\Rightarrow$ $5x = 50 - 6 = 44$

$\Rightarrow$ $x = \frac{44}{5} = ₹ 8.8$

$\therefore$ द्रव X की लागत $= 8.8 + 2$

$= 10.8$ रुपए/लीटर

52. (d) लम्बवृत्तीय बेलन का आयतन $= \pi r^2 h$

$= \frac{22}{7} \times 5 \times 5 \times 21 = 1650$ घन सेमी.

53. (d) प्रत्येक संख्या को 8 से गुणा करने पर नया औसत 8 गुणा यानी,

$21 \times 8 = 168$ होगा।

54. (b) अभीष्ट औसत

$= \frac{3 + 5 + 7 + 9 + 11 + 13 + 15 + 17 + 19 + 21}{10}$

$= \frac{120}{10} = 12$

55. (d) रेलगाड़ी की चाल

$= \frac{\text{रेलगाड़ी की लंबाई}}{\text{पार करने में लगा समय}}$

$= \frac{250}{50} = 5$ मीटर/सेकण्ड

$= \left(5 \times \frac{18}{5}\right)$ किमी./घंटा

$= 18$ किमी./घंटा

56. (b) अंकित मूल्य $= ₹ 250$

विक्रय मूल्य $= ₹ 225$

छूट $= 250 - 225 = ₹ 25$

यदि छूट की दर $x\%$ हो, तो

$\frac{250 \times x}{100} = 25$

$\Rightarrow$ $x = \frac{25 \times 100}{250} = 10\%$

57. (d) प्रत्येक कुर्सी की लागत

$= 1$ रुपया (माना)

$\therefore$ 30 कुर्सियों का क्रय मूल्य $= ₹ 30$

इनका विक्रय मूल्य $= ₹ 25$

$\therefore$ हानि-प्रतिशत

$= \frac{30 - 25}{30} \times 100$

$= \frac{50}{3} = 16\frac{2}{3}\%$

58. (c) माना, डाकघर में जमा धनराशि $= ₹ x$ लाख

$\therefore$ बैंक में जमा धनराशि $= ₹ (3 - x)$ लाख

प्रश्नानुसार,

$\frac{x \times 10 \times 1}{100 \times 12} + \frac{(3 - x) \times 6 \times 1}{100 \times 12}$

$= \frac{2000}{100000} = \frac{1}{50}$

$\Rightarrow$ $10x + 18 - 6x = \frac{1}{50} \times 1200 = 24$

$\Rightarrow$ $4x = 24 - 18 = 6$

$\Rightarrow$ $x = \frac{6}{4} = ₹ \frac{3}{2}$ लाख

$0 - (3 - x) = x - 23 + x$

$= 2x - 3 = \frac{2 \times 3}{2} - 3$

$= 3 - 3 = 0$

$\therefore$ अभीष्ट अंतर $= 0$

59. (b) माना, राम बाबू की आय $= ₹ x$

धर्मार्थ के बाद शेष धनराशि $= ₹ \frac{97x}{100}$

बैंक में जमा करने के बाद,

शेष धनराशि

$= \frac{97x}{100} \times \frac{88}{100}$

$\therefore \frac{97x \times 88}{10000} = 12804$

$\Rightarrow$ $x = \frac{12804 \times 10000}{97 \times 88} = ₹ 15000$

60. (a) मिश्रण में दूध की मात्रा $= 5x$ लीटर

पानी की मात्रा $= x$ लीटर

प्रश्नानुसार, 5 लीटर पानी मिलाने पर,

$\frac{5x}{x + 5} = \frac{5}{2}$

$\Rightarrow$ $10x = 5x + 25$

$\Rightarrow$ $5x = 25 \Rightarrow x = 5$

$\therefore$ दूध की अभीष्ट मात्रा $= 5 \times 5 = 25$ लीटर

भाग-IV हिंदी

61. (d) 'पर' यहाँ स्थान को सूचित कर रहा है। जब कोई क्रिया किसी स्थान पर घटित होती है तो उसे अधिकरण कारक कहते हैं। पक्षी वृक्ष पर बैठे हैं, अत: 'पर' अधिकरण कारक है।

62. (c) संस्कृत में 'श्वसुर' शब्द का प्रयोग होता है। हिंदी में इसका रूपांतर 'ससुर' है। तत्सम रूप वही होता है जो संस्कृत से बिना परिवर्तन के लिया गया हो।

63. (c) विशेषण वह होता है जो संज्ञा या सर्वनाम की विशेषता बताए। 'थोड़ा' किसी वस्तु की मात्रा या गुण को दर्शाता है, इसलिए यह विशेषण है। 'भलाई' और 'मिठास' संज्ञा हैं, 'स्वयं' सर्वनाम है।

64. (c) 'आलस्य' संज्ञा है जिसका अर्थ है सुस्ती या कामचोरी। जब किसी व्यक्ति के गुण को बताया जाता है तो विशेषण रूप 'आलसी' होता है। जैसे- आलसी व्यक्ति।

65. (a) तद्भव शब्द वे होते हैं जो संस्कृत से परिवर्तित होकर प्रचलित रूप में आए हों। 'ओंठ' संस्कृत के 'ओष्ठ' शब्द से बना है। इसलिए यह तद्भव शब्द है।

66. (d) इस संधि में, विसर्ग (:) के बाद आने वाले 'म' वर्ण के कारण, विसर्ग का 'म' में रूपांतरण होता है, जिससे 'बहिर्मुख' बनता है। विसर्ग संधि के नियमानुसार, यदि विसर्ग से पहले 'इ' या 'उ' हो और बाद में कोई घोष वर्ण (जैसे 'म') हो तो विसर्ग का 'म' हो जाता है।

67. (b) वह समास जिसमें पहला पद अव्यय और प्रधान होता है। 'प्रतिमान' में 'प्रति' एक अव्यय है, इसलिए यह अव्ययीभाव समास है।

उदाहरण: 'प्रतिपल' (पल-पल), 'यथाशक्ति' (शक्ति के अनुसार), 'भरपेट' (पेट भरकर)।

68. (b) वीर-पुरुष में तत्पुरुष समास है। इसका विग्रह "वीर है जो पुरुष" होता है, जहाँ 'वीर' एक विशेषण है जो 'पुरुष' की विशेषता बता रहा है, जिससे यह तत्पुरुष समास (विशेष रूप से कर्मधारय तत्पुरुष) के अंतर्गत आता है।

"वीर पुरुष" का विग्रह "वीर है जो पुरुष" होता है, जो तत्पुसमास का एक उदाहरण है।

69. (d) 'रात्रि' के कई पर्यायवाची शब्द हैं जैसे- निशा, यामिनी, विभावरी। यहाँ दिए गए विकल्पों में 'विभावरी' सही पर्यायवाची है।

70. (b) 'भगीरथी' नाम गंगा नदी का पर्यायवाची है। यह नाम राजा भगीरथ से जुड़ा है जिन्होंने गंगा को पृथ्वी पर लाने के लिए कठोर तप किया था। इसलिए 'भगीरथी' का अर्थ 'गंगा' है।

71. (a) पराक्रम का अर्थ है साहस, वीरता और शौर्य। इसका विपरीत भाव डरपोकपन या भीरूता है। आलस्य, दुविधा और दुर्बलता संबंधित शब्द हैं परन्तु सही विलोम 'भीरूता' है।

72. (a) 'वायु' संस्कृत से सीधे लिया गया शब्द है और हिंदी में बिना परिवर्तन के प्रयोग होता है। तत्सम शब्द वे होते हैं जो संस्कृत से यथावत् रूप में हिंदी में आते हैं।

73. (c) 'घर' शब्द किसी विशेष रचना या योग से नहीं बना है, बल्कि यह प्रचलित रूप में स्थिर अर्थ वाला शब्द है। ऐसे शब्दों को रूढ़ शब्द कहा जाता है।

74. (d) आसन्नभूत काल वह होता है जिसमें क्रिया घटित हो चुकी है या घटित होने की संभावना है। 'पहुंचा ही होगा' से यह संकेत मिलता है कि क्रिया अभी-अभी घटित हुई होगी।

75. (d) 'द्विज' का अर्थ है 'दो बार जन्मा हुआ'। इसके अनेकार्थी रूप ब्राह्मण (यज्ञोपवीत संस्कार से द्विज), पक्षी (अंडे से जन्म लेने वाला) और दाँत (दो बार निकलने वाला) हैं। 'विदेह' इसका अर्थ नहीं है।

76. (a) इस पंक्ति में कहा गया है कि जैसे-जैसे स्याम (काला) रंग गहरा होता है वैसे-वैसे उज्ज्वलता बढ़ती है। यहाँ दो विपरीत गुण—श्यामता और उज्ज्वलता—एक साथ व्यक्त किए गए हैं। जब विपरीतार्थक शब्दों या भावों का प्रयोग एक ही स्थान पर होता है तो उसे विरोधाभास अलंकार कहते हैं।

77. (c) 'सज्जन' शब्द 'सत् + जन' से बना है। 'सत्' का अर्थ है 'सत्य, अच्छा, श्रेष्ठ'। 'जन' का अर्थ है 'व्यक्ति'। इस प्रकार 'सत्' उपसर्ग है जो 'जन' के साथ मिलकर 'सज्जन' शब्द बनाता है।

78. (a) गहरी नींद में सोने का अर्थ (a) बेखबर होना है, जिसका मतलब है पूरी तरह से निश्चिंत और बिना किसी परेशानी के गहरी और शांतिपूर्ण नींद लेना।

79. (b) कवि का उद्देश्य लोगों को जीवन की सही दिशा दिखाना है। वह उन्हें पतन, अज्ञान और अंधकार की ओर नहीं जाने देना चाहता। कवि उन्हें ऊँचाई और प्रकाश की ओर ले जाना चाहता है। इसलिए सही उत्तर है 'पतन की राह पर'।

80. (a) कवि उन लोगों को संबोधित कर रहा है जो जीवन की कठिनाइयों और वास्तविकताओं से अनजान हैं। वे लोग गहरी नींद में सोए हुए हैं, अर्थात् अज्ञान और बेखबरी में डूबे हुए हैं। कवि उन्हें जागृत करना चाहता है ताकि वे जीवन की सच्चाई को समझें और पतन की राह पर न जाएँ।

❑❑❑

14 प्रैक्टिस सेट

भाग-I सामान्य बुद्धिमत्ता एवं तर्कशक्ति

निर्देश (प्र. 1) निम्नलिखित दिए गए शब्द से कौन शब्द नहीं बनाया जा सकता है?

1. INTEGRAL
(a) TRIANGLE
(b) RELATING
(c) ALERTING
(d) ENTREATY

2. छह बैठे हुए सदस्यों में जो कतार में हैं, 'X' यह 'Q' के बाईं ओर है, परन्तु 'P' के दाहिनी ओर है, 'Y' यह 'Q' के दाहिनी ओर है, परन्तु 'Z' के बाईं ओर है 'Z' 'R' के बाईं ओर है, पंक्ति के अंतिम सिरों पर कौन बैठा है?
(a) QZ (b) XZ
(c) QY (d) PR

3. एक निश्चित कूट में 13479 संख्या को AQFJL लिखते हैं और 5268 को DMPN लिखते हैं उस कूट में 396824 को कैसे लिखा जाएगा?
(a) QLPNMJ (b) QLPNMF
(c) QLPMNF (d) QLPNDF

4. निम्नलिखित अनुक्रम में ऐसे कितने 9 है, जिसके पहले 5 आता है, लेकिन बाद में 4 नहीं आता है?
1 × 6594959726969 + 2594 × 75
(a) 2 (b) 1
(c) 3 (d) 4

5. निम्नलिखित में लुप्त शब्द होगा–
IN, COM, NET. ?
(a) GOM (b) ORG
(c) CFC (d) CNG

6. A, B के पिता हैं C, A और D की बहन है, यदि D, E के पिता है, तो D का B से क्या नाता है ?
(a) चाचा (b) साला
(c) भतीजा/भांजा (d) पिता

7. P उत्तर की ओर 6 किमी जाता है, वहां से पश्चिम को 5 किमी, वहां से दक्षिण की ओर 11 किमी जाता है आरम्भिक बिन्दु से अब वह कौनसी दिशा में है?
(a) दक्षिण (b) दक्षिण-पश्चिम
(c) दक्षिण पूर्व (d) पूर्व

8. यदि ACEG GECA. : : PRTV :?
(a) TVRP (b) VTRP
(c) TRVP (d) VTPR

9.

6	2	3	11
3	1	8	12
4	6	?	15
2	7	5	14

(a) 6 (b) 7
(c) 5 (d) 2

10. जिस प्रकार School यह Headmaster से सम्बन्धित है, उसी प्रकार Bank किससे सम्बन्धित है ?
(a) Branch (b) Manager
(c) Children (d) Players

11. 4, 6, 9, 13, 18, 24,?
(a) 32 (b) 29
(c) 36 (d) 31

12. COMFORTABLE शब्द के अक्षरों में से कौन-सा शब्द नहीं बनाया जा सकता है?
(a) FORCE (b) MARBLE
(c) INFORM (d) TRAM

13. यदि आप A से Z वर्णमाला उलटे क्रम में लिखते हैं, तो M के तुरन्त बाईं ओर का अक्षर कौन-सा होगा?
(a) N (b) L
(c) O (d) K

14. यदि एक दर्पण को MN रेखा पर रखा जाए तो दी गई उत्तर आकृतियों में से कौन-सी आकृति प्रश्न आकृति का सही प्रतिबिंब होगी?

प्रश्न आकृति :

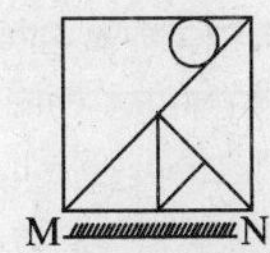

उत्तर आकृतियाँ :

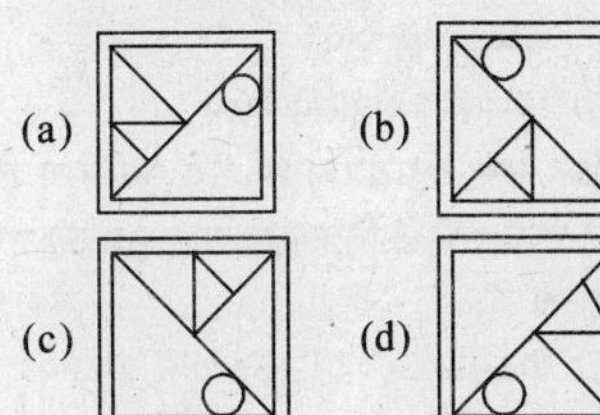

15. निम्नलिखित में से क्या सही है?
6 * 4 * 9 * 15
(a) ×, = – (b) ×, –, =
(c) =, ×, – (d) –, ×, =

16. निम्नलिखित संख्याओं के क्रम में लुप्त संख्या ज्ञात कीजिए–
1, 4, 27, 16, ?, 36, 343.
(a) 25 (b) 87
(c) 125 (d) 30

निर्देश (17) तक दिए गए विकल्पों में से विषम संख्या/ अक्षर/आकृति/संख्या युग्म चुनिए।

17. 18, 34, 36, 48
(a) 48 (b) 36
(c) 18 (d) 34

18. प्रश्न में एक कथन दिया गया है जिसके आगे दो तर्क I और II दिए गए हैं। आपको मानना है कि कथन सत्य है चाहे वह सामान्यत: ज्ञात तथ्यों से भिन्न प्रतीत होता हो। आपको निर्णय करना है कि दिए गए तर्कों में से कौन-सा/कौन-से तर्क मजबूत हैं, यदि कोई हो?

कथन : क्या चिड़ियाघरों को बंद किया जाना चाहिए?

तर्क : I. हाँ, जानवरों को कैद करना एक अपराध है?
II. नहीं, मनोरंजन के लिए अगर जानवरों को कैद में रखा जाता है तो वह ठीक है।

(a) यदि केवल तर्क I मजबूत है
(b) यदि केवल तर्क II मजबूत है
(c) यदि दोनों तर्क I और II मजबूत हैं
(d) यदि न तो तर्क I और न ही II मजबूत है

19. प्रश्न आकृतियों में दिखाए अनुसार कागज को मोड़कर उसमें छेद करने तथा खोलने के बाद वह किस उत्तर आकृति जैसा दिखाई देगा?

प्रश्न आकृतियाँ :

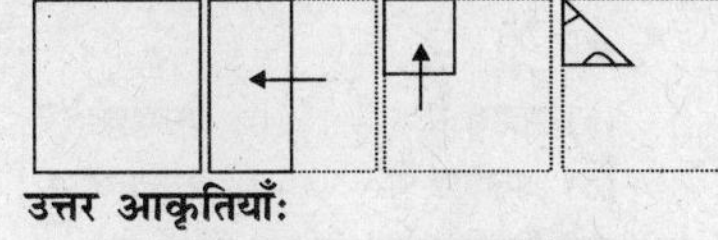

उत्तर आकृतियाँ:

(a) 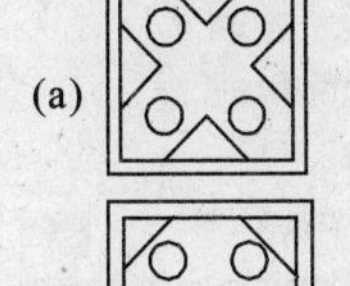
(b) 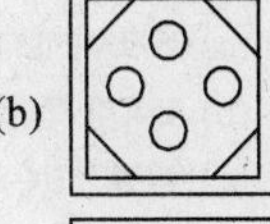
(c) 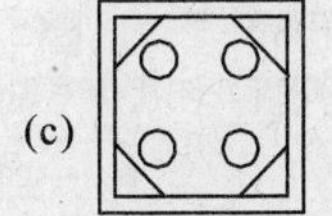
(d) 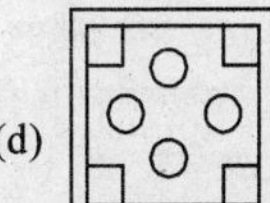

20. एक शब्द केवल एक संख्या समूह द्वारा दर्शाया गया है, जैसा कि विकल्पों में से किसी एक में दिया गया है। विकल्पों में दिए गए संख्या समूह अक्षरों के दो वर्गों द्वारा दर्शाए गए हैं, जैसा कि दिए गए दो आव्यूहों में है। आव्यूह-I के स्तम्भ और पक्ति की संख्या 0 से 4 और आव्यूह-II की 5 से 9 है। इन आव्यूहों से एक अक्षर को पहले उसकी पंक्ति और बाद में स्तम्भ संख्या द्वारा दर्शाया जा सकता है। उदाहरण के लिए 'F' को 32, 42 आदि द्वारा दर्शाया जा सकता है तथा 'M' को 88, 68 आदि द्वारा दर्शाया जा सकता है। इसी तरह से आपको प्रश्न में दिए श 'TEST' के लिए समूह को पहचानना है।

आव्यूह-I

	0	1	2	3	4
0	P	S	H	H	E
1	D	T	S	L	I
2	E	G	T	S	E
3	E	L	F	T	S
4	L	G	F	S	E

आव्यूह-II

	5	6	7	8	9
5	I	R	B	T	O
6	R	I	T	M	S
7	R	T	B	I	O
8	T	S	B	M	T
9	S	T	B	M	O

(a) 96, 20, 34, 77
(b) 58, 30, 69, 79
(c) 76, 44, 23, 11
(d) 85, 04, 88, 33

भाग-II सामान्य ज्ञान एवं सामान्य जानकारी

21. निम्नलिखित में से किसने प्रतिपादित किया है कि भाग्य ही सब कुछ निर्धारित करता है, मनुष्य असमर्थ होता है?
(a) जैनियों ने (b) बौद्धों ने
(c) आजीविकों ने (d) मीमांसकों ने

22. भारत में अंग्रेजों ने प्रथम मदरसा कहां स्थापित किया था?
(a) मद्रास में (b) बम्बई में
(c) अलीगढ़ में (d) कलकत्ता में

23. शेख निजामुद्दीन औलिया शिष्य थे:
(a) शेख अलाउद्दीन साबिर के
(b) ख्वाजा मुइनुद्दीन चिश्ती के
(c) बाबा फरीद के
(d) शेख अहमद सरहिन्दी के

24. निम्नलिखित में से किसके पक्षधर नेहरू थे, किन्तु गांधीजी नहीं थे?
(a) संत्य
(b) अहिंसा
(c) अस्पृश्यता
(d) भारी औद्योगीकरण विचार

25. हरे कच्चे फलों को कृत्रिम ढंग से पकाने के लिए कौन-सी गैस का प्रयोग किया जाता है?
(a) एसिटीलीन (b) एथीलीन
(c) एथेन (d) कार्बन डाइऑक्साइड

26. "सूचना का अधिकार अधिनियम, 2005" के बारे में निम्नलिखित कथनों पर विचार कीजिए और उसे चुनिए जो प्रावधानित नहीं है अथवा विशिष्ट रूप से विमुक्त है।
(a) यह जम्मू-कश्मीर राज्य में लागू नहीं है।
(b) आवेदक जो सूचना हेतु अनुरोध करता है, उसे सूचना मांगे जाने के कारणों को देना होगा।
(c) मुख्य सूचना आयुक्त को हटाया जाना।
(d) प्रत्येक सूचना आयुक्त अपने पद पर 5 वर्ष की अवधि या जब वह पैंसठ वर्ष की आयु का हो जाए, दोनों में से जो पहले हो, एक पद पर बना रहेगा।

27. निम्नलिखित में से कौन-सा एक मानव संसाधन विकास मंत्रालय में विभाग नहीं है?
(a) आरम्भिक शिक्षा और साक्षरता विभाग
(b) माध्यमिक शिक्षा और उच्च शिक्षा विभाग
(c) तकनीकी शिक्षा विभाग
(d) महिला और बाल विकास विभाग

28. वित्त आयोग राष्ट्रपति को संस्तुति भेजने में मुख्य रूप से संबंधित है:
(a) राज्यों को दिए जाने वाले अनुदान के सिद्धान्त से
(b) राज्यों एवं केन्द्र के बीच करों के बंटवारे से
(c) न तो (a) न ही (b) से
(d) (a) तथा (b) दोनों से

29. नियंत्रक एवं लेखा परीक्षक की नियुक्ति राष्ट्रपति द्वारा होती है। अपने पद से उसे हटाया जाता है:
(a) राष्ट्रपति द्वारा
(b) संसद के दोनों सदनों के संबोधन पर
(c) सर्वोच्च न्यायालय द्वारा
(d) राष्ट्रपति की संस्तुति पर सर्वोच्च न्यायालय द्वारा

30. दिक्सूचक का प्रयोग किसका पता लगाने के लिए नहीं किया जा सकता?
(a) चुम्बकीय उत्तर-दक्षिण दिशा
(b) चुम्बक की ध्रुवता
(c) चुम्बक की शक्ति
(d) चुम्बकीय क्षेत्र की दिशा

31. लोक सभा द्वारा विचारार्थ भेजे गए वित्त विधेयक को राज्य सभा अधिकतम इतने समय तक रोके रख सकती है:
(a) एक माह (b) एक वर्ष
(c) सात दिन (d) चौदह दिन

32. भारतीय संविधान सभा के प्रथम दिन के अधिवेशन की अध्यक्षता इन्होंने की थी:
(a) डॉ. राजेन्द्र प्रसाद
(b) पंडित जवाहर लाल नेहरू
(c) डॉ. बी.आर. अम्बेडकर
(d) डॉ. सच्चिदानन्द सिन्हा

33. बारहवें वित्त आयोग की सिफारिश के अनुसार केन्द्रीय सरकार के बांटे जाने वाले करों में राज्यों का प्रतिशत हिस्सा है:
(a) 28.5 (b) 29.5
(c) 30.5 (d) 32.4

34. भारत में राष्ट्रीय आय का प्राक्कलन किया जाता है:
(a) योजना आयोग द्वारा
(b) केन्द्रीय सांख्यिकी संगठन द्वारा
(c) भारतीय सांख्यिकी संस्थान द्वारा
(d) राष्ट्रीय प्रतिदर्श सर्वेक्षण संगठन द्वारा

35. लोकसभा के अध्यक्ष द्वारा आधिकारिक तौर पर एक राजनीतिक दल अथवा राजनीतिक दलों के गठबंधन को विपक्ष की मान्यता देने हेतु कम से कम होने चाहिए:
(a) 50 सदस्य
(b) 60 सदस्य
(c) 80 सदस्य
(d) लोक सभा के कुल सदस्य का 1/3

36. श्रम गहन उद्योग वह है जहां:
(a) कठिन मानव श्रम की आवश्यकता होती है।
(b) श्रमिकों को पर्याप्त मजदूरी दी जाती है।
(c) अधिक श्रमिकों को रखा जाता है।
(d) श्रमिकों को सुविधाएं उपलब्ध होती हैं।

37. हिन्दू संवृद्धि दर का संबंध किस संवृद्धि दर से है?
(a) सकल राष्ट्रीय उत्पाद
(b) जनसंख्या
(c) खाद्यान्न
(d) प्रतिव्यक्ति आय

38. मौद्रिक नीति का निर्माण भारत में कौन करता है?
(a) सेबी
(b) आर.बी.आई.
(c) वित्त मंत्रालय
(d) नीति आयोग

39. अदृश्य निर्यात का अर्थ होता है:
(a) सेवाओं का निर्यात
(b) प्रतिबंधित सामान का निर्यात
(c) अलिखित सामान का निर्यात
(d) तस्करी से सामान का निर्यात

40. धान के खेत से निकलने वाली गैस है:
(a) इथेन (b) मीथेन
(c) नाइट्रोजन (d) उपरोक्त सभी

भाग-III प्रारंभिक अंकगणित

41. $3\frac{3}{5}\times3\frac{3}{5}+2\times3\frac{3}{5}\times\frac{2}{5}+\frac{2}{5}\times\frac{2}{5}=$
(a) 15 (b) 16
(c) 17 (d) 18

42. पांच घंटे एक साथ बजना शुरू करते हैं और क्रमशः 6, 7, 8, 9, 12 सेकण्ड के अन्तराल पर बजते हैं, कितने सेकण्ड बाद वे फिर एक साथ बजेंगे?
(a) 72 (b) 612
(c) 504 (d) 318

43. निम्नलिखित का मान ज्ञात कीजिए–
$\sqrt{156.25} + \sqrt{0.0081} - \sqrt{0.031}$
(a) 13.4 (b) 15.4
(c) 12.4 (d) 17.4

44. A एक काम को 20 दिन में कर सकता है और B उसी काम को 30 दिन में कर सकता है दोनों उस कार्य को कितने दिन में पूरा करेंगे?
(a) 16 दिन (b) 14 दिन
(c) 10 दिन (d) 12 दिन

45. A, B और C मिलकर ₹ 150 प्रतिदिन कमाते हैं, जबकि A और C मिलकर ₹ 94 कमाते हैं और B और C मिलकर ₹ 76 कमाते हैं C की प्रतिदिन की कमाई कितनी है?
(a) ₹ 56 (b) ₹ 20
(c) ₹ 34 (d) ₹ 75

46. एक ठोस गोले को गलाया जाता है और लम्ब वृत्ताकार शंकु में ढाला जाता है, जिसकी आधार त्रिज्या गोले की त्रिज्या के बराबर होगी। इस प्रकार बनाए गए शंकु की ऊंचाई और त्रिज्या का अनुपात क्या होगा?
(a) 4 : 3 (b) 2 : 3
(c) 3 : 4 (d) 4 : 1

47. यदि ΔABC B समकोणीय है और यदि उसकी AB तथा BC भुजाएं क्रमशः 15 सेमी और 20 सेमी है, तो उसकी परित्रिज्या क्या होगी?
(a) 25 सेमी (b) 20 सेमी
(c) 15 सेमी (d) 12·5 सेमी

48. ₹ 750 अंकित मूल्य का एक रेडियो सेट यदि ₹ 570 में बेचा जाता है, तो दी गई छूट की दर क्या होगी?
(a) 14% (b) 34%
(c) 24% (d) 20%

49. यदि कमीज की लागत 20% की छूट देने के बाद ₹ 64 आती है, तो इसकी मूल लागत (रुपए में) कितनी थी?
(a) 76·80 (b) 80
(c) 88 (d) 86·80

50. एक व्यापारी अंकित मूल्य पर 10% की छूट देता है, अभी भी उसे लागत मूल्य पर 17% का लाभ होता है यदि वह अंकित मूल्य पर बेचता है, तो लाभ का % क्या होगा?
(a) 27% (b) 33%
(c) 30% (d) 19%

51. यदि एक फैक्टरी में प्रति 9 में से 1 महिला कामगार है, यदि महिला कामगारों की संख्या 125 है, तो कामगारों की कुल संख्या क्या होगी?
(a) 1250 (b) 1125
(c) 1025 (d) 1000

52. यदि A = B का $\frac{2}{3}$ और B = C का $\frac{4}{5}$, तो A : B : C क्या होगा?
(a) 12 : 8 : 10 (b) 15 : 10 : 8
(c) 10 : 15 : 12 (d) 8 : 12 : 15

53. प्रथम दस अभाज्य संख्याओं का औसत बताइए?
(a) 10·1 (b) 10
(c) 12·9 (d) 13

54. दो वर्ष पूर्व 8 सदस्यों के एक परिवार की औसत आयु 18 वर्ष थी, एक बच्चे के जन्म के बाद परिवार की औसत आयु आज उतनी ही है बच्चे की आयु कितनी है?
(a) 2 वर्ष (b) $1\frac{1}{2}$ वर्ष
(c) 1 वर्ष (d) $2\frac{1}{2}$ वर्ष

55. 9 पूर्णांकों का औसत 11 आता है, परन्तु गणना करने के बाद यह देखा गया कि भूलवश गणना करते समय मूलांक 23 को 32 लिखा गया उचित संशोधन करने के बाद नया औसत क्या होगा?
(a) 10 (b) 9
(c) 10·1 (d) 9·5

56. एक व्यक्ति को ₹ 160 के 90 बॉल पेन बेचकर 20% ही हानि हुई, ₹ 96 के कितने बॉल पेन बेचे जाएं कि 20% का लाभ हो?
(a) 36 (b) 37
(c) 46 (d) 47

57. एक विक्रेता ₹ 225 की कलाई घड़ी खरीदता है और उसकी मरम्मत पर ₹ 15 खर्च करता है, यदि वह उसे ₹ 300 में बेचता है, तो उसे कितने प्रतिशत लाभ होगा?
(a) 15% (b) 20%
(c) 25% (d) 30%

58. रमन के वेतन में इस वर्ष 5% की वृद्धि हुई, यदि उसका वर्तमान वेतन ₹ 1806 है, तो पिछले वर्ष उसका वेतन कितना था?
(a) ₹ 1720 (b) ₹ 1620
(c) ₹ 1520 (d) ₹ 1801

59. एक परीक्षा में 80% लड़के अंग्रेजी में पास हुए और 85% गणित में पास हुए, जबकि 75 % लड़के दोनों विषयों में पास हुए यदि 45 लड़के दोनों विषयों में फेल हुए तो परीक्षा में बैठे लड़कों की कुल संख्या बताइए?
(a) 400 (b) 450
(c) 200 (d) 150

60. 30·6 किमी/घण्टा की गति निम्नलिखित में से किसके बराबर है?
(a) 8·5 मी/से (b) 10 मी/से
(c) 12 मी/से (d) 15.5 मी/से

भाग-IV हिंदी

61. हिन्दी का पहला पत्र है–
(a) उदंत मार्तण्ड
(b) इतिहास तिमिरनाशक
(c) बनारस अखबार
(d) हरिश्चन्द्र मैगजीन

62. 'चिन्तामणि' किसका निबन्ध संग्रह है?
(a) बालमुकुन्द गुप्त
(b) हजारी प्रसाद द्विवेदी
(c) रामचन्द्र शुक्ल
(d) श्यामसुन्दर दास

63. 'काशी नागरी प्रचारिणी सभा' की स्थापना किस वर्ष हुई?
(a) 1893 ई. (b) 1900 ई.
(c) 1903 ई. (d) 1905 ई.

64. 'प्रेमसागर' किसकी रचना है?
(a) मुंशी सदा सुखलाल
(b) सदल मिश्र
(c) लल्लू लाल जी
(d) रामप्रसाद निरंजनी

65. काव्य पाठ में दो पक्ष होते हैं–
(a) भावपक्ष-कलापक्ष
(b) पक्ष-विपक्ष
(c) पद्य-गद्य
(d) कोई नहीं

66. श्वास के आधार पर वर्णों के दो रूप होते हैं–
(a) स्पर्श, ऊष्म
(b) अल्पप्राण, महाप्राण
(c) तालव्य, मूर्धन्य
(d) सघोष, अघोष

67. 'घ' का उच्चारण स्थान कौन-सा है?
(a) मूर्द्धा (b) कण्ठ
(c) तालु (d) दंत

68. भाषा की सबसे छोटी इकाई है–
(a) लिपि (b) वर्ण
(c) शब्द (d) वाक्य

69. निम्नलिखित में से किस वर्ण का मूल उच्चारण हिन्दी में प्रचलित नहीं है?
(a) श्र (b) क्ष
(c) ज्ञ (d) श

निर्देश (70 -71) : निम्नलिखित शब्दों में वर्तनी के अनुसार शुद्ध शब्द का चयन कीजिए–

70. (a) आनुषंगिक (b) आनुसंगिक
(c) अनुसंगिक (d) आनुषंगीक

71. (a) अन्ताक्षरी (b) अन्त्याक्षरी
(c) अन्तअक्षरी (d) अन्ताक्षरी

72. शुद्ध वर्तनी का चयन कीजिए–
(a) अस्प्रस्यता (b) अस्पृष्यता
(c) अस्पृश्यता (d) अस्प्रश्यता

73. 'देवर्षि' का संधि-विच्छेद है–
(a) देव + ऋषि (b) देव + ऋषी
(c) देवा + ऋषि (d) देवा + ऋषी

74. 'राजा + ऋषि' का संधि-पद है–
(a) राजार्षि (b) राजर्षि
(c) राजोर्षि (d) राजर्षी

75. 'अत्यधिक' का संधि-विच्छेद है–
(a) अती + अधिक
(b) अति + आधिक
(c) अति + अधिक
(d) अति + अधीक

निर्देश (76 -80) : निम्नलिखित शब्दों में से जो पर्यायवाची हैं, उन्हें चुनकर लिखिए–

76. गृह–
(a) घर (b) शहर
(c) कलश (d) कलम

77. चंद्रमा–
(a) रवि (b) विधु
(c) दिवाकर (d) दिनेश

78. जंगल–
(a) शशांक (b) विनाश
(c) कानन (d) दक्ष

79. जल–
(a) यमुना (b) जलजा
(c) नीर (d) नीड़

80. तलवार–
(a) असि (b) नक्षत्र
(c) हिमांशु (d) रजत

उत्तर (हल/संकेत)

भाग-I सामान्य बुद्धिमत्ता एवं तर्कशक्ति

1. (d) 'ENTREATY' दिए गए शब्द के अक्षरों का प्रयोग करके नहीं बनाया जा सकता है

2. (d) पंक्ति में, P X Q Y Z R

3. (b) जिसप्रकार,

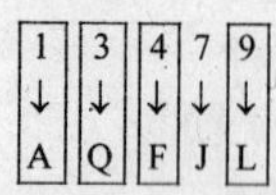

और

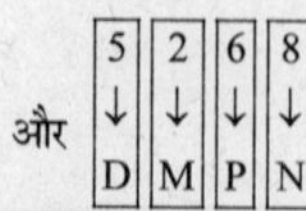

उसीप्रकार,

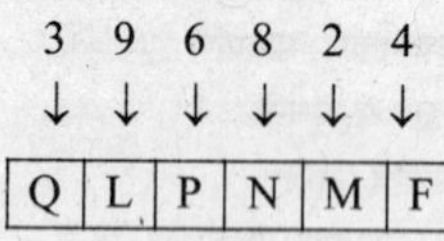

4. (c)

5. (b) IN, COM, NET, ORG सभी WEB से सम्बन्धित हैं।

6. (a)

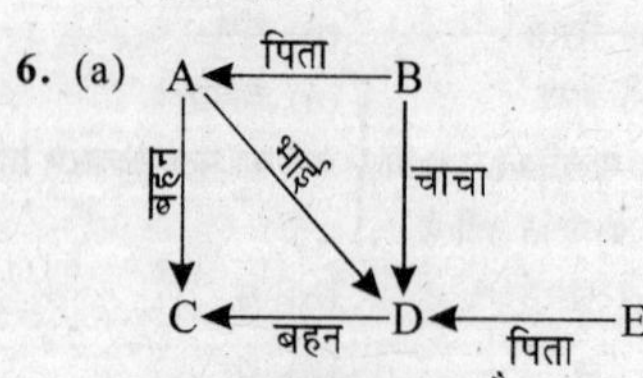

अत: 'D' 'B' का चाचा है

7. (b)

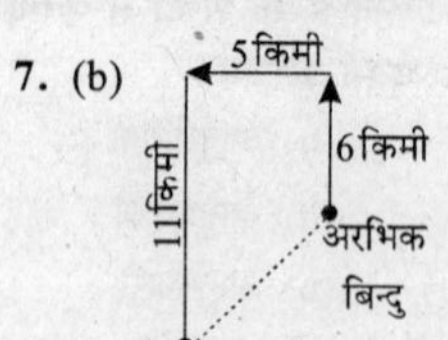

अत: अब P अपने आरम्भिक बिन्दु से दक्षिण-पश्चिम दिशा में है।

8. (c)

9. (c) जिस प्रकार, 6 + 2 + 3 = 11
3 + 1 + 8 = 12 और 2 + ? + 5 = 14
उसी प्रकार, 4 + 6 + ? = 15
? = 15 – 10 = 5

10. (b) जिस प्रकार 'School', 'Head-master' से सम्बन्धित है उसी प्रकार 'Bank, Manager' से सम्बन्धित है।

11. (d) 5 6 9 13 18 24 31
+2 +3 +4 +5 +6 +7

12. (c) दिए गए शब्द के अक्षरो का प्रयोग करके 'INFORM' शब्द नहीं बनाया जा सकता है

13. (a)

14. (c) दी गई प्रश्न आकृति को दर्पण रेखा MN के सामने रखने पर उसका सही दर्पण प्रतिबिम्ब उत्तर आकृति (c) से प्राप्त होता है।

15. (b) 6 × 4 – 9 = 24 – 9 = 15

16. (c) 1, 4, 27, 16, 125, 36, 343
$(a)^3$ $(b)^2$ $(c)^3$ $(d)^2$ $(5)^3$ $(6)^2$ $(7)^3$

17. (d) 34 को छोड़कर अन्य सभी 3 से विभाजित हो जाती हैं

18. (a) क्योंकि सर्वविदित है, कि जानवरों को कैद करना अपराध है। अत: केवल तर्क (a) मजबूत है।

19. (b) कागज को मोड़कर छेदने पर खोलने के पश्चात् उत्तर आकृति (b) प्राप्त होती है।

20. (c) T = 11, 22, 33, 58, 67, (76), 85, 96
E = 04, 20, 24, 30, (44)
S = 01, 12, (23), 34, 43, 69, 86, 95
T = (11), 22, 33, 58, 67, 76, 85, 96
अत: TEST समूह के लिए उपर्युक्त समूह 76, 44, 23, 11 होगा।

भाग-II सामान्य ज्ञान एवं सामान्य जानकारी

21. (c) आजीवक सम्प्रदाय के संस्थापक मक्खलि गोशाल हैं। मक्खलि गोशाल प्रारंभ में महावीर स्वामी के सहयोगी रहे थे। मक्खलि गोशाल पूर्णतया नियतिवादी थे। उनके अनुसार मनुष्य अपने कर्मों के माध्यम से अपनी स्थिति सुधार नहीं कर सकता है। वे भाग्यवादी थे।

22. (d) भारत में अंग्रेजों ने प्रथम मदरसा कलकत्ता में स्थापित किया था। सन् 1781 में तत्कालीन गवर्नर वारेन हेस्टिंग्स द्वारा स्थापित मदरसा का उद्देश्य कम्पनी के लिए कर्मचारी सुलभ कराना था।

23. (c) भारत में शेख मुइनुद्दीन चिश्ती ने 12वीं शती में चिश्तिया सिलसिले की स्थापना की। बाबा फरीद मुइनुद्दीन चिश्ती के शिष्य थे और बाबा फरीद के शिष्य शेख निजामुद्दीन औलिया थे। इन्होंने दिल्ली सल्तनत के 7 सुल्तानों का कार्यकाल देखा। औलिया के शिष्य अमीर खुसरो थे।

24. (d) राष्ट्रपिता महात्मा गांधी (1869-1948) और प्रथम भारतीय प्रधानमंत्री जवाहर लाल नेहरू (1889-1964) भारी औद्योगीकरण के प्रश्न पर पृथक-पृथक समाधान प्रस्तुत करते थे। गांधी जी लघु एवं कुटीर उद्योग के समर्थक थे और भारत की मानव संसाधन की शक्ति को सार्थकता प्रदान करना चाहते थे। नेहरू जी वैज्ञानिक प्रगति में विश्वास करते थे और देश के विकास में भारी उद्योगों की स्थापना को आवश्यक मानते थे। इन्हीं की पहल पर द्वितीय पंचवर्षीय योजना (1956-1962) में औद्योगीकरण को मुख्य स्थान दिया गया है।

25. (b) इसका रासायनिक सूत्र C_2H_4 है। यह प्रकृति में कोल व पैट्रोलियम गैसों के साथ पाई जाती है। इसका निर्माण प्रयोगशाला में भी किया जाता है।

26. (b) सूचना का अधिकार अधिनियम, 2005 में इस बात का प्रावधान नहीं है कि आवेदक जो सूचना हेतु अनुरोध करता है, उसे सूचना मांगे जाने के कारणों को देना होगा। सूचना का अधिकार एक मौलिक अधिकार है। मौलिक

तथा नैसर्गिक अधिकार होने के कारण कारणोल्लेख आवश्यक नहीं है। अन्य विकल्प प्रावधानित हैं।

27. (c) तकनीकी शिक्षा विभाग मानव संसाधन विकास मंत्रालय विभाग में नहीं है। विज्ञान एवं प्रौद्योगिकी मंत्रालय के अधीन तकनीकी शिक्षा विभाग है। प्रारम्भिक शिक्षा और साक्षरता, माध्यमिक शिक्षा, उच्च शिक्षा तथा महिला एवं बाल विकास विभाग मानव संसाधन विकास मंत्रालय के अधीन हैं।

28. (d) भारतीय संविधान के अनुच्छेद 280 के अनुसार राष्ट्रपति प्रत्येक पांचवें वर्ष वित्त आयोग का गठन करेंगे जिसके कार्य इस प्रकार हैं:

(i) संघ और राज्यों के बीच करों के शुद्ध आगमों के, जो इस अध्याय के अधीन उसमें विभाजित किए जाने हैं या किए जाएं, वितरण के बारे में और राज्यों के बीच ऐसे आगमों के तत्संबंधी भाग के आबंटन के बारे में।

(ii) भारत की संचित निधि में से राज्यों के राजस्व में सहायता अनुदान को शासित करने वाले सिद्धांतों के बारे में।

(iii) सुदृढ़ वित्त के हित में राष्ट्रपति द्वारा आयोग को निर्दिष्ट किए गए किसी अन्य विषय के बारे में।

29. (b) नियंत्रक एवं लेखा परीक्षक को उसके पद से तब तक नहीं हटाया जाएगा जब तक साबित कदाचार की असमर्थता के आधार पर ऐसे हटाए जाने के लिए संसद के प्रत्येक सदन द्वारा अपनी कुल सदस्य संख्या के बहुमत द्वारा तथा उपस्थित और मत देने वाले सदस्यों के कम से कम दो-तिहाई बहुमत द्वारा समर्थित समावेदन, राष्ट्रपति के समक्ष उसी सत्र में रखे जाने पर, राष्ट्रपति ने आदेश नहीं दिया है। विकल्प a एवं b सम्पूरक हैं।

30. (c) दिक्सूचक यन्त्र एक छोटी हल्की चुम्बकीय सुई होती है, जो पीतल या एल्युमीनियम की गोल डिबिया के अन्दर इसके केन्द्र पर एक ऊर्ध्वाधर कील पर इस प्रकार कीलकित होती है कि यह सुई क्षैतिज तल में सभी दिशाओं में स्वतन्त्रतापूर्वक घूमती है। सुई के दोनों सिरे सदैव उत्तर-दक्षिण दिशा में ठहरते हैं।

31. (d) वित्त विधेयक को लोक सभा में पारित होने के बाद उसे संस्तुति के लिए राज्य सभा में भेज दिया जाता है। राज्य सभा को वित्त विधेयक के बारे में केवल सिफारिश अधिकार प्राप्त है। यह लोकसभा पर निर्भर करता है कि वह राज्य सभा को स्वीकार या अस्वीकार करती है। राज्य सभा को 14 दिन के भीतर अपनी राय को भेज देना आवश्यक होता है अन्यथा उसे पारित समझा जाता है।

32. (d) जुलाई, 1946 में हुए संविधान सभा के चुनाव के बाद इसकी प्रथम बैठक 9 दिसम्बर, 1946 को प्रारंभ हुई, जिसकी अध्यक्षता डॉ. सच्चिदानन्द सिन्हा ने की थी। 11 दिसम्बर, 1946 के डॉ. राजेन्द्र प्रसाद को संविधान सभा का स्थायी अध्यक्ष चुन लिया गया।

33. (c) डॉ. सी. रंगराजन की अध्यक्षता वाले 12वें वित्त आयोग ने अपनी संस्तुति में केन्द्रीय करों में राज्यों के हिस्से को 29.5% से बढ़ाकर 30.5% कर दिया। 2005-10 की पंचवर्षीय अवधि के लिए बारहवें वित्त आयोग द्वारा राज्यों को 7,55,752 करोड़ रुपये की राशि के कुल अंतरण की अनुशंसा की गई। बारहवें वित्त आयोग द्वारा अनुशंसित कुल अंतरण ग्यारहवें वित्त आयोग द्वारा अनुशासित अंतरणों से 73.8% अधिक है।

34. (b) केन्द्रीय सांख्यिकी संगठन भारत में राष्ट्रीय आय के प्राक्कलन की सर्वोच्च संस्था है।

35. (b) लोकसभा अध्यक्ष द्वारा अधिकारिक तौर पर एक राजनीतिक दल अथवा राजनीतिक दलों के गठबंधन को विपक्ष की मान्यता देने के लिए सदन की कुल संख्या के 1/10 सदस्य संख्या आवश्यक है। इस प्रकार 55 सदस्य आवश्यक हैं, परन्तु अभीष्ट संख्या न होने के कारण निकटस्थ विकल्प 60 यथेष्ट उत्तर होगा।

36. (a)

37. (a) हिन्दू संवृद्धि दर का संबंध सकल राष्ट्रीय उत्पाद या राष्ट्रीय आय से है। जिस प्रकार हिन्दुओं में जिस दर से जाति संवृद्धि बढ़ रही है, उसी प्रकार राष्ट्रीय आय भी बढ़ रही है।

38. (b) भारत में मौद्रिक नीति का निर्माण कार्य आर.बी.आई. (रिजर्व बैंक ऑफ इंडिया) द्वारा सम्पादित किया जाता है। आर.बी.आई. समय-समय पर बैंकदर, रेपोदर, रिवर्स रेपोदर, तरलता अनुपात आदि का निर्धारण करता है।

39. (c)

40. (b) धान के खेत से मीथेन (CH_4) गैस निकलती है। मीथेन की खोज सर्वप्रथम 1776 ई. में वोल्गा ने झील के किनारे की दलदली मिट्टी में की थी। दलदली क्षेत्रों में यह बुलबुले के रूप में निकलती रहती है, अतः इसे मार्श गैस [Marsh Gas (Marsh-दलदल)] भी कहते हैं।

भाग-III प्रारंभिक अंकगणित

41. (b) हम जानते हैं—

$a^2 + b^2 + 2ab = (a + b)^2$

इसलिए,

$$\left(3\frac{3}{5}\right)^2 + \left(\frac{2}{5}\right)^2 + 2\left(3\frac{3}{5}\right)\left(\frac{2}{5}\right) = \left(3\frac{3}{5} + \frac{2}{5}\right)^2 = (d)^2 = 16$$

42. (c) 6, 7, 8, 9, 12 का ल.स.प. = 504 सेकण्ड

अतः वे घण्टे फिर एक साथ 504 सेकण्ड बाद बजेंगे

43. (c) $\sqrt{156.25} + \sqrt{0.0081} - \sqrt{0.0361}$

$= 12.5 + 0.09 - 0.19$

$= 12.59 - 0.19$

$= 12.4$

44. (d) A द्वारा 1 दिन में किया गया कार्य $= \frac{1}{20}$

B द्वारा 1 दिन में किया गया कार्य $= \frac{1}{30}$

A और B द्वारा मिलकर 1 दिन में किया गया कार्य

$= \frac{1}{20} + \frac{1}{30} = \frac{3+2}{60}$

$= \frac{5}{60} = \frac{1}{12}$

अतः A और B द्वारा मिलकर उस कार्य को 12 दिन में पूरा करेंगे

45. (b) $A + B + C = ₹ 150$ ...(a)

$A + C = ₹ 94$ ...(b)

और $B + C = ₹ 76$ ...(c)

समी. (b) और (c) को जोड़ने पर,

$A + B + 2C = ₹ 170$ ...(d)

समी. (d) में से समी. (a) घटाने पर,

$\boxed{C = ₹ 20}$

46. (d) ठोस गोले का आयतन = शंकु का आयतन

$\frac{4}{3}\pi r^3 = \frac{1}{3}\pi r^2 h$

$4r = h$

$\frac{h}{r} = \frac{4}{1} = 4 : 1$

47. (d) D ABC में,

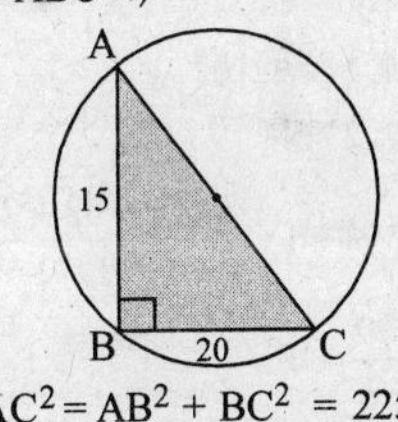

$AC^2 = AB^2 + BC^2 = 225 + 400$

$AC^2 = 625$

$AC = 25$

परित्रिज्या $R = \frac{AC}{2} = \frac{25}{2} = 12.5$ सेमी

48. (c) छूट की दर

$= 100 - \frac{\text{विक्रय मूल्य} \times 100}{\text{अंकित मूल्य}}$

$= 100 - \frac{570 \times 100}{750}$

$= 100 - 76 = 24\%$

49. (b) माना कमीज की मूल लागत = ₹ x, तो

$\frac{x \times (100 - 20)}{100} = 64$

$\Rightarrow \frac{x \times 80}{100} = 64$

$x = ₹ 80$

50. (c) माना अंकित मूल्य = ₹ 100

तो विक्रय मूल्य = $100 \times \frac{(100-10)}{100} = 90$

∴ क्रय मूल्य = $\frac{90 \times 100}{(100+17)} = \frac{9000}{117}$

अब, विक्रय मूल्य = ₹ 100

लाभ प्रतिशत = $\frac{\left[100 - \frac{9000}{117}\right]}{\frac{9000}{117}} \times 100$

$= \frac{2700}{9000} \times 100 = 30\%$

51. (b) कामगारों की कुल संख्या = 125 × 9
= 1125

52. (d) $A = \frac{2}{3} \times B, C = \frac{5}{4} \times B$

$A : B : C = \frac{2}{3}B : B : \frac{5}{4}B = 8 : 12 : 15$

53. (c) प्रथम दस अभाज्य संख्याओं का औसत

$= \frac{2+3+5+7+11+13+17+19+23+29}{10}$

= 12.9

54. (a) माना परिवार की वर्तमान आयु = x वर्ष तथा बच्चे की आयु = y वर्ष

तब, प्रश्नानुसार,

$x - 2 \times 8 = 18 \times 8$

$\Rightarrow x = 160$

बच्चे के जन्म के बाद,

$x + y = 18 \times 9$

$160 + y = 162$

$y = 2$ वर्ष

55. (a) नया औसत = $\frac{11 \times 9 - 32 + 23}{9}$

$= \frac{90}{9} = 10$

56. (a) 1 बॉल पेन का विक्रय मूल्य

= ₹ $\frac{160}{90}$ = ₹ $\frac{16}{9}$

1 बॉल पेन का क्रय मूल्य

= ₹ $\frac{16}{9} \times \frac{120}{80}$ = ₹ $\frac{20}{9}$

नया विक्रय मूल्य = $\frac{20}{9} \times \frac{120}{100}$ = ₹ $\frac{8}{3}$

यदि ₹ $\frac{8}{3}$ में बेचे गए बॉल पेनों की संख्या = 1

तो ₹ 96 में बेचे गए बॉल पेनों की संख्या

$= 1 \times 96 \times \frac{3}{8} = 36$ पेन

57. (c) कुल क्रय मूल्य = 225 + 15 = ₹ 240

विक्रय मूल्य = ₹ 300

लाभ % = $\frac{300-240}{240} \times 100$

$= \frac{60}{240} \times 100 = 25\%$

58. (a) रमन के पिछले वर्ष का वेतन

$= \frac{1806 \times 100}{105}$ = ₹ 1720

59. (b) दोनों विषयों में फेल लड़कों का प्रतिशत

= 100 – (85 + 80 – 75)%

= 100 – 90% = 10%

माना परीक्षा में बैठे लड़कों की कुल संख्या = x.

तब, x का 10% = 45

$\frac{x \times 10}{100} = 45$

$x = 450$

60. (a) गति = 30.6 किमी/घण्टा

$= 30.6 \times \frac{5}{18}$ मी/से.

= 8.5 मी/से.

भाग-IV हिंदी

61. (a) हिन्दी का प्रथम समाचार पत्र *उदंत मार्तण्ड* था, जिसे 30 मई 1826 को कलकत्ता से पंडित जुगलकिशोर शुक्ल ने प्रकाशित किया। यह पत्र हिन्दी पत्रकारिता का प्रारम्भिक आधार माना जाता है। अन्य विकल्प जैसे *इतिहास तिमिरनाशक* या *बनारस अखबार* बाद में आए।

62. (c) **रामचन्द्र शुक्ल का** है। यह आचार्य रामचंद्र शुक्ल द्वारा रचित हिन्दी का निबंधात्मक (समालोचना) ग्रंथ है।

63. (a) हिन्दी भाषा और साहित्य के प्रचार-प्रसार के लिए *काशी नागरी प्रचारिणी सभा* की स्थापना 1893 ई. में वाराणसी में हुई। इस संस्था ने हिन्दी साहित्य के विकास में महत्वपूर्ण भूमिका निभाई और अनेक ग्रंथों का प्रकाशन कराया।

64. (c) *प्रेमसागर* हिन्दी गद्य की प्रथम महत्वपूर्ण रचना है, जिसे लल्लूलाल जी ने लिखा। इसमें कृष्ण-लीला का वर्णन है। इसे हिन्दी गद्य साहित्य का आधार स्तंभ माना जाता है। अन्य विकल्प जैसे सदा सुखलाल या सदल मिश्र की रचनाएँ अलग हैं।

65. (a) काव्य का रसास्वादन करते समय दो पक्षों पर ध्यान दिया जाता है– *भावपक्ष* और *कलापक्ष।* भावपक्ष में कवि की भावनाएँ, संवेदनाएँ और अनुभूतियाँ आती हैं, जबकि कलापक्ष में भाषा, छंद, अलंकार और कलात्मक प्रस्तुति का महत्व होता है।

66. (b) हिन्दी ध्वनि विज्ञान में वर्णों को श्वास वेग के आधार पर दो भागों में बाँटा जाता है – *अल्पप्राण* (कम श्वास वेग से उच्चारित) और *महाप्राण* (अधिक श्वास वेग से उच्चारित)। उदाहरण: 'क' अल्पप्राण है, जबकि 'ख' महाप्राण है।

67. (b) 'घ' एक कण्ठ्य वर्ण है। इसका उच्चारण कण्ठ से होता है। हिन्दी में वर्णों को उनके उच्चारण स्थान के आधार पर वर्गीकृत किया जाता है – कण्ठ्य, तालव्य, मूर्धन्य, दन्त्य और ओष्ठ्य।

68. (b) भाषा की संरचना में सबसे छोटी इकाई *वर्ण* है। वर्णों से मिलकर *शब्द* बनते हैं, शब्दों से *वाक्य* और वाक्यों से भाषा का संपूर्ण रूप। लिपि तो केवल लिखने का माध्यम है, जबकि वास्तविक ध्वन्यात्मक इकाई वर्ण ही है।

69. (c) हिन्दी में 'ज्ञ' का मूल उच्चारण प्रचलित नहीं है। इसे सामान्यत: 'ग्य' या 'ज्ञ' की तरह बोला जाता है। जबकि 'श्र', 'क्ष' और 'श' का प्रयोग हिन्दी में प्रचलित है।

70. (a) 'आनुषंगिक' का अर्थ है – सहायक, गौण या परोक्ष रूप से जुड़ा हुआ। अन्य विकल्प गलत वर्तनी हैं।

71. (b) 'अन्त्याक्षरी' एक खेल है जिसमें गीत की अंतिम अक्षर से नया गीत गाया जाता है। सही वर्तनी 'अन्त्याक्षरी' है।

72. (c) 'अस्पृश्यता' का अर्थ है – छुआछूत। यह सामाजिक कुरीति का द्योतक है। अन्य विकल्प गलत वर्तनी हैं।

73. (a) 'देवर्षि' का अर्थ है देवताओं में श्रेष्ठ ऋषि। इसका सही संधि-विच्छेद 'देव+ ऋषि' है।

74. (b) 'राजर्षि' वह होता है जो राजा होते हुए भी ऋषि के गुणों से युक्त हो। सही संधि-पद 'राजर्षि' है।

75. (c) 'अत्यधिक' का सन्धि-विच्छेद 'अति + अधिक' होता है।

76. (a) 'गृह' का अर्थ है निवास स्थान या घर। इसका पर्यायवाची 'घर' है। अन्य विकल्प जैसे 'शहर', 'कलश' और 'कलम' का अर्थ भिन्न है।

77. (b) चंद्रमा का पर्यायवाची **विधु है।** बाकी विकल्प सूर्य के पर्यायवाची हैं।

चंद्रमा के पर्यायवाची: शशि, हिमकर, राकेश, रजनीश, हिमांशु, चाँद, मयंक, विधु, सुधाकर, कलानिधि, निशापति, शशांक।

78. (c) 'जंगल' का पर्यायवाची 'वन', 'कानन', 'अरण्य' आदि हैं। यहाँ सही उत्तर 'कानन' है। अन्य विकल्प जैसे 'शशांक' (चन्द्रमा), 'विनाश' (नाश), 'दक्ष' (कुशल) का अर्थ अलग है।

79. (c) 'जल' का पर्यायवाची 'नीर', 'पानी', 'वारि' आदि हैं। दिए गए विकल्पों में 'नीर' सही है। 'यमुना' नदी का नाम है, 'जलजा' का अर्थ है जल में उत्पन्न (कमल) और 'नीड़' का अर्थ है घोंसला।

80. (a) 'तलवार' का पर्यायवाची 'असि', 'खड्ग', 'शम्शीर' आदि हैं। यहाँ सही उत्तर 'असि' है। अन्य विकल्प जैसे 'नक्षत्र' (तारा), 'हिमांशु' (चन्द्रमा), 'रजत' (चाँदी) का अर्थ भिन्न है।

❑❑❑

15 प्रैक्टिस सेट

भाग-I सामान्य बुद्धिमत्ता एवं तर्कशक्ति

निर्देश (प्रश्न. 1-3)—दिए गए विकल्पों में से सम्बन्धित अक्षर/शब्द/संख्या को चुनिए–

1. कालीन : फर्श : : परदा?
(a) नकाब (b) आवरण
(c) लटकन (d) खिड़की

2. UTS : EDC : : WVU : ?
(a) RPO (b) SJM
(c) WXY (d) XWV

3. 224 : 15 : : 624 : ?
(a) 35 (b) 22
(c) 34 (d) 25

4. एक निश्चित भाषा में FEAD को 6514 के रूप में कूटबद्ध किया जाता है इस भाषा में DEAF को किस रूप में कूटबद्ध किया जाएगा ?
(a) 5146 (b) 4516
(c) 2346 (d) 6145

5. दिनेश सुमेश की पत्नी का भाई है. सुमेश का दिनेश के साथ क्या सम्बन्ध है?
(a) पिता (b) ससुर
(c) बहनोई/जीजा (d) भाई

6. दी गई आकृति में चार छवियां दी गई हैं. जिनमें से एक के अलावा शेष एक पैटर्न का अनुसरण करती है उस छवि को ज्ञात कीजिए जो विषम है ?

(a) 1 (b) 2
(c) 3 (d) 4

7. दिए गए पैटर्न में 5, 4 के तुरन्त बाद कितनी बार आता है?
21456893412786345
(a) 0 (b) 1
(c) 2 (d) 3

8. कुछ मित्र एक गोल मेज के चारों ओर बैठे हैं उनमें से एक महेश है, महेश के दाईं ओर 9 लोग बैठे हैं, कुल कितने लोग बैठे हैं ?
(a) 9 (b) 0
(c) 10 (d) 16

9. दी गई आकृति में कितनी बार एक स्टार के ठीक बाईं ओर एक त्रिकोण आता है ?

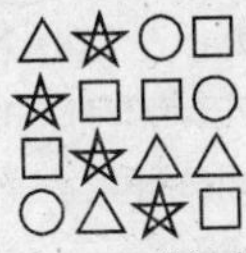

(a) 0 (b) 1
(c) 2 (d) 3

10. यदि 5 जनवरी, 2011 को बृहस्पतिवार था, तो 1 जनवरी, 2013 को सप्ताह का कौन-सा दिन होगा?
(a) बृहस्पतिवार (b) बुधवार
(c) मंगलवार (d) सोमवार

11. निम्नलिखित शब्दों को शब्दकोश में आने वाले क्रम के अनुसार लिखिए–
(i) Next (ii) Noisy
(iii) Neutral (iv) Neither
(a) iii, iv, i, ii (b) i, iv, iii, ii
(c) ii, iii, i, iv (d) iv, iii, i, ii

12. निम्नलिखित प्रश्न में दिए गए विकल्पों में से लुप्त अंक ज्ञात कीजिए–

T	R	H
D	M	W
48	62	?

(a) 70 (b) 62
(c) 64 (d) 68

13. यदि 'A' का अर्थ 'जोड़' है, 'B' का अर्थ 'भाग' है, 'C' का अर्थ 'गुणा' है और 'D' का अर्थ 'घटाना' है, तो 87 B 3 C 4 A 4 D 50 = ?
(a) 65 (b) 75
(c) 70 (d) 80

14. निम्नलिखित प्रश्न में अक्षरों का कौनसा समूह खाली स्थानों पर क्रमवार रखने से दी गई अक्षर श्रृंखला को पूरा करेगा ?
M_Q_C_M_Q_CM
(a) QCMCQ (b) CQMCQ
(c) CQCMQ (d) CQMQC

15. एक लड़की दक्षिण दिशा की ओर मुंह करके खड़ी है, वह घड़ी की सुई के चलने की विपरीत दिशा में 135 डिग्री पर घूम जाती है और फिर दोबारा घड़ी की सुई के चलने की विपरीत दिशा में 180 डिग्री पर घूम जाती है। अब लड़का मुंह किस दिशा की ओर है?
(a) दक्षिण-पश्चिम (b) दक्षिण
(c) दक्षिण-पूर्व (d) पश्चिम

16. यदि एक दर्पण को MN रेखा पर रखा जाए, तो दी गई उत्तर आकृतियों में से कौनसी आकृति प्रश्न आकृति की सही प्रतिबिम्ब होगी ?

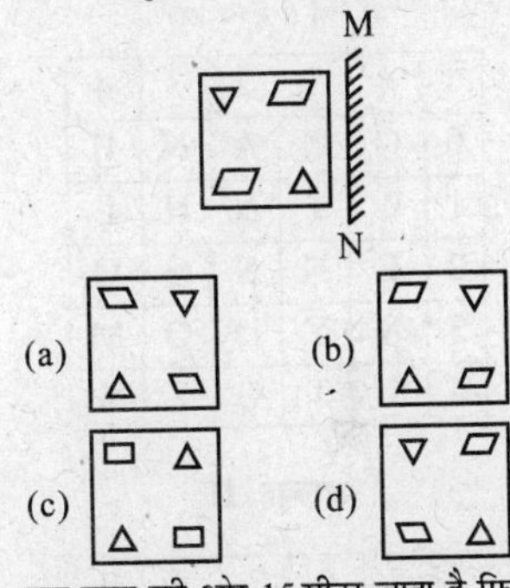

17. राम उत्तर की ओर 15 मीटर जाता है फिर दाईं ओर मुड़कर 20 मीटर जाता है, फिर पुनः दाईं ओर मुड़कर 10 मीटर चलता है, और 20 मीटर चलता है। वह अपने प्रारम्भिक स्थान से कितनी दूर हैं?
(a) 5 (b) 10
(c) 15 (d) 20

18. दिए गए विकल्पों में से उस शब्द को चुनिए जो नीचे दिए गए शब्द में शामिल अक्षरों से बन सकता हो–
PREPARATION
(a) PAMPER (b) REPEAT
(c) PARTITION (d) PARROT

19. प्रश्न में एक कथन दिया गया है जिसके आगे दो तर्क I और II दिए गए हैं। आपको मानना है कि कथन सत्य है चाहे वह सामान्यतः ज्ञात तथ्यों से भिन्न प्रतीत होता हो। आपको निर्णय करना है कि दिए गए तर्कों में से कौन-सा/कौन-से तर्क मजबूत हैं, यदि कोई हो?

कथन: क्या चीनी पटाखों पर प्रतिबंध लगाया जाना चाहिए?

तर्क: I. नहीं, चीन को इस फैसले से पीड़ा होगी।
II. हाँ, पटाखे कीड़े मारते हैं।

(a) यदि केवल तर्क I मजबूत है
(b) यदि केवल तर्क II मजबूत है
(c) यदि दोनों तर्क I और II मजबूत हैं
(d) यदि ना तो तर्क I और ना ही II मजबूत है

20. एक शब्द केवल एक संख्या समूह द्वारा दर्शाया गया है, जैसा कि विकल्पों में से किसी एक में दिया गया है। विकल्पों में दिए गए संख्या समूह

अक्षरों के दो वर्गों द्वारा दर्शाए गए हैं, जैसा कि दिए गए दो आव्यूहों में है। आव्यूह-I के स्तम्भ और पंक्ति की संख्या 0 से 4 आव्यूह-II की 5 से 9 है। इन आव्यूहों से एक अक्षर को पहले उसकी पंक्ति और बाद में स्तम्भ संख्या द्वारा दर्शाया जा सकता है। उदाहरण के लिए 'N' को 21, 67 आदि द्वारा दर्शाया जा सकता है तथा 'R' को 66, 57 आदि द्वारा दर्शाया जा सकता है। इसी तरह से आपको प्रश्न में दिए शब्द 'NUMBER' के लिए समूह को पहचानना है।

आव्यूह-I

	0	1	2	3	4
0	Q	O	A	N	B
1	W	I	N	H	L
2	E	N	S	G	O
3	N	Y	D	O	M
4	M	T	O	F	A

आव्यूह-II

	5	6	7	8	9
5	Z	M	R	S	Q
6	X	R	N	W	A
7	C	S	Y	E	U
8	S	N	T	E	S
9	V	B	E	R	U

(a) 67, 99, 56, 04, 02, 57
(b) 12, 79, 56, 04, 20, 34
(c) 86, 99, 56, 43, 20, 57
(d) 21, 79, 56, 04, 20, 57

भाग-II सामान्य ज्ञान एवं सामान्य जानकारी

21. निम्न ग्रीन हाउस गैसों में से ऐसी कौन-सी गैस है जिसके द्वारा ट्रोपोस्फियर में ओजोन प्रदूषण नहीं होता है?
(a) मीथेन (b) कार्बन मोनोऑक्साइड
(c) नत्रजन ऑक्साइड (d) जल वाष्प

22. निम्न में से किस एक पुरा-स्थल से पाषाण संस्कृति से लेकर हड़प्पा सभ्यता तक के सांस्कृतिक अवशेष प्राप्त हुए हैं?
(a) आम्री (b) मेहरगढ़
(c) कोटडिजी (d) कालीबंगन

23. यूरो नार्म्स बनाए गए हैं-
(a) वाहनों की गति नियंत्रण के लिए।
(b) वाहनों का आकार वर्गीकरण के लिए।
(c) वाहनों से निकलने वाली हानिप्रद गैसों को नियंत्रित करने के लिए।
(d) इंजन की शक्ति बताने के लिए।

24. वैदिक काल में किस जानवर को ''अघन्या'' माना गया।
(a) बैल (b) भेड़
(c) गाय (d) हाथी

25. महावीर का प्रथम अनुयायी कौन बना?
(a) जमालिस (b) यशोदा
(c) आणोज्जा (d) त्रिशला

26. भाप-अंगार गैस किसका मिश्रण होती है?
(a) कार्बन डाइऑक्साइड और हाइड्रोजन
(b) कार्बन मोनोऑक्साइड और नाइट्रोजन
(c) कार्बन मोनोऑक्साइड और हाइड्रोजन
(d) कार्बन डाइऑक्साइड और नाइट्रोजन

27. पीतल किससे बनता है?
(a) ताँबा और टिन
(b) टिन और सीसा
(c) ताँबा और जिंक
(d) ताँबा, टिन और जिंक

28. पेट्रोलियम अग्नि के लिए कौन-से प्रकार का अग्निशामक प्रयोग किया जाता है?
(a) फोम प्रकार (b) सोडा एसिड प्रकार
(c) पाउडर प्रकार (d) इनमें से कोई नहीं

29. भूमध्य रेखा गुजरती है-
(a) कैमरून से (b) कोस्टारिका से
(c) केन्या से (d) वेनेजुएला से

30. हम न्यायिक पुनरावलोकन की व्यवस्था रख पाते हैं-
(a) केवल भारत में।
(b) केवल यू.के. में।
(c) केवल यू.एस.ए. में।
(d) भारत और यू.एस.ए. दोनों में।

31. भारतीय संविधान का कौन-सा भाग संविधान की 'आत्मा' कहलाता है?
(a) मूल अधिकार।
(b) राज्य की नीति के निदेशक तत्त्व।
(c) उद्देशिका।
(d) सांविधानिक उपचारों का अधिकार।

32. सरकारिया आयोग गठित हुआ था समीक्षा करने के लिए:
(a) राष्ट्रपति और प्रधान मंत्री के मध्य सम्बन्धों की।
(b) विधायिका और कार्यपालिका के मध्य सम्बन्धों की।
(c) कार्यपालिका और न्यायपालिका के मध्य सम्बन्धों की।
(d) संघ और राज्यों के मध्य सम्बन्धों की।

33. भारतीय संविधान के किस अनुच्छेद के अन्तर्गत राष्ट्रपति को अधिकार है कि वह किसी बिल पर अपनी अनुमति रोक ले?
(a) अनुच्छेद 63 (b) अनुच्छेद 108
(c) अनुच्छेद 109 (d) अनुच्छेद 111

34. निम्न में कौन-सा स्थान सबसे कम वर्षा प्राप्त करता है?
(a) बीकानेर (b) जैसलमेर
(c) जोधपुर (d) लेह

35. मण्डल आयोग, जिसके प्रस्तावों ने अक्षुण्ण विवाद का सूत्रपात किया है, को गठित करने वाले थे-
(a) इन्दिरा गांधी
(b) मोरारजी देसाई
(c) राजीव गांधी
(d) विश्वनाथ प्रताप सिंह

36. भारत का सर्वोच्च न्यायालय एक ''अभिलेख न्यायालय'' है। इसका आशय है कि-
(a) इसे अपने सभी निर्णयों का अभिलेख रखना होता है।
(b) इसके सभी निर्णयों का साक्ष्यात्मक मूल्य होता है और इस पर किसी भी न्यायालय में प्रश्न चिन्ह नहीं लगाया जा सकता है।
(c) इसे अपनी अवमानना करने वालों को दण्डित करने की शक्ति है।
(d) इसके निर्णयों के विरुद्ध कोई अपील नहीं की जा सकती।

37. पूंजी-बाजार से आशय है-
(a) शेयर बाजार से। (b) वस्तु बाजार से।
(c) मुद्रा बाजार से। (d) ऊपर सभी से।

38. ''नवरत्न'' का विचार सम्बन्धित है
(a) तकनीकी जनशक्ति के चयनित वर्ग।
(b) चयनित निर्यातोन्मुखी इकाइयां।
(c) चयनित खाद्य-प्रसंस्करण उद्योग।
(d) सार्वजनिक क्षेत्र के चयनित उद्यम।

39. 'एक्चुअरीज' शब्द सम्बन्धित है-
(a) बैंकिंग से।
(b) बीमा से।
(c) शेयर बाजार से।
(d) उपर्युक्त में से किसी से नहीं।

40. गिल्ट-एज्ड 154 में बिपणु सम्बन्धित है-
(a) धातुओं के व्यापार से।
(b) ऋणपत्रों के व्यापार से।
(c) सरकारी प्रतिभूतियों के व्यापार से।
(d) शस्त्रों के व्यापार से।

भाग-III प्रारंभिक अंकगणित

41. A और B किसी काम को 72 दिन में कर सकते हैं। B और C उसे 120 दिन में कर सकते हैं। A और C उसे 90 दिन में कर सकते हैं A अकेला उस काम को कितने दिन में कर सकता है?
(a) 80 दिन (b) 100 दिन
(c) 120 दिन (d) 150 दिन

42. एक व्यक्ति 6 किमी प्रति घंटा की गति से 30 किमी का सफर तय करता है तथा शेष 40 किमी का सफर 5 घंटे में तय करता है। पूरे सफर के लिए उसकी औसत गति कितनी है?

(a) $6\frac{4}{11}$ किमी/घंटा (b) 7 किमी/घंटा

(c) $77\frac{1}{2}$ किमी/घंटा (d) 8 किमी/घंटा

43. अगर a : b = 3 : 5 और b : c = 4 : 7 है तो a : c = ?

(a) 11 : 35 (b) 35 : 11

(c) 35 : 12 (d) 12 : 35

44. $\sqrt{176+\sqrt{2401}}$ = ?

(a) 14 (b) 15

(c) 18 (d) 24

45. निम्नलिखित का मान ज्ञात करें–

$$\frac{5\frac{9}{14}}{5+\frac{3}{3+\frac{1}{\frac{3}{5}}}}$$

(a) 1 (b) $1\frac{1}{2}$

(c) 2 (d) $2\frac{1}{2}$

46. निम्नलिखित का मान ज्ञात करें–

(39.3 × 53.4) + (26.7 × 5.9) = ?

(a) 2520.15 (b) 2256.15

(c) 2562.15 (d) 2652.15

47. एक धनराशि साधारण ब्याज पर $2\frac{1}{2}$ वर्ष में ₹ 1020 हो जाती है और 4 वर्ष में ₹ 1067.20 हो जाती है। ब्याज की दर क्या है?

(a) 2.5% (b) 4%

(c) 0. 5% (d) 0.25%

48. एक एलसीडी टी वी सेट का क्रय-मूल्य ₹ 100000 है। यदि इसके प्राइस वैल्यू में 10% प्रति वर्ष की दर से ह्रास होता है तो 3 वर्ष की समाप्ति पर कितनी कीमत होगी?

(a) ₹ 80000 (b) ₹ 85000

(c) ₹ 90000 (d) ₹ 72900

49. एक तीन अंकीय संख्या का 30%, 190.8 है। उस संख्या का 125 % क्या है?

(a) 759 (b) 785

(c) 795 (d) 779

50. 5 अनुक्रमिक विषम संख्याओं A, B, C D और E का औसत 95 है। C और E का गुणनफल क्या होगा?

(a) 9215 (b) 9405

(c) 9210 (d) 9603

51. यदि क्रय मूल्य विक्रय मूल्य का 95% है। तो लाभ प्रतिशत क्या है?

(a) 4 (b) 4.75

(c) 5 (d) 5.26

52. निम्नलिखित प्रश्न में (?) का क्या मान होगा?

8597 – ? = 7429 – 4358

(a) 5426 (b) 5526

(c) 5706 (d) इनमें से कोई नहीं

53. 3 आदमी या 5 महिलाएं किसी काम को 12 दिन में कर सकते हैं। 6 आदमी और 5 महिलाएं उस काम को करने में कितने दिन लेंगे?

(a) 4 दिन (b) 10 दिन

(c) 15 दिन (d) 20 दिन

54. एक कार 25 किमी/घंटे की गति से 75 किमी दूरी तय करती है। वह सफर के अगले 25 किमी दूरी 5 किमी/घंटा की गति से तय करती है। तथा अंतिम 50 किमी दूरी 25 किमी/घंटे की गति से तय करती है। कार की औसत गति क्या है?

(a) 40 किमी/घंटा (b) 25 किमी/घंटा

(c) 15 किमी/घंटा (d) 12.5 किमी/घंटा

55. एक व्यक्ति और एक ही दिन पैदा हुए उसके जुड़वा बेटों की औसत आयु 30 वर्ष है पिता की आयु का उसके एक बेटे की आयु से अनुपात 5 : 2 है। पिता की आयु क्या है?

(a) 50 वर्ष (b) 30 वर्ष

(c) 45 वर्ष (d) 20 वर्ष

56. मान ज्ञात करें $\sqrt{15\times163\div5-89}$

(a) 15 (b) 25

(c) 10 (d) 20

57. पानी से भरे एक पात्र का वजन 40 किग्रा है। यदि उसे आधा भरा जाता है तो इसका वजन 30 किग्रा हो जाता है। खाली पात्र का वजन कितना है?

(a) 10 किग्रा (b) 15 किग्रा

(c) 20 किग्रा (d) 25 किग्रा

58. निम्नलिखित प्रश्न में (?) का मान ज्ञात करें

0. 8 × ? = 0.0004

(a) 0.0005 (b) 0.005

(c) 0.5 (d) 0.00005

59. यदि $7\frac{1}{2}$% प्रति वर्ष की दर पर एक निश्चित धनराशि पर 15 महीनों के लिए साधारण ब्याज, उतनी की धनराशि पर $12\frac{1}{2}$% की दर पर 8 महीनों के लिए साधारण ब्याज से ₹ 32.50 अधिक हो जाती है तो धनराशि कितनी है?

(a) ₹ 312 (b) ₹ 312.50

(c) ₹ 3120 (d) ₹ 3120.50

60. दो वृत्त एक-दूसरे को अन्दर से छूते हैं। बड़े वृत्त की त्रिज्या 6 सेमी है और दोनों वृत्तों के केन्द्रों के बीच की दूरी 2 सेमी है। तदनुसार दूसरे वृत्त की त्रिज्या कितनी होगी?

(a) 3 सेमी (b) 8 सेमी

(c) 4 सेमी (d) 10 सेमी

भाग-IV हिंदी

निर्देश (61 -63): निम्नलिखित शब्दों के विलोम के लिए दिए गए विकल्पों में से सही विकल्प चुनकर लिखिए–

61. अमृत–

(a) विष (b) जहर

(c) अनामृत (d) मृत

62. प्राचीन–

(a) पुराना (b) नया

(c) अर्वाचीन (d) नए

63. अल्पायु–

(a) आयु (b) लंबी आयु

(c) दीर्घ (d) दीर्घायु

निर्देश (64 -66): निम्नलिखित शब्दों के अर्थ में से जो सही नहीं है, उसे चुनकर लिखिए–

64. चीर–

(a) पानी (b) वस्त्र

(c) रेखा (d) पट

65. दल–

(a) सेना (b) समूह

(c) फल (d) पत्ता

66. नाक–

(a) वदन (b) नासिका

(c) स्वर्ग (d) सम्मान

निर्देश (67-69): निम्नलिखित वाक्यांशों के बदले में एक शब्द का चयन करे।

67. जो नम्रता से बोलता हो–

(a) कुरूप (b) सुवचन

(c) मृदुभाषी (d) विनयी

68. जिसके टुकड़े-टुकड़े हो गए हों–

(a) वितरित (b) खंडित

(c) मंडित (d) मार्तंड

69. दूसरों के दोषों को ढूँढने वाला–

(a) चिंतातुर

(b) अनुसंधान

(c) अन्वेषक

(d) छिद्रान्वेषक/छिद्रान्वेषी

70. निम्नलिखित में से तद्भव शब्द है –

(a) संधि (b) सुगंध

(c) सूरज (d) शून्य

71. शैव कहते हैं–

(a) जो शक्ति की उपासना करता है

(b) जो शिव की उपासना करता है

(c) जो विष्णु की उपासना करता है

(d) जो किसी की उपासना नहीं करता है

72. वाचाल कहते हैं–

(a) जो जल्दी चलता है

(b) जिसकी चाल ठीक न हो

(c) जो बहुत बोलता है

(d) जो चुप रहता है

73. निम्नलिखित में से कौन-सा शब्द 'बादल' का पर्यायवाची है?

(a) नीरद (b) नीरज

(c) अम्बुज (d) अम्बु

74. इन्द्रियों को जीतने वाले के लिए एक शब्द है –

(a) दूरदर्शी (b) दत चित्त

(c) कुशाग्र बुद्धि (d) जितेन्द्रिय

75. निम्नलिखित वाक्य में प्रयुक्त होने वाले सही मुहावरे के विकल्प का चयन कीजिए-

चोरी करके तुमने ऐसा कार्य किया है कि तुम्हें .. .. चाहिए।

(a) नाकों चने चबाना

(b) जानतोड़ मेहनत करना

(c) बाग-बाग होना

(d) चुल्लू भर पानी में डूब मरना

76. प्रत्येक चरण में 16 मात्रा वाला चार चरणों का सममात्रिक छन्द है-

(a) दोहा (b) सोरठा

(c) रोला (d) चौपाई

77. "अधरों में राग अमन्द पिए, अलकों में मलयज बंद किए, तू अब तक सोई है आली। आँखों में भरे विहाग री।" पंक्ति में कौनसा रस है?

(a) करुण (b) शांत

(c) श्रृंगार (d) वात्सल्य

निर्देश–(प्र. 78-80): गद्यांश को पढ़कर निम्नलिखित प्रश्नों में सबसे उचित विकल्प को चुनें।

यह उन दिनों की बात है जब अमेरिकी कारोबारी किंग सी जिलेट आर्थिक तंगी से गुजर रहे थे। अक्सर उनके पास खाने को पैसे तक नहीं रहते थे। वह जैसे-तैसे गुजारा कर रहे थे। शुरु में कुछ दोस्तों ने उनकी मदद की पर बाद में उन्होंने भी मुँह फेरना शुरू कर दिया। जिलेट अपने लिए कोई काम ढूँढ रहे थे। काम की तलाश में वह सुबह निकल जाते और थके-मांदे देर रात को वापस आते। आखिरकार एक दिन उन्हें एक कंपनी में क्लर्क का काम मिल गया। वे मन लगाकर अपना काम करने लगे।

एक दिन उस्तरे से शेविंग करते समय उन्हें बहुत परेशानी का सामना करना पड़ा। उस्तरे की धार निकल चुकी थी और वह बमुश्किल ही काम करता था। उस दिन जिलेट ने सोचा कि दाढ़ी बनाने की परेशानी दूर करने के लिए क्या कोई तकनीक नहीं ईजाद की जा सकती है? उसी समय उन्हें ब्लेड बनाने का ख्याल आया मगर उस समय पैसों की कमी के कारण वह उसके लिए जरूरी मशीन खरीदने में असमर्थ थे। लेकिन जिलेट पर ब्लेड बनाने की धुन सवार हो चुकी थी, इसलिए उन्होंने कर्ज लेकर मशीन खरीदी। फिर वे ब्लेड बनाने में जुट गए। उन्हें सफलता नहीं मिली और वे पूरी तरह कर्ज में डूब गए। लोग उन पर हँसते थे। मगर इतने मुश्किल समय में भी जिलेट ने हिम्मत नहीं हारी और अपने काम में पूरी तन्मयता से लगे रहे।

उन्हें अपने ऊपर भरोसा था। आखिरकार उन्होंने ब्लेड बनाने में सफलता हासिल कर ही ली। कुछ समय में उनके द्वारा बनाए गए ब्लेडों की पूरे विश्व में धूम मच गई। उनके पास दौलत और शोहरत दोनों आ गई। आज भी उनके बनाए 'जिलेट ब्लेड' की पूरी दुनिया में जबरदस्त माँग है। उनके बनाए ब्लेड के कारण उन्हें आज भी लोग याद करते हैं।

78. शेविंग करते समय जिलेट को क्यों परेशानी हुई थी?

(a) उस्तरा टूट गया था

(b) उस्तरे की धार निकल चुकी थी

(c) उनका आइना टूट गया था

(d) उन्हें उस्तरा लगने से खून निकल आया था

79. जिलेट किस देश के कारोबारी थे?

(a) ब्रिटेन

(b) ऑस्ट्रेलिया

(c) कीनिया

(d) इनमें से कोई नहीं

80. जिलेट को क्या काम मिला था?

(a) जूते बेचने का

(b) दुकान की सफाई का

(c) कार चलाने का

(d) इनमें से कोई नहीं

उत्तर (हल/संकेत)

भाग-I सामान्य बुद्धिमत्ता एवं तर्कशक्ति

1. (d) जिस प्रकार कालीन, फर्श पर बिछाई जाती है, उसी प्रकार परदा, खिड़की पर लगाया जाता है।

2. (d) जिस प्रकार, U T S (−1, −1) E D C (−1, −1)

उसी प्रकार, W V U (−1, −1) X W V (−1, −1)

3. (d) जिस प्रकार, $224 = (15)^2 - 1$

उसी प्रकार, $624 = (25)^2 - 1$

4. (b) जिस प्रकार, FEAD = 6514

उसी प्रकार, DEAF = 4516

5. (c) **6.** (c)

7. (c) 2 बार

8. (c) महेश + 9 = 10

9. (c)

10. (b) 5 जनवरी, 2011 से 5 जनवरी, 2012 तक 1 विषम दिन अर्थात् 5 जनवरी, 2012 को शुक्रवार होगा,

5 जनवरी, 2012 से 5 जनवरी, 2013 तक दो विषम दिन अर्थात् 5 जनवरी, 2013 को रविवार होगा।

अतः 1 जनवरी, 2013 को बुधवार होगा।

11. (d) Neither, Neutral, Next, Noisy.

12. (b) जिस प्रकार,

$T \Rightarrow 20, D \Rightarrow 4$

$20 + 4 = 24 \Rightarrow 24 \times 2 = 48$

तथा $R \Rightarrow 18. M \Rightarrow 13$

$18 + 13 = 31 \Rightarrow 31 \times 2 = 62$

उसी प्रकार,

$H = 8. W \Rightarrow 23$

$23 + 8 \Rightarrow 31$

$\therefore ? = 31 \Rightarrow 31 \times 2 = 62$

13. (c) **14.** (b) **15.** (d) **16.** (c)

17. (d) **18.** (d)

19. (d) प्रश्न के अनुसार, दोनों में से कोई भी तर्क मजबूत नहीं है।

20. (d) N = 03, 12, (21), 30, 67, 86

U = (79), 99

M = 34, 40, (56)

B = (04), 96

E = (20), 78, 88, 97

R = (57), 66, 98

NUMBER के लिए समूह 21, 79, 56, 04, 20, 57 होगा।